Angelika Timm · Israel

Angelika Timm

ISRAEL

Geschichte des Staates seit seiner Gründung

unter Mitarbeit von
Johannes Glasneck

dritte, durchgesehene
und erweiterte Auflage

1998

BOUVIER VERLAG · BONN

Die Deutsche Bibliothek - CIP-Einheitsaufnahme

Timm, Angelika:
Israel : die Geschichte des Staates seit seiner Gründung / Angelika Timm. Unter Mitarb. von Johannes Glasneck. - 3., durchges. und erw. Aufl. - Bonn : Bouvier, 1998
ISBN 3-416-02753-1

 Umschlaggestaltung: Michael Fischer, Köln. Satz: Bouvier Verlag, Bonn. Druck und Einband: Druckerei Plump, Rheinbreitbach. Gedruckt auf säurefreiem Papier.

Inhalt

Bildnachweis:

Folgende Fotos wurden veröffentlicht mit freundlicher Genehmigung

- des Ullstein-Bilderdienstes, Berlin: Titelfoto
- des Government Press Office, Jerusalem: 1, 2, 6, 7, 9, 10, 12-14, 16-58
- des Central Zionist Archiv, Jerusalem: 3, 4, 11, 15
- des Histadrutarchivs (Archion ha-Avodah we-he-Chaluz): 5, 8

Vorwort

"Wenn ihr wollt, ist es kein Märchen", so lautet der Untertitel des Romans "Altneuland", in dem der Begründer des politischen Zionismus seine Vision des jüdischen Staates in Palästina mitteilte. In dem Werk - konzipiert "in England und Amerika, in Frankreich und in Deutschland, ... entstanden aus Erfahrungen, Büchern und Träumen"[1] - entwarf Theodor HERZL das Bild eines modernen prosperierenden Staatswesens. Das "Märchen" wurde historische Wirklichkeit. Im Jahre 1998 begeht der Staat Israel sein fünfzigjähriges Jubiläum. Viele der in den Jahrzehnten nach dem ersten Zionistischen Weltkongreß als irreal abgetanen Träume konnten realisiert werden. Israel ist heute ein durch mehr als 150 Staaten diplomatisch anerkanntes Mitglied der Völkergemeinschaft, das seit 1948 etwa 2,5 Millionen jüdische Immigranten aufnahm und im Jahr 1998 sechs Millionen Einwohner zählt. Aus dem Agrarland der Pioniergeneration wurde ein hochentwickelter Industriestaat, der Erzeugnisse der Hochtechnologie in alle Welt exportiert und führend auf den Gebieten der Elektronik und Elektrotechnik ist.

Das Programm von Basel, vor nunmehr 100 Jahren beschlossen, war auf das "Land der Väter" gerichtet und unabdingbar an die jüdische Existenz im nahöstlichen Umfeld gebunden. Das "Nachbarschaftsproblem" jedoch wurde zur harten Bürde und zu einem bis heute ungelösten Problem. "Das Hauptziel", betont Botschafter Avi PRIMOR, "nämlich mit allen unseren Nachbarn in Frieden und in guter Zusammenarbeit zu leben, haben wir noch nicht erreicht". PRIMOR spricht von der Hoffnung, "in den kommenden Jahren den Friedensprozeß, den wir ins Leben gerufen haben, erfolgreich zu beenden".[2] Fünf Jahrzehnte staatlicher Existenz Israels bieten hinreichend Anlaß zu Rückbesinnung und Bilanz. Was wurde erreicht? Welche Hoffnungen blieben unerfüllt?

Das jüdische Gemeinwesen in Palästina entwickelte sich in den fruchtbaren Ebenen der Levanteküste, in den Tälern und auf den Höhen der zentralen Bergregion, um den See Genezareth im Norden und in den ariden Weiten des Negev bis hin zum Golf von Akaba im Süden. Es war uralter Kulturboden, auf dem die *Chaluzim*, die osteuropäischen Pioniere der ersten Einwanderungswellen, ihre Siedlungen errichteten. Hier begegneten sich in den letzten fünf Jahrtausenden in immer neuen historischen Konstellationen Asien, Afrika und Europa - Amoriter, Kanaanäer und Israeliten, Ägypter, Assyrer und Babylonier, Perser, Makedonier und Römer, islamische Araber und christliche Kreuzfahrer. Große monotheistische Religionen - Judentum, Christentum und Islam - wurzeln in Palästina bzw. sind eng mit dem Land verbunden.

Es ist das "Gelobte Land" des Alten Testaments. Zwischen den Städten Jerusalem, Hebron, Beerscheva und Gerar soll der Genesis zufolge Abraham mit seinen Söhnen gelebt haben. Hierher führte Moses die Kinder Israel aus ägyptischer Gefangenschaft. In dieser Landschaft entstanden Gesetze, die das Leben der jüdischen Gemeinschaft ordneten und es von der Umgebung unterschieden. König David ließ die Bundeslade nach Jerusalem bringen; sein Sohn Salomo errichtete am selben Orte im 9. Jahrhundert v. u. Z. den ersten Tempel. Das Heiligtum, nach der Zerstörung durch die Heerscharen Nebukadnezars um 520 v. u. Z. wieder aufgebaut, wurde 70 u. Z. von den Römern endgültig in Schutt und Asche gelegt. Es blieb Symbol des Judentums über zwei Jahrtausende und Hoffnung vieler Generationen. Die Sehnsucht nach Jerusalem, nach Zion, als der Wiege jüdischen Glaubens und Volkstums einte die nach dem Untergang des frühen Staatswesens in alle Welt zerstreuten Juden. Die Verbindung zu Palästina wurde in Gebeten, Gesängen und Legenden lebendig gehalten und von Generation zu Generation überliefert. Eine Frucht dieser vitalen Tradition ist Israel.

Die moderne Geschichte Israels beginnt mit dem Zionismus, der als Verbindung von jüdischen traditionellen Werten und europäischer Moderne am Ende des 19. Jahrhunderts entstand und die nationale Zusammenführung der Juden in Palästina als ideologisches Konzept und politisches Programm zur Neubestimmung jüdischer Identität und Beendigung der "Judennot" anbot. Die jüdische Nationalbewegung verwandelte die tradierte Bindung an das "Heilige Land" in ein aktives bzw. aktivierendes Element; sie revolutionierte damit jüdisches Denken und Leben. In ihren Heimatländern nicht selten diskriminiert und geächtet, vor der Mitte unseres Jahrhunderts infolge nationalsozialistischer Verfolgung von der Auslöschung bedroht, fanden Juden in Palästina Zuflucht und eine neue Heimat. Das Werden des Staates Israel und seine Entwicklung reflektieren ein unikales historisches Geschehen, dessen Widerspiegelung eine Herausforderung an den Historiker darstellt.

In den ersten fünf Jahrzehnten seiner Existenz durchlief der jüdische Staat eine wechselvolle und problembeladene Geschichte. Eng mit der Region verknüpft und diese nachhaltig prägend, unterscheidet er sich dennoch von seinen nahöstlichen Nachbarn. Wichtige Impulse für die Genesis Israels kamen von außen, wurzeln in der Geschichte der jüdischen Diaspora und im historischen Geschehen in Europa. Eine einzigartige Spezifik verlieh dem jungen Gemeinwesen der Zustrom jüdischer Immigranten von allen Kontinenten. Im historisch kurzen Zeitraum eines Jahrhunderts trafen Bevölkerungsgruppen verschiedener Kulturkreise - Juden aus Europa und Amerika (*Aschkenasim*), aus dem Orient (*Sephardim*, Jemeniten, Iraker u. a.) und vom afrikanischen Osthorn (*Falaschas*) - aufeinander. Sie bzw. ihre Kinder und Enkel - die im Lande geborenen *Sabras* oder *Zabarim* - bestimmen heute das soziale, politische und kulturelle Antlitz Israels. Aus ihnen formiert sich eine jüdisch-israelische Nation, die neben einem gemeinsamen Territorium und nationalen Wirtschaftsstrukturen auch eine eigene Sprache und zunehmend eine landesbezogene Kultur ausweist. Die Gemeinsamkeiten mit den in der Diaspora lebenden Juden verringern sich in diesem Prozeß nationaler Konsolidierung. Zugleich schafft das multikulturelle Gefüge Israels ein fruchtbares Spannungsfeld von Universalität und Spezifik. Mit der Staatswerdung und -entwicklung untrennbar verbunden ist das Schicksal der arabischen Bürger Israels, die ihre Identität als Palästinenser weitgehend bewahrt haben und als nationale Minderheit heute fast 20 Prozent der israelischen Gesamtbevölkerung repräsentieren.

Der zionistische Anspruch auf Palästina kollidierte von Anbeginn mit den Interessen und Intentionen der arabischen Nationalbewegung und deren Streben nach Eigenstaatlichkeit. Daraus erwuchs ein Konflikt, der seit Beginn der zwanziger Jahre unseres Jahrhunderts immer wieder zu blutigen Unruhen und Kriegen führte. Er begleitet die Geschichte des jüdischen Staates von den schmerzlichen Geburtswehen der Jahre 1947/48 bis in die Gegenwart. Auch zum Jahrhundertende sind Frieden und Sicherheit in der Nahostregion mehr Hoffnung denn Realität.

Der Periodisierung der Geschichte Israels seit 1948 werden in bisherigen Darstellungen häufig die fünf Nahostkriege zugrunde gelegt. Diese Betrachtungsweise erscheint logisch. Sie berücksichtigt jedoch ungenügend das innerisraelische Geschehen bzw. leitet dieses vorrangig von äußeren Gegebenheiten ab. In vorliegender Recherche sei darum die Unterscheidung in drei Hauptetappen vorgeschlagen: Die Jahre von der Staatsgründung bis zum Junikrieg 1967 waren gekennzeichnet durch Aufbau und Konsolidierung des neuen Staatswesens, durch schnelle landwirtschaftliche und industrielle Entwicklung sowie durch die Eingliederung Hunderttausender Neueinwanderer. In nur zwei Jahrzehnten verdreifachte sich die Bevölkerung Israels. Die militärische Besetzung Ostjerusalems, des Westjordanlandes, des Gaza-Streifens, der Sinai-Halbinsel und der Golan-Höhen im Jahre 1967 sowie die Herrschaft über zunächst 1,3 Millionen - heute 2,5 Millionen - Palästinenser stellten einen gewichtigen historischen Einschnitt dar. Sie prägten nachhaltig die israelische Gesellschaft in den folgenden zweieinhalb Jahrzehnten. Das Ringen um das Schicksal der besetzten Gebiete, die Sicht auf die Palästinenserfrage und die Haltung zu den arabischen Nachbarstaaten spalteten die israelische Bevölkerung in "Tauben" und "Falken".

Die dritte Etappe israelischer Geschichte wurde mit Beginn der neunziger Jahre eingeleitet. Sie ist gekennzeichnet durch qualitative Veränderungen im politischen System, in der demographischen Zusammensetzung sowie in der internationalen und regionalen Stellung Israels. Erst in diesem Zeitabschnitt, bedingt durch den Wegfall des Ost-West-Konflikts und durch eine neue Konstellation im Nahen und Mittleren Osten nach dem zweiten Golfkrieg, kam es zur wechselseitigen Anerkennung von Israel und PLO, zum israelisch-jordanischen Friedensschluß und zur Aufnahme diplomatischer und wirtschaftlicher Beziehungen mit weiteren arabischen Staaten. Die Rücknahme der äußeren Infragestellung des jüdischen Staates ließ zugleich die inneren Zerklüftungen der israelischen Gesellschaft deutlicher zutage treten als zuvor.

Es ist unschwer vorauszusagen, daß die Geschicke der israelischen Gesellschaft im überschaubaren Zeitraum in hohem Maße von Erfolg oder Mißerfolg der Konsenssuche zwischen den nahöstlichen Kontrahenten geprägt sein werden. Gleichermaßen bedeutsam wird sein, wie sich das Verhältnis zwischen jüdischen und arabischen Bürgern im Land, zwischen Säkularen und Religiösen, Neueinwanderern und Alteingesessenen, *Sephardim* und *Aschkenasim* gestalten wird. Israel steht somit vor neuen Herausforderungen und Bewährungsproben. Der 50. Jahrestag der Staatsgründung stellt in diesem Sinne keine Zäsur, sondern vielmehr eine Brücke ins zweite Halbjahrhundert dar.

Ein Abriß der Entwicklung Israels kann den deutschen Schatten, der über dem jüdischen Staat liegt, nicht ignorieren. Israelisches Sicherheitsverständnis wurzelt nicht zuletzt in jüdischer Erfahrung mit Europa und insbesondere mit den Perversionen deutscher Geschichte. Auschwitz ist und bleibt Mahnung und Vermächtnis. Das durch die *Schoah* belastete deutsch-israelische Verhältnis wurde in die Darstellung einbezogen; eine umfassende Analyse des bilateralen Beziehungsgeflechts hätte das Anliegen und den Aufbau des Buches jedoch gesprengt und zwangsläufig zu falschen Proportionen in der Widerspiegelung israelischer Geschichte geführt. Interessierte Leser seien auf die Fülle neuerer Literatur verwiesen, in der die Spezifik des deutsch-israelischen Verhältnisses dokumentiert und bewertet wird. Auch die ostdeutsch-israelischen Beziehungen - besser: Nichtbeziehungen - konnten nur bedingt einen Platz in der "Geschichte Israels" finden. Der subjektiven Herausforderung, sich insbesondere mit dieser Problematik kritisch und selbstkritisch auseinanderzusetzen, hat sich die Autorin in der 1997 bei Bouvier erschienenen Studie "Hammer, Zirkel, Davidstern. Das gestörte Verhältnis der DDR zu Zionismus und Staat Israel" sowie mit einer Reihe weiterer Publikationen gestellt.

Historiker, Politologen und Sozialwissenschaftler haben sich im Verlauf der letzten Jahrzehnte umfassend mit der facettenreichen Entwicklung des Staates Israel und mit der Nahostproblematik beschäftigt. Dabei wurden unterschiedliche, zum Teil konträre politische und wissenschaftliche Standpunkte artikuliert. Der geistigen Pluralität des Landes verpflichtet, liegen auch aus israelischer Sicht zahlreiche Publikationen vor, die nicht selten gegensätzliche Ansichten und Wertungen enthalten. Anliegen vorliegenden Buches ist es nicht, die Fülle der vorhandenen neueren Literatur polemisch aufzuarbeiten. Es ging vielmehr darum, die Geschichte des Staates Israel - seine innere Entwicklung in ihrer äußeren Bedingtheit - sachlich und auf Grundlage nachvollziehbaren Geschehens darzustellen. Daran bindet sich die Frage nach dem Verhältnis von Information und Interpretation. Als primäres Anliegen soll die "Geschichte Israels" ein Bild des wirklich Geschehenen vermitteln, das dem Leser hinreichend Freiräume für ein Mitdenken und selbstbestimmtes Urteilen läßt. Auf marktschreierische Unterhaltung - auch dafür böte die Geschichte der Regierenden in Israel exquisites Material - wird verzichtet.

In der "Israel-Literatur" gibt es nicht wenige Beispiele dafür, daß die Ausdeutung des Werdens und Wachsens des jüdischen Staates zu Fehlbewertungen führte - sei es infolge mangelnden Verständnisses für die israelische Staatsidee, den politischen Zionismus, sei es durch kritiklos-proisraelische Stellungnahme, z. B. in der Palästinenserfrage, sei es durch subjektive Betroffenheit des Berichterstatters mit Blick auf das jüdische Schicksal in Europa oder Nahost. Als Richtschnur für die Aufarbeitung historischen Geschehens mag die von "Gründervater" David BEN GURION am 19. April 1967 formulierte Aufforderung gelten, Geschichte so anzueignen, wie sie real geschehen ist und nicht, "wie gewünscht wird, daß sie wäre". Viele der seit Beginn der 90er Jahre publizierten Geschichtsdarstellungen, insbesondere aus der Feder israelischer und nordamerikanischer Autoren, bezeugen im Sinne BEN GURIONs ein bemerkenswertes Maß an Sachlichkeit und Ausgewogenheit, insbesondere auch bei der Darstellung und Bewertung des jüdisch-arabischen Verhältnisses.

Dem Manuskript zur ersten Auflage des Buches lag noch die Intention zugrunde, vor allem dem Leser im ostdeutschen Staat umfassenderes Wissen über die Entwicklung Israels zu vermitteln. Die ursprüngliche Textfassung erfuhr durch die Erschließung neuerer israelischer Quellen und Darstellungen wie auch durch Einbeziehung aktuellen Geschehens verständlicherweise Veränderungen und Erweiterungen. Der ersten Auflage von 1992 folgte 1994 eine zweite Edition. Nunmehr wird die Studie, ergänzt und aktualisiert, ein weiteres Mal vorgelegt. Ausdrücklicher Dank gebührt dem Hallenser Historiker Johannes GLASNECK, der die ersten drei Kapitel - „Die Vorgeschichte“, Die Entstehung des Staates Israel“ und „Der Weg des israelischen Staates 1948-1967“ - verantwortet und deren ursprüngliche Fassung die Autorin bemüht war, weitgehend zu erhalten.

Die fortgesetzte wissenschaftliche Beschäftigung mit dem Gegenstand des Buches verstärkte die Erkenntnis, daß die Kompliziertheit und Komplexität innerisraelischer Entwicklung in ihrer regionalen Dependenz und internationalen Dimension für den wissenschaftlich Interessierten in einem Grundriß israelischer Geschichte nicht umfassend abgehandelt werden können. Die "Geschichte des Staates Israel" wendet sich somit nicht primär an Spezialisten, sondern an einen allgemeiner interessierten Leserkreis; sie erhebt nicht den Anspruch, ein detailliertes Bild aller Seiten und Verzweigungen des Geschehens in und um Israel nachzuzeichnen. Die genaue Analyse, wie und in welchen konkreten Interaktionen Subjektives und Objektives, Zufälliges und Gesetzmäßiges, Konkretes und Allgemeines zu Geschichte sich verdichteten, bedarf umfassenderer Vorarbeiten in den Archiven und die Sichtung von Materialien, die noch nicht im erforderlichen Umfang zugänglich sind.

Thematische Anstöße für die weitere systematische Beschäftigung liegen im Ausloten der reizvollen Verästelungen israelischer Geschichte. Die vielseitigen sozio-kulturellen Gegebenheiten, die geistigen Bewegungen in der mehr als hundert Jahre umfassenden jüdischen Neubesiedlung Palästinas oder die Veränderungen in der Alltagskultur der Menschen konnten in einer politischen Geschichte Israels nur bedingt reflektiert werden. Auch die Entwicklungen im regionalen Umfeld oder die Beziehungen zu jüdischen Organisationen im Ausland werden - dem Thema, Charakter und Umfang der Studie geschuldet - nur in dem Maße in die Darstellung einbezogen, wie sie zum Verständnis israelischer Innen- und Außenpolitik beitragen.

Das Buch stützt sich auf eine differenzierte Quellenbasis, bestehend vor allem aus Dokumentensammlungen, Memoiren, Zeitungsmeldungen, amtlichen Verlautbarungen und Statistiken. Es knüpft an ältere und neuere Forschungen und an die umfangreiche Sekundärliteratur an. Die im Anhang aufgeführten Übersichten, Quellenangaben und die Literaturauswahl beschränken sich auf ein handhabbares Mindestmaß. Sie wurden für die dritte Auflage aktualisiert. Im Interesse der Lesbarkeit wird auf eine wissenschaftliche Transkription der hebräischen und arabischen Termini bzw. Namen verzichtet.

Für die Bereitstellung wichtiger Materialien sei vor allem den Kollegen der Hebräischen Universität Jerusalem und der Universität Tel Aviv sowie vielen israelischen Freunden gedankt, die mit Rat und Kritik immer wieder zu neuem Nachdenken anregten. Einbezogen in die Danksagung seien die Rezensenten, die die ersten beiden Auflagen des Buches kritisch begleiteten und vielfach Anstöße zu Präzisierungen gaben.

Berlin, im April 1998 Angelika Timm

Die Vorgeschichte

Herzls Idee vom jüdischen Staat

Am 14. Mai 1948, einen Tag bevor die britische Mandatsherrschaft über Palästina zu Ende ging, verkündete der Provisorische Staatsrat im Stadtmuseum von Tel Aviv den Staat Israel. Diese Proklamation war legitimiert durch die Resolution 181 (II) der Vereinten Nationen vom 29. November 1947, die vorsah, daß in Palästina "unabhängige arabische und jüdische Staaten sowie das Besondere Internationale Regime für den Stadtbezirk von Jerusalem" gebildet werden sollten.[1] Dem Geburtsakt des Staates Israel lagen historische Tatbestände zugrunde, die im wesentlichen im Laufe des vorangegangenen halben Jahrhunderts geschaffen worden waren.

Die Unabhängigkeitserklärung (*Megilat ha-Azma'ut*) bezeichnete Theodor HERZL als den "Seher des jüdischen Staates".[2] Der liberale Wiener Jurist, Journalist und Schriftsteller HERZL (1860-1904) hatte im Februar 1896 die programmatische Schrift "Der Judenstaat" veröffentlicht und damit die ideelle Grundlage für den politischen Zionismus gegeben. Mit einer Gruppe von Anhängern und Freunden bildete er ein Aktionskomitee, das Verbindungen zu jüdischen Persönlichkeiten und Organisationen in aller Welt aufnahm und den I. Zionistenkongreß 1897 nach Basel einberief. Der Kongreß nahm folgendes Programm an:

> "Der Zionismus erstrebt für das jüdische Volk die Schaffung einer öffentlich-rechtlich gesicherten Heimstätte in Palästina. Zur Erreichung dieses Zieles nimmt der Congreß folgende Mittel in Aussicht:
> 1. Die zweckdienliche Förderung der Besiedlung Palästinas mit jüdischen Ackerbauern, Handwerkern und Gewerbetreibenden.
> 2. Die Gliederung und Zusammenfassung der gesamten Judenschaft durch geeignete örtliche und allgemeine Veranstaltungen nach den Landesgesetzen.
> 3. Die Stärkung des jüdischen Volksgefühles und Volksbewußtseins.
> 4. Vorbereitende Schritte zur Erlangung der Regierungszustimmungen, die nötig sind, um das Ziel des Zionismus zu erreichen."[3]

Das Baseler Programm bildete für viele Juden die Leitlinie bei ihrer Suche nach nationaler Identität, nach einem Ausweg aus der "Judennot" und einer "Lösung der jüdischen Frage". Der Zionismus war ein Versuch, Antworten auf die drängenden Fragen zu geben, die vor den Juden Ende des 19. Jahrhunderts in Europa standen. Sein Wirken, seine Erfolge und Mißerfolge standen in engem Zusammenhang mit dem historischen Entwicklungs- und Wandlungsprozeß, den das jüdische Volk seit dem Altertum durchlebt hatte.

Auf den Untergang der von hebräischen Stammesverbänden in Palästina gebildeten Reiche Israel (722 v. u. Z.) und Juda (586 v. u. Z.) folgte babylonische, persische und makedonische Herrschaft, bis nach erneuter jüdischer Staatenbildung mit dem Hasmonäerreich im 2. Jahrhundert v. u. Z. das Land 63 v. u. Z. unter römische Oberhoheit kam. Im Laufe dieser Entwicklung und besonders nach der Zerstörung Jerusalems durch die Römer (70 u. Z.) siedelten sich Juden in zahlreichen Orten und Handelszentren des Vorderen Orients und des Mittelmeerraumes an. Später gelangten sie in das nördliche Europa. Die jahrhundertelange Zerstreuung (Diaspora) brachte es mit sich, daß die jüdischen Gemeinden sehr unterschiedlichen sprachlichen und kulturellen Einflüssen ausgesetzt waren. So entwickelte sich in Spanien das Judeo-Espagniol, auch Spaniolisch oder *Ladino* genannt, in Osteuropa wurde das aus dem Mittelhochdeutschen entstandene Jiddisch, im Orient das Arabische zur Umgangs- und Literatursprache der Juden.

Sprachlich und kulturell zunehmend an ihre Umgebung angepaßt, unterschieden sich die Juden insbesondere durch die Religion von den Völkern, in deren Mitte sie lebten. Religion und Tradition waren gleichermaßen das Band, das die jüdischen Gemeinschaften über Jahrhunderte hinweg zusammenhielt. Diese Entwicklung charakterisierten Heinrich und Marie SIMON in ihrer "Geschichte der jüdischen Philosophie":

> "In der Antike und im Mittelalter sind also die Juden sowohl ethnische als auch religiöse Gemeinschaft; als charakteristisches Kennzeichen steht im Altertum die Volkszugehörigkeit, im Mittelalter das religiöse Bekenntnis dabei im Blickpunkt."[4]

Aufgrund ihrer ursprünglichen Verbindung mit dem relativ weit entwikkelten Handel im östlichen Mittelmeerraum trugen die Juden nicht nur zur Herausbildung der Geldwirtschaft im mittelalterlichen Europa bei, sondern sie tradierten auch ein hohes kulturelles Niveau in Gestalt der Pflege ihrer monotheistischen Religion, in den Rechts- und Geisteswissenschaften und in der Kunst. Ihre Mittlerrolle zwischen Orient und Okzident war jedoch begrenzt durch die mit den Dogmen der christlichen Kirche begründeten wirtschaftlichen, sozialen und kulturellen Einschränkungen, die den "Fremden" von den Feudalgewalten auferlegt wurden. Vorwiegend auf Handel und Geldwirtschaft begrenzt, entwickelten sich die Juden zunehmend zu einer Stadtbevölkerung mit spezifischen Merkmalen.

Mit der bürgerlichen Gleichstellung der Juden im Gefolge der französischen Revolution schwächte sich in Mittel- und Westeuropa ihre kulturelle Besonderheit ab, traten sie in die Kulturgemeinschaft der europäischen Völker ein. Zum großen Teil blieb die religiöse Bindung erhalten: "Während sie Angehörige und Staatsbürger der entstehenden Nation wurden ..., blieben sie Angehörige einer eigenen Konfession."[5] HERZL schrieb, daß sich die Juden eigentlich nur noch am väterlichen Glauben als zusammengehörig erkennen würden. In Osteuropa dagegen waren sie auch weiterhin eine separate kulturelle und ethnische Gemeinschaft, die sich von ihrer Umwelt insbesondere durch die jiddische Sprache, ein gemeinsames Brauchtum und ein gewisses wirtschaftliches Eigenleben unterschied.

Die stürmische industrielle Entwicklung im Europa des 18. und 19. Jahrhunderts riß traditionelle Schranken und Strukturen in der Gesellschaft ein und bedrohte auch den Zusammenhalt und die Existenz der jüdischen Gemeinschaften. In zunehmendem Maße assimilierten sich Juden an ihre nichtjüdische Umgebung. Dieser Prozeß wurde jedoch dadurch gehemmt, daß im letzten Drittel des vorigen Jahrhunderts im Gefolge zunehmender sozialer Unsicherheit in den Mittelschichten und unter den Angehörigen freier Berufe ein neuer Antisemitismus entstand. Mit der Behauptung, "der Jude" sei an allem schuld, suchten antisemitische Demagogen in Mittel- und Westeuropa die jüdische Konkurrenz auszuschalten und inszenierte der Zarismus nach 1880 blutige Pogrome, um die unteren Volksschichten von den eigentlichen Ursachen ihres sozialen Elends und ihrer politischen Entmündigung abzulenken. Den Einfluß des modernen Antisemitismus auf das jüdische Bewußtsein reflektierte HERZL, als er 1896 die Juden als "eine erkennbar zusammengehörende historische Gruppe von Menschen, die durch den gemeinsamen Feind zusammengehalten werden", definierte.[6]

Auf die Bedrohung jüdischer Identität infolge der allgemeinen gesellschaftlichen Entwicklung und die Gefährdung jüdischer Existenz infolge des Antisemitismus erfolgten unterschiedliche Antworten. In West- und Mitteleuropa blieb die Angleichung der jüdischen Bevölkerung an ihre soziale und kulturelle Umwelt die dominierende Tendenz. In Osteuropa dagegen waren national-jüdische Bewegungen stärker ausgeprägt, denen es um die Bewahrung des Judentums ging. So vertrat der Soziologe Simon DUBNOW die Idee einer jüdisch-nationalen Autonomie, den "Autonomismus". Die von Israel ZANGWILL 1905 gegründete *Jewish Territorial Organization* erstrebte für die Juden ein eigenes Territorium auf autonomer Basis, wobei für diesen "Territorialismus" Palästina keine zentrale Bedeutung hatte. Von größerem Gewicht war der im Oktober 1897 in Wilna gegründete *Allgemeine Jüdische Arbeiterbund in Rußland und Polen*, der bis 1903 in der Sozialdemokratischen Arbeiterpartei Rußlands wirkte. Der Bund begriff sich als revolutionäre Partei der jüdischen Arbeiter und wollte mit der sozialen Befreiung auch eine nationale Autonomie für die Juden in Rußland erreichen. Zahlreiche jüdische Intellektuelle und Arbeiter schlossen sich den sozialistischen Arbeiterparteien ihrer Heimatländer an und lehnten sowohl den Bundismus als auch den Zionismus als nationalistisch ab.

In scharfer Auseinandersetzung mit dem "Assimilantentum" und den für die Stärkung des Judentums in der Diaspora eintretenden Bewegungen, besonders mit dem Bund, stand der Zionismus. Er rief die Juden dazu auf, ihre Heimat zu verlassen und ein jüdisches Gemeinwesen in Palästina zu schaffen. Der politische Zionismus entstand vor dem Hintergrund der sozialen, wirtschaftlichen, politischen und geistigen Situation Europas - später wirkte auch die Realität in Palästina auf seine Entwicklung ein. Zweifellos waren viele jüdische Intellektuelle beeinflußt von den nationalen Emanzipations- und Einigungsbewegungen der Deutschen, Italiener, Ungarn, Polen und der Balkanvölker im 19. Jahrhundert; die Wiederbelebung der Nationalsprachen, Kultur und Geschichte dieser Völker inspirierte ihre Suche nach eigenen Wegen. HERZL bezeichnete ausdrücklich die Judenfrage als "eine nationale Frage"[7], deren Lösung nur darin liegen könne, daß sich die Juden einen eigenen Staat schaffen. Die liberalen Forderungen nach gleichen Menschen- und Bürgerrechten, wie sie im Gefolge der französischen Revolution erhoben wurden, hinterließen ebenfalls ihre Spuren im Zionismus. Sozialistisches bzw. sozialistisch-utopisches Gedankengut, das die Schaffung einer neuen Gesellschaft auf der Grundlage sozialer Gleichheit und Gerechtigkeit beinhaltete, fand Eingang in die Vorstellungen über das erstrebte jüdische Gemeinwesen.

Hinzu kamen spezifisch jüdische Geistesbewegungen, die dem politischen Zionismus HERZLs vorausgingen und ihm Antrieb und Motivation gaben. Der von den Römern im Jahre 70 u. Z. zerstörte Tempel auf dem Berge Zion in Jerusalem blieb im Laufe der Jahrhunderte der Bezugspunkt für die in aller Welt verstreuten Juden. Auf diesen Berg, auf dieses Land Palästina konzentrierten sich die Hoffnungen und Sehnsüchte der gläubigen Juden. Hier wollten sie ein religiöses Zentrum schaffen als Voraussetzung für das ersehnte Erscheinen des Messias, des Erlösers. Die *Haskalah* (Aufklärung), als deren bedeutende Vertreter in West- und Mitteleuropa Moses MENDELSSOHN (1729-1786) und Naftali Herz WESSELY (1725-1805) wirkten, steuerte die Wiederbelebung des Hebräischen, die neuhebräische Literatur, die Wissenschaft vom Judentum und die Betonung des Freiheitlichen und Rationalen gegenüber der Strenge der Religionsgesetze bei. Schließlich ging auch der Kulturzionismus von Ascher GINSBURG, genannt Achad ha-Am - Einer aus dem Volke -, HERZL voraus. ACHAD HA-AM (1856-1927) betrachtete die Schaffung eines geistig-kulturellen Zentrums der Juden in Palästina als Vorbedingung für die nationale Wiedergeburt des jüdischen Volkes. Er warnte 1889 vor verfrühten Kolonisationsversuchen. Man sollte statt dessen "dafür sorgen, daß der Gedanke selbst immer mehr Wurzel schlage und in die Breite wie in die Tiefe dringe, nicht durch Macht und nicht durch Gewalt, sondern durch den Geist, dann wird auch der Tag kommen, an dem unsere Hände Erfolgreiches leisten."[8] Somit entwickelte sich der politische Zionismus zunächst als Synthese zwischen europäischer Moderne und jüdischen traditionellen Werten. Erst die Ansiedlung zionistischer Gruppen in Palästina führte im Zusammenhang mit dem Versuch, die Legitimität der jüdischen Ansprüche auf das Land zu vertreten, dazu, daß antiarabische Tendenzen in die Gedankenwelt des Zionismus einflossen.

HERZLs Judenstaatsidee war nicht völlig neu. Es waren unmittelbar vorausgegangen Moses HESS mit seinem Werk "Rom und Jerusalem" (1862) und Leon PINSKER mit der Schrift "Autoemanzipation" (1882). Bereits seit Anfang der achtziger Jahre des 19. Jahrhunderts waren landwirtschaftliche Siedlungen in Palästina durch die von PINSKER geleitete Organisation *Chibat Zion* (Liebe zu Zion) und den Pariser Bankier Baron Edmond de ROTHSCHILD gegründet bzw. finanziert worden. Die ersten zionistischen Einwanderer - sie nannten sich BILUim (hebräische Abkürzung von "Haus Jaakov, wohlan, laßt uns gehen", Jes. 2,5) - legten die Fundamente für die Orte Rischon le-Zijon, Rosch Pinah, Sichron Jaakov und Gedera. Im Unterschied zu diesen zumeist philanthropisch gestützten Unternehmungen ohne breite Resonanz trat HERZL mit dem Anspruch auf, die Judenfrage "zu einer politischen Weltfrage zu machen, die im Rate der Kulturvölker zu regeln sein wird."[9] Sein Wirken führte zur Institutionalisierung der zionistischen Idee und Bewegung und leitete mit der Gründung der Zionistischen Weltorganisation eine neue Phase in der Entwicklung des Zionismus und des jüdischen Emanzipationsstrebens ein.

Die Erschließung ausreichender Finanzquellen, diplomatische Verhandlungen mit dem Ziel, ein Protektorat seitens der Großmächte zu erhalten - das waren die Mittel, mit denen HERZL für die Realisierung seiner Judenstaatsidee warb. Eine von jüdischen Finanziers gebildete Aktiengesellschaft, die "Jewish Company", sollte die Landkäufe in dem Territorium vornehmen, über das die "Society of Jews" - die zionistische Organisation - von den Großmächten die Souveränität erhalten würde. HERZL wandte sich direkt an die europäischen Regierungen und schilderte ihnen die Vorteile, die sie erzielen könnten, wenn sie auf diese Weise die Juden loswürden. Er bot sich ihnen auch für ihre Orientpolitik an:

"Wenn Seine Majestät der Sultan uns Palästina gäbe, könnten wir uns dafür anheischig machen, die Finanzen der Türkei gänzlich zu regeln. Für Europa würden wir dort ein Stück des Walles gegen Asien bilden, wir würden den Vorpostendienst der Kultur gegen die Barbarei besorgen."[10]

Palästina, das Land der biblischen Verheißung, religiöser und nationaler Sehnsüchte der Juden, hatte eine wechselvolle Geschichte erlebt. Der Eroberung durch die Römer folgte die Herrschaft von Byzanz, arabisch-islamischer Mächte, der Kreuzfahrer, Mameluken und Osmanen. In den zur osmanischen Provinz (*Wilajet*) Damaskus gehörenden Bezirken Akko, Nablus und Jerusalem, die dem späteren Mandatsgebiet Palästina entsprachen, lebten 1882 ungefähr 450.000 zumeist muslimische, aber auch christliche Araber. Sie waren zum Teil Nachkommen arabischer Stämme, die - wie die Juden der semitischen Sprachfamilie angehörend - seit Jahrtausenden in Palästina lebten; zum Teil waren ihre Vorfahren nach 638 mit den muslimischen Eroberern ins Land gelangt.

Die 24.000 Juden, die sich 1882 in Palästina befanden - in früheren Jahrhunderten aus Spanien vertriebene *Sephardim* und fromme *Aschkenasim*, die im "Heiligen Land" leben und sterben wollten, der sogenannte "alte *Jischuv*" -, wohnten in nachbarschaftlichem Einvernehmen mit ihrer muslimischen und christlichen Umgebung. Die feudalen sozialwirtschaftlichen Verhältnisse, insbesondere die hohen Pachtzinsen und Steuern, behinderten die Entwicklung des inneren Marktes, ließen Handel und Gewerbe in den Städten ein kümmerliches Dasein fristen und ermöglichten für Juden wie Araber nur einen geringen Lebensstandard.

Viele Zionisten leiteten ihren Anspruch auf Palästina aus den Verheißungen der jüdischen Religion ab. Andere wieder betonten, er erwachse aus dem "Recht des einzigen landlosen Volkes der Erde".[11] Weite Verbreitung fand die von Israel ZANGWILL verkündete Losung "Das Land ohne Volk erwartet das Volk ohne Land".[12] Nahum GOLDMANN (1895-1982), Begründer des Jüdischen Weltkongresses 1936 und von 1956 bis 1968 Präsident der Zionistischen Weltorganisation, argumentierte später dagegen:

"Erstens, Palästina war kein Land ohne Volk, da dort Hunderttausende von Arabern lebten; und zweitens, die Juden waren kein landloses Volk, denn die assimilierten Juden waren gute Franzosen, Deutsche, Engländer usw."[13]

Er schrieb rückblickend:

"Es war einer der großen historischen Denkfehler des Zionismus, daß er den arabischen Aspekt bei der Gründung des jüdischen Heimlandes in Palästina nicht ernsthaft genug zur Kenntnis genommen hat", und fuhr fort:

> "Es gab zwar immer Sprecher und Denker der zionistischen Bewegung, die ihn unterstrichen haben ... und ihre ideologischen und politischen Führer haben immer - wie ich glaube ehrlich und ernsthaft - betont, daß das jüdische Nationalheim in Frieden und Harmonie mit den Arabern geschaffen werden müsse. Leider blieben aber diese Überzeugungen mehr Theorie und Prinzip und wurden in die Praxis der zionistischen Wirklichkeit kaum übertragen."[14]

Ein Teil der Zionisten, die die Anwesenheit der Araber durchaus berücksichtigten, hielt sie einer eigenständigen nationalen Entwicklung für unfähig, gedachte ihnen statt dessen - als europäische "Kulturbringer" - eine höhere Zivilisation zu ermöglichen und sie letztlich den jüdischen Einwanderern unterzuordnen.

Doch gerade in der zweiten Hälfte des 19. Jahrhunderts begann sich von Ägypten, Syrien und dem Libanon ausgehend, eine kulturelle, bald auch politisch motivierte arabische nationale Bewegung zu entwickeln. Schon zur Jahrhundertwende äußerten arabische Notabeln in Jerusalem ihre Opposition gegen den Zionismus, da sie fürchteten, von finanzkräftigen jüdischen Unternehmen aus ihrer beherrschenden wirtschaftlichen Position verdrängt zu werden. Als ihnen die jungtürkische Revolution 1908 die politische Gleichberechtigung als Bürger des Osmanischen Reiches brachte, erhielten die nationalen Bestrebungen der Araber neue Impulse. Arabische Schriftsteller dieser Zeit unterschieden sehr wohl zwischen den ansässigen "osmanischen Juden", die sie als eine der vielen in der osmanischen Türkei lebenden Religionsgemeinschaften anerkannten, und den "fremden Juden", die aus Europa einwanderten. Aus welchen Motiven auch immer zu Beginn des 20. Jahrhunderts Juden nach Palästina kamen, so gerieten sie doch zwangsläufig in Gegensatz zu der sich entwickelnden arabischen Nationalbewegung.

Erste praktische Schritte

Mit der auf dem Baseler Kongreß gegründeten Zionistischen Weltorganisation (ZWO) nahm HERZLS "Society of Jews" Gestalt an. Die Mitglieder der Organisation hatten einen Jahresbeitrag, den *Schekel*, zu entrichten; 1913 verfügte die Organisation über 217.231 Schekelzahler, das waren ungefähr zwei Prozent der jüdischen Weltbevölkerung. Wichtiger als die Einsammlung der *Schekel* wurden für das zionistische Projekt Finanzinstitute, an denen sich jüdische Bankiers aus Westeuropa, später auch aus den USA beteiligten. Dazu gehörte die 1899 gegründete Jüdische

Kolonisationsbank (Jewish Colonial Trust), deren Aktionäre 1903 die *Anglo-Palestine-Bank* ins Leben riefen und aus der schließlich die Israelische Nationalbank hervorging. Hauptsächlich mit Bodenkäufen und Siedlungsfragen befaßt waren der Jüdische Nationalfonds *Keren Kajemet le-Jisrael* (1901) und die *Palestine Land Development Co.* (1908).

Von Beginn an gab es innerhalb der ZWO verschiedene Strömungen mit unterschiedlichen Vorstellungen über die Verwirklichung von HERZLs Ideen. Das war eine Folge divergierender sozialer Kräfte, die innerhalb der Organisation wirkten, aber auch unterschiedlicher geistig-politischer Einflüsse. Die einzelnen Gruppierungen bildeten die Basis für die spätere Struktur des Parteiensystems in Israel, wobei es im Laufe der Jahrzehnte wiederholt zu Abspaltungen und Parteineugründungen kam. Als Grundschema lassen sich eine sozialdemokratisch orientierte, eine liberal-konservative und eine religiös-klerikale, später auch eine rechtsextreme Variante des Zionismus erkennen.

Zuerst trat der religiöse Flügel als Sonderverband der ZWO in Erscheinung. Auf einer Konferenz am 4. und 5. März 1902 in Wilna wurde die Organisation *Misrachi (Merkas Ruchani* - Geistiges Zentrum) als Vereinigung der Zionisten gegründet, die den jüdischen Staat im Geiste der *Torah* errichten und den Einfluß der jüdischen Religion verstärken wollten. Von ihr spaltete sich 1911 eine orthodoxe Gruppe ab, die zusammen mit der Freien Vereinigung für die Interessen des orthodoxen Judentums (1885 in Deutschland entstanden) 1912 in Kattowitz die internationale Vereinigung *Agudat Jisrael* (Bund Israels) gründete. Die *Agudat Jisrael* sah ihr Siedlungswerk in Palästina als Dienst an der Verwirklichung der Herrschaft Gottes an, lehnte zunächst jede jüdische Staatlichkeit ab und erkannte nur die Autorität der Rabbiner an.

Der sozialdemokratisch orientierte Flügel im Zionismus, auch Arbeiter-Block genannt, entwickelte sich bis zu den dreißiger Jahren zur stärksten Fraktion in der ZWO. Bereits 1898 veröffentlichte Nahman SYRKIN die Schrift "Die Judenfrage und der sozialistische Judenstaat" als Alternative zu HERZLs Ideen. SYRKIN meinte,

> "... daß ein kapitalistischer Judenstaat mit Recht den weitesten Schichten des Judenvolkes als unannehmbar erscheinen muß ... Im sozialistischen Gewande kann der Zionismus Gemeingut der ganzen jüdischen Nation werden. Durch die Verquickung mit dem Sozialismus wird sich der Zionismus zu einer gewaltigen Volksleidenschaft steigern."[15]

Unter "Sozialismus" verstand SYRKIN die "konstruktive" Arbeit aller Juden - unabhängig von ihrer sozialen Stellung - bei der Erschließung Palästinas auf genossenschaftlicher Basis.

Aus losen Arbeitervereinigungen, die sich um 1900 in Rußland bildeten und den Sozialismus mit dem Zionismus verbinden wollten, entstand 1905 in Palästina die Partei *Poale Zion* (Arbeiter Zions), die sich als Teil der sozialdemokratischen Bewegung verstand. Im selben Jahr konstituierte sich auch die Partei *ha-Poel ha-Zair* (Der junge Arbeiter), die - beeinflußt von den Gedanken der russischen Volkstümler - die "Erlösung des Volkes" durch produktive Arbeit anstrebte. Zunächst herrschten unter den Poale-Zionisten die Ideen Dov Ber BOROCHOWS (1881-1917) vor, nach denen sich jüdisches Proletariat und jüdische Bourgeoisie erst in Palästina voll entfalten könnten und ersteres dort durch Klassenkampf den Sozialismus errichten solle. Im Gefolge ihres Theoretikers Aharon David GORDON (1856-1922) schrieb die Partei *ha-Poel ha-Zair* die "Eroberung der Arbeit" durch die Juden auf ihre Fahnen mit dem Ziel, die Ausbeutung fremder Arbeitskräfte auszuschließen, Kapital und Arbeit in den Händen jüdischer Einwanderer zu konzentrieren und auf diese Weise wirtschaftliche, kulturelle und politische Positionen in Palästina zur Verwirklichung der zionistischen Idee zu erlangen.

Die liberal-konservative Strömung im Zionismus konstituierte sich erst sehr spät (1922) als Partei, obwohl es schon auf dem 2. Zionistenkongreß 1898 eine von Chaim WEIZMANN (1874-1952) geschaffene "Demokratische Fraktion" gegeben hatte. Für diese Strömung bürgerte sich die Bezeichnung *Allgemeine Zionisten* ein. Es handelte sich um die Vertreter der zionistischen Landesverbände auf den Kongressen, die sich nicht den religiösen bzw. sozialdemokratischen Sonderverbänden angeschlossen hatten. Politisch suchten die Allgemeinen Zionisten die Rolle des vereinheitlichenden Zentrums in der ZWO zu spielen und das Programm HERZLS durch Abstreifen anachronistisch-aristokratischer Züge zu verwirklichen. Die von WEIZMANN repräsentierten Allgemeinen Zionisten vertraten die Interessen liberaler und konservativer Unternehmer und freiberuflich Tätiger, die für eine privatwirtschaftliche Entwicklung des künftigen Judenstaates eintraten.

Um ihre Idee der Gründung eines jüdischen Nationalstaates in Palästina zu verwirklichen, mußten sich die Führer der ZWO mit der Lage im Osmanischen Reich und den widerstreitenden Interessen der Großmächte auseinandersetzen. Seit 1881 kontrollierten westeuropäische Bankhäuser mittels der "Ottomanischen Schuldenverwaltung" die türkischen Finanzen. 1882 unterwarfen die Briten Ägypten, setzten sich dann am Persischen Golf fest, während Frankreichs Ambitionen dem Libanon und Syrien galten. Der britisch-russische Gegensatz wegen der zaristischen Ansprüche auf die Meerengen schwand in dem Maße, wie mit dem wilhelminischen Deutschland ein neuer Rivale auftauchte. Die Erlangung der Konzessionen für den Bau der Anatolischen und dann der Bagdad-Bahn

(1888, 1902) sowie die Entsendung von Militärmissionen und Kriegsmaterial nach der Türkei signalisierten die Absicht deutscher Banken, Konzerngruppen und Militärs, den anderen Mächten beim Rennen um Beherrschung des Orients den Rang abzulaufen. Diese Rivalitäten erlaubten es dem Sultan ABDÜLHAMID II. (1876-1909), zu lavieren und die Existenz des Osmanischen Reiches zu verlängern.

Bis zu seinem Tode 1904 war HERZL unermüdlich tätig, um bei diesen Mächten für den Zionismus zu werben. Als Journalist hatte er Erfahrung im Umgang mit Diplomaten und Politikern gesammelt. Zunächst wandte er sich an WILHELM II., um diesen während seiner Orientreise 1898 dazu zu bewegen, vom Sultan einen offiziellen Schutzbrief für eine Zionistische Landerwerbsgesellschaft in Palästina zu erlangen, "eine Chartered Company - unter deutschem Schutz".[16] Die Unterredung, die HERZL in Konstantinopel mit WILHELM II. hatte, und der offizielle Empfang, den dieser ihm und seiner Delegation in Jerusalem gewährte, blieben jedoch ohne Ergebnisse. Die zionistische Organisation war für die Repräsentanten des Deutschen Reiches eine noch zu geringe politische Größe, als daß sie ihr zuliebe einen Zusammenstoß mit den anderen an der nahöstlichen Region interessierten Mächten riskiert hätten. Eine Audienz HERZLs bei ABDÜLHAMID II. 1901 blieb ebenfalls ergebnislos, da HERZL die dem Sultan angebotenen Gelder zur Sanierung der türkischen Finanzen nicht bei jüdischen Bankiers aufzutreiben vermochte.

1902 war HERZL in London, wo er mit Kolonialminister Joseph CHAMBERLAIN konferierte. An dem Vorschlag HERZLs, den Nordteil der Sinai-Halbinsel zu besiedeln und ihn so "zu einem Stützpunkt englischer Macht im Mittelmeerraum werden zu lassen"[17], zeigten die Briten Interesse. Als das Projekt wegen unüberwindlicher Wasserversorgungsprobleme aufgegeben wurde, schlug die britische Seite den Zionisten Uganda als autonomes Ansiedlungsgebiet unter eigener Verwaltung, aber mit britischer Oberhoheit vor. Waren HERZL und andere geneigt, das Angebot als Zwischenlösung anzunehmen, solange Palästina nicht zu haben war, so erhob sich stürmischer Protest vor allem von seiten vieler zionistischer Gruppen und Persönlichkeiten, für die nur Palästina in Frage kam. 1907 wurde das Uganda-Projekt endgültig vom Zionistischen Weltkongreß verworfen.

Die Liste von HERZLs diplomatischen Aktivitäten ist kaum überschaubar. Neben den zahlreichen Unterredungen mit britischen, deutschen und österreichischen Staatsmännern und Finanziers seien noch seine Treffen mit dem russischen Innenminister W. K. PLEHWE, mit dem italienischen König VIKTOR EMANUEL III. und Papst PIUS X. genannt. Mochten diese Gespräche auch nicht zu greifbaren Ergebnissen führen, so dokumentierten sie doch das Bestreben HERZLs nach "Konzentration aller Kräfte auf die völkerrechtliche Eroberung Palästinas".[18]

Auch ohne den von HERZL vergeblich erstrebten Schutzbrief kam die zionistische Einwanderung und Ansiedlung in Palästina voran. Im Vergleich mit dem Millionen zählenden Auswandererstrom osteuropäischer Juden nach dem amerikanischen Kontinent blieb sie jedoch zahlenmäßig bescheiden. Eine erste Einwanderungswelle (*Alijah*, eigentlich Aufstieg nach Zion) 1882-1903 brachte 20.000 bis 30.000, eine zweite 1904-1914 35.000 bis 40.000 zumeist osteuropäische Juden ins Land.

Aus der ersten *Alijah* gingen landwirtschaftliche Siedlungen hervor, in denen private Plantagenbesitzer arabische Landarbeiter beschäftigten. Das Gesicht der zweiten *Alijah* bestimmten die von BOROCHOW und GORDON beeinflußten zionistisch-sozialistischen Gruppen. Sie verließen Rußland und die angrenzenden osteuropäischen Länder aus Enttäuschung über den Ausgang der Revolution 1905-1907 und um den zaristischen Pogromen zu entgehen. Zumeist arbeitslose Intellektuelle, Kleinbürger und Halbproletarier, wandten sich 60 Prozent von ihnen der landwirtschaftlichen Arbeit zu. Ihr Ziel war es, dadurch die Sozialstruktur des jüdischen Volkes zu "normalisieren" und ein Volk wie jedes andere zu werden. Sie gründeten seit 1909 auf dem vom Jüdischen Nationalfonds erworbenen Boden Kollektivsiedlungen, die *Kibbuzim* (Singular: *Kibbuz*). Eine solche Lösung entsprach den sozialistischen Zielvorstellungen ebenso wie den wirtschaftlichen Möglichkeiten und den Sicherheitsbedürfnissen der frühen Ansiedler. Indem die *Kibbuzim* den Boden genossenschaftlich bewirtschafteten, schlossen sie arabische Lohnarbeit aus.

In der Zeit bis zum ersten Weltkrieg verdoppelte sich die Zahl der jüdischen landwirtschaftlichen Siedlungen und Siedler in Palästina. Es erfolgten private Investitionen in Höhe von 100 Mill. Francs; zunehmend entstanden kleine Industrieunternehmen und Baufirmen. 1909 begann der Aufbau der Stadt Tel Aviv, 1912 wurde das Technologische Institut (*Technion*) in Haifa gegründet. Bereits 1908 hatte sich die ZWO mit der Errichtung des Palästina-Amtes unter Leitung von Arthur RUPPIN im Lande etabliert. Unter den wohlhabenden Juden in den Ländern Westeuropas und in den USA, die hauptsächlich als Geldgeber in Frage kamen, hielt sich jedoch das Interesse am Zionismus noch in engen Grenzen. Diese Kräfte sahen in der Regel in der Assimilierung ihre Entwicklungschancen. Kapitalanlagen im rückständigen Palästina erschienen ihnen zudem nicht lukrativ genug.

Von der Balfour-Erklärung zum Palästina-Mandat

Mit dem Beginn des ersten Weltkrieges und vor allem nach dem Kriegseintritt des Osmanischen Reiches an der Seite Deutschlands und Österreich-Ungarns am 29. Oktober 1914 trat der Kampf der Großmächte um die Vormachtstellung im Orient in sein entscheidendes Stadium ein. Um die unter türkischer Oberhoheit stehenden arabischen Gebiete zum Aufstand gegen den Sultan zu bewegen, versprach Großbritannien dem Großscherifen von Hedschas und Mekka HUSSAIN, die Unabhängigkeit der ostarabischen Gebiete nach der Zerschlagung des Osmanischen Reiches anzuerkennen. Unter dem Befehl von HUSSAINs Sohn, Emir FAISAL, begann daraufhin am 5. Juni 1916 eine Beduinenarmee im Bündnis mit den Briten die Kampfhandlungen gegen die türkischen Truppen. In dem geheimen Sykes-Picot-Abkommen vom 16. Mai 1916 teilten Großbritannien und Frankreich gleichzeitig das den Arabern versprochene Mesopotamien und Syrien nebst angrenzende Gebiete - darunter auch Palästina - unter sich als künftige politische Einflußgebiete auf.

Nutzte Großbritannien die arabische Unabhängigkeitsbewegung lediglich aus, um sein eigenes "Mittelost-Imperium" zu errichten, so boten sich ihm mit den Politikern der ZWO weitere Verbündete an. Sowohl die zionistischen Komitees im Lager der Mittelmächte wie in dem der Entente wandten sich an ihre jeweiligen Regierungen, um Zusagen für die Unterstützung ihrer territorialen Forderungen an das Osmanische Reich zu erhalten. Letztlich blieben dabei die um das Londoner Aktionskomitee WEIZMANNs gruppierten Kräfte erfolgreich, forderten sie doch ein Gebiet des Kriegsgegners.

Der aus Rußland stammende Chaim WEIZMANN (1874-1952) galt als Vertreter des "synthetischen Zionismus". Er war zunächst von der *Chibat-Zion*-Bewegung beeinflußt und befürwortete deren Siedlungsaktivitäten in Palästina. Seine Studien in Deutschland und Großbritannien sowie die Teilnahme an den ersten zionistischen Kongressen ließen ihn die Bedeutung der politischen Arbeit HERZLs erkennen. Er sprach sich daher vehement für die Verbindung diplomatischer Anstrengungen und praktischer Tätigkeit in Palästina aus. 1904 ging WEIZMANN als Chemiker an die Universität Manchester. Nachdem er 1916 zum Direktor des chemischen Laboratoriums der Britischen Admiralität aufgerückt war und ein Verfahren zur synthetischen Herstellung des kriegswichtigen Azetons erfunden hatte, konnte er seine gesellschaftlichen Kontakte nutzen, um die Öffentlichkeit und vor allem führende britische Politiker für die zionistische Sache zu gewinnen. Amerikanische und französische Zionisten unterstützten ihn dabei. Bereits im März 1915 legte Chaim WEIZMANN dem Herausgeber des "Manchester Guardian", C. P. SCOTT, dar, wie interessiert Großbritannien an einer zionistischen Inbesitznahme Palästinas sein müßte. Er schlug vor, "die Juden übernehmen das Land, die ganze Last der Verwaltung fällt ihnen zu, doch für die nächsten zehn oder fünfzehn Jahre arbeiten sie unter einem zeitweiligen britischen Protektorat". Dies hätte große strategische Vorteile für die britische Stellung im Nahen Osten: "Ein starker jüdischer Staat in der ägyptischen Flanke ist ein wirksamer Schutz gegen jede etwaige Gefahr vom Norden."[19]

Der Vorschlag zur Errichtung eines britischen Protektorats über Palästina kam den Empire-Politikern entgegen, konnte dieses doch die britische Position in Ägypten und am Suezkanal zusätzlich stärken und ein wichtiger Baustein des angestrebten britischen Mittelost-Imperiums werden. Man nahm außerdem an, ein Eingehen auf zionistische Vorstellungen sei geeignet, den Druck amerikanischer Juden auf einen Kriegseintritt der USA auf seiten der Entente zu verstärken. Der Generalsekretär des Kriegskabinetts, Mark SYKES, wurde deshalb beauftragt, Verhandlungen mit dem zionistischen Aktionskomitee zu führen. In deren Verlauf sprachen Vertreter der Zionistischen Weltorganisation von der notwendigen "Rücksiedlung" der Juden nach Palästina. Sie entwarfen eine Erklärung, in der die "Anerkennung Palästinas als nationale Heimstätte des jüdischen Volkes"[20] proklamiert werden sollte.

Auf eine solche Maximalforderung konnte und wollte die britische Seite jedoch nicht eingehen. Die arabische Armee ihres Verbündeten FAISAL, die in Richtung Amman-Damaskus nach Norden vordrang, trug wesentlich dazu bei, daß die britischen Truppen im Laufe des Jahres 1917 einen großen Teil Palästinas erobern konnten. Außerdem gedachten die britischen Politiker, ihre künftige Herrschaft auch im Nahen Osten auf das Prinzip "teile und herrsche" zu begründen, d. h. sich sowohl auf die Zionisten als auch auf die Araber zu stützen. Darüber hinaus mußte die Regierung Stellungnahmen einflußreicher antizionistischer Kräfte unter den westeuropäischen Juden berücksichtigen, die in dem Palästina-Experiment eine Beeinträchtigung der politisch-rechtlichen Stellung der Juden in den übrigen Teilen der Welt sahen.

Nach Zustimmung der Regierung der USA übermittelte Außenminister Arthur James BALFOUR am 2. November 1917 an James de ROTHSCHILD, den Präsidenten der Englischen Zionistischen Föderation, eine Erklärung des britischen Kabinetts, die er an die ZWO weiterzuleiten bat. Das als Balfour-Deklaration in die Geschichte eingegangene Dokument hatte folgenden Wortlaut:

> "Die Regierung Seiner Majestät betrachtet mit Wohlwollen die Errichtung einer nationalen Heimstätte für das jüdische Volk in Palästina und wird ihr Bestes tun, die Erreichung dieses Zieles zu erleichtern, wobei, wohlverstanden, nichts geschehen soll, was die bürgerlichen und religiösen Rechte der bestehenden nichtjüdischen Gemeinschaften in Palästina oder die Rechte und den politischen Status der Juden in anderen Ländern in Frage stellen könnte."[21]

Obwohl die Balfour-Deklaration nur den Anspruch auf eine nationale Heimstätte *in* Palästina anerkannte, wurde sie von allen zionistischen Fraktionen begrüßt. Für WEIZMANN und viele seiner Anhänger war sie allerdings "nicht mehr als ein Rahmenwerk".[22]

Mit dem Ende des ersten Weltkrieges war auch das Osmanische Reich auseinandergebrochen. Briten und Araber hatten Syrien erobert, Emir FAISAL bildete in Damaskus eine provisorische arabische Regierung. Im Juni 1919 anerkannte ihn der I. Allsyrische Kongreß als König von Großsyrien, wozu auch Palästina gerechnet wurde. Die arabische Nationalbewegung forderte nun die im Krieg versprochene Unabhängigkeit. Auf der Pariser Friedenskonferenz, die im Januar 1919 begann, gingen Großbritannien und Frankreich jedoch daran, ihre geheimen Teilungspläne von 1916 in die Tat umzusetzen. Sie bedienten sich dazu des neugegründeten Völkerbundes und seines Mandatssystems. Unter "Mandat" verstand die Satzung des Völkerbundes "die Übertragung der Vormundschaft" über Völker, die sich nicht selbst zu leiten vermögen, "an die fortgeschrittenen Nationen".[23]

Um ihre Ziele auf der Pariser Friedenskonferenz durchzusetzen, drängten die britischen Diplomaten FAISAL, den Führer der Arabischen Delegation, zu einem Übereinkommen mit Vertretern der ZWO. Der Emir erhielt dazu von britischer Seite die Versicherung der Unterstützung gegen französische Ansprüche auf Syrien und von WEIZMANN die Zusage, keine jüdische Regierung in Palästina zu errichten. FAISAL und WEIZMANN schlossen daraufhin am 3. Januar 1919 eine Vereinbarung, die von "der rassischen Verwandtschaft und den uralten Bindungen zwischen den Arabern und dem jüdischen Volk" ausging. In Artikel I der Vereinbarung wurde festgelegt, daß der Arabische Staat und Palästina in ihren Beziehungen Verständigung und guten Willen walten lassen sollten. In Artikel II war die definitive Grenzziehung zwischen Palästina und dem Arabischen Staat durch eine jüdisch-arabische Kommission nach der Friedenskonferenz vorgesehen, und Artikel III legte die volle Anwendung der Balfour-Deklaration in Palästina fest. Artikel IV lautete:

> "Es sollen alle nötigen Maßnahmen ergriffen werden, um die Einwanderung von Juden in großem Umfang zu fördern und anzuregen und so schnell wie möglich jüdische Einwanderer in geschlossenen Siedlungen auf dem Land anzusiedeln zur intensiven Kultivierung des Bodens. Bei allen diesen Maßnahmen sollen die Rechte der arabischen Bauern und Pächter geschützt und ihre wirtschaftliche Entwicklung soll unterstützt werden."[24]

In Artikel VII sagte die Zionistische Organisation Beistand für die wirtschaftliche Entwicklung des Arabischen Staates zu. FAISAL fügte diesem ersten arabisch-zionistischen Übereinkommen den schriftlichen Vorbehalt hinzu, daß es nur dann gälte, wenn die Araber die von den Briten versprochene Unabhängigkeit erhalten würden.

Zur gleichen Zeit wirkten das britische Foreign Office und auch britische Zionisten auf die von Chaim WEIZMANN geführte Delegation der ZWO ein, die in ihrem Memorandum enthaltene Forderung nach sofortiger Errichtung des jüdischen Staates fallen zu lassen. WEIZMANN hielt sich daran. Bei ihrer Anhörung durch die Vertreter der Siegermächte in Paris am 23. Februar 1919 traten die Vertreter der Weltorganisation dafür ein, Großbritannien das Mandat über Palästina zu übertragen. Ihre intern vereinbarte Gegenleistung für die Balfour-Deklaration bestand darin, die Errichtung der britischen Herrschaft über Palästina nach dem Sieg über die Mittelmächte zu unterstützen. Gleichzeitig wurde deutlich, was WEIZMANN darunter verstand, den "Rahmen" der Balfour-Deklaration mit Inhalt zu füllen. So schlug seine Delegation eine Grenzlinie vor, die bei Sidon beginnend den Südlibanon und das südwestliche Syrien bis nahe an Damaskus dem Mandatsgebiet zurechnete, dann östlich des Jordan entlang der Hedschasbahn und schließlich von Akaba nach El-Arisch verlief. Nach den Ansprachen der zionistischen Delegierten fragte der US-Außenminister Robert LANSING, was unter einer jüdischen nationalen Heimstätte zu verstehen sei. Gemäß seinem Bericht an eine bald darauf tagende Zionistische Konferenz antwortete WEIZMANN:

> "Ich erklärte, daß wir unter einer jüdischen nationalen Heimstätte die Schaffung solcher Bedingungen in Palästina verstünden, die es uns ermöglichten, 50.000 - 60.000 Juden jährlich ins Land zu bringen und sie dort anzusiedeln, unsere Institutionen, unsere Schulen und die hebräische Sprache zu entwikkeln und schließlich solche Bedingungen zu schaffen, daß Palästina genau so jüdisch sei, wie Amerika amerikanisch und England englisch sei."[25]

Dies war das langfristig angelegte Programm der Umwandlung Palästinas in einen jüdischen Staat. Die Rechte der arabischen Bevölkerung fanden dabei keine Erwähnung.

Die Unterstützung durch Großbritannien als der Macht, die zu Kriegsende den Nahen Osten militärisch beherrschte, verhalf den Zionisten zur internationalen Anerkennung ihrer Ansprüche auf Palästina: Die Balfour-Deklaration fand Aufnahme in den Friedensvertrag der Alliierten mit der Türkei und in das Völkerbundmandat für Palästina. Bereits am 25. April 1920 übertrug der Oberste Rat der Alliierten auf einer Konferenz in San Remo Großbritannien Mandate über den Irak und über Palästina. Die ursprünglichen Mandatsgrenzen umfaßten annähernd den seit dem Altertum mit dem Namen Palästina bezeichneten geographischen Raum, der sich vom Mittelmeer über Jordan und Totes Meer nach Osten ausdehnte. Nach Bildung des Emirats Transjordanien östlich des Jordan unter Emir ABDALLAH, dem zweiten Sohn von HUSSAIN, beschloß die britische Regierung, die Bestimmungen des Mandats, die der Errichtung der jüdischen Heimstatt in Palästina galten, auf das Gebiet westlich des Jordan zu beschränken. Das vom Völkerbundsrat am 24. Juli 1922 bestätigte Dokument sah im Unterschied zu den Mandaten für den Irak und Syrien, die die Bildung eigenständiger Regierungen ermöglichten, die direkte britische Herrschaft vor. In ihrem Rahmen wurde der Förderung zionistischer Interessen Priorität gegeben. So sollte die Mandatsmacht Bedingungen für die Errichtung der jüdischen Heimstätte schaffen, die jüdische Einwanderung und geschlossene Ansiedlung im Lande fördern, Juden die Annahme der palästinensischen Staatsbürgerschaft erleichtern und Hebräisch neben Englisch und Arabisch als Amtssprache anerkennen. Einer *Jewish Agency* (Jüdische Agentur) wurde die Aufgabe gestellt, in allen die Errichtung der jüdischen nationalen Heimstatt betreffenden Fragen die Mandatsverwaltung zu beraten und mit ihr zusammenzuarbeiten. Die ZWO sollte zunächst die Funktion der *Jewish Agency* übernehmen. Das Mandatsdokument enthielt - im Gegensatz zu diesen Zusicherungen an die jüdische Bevölkerung - keine Schutzbestimmungen für politische Rechte der im Lande ansässigen Araber. Das Wort "Araber" kam in dem Dokument nicht vor.

Das Mandat über Palästina widersprach ebenso wie die gesamte Friedensregelung der Entente für den Nahen Osten dem von US-Präsident Woodrow WILSON verkündeten Selbstbestimmungsrecht der Völker, das auch im Völkerbundspakt seinen Niederschlag fand. Das Mandatssystem wurde den Arabern entgegen ihrem ausdrücklichen Willen und entgegen dem Unabhängigkeitsversprechen von 1916 aufgezwungen und barg daher von vornherein Zündstoff in sich. Die französischen Truppen besetzten im August 1920 nach heftigen Kämpfen Syrien; im Irak konnte die britische Herrschaft ebenfalls erst nach einem von Mai bis Oktober 1920 andauernden Aufstand etabliert werden. FAISAL sagte sich deshalb im März 1920 von dem Vertrag mit WEIZMANN los. Die Möglichkeit einer arabisch-jüdischen Verständigung in Palästina war damit - nicht zuletzt aufgrund der strategischen und wirtschaftlichen Interessen der Großmächte - gescheitert.

Die Ziele der arabischen Nationalbewegung in Bezug auf das Schicksal Palästinas wurden zu dieser Zeit bereits deutlich artikuliert und waren den Alliierten bekannt. So hatte im Juni 1919 der Allsyrische Kongreß, an dem 69 gewählte Delegierte aus allen Bezirken Großsyriens teilnahmen, die zionistischen Ansprüche auf Palästina zurückgewiesen. Er sprach sich gegen jedwede jüdische Einwanderung aus und betrachtete die zionistischen Ziele als Bedrohung des nationalen arabischen Eigenlebens. Zur gleichen Zeit hielt sich eine auf Vorschlag WILSONs und mit Genehmigung des Obersten Alliierten Rates gebildete Kommission unter Leitung der beiden amerikanischen Diplomaten Henry C. KING und Charles R. CRANE in Syrien und Palästina auf, um die Bedingungen für eine Mandatsherrschaft über diese Gebiete zu studieren. Ihr Bericht, der allerdings erst 1922 veröffentlicht wurde, wies insbesondere auf die durch Landkäufe und -enteignungen entstehenden Probleme hin:

"Wiederholt wurde in der Beratung der Kommission mit jüdischen Vertretern klar, daß die Zionisten auf eine praktisch vollständige Enteignung der gegenwärtigen nichtjüdischen Bewohner Palästinas durch verschiedene Formen des Landkaufes abzielten".

Der King-Crane-Bericht vermerkte weiter, "daß die nichtjüdische Bevölkerung Palästinas - nahezu 9/10 der Gesamteinwohnerschaft - deutlich gegen das ganze zionistische Programm ist." Eine ebensolche Haltung beobachtete die Kommission im gesamten Syrien und gab zu bedenken:

"Die Friedenskonferenz sollte nicht ihre Augen vor der Tatsache verschließen, daß die antizionistischen Gefühle in Palästina und Syrien stark sind und nicht leichthin bespöttelt werden können. Kein britischer Offizier, der von den Kommissionsmitgliedern befragt wurde, glaubte, daß das zionistische Programm anders als durch Einsatz von Waffen verwirklicht werden könnte."[26]

Bald sollte sich zeigen, daß der Lagebericht der King-Crane-Kommission realistisch war. Im April 1920 und Mai 1921 kam es zu ersten arabischen Pogromen gegen jüdische Einwanderer in Palästina und zu Unruhen, die britische Truppen blutig niederschlugen. Kolonialminister Winston CHURCHILL sah sich daraufhin veranlaßt, in einem Weißbuch vom 1. Juni 1922 zu erklären, die britische Regierung wolle zwar nicht von der Balfour-Deklaration abweichen, beabsichtige aber auch nicht, Palästina gänzlich auf Kosten der arabischen Bevölkerung jüdisch zu machen. Die Einwanderung solle von der wirtschaftlichen Aufnahmefähigkeit des Landes abhängig sein.

Unter dem Schirm des Mandats - der *Jischuv*

Bereits mit dem Amtsantritt des britischen Hochkommissars für Palästina, Herbert SAMUEL, am 1. Juli 1920 endete die britische Militärverwaltung und wurde das Mandatsregime wirksam. Während der Kriegszeit war der

Jischuv, die jüdische Bevölkerungsgruppe in Palästina, von 85.000 auf 56.000 zusammengeschmolzen und betrug nunmehr 8 Prozent der Gesamtbevölkerung. Die alteingesessenen ebenso wie die eingewanderten Juden lebten hauptsächlich in Städten wie Jerusalem, Tiberias, Tel Aviv und Haifa, aber auch in 60 ländlichen Siedlungen, die wie Inseln in einem Meer von 800 arabischen Dörfern lagen.

Mit der Errichtung der Mandatsmacht ging eine neue Einwanderungswelle einher, so daß die jüdische Bevölkerungszahl 1922 wieder den Vorkriegsstand erreichte. Es begann nun eine demographische, wirtschaftliche, soziale und politische Entwicklung des *Jischuv*, mit der sich bis zum Ende der Mandatszeit 1948 die Grundlagen für einen jüdischen Staat herausbildeten. 1940 lebten in Palästina bereits über 463.000 Juden, d. h. 31,4 Prozent der Gesamtbevölkerung.

Die Einwanderung erfolgte in mehreren Wellen. Unter den 35.000 Juden, die in der dritten *Alijah* zwischen 1919 und 1923 hauptsächlich aus Osteuropa kamen, dominierten die *Chaluzim* (Pioniere). Diese Jugendlichen, die vor der Auswanderung eine zielgerichtete landwirtschaftliche Ausbildung (*Hachscharah*) erhalten hatten und den Arbeiterparteien nahestanden, verbanden mit dem Zionismus Hoffnungen auf eine sozialistische Zukunft in Palästina. Sie gründeten zahlreiche *Kibbuzim*, ab 1921 auch *Moschavim* - landwirtschaftliche Kollektivsiedlungen, die auf dem Zusammenschluß einzelner Farmen beruhten.

Mit der vierten Einwanderungswelle änderte sich die politische und soziale Zusammensetzung des *Jischuv* wesentlich. Zwischen 1924 und 1929 kamen etwa 82.000 Juden ins Land, die nicht in erster Linie am zionistischen Aufbauwerk interessiert waren, sondern infolge wirtschaftlicher Diskriminierung emigrierten. Da ihnen verschärfte Einwanderungsbestimmungen der USA den sonst bevorzugten Ausweg versperrten, richtete sich ihr Interesse auf Palästina. Die sogenannte "Mittelstandseinwanderung" umfaßte zumeist ruinierte Kleingewerbetreibende und Händler aus Polen, die - im Gegensatz zu den *Chaluzim* - etwas Kapital mitbrachten und dieses anzulegen bestrebt waren. Landwirtschaftliche Arbeit war nicht ihr Ziel; sie wollten in den sich entwickelnden Städten weiterhin in ihren bisherigen Berufen tätig werden.

Nach einer kurzzeitigen wirtschaftlichen Belebung, die diese Einwanderung mit sich brachte, folgten bald Krise und Arbeitslosigkeit, so daß 1927 und 1928 die Zahl der jüdischen Auswanderer aus Palästina die der Immigranten übertraf. Einen größeren Umfang nahm die Einwanderung erst wieder 1932 mit dem Ende der Weltwirtschaftskrise und dann ab 1933 mit dem Flüchtlingsstrom von Juden aus Deutschland an. Vorwiegend kleine und mittlere jüdische Unternehmer, Beamte und Angehörige freier Berufe wandten sich nach Palästina, um den antisemitischen Diskriminierungen und Repressalien des nationalsozialistischen Regimes zu entgehen. Sprunghaft erhöhten sich die Einwanderungszahlen: Sie überstiegen 1933 37.000, 1934 45.000 und 1935 66.000. Diese Tendenz wurde abrupt beendet, als die Mandatsbehörden 1936 die Einwanderung wegen des arabischen Aufstands in Palästina drastisch einschränkten.

Die jüdische Immigration war begleitet von einem durch die Mandatsverfassung und -politik begünstigten anhaltenden Kapital- und Warenzufluß, der in der Mitte der dreißiger Jahre seinen Höhepunkt erreicht hatte. Zwischen 1919 und 1939 brachten die Einwanderer 75 Mill. Palästina Pfd. (£P) ins Land, 20 Mill. £P der Jüdische Nationalfonds und 28 Mill. £P ausländische Investoren. Die Gelder flossen zu 40 Prozent in das Bauwesen, zu 34 Prozent in Landkäufe und in die Entwicklung der Landwirtschaft, nur zu 14 Prozent in Industrie und Handwerk und zu 10 Prozent in das Verkehrswesen. Neben der weiteren Entwicklung der Zitrusplantagen - ihr Anteil am Außenhandel betrug 1939 75 Prozent - und anderer Landwirtschaftsbetriebe entstand ein System von Banken und Versicherungsgesellschaften. Viele Klein- und Kleinstbetriebe der verarbeitenden Industrie begannen zu produzieren. Zu einer Kapitalakkumulation in großem internationalen Maßstab kam es im industriellen Sektor während der Mandatszeit jedoch nicht. Dem standen das Fehlen entsprechender Rohstoffquellen, wie z. B. Erdöl, der relativ kleine innere Markt und die politischen Spannungen im Lande entgegen. Zur industriellen Entwicklung trugen ausländische Investitionen bei, die vornehmlich aus Großbritannien, seit Mitte der zwanziger Jahre immer stärker auch aus den USA, ins Land flossen. Auf diese Weise entstanden zum Beispiel Großbetriebe zur Ausbeutung der wenigen Bodenschätze, wie die Palestine Potash Co. und die Nesher Cement Company sowie die Palestine Electric Company von Pinchas RUTENBERG und die Erdölraffinerie in Haifa.

Die Entstehung und Ausweitung eines jüdischen Wirtschaftssektors war teilweise mit der Verdrängung der Araber verbunden. Dies geschah im Gegensatz zu den Motiven der meisten Einwanderer, die nicht in kolonialistischer Absicht gekommen, sondern von dem Wunsch beseelt waren, ihr Leben neu zu gestalten oder von wirtschaftlicher und politischer Not getrieben wurden. Auch viele Investoren und Spender ließen sich bei finanziellen Zuwendungen von humanitären Erwägungen leiten. Die unterschiedlichen politischen Kräfte des Zionismus in Palästina waren sich in ihrer übergroßen Mehrheit jedoch in dem Ziel einig, eine jüdische Mehrheit im Land zu schaffen. Das sollte durch die Einwanderung und die Bildung eines jüdischen Gemeinwesens geschehen. David BEN GURION (1886-1973), Vorsitzender der *Jewish Agency* von 1935 bis 1948, formulierte dieses Ziel als "eine maximale, bedingungslose und unbegrenzte nationale Zuständigkeit und Autorität ... nationale Autorität über die Arbeit, nationale Autorität über das Kapital, ja sogar nationale Autorität über das Leben."[27] Dem diente die Politik der "Eroberung des Bodens" und der "Eroberung der Arbeit".

Die bereits vor dem ersten Weltkrieg begonnenen Landkäufe bei zum Teil im Ausland lebenden arabischen Großgrundbesitzern nahmen in den zwanziger und dreißiger Jahren bedeutende Ausmaße an. Der Jüdische Nationalfonds als der aktivste Käufer wurde in dieser Zeit zum größten Landbesitzer Palästinas. Die britische Mandatsmacht unterstützte die Entwicklung, indem sie aus dem ehemaligen osmanischen Staatsland 300.000 Dunam (1 Dunam = 0,1 ha) kostenlos der *Jewish Agency* übertrug und weitere 200.000 Dunam gegen eine pro forma Pachtgebühr jüdischen Siedlern überließ. Dabei handelte es sich oft um unbebauten Boden. Ging es um kultiviertes Land, so wurden die arabischen Fellachen, die als Pächter das Land bearbeiteten, mit einer Summe abgefunden, die häufig nicht mehr als den Monatslohn eines Landarbeiters ausmachte. Allein nach dem Verkauf großer Landstriche östlich von Haifa, dem Emek Jesreel (Jesreel-Tal) durch den Beiruter Bankier SURSUK an den Jüdischen Nationalfonds verschwanden 21 arabische Dörfer, deren Bewohner vertrieben wurden. Die Zahl der jüdischen ländlichen Siedlungen vergrößerte sich von 60 im Jahre 1917 auf 272 im Jahre 1944. Fast die Hälfte des bebauten Bodens gelangte in die Hand zionistischer Fonds oder jüdischer Privatbesitzer.

Die Inbesitznahme des Bodens wurde systematisch und planvoll betrieben. Der israelische Politiker und General Jigal ALLON erinnerte sich:

> "Der Siedlungsort wurde nicht nur in Anbetracht seines wirtschaftlichen Potentials gewählt, sondern auch (und oft hauptsächlich) im Hinblick auf seine Verteidigungsmöglichkeiten, die allgemeine Siedlungsstrategie (Schaffung einer politischen jüdischen Präsenz in allen Teilen des Landes) und die Rolle ganzer Siedlungsblöcke in einem kommenden, möglicherweise entscheidenden Kampf!"[28]

Die Landnahme war verbunden mit der Forderung nach "Eroberung der Arbeit und des Marktes". Es galt das Prinzip, in den neugegründeten landwirtschaftlichen Siedlungen keine arabischen Lohnarbeiter einzustellen - von den Arbeiterzionisten vor allem damit begründet, daß das jüdische Volk nur durch eigene körperliche Tätigkeit gesunden könne und daher keine fremden Arbeitskräfte ausbeuten dürfe. David BEN GURION sprach vom "Recht des jüdischen Volkes auf exklusive jüdische Arbeit in jedem jüdischen Unternehmen".[29] Er stellte 1930 fest, daß auch in den auf privater Grundlage existierenden jüdischen Siedlungen die Zahl jüdischer Landarbeiter bedeutend gestiegen war: Ende 1918 lediglich 883, betrug sie nunmehr bereits 7.748. Eine volle Durchsetzung des Prinzips der "jüdischen Arbeit" gelang jedoch nicht, da viele Privatunternehmer nicht bereit waren, auf die billigeren arabischen Arbeitskräfte, die nur die Hälfte des Lohnes beanspruchten, zu verzichten. Dennoch wurden Tausende Araber von ihren Arbeitsplätzen - insbesondere in der Landwirtschaft, zum Teil jedoch auch im Industrie- und Dienstleistungssektor - verdrängt.

Eine entscheidende Rolle bei der Schaffung der Grundlagen für den jüdischen Staat spielte in der Mandatszeit der im Dezember 1920 in Haifa von den sozialdemokratischen Arbeiterparteien gegründete Gewerkschaftsbund *ha-Histadrut ha-Klalit schel ha-Ovdim ha-Ivrijim be-Erez Jisrael* (Allgemeine Organisation der jüdischen Arbeiter in Palästina). In der *Histadrut* waren 1930 bereits 25.400 Personen, d. h. 74 Prozent aller jüdischen Arbeiter Palästinas, organisiert. Araber hatten bis 1959 keinen Zutritt. Für die Einwanderer bedeutete die *Histadrut* eine wichtige Stütze. Sie half ihnen bei der Suche nach einem Arbeitsplatz und sicherte ihren Mitgliedern feste Mindestlöhne sowie ab 1926 den Achtstundentag. Die Gewerkschaft baute eine gut organisierte medizinische Betreuung und Sozialfürsorge auf, leistete Kultur- und Bildungsarbeit und errichtete das umfassendste Schulsystem innerhalb des *Jischuv*.

Neben der Vertretung der Arbeiterinteressen kam laut Beschluß des Gründungskongresses der "Regelung der kolonisatorischen, wirtschaftlichen und auch kulturellen Angelegenheiten aller Arbeiter im Land zum Zweck des Aufbaues einer Gesellschaft der jüdischen Arbeit" große Bedeutung zu.[30] Die *Histadrut* bildete und leitete wirtschaftliche Unternehmen und andere Institutionen, zusammengefaßt in der *Chevrat ha-Ovdim* (Gesellschaft der Arbeiter). Die wichtigsten waren die Vereinigung aller *Kibbuzim* und *Moschavim*, das Bauunternehmen *Solel Boneh* (Wegbahner) - bald das größte in Palästina -, die Konsum- und Absatzgenossenschaft *ha-Maschbir* (Der Versorger) und die *Bank ha-Poalim* (Arbeiterbank). Der *Histadrut*-Führung unterstand auch die mit Duldung der britischen Mandatsbehörden geschaffene Militärorganisation *Haganah* (Verteidigung).

Mit Hilfe der gewerkschaftlichen Unternehmen sollte - entsprechend der Lehre SYRKINS - ohne Klassenkampf und Revolution die sozialistische Arbeitergesellschaft geschaffen werden. Dies war auch die Motivation für das Engagement vieler Einwanderer beim Aufbau Palästinas, die sich deshalb der *Histadrut* und den sozialdemokratisch orientierten Arbeiterparteien anschlossen. Der proklamierte Sozialismus wurde jedoch zur Utopie, da die *Histadrut* finanziell von der ZWO abhängig war und ausländisches Kapital in die meisten ihrer Unternehmen und Gesellschaften eindrang. Dennoch hatte die *Histadrut* mit der Ausbreitung ihrer Betriebe und Genossenschaften gewichtigen Anteil an der Schaffung eines jüdischen Wirtschaftssektors in Palästina. Die Gewerkschaftsführung drang darauf, daß die Unternehmer nur organisierte - d. h. jüdische - Arbeiter, beschäftigten. Sie vertiefte dadurch zwangsläufig den Graben zwischen jüdischen und arabischen Arbeitnehmern. Wo eine jüdisch-arabische Solidarität zustande kam, für die sich vor allem linkszionistische und kommunistische Organisationen einsetzten, wie z. B. in den Gewerkschaften der Tischler, der Eisenbahn-, Post- und Telegrafenarbeiter und der Erdarbeiter in den zwanziger Jahren, machte sie diese Ansätze durch die Organisation "nationaler" Verbände zunichte.

Mit dem Entstehen eines selbständigen jüdischen Wirtschafts- und Gesellschaftssektors bildete sich eine Sozialstruktur heraus, die sich wesentlich von der der jüdischen Bevölkerung in den Herkunftsländern unterschied. Der ausschließlich städtische und vorwiegend kleingewerbliche und kleinhändlerische Charakter veränderte sich mit dem Seßhaftwerden in Palästina dahingehend, daß - wie eine Volkszählung 1931 auswies - 15,4 Prozent der jüdischen Bevölkerung von der Landwirtschaft und 28,4 Prozent von der Arbeit in der Industrie lebten. Die Hälfte aller Einwanderer in den zwanziger Jahren wurde zunächst bei öffentlichen Arbeiten, im Bauwesen und in der Landwirtschaft eingesetzt. Trotz dieses tendenziellen Strukturwandels blieb der Anteil der im Handel Beschäftigten relativ hoch. In den dreißiger Jahren bildeten sich bedingt durch die Zuwanderer aus Mitteleuropa in stärkerem Maße ein Mittelstand und eine breite Intelligenzschicht heraus. Durch den ständigen Zustrom von Kapital und z. T. hochqualifizierten Arbeitskräften entstanden im palästinensischen *Jischuv* bereits während der Mandatszeit die Grundlagen für eine moderne Industriegesellschaft.

Die *Jewish Agency* als politische Vertretungskörperschaft des *Jischuv* erhielt ihre Verfassung auf dem 16. Zionistischen Weltkongreß im August 1929 in Zürich. Bis dahin war es Chaim WEIZMANN gelungen, zusammen mit dem Bankier Felix WARBURG und dem Leiter des *American Jewish Committee*, Louis MARSHALL, führende jüdische Vertreter der amerikanischen Finanzwelt für die Unterstützung des zionistischen Siedlungswerks in Palästina sowie sympathisierende Organisationen und Persönlichkeiten aus insgesamt 18 Ländern zu gewinnen. Als WEIZMANN auf dem Podium der Gründungsversammlung der *Jewish Agency* erschien, standen nicht nur Repräsentanten des amerikanischen Judentums an seiner Seite, sondern auch der ehemalige Hochkommissar Herbert SAMUEL, der Führer der französischen Sozialisten Léon BLUM und der Physiker Albert EINSTEIN.

112 Vertreter der *Jewish Agency* wählte die ZWO, 112 Vertreter wurden durch andere, nichtzionistische jüdische Organisationen gewählt. Ein

Verwaltungsausschuß von 40 Mitgliedern und eine Exekutive, die ebenfalls paritätisch zusammengesetzt sein sollte, standen an der Spitze der Agentur. Ihr Hauptbüro befand sich in Jerusalem. Dort baute sie sich einen vollständigen Verwaltungsapparat auf. Die *Jewish Agency* steuerte den Jüdischen Nationalfonds und lenkte mittels des *Keren ha-Jesod* (Palästina-Stiftungsfonds) die in den USA und anderen Ländern gesammelten Gelder in den *Jischuv*. Unter der Kontrolle der Mandatsmacht organisierte sie die Einwanderung nach Palästina, lenkte und finanzierte sie die Kolonisation und den Aufbau eines eigenen Erziehungs-, Sozial-, Gesundheits- und Militärwesens durch die *Histadrut* und die lokale jüdische Verwaltung. Die Agentur trat außenpolitisch gegenüber Großbritannien und dem Völkerbund mit dem Bestreben auf, die jüdische Einwanderung und Ansiedlung in Palästina zu forcieren und die politische Autonomie des *Jischuv* mit dem Endziel der Schaffung eines jüdischen Staates auszubauen. Die *Jewish Agency* stellte das feste Bindeglied zwischen der zionistischen Führung in Palästina, der ZWO und jüdischen Bankiers und Industriellen sowie anderen Geldgebern in- und außerhalb der USA dar.

Als Selbstverwaltungsorgan des *Jischuv* fungierte der *Waad Le'umi* (Nationalrat), der durch den Palestine Community Act vom 1. Januar 1928 von der Mandatsregierung legalisiert wurde. Er besaß ein begrenztes Steuereinnahmerecht auf lokaler Ebene und hatte die Aufsicht über das jüdische Schulsystem, die Rabbinate, das Sozial- und Gesundheitswesen. Er befaßte sich vornehmlich auch mit kommunalpolitischen Fragen. Finanziert wurde die Arbeit des *Waad Le'umi* durch die ZWO und die *Jewish Agency*. Der *Waad Le'umi* ging aus der *Asefat ha-Nivcharim* (Delegiertenversammlung) hervor, die nach dem allgemeinen Wahlrecht, das übrigens auch für Frauen galt, 1920, 1925, 1931 und 1944 gewählt wurde.

An den Wahlen beteiligten sich die politischen Parteien und ethnischen Gruppierungen des Zionismus. 1944 stellte auch die *Palästinensische Kommunistische Partei* (PKP) Kandidaten auf, während die *Agudat Jisrael* die Wahlen 1925-1944 boykottierte. Es bildete sich eine politische Kräftekonstellation zwischen den zionistischen Parteien heraus, die im wesentlichen auch im Staat Israel bis 1977 anhielt. Die sozialdemokratischen Arbeiterparteien erlangten die Mehrheit (1931: 53,1 Prozent); daneben behaupteten sich liberal-konservative Parteien (30,2 Prozent) und ein religiös-zionistischer Block (8,1 Prozent), während der Einfluß organisierter Gruppen auf ethnischer Grundlage (7,6 Prozent) gering blieb.

Auch auf kulturellem Gebiet wurden bereits in der Mandatszeit die Weichen für die weitere Entwicklung gestellt. Die zionistischen Organisationen sorgten dafür, daß die Einwanderer, die die Sprache ihrer Herkunftsländer bzw. das Jiddische mitbrachten, Hebräisch lernten und dieses allmählich aus der Sprache der Synagoge zur Verkehrs- und Landessprache wurde. Verdient machte sich um die Wiederbelebung und Entwicklung des Hebräischen insbesondere Elieser BEN JEHUDA (1858-1922). Er hatte bereits 1880 geschrieben:

"Ich habe entschieden, daß es für unser eigenes Land und politisches Leben auch notwendig ist, eine eigene Sprache zu haben, die uns zusammenhält. Diese Sprache ist Hebräisch, aber nicht das Hebräisch der Rabbiner und Jeschivah-Studenten. Wir müssen eine hebräische Sprache haben, in der wir das tägliche Leben dirigieren können".[31]

Mit den Einwanderern der ersten Alijah nach Palästina gelangt, arbeitete BEN JEHUDA an einem Wörterbuch des modernen Hebräisch, dessen 17 Bände - von ihm und seinen Schülern zusammengestellt - als Grundlage für die weitere Entwicklung dieser Sprache dienten. Die Eröffnung der Hebräischen Universität Jerusalem 1925 und des Nationaltheaters *ha-Bimah* in Tel Aviv 1931 waren weitere wichtige Schritte und zugleich Ausdruck für den Vormarsch des Hebräischen.

Obwohl viele der Einwanderer weltlich orientiert waren, akzeptierte eine übergroße Mehrheit die religiöse Tradition als das wichtigste, Juden aus verschiedenen Erdteilen und Ländern verbindende Element und als gesellschaftsprägende Kraft. Wie die Sprache so wurden auch der Kalender sowie die Ruhe- und Feiertage im *Jischuv* der jüdischen Religion entnommen. Die Mandatsgesetzgebung, die sinngemäß gleichfalls für Muslims und Christen galt, übertrug den Rabbinatsgerichten die Jurisdiktion über Zivil- und Personenstandsangelegenheiten der jüdischen Bevölkerung Palästinas. Als oberste Instanz entstand 1921 das Oberrabbinat. Die religiös-zionistische Partei *Misrachi* unterhielt ein eigenes, religiös geprägtes Schulsystem, das 1942 20.000 Schüler umfaßte.

Rechtswesen, Verwaltung und politisches Leben wurden stark vom Einfluß der britischen Mandatsmacht geprägt. Generell nahm die kulturelle Orientierung auf die englischsprachigen Völker im Laufe der Zeit zu und wirkte auch im späteren Staat Israel weiter. Gleichzeitig ließ sich nicht übersehen, daß sich bereits im *Jischuv* Elemente einer eigenständigen jüdisch-palästinensischen Kultur entwickelten. Auf literarischem Gebiet traten Schmuel Josef AGNON (1882-1970), Chaim HASAS (1898-1973) und Mosche SMILANSKY (1874-1953) hervor.

Die politischen Parteien des *Jischuv* reflektierten unterschiedliche Interessen der jüdischen Bevölkerung. Meinungsverschiedenheiten existierten während der Mandatszeit insbesondere darüber, ob und wie der *Jischuv* zu einem selbständigen jüdischen Staat werden könnte, wie das Verhältnis zur arabischen Bevölkerung Palästinas zu gestalten wäre und welche Haltung man gegenüber der britischen Kolonialmacht einnehmen sollte.

Im sozialdemokratischen Flügel gingen während der Mandatszeit wichtige organisatorische und politische Veränderungen vor sich. 1919 bildeten Poale-Zionisten zusammen mit parteilosen Einwanderern die Partei *Achdut ha-Avodah* (Einheit der Arbeit), die sich 1930 mit der Partei *ha-Poel ha-Zair* zur *Mifleget Poale Erez Jisrael* - MAPAI - (Arbeiterpartei Palästinas) zusammenschloß. Unter Führung von David BEN GURION und Berl KATZNELSON (1887-1944) stellte die Partei ganz im Sinne der Auffassungen von SYRKIN und GORDON die zionistische Aufgabe der Bildung einer jüdischen Gemeinschaft in Palästina mittels der "Eroberung des Bodens und der Arbeit" an erste Stelle. Von Klassenkampf und Aufbau der sozialistischen Gesellschaft - wie im Gründungsprogramm der *Poale Zion* von 1905 - war nicht mehr die Rede. Die MAPAI sah ihre Aufgabe darin, Arbeiterinteressen innerhalb des gemeinsam mit allen anderen zionistischen Parteien zu verwirklichenden Aufbaus des *Jischuv* zu vertreten. Sie wurde dabei unterstützt und beeinflußt von der internationalen sozialdemokratischen und Gewerkschaftsbewegung. So erinnerte sich Golda MEIR:

> "Wohl einer der wichtigsten Faktoren, die uns unsere Anfangsschwierigkeiten überwinden halfen, war die Tatsache, daß wir von Anfang an, seit 1917, von der britischen und in späteren Jahren von der amerikanischen Arbeiterbewegung gefördert wurden".[32]

Die MAPAI erzielte 1931 nicht nur in der Delegiertenversammlung des *Jischuv* die absolute Stimmenmehrheit, sondern auch bei den Wahlen in Palästina für den 17. Zionistenkongreß 1931 in Basel. Das hatte zur Folge, daß der MAPAI-Führer Chaim ARLOSOROFF (1899-1933) 1931 die Leitung des Politischen Amtes der *Jewish Agency* in Jerusalem übernahm und sie bis zu seiner Ermordung 1933 ausübte. 1935 bis 1948 war BEN GURION Vorsitzender der *Jewish Agency*.

David BEN GURION, 1886 als David GRÜN im polnischen Plonsk geboren, wurde von seinem Vater im Geist der *Haskalah* erzogen und erhielt von ihm auch die Liebe zur hebräischen Sprache und Literatur vermittelt. Er gehörte 1903 zu den Gründern der *Poale Zion* in Polen und nahm an ihrem ersten Kongreß 1905 teil. 1906 wanderte der junge David GRÜN nach Palästina aus in der Überzeugung, daß dort seine eigentliche Heimat sei. Er arbeitete zunächst als Landarbeiter in verschiedenen Siedlungen. Bald wurde er in die Leitung der palästinensischen *Poale Zion* gewählt und schrieb ab 1910 in der Parteizeitung *ha-Achdut* (Die Einheit). Seinen ersten Artikel unterzeichnete er mit einem neuen - hebraisierten - Namen: David BEN GURION. Student der Rechte ab 1912 in Istanbul, wurde er 1915 während eines Besuchs in Palästina von den osmanischen Behörden des Landes verwiesen und ging in die USA. Dort gründete er gemeinsam mit Jizchak Ben Zvi die Bewegung *he-Chaluz* (Der Pionier).

Nach Palästina kam Ben Gurion Anfang 1918 als Mitglied der Jüdischen Legion zurück, die auf der Seite Großbritanniens kämpfte. Er gehörte 1919 zu den Gründern der *Achdut ha-Avodah* und wirkte in der jüdisch-palästinensischen Arbeiterbewegung als erster Generalsekretär der *Histadrut* (1921-1935) und als langjähriger Führer der MAPAI. Mit seiner Wahl in die Exekutive der ZWO und der *Jewish Agency* 1933 wurde er zum anerkannten Spitzenpolitiker des *Jischuv*.

Ben Gurions Politik war darauf gerichtet, in einem Stufenprogramm von der Entwicklung der autonomen Institutionen des *Jischuv* über Selbstregierung unter der Mandatsmacht bis hin zu einem selbständigen Bundesstaat voranzuschreiten. Angesichts der verstärkt in Erscheinung tretenden arabischen Nationalbewegung und der zunehmenden Auseinandersetzungen zwischen beiden Bevölkerungsgruppen orientierte der MAPAI-Politiker zunehmend auf die Schaffung eines jüdischen Staatswesens. 1937 erhob er die Forderung: "Wir brauchen Mehrheit und Staatlichkeit".[33] Mit der Politik vollendeter Tatsachen gedachte er, die arabische Bevölkerung zum Nachgeben zu veranlassen. So sagte er 1937 in einer Rede:

> "Sobald die Araber sehen werden, daß das Nationalheim eine Wirklichkeit ist, daß die Juden eine große Kraft sind, werden sie sich abfinden und mit den Tatsachen rechnen".[34]

Auf derartige Äußerungen hin ließen sich besorgte Stimmen in der internationalen sozialdemokratischen Bewegung, der die MAPAI durch ihre Mitgliedschaft in der Sozialistischen Arbeiter-Internationale (SAI) angehörte, vernehmen. Ihnen entgegneten Vertreter der MAPAI, daß wegen der Unerschlossenheit des Landes "unser Werk keine Bedrohung oder gar Enterbung der ansässigen arabischen Bevölkerung bedeutet".[35] Sie wollten statt dessen die arabischen Fellachen und Arbeiter gegen die reaktionären Effendis und Notabeln unterstützen. Wie auch andere Parteien unterschätzte die MAPAI die Kraft und Tiefe der arabischen Nationalbewegung, die sich gerade in den zwanziger und dreißiger Jahren von Marokko bis Syrien eindrucksvoll manifestierte. Die Führer der Arbeiterpartei glaubten, daß sich der arabische Nationalismus außerhalb Palästinas realisieren würde. In Gesprächen mit syrischen und irakischen Nationalistenführern boten sie diesen an, die Palästina-Araber in ihre großarabischen Pläne einzubeziehen und dafür den Juden Westpalästina als autonomes Gebiet zu überlassen. Diese Gespräche blieben jedoch angesichts der fortschreitenden Siedlungspolitik, die die Ablehnung des Zionismus auf arabischer Seite steigerte, ergebnislos.

In Opposition zur MAPAI standen Kommunisten und linkssozialistische Gruppierungen. Unter dem Einfluß der revolutionären Bewegung in Rußland hatten marxistische Kräfte 1919 die *Mifleget ha-Poalim ha-Sozialistijim* (Partei der sozialistischen Arbeiter) geschaffen, aus der 1923 die *Palästinensische Kommunistische Partei* (PKP) hervorging. Von der Mandatsmacht verboten und verfolgt, arbeiteten die Kommunisten bis 1942 in der Illegalität. Die zunächst vorwiegend jüdische Partei setzte sich dafür ein, jüdische und arabische Werktätige gleichermaßen gegen britische Kolonialherrschaft, Zionismus und arabische Reaktion zu organisieren. Sie stellte dabei insbesondere in den dreißiger Jahren die "Arabisierung" ihrer Reihen in den Mittelpunkt.

Neben der Linken *Poale Zion*, die 1919 der Bildung der Partei *Achdut ha-Avodah* ferngeblieben war, bestimmte vor allem die Jugendbewegung *ha-Schomer ha-Zair* (Der junge Wächter), die 1927 einen eigenen Kibbuzverband ins Leben rief und 1936 die "Sozialistische Liga in Palästina" als Bündnisorganisation für außerhalb der Kibbuzim lebende Arbeiter gründete, die linkssozialistische Strömung im Zionismus. Der *ha-Schomer ha-Zair* erstrebte einen sozialistischen jüdischen Staat. Er konzentrierte sich auf die Siedlungstätigkeit in Palästina, bekannte sich jedoch gleichzeitig zu Klassenkampf, internationaler Solidarität - auch mit den arbeitenden arabischen Nachbarn - und zur Unterstützung des Aufbaus des Sozialismus in der UdSSR.

Neben den Kommunisten und linkssozialistischen Zionisten traten auch aus West- und Mitteleuropa stammende parteilose Akademiker für eine Alternative zur Verdrängung der Araber von ihrem Boden und aus ihrer Arbeit auf. Sie setzten sich für jüdisch-arabische Verständigung und für einen binationalen Staat ein. Diesem Ziel widmete sich u. a. die Bewegung *Brit Schalom* (Friedensbund), die von 1925 bis 1933 bestand. Zu der Gruppe liberaler Intellektueller gehörten Chaim MARGOLIS-KALVARYSKI, Arthur RUPPIN und Ernst SIMON. Die Bemühungen des *Brit Schalom* fanden jedoch weder im *Jischuv* noch bei der arabischen Nationalbewegung breitere Resonanz.

Der liberal-konservative Flügel im Zionismus fächerte sich während der Mandatszeit weiter auf. Er reichte von den liberalen Verfechtern einer jüdisch-arabischen Verständigung über die *Allgemeinen Zionisten* WEIZMANNs, die sich 1922 in Palästina als Partei konstituierten, ferner verschiedenen Berufs-, Jugend- und Frauenverbänden bis hin zu den seit 1925 auftretenden extrem nationalistischen Kräften. Sie setzten sich für eine privatwirtschaftliche Entwicklung des *Jischuv* ein und wurden in dieser Hinsicht auch von der religiösen Partei *Misrachi*, die die Misrachi Bank Ltd. gründete, um private landwirtschaftliche und industrielle Unternehmen zu fördern, unterstützt. Die liberal-konservativen Parteien vertraten ihre Interessen mit eigenen Fraktionen in der Delegiertenversammlung und teilweise auch in der *Histadrut*. Gemeinsam war ihnen die Forderung nach einem staatlichen Erziehungs-, Gesundheits- und Sozialfürsorgewesen, da das von der *Histadrut* aufgebaute System von der MAPAI beherrscht wurde.

Im religiösen Parteienlager wirkte sich die "Pionier-*Alijah*" der Jahre 1919 bis 1923 dahingehend aus, daß sich spezielle Arbeitergruppierungen von ihren "Mutterparteien" weitgehend unabhängig machten. So entstand 1921 in Jerusalem der *ha-Poel ha-Misrachi* (Der *Misrachi*-Arbeiter), der eine Synthese von Religion, Sozialismus und Nationalismus anstrebte und mit der Losung "Torah und Arbeit" auftrat. Er bestand bis 1956. 1923 wurde die Partei *Poale Agudat Jisrael* (Arbeiterbund Israels) als Interessenvertreter orthodoxer Arbeiter gegründet und wirkte seit 1925 in Palästina.

Die *Allgemeinen Zionisten* und die religiösen zionistischen Parteien folgten im wesentlichen der von Chaim WEIZMANN und David BEN GURION vertretenen Politik einer schrittweisen Annäherung an den jüdischen Staat durch die "Eroberung des Bodens und der Arbeit" in Zusammenarbeit mit der britischen Mandatsmacht. Für sie stellte die praktische Tätigkeit in Palästina den Schlüssel zur Inbesitznahme des Landes und zur Gründung eines jüdischen Staates dar.

Auf anderen Positionen stand die 1925 gebildete *Union der Zionisten-Revisionisten*. Sie wurde von Wladimir (Zeev) JABOTINSKY (1880-1940) geführt, der 1916 die Bildung einer in der britischen Armee kämpfenden "Jüdischen Legion" initiiert hatte. JABOTINSKYs "Revision" des Zionismus bestand darin, die langsam voranschreitende Kolonisationsarbeit für falsch zu erklären und die direkte politische und militärische Aktion gegen die Araber und wenn nötig auch gegen die Briten, unterstützt von einer Masseneinwanderung zur Schaffung des Judenstaates - und zwar beiderseits des Jordans - zu propagieren. Jedwede Verquickung des Zionismus mit dem Sozialismus lehnte JABOTINSKY ab. Die Revisionisten bildeten militante Hilfsorganisationen, so bereits 1923 die Jugendorganisation *Brit Josef Trumpeldor* - BETAR (Bund Josef TRUMPELDOR, genannt nach einem der Organisatoren der Jüdischen Legion und der he-Chaluz-Bewegung, der 1920 bei der Verteidigung einer jüdischen Siedlung gegen arabische Angreifer fiel), später geführt von Menachem BEGIN, und 1937 den 3.000 Mann starken *Irgun Zvai Le'umi* - EZEL (Nationale Militärorganisation). Sie bekämpften MAPAI und *Histadrut* und wurden zur zweitstärksten zionistischen Partei. Die *Revisionistische Partei* stützte sich vornehmlich auf Einwanderer mittelständischer Herkunft aus Polen und Litauen. Ihr betont antiarabischer Nationalismus und die Anbetung der Gewalt, der Führerkult um JABOTINSKY und ihre Anleihen bei der faschistischen Symbolik ließen sie in den Augen der Arbeiter-Zionisten sowie vieler Intellektueller in Palästina als eine große Gefahr für die Zukunft des *Jischuv* erscheinen.

Im Interesse der Schaffung eines eigenständigen Staates wurden die vorhandenen ideellen und politischen Gegensätze letztlich jedoch immer wieder überwunden. 1934 arbeitete BEN GURION mit JABOTINSKY einen Vertragsentwurf über "freundschaftliche Beziehungen" zwischen der *Histadrut* und den Revisionisten aus, den aber die *Histadrut*-Mitglieder in einem Referendum 1935 mit 60 gegen 40 Prozent der Stimmen ablehnten. Die Revisionisten hatten 1934 die *Histadrut* und 1935 die ZWO verlassen und eigene Gegenorganisationen gegründet. Es kam allerdings bereits 1940 erneut zu Gesprächen zwischen den Führungen der MAPAI und der Revisionisten. Dabei wurde im gemeinsamen Interesse der Errichtung des "Jüdischen Staates in den historischen Grenzen von Palästina"[36] die Rückkehr der Revisionisten in die *Histadrut* und ZWO, die dann tatsächlich 1944 bzw. 1946 vollzogen wurde, vereinbart. Trotz allen Streites arbeiteten auch die Militärorganisationen *Haganah* und *Irgun* zeitweilig und punktuell zusammen.

Jüdisch-arabischer Konflikt - Nationalsozialistische Verfolgung - Zweiter Weltkrieg

Den ersten Unruhen in Palästina 1920 und 1921 folgten weitere blutige Zusammenstöße. Die arabische Bevölkerung fühlte sich durch die jüdische Einwanderung und die europäische Kolonisation zunehmend in ihrer sozialökonomischen Existenz und nationalen Identität bedroht; der jüdisch-arabische Gegensatz verstärkte sich. Die Mandatsbehörden, die zunächst vorwiegend die zionistischen Aktivitäten unterstützt hatten, suchten dieser Situation durch pragmatische Politik Rechnung zu tragen.

Die arabische Gesellschaft in Palästina blieb weiterhin vorwiegend von der traditionell-islamischen Wirtschaftsstruktur geprägt. Im Unterschied zur Sozialstruktur des *Jischuv* wies die Volkszählung von 1931 aus, daß die muslimischen (759.712) und christlichen (91.398) Araber zu 61,5 Prozent von der Landwirtschaft und zu 10,6 Prozent von Industrie und Handwerk lebten; Kleinhändler und städtische Unterprivilegierte vervollständigten das Bild. Da die Fellachen zumeist Pachtland bewirtschafteten, sie rund 30 Prozent ihrer Erträge als Pacht abgeben mußten und außerdem mit direkten Steuern belastet waren, stagnierte die Entwicklung der Landwirtschaft. Somit blieb den arabischen Fellachen ein äußerst niedriger Lebensstandard. Im Unterschied zum *Jischuv*, dessen Landwirtschaftsbetrieben zudem umfangreiche ausländische Investitionsmittel zuflossen, verschwanden die von den arabischen Bauern erpreßten Arbeitsergebnisse aus der Landwirtschaft in die Taschen einer kleinen - ebenfalls arabischen - Patrizier- und Grundbesitzerschicht. Während die Sozialausgaben der Mandatsregierung 1939 0,88 Dollar pro Kopf der Bevölkerung betrugen, gaben die zionistischen Institutionen zusätzlich 5,61 Dollar pro Kopf der jüdischen Bevölkerung aus.

Der noch schwach entwickelte arabische Produktionsbereich war im Konkurrenzkampf dem jüdischen Industriesektor unterlegen. Zu den Reglementierungen seitens der Mandatsbehörden und mangelnden Kreditmöglichkeiten kamen eine niedrigere Kapitalkonzentration und geringere Arbeitsproduktivität. Die Transformation der arabischen Wirtschaft aus einer traditionellen kleingewerblichen in eine industrielle Warenproduktion vollzog sich äußerst langsam.

Wie die Wirtschaft so beherrschten die arabischen Grundbesitzer- und Patrizierfamilien - z. B. die Hussainis und Naschaschibis - auch das politische Leben. Sie nahmen die Schlüsselpositionen in der arabischen Nationalbewegung ein und gründeten verschiedene politische Parteien. Ihr Einfluß auf große Teile der Bevölkerung wurde durch die allgemeine Rückständigkeit, durch die Bindung an die religiöse Tradition und das Analphabetentum erleichtert. An der Spitze der Arabischen Exekutive, die im Dezember 1920 der 1. Palästinensische Nationalkongreß gewählt hatte, stand bis zu seinem Tode 1934 Mussa Kassem AL-HUSSAINI. Der Nationalkongreß hatte sich auf den Boden der Aufteilung Großsyriens in ein französisches und ein britisches Mandat gestellt und erstmalig einen palästinensischen Nationalstaat gefordert. Seine tatsächlichen Aktivitäten nahmen jedoch nach der Niederschlagung der Unruhen von 1920 und 1921 ab; statt dessen verstärkte sich die Zusammenarbeit der Führer der Nationalbewegung mit den Briten. Zum letzten Mal trat der Kongreß 1928 zusammen.

1921 übertrug der britische Hochkommissar Radjib Bey NASCHASCHIBI das Amt des Bürgermeisters von Jerusalem und ernannte Hadj Amin AL-HUSSAINI zum höchsten islamischen Würdenträger des Landes, zum Mufti von Jerusalem. Er trat gleichzeitig an die Spitze eines auf britische Anregung gebildeten Obersten Muslimischen Rates. Der Mufti gewann bald, sowohl wegen seines geistlichen Amtes als auch wegen seiner antijüdischen Agitation, die besonders wegen der Ende der zwanziger Jahre wiederauflebenden Einwanderung und Kolonisation auf fruchtbaren Boden fiel, großen Einfluß in der arabischen Bevölkerung. Tatsächlich sahen die herrschenden palästinensischen Notabeln ihre privilegierte gesellschaftliche Stellung durch den Zionismus bedroht. Sie suchten sie durch den Kompromiß mit der Kolonialmacht einerseits und durch religiös geprägte Mobilisierung der arabischen Palästinenser zum Kampf gegen die jüdischen Immigranten andererseits zu festigen. Dagegen machte seit 1928 eine laizistisch orientierte Gruppe Front, die mit antikolonialen Aktionen die britische Herrschaft beseitigen wollte, in der sie die eigentliche Ursache ihrer nationalen Bedrohung sah. Sie konstituierte 1931 die *Istiqlal*-(Unabhängigkeits-)Partei.

Bestimmend wirkten jedoch die extremistischen Kräfte um den Mufti. Nach jüdisch-arabischen Zusammenstößen an der Klagemauer in Jerusalem rief dieser am 23. August 1929 zum "Heiligen Krieg" gegen die Juden auf. Daraufhin kam es im ganzen Land zu blutigen Pogromen gegen Zionisten ebenso wie gegen Nichtzionisten; am bekanntesten wurde das Massaker von Hebron, bei dem 67 Juden ermordet wurden. Demonstrationen der arabischen Bevölkerung waren an vielen Orten mit Angriffen auf britische Verwaltungseinrichtungen verbunden. Hierbei zeigte sich, daß auch die Forderungen des linken Flügels des Palästinensischen Nationalkongresses nach Aufhebung des Mandats und der Balfour-Deklaration und Gewährung der nationalen Unabhängigkeit in der Bevölkerung Resonanz gefunden hatten. Der maßgebenden arabischen Führung um den Mufti ging es dagegen nicht um eine antikoloniale Aktion. Sie wollte die Unruhen nutzen, um sich günstigere Verhandlungspositionen gegenüber der Mandatsregierung zu sichern. Mit Verstärkungen aus Ägypten und Malta gelang es den britischen Truppen, Anfang September die Erhebung niederzuschlagen, die 113 Tote auf jüdischer und 119 auf arabischer Seite sowie Hunderte von Verletzten gefordert hatte.

Die Ereignisse von 1929 markierten den Beginn eines erneuten Aufschwungs der nationalen Bewegung des arabischen Volkes von Palästina, die sich unter dem wachsenden Einfluß der *Istiqlal*-Partei mit Demonstrationen im Oktober 1933 frontal gegen die britische Mandatsmacht richtete und von dieser eine Beschränkung der Einwanderung forderte. Zugleich vertieften sie die Kluft zwischen der jüdischen und arabischen Bevölkerung wesentlich.

Von britischer Seite hatte der Bericht einer von Sir Walter SHAW geleiteten Untersuchungskommission Verständnis für die Ursachen des arabischen Aufstands von 1929 signalisiert. Er sah diese in den enttäuschten nationalen Hoffnungen der Araber, in ihren Befürchtungen, die Existenzgrundlage zu verlieren und unter die "Herrschaft der Juden" zu geraten. Auf Grundlage der Empfehlungen dieses Berichts veröffentlichte am 30. Oktober 1930 der britische Kolonialminister, Sidney Webb PASSFIELD, ein Weißbuch über die künftige Palästinapolitik seines Landes. Er sprach sich dafür aus, Einwanderung und Landerwerb durch Juden drastisch zu begrenzen.

Diese Erklärung wurde von der Führung der ZWO als Bruch des 1917 gegebenen Versprechens zur Errichtung einer jüdischen Heimstätte in Palästina angesehen. Massive Proteste setzten ein. Schließlich sah sich die Regierung Ramsay MACDONALD im Februar 1931 veranlaßt, einige Passagen des Weißbuchs zurückzunehmen und Chaim WEIZMANN in einem Brief zu versichern, die Einwanderung könne weiterhin entsprechend der wirtschaftlichen Aufnahmefähigkeit des Landes erfolgen. Diese von WEIZMANN akzeptierte britische Zusicherung ging JABOTINSKYs Revisionisten und den religiösen Zionisten nicht weit genug. Sie führten deshalb auf dem Zionistenkongreß 1931 WEIZMANNs Sturz als Präsident der ZWO herbei. Erst 1935 konnte er dieses Amt mit Unterstützung der zionistischen Arbeiterparteien wieder übernehmen.

Gegen Mitte und Ende der dreißiger Jahre wurde es immer offensichtlicher, daß sich in Palästina eine neue Situation herausgebildet hatte: Es standen sich zwei Völker gegenüber, die Anspruch auf dasselbe Territorium erhoben; unterschiedliche soziale Werte und Lebensformen stießen aufeinander. In dieser Situation war eine realistische, friedenschaffende politische Lösung gefragt, die von der Existenz beider Völker ausging. Unrealistisch und friedensgefährdend dagegen waren alle die Positionen, die auf die Umwandlung ganz Palästinas in einen jüdischen oder einen arabischen Staat gerichtet waren, ohne die Interessen der jeweils anderen Volksgruppe zu berücksichtigen.

Die jüdisch-arabische Konfrontation wurde von der Mandatsmacht zunächst genutzt, um in der Funktion des "Ruhestifters" eigene Interessen durchzusetzen. Zunehmend zeigte sich Großbritannien jedoch an einer politischen Beruhigung der Situation interessiert und war insbesondere gegenüber der erstarkenden arabischen Nationalbewegung zu Zugeständnissen bereit.

Die Situation im Mandatsgebiet wurde seit 1935 durch die wirtschaftliche und politische Expansion Deutschlands und Italiens auf dem Balkan und im östlichen Mittelmeerraum beeinflußt, die Spannung und Kriegsgefahr bis in den Nahen Osten trug. Darüber hinaus wirkten sich vor allem die ersten antijüdischen Maßnahmen der nationalsozialistischen Herrschaft in Deutschland auf Palästina aus - angefangen mit dem ersten gesamtstaatlich organisierten Pogrom und dem "Gesetz zur Wiederherstellung des Berufsbeamtentums" vom 1. April 1933 über die Nürnberger Rassegesetze von 1935 bis zur "Reichskristallnacht" am 9. November 1938 und ihren Folgen für die deutschen Juden. Die 5. *Alijah* (1932-1938) brachte 197.235 Juden ins Land. Der Anteil der deutschen, österreichischen und tschechischen Einwanderer, der bis 1932 weniger als 2,5 Prozent betragen hatte, erhöhte sich 1933 sprunghaft auf 25 Prozent; er erreichte 1938 und 1939 sogar 55 bzw. 71 Prozent. Obwohl die "Jeckes" (deutschsprachige Juden) auch Ende der dreißiger Jahre nur eine kleine

Minderheit im *Jischuv* darstellten, beeinflußten sie in der Folgezeit durch ihre wirtschaftlichen, kulturellen und politischen Aktivitäten in bedeutendem Maße das Leben der jüdischen Bevölkerungsgruppe.

Viele Einwanderer, die sich bereits vorher zionistischen Organisationen angeschlossen oder mit ihnen sympathisiert hatten, sahen sich durch die antisemitischen Gesetze und Ausschreitungen in Deutschland in ihren Auffassungen bestärkt. Nicht wenige von ihnen, vorwiegend junge Menschen, wandten sich den Arbeiterparteien zu und siedelten sich in landwirtschaftlichen Kooperativen an. Die Zahl der jüdischen Landbevölkerung in Palästina erhöhte sich von 1931 bis 1939 von 45.000 auf 105.000.

Der Hauptstrom der 5. *Alijah* richtete sich jedoch auf die urbanen Zentren des Landes. Tel Aviv entwickelte sich zu einer modernen Großstadt; Jerusalem, Haifa und Tiberias nahmen ebenfalls eine große Anzahl von Einwanderern auf. Diese brachten nicht nur Kapital - 63 Mill. £P -, sondern vor allem Geschäfts- und Berufserfahrung mit. Nicht wenige neue Firmen entstanden; Handel und Dienstleistungswesen expandierten.

Auch das geistig-kulturelle Leben des *Jischuv* erhielt wichtige Impulse durch Wissenschaftler, Schriftsteller und Künstler wie Martin BUBER, Arnold ZWEIG, Else LASKER-SCHÜLER und Lea GRUNDIG. Chaim WEIZMANN, der 1933 das Zentralbüro für Aussiedlung deutscher Juden übernahm, wandte sein Interesse besonders seinen Berufskollegen, jüdischen Wissenschaftlern aus Deutschland, zu. Später schrieb er über sie:

> "Männer von Weltruf, die der Wissenschaft - und Deutschland - unschätzbare Dienste geleistet hatten, wurden, einer nach dem anderen, vertrieben, und es war oft schwer zu sagen, worunter sie mehr litten, unter der äußeren physischen oder der inneren seelischen Tragödie".[37]

WEIZMANN suchte die aus ihren Stellungen vertriebenen Wissenschaftler zur Übersiedlung nach Palästina zu bewegen. Es gelang ihm nach eigenem Zeugnis jedoch nicht immer, da nicht wenige der Vertriebenen Berufungen nach Cambridge und Oxford, an amerikanische Universitäten oder nach Istanbul und Ankara vorzogen.

Viele Immigranten beteiligten sich aktiv am politischen Leben. Während die aus Ost- und Südosteuropa einwandernden Flüchtlinge insbesondere MAPAI, *ha-Schomer ha-Zair* und *Revisionistische Partei* stärkten, war ein großer Teil der aus Deutschland und Österreich stammenden Juden eher liberal eingestellt. Es entstand eine neue liberale Partei namens *Alijah Chadaschah* (Neue Einwanderung), der fast ausschließlich Flüchtlinge aus Deutschland angehörten.

Die Berichte der Einwanderer verstärkten vehement die im *Jischuv* dominierende Ablehnung des nationalsozialistischen Regimes und ließen die

Sorge um die noch in Deutschland befindlichen Juden anwachsen. Auf die Gefahr des "Hitlerismus und des drohenden Krieges" hatte BEN GURION bereits im Januar 1934 in einem Artikel der *Histadrut*-Zeitung Davar hingewiesen. Er schrieb:

> "Die Herrschaft Hitlers gefährdet das jüdische Volk in seiner Gesamtheit, jedoch nicht nur das jüdische Volk ... Es besteht kein Zweifel daran, daß wir jetzt ebenso wie 1914 an der Schwelle eines Krieges stehen, und dieser wird, wenn es soweit ist, furchtbarer sein als der vorangegangene".[38]

Internationale jüdische Organisationen, die ZWO und der 1936 gegründete Jüdische Weltkongreß, setzten alles daran, so viele Juden wie möglich zu retten. Auch in den Parteien und Organisationen des *Jischuv* standen derartige Überlegungen und Aktionen im Vordergrund. Gleichzeitig blieb insbesondere in der *Histadrut* und in den Arbeiterparteien auch der Geist internationaler Solidarität lebendig. So hatten sich die jüdischen Arbeiter Palästinas nach dem Februarkampf der Wiener Arbeiter gegen den Austrofaschismus 1934 in die Unterstützungsaktion für die eingekerkerten bzw. emigrierten österreichischen Schutzbündler eingereiht. Linke Kräfte organisierten Protestversammlungen gegen die Verfolgung deutscher Antifaschisten und sammelten Spenden zur Unterstützung der Opfer des Nationalsozialismus.

Es entstand eine breite antifaschistische Bewegung, in der Intellektuelle und Künstler, Kibbuzmitglieder und Gewerkschafter, Zionisten und Nichtzionisten zusammenwirkten. Ein Höhepunkt der Bewegung war die Unterstützung des republikanischen Spaniens im Bürgerkrieg von 1936 bis 1939. Viele palästinensische Kommunisten, häufig von den Mandatsbehörden zunächst inhaftiert und dann des Landes verwiesen, gingen nach Spanien und kämpften in den Reihen der Internationalen Brigaden.

Da die Briten ab 1936 die Einwanderung rigoros einschränkten, organisierten zionistische Organisationen, wie die *Haganah*, aber auch Privatpersonen mittels kleiner, oft kaum noch seetüchtiger Schiffe von den Häfen der Balkanländer aus die illegale Einwanderung nach Palästina. Spezielle Fonds wurden gebildet, um jüdische Kinder aus der Nazihölle zu retten. So brachte die *Alijat ha-Noar* (Jugendeinwanderung) von 1934 bis 1939 rund 5.000 Kinder in palästinensische Kibbuzim. Nach dem Krieg wuchs diese Zahl auf 100.000 an.

Bei allen humanitären Aktivitäten, die von zionistischer Seite für die Rettung deutscher Juden unternommen wurden, kann nicht übersehen werden, daß einige Politiker die Ereignisse in Deutschland und deren Folgen für die Juden zunächst unter einem engen Blickwinkel betrachteten. So schrieb BEN GURION 1935:

"Aber die Einwanderungswelle, die dadurch verursacht wurde, hat dem Zionismus Segen gebracht ... Wir wissen, wenn den Massen das Wasser nicht bis zum Halse gestiegen wäre, so wären sie nicht ins Land gekommen."[39]

Der Zusammenhalt des *Jischuv* wuchs angesichts der antisemitischen Verfolgungen in Europa. Er wurde durch die Ereignisse in Palästina auf eine harte Probe gestellt, verschärften sich doch durch die verstärkte Einwanderung die Spannungen zwischen Juden und Arabern und gefährdeten damit auch die Sicherheit der Immigranten.

Die Politik der britischen Mandatsmacht und die sich verschlechternde soziale Notlage weiter Teile der arabischen Bevölkerung waren die Ursachen für den arabischen Aufstand, der am 19. April 1936 mit einem sechsmonatigen politischen Generalstreik begann. Der Streik wurde von Nationalkomitees geleitet, die maßgeblich von der *Istiqlal*-Partei beeinflußt waren und sich aus allen Schichten der Bevölkerung zusammensetzten. Die *Istiqlal* rief zum zivilen Ungehorsam nach dem Vorbild der indischen Unabhängigkeitsbewegung auf - keine Steuern mehr ohne arabische Teilnahme an der Regierung! Die so entstehende breite Bewegung gegen die Mandatsmacht erhielt zunehmend antikoloniale Züge. Ihr gehörten jedoch auch bewaffnete Freischärler aus Palästina und den arabischen Nachbarländern an, hinter deren Aktionen nicht selten politische Kräfte standen, die aus nationalistischen Erwägungen dem Kampf gegen die Juden die Priorität gegenüber den Auseinandersetzungen mit der Mandatsmacht gaben. Sie griffen nicht nur britische Polizei- und Armee-Einrichtungen an, sprengten nicht nur Brücken, Straßen, Eisenbahngleise und die Erdölleitung, sondern überfielen auch jüdische Siedlungen, Autobusse und auf das Feld fahrende oder dort arbeitende Juden. Der bewaffnete Kampf wurde von den Kreisen organisiert und finanziert, die dem Mufti von Jerusalem nahestanden. Sie setzten auf religiösen Fanatismus und Judenfeindschaft. Mit der Befreiung von der Mandatsmacht und der Vertreibung der jüdischen Bevölkerung wollten sie gleichzeitig ihre politische Herrschaft etablieren.

Um der arabischen Solidarität willen und wegen der erheblichen Finanzkraft der unter dem Einfluß der reichen Grundbesitzer- und Patrizierfamilien stehenden übrigen arabischen Parteien drängten die Nationalkomitees die Führer dieser Parteien, die formelle Leitung des Generalstreiks zu übernehmen. Daraufhin wurde am 25. April 1936 das Arabische Hochkomitee mit dem Mufti an der Spitze gebildet. Nach Vermittlung der probritischen Regierungen von Ägypten, Irak, Saudi-Arabien und Transjordanien brachen am 12. Oktober 1936 die Nationalkomitees den Generalstreik ab.

Weitsichtige Führer des *Jischuv*, wie David BEN GURION, hatten sogleich nach Ausbruch der Unruhen gefordert, sich gegen die arabischen Angriffe zu schützen, jedoch nicht mit Gegenterror zu reagieren. Sie fürchteten bei einer weiteren Eskalation der Ereignisse die völlige Infragestellung der jüdischen Einwanderung durch die Mandatsbehörden. Ihr Ziel war es daher, den jüdischen Wirtschaftssektor am Leben zu erhalten und die Aufnahme von Immigranten weiter zu sichern.

Die britische Regierung setzte eine Untersuchungskommission unter Lord Robert PEEL ein, die nach umfangreichen Recherchen und Anhörungen arabischer und jüdischer Führer am 7. Juli 1937 ihren Bericht veröffentlichte. Erstmalig enthielt er einen Teilungsvorschlag: Errichtung eines kleineren, fruchtbares Land umfassenden jüdischen Staates im Nordwesten; Vereinigung eines größeren arabisch besiedelten Teils, der auch den Negev umfaßte, mit dem Emirat Transjordanien; Verbindung von Jerusalem und Umgebung mit einem bei Jaffa ans Meer reichenden Korridor und Verbleib dieses Territoriums unter britischer Herrschaft.

In der Führung der ZWO gab es heftige Auseinandersetzungen um den Peel-Bericht, entsprach er doch bei weitem nicht der Forderung nach einem jüdischen Staat in ganz Palästina. Er enthielt zudem Einwanderungs- und Landkaufbeschränkungen, so daß man befürchtete, sich bei einer Zustimmung langfristig mit einem kleinen "Tel-Aviv-Staat" abfinden zu müssen. Angesichts der Bedrohung der europäischen Judenheit verwiesen Chaim WEIZMANN und David BEN GURION dennoch auf die Möglichkeit, in diesem kleinen Staat Hunderttausende von Juden aufnehmen zu können, und auf die im Peel-Bericht vorgesehene Umsiedlung der Araber nach Transjordanien. Der 20. Zionistenkongreß im August 1937 in Basel fand daher den Kompromiß, einerseits den Teilungsplan als unannehmbar zu bezeichnen, andererseits die Exekutive zu bevollmächtigen, "Verhandlungen mit der Regierung seiner Majestät aufzunehmen, um die genauen Bedingungen zu ermitteln, unter denen die vorgeschlagene Errichtung des Jüdischen Staates erfolgen soll".[40]

Die im Mandatsgebiet wirkenden arabischen Parteien und das Arabische Hochkomitee hingegen lehnten es ab, über die Teilung des Landes zu verhandeln. Die Teilnehmer einer panarabischen Konferenz in Bludan bei Damaskus (8.-12. September 1937) erklärten, die Okkupation Palästinas durch irgendeine fremde Macht nicht hinnehmen zu wollen. Palästinensische Freischärler griffen - erbittert über das Vorhaben der britischen Regierung, die Herrschaft über Palästina zu verewigen - im Sommer 1937 erneut zu den Waffen. Teile des Landes wurden von den Aufständischen kontrolliert, die dort eigene Zivilverwaltungen einrichteten, Gerichte etablierten und Steuern einzogen. Die britischen Truppen wurden bis zu 30.000 Mann verstärkt, die mit Panzern und Jagdbombern gegen die Aufständischen und die Zivilbevölkerung ganzer Dörfer und Stadtviertel vorgingen. Da die Briten allein mit dem Aufstand nicht fertig wurden, zogen sie die illegale *Haganah* heran, die nun als britische Hilfspolizei fungierte und sogenannte "Feldkommandos" zum Schutz der jüdischen Siedlungen bildete. Darüber hinaus schuf der britische Oberst Orde Charles WINGATE "Special Night Squads" (Nachtsonderkommandos). Das waren kleine Einheiten mit britischen Offizieren und jüdischen Unteroffizieren und Mannschaften. Sie drangen nachts in arabische Dörfer ein, in denen sie arabische Kämpfer vermuteten und sprengten deren Häuser. Während des arabischen Aufstands sammelten die zionistischen Militärorganisationen nicht nur Erfahrungen im bewaffneten Kampf, sondern hatten durch die Unterstützung der Briten auch die Möglichkeit, ihre Kader auszubilden.

Im September 1937 verboten die britischen Mandatsbehörden das Arabische Hochkomitee, verhafteten oder deportierten sie die meisten politischen Führer der Araber. Dem Mufti Amin AL-HUSSAINI, der inzwischen wie andere arabische Politiker in den Achsenmächten Deutschland und Italien die geeigneten Verbündeten im Kampf gegen Großbritannien und die Zionisten sah, gelang es zu fliehen. Mit einer großangelegten Offensive konnten die britischen Truppen im Herbst 1938 ihre Kontrolle über Palästina weitgehend wiederherstellen. Einzelne Aktionen von arabischen Freischärlern wurden aber noch bis Sommer 1939 gemeldet.

Der arabische Aufstand 1936-1939 endete mit einer Niederlage, geschuldet der überlegenen britischen Militärmacht, ungenügender Koordination der politischen und militärischen Aktionen und dem Fehlen eines einheitlichen, realistischen, zukunftsweisenden Programms der arabischen Palästinenser. 3.764 Araber, 2.394 Juden und 610 Briten fanden bei den Unruhen dieser Jahre den Tod. Rund 6.000 Araber wurden in britischen Gefängnissen jahrelang festgehalten. Der hohe Blutzoll hatte Folgen insbesondere für die weitere politische Profilierung der Nationalbewegung der Araber Palästinas: Er wurde gerade von den Kräften entrichtet, die in der Lage gewesen wären, der Bewegung demokratische Ziele zu setzen. Für das Verhältnis der jüdischen und arabischen Bevölkerung im Mandatsgebiet bildete der Aufstand einen bedeutenden Einschnitt. Waren bis Mitte der dreißiger Jahre auf zionistischer Seite noch viele Stimmen zu hören gewesen, die eine prinzipielle Verständigung zwischen beiden Völkern für möglich und notwendig hielten, so verstummten diese nunmehr fast völlig. Auch das Verhältnis der zionistischen Führung zur Mandatsmacht änderte sich. So sprach sich BEN GURION 1938 dafür aus, "die Briten nicht länger (zu) unterstützen, sondern unsere eigene Militärmacht auf(zu)stellen, damit wir wenn nötig gegen sie antreten können".[41]

Die britische Regierung hatte im Herbst 1938 den Teilungsplan des Peel-Berichtes als "undurchführbar" ad acta gelegt. Nach einem vergeblichen Versuch im Februar und März 1939 in London, eine Übereinkunft zwischen den arabischen Staaten, den Palästinensern und der *Jewish Agency* herbeizuführen, formulierte die Regierung Neville CHAMBERLAIN ihre Palästinapolitik in einem Weißbuch, das am 17. Mai 1939 veröffentlicht wurde. Obwohl vieles in diesem Dokument aufgrund der weltpolitischen Ereignisse 1939-1945 nur Absichtserklärung blieb, zeigte es doch deutlich die Intentionen britischer Nahostpolitik. Es wurde zugleich Ausgangspunkt für die neue politische Orientierung der Führung des *Jischuv*.

Die Zerschlagung der Tschechoslowakei am 15. März 1939 durch Deutschland und die Annexion Albaniens am 7. April 1939 durch Italien signalisierten der britischen und französischen Regierung, daß die Politik der Zugeständnisse, wie zum Beispiel das Münchner Abkommen vom 29. September 1938, Deutschland und Italien nur zu neuen Aggressionsakten ermuntert hatte und damit ihre eigenen Machtpositionen und letztlich ihre Sicherheit gefährdeten. Dies zwang sie nach dem 15. März 1939 zu einer Änderung der Taktik, d. h. zu "einer Politik der Suche nach einem Übereinkommen (mit den Achsenmächten - d. Verf.) verbunden mit einer Politik der Versicherung gegen einen Mißerfolg".[42] Diese Versicherung gegen einen Mißerfolg bestand in britisch-französischen Garantieerklärungen gegenüber Polen (31. März), Rumänien und Griechenland (13. April) und in der britisch-türkischen Erklärung über gegenseitigen Beistand im Falle von Angriffshandlungen im Mittelmeerraum. Die deutsche Südostexpansion hatte das Ziel, vom Balkan über die Türkei, den Iran bis nach Afghanistan eine von Deutschland abhängige Staatengruppe zu schaffen. Sie war auch mit der Absicht verbunden, die Stellung Großbritanniens im arabischen Raum zu untergraben. Dazu betrieb Deutschland eine intensive Propaganda- und Geheimdiensttätigkeit in den arabischen Ländern.

Das Weißbuch vom 17. Mai 1939 ordnete sich in die britischen Bemühungen ein, einen möglichen Mißerfolg ihrer Befriedungspolitik abzufangen, indem es auf Festigung der eigenen Stellung im Nahen Osten abzielte. Es sollte weiterhin durch Zugeständnisse an die Araber diese fester an Großbritannien binden und von einem Bündnis mit Deutschland und Italien abhalten. Deshalb wurde in dem Weißbuch nochmals an die Versicherungen des Churchill-Weißbuchs von 1922 erinnert und in feierlicher Form erklärt, daß es niemals Absicht der Mandatspolitik gewesen sei, "daß Palästina gegen den Willen der arabischen Bevölkerung des Landes in einen jüdischen Staat verwandelt werden sollte".[43] Unter der Voraussetzung "solcher Beziehungen zwischen Arabern und Juden, die ein gutes Regieren möglich machen",[44] wollte Großbritannien Palästina nach einer zehnjährigen Übergangsperiode in die Unabhängigkeit entlassen. Es sollte wirtschaftlich und militärisch weiter durch Verträge mit Großbritannien verbunden bleiben. Wegen der arabischen Befürchtungen einer unbegrenzten jüdischen Einwanderung, die zu den Unruhen der vorangegangenen Jahre geführt hätten, wurde in dem Weißbuch festgestellt, daß die wirtschaftliche Aufnahmefähigkeit nicht mehr alleiniges Kriterium der Einwanderung sein könne. In den nächsten fünf Jahren könnten noch insgesamt 75.000 Juden einwandern. "Nach der Periode von fünf Jahren wird keine weitere jüdische Einwanderung erlaubt, wenn die Araber Palästinas nicht bereit sind, einzuwilligen."[45] Illegale Einwanderung wurde streng untersagt, sollte sie dennoch gelingen, würden an den 75.000 Genehmigungen entsprechende Kürzungen vorgenommen. Außerdem wurde dem britischen Hochkommissar die Vollmacht erteilt, weitere jüdische Landkäufe in bestimmten Zonen zu verbieten, in anderen stark einzuschränken.

Großbritannien machte mit dem Weißbuch deutlich, daß es seine Herrschaft in Palästina für einen längeren Zeitraum weiter aufrechterhalten wollte. Das war der Hauptgrund, daß das Dokument von arabischer Seite abgelehnt wurde. Die Zionisten interpretierten das Weißbuch als Verrat an Geist und Buchstaben der Balfour-Deklaration. Sie sahen in ihm die Auslieferung der jüdischen Heimstatt in Palästina an die Araber und damit deren "Befriedung" im Sinne der britischen Appeasementpolitik. Diese Auffassung bestimmte die Haltung der Bevölkerung des *Jischuv*. Besonders groß war die Empörung über die Einwanderungsbeschränkungen, da gerade zu einer Zeit, als die eigentlichen Auswanderungsländer, wie die USA, Kanada, Argentinien und Südafrika, nur eine sehr geringe Zahl von Juden aufnahmen, den Flüchtlingen aus Deutschland nunmehr auch die Tore Palästinas verschlossen wurden.

Der Ruf "Kampf dem Weißbuch" war allgemein, unterschiedlich die angewandten Methoden. Chaim WEIZMANN wollte eine Änderung der britischen Politik im Rahmen einer weiteren Zusammenarbeit mit Großbritannien erreichen, ermutigt durch die starke Opposition gegen das Weißbuch selbst innerhalb der regierenden Konservativen Partei. David BEN GURION zog dagegen die Schlußfolgerung, daß die Beibehaltung des Mandats nun nicht mehr wünschenswert sei. Er forderte die Errichtung des jüdischen Staates und war bestrebt, einen erhöhten Druck der US-Regierung auf die britische Politik zu erreichen. In diesem Zusammenhang kam es wiederholt zu prinzipiellen Auseinandersetzungen zwischen WEIZMANN und BEN GURION. Nicht einverstanden waren beide Politiker auch mit den Vorstellungen Zeev JABOTINSKYs. Der Führer der Revisionisten plante, während eines militärischen Staatsstreichs des *Irgun* den jüdischen Staat zu proklamieren. Sowohl *Haganah* als auch *Irgun* bereiteten sich auf militärische Aktionen gegen die britische Mandatsherrschaft vor.

Der Beginn des zweiten Weltkriegs, die deutsche Okkupation fast ganz Europas und die nationalsozialistische "Endlösung der Judenfrage" mit der Vernichtung von sechs Millionen Juden in Europa beeinflußten die weitere Entwicklung in Palästina entscheidend. Das Mandatsgebiet spielte sowohl in militär-strategischer als auch in wirtschaftlicher und politischer Hinsicht eine wichtige Rolle für Großbritannien. Es bildete mit dem Hafen Haifa einen bedeutenden Stützpunkt gegen das Vordringen der Achsenmächte im Nahen Osten. Nach dem Kriegseintritt Italiens am 11. Juni 1940 und dem Beginn italienischer, dann deutsch-italienischer Offensiven von Libyen aus in Richtung Kairo verwandelte das britische Oberkommando Palästina in eine riesige Versorgungsbasis für die vom Nachschub aus Großbritannien abgeschnittene, in Ägypten kämpfende 8. Armee. Die Umstellung auf die Kriegswirtschaft, der Aufbau von Armeewerkstätten und -lagern, der Ausbau der petrolchemischen Industrie und des Hafens von Haifa sowie die Errichtung von Befestigungsanlagen bedeuteten einen Boom für die industrielle Entwicklung sowohl im jüdischen als auch im arabischen Wirtschaftssektor und beseitigten die zu Anfang des Krieges noch existierende hohe Arbeitslosigkeit. Allein 1939/40 wurden 400 Betriebe errichtet, die vor allem auf die britischen Bedürfnisse ausgerichtet waren. 63 Prozent der jüdischen Arbeitskräfte übten 1943 eine Tätigkeit aus, die direkt mit Verteidigungszwecken verbunden war. Insbesondere der *Histadrut*-Sektor erweiterte sich. So stieg der Gesamtumsatz der gewerkschaftseigenen Unternehmen von 5,7 auf 41,3 Mill. £P, deren Eigenkapital erhöhte sich von 1,1 auf 10,7 Mill. £P in den Jahren 1937 bis 1947.

Da die jüdische Einwanderung durch die britische Weißbuchpolitik stark eingeschränkt war, gelangten von 1939 bis 1945 nur ca. 60.000 Immigranten nach Palästina. Die Mehrzahl von ihnen ließ sich in den Städten nieder, wo es infolge der durch die Mandatsbehörden forcierten Bautätigkeit und Industrialisierung Arbeitsmöglichkeiten gab. Landkäufe waren unter der Regie des Weißbuches nur in geringem Maße möglich. Betrugen sie in den Jahren 1932-1935 rund 60.000 Dunam jährlich, in den Jahren des Aufstands 1936-1939 durchschnittlich 30.000 Dunam, so lagen sie 1942 bis 1945 nur bei einem jährlichen Mittel von 15.000 Dunam.

1941/42 waren kritische Jahre für die Sicherheit Palästinas. Das seit dem März 1941 von Libyen aus operierende deutsche Afrikakorps verstärkte die Bedrohung von Südwesten her. Syrien und Libanon folgten nach Frankreichs Kapitulation den Weisungen Henry Philippe PETAINS und waren ein Tummelplatz deutscher und italienischer Agenten. Von Hitlerdeutschland aus rief der Mufti Amin AL-HUSSAINI die Araber zum Kampf gegen Großbritannien an der Seite der Achsenmächte auf, womit er an die in der arabischen Welt weitverbreitete Illusion von Deutschland und Italien als den wahren Freunden der Araber anknüpfte. Großbritannien orientierte sich somit vorübergehend wieder verstärkt auf den

Jischuv, dessen Führung ihm eine bedingte Unterstützung während des Krieges zusicherte, ohne jedoch ihre nationalen Ziele aus den Augen zu verlieren. In diesem Sinne hatte BEN GURION unmittelbar nach Kriegsausbruch als politisches Leitmotiv formuliert:

> "Wir werden gemeinsam mit England gegen Hitler kämpfen, als gäbe es kein Weißbuch, und wir werden das Weißbuch bekämpfen, als gäbe es keinen Krieg".[46]

Haganah und *Irgun* beschlossen, während des Krieges von militärischen Aktionen gegen britische Einrichtungen abzusehen. Unter Abraham STERN spaltete sich allerdings eine Gruppe von 200 bis 400 Mann vom *Irgun* ab, die diesen Beschluß ablehnte und die Organisation *Lochame Cherut Jisrael* (LECHI - Kämpfer für die Freiheit Israels) bildete. 120.000 jüdische Männer und Frauen meldeten sich bei der von den Behörden des *Jischuv* zu Kriegsbeginn proklamierten Mobilisierung. 26.000 reihten sich in die britische Armee ein, kämpften in Nordafrika, Italien und Griechenland - seit 1944 auch in einer speziellen "Jüdischen Brigade". Im Mai 1941 bildete die Führung der *Haganah* neben ihren bereits existenten milizartigen Verbänden eine aus neun Kompanien bestehende geheime, jederzeit einsetzbare Stoßtruppe, *Plugot Machaz* (PALMACH) genannt, kommandiert von Jizchak SADEH und ab 1945 von Jigal ALLON. Ihre Einheiten arbeiteten inoffiziell mit dem britischen Kommando zusammen. Sie beteiligten sich an den Kämpfen zur Besetzung Syriens und des Libanons durch britische und de Gaulle-Truppen vom 8. Juni bis 12. Juli 1941 und operierten hinter den feindlichen Linien in Nordafrika. 32 Fallschirmspringer wurden in Bulgarien, Rumänien, Jugoslawien und der Slowakei abgesetzt, um Juden im Widerstandskampf zu helfen. Ende des zweiten Weltkrieges bestand der PALMACH aus einer Truppe von 3.000 Mann einschließlich einer Reserve von 2.000 Mann. Er entwickelte sich zur Eliteeinheit der *Haganah*. 1944 wurden Marine- und Fliegergruppen gegründet. Insgesamt verfügte die *Haganah* über rund 30.000 Männer und Frauen.

Auch bei den Aktionen, die sich gegen die britische "Weißbuch"-Politik richteten, spielten die Verbände der *Haganah* eine wichtige Rolle. Sie konzentrierten sich auf die illegale Einwanderung und die Besiedlung gesperrter Gebiete. Mit Hilfe der Militärorganisation der *Histadrut* kamen über 12.000 Personen zumeist im Schutze der Dunkelheit an Land. Die meisten der Flüchtlingsschiffe allerdings wurden von den Briten aufgebracht und ihre Insassen interniert. Vor der Küste Palästinas spielten sich vielfach Tragödien ab. 1941 sank die "Struma" mit 769 rumänischen Juden an Bord, von denen fast alle in den Wellen umkamen. Vorfälle wie dieser verstärkten die Spannungen zwischen jüdischer Bevölkerung und Mandatsmacht. Unter Einsatz der *Haganah* und von PALMACH-Reservisten entstanden dennoch zwischen 1940 und 1944 43 neue Siedlungen, die zumeist an strategisch wichtigen Punkten gelegen und besonders auf den Süden des Landes konzentriert waren. Die Bestimmungen des Weißbuches konnten damit zum Teil unterlaufen werden.

Nach dem deutschen Überfall auf die Sowjetunion am 22. Juni 1941, auf den die Wehrmachtsführung den Hauptteil ihrer und der verbündeten Truppen konzentriert hatte, hing das Schicksal des Nahen Ostens und damit Palästinas nicht mehr allein von den Kämpfen in Nordafrika, sondern in starkem Maße auch von der Widerstandskraft der UdSSR ab. Im Spätsommer 1942 näherten sich die 1. und 4. deutsche Panzerarmee dem Kaukasus. "Erdölbrigaden" begleiteten die Truppen, um die Ölquellen in Iran und Irak in Besitz zu nehmen. "Verträge" lagen in den Safes des Auswärtigen Amtes bereit, um die Wirtschaft der Nahoststaaten deutscher Kontrolle zu unterstellen und eine ständige militärische Präsenz zu installieren. Deutschland wollte den Platz seiner britischen und französischen Rivalen einnehmen. Die Abwehrkämpfe der sowjetischen Armeen und ihre Siege bei Stalingrad und Kursk trugen wesentlich dazu bei, die Völker des Orients davor zu bewahren, der nationalsozialistischen "Neuordnung" anheimzufallen. Auch das unter dem Kommando von Erwin ROMMEL stehende Afrikakorps blieb am 30. Juni 1942 100 Kilometer vor Kairo stekken, da es nicht mehr genügend Reserven und Material erhielt. Das Oberkommando der Wehrmacht warf alle Potentiale in die entscheidenden Schlachten zwischen Don und Wolga. Der 8. britischen Armee wurde dadurch die erfolgreiche Gegenoffensive von El-Alamein erleichtert, die schließlich damit endete, daß Anfang Mai 1943 die letzten Soldaten der Achsenmächte auf afrikanischem Boden bei Tunis kapitulierten.

Zu dieser Zeit entwickelte sich im *Jischuv* eine starke Sympathie für die Rote Armee, entstanden Kampagnen zu ihrer Unterstützung, an denen sich Schriftsteller und Philosophen, z. B. Arnold ZWEIG, Max BROD, Martin BUBER und Mordechai AVI SCHAUL beteiligten. Die seit 1942 wieder legal arbeitende *Palästinensische Kommunistische Partei* und links-zionistische Organisationen - wie *ha-Schomer ha-Zair* und Sozialistische Liga - erzielten durch ihr Eintreten für die Einheit und den Sieg der Antihitlerkoalition sowie ihre Kampagne für die Eröffnung der zweiten Front durch die Westalliierten zunehmend Resonanz in der Bevölkerung. Ihrem Zusammenhalt und Einfluß wirkten allerdings die wachsenden nationalen Spannungen im Lande entgegen. Da sie gemeinsame Streikaktionen mit der *Histadrut* ablehnten, trennten sich zum Beispiel die arabischen Mitglieder der PKP 1943 von der Partei und organisierten sich bis 1948 in der *Liga für Nationale Befreiung*.

Das nationalsozialistische Regime unter Adolf HITLER in Deutschland hatte die "Endlösung der Judenfrage" zum Programm erhoben. Der Vertreibung aus ihren seit Jahrhunderten angestammten Wohnsitzen in Deutschland, Österreich und der Tschechoslowakei folgte mit Kriegsbeginn die Deportation aller Juden aus den von Deutschland besetzten Ländern nach Osteuropa in Ghettos oder sogenannte Arbeitslager. Die Wannseekonferenz im Januar 1942 leitete die fabrikmäßig betriebene Vernichtung des europäischen Judentums ein, maßgeblich organisiert durch das von SS-Obersturmbannführer Adolf EICHMANN geleitete Dezernat IV B 4 im Reichssicherheitshauptamt. Die *Schoah* - der Mord an sechs Millionen Juden durch Hunger, Kälte, die Schüsse der Wachmannschaften, vor allem aber durch deutsches Gas in den Todeslagern - wurde zum unauslöschlichen Bestandteil jüdischer Geschichte und jüdischen kollektiven Bewußtseins. Auch die weitere Entwicklung in Palästina und Israel ist nur vor dem Hintergrund dieser Geschehnisse zu verstehen.

Nach der Bildung der Antihitlerkoalition, dem Kriegseintritt der USA und den sich verdichtenden Nachrichten über den Beginn der physischen Vernichtung der Juden im nationalsozialistischen Machtbereich forderten führende Politiker der Zionistischen Organisation die Errichtung des jüdischen Staates unmittelbar nach dem Sieg über die Achsenmächte. Die Mehrzahl der amerikanischen Zionisten, auf die sich nach der Veröffentlichung des britischen Weißbuches 1939 die Hoffnungen der ZWO konzentrierten, hatte bereits seit 1937 die direkte Forderung nach Errichtung des jüdischen Staates in Palästina erhoben. Sie konnte auf Unterstützung dieses Anliegens durch zahlreiche Abgeordnete in beiden Häusern des Kongresses zählen. Beispielsweise gehörten dem im April 1941 von der ZWO gebildeten Amerikanischen Komitee für Palästina 149 Parlamentarier an.

Am 8. Mai 1942 versammelten sich auf Initiative dieses Komitees rund 600 Delegierte zionistischer Organisationen aus den Vereinigten Staaten, aber auch Vertreter aus Europa und Palästina sowie Exekutivmitglieder der *Jewish Agency* im New Yorker Biltmore-Hotel zu einer außerordentlichen Konferenz. Sie nahmen eine von BEN GURION vorgelegte Resolution an, der im November 1942 auch das Zionistische Aktionskomitee zustimmte und die damit zum Programm der ZWO wurde. Das "Biltmore-Programm" unterstützte die Kriegsziele der USA und der anderen Vereinten Nationen. Es gab der Hoffnung auf baldige Befreiung der in Ghettos und Konzentrationslagern schmachtenden Juden Ausdruck, würdigte die Kriegsanstrengungen des *Jischuv* und forderte die Aufstellung einer jüdischen Streitmacht unter eigener Flagge. Es sprach sich für die Zusammenarbeit mit den arabischen Nachbarn aus.

Die Biltmore-Konferenz wandte sich gleichzeitig programmatisch von dem einst durch WEIZMANN begründeten Bündnis mit Großbritannien ab und den Vereinigten Staaten zu. Sie berief sich auf eine Zusage von Präsident WILSON, in Palästina einen jüdischen Staat zu gründen und bestritt dem britischen Weißbuch von 1939 jede moralische Berechtigung und Rechtskraft. Diese britische Politik habe die vor den Verfolgungen der Nazis flüchtenden Juden eines Zufluchtsorts beraubt und gleichzeitig den alliierten Kriegsanstrengungen entgegengewirkt, indem sie einem solchen Brennpunkt der Front wie Palästina die Zufuhr von Arbeitskräften sperrte. Am bedeutendsten waren die Nachkriegsforderungen des Biltmore-Programms:

> "Die Konferenz erklärt, daß die neue Weltordnung, die dem Sieg folgen wird, nicht auf der Grundlage des Friedens, der Gerechtigkeit und der Gleichheit errichtet werden kann, wenn das Problem der jüdischen Heimatlosen nicht endgültig gelöst wird. Die Konferenz verlangt, daß die Tore Palästinas geöffnet werden, daß die Jewish Agency mit der Kontrolle der Einwanderung nach Palästina und mit der notwendigen Autorität zum Aufbau des Landes, einschließlich seiner unbewohnten und brachliegenden Ländereien, betraut wird; und daß *Palästina als ein jüdischer Staat errichtet*, in die Struktur der neuen demokratischen Welt eingegliedert wird."[47]

Wie bereits auf der Pariser Friedenskonferenz 1919 erhoben die politischen Führer der zionistischen Bewegung den Alleinanspruch auf Palästina - ohne die im Lande entstandenen Realitäten zu respektieren. Wurde das Biltmore-Programm auch verschieden interpretiert, von WEIZMANN als Maximal- und von den Revisionisten als Minimalprogramm, so erwies es sich doch als Klammer für eine Politik, die auf den unmittelbaren Kampf um die Bildung des jüdischen Staates orientierte.

Die Alternative zum Biltmore-Programm stellte die Idee des binationalen Staates dar, die vor und während des zweiten Weltkrieges wieder eine gewisse Attraktivität gewonnen hatte. Sie wurde im Programm der 1939 gegründeten Liga für Jüdisch-Arabische Verständigung und Zusammenarbeit vertreten. Der Liga gehörten vornehmlich Politiker der *Linken Poale Zion* und des *ha-Schomer ha-Zair* sowie Persönlichkeiten wie der Publizist und Landwirtschaftspionier Mosche SMILANSKY an. In der Tradition des *Brit Schalom* stand die 1942 von Judah MAGNES, dem ersten Präsidenten der Hebräischen Universität Jerusalem, ins Leben gerufene Gesellschaft *Ichud* (Vereinigung). An ihrer Arbeit beteiligte sich auch der Philosoph Martin BUBER.

Die Zusammenarbeit, die sich zwischen Vertretern des Binationalismus auf jüdischer Seite und einzelnen arabischen Repräsentanten entwickelt hatte, besaß jedoch keine breite Basis. Sie wurde überschattet von der Zuspitzung der britisch-zionistischen und arabisch-jüdischen Konflikte gegen

Ende des Krieges. Mitglieder des LECHI, dessen Operationschef Jizchak SCHAMIR war, töteten am 6. November 1944 in Kairo bei einem Attentat den britischen Repräsentanten in Ägypten, Lord Walter Guinness MOYNE, und verübten weitere Anschläge auf britische Beamte in Palästina. Gleichzeitig begannen auf der arabischen Seite erneut die traditionellen, feudal-islamischen Führer die palästinensische Nationalbewegung zu dominieren. Das wurde ihnen durch die Schwächung demokratischer, auf Verständigung mit den Juden ausgerichteter Kräfte während des Aufstands 1936-1939 erleichtert.

Die Entstehung des Staates Israel

Wirkungen des zweiten Weltkrieges

Der Sieg der Alliierten über die Achsenmächte, insbesondere die Zerschlagung des nationalsozialistischen Regimes in Deutschland, hatte die Kräftekonstellation in der Welt grundlegend verändert. Das beeinflußte nachhaltig die Lage im Nahen Osten und damit auch die Situation und die Perspektiven der jüdischen Bevölkerung in Palästina. Die Weltöffentlichkeit nahm erschüttert die Ermordung von etwa sechs Millionen Juden in deutschen Konzentrations- und Vernichtungslagern zur Kenntnis. Ein Drittel der jüdischen Weltbevölkerung - Männer, Frauen und Kinder - war umgekommen, Hunderte jüdischer Gemeinden waren ausgelöscht worden. Die *Schoah*, die Massenvernichtung der Juden durch den deutschen Nationalsozialismus, war nicht nur zum zentralen syndromhaften Erlebnis des jüdischen Volkes, sondern auch zum Trauma einer ganzen Kriegs- und Nachkriegsgeneration in Europa und weltweit geworden.

Die demokratische Weltordnung, die nach dem Willen der Völker Faschismus, Krieg und Genozid ein für allemal unmöglich machen sollte, schloß auch ein, den Überlebenden der *Schoah* Genugtuung widerfahren zu lassen und ihnen die Schaffung eines eigenen Staates zu ermöglichen. Angesichts der Tragödie des jüdischen Volkes erschienen Ablehnung und Bedenken gegen das zionistische Experiment, die es bis dahin sowohl unter Juden als auch unter Nichtjuden in der ganzen Welt gegeben hatte, nicht mehr relevant. Nahum GOLDMANN, der eine führende Rolle bei der diplomatischen Vorbereitung der Gründung Israels spielte, resümierte später: "Ich bin nicht sicher, daß es ohne Auschwitz heute einen jüdischen Staat geben würde."[1] So berechtigt diese Aussage ist, widerspiegelt sie doch nur einen Aspekt der Problematik. Hinzuzufügen bleibt, daß durch die Entwicklung des *Jischuv* die Grundlagen für einen jüdischen Staat bereits im Verlauf der letzten 50 Jahre geschaffen worden waren. Ohne diese hätten die Aufnahme der Überlebenden und die Geburt des Staates Israel nicht erfolgen können.

Ein weiterer wichtiger Faktor bestand darin, daß der Sieg über die Achsenmächte die kolonial unterdrückten Völker inspirierte, die von der UNO verkündeten Prinzipien der Gleichberechtigung und des Selbstbestimmungsrechts der Nationen für sich einzufordern und sich zum Kampf für ihre Unabhängigkeit zu erheben. Von Indonesien über Südost- und Südasien reichte die Kette antikolonialer Aktionen bis nach dem Nahen

Osten und Algerien. Dazu gehörte auch die Forderung von Juden und Arabern nach Beendigung des britischen Mandats über Palästina. Diesen für eine demokratische und antikoloniale Lösung der Palästinafrage und der jüdischen Eigenstaatlichkeit günstigen objektiven Faktoren standen jedoch enge nationalistische Interessen auf arabischer wie auf jüdischer Seite sowie die Einflußnahme und Rivalität der Großmächte entgegen. Die Entwicklung bis zur Proklamation des Staates Israel trug infolgedessen einen äußerst widerspruchsvollen Charakter.

Die seit dem 27. Juli 1945 amtierende Labour-Regierung in Großbritannien setzte die Kolonialpolitik ihrer konservativen Vorgänger im wesentlichen fort und suchte den Zerfall des Empire aufzuhalten. Sie verstärkte deshalb im Nahen Osten das Bündnis mit den Monarchien in Ägypten, im Irak und in Transjordanien. Diese hatten in ungleichen Verträgen den Briten Stützpunkte, das Recht der Besetzung ihrer Länder in Kriegszeiten und andere Privilegien eingeräumt, gegen die sich nun - besonders in Ägypten - machtvolle Demonstrationen richteten. Das für die britische Stellung in Palästina besonders wichtige Transjordanien suchte Großbritannien dauerhaft an sich zu binden, indem es in einem Vertrag mit Emir ABDALLAH am 22. März 1946 sein Mandat für beendet erklärte und Transjordanien als unabhängiges Königreich anerkannte. Die britische Militärpräsenz im Lande blieb bestehen. In Palästina setzten die Briten die Politik des "Weißbuchs", der begrenzten jüdischen Einwanderung, fort. Das mußte nach Kriegsende angesichts Tausender Überlebender der *Schoah*, die nach Palästina wollten, zwangsläufig zum offenen Konflikt mit dem *Jischuv* führen.

Die USA hatten bereits während des zweiten Weltkrieges mit Pacht- und Leihlieferungen an die nahöstlichen Staaten, mit der Errichtung von Luftstützpunkten in Iran und Saudi-Arabien sowie mit der Ausdehnung ihrer Kontrolle über die nahöstlichen Erdölreserven ihren Einfluß in der Region verstärkt. Spektakulärsten Ausdruck fand diese Entwicklung mit dem Treffen von Präsident Franklin D. ROOSEVELT mit den Herrschern von Saudi-Arabien, Ägypten und Äthiopien im Februar 1945. Führende US-Politiker, -Militärs und -Erdölfirmen strebten danach, ihre Positionen in dem für den beginnenden Kalten Krieg strategisch wichtigen nahöstlichen Raum auszubauen. Das sollte möglichst im Zusammengehen mit Großbritannien geschehen, dieses aber auf den zweiten Platz verdrängt werden.

Gleichzeitig nahmen die Auseinandersetzungen mit der Sowjetunion als der dritten am Nahen Osten interessierten Großmacht zu. Die UdSSR wollte nach dem zweiten Weltkrieg ihre südliche Flanke absichern und suchte dazu ihren Einfluß auf Griechenland, die Türkei und den Iran auszudehnen. Die USA reagierten darauf mit der Politik der Truman-Doktrin

(12. März 1947) und Vorbereitungen zur Bildung militärischer Paktsysteme, die unter ihrer Führung stehen sollten. Um zunächst vor allem der Hegemonie der europäischen Westmächte im arabischen Raum entgegenzuwirken, setzte sich die UdSSR im UNO-Sicherheitsrat sowohl für den Abzug der französischen Truppen aus Syrien und Libanon ein, der schließlich im April bzw. Dezember 1946 erfolgte, als auch für die Beendigung des britischen Mandats über Palästina. Sie befürwortete einen vom britischen Einfluß freien arabisch-jüdischen Staat. Die 1945 beginnenden antibritischen Kampfaktionen zionistischer Verbände fanden ihre Sympathie. Da auch Linkssozialisten wie z.B. Mosche SNEH als Generalstabschef der *Haganah* (1945/46) daran mitwirkten, erhoffte sich die sowjetische Führung unter STALIN künftige Möglichkeiten einer direkten oder indirekten Einflußnahme.

In der amerikanischen Regierung setzte sich trotz gravierender Bedenken einiger führender Politiker wegen möglicher arabischer Reaktionen die Meinung durch, daß es sowohl den wirtschaftlich-strategischen Interessen der USA im Nahen Osten als auch den Erwartungen einer breiten demokratischen Öffentlichkeit entspräche, die jüdische Einwanderung nach Palästina sowie die Gründung eines jüdischen Staates zu fördern. Eine wesentliche Rolle bei diesen Entscheidungen spielte der wachsende politische Einfluß zionistischer Organisationen in den USA. Bereits ROOSEVELT hatte sich am 9. März 1944 vom britischen Weißbuch des Jahres 1939 distanziert und am 15. Oktober 1944 versprochen, die Umwandlung Palästinas in ein freies und demokratisches jüdisches Gemeinwesen zu unterstützen. Sein Nachfolger Harry S. TRUMAN forderte am 31. August 1945 den britischen Premier Clement ATTLEE auf, sofort 100.000 Juden aus Deutschland und Österreich die Erlaubnis zur Einreise nach Palästina zu gewähren. Die Jewish Agency hatte 150.000 Einreisezertifikate verlangt. Eine daraufhin eingesetzte anglo-amerikanische Untersuchungskommission empfahl im April 1946 ebenfalls die von TRUMAN vorgeschlagene Einwanderungsquote, freien Landkauf und eine Lösung des Palästinakonflikts durch einen binationalen Staat bei Weiterbestehen des Mandatssystems bis zur Umwandlung in eine UNO-Treuhandschaft. Präsident TRUMAN billigte diese Empfehlungen, die britische Regierung lehnte sie ab. Auch die Sowjetunion wandte sich gegen derartige Pläne, ließen sie doch das britische Mandat vorläufig weiterbestehen und schlossen sie die UdSSR als eine an diesem Raum vital interessierte Macht von einer Mitsprache aus.

Mit politischen und militärischen Mitteln suchte die Führung der ZWO die im Biltmore-Programm von 1942 erhobene Forderung nach dem jüdischen Staat durchzusetzen. Auf die US-amerikanischen Erklärungen bauend, setzte sich die proamerikanische Richtung endgültig durch. BEN

GURION vertrat die Ansicht, daß der jüdische Staat nicht mehr mit, sondern nur noch gegen Großbritannien, gestützt auf die USA und eine eigene Armee, zu erreichen sei. Deshalb forderte er bereits am 27. Juni 1942 bei einem Treffen zionistischer Führer in New York Chaim WEIZMANN wegen dessen Bindung an die britische Politik zum Rücktritt als Präsident der Weltorganisation auf. Auf dem 22. Kongreß der ZWO im Dezember 1946 in Basel wurde WEIZMANN, der dort des "Appeasements" gegenüber der britischen Herrschaft in Palästina bezichtigt wurde, nicht wieder zum Präsidenten der Organisation gewählt. Die Exekutive der *Jewish Agency* hatte bereits in Memoranden am 16. Oktober 1944 an die britische Regierung und im April 1945 an die UNO den jüdischen Staat gefordert. Sie befand sich damit im Einklang mit der Weltmeinung und dem Bestreben der jüdischen Bevölkerung Palästinas, die britische Herrschaft abzuschütteln.

Den britischen Widerstand suchte die *Jewish Agency* durch eine forcierte illegale Einwanderung - bereits seit 1939 Kampfmittel gegen die vom "Weißbuch" begrenzten Einwanderungsquoten - und bewaffnete Sabotage- und Terrorakte zu brechen. Viele Juden, die den Todeslagern und Gaskammern der Nazis entrinnen konnten, hatten ihre Heimstätten verloren und wollten den Orten des Grauens den Rücken kehren. In den alliierten Auffanglagern für "displaced persons" fanden daher zionistische Emissäre offene Ohren. Angehörige der "Jüdischen Brigade" organisierten über Italien die illegale Einwanderung nach Palästina. Auch die Regierungen Polens und der Tschechoslowakei unterstützten die auswanderungswilligen Juden. Die *Jewish Agency* charterte schrottreife Schiffe, um die Einwanderer nach Palästina zu bringen. Jedoch endeten wie vor 1945 viele dieser Reisen in Internierungslagern auf Zypern. Aufsehen erregte insbesondere die Tragödie des Flüchtlingsschiffes "Exodus", das 1947 beim Versuch, in Palästina zu landen, von britischer Armee mit militärischer Gewalt zum Abdrehen gezwungen wurde. Seine Passagiere wurden nach Deutschland zurückgebracht. Ein anderes Einwandererschiff sank auf hoher See. Trotzdem gelangten von 1945 bis 1947 56.117 Juden nach Palästina. Der Jüdische Nationalfonds erwarb 115.000 Dunam Boden, 33 landwirtschaftliche Siedlungen wurden neu errichtet. Bis 1947 stieg die jüdische Bevölkerung auf 608.000 Personen, d. h. auf ein Drittel der Gesamteinwohnerzahl Palästinas.

Im September 1945 beschloß die *Jewish Agency* auf BEN GURIONS Vorschlag, aktiv gegen die britische Mandatsverwaltung vorzugehen. *Haganah*, *Irgun* und LECHI, die sich früher befehdet hatten, schlossen jetzt ein geheimes Abkommen. In der Nacht zum 31. Oktober 1945 begannen die Aktionen mit einem landesweiten Überfall auf das Eisenbahnnetz Palästinas. An 153 Stellen wurden die Schienen zerstört, zahllose Brücken gesprengt. Es folgten Überfälle auf britische Polizeiposten, Militärdepots, Flugplätze, auf die Ölraffinerien in Haifa und auf britische Schiffe und Regierungsgebäude. Mit Wissen der *Haganah*-Führung sprengten *Irgun*-Leute am 22. Juli 1946 den Flügel des King-David-Hotels in Jerusalem in die Luft, der das britische militärische Hauptquartier in Palästina beherbergte. 91 Menschen fanden dabei den Tod, 45 wurden verwundet. Die Briten verhafteten jüdische Politiker, beschlagnahmten Waffenvorräte der *Haganah*, fällten Todesurteile gegen gefangene Terroristen und verstärkten ihre Streitkräfte.

Bis 1947 hatte sich Palästina in einen waffenstarrenden Garnisonsstaat verwandelt. Meilenweite Stacheldrahtzäune und Sandsackbarrikaden prägten das Bild des Landes. Von 60 schwer befestigten Polizeiforts führten 1947 80.000 britische Soldaten und 16.000 Polizisten und Einheiten der unter britischem Kommando stehenden transjordanischen Arabischen Legion einen ständigen Kleinkrieg mit den bewaffneten jüdischen Formationen. Es war - auch unter Berücksichtigung des arabischen Drängens nach Aufhebung des Mandats - abzusehen, daß Großbritannien seine Präsenz in Palästina nicht mehr lange aufrechterhalten konnte.

Der mit dem Biltmore-Programm und verstärkt seit 1944/45 proklamierte zionistische Anspruch auf Palästina rief arabische Gegenreaktionen und Widerstand hervor. In den arabischen Staaten fanden Demonstrationen gegen die zionistischen Ziele und die britische Vormundschaft statt. Auf ihnen wurde gefordert, die jüdische Einwanderung nach Palästina und Landverkäufe an Juden zu verbieten sowie einen unabhängigen demokratischen Staat Palästina zu gründen. Die Staaten, die sich am 22. März 1945 zur Arabischen Liga zusammengeschlossen hatten, verkündeten im Mai 1946, sie wollten den arabischen Charakter von Palästina mit allen zur Verfügung stehenden Mitteln verteidigen. Die Liga reaktivierte das Arabische Hochkomitee in Palästina. Mit britischer Hilfe gelangten Politiker wie Jamal AL-HUSSAINI und schließlich gar der ehemalige Hitler-Kollaborateur Mufti Hadj Amin AL-HUSSAINI an die Spitze des Komitees und damit in die Führung der arabischen Nationalbewegung in Palästina. Das Aufbegehren der ihre nationale Unabhängigkeit fordernden Bevölkerung in den Straßen von Kairo und Bagdad stellten die arabischen Regierungen sehr wohl in Rechnung; es bestimmte jedoch letztlich nicht Motive und Ziele ihrer Palästinapolitik.

Im Interesse ihres Machterhalts standen die arabischen Herrscher und die sie stützende Führungsschicht einem demokratisch organisierten jüdischen Gemeinwesen ebenso wie einem sich eventuell progressiv entwikkelnden arabisch-palästinensischen Staat feindselig gegenüber. Besonders ein moderner jüdischer Agrar-Industrie-Staat wurde als Konkurrent betrachtet, konnte er doch die Überlebtheit ihrer Regimes im Orient und in der ganzen Welt verdeutlichen. Hinzu kam, daß die zionistischen Ziele mit eigenen arabischen Vormachtbestrebungen kollidierten. So beanspruchten unter den unterschiedlichsten Vorwänden sowohl Transjordanien als auch der Irak und Syrien die Herrschaft über Palästina, ein Ansinnen, das wiederum von Ägypten als Gefährdung eigener Ambitionen im Nahen Osten betrachtet und daher energisch bekämpft wurde. Über die enge Bindung der Herrscher in Amman, Bagdad und Kairo an Großbritannien konnten bis zu einem gewissen Grade auch britische Interessen in diese arabischen Pläne eingebracht werden.

Die Zuspitzung der Konfliktsituation in Palästina veranlaßte die Mandatsmacht am 14. Februar 1947 zu dem Beschluß, die Palästinafrage der UNO zur Klärung zu übergeben. Insbesondere der Führung der ZWO war zu diesem Zeitpunkt klar, daß der sowohl von jüdischer als auch von arabischer Seite geforderte Abzug Großbritanniens zum Bürgerkrieg führen mußte. Am 18. Juni 1947 schrieb BEN GURION an das Oberkommando der *Haganah*:

> "Im Kampf gegen die Araber werde ... die Haganah der hauptsächliche und entscheidende Faktor sein. Hier sei überhaupt nur eine militärische Entscheidung möglich. Darauf müsse sich die Haganah vorbereiten. Wenn es zum Zusammenstoß käme, werde die Existenz des jüdischen Gemeinwesens und das zionistische Werk in Palästina von seinem Ausgang abhängen."[2]

Auf diese bewaffnete Auseinandersetzung war der *Jischuv* vorbereitet, hatte sich doch die *Haganah* mit Waffen, Sprengstoff und Munition aus den Beständen der britischen Armee versorgt - teils durch die Jüdische Brigade, teils auf illegalem Wege. Milizen und PALMACH-Einheiten wurden ständig durch Neueinwanderer erweitert und intensiv trainiert. Die arabischen Parteien und Bewegungen in Palästina unterschätzten dagegen die militärische Vorbereitung der entscheidenden Auseinandersetzung. Durch die Niederschlagung des Aufstands von 1936 bis 1939 militärisch weitgehend wehrlos gemacht, verließen sie sich vornehmlich auf Hilfe von außen durch die Arabische Liga.

Das Palästina-Problem vor der UNO

Nach dem Scheitern des britisch-amerikanischen Untersuchungsausschusses schlugen auch britische Versuche fehl, im Juli 1946 bzw. Januar 1947 mit den Kontrahenten in der Palästinafrage eine Lösung am Verhandlungstisch zu finden. Die Interessengegensätze zwischen *Jewish Agency* und Arabischer Liga bzw. Arabischem Hochkomitee verschärften sich.

Großbritannien seinerseits wollte mit allen Mitteln an seiner Herrschaft festhalten. Sowohl seine diplomatischen als auch militärischen Anstrengungen, Herr in Palästina zu bleiben, waren jedoch erfolglos. Mit dem offiziellen britischen Antrag vom 2. April 1947, die Palästinafrage auf die Tagesordnung der UNO zu setzen, mußte die Regierung ATTLEE eingestehen, daß ihre Mandatspolitik gescheitert war. Sie verzichtete dabei nicht freiwillig auf ihre Herrschaft, sondern versuchte, diese - von der UNO sanktioniert - den veränderten Verhältnissen nach 1945 anzupassen.

Vom 28. April bis 15. Mai 1947 beschäftigte sich die Vollversammlung der Vereinten Nationen in einer Sondersitzung das erste Mal mit der Palästinafrage. Weltweite Beachtung und große Zustimmung auf jüdischer Seite fand die Rede des sowjetischen Chefdelegierten Andrej A. GROMYKO am 14. Mai. Er konstatierte den Bankrott der britischen Mandatspolitik, die Palästina schließlich nach 1945 in einen Polizeistaat verwandelt habe und betonte, daß Juden und Araber gleichermaßen die Aufhebung des Mandats forderten. Unbeschadet der Gegnerschaft der UdSSR und der internationalen kommunistischen Bewegung zum Zionismus erklärte GROMYKO "das Streben der Juden nach Gründung ihres Staates" für berechtigt. "Die Verweigerung dieses Rechtes für das jüdische Volk", fuhr er fort, "wäre nicht zu rechtfertigen, besonders unter Berücksichtigung dessen, was es im zweiten Weltkrieg erlebte".[3] Die Sowjetunion sah den jüdischen Staat nicht als Instrument zur "Lösung der jüdischen Frage" oder zur "Einsammlung der Verstreuten" im zionistischen Sinne an, sondern als Ausdruck des Selbstbestimmungsrechtes der in Palästina lebenden jüdischen Gemeinschaft. So erklärte GROMYKO, daß Araber und Juden historische Wurzeln in Palästina hätten, dieses die Heimat beider Völker sei. "Eine gerechte Entscheidung" führte er aus, "kann nur unter der Bedingung gefunden werden, wenn in genügendem Maße den berechtigten Interessen beider Völker Aufmerksamkeit geschenkt wird".[4] Die Sowjetunion setzte sich daher zunächst für einen binationalen arabisch-jüdischen Bundesstaat ein; im Falle dessen Unrealisierbarkeit sollte Palästina in zwei unabhängige Staaten, einen arabischen und einen jüdischen, geteilt werden.

Nach Anhörung von Vertretern der *Jewish Agency* und des Arabischen Hochkomitees beschloß die UNO-Vollversammlung am 15. Mai 1947 einen 11-Staaten-Sonderausschuß einzusetzen, das *United Nations Special Committee on Palestine* (UNSCOP). Es sollte alle Seiten des Problems untersuchen und den Vereinten Nationen bis zum 1. September berichten. Der Antrag der arabischen Staaten, das Mandat über Palästina zu beenden und das Land für unabhängig zu erklären, wurde nicht auf die Tagesordnung gesetzt. Der Sonderausschuß besuchte im Juni und Juli Palästina und machte sich mit den Meinungen verschiedener politischer Gruppierungen vertraut. Bereits vor dem Politischen Ausschuß der UNO hatten am 9. und 12. Mai Vertreter des Arabischen Hochkomitees gesprochen. Ihre Forderung nach Proklamation eines arabischen Staates Palästina war insofern unrealistisch, als in Palästina zwei voneinander weitgehend unabhängige nationale Gemeinschaften existierten. Als dann das Arabische Hochkomitee am 13. Juni 1947 die Zusammenarbeit mit UNSCOP ablehnte, vergab die palästinensische Führung die Gelegenheit, auf die Entscheidungen der UNO im nationalen Interesse der Palästina-Araber einwirken zu können. Die arabischen UNO-Mitglieder beharrten auf der Position eines arabischen Einheitsstaates mit gleichen Bürgerrechten für die ansässige jüdische Bevölkerung.

Die Führer der *Jewish Agency* erklärten ihre Bereitschaft, mit UNSCOP zusammenzuarbeiten. Sie sahen darin die Möglichkeit, wenigstens einen Teil ihrer Forderungen in kürzester Frist verwirklichen zu können. Im Namen der *Jewish Agency* forderte BEN GURION vor dem UN-Sonderausschuß die Bildung eines jüdischen Staates und lehnte Lösungen wie die eines binationalen Staates oder einer UNO-Treuhandschaft über Palästina ab. WEIZMANN schlug einen konkreten Teilungsplan vor, wonach Galiläa, die Küstenebene, der jüdische Teil Jerusalems und die Negevregion zu dem jüdischen Staat gehören sollten. Bei einem geheimen Treffen mit dem UNSCOP-Vorsitzenden am 24. Juni 1947 verlangte Menachem BEGIN namens des *Irgun* für den jüdischen Staat ganz Palästina und Transjordanien.

Vor den Vertretern des UNO-Sonderausschusses legten auch Repräsentanten der jüdisch-palästinensischen Linken, der Kommunistischen Partei, des *Ichud* und des *ha-Schomer ha-Zair*, ihre Auffassungen dar. Sie sprachen sich für die Bildung eines binationalen Staates aus. Der *ha-Schomer ha-Zair* verließ diese Position jedoch bald und unterstützte BEN GURIONs Streben nach einem jüdischen Staat.

Die Mitglieder des UNO-Sonderausschusses überzeugten sich während ihres Palästina-Aufenthaltes davon, daß das britische Mandat für die dort lebende Bevölkerung untragbar geworden war. In ihrem Bericht an die Herbstversammlung der Vereinten Nationen schlug die Kommission deshalb einstimmig vor, das Mandat sobald wie möglich aufzuheben und nach einer Übergangsperiode unter Aufsicht der UNO die Unabhängigkeit des Landes, das eine wirtschaftliche Einheit bilden sollte, zu proklamieren. Über die weiteren Schritte konnte sich die Kommission jedoch nicht einigen, so daß der Bericht einen "Mehrheits"- und einen "Minderheitsplan" enthielt. Die Mehrheit, d. h. Guatemala, Kanada, die Niederlande, Peru, Schweden, die Tschechoslowakei und Uruguay, schlug vor, Palästina in einen arabischen und einen jüdischen Staat zu teilen und Jerusalem zu internationalisieren. Die Vertreter Indiens, Irans und Jugoslawiens dagegen befürworteten einen palästinensischen binationalen Föderativstaat, wobei die Einwanderung in die jüdische Region begrenzt sein sollte. Dieser Plan besaß jedoch von vornherein geringe Erfolgsaussichten. Die Widersprüche zwischen der jüdischen und arabischen Bevölkerung waren zu tief. Die politischen Führer beider Seiten verhielten sich ablehnend, da sie jeweils nach einem eigenen Staat strebten. Schließlich fiel ins Gewicht, daß die USA und die UdSSR die Forderung nach einem jüdischen Staat unterstützten.

Nach längeren Erörterungen in verschiedenen UNO-Gremien wurde schließlich am 29. November 1947 der Vollversammlung die Resolution Nr. 181 (II) zur Abstimmung übergeben. Sie enthielt im wesentlichen die Vorschläge der Mehrheit des Palästina-Sonderausschusses zur Teilung des Landes. 33 Staaten stimmten für die Resolution, darunter die UdSSR, die USA und Frankreich, 13 stimmten dagegen, darunter die sechs arabischen Mitgliedstaaten, zehn enthielten sich der Stimme, u. a. auch Großbritannien und China. Die Resolution hatte damit die Zweidrittelmehrheit erhalten und galt als angenommen.

Der "Teilungsplan mit Wirtschaftsunion" enthielt folgende Bestimmungen:

"1. Das Mandat für Palästina soll sobald wie möglich beendet werden, jedoch auf keinen Fall später als am 1. August 1948.
2. Die bewaffneten Kräfte der Mandatsmacht sollen nach und nach von Palästina abgezogen und der Abzug sobald wie möglich abgeschlossen werden, jedoch auf keinen Fall später als am 1. August 1948. ...
3. Unabhängige arabische und jüdische Staaten sowie das Besondere Internationale Regime für den Stadtbezirk von Jerusalem ... sollen zwei Monate nachdem der Abzug der Streitkräfte der Mandatsmacht beendet worden ist, auf jeden Fall nicht später als am 1. Oktober 1948, zur Existenz gelangen."[5]

Der arabische Staat sollte ein Gebiet von 11.100 km^2, d. h. 43 Prozent des Territoriums, umfassen. In diesem Gebiet wohnten zur Zeit der Teilung 725.000 Araber und 10.000 Juden. Für den jüdischen Staat war ein Gebiet von 14.100 km^2, d. h. 56 Prozent des Territoriums, vorgesehen, worin 498.000 Juden und 407.000 Araber lebten. Das internationale Gebiet von Jerusalem mit 105.000 Arabern und 100.000 Juden nahm ein Prozent der Fläche Palästinas ein.

Die "Wirtschaftsunion" sollte aus einer Zoll- und Währungsunion, einem gemeinschaftlich betriebenen Verkehrs- und Kommunikationsnetz sowie gemeinsamen Bewässerungsarbeiten, Neulandgewinnung, Bodenerhaltung und Nutzung von Wasser- und Energieanlagen bestehen. Die komplizierte Grenzziehung auf engem geographischen Raum legte eine solche Regelung nahe. Die Resolution sah für beide Seiten demokratische Verfassungen vor, die u. a. das allgemeine Wahlrecht, die Respektierung der Menschen- und Bürgerrechte, den Schutz der heiligen Stätten aller in Palästina ansässigen Religionsgemeinschaften sowie vor allem den Schutz und die Freiheit der nationalen und religiösen Minderheiten in dem jüdischen bzw. arabischen Staat enthalten sollten. Eine UNO-Kommission unter der Aufsicht des Sicherheitsrates hatte in der vorgesehenen Übergangsperiode die von den Truppen der Mandatsmacht verlassenen Gebiete zu verwalten. Aufgabe der Mandatsmacht war es, loyal mit der UNO-Kommission zusammenzuarbeiten.

Die Resolution 181 (II) vom 29. November 1947 war unter den gegebenen Umständen die einzig reale Alternative. Sie gab beiden Völkern in Palästina die Möglichkeit, ihr Recht auf Selbstbestimmung zu verwirklichen und ein demokratisches Gemeinwesen aufzubauen. Verschiedene Faktoren verhinderten jedoch, daß der Teilungsplan zu einer friedlichen Lösung für Palästina führte. Da waren zunächst die Interessen der Großmächte, die die Lage im Nahen Osten auszunutzen suchten, um ihren Einfluß auf die Region zu verstärken und einen sicheren Stützpunkt zu gewinnen. Großbritannien hatte bereits vor der Entscheidung vom 29. November erklärt - und zwar am 26. September durch Kolonialminister Arthur CREECH-JONES vor dem Ad-hoc-Ausschuß der UNO für Palästina - es werde Beschlüsse der UNO nicht behindern, wolle aber auch nicht für ihre Ausführung verantwortlich sein. Als sich ihre Hoffnung auf eine Umwandlung des Mandats in eine Treuhandschaft der UNO nicht erfüllte, erklärte die britische Regierung am 1. Januar 1948, sie werde am 15. Mai 1948 das Mandat über Palästina beenden. Solange britische Truppen im Lande blieben, würden sie und nicht die für die Übergangsperiode vorgesehene Kommission der Vereinten Nationen die Macht im Lande ausüben. So verweigerte die britische Mandatsmacht tatsächlich der UNO-Kommission die Einreise nach Palästina. Sie zog ihre Truppen zurück, ohne die Staatsgeschäfte den in beiden Teilgebieten vorgesehenen Selbstverwaltungskörperschaften, "Provisorischen Regierungsräten", ordnungsgemäß zu übergeben. Damit hintertrieb Großbritannien wesentliche Bestimmungen der Resolution vom 29. November 1947 und ermunterte sowohl die arabische als auch die jüdische Seite, gewaltsam möglichst große Gebiete noch vor dem endgültigen Abzug der Briten in ihre Hand zu bekommen.

In den Straßen Tel Avivs und Jerusalems sowie in den jüdischen Siedlungen Palästinas wurde der UNO-Beschluß mit Jubel begrüßt. Die Menschen stürzten auf die Straßen, tanzten und feierten bis tief in die Nacht. Sie waren voller Hoffnung, daß nun, nach der Beseitigung der britischen Herrschaft und mit der Bildung des eigenen Staates, ein Leben in Frieden und Glück beginnen möge. Die Anhänger der Mehrzahl der politischen

Gruppierungen des *Jischuv* begrüßten aus diesem Grund die UNO-Entscheidung. Zu ihnen gehörten auch die Kräfte, die bisher für einen binationalen Staat eingetreten waren. Abseits blieben nur die orthodoxen Juden der *Agudat Jisrael*, die jede weltliche Staatlichkeit ablehnten, und *Irgun*-Extremisten mit ihrem Bild vom Judenstaat beiderseits des Jordan.

Die Aussichten für eine friedliche Entwicklung erschienen nach dem ersten Freudentaumel jedoch mehr als düster. Die *Jewish Agency* akzeptierte den Teilungsplan, da er die Möglichkeit bot, in absehbarer Zeit den eigenen Staat zu errichten, und freie Einwanderung zusicherte. Wenn er auch nicht die im Biltmore-Programm aufgestellte Maximalforderung berücksichtigte, so bildete der UNO-Beschluß doch die Grundlage für die Umsetzung weitergehender Pläne. Die arabischen Staaten dagegen lehnten die Teilung Palästinas strikt ab. In arabischen Städten fanden Protestdemonstrationen statt, und die aufgeputschte Menge demolierte Einrichtungen der USA, Großbritanniens, Frankreichs und der UdSSR. Das Arabische Hochkomitee in Palästina schloß sich dieser Haltung an. Es verzichtete auf die Gründung eines palästinensisch-arabischen Staates, wie er in der Resolution 181 (II) vorgesehen war, und vergab damit eine historische Chance, das Selbstbestimmungsrecht der Palästinenser zu verwirklichen.

Von der UNO-Resolution zur Proklamation des jüdischen Staates

Die Auseinandersetzungen, zu denen es schon im Laufe des Jahres 1947 zwischen *Haganah*, *Irgun* und LECHI einerseits und arabischen nationalistischen Freischärlern andererseits gekommen war, schwollen nach dem 29. November 1947 zu erbitterten Kämpfen an. Zunächst waren isolierte Guerilla-Aktionen gegen Siedlungen und Verkehrsverbindungen des Gegners und zur Besetzung wichtiger Geländepunkte an der Tagesordnung. Die Kämpfe konzentrierten sich dann um die von den Briten aufgegebenen Armeelager, Polizeiposten und Regierungsgebäude. Dabei lagen die Vorteile zunächst auf arabischer Seite, da die Briten oft ihre Lager direkt den Einheiten der von General John Bagot Glubb (Glubb-Pascha) kommandierten transjordanischen Arabischen Legion übergaben und arabische Freischärler über die Grenze ließen. Die palästinensischen bewaffneten Verbände, 50.000 Mann Dorfmilizen von geringem militärischen Wert und 11.000 bis 12.000 Mann Guerilla-Kämpfer, waren den militärischen Einheiten des *Jischuv* dennoch unterlegen. Zwar beschloß die Arabische Liga am 12. Dezember 1947, Waffen, Munition, Geld und Freiwillige zu schicken, die Hilfe wurde wegen der Rivalitäten zwischen den arabischen Staaten allerdings nur halbherzig geleistet und war wenig effektiv. Es fehlte an einer einheitlichen Führung; die Kämpfer waren zumeist schlecht ausgebildet und wenig motiviert. Die sofort nach dem Teilungsbeschluß einsetzende Flucht von Angehörigen der arabischen Oberschicht aus dem Land hatte zudem eine demoralisierende Wirkung.

Im Unterschied zur arabischen Seite hatte sich die Führung des *Jischuv* seit 1945 auf den bewaffneten Kampf um den jüdischen Staat vorbereitet. Finanziert durch verschiedene zionistische Fonds, besonders in den USA, kaufte die *Jewish Agency* Kriegsgerät und Munition aus der Hinterlassenschaft des zweiten Weltkrieges in Europa und verfrachtete es nach Palästina. Eine wichtige Funktion als Waffenlieferant übernahm - unterstützt von der UdSSR - die Tschechoslowakei, von der seit Herbst 1947 *Haganah*-Offiziere Waffen und Munition kauften. Über eine Luftbrücke erhielt die *Haganah* bzw. die israelische Armee von Januar 1948 bis Februar 1949 24.500 Mausergewehre, 84 Jagdflugzeuge und 10.000 Bomben. Israelische Piloten wurden durch die tschechoslowakische Armee ausgebildet.

Nicht unbedeutend war auch der Umfang der materiellen Hilfe aus den USA. Hierzu erklärte Judah L. MAGNES im Gespräch mit dem amerikanischen Außenminister am 4. Mai 1948, "daß die Unterhaltung der *Haganah* vier Millionen Dollar pro Monat kostet. Er sei sicher, daß, wenn die Beihilfen aus den Vereinigten Staaten abgebrochen würden, die jüdische Kriegsmaschine in Palästina aus Mangel an Finanzmitteln zum Stehen kommen würde".[6] Das meiste schwere Kriegsgerät wurde jedoch erst nach Beendigung des Mandats angelandet. Auch von den abziehenden Briten erwarb der *Jischuv* Kriegsmaterial, darunter 20 Flugzeuge.

Seit Dezember 1946 leitete David BEN GURION das Ressort Sicherheit in der *Jewish Agency;* er besaß damit die direkte politische Führung der militärischen Vorbereitungen. An der Spitze der *Haganah* stand der linkssozialistisch orientierte Jisrael GALILI als Oberkommandierender. Schon Ende 1947 wurden die 17- bis 25jährigen Männer und Frauen mobilisiert; es folgten im März 1948 die 26- bis 33jährigen. Hinzu kamen die Freiwilligen, die aus 52 Ländern einwanderten und schließlich 18 Prozent der israelischen Streitkräfte ausmachten. Die Stärke der jüdischen Verbände zur Zeit der Proklamation des Staates Israel betrug - den Angaben des Kriegstagebuches von BEN GURION zufolge - 30.574 Kämpfer.

Die jüdischen Soldaten waren überzeugt, für eine gerechte Sache einzustehen, d. h. einen nationalen Befreiungskampf gegen die Briten und ihre arabischen Hilfstruppen zu führen. Gleichzeitig ließen sie sich von der Einsicht leiten, den ihnen von der UNO zugesprochenen eigenen Staat gegen die Arabische Liga schützen zu müssen, die bei Proklamation jüdischer Staatlichkeit mit Krieg, mit dem Einmarsch ihrer Truppen nach Palästina, drohte. Auch war die jüdische Bevölkerung davon durchdrungen, eine fortschrittliche Sache zu verteidigen, standen doch den demokratischen und sozialen Einrichtungen, die der *Jischuv* hervorgebracht hatte, arabische Monarchen gegenüber, die zudem der britischen Kolonialmacht hörig waren. Positiv wirkten auch die Kampferfahrungen aus dem zweiten Weltkrieg und eine Führung, die trotz unterschiedlicher politischer Positionen militärisch einheitlich handelte.

Die Strategie des militärischen Oberkommandos im *Jischuv* bestand zunächst darin, jede, auch die entfernteste jüdische Siedlung gegen arabische Angriffe zu verteidigen, so daß die Aufteilung der Verbände der *Haganah* und der PALMACH-Brigaden in kleine Einheiten erforderlich war. Damit sollten arabischer Druck von den jüdischen Zentren abgelenkt und Ausfallbasen für Guerilla-Aktionen hinter den feindlichen Linien geschaffen werden.

Am 1. April begann die "Operation Dalet", die Realisierung eines schon im Dezember 1947 ausgearbeiteten Planes. Der Plan Dalet sah - nach Chaim HERZOG - "Operationen vor, um alle nach der Teilungsresolution der Vereinten Nationen dem jüdischen Staat zugeteilten Gebiete und die zusätzlichen Gebiete jüdischer Besiedlung außerhalb jener vorgesehenen Grenzen zu sichern".[7] Jigal ALLON, Kommandeur der PALMACH-Einheiten, formulierte als Ziel, "vorwiegend jüdisch bewohnte Gebiete zu zusammenhängenden Territorien zu vereinigen".[8] Mit den "zusätzlichen Gebieten" waren Teile des vorgesehenen arabisch-palästinensischen Staates gemeint; acht der vorgesehenen 13 Angriffe des Planes Dalet lagen außerhalb des von der UNO umrissenen jüdischen Territoriums. Während die von der Führung des *Jischuv* in den Monaten Dezember 1947 bis März 1948 geleiteten Operationen vorwiegend dem Schutz jüdischer Siedlungen dienten und das Territorium des künftigen jüdischen Staates in strategischer Hinsicht absichern sollten, trugen sie nunmehr auch offensiven Charakter.

Bis zum 15. Mai besetzten jüdische Kampfverbände bis in das zentrale Negev-Gebiet alle arabischen Städte und Dörfer, die im jüdischen Staatsgebiet lagen, u. a. auch Jaffa. Darüber hinaus drangen sie in das für den arabischen Staat vorgesehene Territorium ein, um einen Korridor von Tel Aviv zur vornehmlich jüdisch bewohnten Neustadt von Jerusalem zu öffnen. Umstritten blieb die Straße von Tel Aviv nach Jerusalem. Heftige Kämpfe tobten tagelang um den Ort Kastel. Dabei drangen *Irgun*-Abteilungen mit Wissen des *Haganah*-Kommandos am 9. April in das arabische Dorf Deir Jasin ein, das zur Internationalen Zone von Jerusalem gehören sollte. Sie richteten ein Blutbad an, dem 354 Menschen zum Opfer fielen, die Hälfte von ihnen waren Frauen und Kinder. In den folgenden Wochen fanden ähnliche Massaker in Naser-ed-Dein und Ain Zeitun statt. Vergeltungsaktionen palästinensischer Freischärler - wie der wenige Tage nach Deir Jasin erfolgte Überfall auf einen Konvoi mit Verwundeten und Pflegepersonal, der zum Hadassa-Krankenhaus auf dem Scopusberg in Jerusalem fuhr - trugen zu weiterer Eskalation bei.

Führende Vertreter der *Jewish Agency* distanzierten sich von den Überfällen der *Irgun*-Truppen und sandten mit Zustimmung BEN GURIONs ein Telegramm an den jordanischen Monarchen ABDALLAH, in dem sie das Massaker verurteilten. Auch der *Haganah*-Kommandant von Jerusalem lehnte öffentlich das Vorgehen des EZEL ab. Der Schrecken, der sich in der arabischen Bevölkerung ausbreitete, verstärkte jedoch die bereits begonnene Massenflucht und zersetzte die Moral der kämpfenden arabischen Einheiten. BEGIN schrieb in seinen Erinnerungen, daß die "Legende von Deir Jasin" sechs Bataillone wert gewesen wäre.[9] Es gab aber auch nicht wenige Beispiele dafür, daß jüdische Bürgermeister und Kommandeure die arabische Bevölkerung zum Bleiben beschworen.

Die militärischen Auseinandersetzungen in Palästina beschäftigten sowohl den Sicherheitsrat als auch eine Sondersitzung der Vollversammlung der Vereinten Nationen. Am 5. März bzw. am 1. und 14. April 1948 rief der Sicherheitsrat vergeblich zur Einstellung der Feindseligkeiten auf. Die Sowjetunion forderte den Abzug der nach Palästina eingedrungenen bewaffneten arabischen Abteilungen, fand für ihren Vorschlag jedoch keine Mehrheit. Lediglich ein allgemeines Waffenembargo und das Verbot der Einwanderung potentieller Kämpfer wurden beschlossen - Maßnahmen die wegen der britischen Weigerung, die UNO-Kommission ins Land zu lassen, nicht realisiert werden konnten.

Großbritannien setzte auch mit anderen Aktionen die Sabotage des Teilungsbeschlusses fort. Es ignorierte die UNO-Entscheidung zur Öffnung der Häfen Palästinas für die jüdische Einwanderung ab 1. Februar 1948. Die britische Regierung schloß am 15. März 1948 einen Bündnisvertrag mit König ABDALLAH, in dem sie sich verpflichtete, Transjordanien mit Kriegsmaterial zu versorgen und seine Offiziere auszubilden sowie einen gemeinsamen britisch-transjordanischen Verteidigungsausschuß zu bilden. Das britische Interesse an einer arabischen Intervention in Palästina war offensichtlich.

In der US-Administration bekamen wegen der Eskalation der Gewalt in Palästina die Bedenken gegen die Errichtung des jüdischen Staates zeitweilig die Oberhand. Am 19. März 1948 schlug der Vertreter der Vereinigten Staaten deshalb vor, den Teilungsbeschluß beiseite zu schieben und statt dessen Palästina unter UNO-Treuhandschaft zu stellen. Zahlreiche UNO-Mitglieder und die jüdische wie die arabische Seite lehnten den Plan ab. Daraufhin stellten sich die USA voll auf die Gründung des jüdischen Staates ein. Sie waren gleichzeitig jedoch daran interessiert, eine Zusammenarbeit mit der arabischen Seite, insbesondere mit Transjordanien, zu erreichen. US-amerikanische Diplomaten bemühten sich sowohl um einen jüdisch-arabischen Ausgleich als auch um Zusammenarbeit mit dem britischen Rivalen, da sie fürchteten, offene Konflikte im Nahen Osten könnten von der UdSSR ausgenutzt werden.

Im palästinensischen *Jischuv* begannen im März 1948 die Vorbereitungen auf die Staatsgründung. Da die Mandatsregierung die in der Resolution 181 (II) vorgesehene Übergabe der Staatsgeschäfte an die Selbstverwaltungskörperschaften verhinderte, ergriff der *Waad Le'umi* (Nationalrat) zusammen mit der Exekutive der *Jewish Agency* für Palästina die Initiative. Sie schufen den vorgesehenen "Provisorischen Regierungsrat" und nannten ihn *Moezet ha-Am* (Volksrat). Dieser bestand aus 14 Vorstandsmitgliedern des *Waad Le'umi*, der elfköpfigen Exekutive der *Jewish Agency* und zwölf Delegierten, die in keinem der beiden Gremien vertreten waren. Unter den 37 Delegierten befanden sich 15 Vertreter der zionistischen Arbeiterparteien, neun der religiösen Parteien, sechs Allgemeine Zionisten, drei "Revisionisten", ein Kommunist, ein Sepharde, ein Jemenit und eine Vertreterin der Internationalen Zionistischen Frauenorganisation. Dieses Gremium wählte einen 13köpfigen Exekutivausschuß - *Minhelet ha-Am* (Volksdirektorium).

Wegen der schweren Kämpfe, die eine ordnungsgemäße und friedliche Durchführung des UNO-Teilungsbeschlusses immer schwieriger machten, waren die Meinungen unter den jüdischen Volksvertretern über die Zweckmäßigkeit einer baldigen Proklamation des jüdischen Staates geteilt. Zahlreiche Vertreter der sozialdemokratischen bzw. linkssozialistischen Parteien rieten davon ab. Noch am 13. Mai sprach sich ein Drittel der Mitglieder des Zentralkomitees der MAPAI gegen die Ausrufung des Staates aus.

Auch in der *Jewish Agency* traten Politiker wie Mosche SCHARETT, Leiter der Politischen Abteilung, und Elieser KAPLAN dafür ein, den Waffenstillstandsappell der UNO anzunehmen und die Unabhängigkeitserklärung aufzuschieben. SCHARETT stand bereits in Verhandlungen mit US-Außenminister George MARSHALL, um durch dessen Vermittlung eine politische Lösung zu erreichen. Doch BEN GURION legte sein Veto ein. Er gehörte zu denjenigen, die alle Hoffnung auf die militärische Macht der *Haganah* setzten, und behielt die Oberhand. Am 12. Mai beriet das Volksdirektorium, das bereits die provisorische Regierung darstellte, über die Staatsgründung. Mit sechs gegen vier Stimmen lehnte das Gremium zunächst den Vorschlag eines Waffenstillstands mit den Arabern ab. Längere Zeit beriet man über den Namen des neuen Staates: "Judäa", "Zion" oder "Israel" standen zur Debatte. Man einigte sich schließlich auf "Israel".

Als die Mitglieder des Volksdirektoriums die Unabhängigkeitsproklamation redigierten, erhob sich die Frage, ob darin die Grenzen des neuen Staates definiert werden sollten. Aus BEN GURIONs Tagebuchaufzeichnungen geht hervor, daß er sich gegen eine solche schriftliche Festlegung wandte, weil er sich nicht mit den von der UNO gezogenen Grenzen zufriedengeben wollte. Im UNO-Beschluß vom 20. November 1947 sah er nur eine erste Etappe. Man müsse bereit sein, das Staatsgebiet zu vergrößern. Später zitierte er sich folgendermaßen:

> "Eine Deklaration über die Grenzen des Staates ist unnötig. Wir kennen sie nicht. Wir haben den Beschluß der UNO angenommen, die Araber nicht. Wenn wir ihren Angriff zum Scheitern bringen und Obergaliläa oder die Straße nach Jerusalem zu beiden Seiten erobern, werden diese Gebiete zum Staat gehören. Wir dürfen uns nicht festlegen."[10]

Die Ablehnung des UNO-Teilungsplans durch die Arabische Liga und das Arabische Hochkomitee in Palästina sowie ihre Kriegsvorbereitungen zwangen den Führern des *Jischuv* nicht nur Verteidigungsmaßnahmen auf, sondern ermöglichten es auch den Kräften, die von jeher ein Groß-Israel angestrebt hatten, ihre Interessen mit Vehemenz zu vertreten. Ohne jede Beschönigung erklärte *Irgun*-Führer Menachem BEGIN am 15. Mai 1948 im Rundfunk, als seine Organisation aus der Illegalität hervortrat: "Es sind die jüdischen Waffen, die über die Grenzen des jüdischen Staates entscheiden."[11] Mit fünf gegen vier Stimmen beschloß das Volksdirektorium, die Grenzen nicht zu definieren.

Am 14. Mai um 10 Uhr inspizierte der letzte britische Hochkommissar Sir Alan CUNNINGHAM die im Hafengebiet von Haifa zusammengezogenen britischen Einheiten. Hier und vom Regierungsgebäude in Jerusalem wurde der Union Jack eingeholt. CUNNIGHAM begab sich an Bord des Kreuzers "Euryalus" und erwartete dort die Stunde des Erlöschens des Mandats. Am selben Tag, dem 14. Mai, nachmittags um 16 Uhr trat im Museum von Tel Aviv der jüdische Volksrat zu einer öffentlichen Sitzung zusammen. Er konstituierte sich zunächst zur *Moezet ha-Medinah ha-Smanit* (Provisorischer Staatsrat) und das Volksdirektorium zur *ha-Memschalah ha-Smanit* (Provisorische Regierung). Die Fahne des jungen Staates wurde entrollt: Es war die Flagge der Zionistischen Weltorganisation - der Davidstern auf weißem Grund, flankiert durch zwei blaue Streifen. Seine zwölf Ministerkollegen zur Seite erhob sich David BEN GURION und verlas die Unabhängigkeitserklärung. Nach einem historischen Rückblick erklärte er:

> "Gleich allen anderen Völkern ist es das natürliche Recht des jüdischen Volkes, seine Geschicke unter eigener Hoheit selbst zu bestimmen. Demzufolge haben wir, die Mitglieder des Volksrates, als Vertreter der jüdischen Bevöl-

kerung und der Zionistischen Organisation, heute, am letzten Tage des britischen Mandats über Palästina, uns hier eingefunden und verkünden hiermit kraft unseres natürlichen und historischen Rechtes und aufgrund des Beschlusses der UNO-Vollversammlung die Errichtung eines jüdischen Staates im Lande Israel - des Staates Israel."[12]

In der Unabhängigkeitserklärung wurden Freiheit, Gleichheit und Frieden als Grundprinzipien des neuen Staates verkündet und die arabischen Bürger Israels aufgefordert, "den Frieden zu wahren und sich aufgrund voller bürgerlicher Gleichberechtigung und entsprechender Vertretung in allen provisorischen und permanenten Organen des Staates an seinem Aufbau zu beteiligen."[13] Den arabischen Staaten wurde gute Nachbarschaft und Zusammenarbeit angeboten. Tatsächlich hatte die *Jewish Agency* schon vor der Staatsgründung versucht, durch Golda MEIR, die am 10. November 1947 und am 12. Mai 1948 mit König ABDALLAH konferierte, Fühlung mit Transjordanien aufzunehmen. Wenn auch keine Einigung über die Abwendung eines Krieges zustande kam, so versicherte ABDALLAH doch, lediglich arabische Gebiete in Palästina annektieren zu wollen, was die zionistische Führung stillschweigend zu akzeptieren bereit war. Das Interesse beider Seiten war erkennbar, weder einen arabischen Palästina-Staat noch die Internationalisierung Jerusalems zuzulassen.

Der am 14. Mai 1948 proklamierte israelische Nationalstaat bedeutete die Verwirklichung des Selbstbestimmungsrechts der jüdischen Bevölkerung in Palästina, die bereits ein demokratisch organisiertes Gemeinwesen besaß, und entsprach der Weltmeinung nach Schaffung eines Zufluchtsortes für das von der *Schoah* gezeichnete jüdische Volk. Im zionistischen Selbstverständnis war Israel aber mehr, der Ort zur Sammlung aller in der Diaspora verstreuten Juden und damit der Hauptweg zur Lösung der Judenfrage weltweit. Dem jüdischen Staat, vorausgesetzt, er würde nach Geist und Buchstaben der UNO-Resolution vom 29. November 1948 handeln, erwuchs die reale Möglichkeit, sich einen geachteten Platz in der internationalen Völkergemeinschaft zu sichern. Der Appell um Aufnahme in die Vereinten Nationen konnte mit einer wohlwollenden Resonanz der Mehrheit der UNO-Vollversammlung rechnen. Der neue Staat wurde umgehend von der UdSSR de jure, von den USA und anderen Staaten de facto anerkannt.

Der erste arabisch-israelische Krieg 1948/49

In der Nacht vom 14. zum 15. Mai 1948 machten die arabischen Staaten ihre Kriegsdrohungen wahr. Die mit schweren Waffen ausgerüsteten regulären Armeen Ägyptens - diesen waren saudiarabische Abteilungen angeschlossen -, Transjordaniens, Syriens, des Iraks und des Libanon marschierten in Palästina ein. Die ägyptischen Streitkräfte drangen, von Luftangriffen auf israelische Siedlungen unterstützt, an der Küste bis 30 km südlich von Tel Aviv vor; eine andere Kolonne durchquerte die Negev-Wüste, besetzte Beerscheva und Bethlehem. General GLUBBs Arabische Legion, die von 36 britischen Offizieren kommandiert wurde, überschritt den Jordan und okkupierte den zentralen arabischen Teil Palästinas mit der Altstadt von Jerusalem. Die Syrer errichteten einen Brückenkopf westlich des Jordan und kämpften in Obergaliläa. Die Zahl der kämpfenden Verbände hielt sich zunächst mit rund 25.000 Mann auf jeder Seite die Waage. Die strukturellen Schwächen der arabischen Armeen wurden trotz der materiellen Überlegenheit, die sie zunächst besaßen, sehr bald sichtbar. Im Unterschied zu den hoch motivierten, effektiv geführten und in moderner Kriegsführung erfahrenen bzw. dazu befähigten israelischen Streitkräften waren die arabischen Armeen aus kolonialen Hilfstruppen entstanden, hatten schlecht ausgebildete und wenig befähigte Mannschaften, so daß selbst Mut und Einsatzbereitschaft des einzelnen Kämpfers wenig ausrichteten. Lediglich die transjordanische Arabische Legion verfügte über eine erhebliche Kampfkraft. Es kam jedoch keine einheitliche Leitung der Operationen der verbündeten Staaten zustande. So büßten die arabischen Armeen bald ihre Stoßkraft ein, während die Israelis noch nicht zu großangelegten Gegenoffensiven fähig waren.

Die Staaten der Arabischen Liga rechtfertigten ihr Vorgehen damit, daß Palästina ein arabisches Land sei und die Palästinenser allein das Recht haben sollten, seine Zukunft zu bestimmen. Da sie Israel als Staat ignorierten, bezeichneten sie ihre Invasion als Polizeiaktion. Die Ankündigung, einen einheitlichen palästinensischen Staat nach demokratischen Grundsätzen schaffen zu wollen, vermochte nicht zu überzeugen. Zur gleichen Zeit erklärte der Generalsekretär der Arabischen Liga, Abd ar-Rahman AZZAM, man werde die israelischen Truppen ins Meer werfen. Auf einer Pressekonferenz am 15. Mai sagte er:

> "Dies wird ein Ausrottungskrieg und ein wichtiges Massaker sein, von dem man wie von dem mongolischen Massaker und den Kreuzzügen sprechen wird."[14]

Für den neugegründeten jüdischen Staat ging es in diesem Krieg um die Erhaltung seiner Unabhängigkeit und Souveränität, da ihm die arabischen Regierungen mit der Ablehnung der UNO-Resolution 181 (II) und des nun erfolgten Angriffs sein Existenzrecht bestritten. Alle politischen Gruppierungen Israels, einschließlich der Kommunisten, sahen daher in der am 15. Mai beginnenden Auseinandersetzung mit den arabischen Staaten einen Unabhängigkeitskrieg, den sie mit allen Kräften unterstützten. Die Kriegsführung lag in den Händen von David BEN GURION als Verteidigungsminister, dem Oberkommandierenden General Jisrael GALILI, dem Generalstabschef Jaakov DORI und dem Ben Gurion-Berater und Leiter der Operationen, General Jigael JADIN.

Im Verlauf des Krieges zeigte sich eine immer deutlicher werdende Diskrepanz zwischen den bedrohten Lebensinteressen des israelischen Volkes, die es zu verteidigen galt, und der Politik und Kriegsführung der Regierung, in der expansive Tendenzen unübersehbar waren. Bereits am 21. Mai notierte BEN GURION künftige israelische Kriegsziele, die darin bestanden, das muslimische Regime im Libanon durch ein christliches zu ersetzen, sein Territorium bis zum Fluß Litani zu annektieren und ihn dann durch ein Bündnis an sich zu ketten. Wörtlich schrieb Israels erster Ministerpräsident weiter:

> "Wenn wir dann auch die Kräfte der Arabischen Legion gebrochen und Amman bombardiert haben, liquidieren wir Transjordanien und dann wird Syrien fallen. Und falls Ägypten wagt, den Krieg gegen uns noch fortzusetzen, bombardieren wir Port Said, Alexandria und Kairo. So werden wir den Krieg beenden und die Rechnung unserer Vorväter mit Ägypten, Assyrien und Aram begleichen."[15]

Diese Vision - geboren aus dem konkreten Kriegsverlauf - ließ sich zu diesem Zeitpunkt nicht verwirklichen. Das war der Regierung durchaus bewußt. Sie sah aber auch keine Möglichkeit, sich an die von der UNO gesetzten Grenzen, die ein friedliches Zusammenleben mit den Arabern Palästinas voraussetzten, zu halten und suchte statt dessen mit militärischer Gewalt immer mehr territoriale Faustpfänder in die Hand zu bekommen, um die Sicherheit des jüdischen Staates zu garantieren.

Die vom UNO-Sicherheitsrat durchgesetzte vierwöchige Feuerpause vom 11. Juni bis 9. Juli 1948 bedeutete eine willkommene Atempause für die israelischen Streitkräfte, die sich in der ersten Phase des Krieges vornehmlich in der Defensive befunden hatten. Bereits Anfang Juni jedoch errang die israelische Luftwaffe, ausgerüstet mit aufgekauften Messerschmitt- und Dakota-Maschinen die Luftüberlegenheit und ging nun ihrerseits zur Bombardierung arabischer Städte über. Die israelischen Truppen nutzten die Waffenruhe zur Umgruppierung, zur Ausbildung der Neueinwanderer und zur Ausrüstung der Einheiten mit dem nun eintreffenden, im Ausland erworbenen Kriegsmaterial - von Handfeuerwaffen über schwere Artillerie bis zu Panzern, Jagdflugzeugen und Bombern. Dabei wurde das im Zusammenhang mit der Waffenruhe erlassene Verbot der

Ein- und Ausfuhr von militärischen Gütern umgangen. Die nach der Unabhängigkeitsproklamation nach den USA entsandte Golda MEIR mobilisierte dort innerhalb von zwei Monaten bei jüdischen Organisationen zusätzliche Finanzquellen für die Kriegsführung in Höhe von 50 Mill. Dollar. Bis Mitte Oktober änderte sich das Verhältnis der Truppenstärken insofern, als die israelischen Streitkräfte nunmehr 90.000 Soldaten aufwiesen, die in und um Palästina stationierten arabischen Verbände 50.000 Mann.

Nachdem eine Verlängerung der Waffenruhe an der Weigerung der arabischen Staaten gescheitert war, begannen am 10. Juli die Kämpfe erneut. Die israelischen Truppen gingen zum Angriff über. Sie eroberten Ramle und Lydda (Lod) mit seinem internationalen Flughafen und wandten damit die direkte Bedrohung Tel Avivs ab. Sie erweiterten den Korridor nach Jerusalem, vermochten jedoch nicht Latrun zu nehmen. Im Norden eroberten sie Untergaliläa mit Nazareth, im Süden öffneten sie einen schmalen Korridor in den Negev. In den bis zum 18. Juli andauernden Kämpfen bombardierten israelische Flugzeuge Kairo und Damaskus. Es wurden nun stärkere Truppenverbände eingesetzt, wobei es die Kommandeure immer besser verstanden, die Infanterieangriffe mit Panzer- und Artillerieunterstützung zu kombinieren.

Der am 19. Juli vom Sicherheitsrat verhängte zweite Waffenstillstand sollte im Unterschied zu der ersten Waffenruhe zeitlich unbegrenzt sein und bis zum Friedensschluß andauern. Er wurde des öfteren jedoch von beiden Seiten verletzt. Bestimmte politische Entwicklungen veranlaßten die israelische Führung schließlich, wieder zu großangelegten Operationen überzugehen. Der vom UNO-Sicherheitsrat als Vermittler in Palästina eingesetzte schwedische Graf Folke BERNADOTTE hatte am 27. Juni empfohlen, den Teilungsplan vom 29. November 1947 zu verwerfen. Statt dessen sollte Israel ganz Galiläa erhalten, der Negev und Jerusalem sollten dem arabischen Gebiet zugeschlagen und dieses an Transjordanien angegliedert werden, das mit Israel zusammen einen Föderativstaat bilden sollte. Israel lehnte diesen Plan, der auch in der UNO auf Widerstand stieß, ab. Da sich aber im Negev ägyptische Truppen befanden, bestand die Gefahr, daß mittels des Bernadotte-Plans die arabische Präsenz in diesem Teil Palästinas international festgeschrieben werden konnte. Außerdem hatte am 20. September in Gaza der Großmufti Amin AL-HUSSAINI unter ägyptischer Ägide eine "Regierung von ganz Palästina" gebildet. Sie war als Gegengewicht gegen die transjordanischen Annexionsabsichten gedacht, lief aber bald auseinander.

Für die israelische Führung waren das Anzeichen für die Entstehung eines arabischen Staates in Palästina. Sie beschloß daher, vollendete Tatsachen zu schaffen. Auf Vorschlag von General JADIN gingen am 15.

Oktober 15.000 Mann nach Luftangriffen gegen die ägyptischen Stellungen im südlichen Palästina an. Es gelang ihnen, bis zum 22. Oktober Beerscheva, den Hauptort des Negev, zu erobern, die Ägypter ungefähr auf das Gebiet des späteren Gaza-Streifens zurückzudrängen und eine ägyptische Brigade in Stärke von 4.000 Mann bei Faludja einzukesseln. Zwischen dem 29. und 31. Oktober zerschlugen israelische Streitkräfte die im Norden des Landes operierende "Arabische Befreiungsarmee", die aus arabischen Freiwilligen bestand. Das gesamte Galiläa sowie Teile Südlibanons wurden besetzt.

Neben militärischen Mitteln setzte Israel auf diplomatische Aktivitäten. Kontakte wurden vom israelischen Vertreter in Paris, Eliahu SASSON, und vom Kommandanten der Neustadt von Jerusalem, Mosche DAJAN, mit Vertrauten König ABDALLAHs unterhalten. Dabei stimmten die Repräsentanten Israels dem am 1. Dezember 1948 von palästinensischen Notabeln in Jericho gefaßten Beschluß zu, Ostpalästina an Transjordanien anzugliedern und ABDALLAH zum König des arabischen Teils von Palästina auszurufen. Als am 13. Dezember 1948 diese Angliederung offiziell verkündet wurde, billigte ABDALLAH israelische Vorschläge für einen künftigen Waffenstillstand und den Abzug der noch auf seinem Territorium stehenden ägyptischen und israelischen Truppen.

Die Verletzungen des UNO-Waffenstillstandsgebots durch die israelische Armee führten zu erhöhten diplomatischen Aktivitäten in New York. Großbritannien und China verlangten im Sicherheitsrat, Israel Sanktionen anzudrohen, wenn es seine Truppen nicht auf die Linien vom 14. Oktober zurückziehe. Präsident TRUMAN dagegen erklärte, die USA würden keinen Beschluß unterstützen, den Israel nicht billige. Er kündigte eine Anleihe für Israel an und versprach die De-jure-Anerkennung des jüdischen Staates. Mit der diplomatischen Rückendeckung der USA vermochte Israel die Sicherheitsratsresolution vom 4. November 1948, die den Rückzug der über die Linien vom 14. Oktober vorgedrungenen Truppen anordnete, zu unterlaufen. Der amerikanische amtierende UNO-Vermittler Ralph BUNCHE erklärte die Resolution dadurch für erfüllt, daß Israel seine mobilen Truppen aus dem Negev abzog, die Siedlungen selbst, auch Beerscheva, aber besetzt hielt.

Ägyptischen Vorbereitungen für einen Entsatz der bei Faludja eingekesselten 4.000 Mann kam die am 22. Dezember 1948 begonnene israelische Operation "Choref" (Winter) zuvor. Die von Jigal ALLON befehligten motorisierten Brigaden sollten die um Gaza konzentrierten ägyptischen Verbände mit einem weiträumigen Vorstoß durch die Sinai-Wüste nach El-Arisch von ihren Nachschublinien abschneiden, sie vernichten und damit Ägypten an den Verhandlungstisch zwingen. Im Zuge dieser Operation überschritten die israelischen Truppen am 29. Dezember die

Abb. 1: Theodor Herzl (1860-1904), Begründer des politischen Zionismus

Abb. 2: Zweiter Kongreß der Zionistischen Weltorganisation 1898 in Basel

Abb. 3: Der Kulturzionist Achad ha-Am mit dem Dichter Chaim Nachman Bialik und Menachem Ussischkin, einem Aktivisten der Chibat-Zion-Bewegung (v. l. n. r., vierte Person unbekannt)

Abb. 4: Mit primitiven Geräten begannen die ersten Einwanderer, das Land zu bearbeiten (in einer Siedlung der BILU 1910)

Abb. 5: Im Kibbuz sahen viele Einwanderer ihre sozialistischen Ideale verwirklicht – Degania (1914)

Abb. 6: Mitglieder des Kibbuz Amir auf dem Weg zur Arbeit in die Hule-Sümpfe

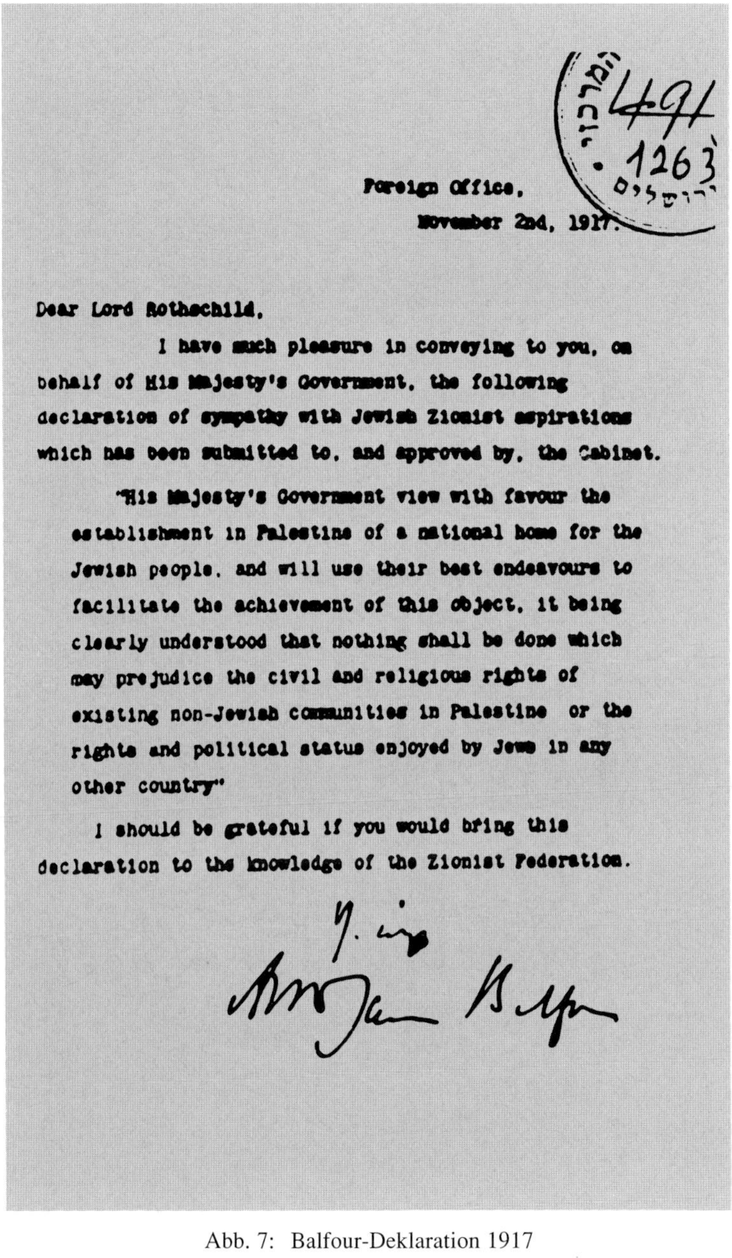

Foreign Office,
November 2nd, 1917.

Dear Lord Rothschild,

I have much pleasure in conveying to you, on behalf of His Majesty's Government, the following declaration of sympathy with Jewish Zionist aspirations which has been submitted to, and approved by, the Cabinet.

"His Majesty's Government view with favour the establishment in Palestine of a national home for the Jewish people, and will use their best endeavours to facilitate the achievement of this object, it being clearly understood that nothing shall be done which may prejudice the civil and religious rights of existing non-Jewish communities in Palestine or the rights and political status enjoyed by Jews in any other country"

I should be grateful if you would bring this declaration to the knowledge of the Zionist Federation.

Abb. 7: Balfour-Deklaration 1917

Abb. 8: Gründungskongreß des Gewerkschaftsverbandes Histadrut 1920

Abb. 9: Gewerkschaftsversammlung im Kibbuz Afikim

Abb. 10: Elieser Ben Jehuda (1858-1922), der Vater des modernen Hebräisch

Abb. 11: Der Philosoph Martin Buber (1878-1965), bekannt auch als einer der Begründer des Ichud

Abb. 12: Gebet an der Klagemauer in Jerusalem 1934

Abb. 13: Nationalbibliothek der Hebräischen Universität Jerusalem auf dem Scopusberg 1935

Abb. 14: Der britische Hochkommissar, Sir Arthur Wauchope, mit Führern des Jischuv und Offizieren der britischen Armee bei der Beerdigung des ersten Bürgermeisters von Tel Aviv, Meir Dizengoff, 1936

Abb. 15: Der Gründer der Revisionistischen Partei Zeev Jabotinsky (1880-1940)

Abb. 16: Einwohner von Tel Aviv protestieren gegen das britische Weißbuch 1939

ägyptische Grenze, eroberten sie Abu Aweigila und stießen sie von Süden bis zum Flugplatz von El-Arisch vor. Der Ring um die ägyptische Armee drohte sich zu schließen. Vergeblich appellierte Ägypten an seine arabischen Bündnispartner, ihm mit Entlastungsangriffen an anderen Frontabschnitten zu Hilfe zu kommen. Entgegen der Absicht von ALLON, nach Umgruppierung seiner Kräfte El-Arisch anzugreifen, stoppte das israelische Oberkommando wegen drohender politischer Verwicklungen den weiteren Vormarsch. Tatsächlich bestellte der US-Botschafter James MAC DONALD am Nachmittag des 31. Dezember Israels Außenminister Mosche SCHARETT zu sich und erklärte ihm, Großbritannien habe gedroht, aufgrund des Bündnisvertrages von 1936 an der Seite Ägyptens in die Kämpfe einzugreifen, wenn die israelische Armee nicht sofort das ägyptische Territorium räume. Die USA stellten sich hinter das britische Ultimatum und erklärten, daß sie ihre Beziehungen zu Israel überprüfen müßten, wenn dessen Armee der britischen Forderung nicht nachkäme. BEN GURION gab nach und befahl General ALLON, bis zum 2. Januar 1949 seine Truppen hinter die ägyptisch-israelische Grenze zurückzuziehen. Trotzdem eskalierte die britisch-israelische Spannung nochmals. Eine Staffel britischer Jagdflugzeuge, die feststellen sollte, ob sich die israelische Armee wirklich vom ägyptischen Territorium zurückgezogen hatte, wurde von israelischen Jägern angegriffen, fünf britische Spitfires wurden abgeschossen. Der energische britische Protest trug dazu bei, daß Israel dem bereits am 29. Dezember vom Sicherheitsrat befohlenen Waffenstillstand zustimmte, so daß am 7. Januar 1949 an der israelisch-ägyptischen Front wieder Waffenruhe eintrat.

Die militärischen Operationen im ersten israelisch-arabischen Krieg fanden erst im März 1949 ihren endgültigen Abschluß. Zwischen der Unterzeichnung des Waffenstillstandsvertrages mit Ägypten am 24. Februar 1949 und der Eröffnung offizieller Verhandlungen mit Jordanien sah das israelische Oberkommando den günstigsten Zeitpunkt, das laut UNO-Resolution für den jüdischen Staat vorgesehene Negev-Gebiet in Besitz zu nehmen. Vom 6. bis 10. März 1949 drangen zwei israelische Brigaden ohne wesentliche Kampfhandlungen bis zum Golf von Akaba vor, wobei sie die schwachen Patrouillen der Arabischen Legion ausmanövrierten und zum Rückzug auf jordanisches Gebiet zwangen.

Der Krieg nach außen war von innenpolitischen Auseinandersetzungen begleitet, bei denen es vornehmlich darum ging, welche Partei die entscheidenden Machtinstrumente des neuen Staates in die Hand bekommen würde. Der Ministerpräsident der Provisorischen Regierung BEN GURION rief am 20. Mai 1948 den Notstand aus. Am 28. Mai wurde die Israelische Verteidigungsarmee (*Zva Haganah le-Jisrael* - ZAHAL) gebildet. Damit wurde die bisher halblegal bestehende *Haganah* in die reguläre

Armee des Staates Israel umgewandelt und wurden alle bewaffneten Kräfte ihrem Oberkommando unterstellt. Menachem BEGIN, der Führer des EZEL, ordnete nach Verhandlungen mit dem Oberkommando am 1. Juni die Eingliederung der *Irgun*-Bataillone in den ZAHAL an. Neben den als autonome Einheiten bestehenbleibenden *Irgun*-Bataillonen, die politisch den Revisionisten folgten, verfügten auch die PALMACH-Brigaden, der vor allem linkszionistische Kräfte angehörten, über einen relativ selbständigen Generalstab. Darüber hinaus bestanden die Abteilungen des LECHI weiter.

Als das vom *Irgun* illegal gecharterte Schiff "Altalena", mit dessen Waffenladung BEGIN die EZEL-Bataillone zur bestausgerüsteten Truppe in Israel machen wollte, am 20. Juni 1948 die Küste erreichte, brach der Konflikt mit der Regierung offen aus. Beim Versuch der *Irgun*-Kämpfer, das Schiff zu entladen, kam es zu Zusammenstößen mit Einheiten des ZAHAL, dessen Artillerie schließlich die "Altalena" vor Tel Aviv beschoß und versenkte. Im ganzen Land wurden Führer des *Irgun* festgenommen, EZEL durfte - außer in Jerusalem - nicht mehr unter eigenen Kommandeuren kämpfen, und am 28. Juni hatten die Truppen einen Treueeid auf die Provisorische Regierung zu schwören. Mit seiner Entscheidung, die "Altalena" zu beschießen und die Waffenübergabe an den EZEL zu verhindern, schaltete BEN GURION zunächst die der Revisionistischen Partei nahestehenden extremistischen Kräfte als militärischen Faktor aus.

Die Ermordung des UNO-Vermittlers BERNADOTTE am 17. September 1948 in Jerusalem durch Mitglieder des LECHI, nach ihrem Führer Abraham STERN auch Stern-Gruppe genannt, bot dem Oberkommando des ZAHAL eine weitere Möglichkeit zur Ausschaltung konkurrierender politisch-militärischer Kräfte. 200 Mitglieder des LECHI wurden verhaftet, die Organisation für ungesetzlich erklärt. Am 20. September erging auch der Befehl zur endgültigen Auflösung des EZEL. Begin fügte sich, ordnete die Übergabe aller Waffen an den ZAHAL an und befahl, allen staatlichen Weisungen Folge zu leisten.

Im inneren Führungskreis der *Haganah* und später des ZAHAL spielten sich ebenfalls Positionskämpfe ab. In ihrem Verlauf ordneten sich die Vertreter der linkssozialistischen Kräfte, die sich im Januar 1948 zur *Mifleget ha-Poalim ha-Me'uchedet* - MAPAM (Vereinigte Arbeiterpartei) zusammengeschlossen hatten, BEN GURION als dem Vertreter der stärksten zionistischen Gruppierung, der MAPAI, unter. Bereits im Mai 1948 hatte BEN GURION kurzzeitig den Rücktritt des Oberkommandierenden der *Haganah*, Jisrael GALILI (MAPAM) erzwungen, mit dem er als Sicherheitsverantwortlicher der *Jewish Agency* ständig Kompetenzstreitigkeiten hatte. Als Verteidigungsminister führte BEN GURION während des ersten Waffenstillstandes eine Führungskrise herbei, in deren Ergebnis GALILI endgültig gehen mußte. General ALLON, ebenfalls ein Führer der MAPAM und Kommandeur der PALMACH-Brigaden, verlor am 28. Oktober 1948 seinen eigenen Generalstab. Der PALMACH hörte auf, als separate Militärorganisation zu existieren. Durch die Ausschaltung der "Parteiarmeen" hatte BEN GURION nicht nur die zentrale Kommandostruktur und damit die Schlagkraft der israelischen Armee gefestigt, sondern auch entscheidende Machtpositionen für die MAPAI im neuen Staat gewonnen.

Der Unabhängigkeitskrieg endete mit einem eindeutigen militärischen Sieg Israels. Er hatte aber auch große Opfer gefordert. Etwa 6.000 Juden waren für die Verteidigung der Existenz und Unabhängigkeit ihres neuen Staates gefallen. Die Kriegskosten betrugen rund 500 Mill. Dollar. Unter UNO-Vermittlung schloß Israel Waffenstillstandsverträge mit den arabischen Staaten ab. Solche Abkommen kamen zustande am 24. Februar 1949 mit Ägypten, am 23. März 1949 mit dem Libanon, am 3. April 1949 mit Jordanien und am 20. Juli 1949 mit Syrien. Der Irak zog seine Truppen ohne vertragliche Regelung ab. Unter den Bedingungen des Waffenstillstands räumte die israelische Armee den Libanon südlich des Litani; die Syrer gaben ihren Brückenkopf in Obergaliläa auf. Die im Faludja-Kessel eingeschlossenen ägyptischen Verbände erhielten freien Abzug. Die Waffenstillstandslinien vergrößerten das israelische Territorium gegenüber dem Teilungsplan der UNO von 14.100 km^2 auf 20.700 km^2, d. h. um ungefähr ein Drittel. Dieses Ergebnis beurteilte General ALLON:

> "Der Staat Israel ging aus dem Krieg mit einem größeren und strategisch vorteilhafteren Gebiet hervor, als die Vereinten Nationen ihm zuerkannt hatten, aber dennoch kleiner, als es seiner militärischen Kraft entsprach und als seine Verteidigung gegen neue Bedrohungen durch die alten Feinde es erfordert hätte."[16]

Die Waffenstillstandsverträge legten fest, daß die Linien der Feuereinstellung keine Grenzen bedeuten sollten. In den Verträgen wurden aufgrund einer Resolution des Sicherheitsrates vom 16. November 1948 Prinzipien verankert, die beide Seiten zu beachten hatten. Demnach sollte in der Palästinafrage keine militärische Gewalt angewandt werden; keine Partei durfte gegen die andere eine aggressive Aktion durchführen, planen oder androhen; jede Partei habe das Recht auf Sicherheit. Schließlich wurde festgelegt, daß der Waffenstillstand ein unerläßlicher Schritt zur Beendigung des bewaffneten Konflikts und zur Wiederherstellung des Friedens in Palästina sei. Eine Überwachungskommission der UNO und entmilitarisierte Zonen sollten die Einhaltung der Waffenstillstandsbedingungen unterstützen.

Die Besetzung arabischer Gebiete durch Israel, die Annexion von Ost-Palästina und der Altstadt von Jerusalem durch Jordanien sowie die Unterstellung des Gazastreifens unter ägyptische Verwaltung hatten die Entstehung eines arabischen Staates in Palästina, wie es die UNO-Resolution vom 29. November 1947 vorgesehen hatte, unmöglich gemacht. Die einander widersprechenden Hegemonialziele der arabischen Monarchen, die sich gegen die Interessen der Palästinenser richteten, waren die Hauptursache für die schwere politische und militärische Niederlage der arabischen Staaten im Krieg 1948/49. Britische Militärhilfe, die besonders Jordanien erhielt, und diplomatische Rückenstärkung konnten daran nichts ändern. Die Anerkennung Israels durch Großbritannien am 29. Januar 1949 zeigte, daß die britische Regierung die veränderten Realitäten in ihrem ehemaligen Mandatsgebiet akzeptiert hatte.

Ein Ergebnis des Krieges, das eine schwere Hypothek für einen künftigen Frieden im Nahen Osten darstellte, waren Flucht und Vertreibung der arabischen Bevölkerung aus den von Israel eingenommenen Gebieten. Der Exodus der Palästinenser begann bereits im Dezember 1947 mit dem Weggang eines großen Teils der in den Städten angesiedelten begüterten Oberschicht, dem die Bewohner ganzer Stadtviertel und Dörfer folgten. Eine zweite Fluchtwelle wurde durch die Offensive der *Haganah* und die gegen die arabische Bevölkerung gerichteten Terrorakte von EZEL und LECHI im April/Mai 1948 ausgelöst. Die größte Zahl der Flüchtlinge jedoch ging auf die unmittelbaren Kriegsereignisse zurück. Arabische Einheiten ließen bei ihrem Vormarsch Ortschaften evakuieren, israelische Einheiten zerstörten Dörfer, die sie nach ihrer Eroberung nicht länger besetzt halten wollten. Häufig flohen die Bewohner arabischer Dörfer schon beim Herannahen israelischer Streitkräfte. Umstritten ist bis heute, inwieweit arabische Politiker ihre palästinensischen Landsleute selbst zur Flucht aufgefordert haben. Bis Oktober 1948 registrierte das UNO-Hilfswerk für Palästina über 650.000 Flüchtlinge. Die Zahl der in den Zeltlagern der arabischen Nachbarstaaten zu Versorgenden stieg täglich an.

Von den 1,3 Mill. Arabern, die vor 1949 in Palästina lebten, verblieben lediglich 160.000 unter israelischer Herrschaft. Statistisch spiegelte sich die Tragödie des arabischen Volkes von Palästina darin wider, daß die Zahl der arabischen Dörfer, die sich auf dem Territorium des Staates Israel befanden, von 452 vor dem Krieg auf 96 nach dem Krieg zurückging. Die israelische Regierung besiedelte die verlassenen arabischen Stadtteile und Dörfer mit jüdischen Neueinwanderern; das Eigentum der arabischen Flüchtlinge wurde entschädigungslos eingezogen.

Israel handelte damit entgegen dem Willen der Mehrheit der Vereinten Nationen. In einer Resolution vom 11. Dezember 1948 beschloß die

UNO-Vollversammlung,

> "... daß den Flüchtlingen, die in ihre Heimat zurückkehren und in Frieden mit ihren Nachbarn leben wollen, dieses zum frühest möglichen Zeitpunkt gestattet werden sollte, und daß jenen, die nicht zurückzukehren wünschen, Entschädigung für ihr Eigentum, für den Verlust oder die Beschädigung des Eigentums zu zahlen ist."[17]

Die israelische Regierung begründete ihre Weigerung, die arabischen Flüchtlinge zu repatriieren, mit der Notwendigkeit, eine große Zahl jüdischer Immigranten aus den arabischen Nachbarstaaten und Europa aufzunehmen. Als Geste guten Willens bot sie schließlich unter Druck der USA an, 65.000 - 70.000 Palästina-Flüchtlinge im Falle einer Friedensregelung aufzunehmen.

Nicht zuletzt die israelischen Positionen zum Flüchtlingsproblem wurden - neben der Ablehnung der im ursprünglichen Teilungsplan vorgesehenen Grenzen - von zahlreichen UNO-Mitgliedstaaten zum Anlaß genommen, um Bedenken gegen den von Israel erstmals am 29. November 1948 gestellten Antrag auf Aufnahme in die Organisation der Vereinten Nationen vorzubringen. Doch nachdem die israelischen Streitkräfte die Souveränität in allen Teilen des Landes hergestellt hatten und der erste Waffenstillstandsvertrag unterzeichnet worden war, hatte ein neuerlicher Aufnahmeantrag Israels vom 24. Februar 1949 Erfolg. In ihrem Beschluß zur Aufnahme Israels in die Vereinten Nationen am 11. Mai 1949 nahm die Vollversammlung zur Kenntnis, daß sich die Regierung Israels zur Verwirklichung der Resolutionen vom 29. November 1947 und 11. Dezember 1948 bereit erklärt habe. Gleichzeitig mit der Aufnahme Israels in die UNO unterzeichneten Israel und die arabischen Staaten am 12. Mai 1949 das sogenannte Lausanner Protokoll, das Diskussionen mit der UN-Schlichtungskomission für Palästina zur Realisierung der Resolution vom 11. Dezember 1948 "bezüglich der Flüchtlinge, der Achtung ihrer Rechte und des Schutzes ihres Eigentums wie auch territorialer und anderer Fragen" vorsah.[18] Ein völkerrechtlicher Rahmen, um vom Waffenstillstand zum Frieden in Palästina voranzuschreiten, war damit geschaffen. Um ihn auszufüllen, bedurfte es der Kompromißbereitschaft auf arabischer wie auf israelischer Seite und eines günstigen internationalen politischen Klimas.

Der Weg des israelischen Staates 1948-1967

Grundlagen des neuen Staates

Der am 14. Mai 1948 proklamierte Staat Israel baute auf den vom *Jischuv* während der Mandatszeit geschaffenen Institutionen auf. Schritt für Schritt entstand ein modernes Staatswesen parlamentarisch-demokratischen Charakters. Mit der bereits am 19. Mai 1948 verabschiedeten "Law and Administration Ordinance" erhielt der Provisorische Staatsrat die Gesetzgebungskompetenz, während die Exekutive der Provisorischen Regierung übertragen wurde. Artikel 9 dieses Gesetzes ermächtigte den Staatsrat, wenn erforderlich, den Notstand zu erklären. Dies geschah noch am selben Tag. Das geltende Recht wurde mit Ausnahme der Gesetze der Krone, die britischen Beamten oder Untertanen Privilegien zugestanden, für weiterhin gültig erklärt. Die Bestimmungen über Einschränkung der Einwanderung und des Bodenkaufs waren sofort nach der Unabhängigkeitserklärung außer Kraft gesetzt worden.

In den ersten Gesetzesakten spiegelte sich deutlich das kriegerische Umfeld wider, in dem der Staat Israel entstand. Das galt sowohl für die Verordnung zur Bildung des ZAHAL vom 26. Mai 1948 als auch für das darauf aufbauende Wehrdienstgesetz vom 15. September 1949, das für Männer zwischen 18 und 29 Jahren eine zweijährige und für Frauen zwischen 18 und 26 Jahren eine einjährige Wehrpflicht einführte. Am 16. September 1948 beschloß der Provisorische Staatsrat, daß die verabschiedeten Gesetze nicht nur auf dem Territorium des Staates Israel gelten sollten, sondern auch in den Teilen Palästinas, die der Verteidigungsminister als vom ZAHAL besetzt erklärte. Damit wurde noch vor den Waffenstillstandsverträgen des Jahres 1949 die israelische Gesetzgebung über die von der UNO festgelegten Grenzen hinaus ausgeweitet.

Nachdem aufgrund der Kriegssituation allgemeine Wahlen erst am 25. Januar 1949 durchgeführt werden konnten, traten am 14. Februar 1949 die gewählten Vertreter des Volkes zur Verfassunggebenden Versammlung (*ha-Asefah ha-Mechonenet*) zusammen. Sie verabschiedeten am 16. Februar das "Übergangsgesetz" (Transition Law, *Chok ha-Maavar*), das die Funktionen von *Knesset*, Regierung und Staatspräsident regelt. Die Verfassunggebende Versammlung konstituierte sich auf dieser Grundlage zum ersten Parlament in der Geschichte des Staates Israel und gab sich den Namen *Knesset* (Versammlung). Da sich die ursprüngliche Absicht, durch eine vom Provisorischen Staatsrat bzw. von der Knesset eingesetzte Kommission eine Verfassung auszuarbeiten, nicht verwirklichen ließ, blieben Unabhängigkeitserklärung, Law and Administration Ordinance und Übergangsgesetz die verfassungsrechtlichen Grundlagen Israels.

In den Diskussionen um die Erarbeitung einer Verfassung spiegelten sich deutlich die politischen Machtkämpfe im entstehenden Staatswesen wider. MAPAM, *Allgemeine Zionisten*, *Cherut* und Kommunisten traten für eine formale, einheitliche und vollständige Verfassung ein. Nur eine solche könne die Freiheitsrechte der Bürger sichern, Minderheiten vor einer möglichen Knesset-Mehrheit und ein Staatsorgan vor Übergriffen eines anderen schützen. Das Interesse der kleineren Parteien, die Herrschaft der Mehrheit und Notstandsbefugnisse der Regierung zu beschränken, lag diesen Argumenten zugrunde. Die religiösen Parteien hielten dagegen die *Torah* für die einzig mögliche Verfassung. Gegen ein einheitliches weltliches Grundgesetz wandten sie sich deshalb, weil darin die Stellung der Religion im Staate hätte definiert werden müssen. Sie befürchteten in diesem Falle eine Lösung dieser Frage im Geiste der freisinnigen Mehrheit. Es setzte sich schließlich die von der MAPAI und den Progressiven repräsentierte Mehrheitsmeinung durch, anstelle einer Verfassung einzelne Grundgesetze (Basic Laws) zu spezifischen Aspekten des staatlich-gesellschaftlichen Lebens einzuführen.

Das Hauptargument für diesen Weg war, daß die Annahme einer weltlichen Verfassung zur Spaltung der Nation in religiöse und säkulare Gruppen, zu einem "Kulturkampf", führen würde. Da alle zionistischen Parteien darauf bestanden, in der Verfassung die "grundlegenden Werte des jüdischen Volkes" festgelegt zu sehen, war zu erwarten, daß eine Einigung zwischen Sozialisten, Liberalen und Religiösen kaum möglich sein würde. Nicht auszuschließen ist jedoch auch, daß sich die MAPAI als stärkste politische Kraft in ihrer Regierungstätigkeit nicht in zu hohem Maße die Hände binden lassen wollte. Die Verfassungsdebatte fand am 30. Juni 1950 mit folgender Kompromißresolution der Knesset ihren Abschluß:

> "Die Erste Knesset beauftragt den Ausschuß für Verfassungs- und Rechtsangelegenheiten mit der Ausarbeitung des Verfassungsentwurfs. Die Verfassung soll aus einzelnen Abschnitten bestehen, von denen jeder für sich allein ein selbständiges Grundgesetz bildet. Die Abschnitte sollen der Knesset nach Maßgabe des Abschlusses der Arbeiten des Ausschusses unterbreitet werden und sich in ihrer Gesamtheit zur Verfassung des Staates zusammenschließen."[1]

Anstelle einer Verfassung regelten somit Gesetze, die ausdrücklich als Grundgesetze bezeichnet wurden, und solche, die als Grundgesetze anzusprechen sind, die grundlegenden Einrichtungen und Angelegenheiten des Staates. Demnach wurden die gesetzgebende und die ausführende Gewalt sowie die Rechtssprechung voneinander getrennt.

Die Gesetzgebungsgewalt, das Recht der Wahl des Staatspräsidenten und die Kontrolle über die Regierung stehen der Knesset zu. Das Parlament besteht aus 120 Abgeordneten und wird von den israelischen Bürgern über 18 Jahre für eine in der Regel vier Jahre währende Legislaturperiode nach einem reinen Verhältniswahlrecht mit einprozentiger Sperrklausel (ab 1992 1,5 Prozent) gewählt. Die Exekutive liegt in der Hand des Kabinetts, das der Knesset gegenüber verantwortlich ist. Die Regierung verfügt über eine außerordentliche Machtfülle und erhielt in der Praxis gegenüber der Knesset das Übergewicht. Von ihr gingen 95 Prozent der Gesetzesvorlagen aus. Zu den Vorrechten der Regierung gehören Unterzeichnung und Bestätigung außenpolitischer Verträge, Anerkennung fremder Staaten und Kriegserklärungen. Die Zustimmung der Knesset ist dafür rechtlich nicht notwendig.

Der vom Parlament für fünf Jahre gewählte Staatspräsident übt vorwiegend repräsentative Funktionen aus. Politisch bedeutsam ist seine Kompetenz, nach Parlamentswahlen oder dem Rücktritt des Kabinetts den Führer der Partei, die seiner Ansicht nach die größten Chancen auf Erfolg hat, mit der Regierungsneubildung zu beauftragen. Als erster Präsident Israels wurde Chaim WEIZMANN am 16. Februar 1949 gewählt. Seine Auffassung von einer starken Stellung des Präsidenten nach dem Vorbild der USA hatte er allerdings nicht durchsetzen können.

Der israelische Staatsaufbau hat - nicht zuletzt aufgrund der geringen territorialen Größe des Landes - betont zentralistischen Charakter. Die Kommunalverwaltungen erhielten nur begrenzte Vollmachten und besitzen wenig finanziellen Spielraum. Nach demselben Wahlrecht wie für die Knesset werden Stadt- und Gemeinderäte gewählt. Die Kreisräte setzen sich aus Delegierten der in ihnen zusammengefaßten ländlichen Siedlungen zusammen, in denen keine allgemeinen Kommunalwahlen stattfinden.

Die staatliche Gerichtsbarkeit besteht aus Magistrats- und Distriktgerichten sowie aus dem Obersten Gerichtshof. Daneben existieren für jede Konfessionsgemeinschaft eigenständige religiöse Gerichte für Personenstandsfragen. Das von den Gerichten angewandte Recht ist vielgestaltig. Neben den von der Knesset beschlossenen Gesetzen setzt es sich aus Elementen des osmanischen Rechts, Regelungen aus der britischen Mandatszeit, englischem Gewohnheitsrecht und dem religiösen Recht der Juden, Christen und Muslime in Personenstandsfragen zusammen.

Israel war als jüdischer Staat proklamiert worden. Zugleich hatten sich seine Gründer in der Unabhängigkeitserklärung vom 14. Mai 1948 dafür verbürgt, allen Bürgern des Landes "ohne Unterschied der Religion, der Rasse und des Geschlechtes soziale und politische Gleichberechtigung" zu gewähren. Sie sprachen sich für "Glaubens- und Gewissensfreiheit, Freiheit der Sprache, Erziehung und Kultur" aus.[2] Das bedeutete ein gleichberechtigtes Nebeneinander aller Religionsgemeinschaften sowie Schutz von deren heiligen Stätten. Da die jüdische Bevölkerung jedoch nach Beendigung des Unabhängigkeitskrieges mehr als vier Fünftel der Gesamtbevölkerung betrug und die politische Führung des Landes der zionistischen Vision verpflichtet war, stand die Ausprägung Israels als jüdischer Staat im Vordergrund. Besonders die religiösen Kräfte setzten sich dafür ein, daß dieser Charakter durch Gesetzgebung, Bildung und Kultur abgesichert wurde.

Der Status der jüdischen Religion als eine Säule der israelischen Gesellschaft geht auf eine Vereinbarung von 1947 zurück. Am 19. Juni hatten David BEN GURION als Vorsitzender der *Jewish Agency* und Repräsentant der Arbeiterfraktion, Jehudah L. FISCHMAN als Vertreter des *Misrachi* und Jizchak GRUENBAUM für die Allgemeinen Zionisten in einem Brief der orthodox-religiösen *Agudat Jisrael* zugesichert, daß im künftigen Staat die religiösen Vorschriften für den Sabbat, für Eheschließung und -scheidung, für die Speisegesetze sowie für die Erziehung beachtet würden. Dieses sogenannte Status-quo-Abkommen garantierte auch allen anderen Religionsgemeinschaften ihre gesetzlichen Feiertage sowie die Möglichkeit, die religiösen Vorschriften zu befolgen. Es sicherte den jüdischen, christlichen und islamischen Autoritäten die Beibehaltung ihrer öffentlich-rechtlichen Funktionen aus der Mandatszeit zu und verschaffte ihnen bedeutenden Einfluß auf das Leben ihrer Gemeinschaften.

Die konkrete Umsetzung der Festlegungen für die jüdische Bevölkerung erfolgte vor allem durch die Verordnung über Ruhetage vom 3. Juni 1948, die den Sabbat und die jüdischen Feiertage zu gesetzlichen Ruhetagen erklärte, die Verordnung über die Gewährleistung koscherer Speisen für die Soldaten vom 25. November 1948 und das Gesetz der rabbinischen Gerichtsbarkeit vom 26. August 1953. Darin wurde bestimmt: "Eheschließungs- und Scheidungssachen von Juden in Israel ... unterstehen der ausschließlichen Rechtssprechung des rabbinischen Gerichtshofes" und sind "in Übereinstimmung mit dem jüdischen religiösen Recht zu vollziehen".[3] Damit wurde die Zivilehe ausgeschlossen. Frauen sind vor den rabbinischen Gerichten nicht gleichberechtigt; sie dürfen dort beispielsweise nicht als Zeugen auftreten. Das am 26. Juli 1951 verabschiedete Gesetz über die Gleichberechtigung der Frau enthielt daher die Einschränkung: "Dieses Gesetz berührt keine gesetzlichen Verbote oder Erlaubnisse über Eheschließung und Scheidung."[4]

Institutionalisiert wurde die Verbindung zwischen Staat und Religion einerseits durch das Oberrabbinat - dessen geistliche Richter zwar Staatsbeamte, aber nur dem religiösen Recht verpflichtet sind - und andererseits durch das Ministerium für religiöse Angelegenheiten. Die jüdische Abteilung des Ministeriums inspiziert die religiösen Institutionen, kontrolliert die Einhaltung der Speisevorschriften in der Armee und in anderen öffentlichen Einrichtungen, widmet sich der Pflege der für das Judentum heiligen Stätten und Denkmäler und hält die religiösen Verbindungen Israels mit den Gemeinden in der Diaspora aufrecht.

Eine weitere Besonderheit des israelischen Staates besteht darin, daß er nicht nur die Verwirklichung des nationalen Selbstbestimmungsrechts der Juden in Palästina widerspiegelt, sondern der "jüdischen Einwanderung und der Sammlung der Juden im Exil" offensteht. In der Unabhängigkeitserklärung wurde daher "an das jüdische Volk in allen Ländern der Diaspora" appelliert, Israel "auf dem Gebiete der Einwanderung und des Aufbaus zu helfen".[5]

Auch die Zionistische Weltorganisation betrachtete Israel als Zentrum des jüdischen Lebens, das von der Diaspora durch Einwanderung und Finanzhilfe zu unterstützen sei. Sie betonte das Weiterbestehen zionistischer Aufgaben und Pflichten, da nach der Staatsgründung unter den Juden in der Welt sich das Gefühl verbreitete, der Zionismus habe alle seine Ziele erreicht. Es zeigte sich bald, daß die freie Entscheidung der Juden, im jüdischen Staat Israel oder in einem anderen Land zu leben, nicht zu einem Verschwinden der Diaspora führte. Trotz der 1948 einsetzenden Masseneinwanderung befand sich 1968 nur rund ein Fünftel der jüdischen Weltbevölkerung in Israel. Konzentrationspunkte jüdischer Bevölkerung blieben in Nord- und Südamerika sowie in der UdSSR - wenngleich aus unterschiedlichen Gründen - bestehen.

In der praktischen Politik wurde das Verhältnis zwischen der ZWO bzw. der *Jewish Agency* und dem Staat 1952 bzw. 1954 auf vertraglicher Grundlage durch eine klare Abgrenzung der Aufgaben und Kompetenzen geregelt. Alle Funktionen, die sich auf die Einwohner Israels bezogen, übernahm der israelische Staat, während die *Jewish Agency* für Einwanderungs- und Siedlungsfragen sowie für deren Finanzierung zuständig blieb. Das von Nahum GOLDMANN für die ZWO angestrebte Mitspracherecht bei politischen Entscheidungen in Israel scheiterte am Widerstand BEN GURIONS, der im Verhältnis jüdischer Staat - Diaspora das Prinzip der gegenseitigen Hilfe unter Ausschluß der Einmischung in des anderen Angelegenheiten durchsetzte.

Am 5. Juli 1950 verabschiedete die Knesset das sogenannte Rückkehrgesetz (*Chok ha-Schwut*). Es bestimmte, daß jeder Jude das Recht habe, nach Israel einzuwandern. Das Gesetz über die Staatsbürgerschaft vom 1. April 1952 legte darüber hinaus fest, daß jeder Jude nach der Einwanderung als Staatsbürger zu betrachten sei. Es ging dabei vom Abstammungsprinzip aus, während für die arabischen Einwohner Palästinas, die nach 1948 auf dem Territorium Israels lebten, das Gebietsprinzip angewandt wurde. Die israelische Staatsbürgerschaft wurde demnach nur den Nichtjuden erteilt, die vom Tage der Staatsgründung an bis zum 14. Juli 1952 - dem Tag des Inkrafttretens des Gesetzes - in Israel gelebt hatten.

Die Entwicklung der Parteien

Das israelische Parteiensystem, das unmittelbar an die politischen Strukturen des *Jischuv* anknüpfte, bot ein verwirrendes Bild: An den Knessetwahlen nahmen jeweils mehr als 15 - 1959 sogar 26 - Parteien bzw. Listenverbindungen teil. Aufgrund der bis 1992 geltenden Sperrklausel von einem Prozent waren immer 11 bis 14 Parteien mit Abgeordneten im Parlament vertreten. Ständig gab es Spaltungen, Absplitterungen, aber auch neue Zusammenschlüsse und Bündnisse der verschiedensten Art. Das reine Verhältniswahlrecht förderte die Parteienzersplitterung, so daß immer wieder, vor allem auch von David BEN GURION, der Ruf nach der Mehrheitswahl bzw. nach einem Zweiparteiensystem laut wurde. Trotzdem zeigte das israelische Parteienspektrum eine stabile Grundtendenz. Der Stimmenanteil der Hauptparteien bei den Knessetwahlen von 1949 bis 1967 sowie die Anzahl der im Parlament vertretenen Parteien bestätigten dies.

Die Vielfalt und gleichzeitige Stabilität der israelischen Parteien wurzeln vor allem in zwei Ursachen. Die über Mittel- und Osteuropa verstreuten jüdischen Gemeinden zeichneten sich durch viele - zum Teil sich überkreuzende - Trennungslinien sozialer, kultureller und religiöser Natur aus. Das übertrug sich auf die Zionistische Weltorganisation und über diese auf die in ihr vertretenen Parteien. Andererseits gingen die Gewerkschaft *Histadrut* und nicht wenige Parteien dem Staate, in vielen Fällen sogar der Ansiedlung in Palästina, voraus. Die in Osteuropa entstandenen politischen Organisationen hatten für die Palästina zustrebenden Juden mit ihren Agrarsiedlungen, Krankenkassen, Banken und Industrieunternehmen als Einreisebüros und Stützpunkte für die Zukunft fungiert. Sie hatten Arbeitsvermittlungen und Wohnsiedlungen, Verlage, Zeitungen usw. gegründet. Damit waren einzelne Personen, aber auch ganze Familien und Gruppen wirtschaftlich und sozial eng an den Organismus einer bestimmten politischen Gruppierung gebunden und blieben für längere Zeit von ihm abhängig. Diese wirtschaftlich-organisatorischen Stützen behielten die Parteien in Palästina bei und sicherten sich auf diese Weise eine relativ feste Anhängerschaft. Nicht zuletzt der Aufbau des *Kibbuz*-Systems folgte dem Parteienspektrum.

Typisch für Israel war stets der sehr hohe Anteil der Parteimitglieder an den Wählern. Er betrug in den sechziger Jahren bei den religiösen

Parteien über 70 Prozent, bei den Arbeiterparteien zwischen 40 und 50 Prozent und bei den liberal-konservativen Parteien um 20 Prozent. Vergleichsweise rechnete die SPD als mitgliederstärkste Partei in der Bundesrepublik Deutschland 1965 nur etwa 5 Prozent ihrer Wähler zu ihren Mitgliedern.

Die Einwanderung nach 1948 beeinflußte zunächst kaum das innenpolitische Kräfteverhältnis. Der Neuankömmling war bei seiner Wohnungs- und Arbeitssuche zumeist recht hilflos; er wandte sich daher an die ihm bekannten - zumeist parteigebundenen - Institutionen und wurde somit in die bestehende politische Struktur integriert. Die Parteien richteten Abteilungen für die Arbeit mit Einwanderern ein und zogen die politisch aktiveren an sich, indem sie ihnen bestimmte Funktionen einräumten.

Die Stabilität der zionistischen Parteien war auch dadurch gewährleistet, daß ihren Zentralen durch die *Jewish Agency* ständig ein Anteil der Beträge zufloß, die von den jüdischen Hilfsfonds im Ausland gesammelt wurden. Entsprechend ihrer Mitgliederstärke bzw. ihrer internationalen Verbindungen konnten sie sich auf diese Weise Vorteile im Wahlkampf sichern.

Von ihrer beherrschenden Stellung in der jüdischen Gemeinschaft Palästinas her vermochte es die MAPAI 1948 relativ leicht, die staatlichen Machtpositionen, wie Regierung, Verwaltungsapparat und Armee, weitgehend in Besitz zu nehmen. Als stärkste Fraktion in der Knesset vereinigte sie bis 1961 stets zwischen 32 und 38 Prozent der Wählerstimmen auf sich, ab 1965 im Bündnis mit anderen Parteien sogar bis zu 46 Prozent. Die Mitgliederstärke der MAPAI stieg von 28.025 im Jahre 1946 auf rund 180.000 im Jahre 1966.

In der sozialdemokratischen MAPAI organisiert waren vor allem Arbeiter, *Kibbuz*- und *Moschav*-Mitglieder, viele Staatsangestellte, Akademiker, Angehörige des Mittelstands und auch private Unternehmer. Seit Ende der fünfziger Jahre wurde die MAPAI eindeutig zur Partei des "Establishments". In ihren leitenden Gremien fielen die wesentlichen Entscheidungen für Politik und Wirtschaft des Landes. Zwei Drittel der Knesset-Fraktion waren gleichzeitig Mitglieder des Zentralkomitees. Neben den rund 30 Knesset-Abgeordneten umfaßte das ZK 46 *Histadrut*-Führer, 25 *Kibbuz*-Mitglieder, 15 hauptamtliche Parteifunktionäre, 16 höhere Staatsbeamte - u. a. Manager von Staatsbetrieben, Offiziere, Bürgermeister - sowie zwei freiberuflich Tätige, aber nur einen Arbeiter aus einem privaten Betrieb.

Als Mitgliedsparteien der 1951 wiedergegründeten Sozialistischen Internationale (SI) bekannten sich sowohl der Weltverband der Zionistischen Sozialistischen Parteien (*Ichud Olami*) als auch die MAPAI zum demokratischen Sozialismus als ihrer programmatischen Grundlage. Die

MAPAI verstand sich, dem Slogan ihres langjährigen Führers David BEN GURION "Von der Klasse zum Volk"[6] folgend, als Volkspartei. In ihrer Prinzipienerklärung von 1955 sprach sie den Verzicht auf jede verbindliche Weltanschauung ihrer Mitglieder aus, worin die Neutralität gegenüber der Religion inbegriffen war. Sie betrachtete sich als eine "Partei der Taten", die wichtiger wären als "theoretische Einförmigkeit".[7] In der Innenpolitik trat die MAPAI für eine gemischte Wirtschaftsordnung mit staatlicher Rahmenplanung und Erhaltung des Lebensstandards der Arbeiter ein. In der Außenpolitik forderte sie Frieden mit den arabischen Nachbarn auf der Basis der Grenzen von 1949 und ohne Konzessionen in der Flüchtlingsfrage. Die unter Leitung BEN GURIONs im Juni 1965 von der MAPAI abgespaltene *Reschimat Poale Jisrael* - RAFI (Arbeiterliste Israels) trat für das Mehrheitswahlsystem und für eine moderne technokratische Form der Herrschaftsausübung ein. Sie existierte bis 1968.

Links von der MAPAI konzentrierten sich die politischen Kräfte nach 1945 neu. 1946 erklärten sich der Jugend- und Kibbuzverband *ha-Schomer ha-Zair* (Der junge Wächter) zusammen mit der Sozialistischen Liga zur Arbeiterpartei *ha-Schomer ha-Zair*. Im selben Jahr bildeten die *Linke Poale Zion* und die aus der MAPAI ausgeschiedene Linksopposition, *Tnuah le-Achdut ha-Avodah* (Bewegung für die Einheit der Arbeit - 1944-1946), eine gemeinsame Partei, genannt *Achdut ha-Avodah - Poale Zion* (Einheit der Arbeit - Arbeiter Zions). Sie vereinigte sich am 22. Januar 1948 mit der Arbeiterpartei *ha-Schomer ha-Zair* zur *Mifleget ha-Poalim ha-Me'uchedet* - MAPAM (Vereinigte Arbeiterpartei). Der Partei gehörten rund 40.000 Mitglieder an, die vornehmlich aus der Kibbuzbewegung und der städtischen Arbeiterschaft stammten. Die MAPAM behielt zunächst die revolutionäre Programmatik des *ha-Schomer ha-Zair* bei, trat für die Ausdehnung des öffentlichen Wirtschaftssektors und für die Rechte der Araber ein, die sie seit 1954 als zunächst einzige zionistische Partei in ihre Reihen aufnahm. Seit den stalinistischen Prozessen und Verfolgungen von 1952 und 1953, die sich insbesondere gegen jüdische Kommunisten richteten, und nach Beginn der sowjetischen Unterstützung für die arabischen Nationalisten distanzierte sich die MAPAM von ihrem bisherigen Leitbild des Sozialismus nach sowjetischem Vorbild. Ihr Führer Meir JAARI unterschied 1958 zwischen "Errungenschaften" und Erscheinungen der "Degeneration und Perversion" in der UdSSR. Der Weg zur Realisierung des Sozialismus sei die "Einsammlung der Verstreuten" und von diesem Erfordernis aus betrachte die Partei die Weltentwicklung.[8] Die MAPAM näherte sich in ihrer Politik der MAPAI an und beteiligte sich ab 1955 mehrfach an Koalitionsregierungen.

Die *Achdut ha-Avodah - Poale Zion* (Einheit der Arbeit - Arbeiter Zions) konstituierte sich 1954 neu, als ein Teil ihrer Mitglieder, die sich

1948 mit dem *ha-Schomer ha-Zair* zusammengeschlossen hatten, die MAPAM wegen ideeller und politischer Meinungsverschiedenheiten wieder verließ. Differenzen bestanden vor allem in den Auffassungen zum Marxismus-Leninismus und in der Haltung zur Sowjetunion, zur Einbeziehung der arabischen Bürger Israels in die Parteiarbeit sowie zu Sicherheitsfragen. Die Partei, in der Regel verkürzt nur *Achdut ha-Avodah* benannt, bestand bis 1968. Sie erzielte bei Parlamentswahlen ab 1959 etwa 6 Prozent der Stimmen, während die MAPAM rund 7 Prozent der Wählerstimmen auf sich vereinigen konnte. Führer der *Achdut ha-Avodah*, wie Jizchak TABENKIN, Jigal ALLON und Jisrael GALILI, die aus dem Kommandeursbestand der ehemaligen PALMACH-Einheiten hervorgegangen waren, traten - im Gegensatz zur MAPAM - für eine "aktivistische" Sicherheitspolitik ein und waren stets für ein Mitwirken an den von der MAPAI geführten Regierungskoalitionen. Es kam daher zwischen diesen beiden Parteien zu einer schnelleren Annäherung als zwischen MAPAI und MAPAM. 1965 schlossen MAPAI und *Achdut ha-Avodah* ein Wahlbündnis, d. h. sie stellten eine gemeinsame Kandidatenliste auf und bildeten in der Knesset eine gemeinsame Fraktion, den sogenannten kleinen *Maarach* (Vereinigung).

Als nichtzionistische Arbeiterpartei entstand am 22./23. Oktober 1948 nach Überwindung der 1943 erfolgten Spaltung die Kommunistische Partei Israels (*ha-Miflagah ha-Komunistit ha-Jisraelit* - MAKI). Die Partei, die schätzungsweise 4.000 bis 5.000 Mitglieder zählte, erreichte bei den Knessetwahlen zwischen 3 und 4,5 Prozent der Stimmen. Sie beteiligte sich auch an den Wahlen zu den *Histadrut*-Kongressen. Die MAKI verstand sich wie ihre Vorgängerin, die *Palästinensische Kommunistische Partei*, als internationalistische und binationale Partei von Juden und Arabern. Sie trat im Innern für die Erhaltung und Erweiterung der demokratischen Freiheiten - insbesondere für die Rechte der arabischen Minderheit - und nach außen für einen sofortigen Friedensschluß mit den arabischen Nachbarn ein. Die Lage der MAKI wurde durch die sowjetische Nahostpolitik, der sie zu folgen suchte, und chauvinistische Erklärungen arabischer Führer erschwert. Es kam zu Spannungen innerhalb der Partei, schließlich 1965 zur Spaltung in einen national-orientierten jüdischen und einen jüdisch-arabischen prosowjetischen Flügel. Die von Generalsekretär Schmuel MIKUNIS und Mosche SNEH geführte jüdische Gruppe behielt nach der Spaltung den Namen MAKI bei. Sie löste sich bis 1973 in der zionistisch orientierten Linken Israels auf. Der von Meir VILNER und Toufik TOUBI geführte prosowjetische Flügel trat zu den Wahlen unter dem Namen *Reschimah Komunistit Chadaschah* - RAKACH (Neue Kommunistische Liste) an. Diese Partei vermochte in der Folge vor allem in der arabischen Bevölkerung Israels erheblichen Einfluß zu gewinnen und bewahrte die frühere Position der MAKI in Parlament und Öffentlichkeit.

Nach der Staatsgründung erwuchs für die liberal-konservativen Parteien die Notwendigkeit, sich stärker als Alternative zum Kurs der MAPAI zu profilieren. Für die Allgemeinen Zionisten vor allem bedeutete das, nun auch durch ihren Namen Position zu beziehen. Deshalb gaben sie der 1961 entstandenen Fusion mit den linksliberalen Progressiven den Namen Liberale Partei. Hinter ihr standen die Organisationen der Industriellen, der Im- und Exporteure, der Privatbanken und der Zitrusplantagenbesitzer, deren Hilfe ihr Rückhalt auch in zionistischen Organisationen der USA und Westeuropa sicherte. Die Partei trat - wie vor 1948 die Allgemeinen Zionisten - als Verfechterin des freien Unternehmertums auf, wandte sich gegen jede staatliche Wirtschaftskontrolle sowie gegen eine progressive Besteuerung und suchte den Einfluß der *Histadrut* zu beschneiden. In der Außenpolitik verfocht die Liberale Partei ein enges Bündnis mit den Westmächten und eine "aktivistische" Politik gegenüber den arabischen Nachbarstaaten. Ihre Wählerschaft bestand vornehmlich aus städtischem Bürgertum und Angestellten der höheren Einkommensklassen. Im Gegensatz zu den meisten anderen Parteien war ihr Stimmenanteil großen Schwankungen unterworfen. So konnte sie von 1949 bis 1951 in der Knesset die Zahl ihrer Sitze von 7 auf 23 erhöhen und damit zweitstärkste Partei werden. Sie verlor aber in den folgenden Wahlen wieder einen großen Teil ihrer Anhängerschaft, der sich nun der rechts von ihr stehenden *Cherut*-Partei zuwandte. Da beide Parteien in ihren innen- und außenpolitischen Zielen weitgehend übereinstimmten, schlossen sie sich 1965 und 1969 zu einem Wahlbündnis *Gusch Cherut we-Liberalim* - GACHAL (Block von Cherut und Liberalen) zusammen.

Als linker Flügel innerhalb der *Allgemeinen Zionisten* entwickelten sich bereits während der Mandatszeit die Progressiven, die von 1946 bis 1948 und von 1961 bis 1965 mit den *Allgemeinen Zionisten* bzw. den Liberalen eine Partei bildeten. Von 1948 bis 1961 bestand dieser Flügel selbständig als *Progressive Partei* und seit 1965 wieder als *ha-Miflagah ha-Liberalit ha-Azmait* (Unabhängige Liberale Partei). Als selbständige Partei gehörte sie stets der Regierungskoalition an. Sie trennte sich 1965 von den Liberalen, da sie das Bündnis mit der *Cherut*-Partei ablehnte. Im Unterschied zur Liberalen Partei wurden die Unabhängigen Liberalen in erster Linie zu einer Partei der freiberuflich Tätigen, der Akademiker und der mittleren und kleinen Unternehmer. Einwanderer dieser Schichten, die nach 1933 aus Mitteleuropa gekommen waren und sich 1941 als Interessenpartei die *Alijah Chadaschah* (Neue Einwanderung) geschaffen hatten, prägten nunmehr das Profil dieser Partei. Die Unabhängigen Liberalen verlangten, die private Unternehmerinitiative zu fördern. Im Unterschied zu den Liberalen traten sie jedoch für eine gemischte Wirtschaft ein und näherten sich damit den Vorstellungen der Sozialdemokratie an. Obwohl die Partei nur klein war - ihr Stimmenanteil bei Knessetwahlen lag stets zwischen 3,2 und 4,6 Prozent -, verfügte sie doch über erheblichen politischen Einfluß, da sich in ihren Reihen prominente Persönlichkeiten, u. a. Pinchas ROSEN, der frühere Vorsitzende der Zionistischen Organisation Deutschlands und von 1948 bis 1961 israelischer Justizminister, und der ehemalige Generalstaatsanwalt Gideon HAUSNER, befanden.

Die stärkste politische Gruppe am rechten Flügel des Parteienspektrums stellte die 1948 von Menachem BEGIN gegründete *Tnuat ha-Cherut* (Freiheitsbewegung) dar. Die *Cherut* ging aus Richtungskämpfen innerhalb der revisionistischen Bewegung nach JABOTINSKYs Tod 1940 hervor. Dabei setzte sich der seit 1942 von BEGIN geleitete EZEL als stärkste Kraft durch. Die *Cherut* führte den nationalistischen Kurs der Revisionisten fort, hielt an der Forderung nach einem Israel beiderseits des Jordan fest und trat für präventive Kriegshandlungen gegenüber den arabischen Nachbarn ein. Ihre Wirtschaftspolitik entsprach in wesentlichen Zügen den Auffassungen der Liberalen. Bis 1967 ständig in der Opposition zur regierenden MAPAI, zog die *Cherut* viele mit dem bestehenden Regime Unzufriedene an. Anklang fand sie z. B. bei den in ihrem Fortkommen gehinderten Neueinwanderern oder bei den über die hohe Besteuerung empörten Mittelschichten. Ihre nationalistische, antisozialistische Propaganda fand besonders bei afroasiatischen Einwanderern Gehör, denen die von den zionistischen Arbeiterparteien vermittelten Werte der europäischen Arbeiterbewegung fremd waren. Die *Cherut* verfügte zwar mit der *Histadrut ha-Ovdim ha-Le'umit* (Nationale Arbeiterorganisation) seit 1934 über eine eigene, rund 50.000 Mitglieder zählende Gewerkschaft, be-schloß aber 1963, auch eine nationale "Blau-Weiß"-Fraktion in der *Histadrut* zu bilden. Die Stimmengewinne des von der *Cherut* geführten Bündnisses 1965 bei den Knessetwahlen und auch bei den Wahlen zu den *Histadrut*-Kongressen zeigten, daß sich ein starker Rechtsblock unter den israelischen Parteien zu entwickeln begann.

Die religiösen Parteien bildeten zur ersten Knessetwahl 1949 eine Vereinigte Religiöse Front. Diese löste sich jedoch wegen ideeller und politischer Gegensätze bald wieder auf. Differenzen existierten besonders zwischen dem *ha-Poel ha-Misrachi* einerseits, der der MAPAI programmatisch am nächsten stand und mit seiner Losung "Torah und Arbeit" zur populärsten und stärksten religiösen Partei wurde, und der orthodoxen *Agudat Jisrael* andererseits. *Misrachi* und *ha-Poel ha-Misrachi* schlossen sich 1955 zur *Miflagah Datit Le'umit* - MAFDAL (Nationalreligiöse Partei - NRP) zusammen. Beide bewahrten sich eine gewisse Selbständigkeit. So verfügte der *Misrachi* weiterhin über selbständige Organisationen zur Arbeit im Ausland. Der *ha-Poel ha-Misrachi* behielt seine gleichzeitige Funktion als eigener *Kibbuz*- und Gewerkschaftsverband von 28.000 bzw. 60.000 Mitgliedern bei, war jedoch auf vielen Gebieten mit der *Histadrut* organisatorisch verbunden. Die NRP und ihre Vorgänger, die stets 9-10 Prozent der Wählerstimmen auf sich vereinigten und damit drittstärkste Fraktion in der Knesset waren, gehörten bis auf eine kurze Unterbrechung 1958/59 der Regierungskoalition an.

Die Nationalreligiöse Partei vertrat die Interessen der traditionell-religiösen bürgerlichen Schichten. Ihre Wählerbasis stellten neben religiös gebundenen Einwanderern aus Osteuropa vornehmlich afroasiatische Einwanderer mit ihrer streng patriarchalischen Lebensweise und ihren tief verwurzelten religiösen Traditionen dar. Die Führer der NRP, wie die Rabbiner Jehudah L. FISCHMAN und Mosche SCHAPIRA, beteiligten sich an der Regierung, um den religiösen Institutionen und Normen eine vorrangige Position in der staatlichen und rechtlichen Ordnung zu sichern. Die Gesetze des Staates sollten dem religiösen Gesetz Moses, der *Torah*, nicht zuwiderlaufen. Bei diesem Bemühen erzielte die MAFDAL Erfolge, die von einem Einfluß zeugten, der weit über ihre numerische Stärke hinausreichte. Stets unterstützte sie in der Regierung eine Politik der Stärke gegenüber den Arabern.

Agudat Jisrael und *Poale Agudat Jisrael*, die religiös-orthodoxen Parteien des Judentums, vereinigten 4 bis 5 Prozent der Wählerstimmen auf sich. Hatten sie auch ihre ursprünglich dominierende generelle Ablehnung eines jüdischen Staates aufgegeben, so blieb doch die Forderung nach einem theokratischen Staat und nach der strengsten Beachtung der religiösen Gesetze in allen Bereichen des staatlichen und öffentlichen Lebens bestehen. Dem entsprach, daß an ihrer Spitze vorwiegend Rabbiner standen. Zwischen 1949 und 1951 war die *Agudat Jisrael* in der Regierung vertreten.

Bei den Parlamentswahlen kandidierten auch "ethnische" Parteien, doch konnte zunächst nur eine von ihnen, die Sephardim-Liste, 1949 vier Knesset-Mandate gewinnen. 1951 wurde die Partei bereits wieder von der MAPAI, die ihren Führer zum Polizeiminister machte, und von den *Allgemeinen Zionisten* aufgesogen. Demonstrationen orientalischer Juden, die auf ihre schlechten Arbeits- und Wohnbedingungen aufmerksam machen wollten, brachten 1959 eine weitere ethnische Organisation hervor. Die "Vereinigung nordafrikanischer Einwanderer" forderte von den Orientalen, die bestehenden Parteien zu verlassen und ihr zu folgen. Doch auch sie vermochte sich nicht durchzusetzen und löste sich bald wieder auf. Nicht unwichtig war dabei, daß die MAPAI zu Beginn der sechziger Jahre einige einflußreiche orientalische Juden an sicheren Stellen in die Partei- und Gewerkschaftshierarchie eingebaut und als Knesset-Abgeordnete aufgestellt hatte, so daß der neuentstandenen Bewegung die Führer zu fehlen begannen.

Mit ähnlichen Methoden wie gegenüber den orientalischen Juden suchte die MAPAI eine selbständige politische Vertretung der arabischen Bevölkerungsgruppe zu verhindern. Sie erreichte das, indem sie zu den Wahlen Arabische Listen, genannt "Zusammenarbeit und Brüderlichkeit", "Landwirtschaft und Entwicklung" sowie "Fortschritt und Erneuerung", aufstellte. Diese unterschieden sich nur dadurch, daß sie sich in drei verschiedenen Regionen zur Wahl stellten. Als Kandidaten wurden in der Regel Oberhäupter angesehener arabischer Familien ausgewählt, deren Unterstützung in der Knesset sich die MAPAI sicher sein konnte. Die Arabischen Listen erzielten zwischen drei und fünf Prozent der Wählerstimmen und waren mit zwei bis fünf Sitzen in der Knesset vertreten. Eine arabisch-nationalistische Partei, die Gruppe *Al-Ard* (Das Land), die sich 1958 gebildet hatte, wurde 1964 verboten.

Unter der verstärkt in den sechziger Jahren sichtbar werdenden linkszionistischen Opposition gegen das Establishment trat besonders Uri AVNERI hervor. Er erreichte vor allem bei Intellektuellen mit der Gruppe *ha-Olam ha-Seh* (Diese Welt) eine bestimmte Wirkung und konnte 1965 ein Knesset-Mandat erringen. Nach AVNERI sollte sich Israel in den Nahen Osten integrieren, die arabische nationale Befreiungsbewegung unterstützen sowie ein national pluralistischer und weltlicher Staat mit geschriebener Verfassung werden.

Die Bevölkerung

In den ersten zwei Jahrzehnten der Existenz des Staates gingen auf seinem Territorium demographische Veränderungen mit weitreichenden wirtschaftlichen und sozialen Folgen vor sich. Die Bevölkerung, die nach dem Waffenstillstand von 1949 kaum eine Million Menschen gezählt hatte, verdoppelte sich durch die nunmehr einsetzende jüdische Masseneinwanderung innerhalb von drei bis vier Jahren. Eine erste Welle von Immigranten gelangte im Zeitraum von 1948 bis 1951 nach Israel. Sie umfaßte etwa 330.000 Menschen, die Überlebende der *Schoah* waren. Sie kamen aus den sogenannten "Displaced Person Camps" aus Zypern, aber auch aus Polen, Bulgarien und Rumänien. Außerdem wanderten im selben Zeitraum ca. 350.000 Juden aus der Türkei, Iran und arabischen Staaten ein. Nachdem aufgrund wirtschaftlicher Probleme in Israel der Zustrom von Neueinwanderern 1952 - 1954 drastisch abnahm, kam es in den Jahren 1955 - 1957 erneut zu einer Massenalijah, die 165.000 Menschen, insbesondere Juden aus Nordafrika, ins Land brachte.

Die arabisch-israelische Konfrontation während des ersten Nahostkrieges hatte dazu geführt, daß die Existenz der jüdischen Gemeinden in den arabischen Staaten bedroht war. Als potentielle Verbündete Israels betrachtet, waren sie verstärkter Diskriminierung ausgesetzt und wurden zum Teil zum Verlassen ihrer Heimatländer gezwungen. So wanderte fast die gesamte jüdische Bevölkerung des Jemen, des Irak, Syriens, Ägyptens, Libyens und der Maghreb-Staaten nach Israel ein.

Für die israelische Gesellschaft brachte der Zustrom Hunderttausender Juden, von denen viele arbeitsunfähig und krank waren, große Probleme mit sich. Die Einwanderer waren in der Regel nicht politisch organisiert, verfügten weder über finanzielle Mittel noch über eine Berufsausbildung. Für die aus orientalischen Ländern stammenden Juden war eine hohe Analphabetenrate (53 Prozent bei den Frauen, 25 Prozent bei den Männern) charakteristisch.

Die Neueinwanderer wurden zunächst in vielen während des ersten Nahostkrieges verlassenen arabischen Dörfern sowie in den etwa 75.000 leerstehenden arabischen Wohnungen der Städte angesiedelt. Anfang der fünfziger Jahre reichten diese Unterbringungsmöglichkeiten jedoch nicht mehr aus, und die Regierung ging daran, Zelt- und Barackenstädte aufzubauen. Bis Mai 1952 waren 111 sogenannte *Maabarot* (Übergangslager) entstanden, in denen 250.000 Menschen lebten. Um ihre Eingliederung in das Berufsleben zu ermöglichen, wurden die Lager vorwiegend in der Nähe der großen Städte und in landwirtschaftlichen Gebieten angelegt. Sie bestanden bis Ende der fünfziger Jahre, als die Regierung daranging, an ihrer Stelle feste Ansiedlungen - die späteren *Ajarot Pituach* (Entwicklungsstädtchen) - zu errichten.

Aufgrund der hohen finanziellen Belastung des Staatsetats und der großen Schwierigkeiten bei der Eingliederung der orientalischen Juden legte die *Jewish Agency* 1951 "Auswahlkriterien" fest, wonach 80 Prozent der Einwanderer unter 35 Jahren sein und sich ärztlich untersuchen lassen mußten. Da die in ihrer Existenz bedrohten jüdischen Gemeinden der arabischen Länder von diesen Regelungen ausgenommen waren, hielt die Einwanderung - wenn auch in unterschiedlichem Ausmaße - bis Anfang der sechziger Jahre an. Insbesondere in den Jahren wirtschaftlicher Krisen und politischer Unsicherheit nahm jedoch auch die Auswanderungsrate zu. So verließen das Land im Zeitraum von 1948 bis 1960 120.000 Menschen. Insgesamt erhöhte sich die jüdische Bevölkerung Israels von der Staatsgründung bis 1967 von rund 656.000 auf 2,3 Millionen. In diesem Zeitraum veränderten sich ethnische Zusammensetzung, Alters- und Berufsstruktur.

Während die arabische Minderheit 1949 noch ca. 20 Prozent der Gesamtbevölkerung betrug, hatte sich ihr Anteil bis 1966 auf 11,8 Prozent verringert. Doch auch die Zusammensetzung der jüdischen Bevölkerung unterschied sich grundlegend von der Struktur des *Jischuv* der Mandatszeit, als die Einwanderer aus Europa die übergroße Mehrheit stellten. Der Prozentsatz der orientalischen Juden, der *Adot ha-Misrach*, erhöhte sich durch Einwanderung und Geburtenzuwachs von Jahr zu Jahr. Er betrug 1965 bereits 50 Prozent der jüdischen Bevölkerung Israels. Die Orientalen prägten damit in bedeutendem Maße die soziale und kulturelle Entwicklung des Landes.

Bildungs- und Ausbildungsgrad der Einwanderer, die aufgrund der unterschiedlichen sozialen Entwicklung in den Herkunftsländern stark differierten, wirkten sich zwangsläufig auf die Eingliederung in den Produktionsprozeß und die soziale Schichtung aus. Der Anteil von Nichtberufstätigen betrug beispielsweise bei den Einwanderern aus dem arabischen Raum 73 Prozent. Da es ihnen - trotz umfangreicher Umschulungsaktivitäten von Regierung und *Histadrut* - in der Regel an Voraussetzungen fehlte, in kurzer Zeit einen qualifizierten Beruf zu erlernen, blieben ihnen vor allem die ungelernten und angelernten Beschäftigungen in Landwirtschaft, öffentlichem Dienstleistungssektor und Bauwesen.

Den Immigranten aus Europa und Amerika fiel es wesentlich leichter, in der israelischen Gesellschaft, die nach dem Vorbild einer entwickelten Industriegesellschaft gestaltet wurde, Fuß zu fassen. Sie vermochten sich für höher bezahlte Berufe in Industrie oder Verwaltung zu qualifizieren oder eine Tätigkeit in Handel bzw. Handwerk in einer der Großstädte auszuführen. Ihr durchschnittliches Einkommen lag daher 1958 um ein Drittel höher als das der Orientalen.

Die großen ethnischen und kulturellen Unterschiede zwischen den verschiedenen Einwanderungsgruppen ließen nur langsam Ansätze für das Entstehen einer israelischen Nation erkennen. Ende der sechziger Jahre waren bereits 42 Prozent der jüdischen Einwohner Israels im Lande geboren. Durch die äußere Bedrohung und die gemeinsame Aufgabe, einen neuen Staat aufzubauen, wuchs ein Gefühl der Zusammengehörigkeit, das durch Schule und Armeedienst sowie durch das Erlernen der hebräischen Sprache gefördert wurde. Allmählich bildeten sich auch sozialpsychologische Gemeinsamkeiten heraus, die den Israeli von den Juden in anderen Ländern unterscheiden.

In den ersten zwei Jahrzehnten nach der Staatsgründung erfolgte mit Hilfe der Einwanderer eine umfassende Entwicklung des gesamten Landes. Unfruchtbare Berge, Sümpfe und Wüsten wurden urbar gemacht, Hunderttausende Bäume gepflanzt und neue Ansiedlungen, u. a. im Negev, angelegt. Gleichzeitig verstärkte sich der Urbanisierungstrend der Mandatszeit. Bis zu Beginn der siebziger Jahre wohnten 80 Prozent der Bevölkerung in Städten. 70 Prozent besiedelten den schmalen Küstenstreifen zwischen Naharija und Aschkelon. Nur 9 Prozent der Bevölkerung lebten in der Negev-Region, die 70 Prozent des israelischen Territoriums ausmacht.

Unmittelbar nach der Staatsgründung setzte, bedingt durch die Flucht der Palästina-Araber und die jüdische Masseneinwanderung, eine radikale Umverteilung des Bodenbesitzes ein. Die Ansiedlung der Neueinwanderer auf ehemals arabischem Grund und Boden sowie die Einschränkung des Grundbesitzes der israelischen Araber wurden durch verschiedene Gesetze und Verordnungen legalisiert. Das geschah u. a. durch die Gesetze über das Eigentum abwesender Besitzer und die Übernahme des Eigentums muslimischer Institutionen (des *Waqf*-Landes) von 1950, durch Notstandsbestimmungen über die Kultivierung von Brachland und schließlich durch das Gesetz über den Landerwerb von 1953. Auf diese Weise wurden 3,25 Mill. Dunam (325.000 ha) der verlassenen bzw. zerstörten arabischen Dörfer und später 1,75 Mill. Dunam der in Israel verbliebenen arabischen Eigentümer - diesen wurde eine Entschädigung gezahlt - sowie 1,5 Mill. Dunam im Negev in jüdische Nutzung überführt. Gleichzeitig setzte die Regierung das bis dahin geltende Recht aus der Mandatszeit, das den Fellachen die Nutzung der *State Domain* (Gemeinde- und herrenloses Land) gestattet hatte, außer Kraft. Mit dem Grundgesetz "Israel Lands" von 1960 wurde die Umgestaltung der Eigentumsverhältnisse an Grund und Boden kodifiziert. Danach galten als "israelisches Land" die *State Domain*, Ländereien der Entwicklungsbehörde (d. h. vornehmlich konfisziertes arabisches Land) und des Jüdischen Nationalfonds - damit fast 93 Prozent des Staatsgebietes. Nutzungsrechte sollten nur an Juden übertragbar sein.

Durch die politischen Veränderungen des Jahres 1948 fanden sich die arabischen Bewohner Palästinas, soweit sie das Land nicht verlassen hatten, in dem neugegründeten Staat Israel als nationale Minderheit wieder. Ende 1948 wurden die arabisch besiedelten Gebiete aufgrund des bestehenden Staatsnotstands und der Defence Regulation der britischen Mandatsmacht von 1945 - gerichtet damals gegen *Haganah* und *Irgun* - unter Militärverwaltung gestellt. Mit den 1949 erlassenen Notstandsbestimmungen konnten bestimmte Gebiete zu "Sicherheitszonen" erklärt werden, in denen die vollziehende Gewalt dem Militärkommandanten oblag. Es wurden drei derartige Sicherheitszonen geschaffen, in denen es spezielle "Sperrzonen" gab: 1. der nördliche Sektor oder Galiläa, den zu Beginn der sechziger Jahre 130.000 Araber bewohnten, 2. der mittlere Sektor, oder das "Kleine Dreieck", an Westjordanien grenzend, in dem etwa 35.000 Araber lebten, und 3. der südliche Sektor, der Unterbezirk Beerscheva, in dem etwa 20.000 arabische Beduinen nomadisierten. Die arabischen Bewohner dieser Sicherheitszonen durften ihre Wohnsitze nicht ohne einen Erlaubnisschein der Militärbehörde verlassen. Bis 1963 galt eine nächtliche Ausgangssperre, zuerst von 21 bis 5 Uhr, dann von 22 bis 4 Uhr. Auch der Zutritt zu den Sperrzonen war nur mit Genehmigung gestattet. Wer ohne eine solche angetroffen wurde, konnte zu Gefängnis bis zu einem Jahr oder zu einer Geldstrafe bis zu 500 Israelischen Pfund (I£) verurteilt werden.

Der militärische Befehlshaber war ermächtigt, die Bewegungsfreiheit des einzelnen zu begrenzen, ihm bestimmte Aufenthalts- oder Arbeitsbeschränkungen aufzuerlegen, Deportationen anzuordnen und Personen bis zu einem Jahr unter Polizeiaufsicht zu stellen. Militär und Polizei konnten jede Art Durchsuchung, Beschlagnahme, Kontrollen und Verhaftungen vornehmen. Damit waren die Militärbefehlshaber berechtigt, ganze Dörfer auszusiedeln und den Bewohnern den Zutritt zu ihren Häusern und Feldern zu verwehren, indem man diese zu Sperrzonen erklärte.

Obwohl es keinerlei Anzeichen eines arabischen Widerstands nach dem Waffenstillstand von 1949 gab, die arabischen Bauern in jahrhundertelang gewohnter Unterwerfung und im passiven Mißtrauen gegenüber der jeweiligen Herrschaft verharrten, gelähmt noch durch die Niederlage von 1948 und den Massenexodus ihrer Nachbarn und Freunde, betrachteten die israelischen Behörden sie als eine potentielle Gefahr. Gleichzeitig sahen jedoch breite Kreise der israelischen Öffentlichkeit die angeblichen Sicherheitserwägungen als nicht stichhaltig an. Es entwickelte sich eine starke Opposition gegen das Militärregime, die quer durch alle Parteien ging. Linke Kräfte, wie MAKI und MAPAM, aber auch die *Cherut* bekämpften in der Knesset das von der MAPAI-Regierung verhängte Militärregime. Immer geringer wurden die Mehrheiten für die Beibehaltung der Militäradministration im Parlament, so daß diese schließlich im Dezember 1966 völlig abgeschafft wurde. Damit war prinzipiell die formelle juristische Gleichstellung der arabischen Bürger Israels hergestellt. Eine Einschränkung bestand allerdings darin, daß die Araber ihre Anliegen - im Unterschied zu jüdischen Israelis - nicht direkt bei Regierungsstellen vorbringen konnten, sondern sich an einen Berater des Ministerpräsidenten für arabische Angelegenheiten zu wenden hatten.

Nach offiziellen Statistiken betrug die Zahl der Araber in Israel im November 1948 156.000; sie stieg bis 1966 auf 312.500. Da die Geburtenrate in der arabischen Bevölkerung doppelt so hoch war wie bei der jüdischen, kam es zu einem schnelleren Wachstum des arabischen im Vergleich zum jüdischen Bevölkerungsteil.

Die wirtschaftliche, soziale und politische Entwicklung Israels blieb nicht ohne Auswirkungen auf das Leben der israelischen Araber. In zwei Städten und 47 Dörfern entstanden arabische Verwaltungen. Die Bauern vergrößerten das bestellte Land von 34.000 auf 90.000 ha, wovon sie die

Hälfte bewässerten. Straßen wurden gebaut, Wasserleitungen und Elektrizität in die Dörfer gebracht und die Städte an das Kanalisationsnetz angeschlossen. Die Zahl der Grundschulen wuchs von 60 auf 280, die der Mittelschulen von einer auf 70. Ende der sechziger Jahre begann der Ausbau eines höheren Schulwesens.

Der zweifelsfreie Fortschritt in den Lebensbedingungen der israelischen Araber bedeutete jedoch noch keine Angleichung an den Lebensstandard der jüdischen Bevölkerung des Landes. Die überkommene feudal-patriarchalische Lebensweise und Kultur der Araber einerseits, antiarabische Ressentiments bei den Behörden und auch unter Teilen der jüdischen Bevölkerung andererseits, standen dem entgegen. Die Schwerpunkte der Entwicklungspolitik der Regierung waren so gelegt, daß die Industrialisierung in den arabischen Gebieten hinter dem jüdischen Sektor zurückblieb. Da es an Arbeitsplätzen mangelte, verdingten sich viele Araber als Landarbeiter in den Kibbuzim und Moschavim oder als Bauarbeiter. Während nur 18 Prozent der jüdischen Erwerbstätigen in diesen Berufen arbeiteten, waren es bei den Arabern 60 Prozent. Vielerorts mußten sie mit Unterstützung ihrer jüdischen Arbeitskollegen um gleiche Entlohnung kämpfen.

Die wenigen arabischen Absolventen höherer Schulen waren oft gezwungen, in den Großstädten ungelernte Arbeiten zu verrichten, da sie von größeren Gesellschaften und Banken nicht eingestellt wurden und ihnen auch die höhere Verwaltungslaufbahn verschlossen blieb. Betrug der arabische Anteil an der Bevölkerung 1966 etwa 12 Prozent, so an den Verwaltungsstellen - und dies ausschließlich auf kommunaler Ebene - nur zwei Prozent.

Fast alle palästinensischen Nationalistenführer hatten 1948 Israel verlassen. Die Fellachen, Handwerker und Kleingewerbetreibenden in den Städten, von Elend, Unwissenheit und religiösem Fatalismus niedergedrückt, vermochten zunächst keine eigene Alternative zur Politik der Regierung zu entwickeln. Wenn viele die an die MAPAI angeschlossenen Listen wählten, so deshalb, weil diese Partei soziale und wirtschaftliche Erleichterungen versprach und in den Augen der patriarchalisch erzogenen Araber die Autorität darstellte, der man wie eh und je zu gehorchen hatte. In den sechziger Jahren allerdings nahm die Anziehungskraft der Sozialdemokratie im arabischen Sektor deutlich ab. Dagegen stieg der Prozentsatz der Araber, die kommunistisch wählten, von 11,3 Prozent 1959 auf 23,1 Prozent im Jahre 1965. Durch ihr Eintreten gegen nationale Diskriminierung und für die sozialen Belange der arabischen Bevölkerungsgruppe gewannen Kommunalpolitiker der MAKI (bzw. nach 1965 der RAKACH) in zahlreichen Gemeinden und Städten die Stimmen dieser Wähler.

Auf den 20.700 km^2 zwischen Mittelmeer, Jordan und Totem Meer entstand bis zu den sechziger Jahren trotz der ungünstigen natürlichen Voraussetzungen - Fehlen ausreichender Rohstoffquellen und fruchtbarer Böden - und ständigem finanziellen Aderlaß durch die hohen Rüstungsausgaben ein entwickelter Industriestaat mit einer starken, exportorientierten Landwirtschaft. Der ständige Zustrom von Arbeitskräften, die gleichzeitig als Käufer in Erscheinung traten, und die Kapitalimporte, z. T. als Spenden, stimulierten den Wirtschaftsaufschwung. Einen wichtigen Ante daran hatte der Staat, der den Großteil der Mittel mobilisierte und vei teilte. Zunächst wurden diese hauptsächlich zum Ausbau von Landwirt schaft und Bauwesen genutzt. Bis 1958 wuchs das Bruttosozialproduk jährlich um durchschnittlich 13 Prozent, das Pro-Kopf-Einkommen un sechs Prozent. Die Arbeitslosenquote sank von elf auf sechs Prozent. Zu gleichen Zeit nahm als Folge der Kapitalimporte das Handels- und Zahlungsbilanzdefizit zu.

Bis 1958 waren die dringendsten Aufgaben des jungen Staates durch die Ausweitung der Produktion von Grundbedarfsgütern weitgehend bewältigt. Die Bevölkerung konnte mit Nahrungsmitteln, Bekleidung, Wohnungen und Arbeitsplätzen hinreichend versorgt werden. In der zweiten Hälfte der fünfziger Jahre begann die Umorientierung auf Investitionen vornehmlich in der Industrie und im Dienstleistungssektor, da die Landwirtschaft keine zusätzlichen Arbeitskräfte mehr absorbieren konnte und sowohl die Importsubstitution als auch die Förderung des Exports zum Abbau des Handels- und Zahlungsbilanzdefizits als notwendig erachtet wurden. Diesem Zweck dienten das Investitionsförderungsgesetz von 1959, das staatliche Direktinvestitionen in Unternehmen der verarbeitenden Industrie und Entwicklungsbanken vorsah, und industrielle Entwicklungspläne für die Perioden 1960 - 1965 und 1965-1970 mit quantifizierten Zielvorstellungen. Das Bruttosozialprodukt wuchs von 1958 bis 1967 um jährlich rund 10 Prozent, das Pro-Kopf-Einkommen um 5,5 Prozent.

Zahlreiche Betriebsgründungen fallen in diese Periode. Die Zahl der Industrieunternehmen stieg von 4.662 auf 6.325. Neben den vielen Klein- und Kleinstbetrieben, die 1964 noch 94 Prozent der Unternehmen ausmachten, entstanden in der Metallbranche neue leistungsfähige Gesellschaften, die einen großen Teil der Neueinwanderer aufnahmen, wie z. B. Urdan, Soltam, Ischkar, Elta, Elscint und Motorola. Ein wichtiger Platz kam dabei dem Ausbau von Unternehmen der Militärindustrie, wie Israel Aircraft Industries (IAI) und Israel Military Industries (IMI), sowie der Neugründung von Betrieben zu, deren Produktion vorrangig auf Militärerzeugnisse ausgerichtet war, wie zum Beispiel Tadiran, Elbit Computers

Ltd. und Elisra Electronics Systems Ltd.

Bereits in den sechziger Jahren wurden Anzeichen für einen forcierten Konzentrationsprozeß in der Wirtschaft sichtbar. Das betraf vor allem den Außenhandel, wo 5 Prozent der Betriebe 78 Prozent des Exports abwickelten, und das Bankwesen. Insgesamt erhöhte sich die industrielle Produktion um fast 100 Prozent; die Zahl der Beschäftigten in der Industrie verdreifachte sich. Neben den traditionellen Branchen wie Textil- und Lebensmittelindustrie sowie Diamantenschleiferei entwickelten sich am schnellsten die Gummi- (Autoreifen) und Kunststoffindustrie, gefolgt vom Bergbau, der Marmor- und Zementproduktion und der Herstellung von Maschinen, Röhren, elektrischen und Transportausrüstungen, darunter für den Schiffbau.

Der allgemeine Aufschwung zeigte sich auch in der Entwicklung der Landwirtschaft und im Ausbau der Infrastruktur. 1964 wurde das Bewässerungssystem fertiggestellt, ein Projekt, das 150 Mill. Dollar kostete und 40 Prozent des Jordanwassers aus dem Norden des Landes in die Wüstengebiete des Südens leitete. Die landwirtschaftliche Nutzfläche konnte dadurch seit 1950 um das Zweieinhalbfache erweitert werden, so daß die agrarische Produktion 75 Prozent des Bedarfs der Bevölkerung zu decken vermochte. Es entstanden die Häfen von Eilat und Aschdod und die Erdölleitungen zwischen diesen Häfen bzw. zwischen Aschdod und Haifa.

Um das Defizit in der Handels- und Zahlungsbilanz auszugleichen, versuchte Israel, mit Exportprämien und mit der am 9. Februar 1962 verkündeten Abwertung des Israelischen Pfund um 40 Prozent den Export anzukurbeln. Von 1958 bis 1967 konnte der Export tatsächlich vervierfacht werden und schließlich 70 Prozent der Importe decken. Der allgemeine Wirtschaftsaufschwung verlief jedoch nicht gleichmäßig und war von Krisenerscheinungen begleitet, die sich 1950/51 und 1965-1967 zuspitzten. Der Ansturm der Einwanderer zu einer Zeit, als die Industrie noch wenig entwickelt war und die Landwirtschaft nur 40 Prozent des Lebensmittelbedarfs decken konnte, führte zur Inflation und zu einer Arbeitslosenrate von 11,2 Prozent (1950). Im Winter 1950/51 waren Brot und Mehl nur noch für wenige Tage vorhanden; der Staatsbankrott stand vor der Tür. Israel wurde in das US-Hilfsprogramm einbezogen und damit vor dem ökonomischen Zusammenbruch bewahrt. Rezessionen auf dem Weltmarkt in der Mitte der sechziger Jahre und das Auslaufen der Zahlungen aus dem 1952 mit der Bundesrepublik Deutschland abgeschlossenen Wiedergutmachungsabkommen wirkten sich auf die israelische Wirtschaft aus, die von 1965 bis 1967 eine Periode der Stagnation erlebte, in Israel als *Schnot ha-Mitun* (Jahre der Mäßigung) bezeichnet. Das jährliche Wachstum des Bruttosozialprodukts fiel von 10,2 Prozent 1964 auf 1 Prozent 1966. Die Arbeitslosigkeit stieg von 3,3 Prozent im

Jahr 1964 auf 10,4 Prozent im ersten Halbjahr 1967. Streikkämpfe und Demonstrationen gegen die "Politik der Mäßigung" waren die Folge. Die Zahl der Neueinwanderer sank 1966 auf knapp die Hälfte der Zahl des Vorjahres.

Wesentlich für den wirtschaftlichen Aufschwung und dessen Absicherung für die Zukunft war, daß Israel es vermochte, ein modernes höheres Bildungswesen und ein Wissenschafts- und Forschungspotential zu entwickeln, das internationalem Niveau entsprach und dieses teilweise mitbestimmte. Mit Hilfe der zionistischen Fonds und Spenden anderer jüdischer Organisationen konnten Tausende Wissenschaftler und Ingenieure im Ausland ausgebildet und die israelischen Hochschulen und Forschungseinrichtungen mit zusätzlichen Mitteln bedacht werden. Die 90 Mill. I£, die 1964/65 für Forschungs- und Entwicklungsarbeiten bereitgestellt wurden, kamen je zur Hälfte aus der Staatskasse und aus Spenden. Konzentriert auf die Hebräische Universität Jerusalem, die Technische Hochschule von Haifa (*Technion*), die Universität Tel Aviv, die religiöse Bar-Ilan-Universität in Ramat Gan und 52 Lehrerseminare wurden 1958 rund 10.000, 1967 bereits rund 30.000 Studenten ausgebildet. Unter den zahlreichen Forschungseinrichtungen ragte besonders das 1934 gebildete Weizmann-Institut für Naturwissenschaften in Rechovot heraus, an dem Mitte der sechziger Jahre rund 300 Wissenschaftler tätig waren. Die Forschungen konzentrierten sich auf Kernenergie und Errichtung eines eigenen Atommeilers, die Entsalzung des Meerwassers und Arbeiten zur Fruchtbarmachung der Negev-Wüste, zur Ausnutzung der Sonnenenergie und der eigenen Rohstoffquellen. Aufgrund intensiver Forschungsarbeiten konnten neue Industriezweige aufgebaut werden, wie die Elektronik, die Optik, der medizinische Gerätebau und die Produktion von Feinchemikalien.

Die wirtschaftlichen Entwicklungsprobleme, die Rohstoffarmut und die strategische Situation widerspiegelten sich im Außenhandel. Als Zeichen der zunehmenden Industrialisierung ging der Anteil der Konsumtionsgüter an der Einfuhr im Laufe der Jahre bis auf 10 Prozent zurück. Die Rohstoffimporte, darunter vornehmlich Rohdiamanten und Erdöl, stiegen dagegen bis auf zwei Drittel der Einfuhren; der prozentuale Anteil der Investitionsgüterimporte blieb konstant. Die Einfuhren von Rüstungsgütern stellten einen stetig steigenden Posten in Israels äußeren Verbindlichkeiten dar. Auf der Ausfuhrseite konnte als Folge der Industrieförderung der Export der verarbeitenden Industrie von 1953 bis 1967 um das Neunfache erhöht werden; er betrug 78 Prozent des Gesamtexports, wobei die Ausfuhr geschliffener Diamanten allein 32 Prozent ausmachte. Die Zitrusfrüchte und -produkte stellten mit 20 Prozent eine weitere Säule der Ausfuhr Israels dar.

Die politischen Verhältnisse im Nahen Osten bestimmten eindeutig die Richtung des israelischen Außenhandels. Der arabische Markt blieb Israel verschlossen. Neben den USA und Großbritannien trat im Laufe der fünfziger Jahre die Bundesrepublik Deutschland als Hauptexporteur für den israelischen Markt auf. Mit diesen drei Ländern wickelte Israel 1967 52,7 Prozent seiner Importe und 39,6 Prozent seiner Exporte ab. Da hier das Außenhandelsdefizit kaum zu überwinden war, wandten sich die israelischen Unternehmen den nichtarabischen afroasiatischen Märkten zu und steigerten ihre Ausfuhren dorthin von 1,4 Prozent des israelischen Gesamtexports im Jahre 1949 auf 17,4 Prozent im Jahre 1967.

Da Israel 25 Prozent seines Exports und 30 Prozent seines Imports mit den Ländern der 1957 gegründeten Europäischen Gemeinschaft abwikkelte, strebte es danach, besonders deren Zollschranken für israelische Zitrusfrüchte und andere Agrarerzeugnisse abzubauen. Am 24. April 1964 kam ein Handelsabkommen mit der EG zustande, das für drei Jahre galt, Zollsenkungen für 25 Warensorten vorsah und eine Erklärung über einen begünstigten Orangenimport durch EG-Länder enthielt. Die seit 1966 angestrebte Assoziierung Israels an die Europäische Gemeinschaft scheiterte am Veto Frankreichs, das große Vorbehalte gegenüber Israels Nahostpolitik äußerte, und an der Rücksichtnahme Italiens auf seine eigenen Orangenproduzenten. So wurde statt dessen am 29. Juni 1970 ein neues Zoll-Präferenzabkommen zwischen der EG und Israel abgeschlossen.

Das israelische Handelsbilanzdefizit konnte in der Folgezeit erheblich verringert werden, blieb jedoch bestehen und wuchs in den absoluten Zahlen weiter an. Israel erreichte das selbst gestellte Ziel der wirtschaftlichen Unabhängigkeit nicht. Hauptursachen dafür waren der steigende Bedarf an Rüstungsgütern und die private Nachfrage nach ausländischen Produkten, deren Import die Regierung über die ohnehin schon hohen Importzölle aus politisch-psychologischen Gründen nicht noch mehr beschneiden konnte.

Die Lücke, die infolge des Außenhandelsdefizits auch in der Zahlungsbilanz Israels entstand, wurde durch Anleihen, z. T. nicht rückzahlbare Regierungsanleihen aus den USA und anderen Ländern, sowie durch Schenkungen zionistischer Organisationen gefüllt. Nach Angaben des israelischen Finanzministers Pinchas SAPIR erhielt das Land von 1949 bis 1966 rund 7 Mrd. Dollar Kapitalhilfe, wovon 5 Mrd. aus den USA stammten. Von 1949 bis 1965 bestanden rund 50 Prozent des Nationaleinkommens Israels aus diesen Kapitalimporten. Der enorme Kapitalzufluß sicherte einerseits Israels Existenz und ermöglichte den wirtschaftlichen Aufschwung, schränkte andererseits aber die politische Bewegungsfreiheit des Landes bedingt ein.

Neben der Unterstützung durch die USA und jüdische Organisationen in der Diaspora stellte bis Mitte der sechziger Jahre das am 10. September 1952 in Luxemburg zwischen Israel und der Bundesrepublik Deutschland unterzeichnete Wiedergutmachungsabkommen die dritte Hauptquelle des Kapitalimports dar. Bundeskanzler Konrad ADENAUER hatte sich in einer Regierungserklärung am 27. September 1951 vor dem jüdischen Volk und der internationalen Gemeinschaft zur Schuld des deutschen Volkes und zur Verpflichtung bekannt, Wiedergutmachung für die am jüdischen Volk während der nationalsozialistischen Gewaltherrschaft verübten Verbrechen zu leisten. Er erklärte die Bereitschaft der Bundesregierung, "eine Lösung der materiellen Wiedergutmachungsprobleme herbeizuführen, um damit den Weg der seelischen Bereinigung menschlichen Leides zu erleichtern".[9] Das schloß Wiedergutmachungszahlungen an den Staat Israel ein.

Bis Februar 1956 hatte Israel versucht, ein analoges Abkommen mit der DDR abzuschließen.[10] Die DDR-Regierung lehnte Zahlungen mit der Begründung ab, diese würden nicht den nach dem zweiten Weltkrieg in Israel eingewanderten jüdischen Opfern zugute kommen, stellte jedoch auch keinerlei Überlegungen hinsichtlich einer individuellen materiellen Entschädigung für in Israel ansässige Überlebende, die aus dem Gebiet der DDR stammten, an. Sie wiederholte statt dessen in den folgenden Jahren immer wieder ihre am 28. Dezember 1955 in einer Note dem israelischen Vertreter in Moskau übergebene Antwort, wonach die DDR alle von den Alliierten festgelegten Reparationsleistungen zur Wiedergutmachung des vom Faschismus angerichteten Schadens erfüllt und demzufolge keinen weiteren Verpflichtungen nachzukommen habe. Die Hintergründe für diese Haltung mögen vor allem darin zu suchen sein, daß die DDR sich zu diesem Zeitpunkt bereits voll in die sowjetische Politik einseitiger Unterstützung der arabischen Seite im Nahostkonflikt eingeordnet hatte. Zugleich implizierte das Selbstverständnis der DDR als antifaschistischer Staat automatisch die Beseitigung von Fremdenhaß und Antisemitismus. Dabei wurde übersehen, daß die Bewältigung der Nazivergangenheit, insbesondere die notwendige Auseinandersetzung mit der Schoah, nicht per Dekret erfolgen konnte. Als Konsequenz ihrer Grundhaltung brach die DDR die Kontakte, die es in den Jahren 1951 bis 1956 in großen Abständen zwischen den Vertretern der Botschaften Israels und der DDR in Moskau gegeben hatte, gänzlich ab.

Die Bundesrepublik übernahm im Luxemburger Wiedergutmachungsabkommen Leistungen an Israel in Höhe von 3 Mrd. DM in Form von Warenlieferungen. Hinzu kamen weitere 450 Mill. DM, die die *Conference on Jewish Material Claims against Germany*, die die jüdischen Opfer außerhalb Israels vertrat, erhielt. Die Warenlieferungen an Israel wurden bis zum 10. März 1966 auf der Grundlage des Luxemburger Abkommens vorgenommen. Jedes halbe Jahr überwies die Bundesregierung die im Vertrag vorgesehene Rate auf das Konto der israelischen Einkaufsmission in Köln, die dafür bei westdeutschen Firmen Waren orderte.

30 Prozent der Zahlungen verwandte Israel dazu, seine Rohölimporte abzugelten. Für den übrigen Betrag bezog es vor allem hochwertige Teil- und Fertigprodukte. An erster Stelle standen mit 40,9 Prozent Erzeugnisse des Stahlbaus (Stahlkonstruktionen für Eisenbahnwaggons, Hochbauten, Brücken, Rohrleitungen), des Schiff- und Maschinenbaus sowie der Auto- und Elektroindustrie. Es folgten mit 24,1 Prozent Walzwerkerzeugnisse wie Stähle, Bleche, Schienen und Rohre, mit 20 Prozent Produkte der Leichtindustrie, mit 11,8 Prozent Erzeugnisse der chemischen Industrie und mit 3,2 Prozent landwirtschaftliche Erzeugnisse. Das Ergebnis des Warenstroms aus der Bundesrepublik zeigte sich darin, daß die Kapazität der israelischen Handelsflotte durch den Kauf von 49 westdeutschen Schiffen von 40.000 t im Jahre 1948 auf 450.000 t im Jahre 1966 erweitert werden konnte bzw. daß das Elektrizitätsnetz, die Telekommunikation, das Eisenbahnnetz und das Rohrleitungssystem erweitert und erneuert wurden. 1.400 Fabriken konnten ihre Anlagen modernisieren.

Aufgrund der spezifischen Genesis der zionistischen Bewegung und Israels bestanden enge Bindungen zwischen den israelischen Banken und Kreditinstituten und der internationalen, besonders der amerikanischen Finanzwelt. Diese bildete große Investitionstrusts, die den privaten israelischen Geldmarkt dominierten. Bereits 1942 war die Ampal American Palestine Investment Corporation entstanden. In Zusammenarbeit mit der israelischen *Bank ha-Poalim* stellte sie in den fünfziger und sechziger Jahren amerikanische Finanzmittel für Investitionen in der israelischen Öl-, Chemie-, Zucker- und Automobilindustrie sowie im Schiffbau zur Verfügung und beeinflußte auf diese Weise die Profilierung dieser zumeist in Staats- oder Gewerkschaftsbesitz befindlichen Betriebe.

Eine ähnliche Rolle spielte die 1926 gegründete PEC (Palestine Economic Corporation), die mit zahlreichen Tochterunternehmen, Bank- und Kreditinstituten einen beträchtlichen Teil der israelischen Wirtschaft kontrollierte. Konzentrierte sie sich zunächst auf die Finanzierung landwirtschaftlicher Kooperativgenossenschaften und die Vergabe von Hypotheken, so beteiligte sie sich später an der Erschließung der Mineralien des Toten Meeres und an der Energieerzeugung. Sie wurde schließlich auch zum Kreditinstitut für Anleihen an die israelische Klein- und Mittelindustrie. Daneben investierte die PC (Palestine Corporation Ltd.), die das Vertrauen der Londoner City besaß, in der Zitrusproduktion, der Diamantenindustrie und anderen Wirtschaftszweigen. Von großer wirtschaftlicher Bedeutung waren die Verbindungen der *Bank Le'umi* mit dem Haus

Oppenheimer, dessen südafrikanische Tochtergesellschaft Israel ausschließlich mit Rohdiamanten belieferte. Erst dadurch wurden geschliffene Diamanten zu einem der wichtigsten Exportartikel Israels.

Die israelische Wirtschaft baute somit auf den während der Mandatszeit geschaffenen strukturellen Grundlagen auf und zeichnete sich durch einen bedeutenden Anteil öffentlicher Unternehmen aus. Zwischen 1960 und 1965 arbeiteten 21 Prozent aller Erwerbstätigen im staatlichen Sektor, 23 Prozent in *Histadrut*-Betrieben bzw. landwirtschaftlichen Kollektivsiedlungen und 56 Prozent in der Privatwirtschaft. 47,5 Prozent der israelischen Wirtschaft befanden sich zu dieser Zeit in öffentlichem Besitz. Eine solche Struktur entsprach den sozialdemokratisch geprägten Vorstellungen von einer "gemischten Wirtschaft" der regierenden MAPAI und wurde von dieser als "israelischer Sozialismus" propagiert.

Nach der Staatsgründung entwickelten sich die Wirtschaftszweige der *Histadrut* zu einem gewaltigen Trust, geleitet durch ein marktwirtschaftlich orientiertes Management. Besonders schnell entfalteten sich das Bauunternehmen *Solel Boneh* und die Holdinggesellschaft *Kur* (Koor Ltd.), die die Industriebetriebe der *Histadrut* zusammenfaßte. *Solel Boneh* hatte das Monopol bei allen öffentlichen Arbeiten, im Hafenbau, Flugzeugbau, im Verlegen von Rohrleitungen u. a. Bereichen und wirkte durch die Übernahme von Großaufträgen in afroasiatischen Ländern von Nigeria bis Burma. Neben den traditionellen Schwerpunkten der *Histadrut*-Unternehmen - Landwirtschaft und Bauwesen - entwickelten die Koor-Industriebetriebe, gefördert durch Investitionen der Regierung und ausländischer Kreditgeber, elektronische, chemische und schwerindustrielle Produktionsstätten.

Demgegenüber ging die Bedeutung der kollektiven landwirtschaftlichen Siedlungsformen, besonders der *Kibbuzim*, die eine entscheidende Rolle bei der Entstehung des *Jischuv* gespielt hatten, tendenziell zurück. Die Leitbilder des individuellen Konsums einer Wohlstandsgesellschaft und des "american way of life" standen im Widerspruch zu den Vorstellungen von einem eigentumslosen Gemeinschaftsleben. Der Anteil der Kibbuzbevölkerung an der jüdischen Einwohnerzahl sank von 7,5 Prozent 1947 auf 3,5 Prozent 1966. Dennoch lebten zu diesem Zeitpunkt von 267.400 jüdischen Landbewohnern fast 30 Prozent in *Kibbuzim*. Sie erbrachten etwa ein Drittel der israelischen Agrarproduktion.

Die industrielle Entwicklung Israels blieb nicht ohne Auswirkungen auf die Kollektivsiedlungen. Die *Kibbuzim* spielten eine Pionierrolle beim Aufbau von Betrieben zur Verarbeitung landwirtschaftlicher Produkte sowie zur Herstellung landwirtschaftlicher Maschinen und Geräte. Im Zusammenhang damit stellten sie - entgegen den ursprünglichen Idealen des "Pionier-Sozialismus" - Lohnarbeiter ein. Sie wurden damit kollektive

Unternehmer, die Ende der sechziger Jahre 150 Fabriken mit 10.000 Lohnarbeitern beschäftigten.

Die *Moschavim* als kleinbäuerliche Genossenschaftsdörfer überholten nun die *Kibbuzim* in der Zahl der Siedlungen, der Mitglieder und in den Wachstumsquoten. Während die absolute Zahl der Kibbuzbevölkerung von 1948 bis 1965 nur um 26.900 zunahm, erhöhte sich die Zahl der Moschavbewohner um 96.700. Es handelte sich dabei zu einem nicht geringen Teil um orientalische Einwanderer, die die MAPAI bestrebt war, auf diese Weise in die israelische Gesellschaft zu integrieren. Ideologie und Gesellschaftsleben der *Kibbuzim* dagegen, in denen das Kollektiv einen Teil der Familienfunktion ausübte, waren für Orientalen schwer begreifbar. 1965 lebten 5,2 Prozent der jüdischen Bevölkerung Israels in *Moschavim*.

Neben dem *Histadrut*-Sektor entwickelte sich - hervorgegangen aus Investitionen der *Jewish Agency*, des Jüdischen Nationalfonds und Einrichtungen der Mandatsverwaltung - ein staatlicher Sektor. Ihm gehörten nicht nur die nationale Fluglinie (*El Al*), die Eisenbahn, das Post- und Fernmeldewesen, Rundfunk, Fernsehen und die Elektrizitätsgesellschaft an, sondern auch eine Reihe von Industrieunternehmen, z. B. die Fertilizer und Chemicals Ltd., die Dead Sea Works Ltd., Negev Phosphates Co., Timna Copper Works und Eilat Construction and Development Co. Ltd. Sie lagen fast alle im wirtschaftlichen Entwicklungsgebiet des Negev, da sich kein privates Kapital für diese Entwicklungsarbeiten fand.

Die Führer der *Histadrut* und die staatlichen Wirtschaftsfunktionäre sahen in der Lösung dieses Problems die eigentliche Funktion des öffentlichen Sektors. Im Interesse der gesamtwirtschaftlichen Entwicklung sollten sich die *Histadrut*- und Staatsbetriebe dort betätigen, wo das Privatkapital wenig Anreiz zu Investitionen empfand. Dies war der Fall bei dem gesamten Komplex der Infrastruktur und der Schwerindustrie, bei neuen Industriezweigen und Siedlungen bzw. Aktivitäten in wenig entwickelten Gebieten. Die private Akkumulation wurde darüber hinaus durch den für die Privatindustrie bestimmten Teil des staatlichen Entwicklungsbudgets und durch den Verkauf von Anteilen bzw. ganzen öffentlichen Betrieben an Privatunternehmer unterstützt. Unter den zionistischen Parteien und Organisationen gab es lediglich in der linkssozialistischen MAPAM und ihrem Kibbuzverband sowie in der Linksopposition der *Histadrut* noch Verfechter der Ansicht, wonach *Kibbuz* und "Arbeiterwirtschaft" "strategische Positionen der Arbeiterbewegung" darstellten.

Da Infrastruktur und Schwerindustrie von der öffentlichen Hand entwickelt wurden, konnte sich die Privatwirtschaft auf die profitablere Leicht- und Konsumgüterindustrie konzentrieren. Domänen privater Betriebe stellten die Textil- und Bekleidungsindustrie, die Lebensmittel-, Tabak- und Glaswarenindustrie, die Pharmazie, Holzverarbeitung und vor allem die Diamantenschleiferei dar. Im landwirtschaftlichen Sektor produzierten die privaten Betriebe in den sechziger Jahren 25-29 Prozent der Erzeugnisse, wobei sie den marktintensiven Orangenanbau nach wie vor zu 71 Prozent beherrschten. Seit 1923 besaßen die Privatunternehmer mit der "Vereinigung der Industriellen" einen überparteilichen Interessenverband.

Der wirtschaftliche Aufschwung des jungen Staates war von einer fortschreitenden sozialen Differenzierung der Gesellschaft, gefördert durch die Investitions- und Steuerpolitik der Regierung, begleitet. Eine Untersuchung aus dem Jahre 1960 konstatierte bereits:

> "Es stellt sich heraus, daß in jedem Jahr während der letzten zehn Jahre beträchtliche Ungleichheit unter israelischen Familien bestand. Im Jahre 1957/'58 bezog die eine Hälfte - die ärmeren Familien - nur ein Viertel des Gesamteinkommens, die reichere Hälfte hingegen drei Viertel. Trotzdem ist diese Ungleichheit geringer als die in westeuropäischen Ländern ... Seit der Staatsgründung hat eine Veränderung stattgefunden, und wir sind Zeugen einer signifikanten Vergrößerung der Ungleichheit und einer gleichzeitigen Steigerung des durchschnittlichen Realeinkommens der Bevölkerung."[11]

Aus der relativ gering strukturierten, teilweise agrarischen Gesellschaft des *Jischuv* entstand eine wohlfahrtsstaatlich geprägte Industriegesellschaft mit abgestufter sozialer Schichtung. Dabei spielten die Dauer des Aufenthalts in Israel und das Herkunftsland eine wichtige Rolle für die Eingliederung in die soziale Stufenleiter. Der führende israelische Soziologe Schmuel N. EISENSTADT unterschied zu Beginn der siebziger Jahre in der Einkommensstruktur eine obere Schicht von 3,9 Prozent der Bevölkerung, bestehend aus Unternehmern, Managern, freiberuflich Tätigen; einen 19,5 Prozent umfassenden oberen Mittelstand der mittleren Büroangestellten; einen unteren Mittelstand von 43,4 Prozent, dem er untere Büroangestellte, Verkäufer sowie ausgebildete und angelernte Arbeiter zurechnete, und schließlich 33,2 Prozent der "unteren Klassen", womit er die ungelernten Arbeiter bezeichnete.[12]

Die Oberschicht, die die Entscheidungen im wirtschaftlichen und politischen Bereich maßgeblich beeinflußte, wurde durch die Entstehung des Staates auf spezifische Weise geprägt. Ihr gehörten nicht nur die 2.000 israelischen Millionäre, die Bankiers, Industriellen und Manager an, sondern auch die einige hundert Personen zählende politisch-militärische Elite, das "Patriarchat" der Veteranen zumeist osteuropäischer Herkunft aus der zweiten und dritten *Alijah,* die als Vertreter der regierenden Parteien in den Institutionen des Staates saßen und wichtige Positionen in den

Staats-, Gewerkschafts- und Kibbuz-Betrieben innehatten. Die enge Verflechtung von Wirtschaft und Politik zeigte sich z. B. in äußerst günstigen Investitionskrediten und Steuererleichterungen für Unternehmen.

Im Unterschied zu der für einen längeren Zeitraum hauptsächlich von europäischen *Aschkenasim* geprägten elitären Oberschicht setzten sich die unteren Schichten aus mehreren ethnischen Komponenten, d. h. aus aschkenasischen und orientalischen Juden wie auch aus Arabern, zusammen. Die nationalen Zwistigkeiten zwischen Juden und Arabern und die kulturellen Verschiedenartigkeiten unter den jüdischen Einwanderern wie auch ihre zumeist mittelständische Herkunft erklärten, daß nur allmählich ein solidarisches Verhalten zwischen den israelischen Arbeitnehmern und eine Bereitschaft zu Arbeitskämpfen zustande kamen. Die Gefahr von außen war ein weiteres Argument, von Streiks abzuraten. Auch die *Histadrut*-Führung war bemüht, Arbeitskämpfe zu verhindern. Mittels der Kollektivverträge, die Schlichtungsverfahren enthielten, gelang ihr das zunächst weitgehend.

In den ersten zehn Jahren der staatlichen Existenz Israels hatten die Arbeitskämpfe nur einen geringen Umfang. Im Durchschnitt streikten jährlich rund 9.000 Personen. Der Höhepunkt der Bewegung lag im Frühjahr 1953, als Zehntausende angesichts der katastrophalen Wirtschaftslage für Brot, Arbeit und Frieden demonstrierten. Spontane Ausbrüche verzweifelter Einwanderer waren zu diesem Zeitpunkt an der Tagesordnung. Mit der Verschärfung des Nahostkonflikts im Jahre 1954 ging die Zahl der Streiks zurück.

Die forcierte Industrialisierungspolitik an der Wende zu den sechziger Jahren, die mit starkem Druck auf das Realeinkommen der Arbeiter verbunden war, führte zu einer sprunghaften Zunahme der Arbeitskonflikte. Die Zahl der Streikenden stieg von 14.420 1960 auf 90.210 1965. In den Jahren 1965 und 1966 reihten sich auch die besser verdienenden "Veteranen" unter den Arbeitern sowie eine größere Zahl von Angestellten in die Streikfront ein. Die Forderungen nach höheren Löhnen und besseren Arbeitsbedingungen verbanden sich mit bedingtem Protest gegen Teilbereiche der Regierungspolitik, so gegen BEN GURIONs Bestrebungen einer Einzelherrschaft, gegen die Militäradministration in den arabischen Bezirken und gegen die Machtanmaßung der religiösen Orthodoxie, speziell in den Jahren 1961-1963.

Bemerkenswert an dieser Entwicklung war die hohe Zahl der von der *Histadrut* nicht unterstützten "wilden" Streiks. Die genehmigten Streiks betrugen 1961 beispielsweise nur 60 Prozent der Zahl der wilden Streiks, 1962 und 1963 gar nur 10 Prozent und 1964 knapp 40 Prozent. Viele der wilden Streiks mußten nachträglich von der *Histadrut*-Führung anerkannt werden. Das war zunächst ein Symptom für das problematischer werdende Verhältnis zwischen Leitung bzw. Apparat der mächtigen Gewerkschaft und der schnell wachsenden Mitgliedschaft - 720.000 im Jahre 1960 und 1.080.000 zehn Jahre später. Die enge Verbindung zwischen MAPAI- und *Histadrut*-Führung ließ kaum eine Gegnerschaft zur Regierungspolitik zu. Hinzu kam, daß die *Histadrut* für ein Viertel der Beschäftigten Arbeitnehmervertretung und Arbeitgeber zugleich war. Die daraus entstandenen Interessenkonflikte ließen sie in den Augen vieler Mitglieder an Autorität verlieren. Trotz aller partiellen bzw. zeitweiligen Frustrationen konnten sich jedoch antigewerkschaftliche Demagogen, die gegen die "Übermacht" und "Allgewalt" der *Histadrut* mit dem Ziel polemisierten, diese - und damit zugleich die MAPAI - zu entmachten, nicht durchsetzen.

Als Interessenvertreterin von 90 Prozent der Beschäftigten hatte die *Histadrut* in Zusammenarbeit mit der Regierung und den Arbeiterparteien soziale Errungenschaften durchgesetzt, die Israel weit über den sonstigen sozialen Standard des Nahen Ostens heraushoben. Dazu gehörten die bereits im Grundgesetz vom 11. März 1949 festgelegten Prinzipien: Koalitionsfreiheit, Freiheit des Streikrechts, Recht auf den Abschluß kollektiver Tarifverträge, Sozialversicherung, Arbeitsschutz, Minimallöhne, ausreichende Ruhe- und Ferientage. Im Laufe der Jahre wurde die Arbeits- und Sozialgesetzgebung ausgebaut, so durch Gründung des Nationalen Versicherungs-Instituts 1954, die Verstaatlichung der Arbeitsämter 1959, die Bildung des Rentenfonds, in den Arbeitnehmer und Arbeitgeber einen gleich hohen Betrag einzuzahlen hatten, und die Arbeitslosenversicherung. Das Tarifgesetz von 1957 bestimmte, daß Tarifverträge auch dann gültig waren, wenn einzelne Betriebe nicht damit einverstanden waren. In Zusammenarbeit zwischen *Histadrut*, Regierung und Unternehmern wurden Institute für Produktivität und Produktion, für Arbeitsschutz und Hygiene und für die Überwachung von Ertrag und Einkommen geschaffen. Sie dienten dem Interessenausgleich zwischen Arbeitnehmer und Arbeitgeber. Sie nutzten gleichermaßen dem wirtschaftlichen Aufschwung und der Stabilität des Staates - Aufgabenstellungen, über die in der israelischen Gesellschaft trotz vieler sozialer und politischer Auseinandersetzungen weitgehender Konsens bestand.

Politik, Religion, Kultur

Auch die innenpolitische Entwicklung Israels wurde maßgeblich durch die Spezifik seines Staats-, Parteien- und Gesellschaftsaufbaus geprägt. Die Sicherheitsbedürfnisse und die Auseinandersetzungen um das politisch-kulturelle Profil des jungen Staates wirkten ständig auf sie ein. Der israelische Parteienpluralismus und das oft verwirrende Bild der sich ablösenden unterschiedlichen Regierungskoalitionen änderten nichts daran, daß die lebenswichtigen Entscheidungen in einer regierenden Schicht fielen, in der die MAPAI dominierte, und die - oft in Personalunion - die wichtigsten Funktionen im Staat, in der Armee, in der Partei, in der Gewerkschaft und in der Wirtschaft innehatte. Die von der MAPAI beherrschte staatliche Exekutive und ihre Bürokratie bauten ihre Vollmachten und ihr Übergewicht gegenüber der Legislative aus. Eine wesentliche Rolle spielte bis Mitte der sechziger Jahre hierbei David BEN GURION, der immer wieder das Prinzip der *Mamlachtiut* (Staatlichkeit) betonte und die Ausdehnung und Stärkung der Zentralgewalt anstrebte. Er betrachtete den Staat als Instrument, um erstmals ein jüdisches Gemeinwesen zu schaffen und die Diaspora-Mentalität zu überwinden. Israel dürfe jedoch - so BEN GURION - kein Staat wie jeder andere werden, sondern müsse ein Modell auch für andere Völker darstellen. Die Persönlichkeit des MAPAI-Politikers spielte in den fünfziger und sechziger Jahren zweifellos eine große Rolle für den Aufbau des Staates Israel und die Entwicklung seiner Institutionen. Etatistische und autoritäre Züge seines Staatsmodells kollidierten jedoch mit dem in weiten Teilen der Bevölkerung, insbesondere auch in der sozialdemokratischen Führungsschicht, verbreiteten Demokratieverständnis und stießen auf heftigen Widerstand. Versuche einer Einschränkung der parlamentarischen Demokratie waren daher zum Scheitern verurteilt.

Eine einheitliche, alternative, zur Übernahme der Regierung fähige Opposition konnte sich in der Knesset vor 1967 nicht herausbilden. Die weiteren Aufgaben der Opposition im parlamentarischen System - wie Kontrolle und öffentliche Kritik der Regierung - wurden von den Parlamentariern dagegen durchaus wahrgenommen. Die Anfragen und Kritiken kamen aus verschiedenen Richtungen und spiegelten weitgehend die öffentliche Meinung wider.

Die MAPAI ging aus den ersten wie auch aus den darauf folgenden Knessetwahlen als stärkste Partei hervor; allerdings erreichte sie nie die absolute Mehrheit. Ihre Stärke dokumentierte sich darin, daß sie seit 1949 stets den Ministerpräsidenten sowie den Außen-, Verteidigungs-, Finanz-, Polizei-, Landwirtschafts- und Erziehungsminister stellte. Die absolute Mehrheit der Ressorts war immer in ihrer Hand. Die überlegene Position der MAPAI in den einzelnen Regierungskoalitionen ergab sich auch daraus, daß die kleineren Bündnispartner mit der politischen Grundlinie der dominierenden Partei weitgehend übereinstimmten und die Beteiligung an der Regierung darauf abzielte, bestimmte Sonderinteressen durchzusetzen. Damit diese nicht den Intentionen der MAPAI zuwiderliefen, suchten die Regierungschefs die kleineren Parteien gegeneinander auszuspielen.

Sie benutzten dazu häufig das Mittel des Rücktritts - BEN GURION innerhalb von elf Jahren allein siebenmal. So gab es in Israel von 1949 bis 1967 16 verschiedene Regierungen mit einer Amtsdauer zwischen eineinhalb Monaten und drei Jahren - jedoch nur drei verschiedene Regierungschefs. Auf diese Weise regierten die zurückgetretenen Ministerpräsidenten oft wochen-, manchmal auch monatelang ohne parlamentarische Legitimation.

Die Provisorische Regierung, die vom 14. Mai 1948 bis zum 8. März 1949 unter Ministerpräsident David BEN GURION amtierte, stellte bereits eine Koalition aus MAPAI, MAPAM, *Allgemeinen Zionisten* und den religiösen Parteien dar. Nach der ersten Knessetwahl am 21. Januar 1949, aus der die MAPAI mit 35,7 Prozent als Sieger hervorging, bildete BEN GURION eine Regierung, die neben der Mehrheit der MAPAI-Minister aus Vertretern der vier religiösen Parteien, der *Progressiven Partei* und der Sephardim-Partei bestand. In ihrem Programm proklamierte sie eine friedliche Außenpolitik, den Ausbau der demokratischen Rechte der Bürger und den wirtschaftlichen Aufbau unter Einbeziehung der Privatwirtschaft und ausländischer Hilfe. Bereits zwei Jahre vor Ende der Legislaturperiode mußten jedoch Neuwahlen ausgeschrieben werden, da BEN GURION wegen Unstimmigkeiten mit den religiösen Parteien zurücktrat. Diese wandten sich gegen die weltliche Form der Erziehungspolitik in den Lagern für Einwanderer und gegen den Wehrdienst für Frauen. Der *Misrachi* bekämpfte auch die Lebensmittelrationierung.

Bei den Wahlen zur zweiten Knesset am 30. Juli 1951 konnte die MAPAI ihren Stimmenanteil auf 37,3 Prozent steigern. Am bemerkenswertesten war jedoch der Erfolg der *Allgemeinen Zionisten*, die einen dreifachen Stimmenzuwachs erzielten und mit 16,2 Prozent zur zweitstärksten Partei in der Knesset wurden. Sie hatten das ihrem Eintreten für den Abbau der Rationierungspolitik zu verdanken, deren Für und Wider im Mittelpunkt des Wahlkampfes gestanden hatte. BEN GURION regierte zunächst mit einer knappen Mehrheit aus MAPAI und den religiösen Parteien, bis er am 23. Dezember 1952 eine erweiterte Koalition unter Einschluß der *Allgemeinen Zionisten* und der *Progressiven Partei* bildete, die bis zum 29. Juni 1955 zusammenhielt.

In diesem Zeitraum fielen wichtige politische Entscheidungen. Nach dem Tode Chaim WEIZMANNs im November 1952 wählte die Knesset Jizchak BEN ZVI (1884-1963), einen bekannten MAPAI-Politiker, zum Staatspräsidenten. Auch dessen von 1963 bis 1973 im Amt befindlicher Nachfolger Salman SCHASAR (1884-1973) gehörte der Arbeiterpartei an - ein deutliches Zeichen für die Behauptung deren politischen Einflusses. Die religiösen Parteien konnten mit dem Gesetz über die ausschließliche Zuständigkeit der Rabbinatsgerichte in Personenstandsangelegenheiten vom 26. August 1953 ihren größten Erfolg verbuchen.

Das Verhältnis Staat - Religion bzw. die Diskrepanz zwischen der juristisch verankerten starken Position von Orthodoxie und Tradition einerseits und der betont weltlichen Einstellung der Mehrheit des Volkes andererseits wurde zu einem ständigen innenpolitischen Konfliktstoff. Aus Koalitionserwägungen war die MAPAI immer wieder bereit, den religiösen Parteien Konzessionen zuzugestehen, die weit über das Maß ihres Wählereinflusses von 12-15 Prozent hinausgingen. Darüber hinaus existierten grundsätzliche, dem nationalen Selbstverständnis geschuldete Übereinstimmungen, die die MAPAI eine solche Politik verfolgen ließen. So hieß es programmatisch in der Wahlplattform von 1959:

> "Die MAPAI weist sowohl die Trennung der Religion vom Staat als auch jedweden Zwang in religiösen Angelegenheiten zurück. Jeder Versuch, die Religion durch Gesetz aufzuzwingen oder vollständig vom Staat durch Gesetz zu trennen, wäre für den Bruch der Einheit des Judentums in Israel und der ganzen Welt verantwortlich."[13]

Die Übergabe der Personenstandsangelegenheiten an die Rabbinatsgerichte, die nach jüdisch-religiösem Recht entschieden, griff tief in das persönliche Leben der Israelis ein und schuf unzählige Probleme und Tragödien. So schlossen diese Gerichte grundsätzlich keine "Mischehen". Wer das Geld hatte, reiste nach Zypern, um dort den nichtjüdischen Partner zu heiraten, mußte aber zivilrechtliche Nachteile hinnehmen. Viele, denen die Mittel dazu fehlten, lebten in "wilder Ehe". Eine ohne Scheidungsbrief des Mannes geschiedene Frau durfte nicht wieder heiraten, ebenso eine Witwe, solange sie der unverheiratete Bruder ihres verstorbenen Mannes nicht durch einen förmlichen Akt freigab. Männliche Israelis mit dem Namen "Cohen", die als Abkömmlinge der alten Priesterkaste galten, durften geschiedene Frauen nicht heiraten. Gegen diese Entwicklung ebenso wie gegen die Speisevorschriften in öffentlichen Einrichtungen und gegen Versuche, eine rigorose Sabbatruhe durchzusetzen, kämpfte seit 1950 die "Liga gegen den religiösen Zwang" an, die zahlreiche Demonstrationen und Kundgebungen organisierte. Der Ruf nach der Zivilehe wurde immer nachdrücklicher erhoben, ohne sich allerdings gegen den Widerstand der religiösen Kräfte durchsetzen zu können.

In die zweite Legislaturperiode der Knesset fielen auch Auseinandersetzungen um das Schulwesen, die mit einem die Ansprüche der religiösen Parteien weitgehend berücksichtigenden Kompromiß endeten. Das Gesetz über das staatliche Erziehungswesen vom 20. August 1953 vereinheitlichte durch Verstaatlichung die verschiedenen Schulsysteme aus der Zeit des Mandats - weltliche *Histadrut*-Schulen und private bzw. von Parteien finanzierte religiöse Schulen. Danach gab es die weltlichen Staatsschulen, die von 64 Prozent der Kinder besucht wurden, die religiösen Staatsschulen, in denen auch Gottesdienst durchgeführt wurde, mit 30 Prozent und private religiöse Schulen mit 6 Prozent der Schüler. 1961 wurde der religiöse Zweig auch in den höheren Schulen eingeführt.

Nicht nur an den religiösen, sondern auch an den weltlichen Schulen war der Inhalt des Unterrichts von der Religion geprägt. Die Bibel fand sowohl als Textbuch in hebräischer Literatur als auch im Geschichts- und Geographieunterricht Verwendung. 1957 wurde an allen Staatsschulen als obligatorisch das Fach *Jahadut* (Judentum) eingeführt, worunter vornehmlich jüdische Philosophie, Religionslehre, Sitten und Gebräuche zu verstehen waren. Zu den Gegnern dieser Entwicklung zählte die MAPAM, die auf ihrem Parteitag 1958 feststellte:

> "Anstatt unter dem Vorwand der Pflege 'jüdischen Bewußtseins' den religiösen Kultus in die Staatsschulen einzuführen, muß unsere Erziehung von einem 'Pionierbewußtsein' durchdrungen werden, das die Liebe zur Arbeit und den Willen, die Wüste zu erobern und Siedlungen im Negev und an den Grenzen zu errichten, fördern wird."[14]

Die Förderung des Studiums der Bibel, die einen gewichtigen Teil der Geschichte des jüdischen Volkes enthält, reihte sich in die Bemühungen ein, die Zuwanderer an den neuen Heimatboden, auf dem die alte Geschichte der jüdischen Königreiche spielte, zu binden, ebenso ihnen die Sprache, in der sie erzählt wurde, vertraut zu machen. Das führte zu einem Aufschwung der Archäologie, die zeitweilig so populär wurde, daß man sie als eine Art Volkssport betrieb. Die Sprache des Alten Testaments, das jahrhundertelang fast ausschließlich in den religiösen Bereich verdrängte Hebräische, wurde unter der Ägide der Jerusalemer Sprachakademie im Laufe der Jahre mit einer Vielfalt neuer Ausdrücke vervollkommnet und angereichert, so daß sie als Umgangssprache und auch als Wissenschaftssprache von Gelehrten aller Fachrichtungen benutzt werden konnte.

Der Streit um den Wehrdienst der Frauen, gegen den die orthodox-religiösen Parteien Einwände erhoben hatten, war durch das Wehrgesetz vom 15. September 1949, wonach verheiratete Frauen und Mütter nicht in der Armee dienen mußten, geschlichtet worden. Auch ledige Mädchen konnten vom Wehrdienst befreit werden, falls sie religiöse Gründe dafür vorbrachten. Den weltlich orientierten Verfechtern der Wehrgerechtigkeit gelang es am 4. September 1953, ein Gesetz über die Volksdienstpflicht durchzusetzen, das für o. g. Gruppe der Frauen einen zweijährigen Arbeits- bzw. Sozialdienst vorsah.

Neben der Stellung der Religion im Staate wurde die innenpolitische Szenerie besonders in den Jahren 1951/52 von den Auseinandersetzungen in der Knesset und auf der Straße um das Wiedergutmachungsabkommen mit der Bundesrepublik Deutschland bestimmt. Noch 1950/51 hatte sich Israel vor der UNO wie auch in Noten an die Parlamente der Länder der ehemaligen Antihitlerkoalition gegen die beginnende Wiederaufrüstung Westdeutschlands, gegen die Begnadigung von Kriegsverbrechern und gegen die Absicht, den Kriegszustand mit Deutschland zu beenden, gewandt. Die israelische Regierung hatte die UNO gewarnt, deutsche Vertreter an internationalen Treffen zu beteiligen, da noch keine wirkliche Veränderung im Herzen des deutschen Volkes eingetreten wäre. Um so größer war das Unverständnis bei Teilen der israelischen Öffentlichkeit, als David BEN GURION sich bereit erklärte, mit der Bundesregierung zu verhandeln. Er suchte die Opposition zu beruhigen, indem er erklärte, angesichts der katastrophalen wirtschaftlichen Situation, die die Masseneinwanderung hervorgerufen habe, müßten realpolitische Erwägungen den Vorrang vor moralischen Bedenken haben. Man beabsichtige, über die Wiedergutmachungsverhandlungen hinaus keinerlei politische Beziehungen zu Deutschland aufzunehmen.

Es war das Argument der schweren wirtschaftlichen Lage, das bei vielen Abgeordneten tatsächlich den Ausschlag gab, BEN GURION aber trotzdem nur eine denkbar knappe Mehrheit für Verhandlungen mit der Bundesregierung einbrachte. Am 9. Januar 1952 stimmten bei fünf Enthaltungen 61 Abgeordnete für und 50 gegen Kontakte mit der Bonner Regierung. Die Opposition kam sowohl von links seitens der MAKI und der MAPAM als auch von rechts seitens der *Cherut*. Vor der Ratifizierung des Abkommens fanden Kundgebungen und Demonstrationen in einem Ausmaß statt, wie sie der junge Staat noch nicht erlebt hatte. Dabei wurde das Abkommen als Schmach und Ungeheuerlichkeit bezeichnet, da es die Erben der Judenmörder von Auschwitz reinwasche.

Schatten der Vergangenheit lagen auch über dem Ende der Koalition mit den *Allgemeinen Zionisten* am 29. Juni 1955. Dem führenden MAPAI-Funktionär Rudolf KASTNER, 1944 Vertreter der *Jewish Agency* in Ungarn, war vorgeworfen worden, mit der SS zusammengearbeitet zu haben. Wie auch der Oberste Israelische Gerichtshof mehr oder weniger direkt bestätigte, habe er den ungarischen Juden die ihnen drohende Gefahr der Vernichtung verheimlicht und gleichzeitig mit Genehmigung der Nazis privilegierte Einzelpersonen und seine Freunde und Verwandten ins Ausland geschleust. Die *Allgemeinen Zionisten* hatten bereits auf eine Gelegenheit gewartet, die Koalition zu verlassen. Als die *Cherut* den Fall KASTNER zum Anlaß für ein Mißtrauensvotum nahm, distanzierten sie sich durch Stimmenthaltung von der Regierung.

Die Regierungskrise hatte als Ministerpräsident Mosche SCHARETT (1894-1965) zu bestehen, der am 7. Dezember 1953 zum Nachfolger BEN GURIONS im Ministerpräsidentenamt nominiert worden war. Der als Mosche SCHERTOK in Cherson Geborene wanderte mit seinen Eltern 1906 nach Palästina aus und wuchs dort in arabischer Umgebung auf. Nach einem Jurastudium nahm er als Offizier in der osmanischen Armee am ersten Weltkrieg teil und gehörte zu den Gründern der *Achdut ha-Avodah*. Er leitete von 1933 bis 1948 die Politische Abteilung der *Jewish Agency*, organisierte im zweiten Weltkrieg den Aufbau der Jüdischen Brigade im Rahmen der britischen Armee und wurde der erste Außenminister Israels (1948-1956).

BEN GURION war am 6. Dezember 1953 zurückgetreten und hatte sich in den Kibbuz Sde Boker zurückgezogen, um neue Kräfte zu sammeln und über die grundlegenden Probleme Israels nachzudenken. Während der als außenpolitisch gemäßigt geltende SCHARETT regierte, hielt BEN GURION von Sde Boker aus engste Verbindung zu seinen Vertrauten in der Regierung und im MAPAI-Zentralkomitee. Am 19. Februar 1955 kehrte er als Verteidigungsminister wieder in das Kabinett zurück. SCHARETT blieb bis zu den Parlamentswahlen Ministerpräsident.

Bei den Wahlen zur dritten Knesset am 26. Juli 1955 mußten MAPAI und Allgemeine Zionisten Stimmenverluste von 5,1 bzw. 6 Prozent hinnehmen, während die *Cherut* ihren Stimmenanteil verdoppeln konnte und nun ihrerseits mit 12,6 Prozent zur zweitstärksten Partei aufstieg. Die von der MAPAM abgespaltene *Achdut ha-Avodah* überflügelte diese mit 8,2 gegenüber 7,3 Prozent. Der von SCHARETT bereits am 29. Juni 1955 aus MAPAI, Progressiver Partei, *ha-Poel ha-Misrachi* und *Misrachi* gebildeten Regierung folgte am 3. November 1955 wieder ein Kabinett BEN GURION, das um MAPAM und *Achdut ha-Avodah* erweitert worden war. Diese Regierung, die damals als "große Koalition" galt, blieb wegen der außenpolitischen Spannungen um die Suez-Krise zunächst relativ stabil.

Im März 1958 brach ein erneuter Streit um das Verhältnis Staat - Religion aus, der letztlich das Selbstverständnis der israelischen Nation berührte. Die Frage "Wer ist Jude?" stand nach dem Gesetz der Rückkehr von 1950, das jedem eingewanderten Juden die israelische Staatsbürgerschaft zuerkannte, im Raum. Innenminister Jisrael BAR JEHUDA (*Achdut ha-Avodah*) legte im März 1959 eine Verordnung vor, nach der die Eintragung als "Jude" im Personaldokument eines Einwanderers lediglich aufgrund seiner eigenen Erklärung erfolgen sollte. Diese Absicht, die von der Regierungsmehrheit unter BEN GURION gebilligt wurde, provozierte eine heftige wochenlange Debatte in der Knesset und in der Öffentlichkeit, die schließlich zum Rücktritt der MAFDAL-Minister am 1. Juli 1958 führte.

MAFDAL und orthodoxe Parteien verlangten, daß die Definition eines Juden allein auf der *Halacha*, dem überlieferten jüdischen Gesetzeskodex, beruhen dürfe. Danach sei jemand Jude, dessen Mutter Jüdin sei oder der mit rabbinischer Genehmigung ordnungsgemäß zum jüdischen Glauben übergetreten sei. BEN GURION lehnte in der Debatte diesen Standpunkt wiederholt ab und trat als Sprecher seiner Partei im Interesse hoher Einwanderungszahlen für eine großzügige Interpretation der Frage ein. Israel sei ein Rechtsstaat, argumentierte er, nicht ein Staat, in dem die Vorschriften der *Halacha* Geltung hätten. Alle Parteien der Knesset hätten sich durch die Unterschrift unter der Gründungsurkunde des Staates zu "Glaubens- und Gewissensfreiheit, Freiheit der Sprache, Erziehung und Kultur" verpflichtet.[15]

Der Rücktritt der MAFDAL-Minister war für BEN GURION jedoch Anlaß, erneut den Weg des Kompromisses mit den religiösen Parteien zu suchen. Er unterbreitete die Frage "Wer ist Jude?" 43 "Weisen Männern Israels" aus verschiedenen Ländern, die sie größtenteils vom orthodoxen Standpunkt aus beantworteten. Für das besonders prekäre Problem der nach halachischem Gesetz verbotenen "Mischehen" bzw. der aus diesen hervorgegangenen Kindern wurde die Lösung gefunden, bei einwandernden Minderjährigen die Religion der Mutter einzutragen und jedem Erwachsenen das Recht zuzugestehen, seine Religion selbst anzugeben. Die MAFDAL trat 1959 daraufhin wieder in die Koalition ein und erhielt das Innenministerium.

Doch der Streit um die Frage "Wer ist Jude?" war damit nicht beigelegt. Linkssozialistische Kreise drängten darauf, jüdische Religionszugehörigkeit und Nationalität voneinander zu trennen, wogegen von orthodoxen und konservativen Kreisen zäher Widerstand geleistet wurde. Allmählich jedoch gewann in der Bevölkerung das Bewußtsein von der Existenz einer israelischen Nation, die sich unabhängig von der Religionszugehörigkeit entwickelte, an Gewicht. Gleichzeitig damit wurde der Begriff "Jude" immer stärker als Volkszugehörigkeit gefaßt. So waren 1968 bei einer Meinungsumfrage 36 Prozent der Befragten der Meinung, Jude sei, wer sich selber dafür halte, in Israel lebe und sich mit dem Staat identifiziere. Nur 12 Prozent waren der Meinung, Jude sei, wer eine jüdische Mutter, einen jüdischen Vater oder einen jüdischen Ehepartner habe.

Wie stark orthodoxes Denken auch in der israelischen Justiz bis Anfang der siebziger Jahre in dieser Frage noch wirksam war, verdeutlichte das knappe 5 : 4 Urteil des Obersten Gerichts vom 23. Januar 1970. Es gab damit dem Antrag eines Marineoffiziers statt, der mit einer Nichtjüdin verheiratet war, seine in Israel geborenen Kinder als jüdische Volksangehörige anzuerkennen. Nach diesem Rechtsspruch konnte als Jude gelten, wer es im Sinne des religiösen Gesetzes nicht war. Unter dem Druck der

MAFDAL, die wiederum gedroht hatte, die Regierungskoalition zu verlassen, definierte die Knesset im März 1970 eine Person als Juden, die von einer jüdischen Mutter geboren oder zur jüdischen Religion konvertiert sei. Das bedeutete letztlich einen Kompromiß, hatten die religiösen Kräfte doch auf einer Formulierung bestanden, wonach nur ein Übertritt auf Grundlage der *Halacha* anzuerkennen sei. Sie betrachteten daher das Gesetz als noch nicht ausreichend und hielten in den folgenden Jahren die Diskussion zu dieser Frage offen.

Neben dem Problem "Wer ist Jude?" war das Ende der dritten Legislaturperiode der Knesset von einem weiteren Streitpunkt gekennzeichnet. Am 5. Juli 1959, ein halbes Jahr vor Ende der Sitzungsperiode, trat BEN GURION mit seinem Kabinett zurück und erklärte es zur Übergangsregierung. Anlaß dafür war, daß MAPAM und *Achdut ha-Avodah* gegen militärische Lieferungen Israels an die Bundesrepublik Deutschland aufgetreten waren und ihre Minister das Kabinett verlassen hatten. Am 29. Juni 1959 hatte die Knesset mit 57 gegen 45 Stimmen bei 6 Enthaltungen den Stopp derartiger Lieferungen beschlossen.

Bei den Wahlen zur vierten Knesset am 3. November 1959 zehrte die MAPAI von ihrem Prestige aus dem militärisch erfolgreichen Suez-Krieg von 1956. Sie erreichte mit 38,2 Prozent der abgegebenen Stimmen ihren größten Erfolg. Die *Cherut* konnte ihre Stellung als zweitstärkste Partei mit 13,5 Prozent weiter verbessern, während die Talfahrt für die *Allgemeinen Zionisten* anhielt und sie nur 6,2 Prozent erreichten. Für die MAKI war das Ergebnis von 2,8 Prozent das schlechteste, das sie bei allen Knessetwahlen erzielte. Beim Zusammenstellen seiner Ministerliste traf BEN GURION auf Widerstand in der Führungsspitze seiner Partei, die sich gegen den Einschluß der *Allgemeinen Zionisten* wandte. Die neue Koalition bestand daher wiederum aus MAPAI, *Progressiver Partei*, MAFDAL, *Achdut ha-Avodah* und MAPAM. 1960 kooptierte BEN GURION zusätzlich die *Poale Agudat Jisrael.*

Die Legislaturperiode der vierten Knesset endete vorzeitig schon nach reichlich einem Jahr, als BEN GURION am 31. Januar 1961 zurücktrat, das Parlament sich auf sein Betreiben am 27. März auflöste und für den 15. August 1961 vorgezogene Neuwahlen angesetzt wurden. Diese bisher tiefste Regierungskrise war durch die "Lavon-Affäre" ausgelöst worden. Sie führte zur Polarisierung der Flügel innerhalb der MAPAI und zur öffentlichen Diskussion grundsätzlicher Fragen der Staats- und Verteidigungspolitik.

Für ein mißglücktes Sabotageunternehmen des Geheimdienstes in Kairo 1954 hatte der damalige Verteidigungsminister Pinchas LAVON die Verantwortung übernehmen und zurücktreten müssen, wofür er mit dem Posten des Generalsekretärs der *Histadrut* "abgefunden" wurde. Als LAVON

1960 seine Rehabilitierung betrieb, zeigte neues Beweismaterial, daß der Coup von Kairo tatsächlich hinter LAVONs Rücken vom Geheimdienst und hohen Beamten des Verteidigungsministeriums inszeniert worden war. Die Presse warf die Frage nach dem Wert einer parlamentarisch verantwortlichen Regierung auf, die in dieser Weise von ihrem Apparat hintergangen werden konnte. BEN GURION dagegen betrachtete LAVONs Kritik am Geheimdienst und am Verteidigungsministerium als eine an Verrat heranreichende Haltung. Die Frage der Konsequenzen wurde mehrfach im Zentralkomitee der MAPAI behandelt. Mosche DAJAN, 1954 Generalstabschef, und der stellvertretende Verteidigungsminister Schimon PERES unterstützten BEN GURION und seine Forderung, LAVON auch vom Posten des Generalsekretärs der *Histadrut* abzuberufen. Sie konnten sich aber zunächst nicht durchsetzen.

Nicht nur die Öffentlichkeit und die MAPAI beschäftigten sich mit der Lavon-Affäre, auch die Regierung wurde in die Angelegenheit hineingezogen. Ein Kabinettsausschuß, aus sieben Ministern bestehend, sprach am 25. Dezember 1960 LAVON von der Verantwortung frei, den Befehl zu der Aktion in Kairo gegeben zu haben. Er belastete dafür den damaligen Geheimdienstchef Oberst Benjamin GIBLI. BEN GURION jedoch war nicht bereit, die Schlußfolgerung des Ausschusses zu akzeptieren und betonte, sich in Sicherheitsfragen keiner Mehrheit beugen zu können. Er forderte die Revision der Entscheidung des Ausschusses. Am 31. Januar 1961 trat der Ministerpräsident mit der Erklärung zurück, er wolle seine Amtsgeschäfte erst weiterführen, wenn LAVON von der *Histadrut*-Führung abgesetzt sei.

Die MAPAI-Führung verbreitete daraufhin in den öffentlichen Diskussionen die Version, dem Staat drohe Verderben, wenn BEN GURION nicht in sein Amt zurückkehre. Doch das anmaßende Verhalten des langjährigen Ministerpräsidenten stieß sowohl Koalitionspartner als auch MAPAI-Mitglieder vor den Kopf. Die Auseinandersetzungen im MAPAI-Zentralkomitee und die Suche nach einem Kompromiß waren von Protesterklärungen zahlreicher akademischer und literarischer Persönlichkeiten begleitet. Intellektuelle, Kibbuzmitglieder, jüngere Mitglieder der MAPAM und der religiösen Parteien sowie Kommunisten brachten ihre Unzufriedenheit mit der Mißachtung der Demokratie zum Ausdruck und prangerten BEN GURIONs Selbstgefälligkeit und seinen Drang nach alleiniger Herrschaft an. Studenten gründeten eine "Kommission zur Verteidigung der Demokratie". Nur eine Handvoll Professoren und Schriftsteller folgte dem Ruf der MAPAI, die Position BEN GURIONs zu unterstützen.

Nachdem der Versuch der MAPAI-Führung, Pinchas LAVON zu einem Kompromiß zu bewegen, gescheitert war, gab das Zentralkomitee der MAPAI BEN GURIONs Ultimatum nach und forderte LAVON nach einer dramatischen Sitzung am 4. Februar 1961 mit 40 gegen 20 Stimmen zum Rücktritt auf. Den Gegenantrag hatte Mosche SCHARETT gestellt. Die *Histadrut*-Exekutive, vor deren Gebäude Anhänger LAVONs immer wieder demonstrierten, schloß sich mit 159 gegen 96 Stimmen dem Spruch der MAPAI an. Die Entscheidung des Ministerausschusses vom 25. Dezember 1960 zu revidieren, gelang jedoch nicht, da an ihm auch die Koalitionspartner mitgewirkt hatten.

Die Amtsenthebung LAVONs wurde allgemein in der Öffentlichkeit als ein erfolgreicher Gewaltstreich und nicht als Sieg der Gerechtigkeit empfunden. BEN GURIONs Prestige sank zur Zeit der Affäre auf einen Tiefpunkt. Er vermochte es nicht, das Image eines charismatischen Führers des bedrängten Israel wiederzugewinnen. Fragen waren aufgeworfen worden, die nun nicht mehr verstummen wollten - nach der Macht des Premiers, Regierungsentscheidungen willkürlich umstoßen zu können, und nach dem Funktionieren der parlamentarischen Kontrolle. Der israelische Historiker und MAPAM-Funktionär Peretz MERCHAV wertete die Protestwelle, die die "Lavon-Affäre" in der Öffentlichkeit hervorgerufen hatte, folgendermaßen:

> "Das allgemeine Publikum störte weniger der ideologische Streit oder der Fraktionskampf in der MAPAI als vielmehr die Tatsache, daß ein Licht auf den moralischen Verfall und den 'Führerkult' gefallen war, der alle anerkannten Normen demokratischer Praxis über den Haufen warf, als ob alles moralisch und erlaubt wäre, was der Verteidigung der Ehre und dem Status der herrschenden Partei und ihres Führers dient. Weite Kreise fingen tatsächlich an, um den Bestand des demokratischen Systems überhaupt zu fürchten, und sahen die Gefahr einer Diktatur der einen oder anderen Art am Horizont aufsteigen."[16]

Bei den vorgezogenen Wahlen zur fünften Knesset am 15. August 1961 mußte die MAPAI Verluste hinnehmen und fiel auf 34,7 Prozent der Stimmen zurück. Erst nach langen Verhandlungen vermochte David BEN GURION am 2. November 1961 eine neue Regierung zu bilden, die über eine um 20 Knesset-Sitze schmalere Basis als die vorangegangene verfügte. Die *Progressive Partei*, die sich inzwischen mit den *Allgemeinen Zionisten* zur *Liberalen Partei* vereinigt hatte, und die MAPAM versagten ihre Mitwirkung. BEN GURION vermochte auch nicht mit Hilfe seiner "jungen Männer" Josef ALMOGI, Mosche DAJAN und Schimon PERES, die er mit Kabinettsposten betraut hatte, dem Ziel eines starken, von den Fesseln des Verhältniswahlrechts und der Gewerkschaften befreiten Staates näher zu kommen. Die Position der Regierung wurde durch die Streikwelle 1962/63 und Demonstrationen gegen das Militärregime in den arabisch bewohnten Gebieten zusätzlich beeinträchtigt. Am 16. Juni

1963 trat der durch die Lavon-Affäre politisch sichtlich geschwächte BEN GURION zurück. Levi ESCHKOL (1895-1969) wurde sein Nachfolger im Amt.

Der aus Oratov bei Kiew stammende Levi SCHKOLNIK war 1914 nach Palästina ausgewandert und entwickelte sich dort zum führenden zionistischen Landwirtschafts- und Finanzfachmann. Er versorgte die *Haganah* mit Geld und Waffen, leitete zeitweilig die *Haavarah* (Transfer) Company in Berlin, dann die Siedlungsabteilung der *Jewish Agency* und gehörte verschiedenen israelischen Regierungen als Landwirtschafts- bzw. Finanzminister an. Da BEN GURION in den Parteigremien mit dem Projekt einer Wahlrechtsreform und der Forderung, die Lavon-Affäre erneut aufzurollen, scheiterte, verließen im November 1964 DAJAN und im Mai 1965 auch ALMOGI und PERES ESCHKOLs Kabinett.

Den Wahlen zur sechsten Knesset am 2. November 1965 waren wichtige Veränderungen in und zwischen den großen Parteien vorausgegangen, die kennzeichnend für die weitere Entwicklung waren. Die Flügelkämpfe in der MAPAI führten zunächst dazu, daß sich am 7. November 1964 mit der Gründung der Bewegung *Min Hajesod* ("Von Grund auf") die Anhänger LAVONs von der MAPAI trennten, da es Levi ESCHKOL nicht vermochte, LAVON wieder in sein Amt einzusetzen. Im Programm des *Min Hajesod* kam die Unzufriedenheit breiter Mitgliederkreise der MAPAI, die sich vor allem gegen die Übermacht des miteinander verfilzten Partei- und Staatsapparates wandten, zum Ausdruck. Folgenschwerer jedoch war für die MAPAI die Abspaltung der von BEN GURION und der Gruppe der "jungen Männer" ins Leben gerufenen *Reschimat Poale Jisrael* - RAFI (Arbeiterliste Israels) am 12. Juli 1965.

Neben der Forderung nach dem Mehrheitswahlrecht ging es den RAFI-Gründern vor allem um eine schnellere technische und wissenschaftliche Entwicklung mit dem Ziel, die Schlagkraft der israelischen Armee zu erhöhen. Sie wandten sich auch gegen den Block (*Maarach*), den die MAPAI-Führer um Levi ESCHKOL, Mosche SCHARETT und Golda MEIR mit den anderen zionistischen Arbeiterparteien anstrebten. Zunächst kam der sogenannte "kleine" *Maarach* mit der Partei *Achdut ha-Avodah* in Gestalt einer gemeinsamen Kandidatenliste für die Knessetwahlen 1965 zustande.

Ein ähnlicher Prozeß der Konzentration ging unter den rechten Kräften im israelischen Parteienspektrum vor sich. Am 26. April 1965 unterzeichneten die Vertreter der *Cherut* und der Liberalen Partei ein Wahlbündnis, an dessen Spitze Menachem BEGIN stand. Der GACHAL-Block - *Gusch Cherut we-Liberalim* - sollte eine Alternative zur sozialdemokratisch geführten Regierungspolitik darstellen.

Die Knessetwahlen am 2. November 1965 verdeutlichten die neuen

Tendenzen in der israelischen Gesellschaft. MAPAI und *Achdut ha-Avodah* erreichten mit ihrem Bündnis 36,7 Prozent der Stimmen. Damit wurden sie zwar stärkste Knesset-Fraktion; vier Jahre zuvor, als sie noch einzeln auftraten, hatten sie zusammen jedoch 41,3 Prozent der Stimmen auf sich vereinigen können. Die Stimmenverluste waren in erster Linie auf die Regierungspolitik des *Mitun* (Mäßigung) angesichts der beginnenden Rezession, aber auch auf die Richtungskämpfe in der MAPAI und auf die Konkurrenz der RAFI zurückzuführen. BEN GURION vermochte mit seiner Liste keinen Durchbruch gegen die von ESCHKOL geführte MAPAI zu erzielen, überflügelte mit 7,9 Prozent der Wählerstimmen jedoch die MAPAM. Der GACHAL-Block Menachem BEGINs wurde mit 21,3 Prozent der Stimmen die zweitstärkste Kraft in der Knesset.

Die am 12. Januar 1966 erneut von ESCHKOL gebildete Regierung bestand neben den Arbeiterparteien MAPAI, *Achdut ha-Avodah* und MAPAM aus der MAFDAL und den Unabhängigen Liberalen. Sie konnte sich auf eine Mehrheit von 75 der 120 Knessetabgeordneten stützen. Angesichts der zunehmenden außenpolitischen Spannungen und militärischen Konfrontationen an Israels Grenzen übten die auf eine Politik der Stärke setzenden 36 Abgeordneten von GACHAL und RAFI einen zunehmenden Einfluß auf den Regierungsblock aus. Diese Kräftekonstellation beeinflußte nicht unwesentlich die israelische Politik im Vorfeld des Junikrieges 1967.

Im Schatten des Kalten Krieges

Am 8. März 1949 hatte die Knesset Prinzipien einer Außenpolitik beschlossen, in der Loyalität zur UNO-Charta, Freundschaft mit allen friedliebenden Staaten, besonders mit den USA und der Sowjetunion, und das Streben nach einem jüdisch-arabischen Friedens- und Kooperationsvertrag Priorität besaßen. Steter Grundsatz blieb der Anspruch auf das Recht jedes Juden in der Welt, nach Israel einzuwandern. Zwischen den entstehenden Blöcken proklamierte Israel eine Politik der "Nichtidentifikation". Bis zur Regierungserklärung vom November 1955 hatten sich die Prioritäten erheblich verschoben.

Es standen nun wachsende militärische Bereitschaft und Schutz der Grenzen im Vordergrund, während die UNO nur noch am Rande Erwähnung fand. Hinter dieser Akzentverschiebung standen die Tatsache des anhaltenden arabisch-israelischen Konflikts und die im Koreakrieg eskalierende Konfrontation der beiden Großmächte, deren Haltung 1947/48 die Entstehung des jüdischen Staates eigentlich erst ermöglicht hatte. Hinzu kam die antisemitische Politik Josef W. STALINs, die ihren offensten

Ausdruck zu dieser Zeit in den Moskauer Ärzteprozessen 1952 und im Prager Slansky-Prozeß 1953 fand. Sie wurde von der israelischen Regierung scharf verurteilt. Die Mitte der fünfziger Jahre beginnenden Waffenlieferungen der UdSSR an Ägypten bestärkten BEN GURION und SCHARETT in der von ihnen beförderten Orientierung auf den Westen.

Die israelische Regionalpolitik war in erster Linie bestimmt durch das Sicherheitsinteresse des Staates. Da dem militärischen Sieg über die Araber 1948/49 kein Frieden folgte und die arabischen Staaten den Kriegszustand aufrechterhielten, breitete sich in weiten Kreisen der Bevölkerung das Gefühl aus, in einer belagerten Festung zu leben. Historische Reminiszenzen, wie die an den heroischen Kampf der Zeloten auf der Bergfeste Massada im römisch-jüdischen Krieg und das noch sehr gegenwärtige Bild vom kämpfenden und sterbenden Warschauer Ghetto 1943, verstärkten dieses Bewußtsein. Israels Militärs konnten zudem auf die lange Grenze und die geringe Tiefe des Landes verweisen, die es Israel nicht erlaube, einen Krieg zu verlieren, da es keine zweite Chance habe. BEN GURION leitete daraus ab: "Wer als erster zuschlägt, gewinnt die Schlacht. Täten wir es nicht, wir würden überwältigt werden."[17] Das gegenseitige Mißtrauen zwischen Israel und den arabischen Staaten sowie die anhaltende Konfliktsituation, die 1956 und 1967 zum offenen Krieg eskalierte, bewirkten, daß der Armee in der israelischen Gesellschaft ein hoher Rang zukam und die Außenpolitik wesentlich von ihren Bedürfnissen nach Waffen und Ausrüstung bestimmt wurde.

ZAHAL, die israelische Armee, wurde aus einer kleinen Berufsarmee, bestehend aus den Offizieren und Unteroffizieren, vor allem aber aus den wehrpflichtigen Männern und Frauen gebildet. Zuerst waren nur Juden, ab 1956 auch Drusen und Tscherkessen wehrpflichtig. Die Möglichkeit für Araber, seit 1965 freiwillig in die Armee einzutreten, fand wenig Resonanz. Die Gefechtsbereitschaft der Armee wurde durch ein System häufiger, kurzer Reserveübungen gewährleistet und durch vormilitärische und den Wehrdienst begleitende Ausbildungsformen unterstützt. Die zu Beginn des zweiten Weltkrieges gebildeten *Gdude Noar* - GADNA (Jugendbataillone), eine militärische Organisation für 14- bis 18jährige, unterstanden ab 1949 dem Verteidigungs- und dem Erziehungsministerium. Aus dem Kreis der GADNA wurden Freiwillige für die *Noar Chaluzi Lochem* - NACHAL (Kämpfende Pionierjugend) gewonnen, die eine intensive militärische Ausbildung - auch für die Luftwaffe und Marine - mit landwirtschaftlicher Tätigkeit in den *Kibbuzim* kombinierte. Die bedeutende gesellschaftliche Funktion der Armee bestand nicht nur in der Vermittlung des Hebräischen für die Neueinwanderer, sondern auch in einer staatsbürgerlichen Schulung. Darüber hinaus bot sie Offizieren und Soldaten berufliche Fortbildungs- und akademische Studienmöglichkeiten.

Auf diese Weise gelangten besonders die Offiziere nach ihrem Ausscheiden aus dem aktiven Dienst in einflußreiche Positionen in Wirtschaft und Verwaltung. Andererseits übten aktive Militärs über den Apparat des Verteidigungsministeriums starken Einfluß auf das gesamte wirtschaftliche und soziale Leben aus. Die ständige Verbindung der Ämter des Premiers und des Verteidigungsministers zur Zeit David BEN GURIONs war Anlaß zu häufigen Kritiken und zu Besorgnis, daß damit die parlamentarische Kontrolle über die Armee gefährdet werden könnte. Ganz grundlos waren solche Befürchtungen nicht. In ihren öffentlichen Äußerungen ließen hohe Militärs oft ihr Mißfallen an der parlamentarischen Demokratie laut werden. Sie beschwerten sich, daß sie gehindert würden, aktiv am politischen Leben teilzunehmen, sie zeigten sich enttäuscht über ein von Fraktionskämpfen zerrissenes System, das unfähig sei, drastische Entscheidungen zu treffen, und sie gehörten zu den eifrigsten Befürwortern eines neuen Mehrheitswahlrechts, das die Verhältniswahl ersetzen sollte. Solche Stimmen zeigten aber gleichzeitig, daß die zivile parlamentarische Kontrolle und eine wachsam-kritische Öffentlichkeit sehr sensibel auf alle Bestrebungen in Richtung auf eine Militärdiktatur reagierten. Um das Entstehen einer über den Parteien stehenden Offizierskaste zu verhindern, wurde eine schnelle Rotation und das Ausscheiden der Offiziere nach 15jähriger Dienstzeit eingeführt.

Als sich Israel am 2. Juli 1950 hinter die Korea-Politik der USA stellte, bedeutete das de facto das Ende der Politik der "Nichtidentifikation". Mit der Verschlechterung der israelisch-sowjetischen Beziehungen verstärkte sich die Anlehnung der israelischen Regierung an die US-Politik in der Zeit des "Kalten Krieges", auch wenn es zu keinem förmlichen Bündnis kam. Die finanziellen, politischen und kulturellen Bindungen vieler Institutionen in Israel an Organisationen amerikanischer Juden bildeten zudem langfristig wirkende Faktoren, die diese außenpolitische Orientierung begünstigten.

Zu den Grundpositionen israelischer Außenpolitik gab es jedoch stets Nuancen und Alternativen. So standen sich in der Regierung und in der MAPAI-Führung der ersten Hälfte der fünfziger Jahre David BEN GURION und Mosche SCHARETT gegenüber - BEN GURION, der letztlich nicht an die Möglichkeit des Friedens mit den Arabern glaubte, und SCHARETT, der geneigt war, auf Verständigung und schrittweise Normalisierung der Beziehungen Israels zur arabischen Welt zu setzen. Für weltpolitische Neutralität und Eingliederung Israels als eines gleichberechtigten Staates in eine Konföderation des Nahen Ostens gab es Stimmen unter den Allgemeinen Zionisten und in der Progressiven Partei. Den allgemeinen Konsens zwischen MAPAI und den liberal-konservativen Parteien über die Zugehörigkeit zur westlichen Welt teilte auch die *Cherut* unter BEGIN. Ihr prononciert nationalistisches Programm ließ sie jedoch stärker als jene auch Verschlechterungen im amerikanisch-israelischen Verhältnis in Kauf nehmen.

In den linkszionistischen Parteien wirkten Bindungen an die Arbeiterbewegung in Europa und die Sympathie für die Oktoberrevolution weiter auf die außenpolitische Orientierung ein. Die MAPAM vertrat zunächst die wegen der Hilfe der UdSSR für Israel 1948 nicht unpopuläre Forderung, sich mit den von der Sowjetunion geführten Kräften zu verbünden, während sie in der Politik der USA eine Gefahr für den Weltfrieden erblickte. Sie verließ diese Position wegen der seit 1952 immer deutlicher werdenden antizionistischen Haltung der UdSSR-Führung und deren danach eingeschlagenen proarabischen Politik im Nahen Osten. Im Unterschied zur MAPAI jedoch suchten MAPAM und *Achdut ha-Avodah* gleiche Distanz zu den Großmächten zu halten.

Bis zum Jahre 1950 gab es noch gewisse Hoffnungen auf eine Friedensregelung zwischen Israel und den arabischen Staaten, die auf dem von beiden Seiten unterzeichneten Lausanner Protokoll vom 12. Mai 1949 beruhten. Die UNO-Schlichtungskommission für Palästina führte auf Grundlage dieses Protokolls mit den Konfliktparteien Gespräche über die Lösung der Flüchtlingsfrage und der territorialen Probleme, in deren Verlauf es auch zu vertraulichen arabisch-israelischen Kontakten kam. Hatte die israelische Regierung die in der UNO-Resolution 194 (III) vom 11. Dezember 1948 enthaltene Bestimmung über Rückkehr oder Entschädigung der Flüchtlinge zwar formal anerkannt, so machte sie nun beides vom vorherigen Abschluß eines Friedensvertrages, von der Anerkennung der Kriegsschuld durch die arabischen Regierungen, von arabischen Reparationen und schließlich von der eigenen Aufnahme- und Zahlungsfähigkeit abhängig. Die israelische Seite argumentierte, die arabischen Länder trügen die Verantwortung für die Flucht der Palästinenser und verhinderten bewußt ihre Wiederansiedlung in den arabischen Staaten, wo sie hingelenkt worden seien und wo sie nun ein elendes Dasein in den Flüchtlingslagern fristeten.

Die große Einwanderungswelle von Juden aus Europa und den arabischen Ländern nach Israel war ein weiteres Argument: "Diese Entwicklung, die Israel in eines der dichtbevölkertsten Gebiete des Mittleren Ostens verwandelt hat, macht die Aufnahme einer größeren Anzahl Araber unmöglich", hieß es in einer offiziellen Verlautbarung.[18] Auf Drängen der USA erklärte sich die israelische Regierung am 3. August 1949 schließlich bereit, 100.000 palästinensische Flüchtlinge nach Israel zurückkehren zu lassen. Die arabische Seite sah das jedoch als völlig unzureichend an, da Israel das Recht der Flüchtlinge auf Wahl zwischen Rückkehr und Entschädigung nicht grundsätzlich anerkannte, sondern nach eigenem Gutdünken verfahren wollte. Die arabische Forderung nach territorialen Konzessionen wurde wiederum von Israel als unzumutbar zurückgewiesen. Israel weigerte sich in diesen Gesprächen wie auch bei späteren Friedensangeboten an die arabischen Staaten, zu den Teilungsgrenzen der Resolution 181 (II) vom 29. November 1947 zurückzukehren und verwies auf die Verantwortung der arabischen Staaten:

> "Die von den Vereinten Nationen gezeichnete Landkarte wurde aber durch den bewaffneten Angriff und den Widerstand der palästinensischen Araber und der arabischen Staaten gegen den Teilungsplan zu einem Fetzen Papier."[19]

Die Beratungen in Lausanne hatten am 15. September 1949 ergebnislos geendet, doch wurden sie zum Ausgangspunkt für die Lösung einiger Nebenprobleme. So konnten durch ein Programm der Familienzusammenführung bis 1967 etwa 40.000 arabische Flüchtlinge zu ihren Familien nach Israel zurückkehren. Gesperrte Bankguthaben in Höhe von 10 Mill. Dollar wurden freigegeben, und an 11.000 arabische Kläger wurden als Ausgleich für Vermögensverluste bis 1975 rund 23 Mill. I£ gezahlt.

Diese Regelungen bedeuteten letztlich eine Festigung des durch die Waffenstillstandsabkommen von 1949 fixierten Zustands. Auch in der Jerusalem-Frage blieb es beim status quo, d. h. bei der Teilung der Stadt. Eine Resolution der UN-Vollversammlung vom 9. Dezember 1949 über die Ausarbeitung eines Statuts für das lt. Resolution 181 (II) zu internationalisierende Jerusalem lehnten sowohl Israel als auch Transjordanien ab. Die israelische Regierung hatte bereits begonnen, vollendete Tatsachen zu schaffen, indem sie am 23. Januar 1950 Westjerusalem zur Hauptstadt erklärte und hierher den Sitz des Staatspräsidenten, den Obersten Gerichtshof und mehrere Ministerien verlegte. Es folgten der Umzug der Knesset und im Juli 1953 des Außenministeriums. Die USA, die UdSSR und die meisten anderen UN-Mitglieder waren allerdings nicht gewillt, ihre diplomatischen Vertretungen nach Jerusalem zu verlegen bzw. dort Amtsgeschäfte vorzunehmen. Sie beließen ihre Missionen in Tel Aviv. König ABDALLAH von Transjordanien schuf ebenfalls vollendete Tatsachen, die im Widerspruch zur UN-Entscheidung von 1947 standen, indem er am 24. April 1950 das östliche Palästina, einschließlich Ostjerusalems, offiziell annektierte und das Haschemitische Königreich Jordanien proklamierte.

Mit ABDALLAH hatte Mosche DAJAN in einem Gespräch am 13. Dezember 1949 bereits eine Vereinbarung zur Regelung territorialer Fragen paraphiert, die allerdings von der israelischen Regierung noch nicht gebilligt war. Sie sah u. a. den jordanischen Verzicht auf den Negev, kleinere territoriale Konzessionen Israels, die Nutzung Haifas als Freihafen für den Transitverkehr nach Amman sowie gegenseitige Anerkennung und einen Nichtangriffsvertrag vor. Im Februar 1950 begannen auch vorbereitende israelisch-ägyptische Gespräche. Da Israel wegen der erzielten Übereinkunft mit Transjordanien glaubte, gegenüber Ägypten wenig Entgegenkommen zeigen zu müssen, scheiterten diese Gespräche, und Ägypten eröffnete eine Kampagne gegen ABDALLAHs Kompromißpolitik. Der britische Botschafter in Amman riet daraufhin dem transjordanischen Monarchen von einem Alleingang mit Israel ab; das mit DAJAN vereinbarte Arbeitspapier wurde für null und nichtig erklärt. Diese wenn auch vage Friedenschance endete damit, daß der Politische Ausschuß der Arabischen Liga am 1. April 1950 separate Friedensabkommen von Mitgliedstaaten mit Israel grundsätzlich ablehnte. Erneute Friedensaussichten ergaben sich nach der ägyptischen Revolution vom 23. Juli 1952. Doch die israelisch-ägyptischen Kontakte zu Beginn der Regierungszeit von Gamal Abd el-NASSER (Abd an-NASIR) endeten ergebnislos.

Statt dessen entwickelte sich eine gefährliche Eskalation der Gewalt. Da die arabischen Staaten sich weiterhin als im Kriegszustand mit Israel befindlich betrachteten, verhängten sie eine Wirtschaftsblockade gegenüber dem jüdischen Staat. Ägypten verbot die Durchfahrt israelischer Schiffe durch den Suezkanal und behinderte den Transport von nach Israel bestimmten Waren. Auf einen entsprechenden Beschluß der ägyptischen Regierung vom 12. Juli 1950 antwortete der UNO-Sicherheitsrat mit einer Resolution, in der Ägypten am 1. September 1950 aufgefordert wurde, "die Beschränkung der Durchfahrt der internationalen Handelsschiffahrt und -waren durch den Suezkanal, wohin auch immer zu beenden".[20] Ägypten kam dieser Aufforderung jedoch nicht nach, sondern verschärfte die Blockade. Gestatteten die ägyptischen Behörden zunächst in einzelnen Fällen die Durchfahrt von Schiffen nach Israel, wenn sie nicht unter der Flagge des jüdischen Staates fuhren und keine Waffen an Bord hatten, so sperrten sie Ende 1953 den Kanal auch für diese.

Zu Beginn der fünfziger Jahre verschärfte sich die Lage an den Waffenstillstandslinien. Einzelne palästinensische Freischärler oder Kommandos (*Fedajin*) überfielen zumeist nachts vom Gaza-Streifen und Westjordanien aus israelische Siedlungen. Zwischen 1951 und 1955 fielen fast 1.000 Israelis diesen Überfällen zum Opfer. In ihrer nach der katastrophalen Niederlage von 1948/49 ausweglosen Situation wollten die Palästinenser mit einer solchen Politik der Nadelstiche international auf sich aufmerksam machen und hofften damit, die arabischen Staaten schließlich zu einem erneuten Waffengang gegen Israel zu bewegen. Doch Ägypten und Jordanien waren damals zu einem Krieg weder fähig noch bereit. Sie förderten die Aktionen der *Fedajin* zunächst nicht, sondern dämmten sie im Gegenteil ein.

Die israelischen Militärs antworteten auf die Überfälle mit Vergeltungsschlägen, oft auch mit Präventivmaßnahmen, die weit über das Maß des Anlasses hinauswuchsen. Eine "Kampftruppe 101" unter dem Kommando von Major Ariel SCHARON war speziell für diese Aufgaben geschaffen worden. Sie war als Abschreckung und Demonstration israelischer Überlegenheit gedacht, rief aber eine Kettenreaktion immer neuer arabischer Infiltrationen und immer massiverer israelischer Überfälle auf Ziele jenseits der Demarkationslinien hervor. Einen ersten Höhepunkt erreichten diese Aktionen, als israelische Einheiten am 14. Oktober 1953 auf jordanisches Gebiet vordrangen, das Dorf Kibia und zwei Nachbarorte zerstörten, wobei 42 Männer, Frauen und Kinder getötet und 15 Personen verwundet wurden. Die Verurteilung durch den Sicherheitsrat am 24. November 1953 änderte nichts daran, daß die Eskalation weiter voranschritt.

In der israelischen Führung blieb diese Vergeltungsstrategie nicht unwidersprochen. Wie aus seinen Tagebüchern und der Darstellung seines Mitarbeiters Gideon RAFAEL hervorgeht, war Außenminister SCHARETT - vom Dezember 1953 bis November 1955 auch Ministerpräsident - gegen überzogene Reaktionen. Er sah dadurch Israels internationale Stellung und sein Ansehen gefährdet und fürchtete um die letzten Chancen für ein Übereinkommen mit den Arabern. SCHARETT stimmte mit BEN GURION darin überein, keinen Frieden um den Preis territorialer Konzessionen und einer Rückkehr der Flüchtlinge zu schließen. Er glaubte aber, in diesem Rahmen noch Raum für Friedensverhandlungen zu haben. Über Mittelsmänner unterhielt er 1953/54 Kontakte mit NASSER und übermittelte ihm einen 7-Punkte-Friedensplan. Im Juli 1954 kam es zu Gesprächen zwischen RAFAEL und ägyptischen Beauftragten. SCHARETTs Einfluß und Einspruch ist es zuzuschreiben, daß verschiedene spektakuläre Aktionen, die BEN GURION, Verteidigungsminister Pinchas LAVON und Generalstabschef DAJAN planten, keine Mehrheit im Kabinett fanden. Es handelte sich um den Plan, bei einem erwarteten irakischen Einmarsch in Syrien dort zu intervenieren (Februar 1954), und um Überlegungen, vom Libanon einen christlichen Staat abzuspalten und das Gebiet südlich des Litani zu besetzen (Mai 1954).

Die relativ friedliche Periode im israelisch-arabischen Verhältnis ging zu Ende, als Ägyptens Staatspräsident NASSER den Abzug der britischen Truppen aus der Suezkanalzone aushandelte (19. Oktober 1954), die arabischen Völker gegen den von den USA initiierten Bagdadpakt (24. Februar 1955) mobilisierte und um Waffenlieferungen - zuerst in Washington und dann in Moskau - nachsuchte.

Die israelische Reaktion auf die offenbar zunehmende Stärkung der Position Ägyptens entsprach nicht der von SCHARETT verfolgten Politik, desavouierte sie statt dessen und leitete seinen Sturz ein. Als sich die Verhandlungen zwischen Kairo und London um die Evakuierung der Kanalzone und zwischen Kairo und Washington um Waffenlieferungen in der entscheidenden Phase befanden, inszenierte ein israelischer Spionagering im Juli 1954 Sprengstoffanschläge auf britische und amerikanische Einrichtungen in Kairo. Ziel der höchstwahrscheinlich von Geheimdienstchef GIBLI mit Wissen hoher Beamter des Verteidigungsministeriums angeordneten Aktion war es, das Vertrauen des Westens in das ägyptische Regime zu zerstören und damit die Briten zum Bleiben am Suezkanal zu veranlassen. Doch am 27. Juli flog der Ring auf und Israels Beteiligung wurde offenbar, Mosche SCHARETT war übergangen worden, Verteidigungsminister Pinchas LAVON mußte demissionieren. SCHARETT versuchte, die angeklagten Spione vor dem Tode zu retten. Er bot dafür NASSER an, ihn bei seinen Unabhängigkeitsbestrebungen zu unterstützen und gemeinsame Bemühungen zum Abbau der Spannungen im Nahen Osten zu unternehmen. Seine Anstrengungen waren jedoch vergeblich.

Am 19. Februar 1955 übernahm David BEN GURION wieder das Amt des Verteidigungsministers. Er führte die israelische Armee am 28. Februar 1955 zu einem massiven Angriff gegen Gaza, bei dem 38 Araber, darunter 36 Soldaten, getötet und 31 verletzt wurden. Der UN-Sicherheitsrat verurteilte das israelische Vorgehen als "ein im voraus eingefädelter, geplanter und von israelischen Behörden befohlener Überfall durch reguläre israelische Streitkräfte auf die regulären ägyptischen Streitkräfte".[21] Der israelische Schlag gegen die ägyptische Armee traf und gefährdete das Prestige NASSERs empfindlich. Er trug dazu bei, daß Ägypten die *Fedajin* bei ihren Aktionen unterstützte, um sowjetische Waffenhilfe nachsuchte und am 10. September 1955 die Straße von Tiran und damit Israels Hafen Eilat, sein Tor zum Roten Meer und Indischen Ozean, sperrte.

Im israelischen Kabinett gewannen die Vertreter eines harten Kurses gegenüber Ägypten die Oberhand. Noch war SCHARETTs Position stark genug, um Interventionsplänen der Hardliner genügend Widerstand entgegenzusetzen. Die Vorschläge BEN GURIONs vom März 1955, den Gaza-Streifen zu okkupieren und das Waffenstillstandsabkommen mit Ägypten aufzukündigen, sowie sein im Dezember 1955 vorgelegter Plan, die Straße von Tiran gewaltsam zu öffnen und die Halbinsel Sinai zu erobern, wurden wegen SCHARETTs Einspruch nicht realisiert. Am 2. November 1955 hatte BEN GURION von SCHARETT das Amt des Ministerpräsidenten wieder übernommen. Er veranlaßte ihn am 18. Juni 1956 auch zum Rücktritt als Außenminister und damit zum Ausscheiden aus dem Kabinett. BEN GURION und DAJAN hatten sich durchgesetzt. Sie waren angesichts der bedrohlicher werdenden Spannungen in der Region nicht mehr bereit, ihre Präventivkriegspläne weiter an SCHARETTs Widerstand scheitern zu lassen.

Als Hauptvertreter einer offensiven Sicherheitspolitik und als der fähigste israelische Armeeführer profilierte sich Mosche DAJAN (1915-1981). Geboren im Kibbuz Dagania als Sohn des Schriftstellers Schmuel DAJAN, trat er bereits 1929 in die *Haganah* ein und erhielt eine militärische Ausbildung. Er nahm an der Niederschlagung des arabischen Aufstands Ende der dreißiger Jahre teil, wurde aber bald danach, von 1939 bis 1941, wegen illegaler Tätigkeit gegen die britische "Weißbuch"-Politik inhaftiert. Im Juni 1941 kommandierte er eine PALMACH-Einheit bei der Besetzung des noch von den Vichy-Franzosen beherrschten Syriens. In diesem Feldzug verlor er ein Auge. Nach verschiedenen Kommandos im Unabhängigkeitskrieg 1948/49 übernahm DAJAN auch politische Aufgaben, wie z. B. die Leitung der israelischen Delegation bei den Waffenstillstandsverhandlungen auf Rhodos. Nach einem Generalstabslehrgang in London wurde er schließlich 1954 zum Generalstabschef und Oberkommandierenden des ZAHAL ernannt - Funktionen, die er bis 1958 innehatte. Dann widmete er sich als MAPAI-Abgeordneter der Politik.

Das israelisch-arabische Verhältnis war eingebettet in die divergierenden Interessen der Großmächte am Raum des Nahen Ostens. Die wirtschaftlichen und strategischen Ambitionen der USA bestanden vornehmlich darin, den Zugang zu den arabischen Erdölquellen zu sichern und Israels Existenz zu gewährleisten. Die Sowjetunion war insbesondere an einer politischen Einflußnahme auf den nahöstlichen Raum interessiert. Um dies zu verhindern und statt dessen die Staaten der Region in das eigene Pakt- und Stützpunktsystem einzugliedern, erschien es den USA sowie ihren NATO-Verbündeten Großbritannien und Frankreich vordringlich, ein Wiederaufflammen des arabisch-israelischen Konflikts zu verhindern. Deshalb veröffentlichten sie am 25. Mai 1950 eine "Dreiererklärung".

In der Erklärung zeigten sie ihr "tiefes Interesse" an "der Errichtung und Erhaltung von Frieden und Stabilität in der Region", drohten denjenigen, die die Waffenstillstandslinien in Palästina verletzen würden, mit "Aktionen" und wandten sich gegen ein israelisch-arabisches Wettrüsten. Gegen Versicherung der betreffenden Nahoststaaten, die Waffen nicht zu aggressiven Zwecken zu verwenden, waren sie zu Lieferungen bereit. Sie erkannten an, daß die arabischen Staaten und Israel militärische Streitkräfte benötigten und zwar für die "Aufrechterhaltung der inneren Sicherheit" und für ihre "legitime Selbstverteidigung". Gleichzeitig sollten diese "ihnen erlauben, ihre Rolle bei der Verteidigung der Region als Ganzes zu spielen".[22] Damit hatten die drei Westmächte ihren hegemonialen Anspruch bekräftigt, über die politische und militärische Stabilität des Nahen Ostens zu wachen.

Der "Dreiererklärung" folgte 1951 der amerikanisch-britische Versuch, ein "Middle East Defense Command" zu schaffen, das als südöstliche Fortsetzung der NATO gedacht war. Er scheiterte an der Weigerung Ägyptens, sich zu beteiligen. Es folgte daraufhin am 24. Februar 1955 die Unterzeichnung des Bagdadpaktes zwischen der Türkei und dem Irak, dem bis Oktober 1955 Großbritannien, Pakistan und Iran beitraten. Israel war nicht aufgefordert worden, sich dem Pakt anzuschließen.

Zu diesem Zeitpunkt hatten sich wichtige Veränderungen in der arabischen Szenerie ergeben. Eine Welle des Nationalismus, die mit einer ablehnenden Haltung gegenüber den Großmächten verbunden war, ließ die arabischen Regimes, die im Krieg von 1948 ihre militärische und politische Unfähigkeit bewiesen hatten, ins Wanken geraten. Der erste und entscheidende Durchbruch war der Sieg der Bewegung der "Freien Offiziere" über das korrupte Regime König FARUKs in Ägypten am 23. Juli 1952.

Einzelne arabische Führer kamen zu der Erkenntnis, daß die hartnäckigen Versuche der amerikanischen Diplomaten, wie z. B. während der Nahostreise von John Forster DULLES 1953, ihre Länder in ein militärisches Bündnis einzubeziehen, allein den strategischen und wirtschaftlichen Interessen der USA dienten, nicht aber der Erlangung oder Festigung ihrer Unabhängigkeit. Sie sahen die eigene Sicherheit nicht von der UdSSR, sondern von Israel und von der Hegemonialpolitik der Westmächte bedroht. Es wuchs daher ihre Bereitschaft, im Nahostkonflikt auf den Kontrahenten der USA im Kalten Krieg - die UdSSR - zu setzen und mit ihr zu kooperieren.

Aus innenpolitischen und strategischen Gründen standen die USA nach 1948 grundsätzlich an der Seite des jüdischen Staates. Allein die sechs Millionen Juden in den USA fühlten eine tiefe Solidarität gegenüber Israel, wenn zwischen 1948 und 1968 auch nur 8.800 von ihnen nach Israel auswanderten und viele wieder zurückkehrten. Die US-Regierung stellte dem jüdischen Staat umfangreiche wirtschaftliche und technische Hilfe zur Verfügung, da sie in ihm das einzige stabile und demokratische Regime in der Region und eine achtbare Militärmacht sah. Ihre Weltmachtinteressen geboten den USA jedoch, der arabischen Welt zumindest ebenso große Aufmerksamkeit zukommen zu lassen, was aus den Bemühungen um den Bagdadpakt und um die Gunst Ägyptens deutlich wurde.

Die von BEN GURION in einer Regierungserklärung im November 1951 aufgestellte Forderung nach enger Kooperation mit den USA - UNO-Botschafter Abba EBAN setzte sich zwischen 1951 und 1955 für ein Bündnis mit den Vereinigten Staaten ein - kam daher nicht zustande. Die amerikanische Regierung verurteilte die israelischen Vergeltungsschläge gegen Kibia und Gaza, suspendierte kurzzeitig deswegen sogar ihr Hilfsprogramm und machte Vorschläge für eine einvernehmliche israelisch-arabische Lösung des Flüchtlingsproblems. Einen erneuten Vorstoß für einen israelisch-amerikanischen Militärpakt (1955) beantwortete Außenminister DULLES mit dem Hinweis auf die "Dreiererklärung" von 1950. Er forderte Israel auf, nicht selbständig gegen die arabischen Staaten vorzugehen, da dies deren Neigung zu einer Anlehnung an die UdSSR stärken würde. Eine von den USA angebotene Grenzgarantie war an die Verpflichtung geknüpft, die israelischen Grenzen nicht mit Gewalt auszudehnen. Das wiederum betrachteten die israelischen Militärs, allen voran DAJAN, als unakzeptabel, da ihnen damit die Hände gebunden seien, um für notwendig erachtete Vergeltungsschläge durchzuführen.

Auch im Waffengeschäft mit Israel hielten sich die USA - abgesehen von quantitativ geringen privaten Lieferungen - zunächst zurück. Sie verwiesen auf die "Dreiererklärung" und lehnten verschiedene Ersuchen Israels um eine umfassende Waffenhilfe, so die von SCHARETT im Oktober und von BEN GURION im November 1955, ab. Israelische Befürchtungen, angesichts der am 27. September 1955 von NASSER angekündigten sowjetischen Kriegsmateriallieferungen an Ägypten isoliert zu werden, waren jedoch unbegründet. Die USA verwiesen Israel direkt an ihre Verbündeten und ermunterten diese zu entsprechenden Lieferungen. Waffengeschäfte mit westeuropäischen Staaten hatten bereits - zunächst in geringem, dann in zunehmendem Maße - stattgefunden. So belieferte Großbritannien bis 1956 sowohl die mit ihm vertraglich verbundenen arabischen Staaten Ägypten, Jordanien und den Irak als auch Israel mit militärischen Gütern. 1953 bis 1956 erhielt Israel z. B. 73 britische Kampfflugzeuge. Israelische Piloten wurden in Großbritannien ausgebildet. Frankreich, wie Israel im Nahen Osten isoliert, schloß im Juni 1952 einen Vertrag über die Lieferung von drei Transport- und 25 Kampfflugzeugen vom Typ Ouragan ab. Aus diesem Geschäft entwickelte sich bald eine sehr enge militärische Kooperation, die wegen der "Dreiererklärung" bis 1954 geheimgehalten wurde.

Mit dem Beginn des von Ägypten politisch und militärisch unterstützten algerischen Unabhängigkeitskrieges setzte sich die französische Regierung über formale Bedenken hinweg. Es ging ihr darum, durch eine Hochrüstung Israels NASSER zu zwingen, die ägyptischen Finanzmittel statt für die algerischen Freiheitskämpfer zur Verteidigung gegen Israel einzusetzen. Seit 1954 wurden die israelische Armee und Luftwaffe darum in umfassender Weise mit französischen AMX-13-Panzern, mit Geschützen und Panzerabwehrwaffen, Radarausrüstungen, mit Düsenjägern vom Typ Ouragan und Mystère sowie mit Vautour-Kampfbombern beliefert. Zur selben Zeit begann auch die israelisch-französische Kooperation in der Nuklearforschung.

Die Versuche der USA, den nahöstlichen Raum in ihr Sicherheitssystem einzugliedern und die arabischen Staaten für ein Militärbündnis zu gewinnen, veranlaßten die Führung der UdSSR, ihre politischen und militärischen Aktivitäten in der Region ebenfalls zu verstärken. Vor allem der Bagdadpakt und die Installation militärischer Einrichtungen der USA in der Türkei und im Iran wurden als Bedrohung der sowjetischen Südgrenze angesehen. Die Sowjetunion suchte nach Wegen, der amerikanischen Einflußnahme auf die arabischen Staaten entgegenzuwirken und die Verwandlung des gesamten Nahen Ostens in einen antisowjetischen Block zu verhindern. Zugleich war sie bestrebt, ihre eigenen Großmachtinteressen in der Region durchzusetzen.

Noch bevor es zur sowjetisch-ägyptischen Annäherung 1954/55 kam, die mit sowjetischen Vetos im Sicherheitsrat zugunsten der arabischen Seite begann und im Waffengeschäft Tschechoslowakei-Ägypten vom September 1955 gipfelte, hatte sich das sowjetisch-israelische Verhältnis deutlich verschlechtert. Die Erwartungen, die die sowjetische Führung wegen der antibritischen Haltung der Führung des *Jischuv* und der ZWO in den Jahren 1945-1948 an die außenpolitische Orientierung des künftigen jüdischen Staates geknüpft hatte, waren bald enttäuscht worden. Israel orientierte sich nicht "antiimperialistisch", sondern zunächst neutralistisch, dann während des Korea-Krieges sogar prowestlich. Noch stärker entfremdend wirkten innenpolitische Vorgänge in der UdSSR und bei ihren Verbündeten.

Mit Enthusiasmus hatten sowjetische Juden im September 1948 die Ankunft von Golda MEIR, der ersten israelischen Gesandtin in Moskau, begrüßt. Als sie die Moskauer Synagoge zum jüdischen Neujahrsfest besuchte, versammelten sich 20.000 bis 30.000 Juden auf den Straßen und jubelten ihr zu. STALIN hatte offensichtlich nicht erwartet, daß der jüdische Staat auf die sowjetischen Juden eine solche Wirkung haben würde und sah in der Demonstration einen gefährlichen zionistischen Aufruhr. Er inszenierte eine Kampagne gegen den "wurzellosen Kosmopolitismus", die sich besonders gegen jüdische Intellektuelle richtete. Ende 1948 wurde das "Jüdische antifaschistische Komitee" aufgelöst. Sein Presseorgan "Einigkeit" durfte nicht mehr erscheinen, und der jiddische Verlag "Emes" wurde geschlossen. Zahllose jüdische Schriftsteller und Mitglieder des Komitees wurden verhaftet, viele von ihnen ermordet.

Wirkten sich diese Ereignisse zunächst noch nicht unmittelbar auf die israelisch-sowjetischen Beziehungen aus, so geschah das im Zusammenhang mit stalinistischen "Säuberungen" 1952/53. Im Prager Schauprozeß gegen den Generalsekretär der Kommunistischen Partei der Tschechoslowakei, Rudolf SLANSKY, tauchte als Anklagepunkt auch eine "zionistische Verschwörung" auf. Von den elf im Slansky-Prozeß (20.-27. November 1952) zum Tode Verurteilten waren acht Juden. Zur Untermauerung der Anklage wurde der in Prag verhaftete MAPAM-Führer Mordechai OREN vorgeführt und als Spion westlicher Geheimdienste bezeichnet. Gleichzeitig wurde die Anschuldigung auf die ZWO, den Staat Israel und die MAPAM erweitert. Die Empörung und Entrüstung in Israel waren groß; sie wirkten besonders in der linken Kibbuzbewegung, die bis dahin in der Sowjetunion ein Ideal des Sozialismus verkörpert gesehen hatte. Am 13. Januar 1953 schließlich wurden in Moskau neun bekannte Ärzte, meistens Juden, verhaftet, denen man vorwarf, führende Staats- und Parteifunktionäre ermorden zu wollen. Die antisemitische Kampagne im Zusammenhang mit der "Ärzteverschwörung" und das Ausreiseverbot für sowjetische Juden waren offensichtlich der Hintergrund dafür, daß es am 9. Februar zu einem Bombenanschlag auf die sowjetische Gesandtschaft in Tel Aviv kam, worauf die UdSSR am 12. Februar 1953 die diplomatischen Beziehungen zu Israel abbrach.

Nach STALINS Tod wurden die Beziehungen auf israelische Initiative hin am 20. Juli 1953 wiederhergestellt. Im Dezember 1953 schlossen beide Länder ein Handelsabkommen. Es wurden Delegationen ausgetauscht, und im Juni 1954 erhob die UdSSR ihre Gesandtschaft in den Rang einer Botschaft. Noch im Juli 1956 wurde ein erneuter Vertrag über den Export sowjetischen Rohöls nach Israel abgeschlossen. Er war für Israel, das aufgrund der ägyptischen Blockade der Straße von Tiran von den Öllieferungen aus dem Iran abgeschnitten war, von eminenter wirtschaftlicher und strategischer Bedeutung. Diese relative Normalisierung änderte jedoch nichts an der Tatsache, daß die antisemitischen Kampagnen in der Sowjetunion und den mit ihr verbündeten Staaten in Israel das historisch gewachsene Bild eines den Juden feindlich gesonnenen Rußlands wiederhergestellt hatten.

Dieses Bild vertiefte sich in dem Maße, wie sich die Sowjetunion den arabischen Staaten zuwandte und seit September 1955 Ägypten mit Kriegsmaterial belieferte. 1956 erhielt Ägypten u. a. 200 MiG-Düsenjäger, 100 Panzer und 6 U-Boote. Ägypten wurde zum bevorzugten Ziel sowjetischer Politik, die durch den Bagdadpakt gegebene Einkreisung im Süden des Landes zu durchbrechen und eigene Stützpunkte im östlichen Mittelmeerraum gegen die 6. US-Flotte zu gewinnen. Die Medien der UdSSR und ihrer Verbündeten gaben den arabischen Staaten auch politisch-programmatische Unterstützung, indem sie Israel als "imperialistisches Instrument" im Kampf gegen die arabische nationale Befreiungsbewegung apostrophierten. Zu einer völligen Identifikation mit der Position der arabischen Staaten gegenüber Israel kam es jedoch nicht; für die Sowjetunion - als Mitautor der Teilungsresolution von 1947 - stand das Existenzrecht des jüdischen Staates außer Frage.

Die Bestrebungen von West und Ost, die Kontrahenten im arabisch-israelischen Konflikt auf ihre Seite zu ziehen und dazu mit Waffengeschenken zu locken, stärkten auf beiden Seiten die Kräfte, die eine militärische Lösung des Konflikts vor Augen hatten. Im ersten Halbjahr 1956 nahmen die Grenzzwischenfälle an Umfang und Opfern zu und mit ihnen die an die Adresse des Gegners gerichteten Drohungen.

Die Suez-Kampagne

Nachdem der ägyptische Präsident NASSER am 26. Juli 1956 die Nationalisierung der Suezkanal-Gesellschaft bekanntgegeben hatte, um mit den Einnahmen aus den Kanalgebühren Ägyptens Entwicklungsvorhaben finanzieren zu können, kam es zu einer gefährlichen internationalen Krise. Sie entstand dadurch, daß die französischen und britischen Aktionäre der Gesellschaft auf den völkerrechtlich legitimen Akt Ägyptens mit einer Kampagne wegen der nun angeblich gefährdeten freien Schiffahrt durch den Suezkanal reagierten. Die Regierungen der Westmächte offerierten im Sommer und Herbst 1956 eine diplomatische "Lösung" nach der anderen, die alle auf eine Einschränkung der ägyptischen Souveränität hinausliefen, und sparten nicht mit kriegerischen Gesten.

Während intensiv diplomatisch verhandelt wurde, arbeiteten französische und britische Militärs Pläne für einen Überfall auf die Suezkanalzone aus, um die Aktionäre wieder in ihre Rechte einzusetzen und NASSER eine Lektion zu erteilen. Die Suez-Krise eröffnete für die führenden israelischen Politiker und Militärs eine Gelegenheit, ihrerseits mit NASSER abzurechnen. In ihren Augen war die Situation unhaltbar für Israel geworden, war die Sicherheit des jüdischen Staates im höchsten Grade bedroht: Die Blockade von Eilat, die Aufrüstung der ägyptischen Armee mit sowjetischen Waffen, die eskalierenden *Fedajin*-Überfälle und die von Ägypten mit anderen arabischen Staaten geknüpften Bündnisse - das waren Argumente, um von der Planung einer Sinai-Kampagne, wie sie Mosche DAJAN bereits am 10. November 1955 vorgelegt hatte, nun zur Tat zu schreiten. "Von Scharetts zur Mäßigung mahnendem Einfluß befreit", schrieb Abba EBAN, "steuerte die israelische Politik im Jahre 1956 in ein Fahrwasser, das äußere Sicherheit und Erleichterung für den Augenblick bringen sollte."[23] Bereits Ende Juli 1956 drängte DAJAN auf Besetzung der Sinai-Halbinsel und auf internationale Kontrolle des Suezkanals. David BEN GURION dagegen wollte noch weitere französische Waffenlieferungen abwarten.

Am 1. September 1956 erhielt die israelische Regierung durch ihren Pariser Militärattaché erstmalig offizielle Kenntnis von den französisch-britischen Interventionsplänen und wurde von Frankreich zur Kooperation aufgefordert. Als sich die 80.000 Mann starke britisch-französische Expeditionsarmee Mitte September auf Zypern und Malta versammelt hatte, gab BEN GURION seine Zustimmung zu gemeinsamen militärischen Aktionen gegen Ägypten. Daraufhin folgten intensive politisch-militärische Kontakte zwischen Israel und Frankreich über die Modalitäten der Zusammenarbeit von Heer, Luftwaffe und Flotte. Die britische Regierung, die zunächst wegen möglicher Rückwirkungen auf die arabischen Staaten Vorbehalte gegen eine Beteiligung Israels hatte, wurde vom Fortgang der französisch-israelischen Operationsplanungen laufend unterrichtet.

Am 29. September trafen sich der französische Außenminister Christian PINEAU und Verteidigungsminister Maurice BOURGES-MAUNOURY mit einer israelischen Delegation, geleitet von Außenministerin Golda MEIR, der auch Schimon PERES und Mosche DAJAN angehörten. BEN GURIONs Instruktionen lauteten: Israels Ziel sei die Besetzung des Westufers des Golfes von Akaba, um die Öffnung der Straße von Tiran für israelische Schiffe zu erzwingen. Auch ein Vorrücken zum Suezkanal käme in Frage, aber nur dann, wenn zusätzliche Waffen geliefert und die französischen Streitkräfte ihrerseits in Ägypten einmarschieren würden. Als Israels Haltung bei den Gesprächen hielt DAJAN in seinen Memoiren fest: "Wir sahen Frankreich als befreundete und mit uns verbündete Nation an und waren rückhaltlos bereit, an gemeinsamen Unternehmungen teilzunehmen."[24]

Im Oktober folgten die Zusicherungen neuer Waffenlieferungen sowohl von Frankreich als auch von Großbritannien. Israel erhielt von Frankreich noch weitere Zusagen: Schutz des israelischen Luftraums und der Küste durch die französische Luftwaffe und Flotte, Luftunterstützung für die israelischen Angriffskolonnen auf der Sinai-Halbinsel, Installation des Bodenpersonals für die französische Luftwaffe in Israel, Austausch von Verbindungsoffizieren und auf politischem Gebiet Einsatz des französischen Vetos im Sicherheitsrat zugunsten Israels. Mitte Oktober bei Gesprächen von General Maurice Prosper Felix CHALLE in London und von Premierminister Anthony EDEN in Paris faßten die britische und französische Regierung endgültig den Entschluß, mit einer militärischen Aktion zu beginnen. Sie gingen dabei von der israelischen Bereitschaft aus, Ende Oktober anzugreifen, wodurch sie ihre Intervention dann mit der Notwendigkeit, die Kämpfenden zu trennen, tarnen konnten. Diesem Vorschlag, zumal er auch von britischer Seite kam, begegnete BEN GURION mit Mißtrauen, mußte doch auf diese Weise Israel als der Aggressor dastehen, während seine Verbündeten dagegen als Friedensstifter auftreten konnten.

Die Auseinandersetzung über dieses Szenario bestimmte die - jahrelang geheimgehaltene - Konferenz vom 22. bis 24. Oktober 1956 in einer einsamen Villa am Rande des Pariser Vororts Sèvres, auf der die endgültige Entscheidung fiel. Die israelische Delegation leitete Ministerpräsident BEN GURION, die französische Ministerpräsident Guy MOLLET und die britische Außenminister Selwyn LLOYD. Entgegen dem Drängen von DAJAN und PERES zögerte BEN GURION, seine Zustimmung zu dem geplanten Ablauf zu geben. Eine Einigung kam schließlich dahingehend zustande, daß der israelische Angriff den Anschein eines größeren Vergeltungsschlages haben sollte, Israel seine Streitkräfte jedoch zurückziehen konnte, wenn die französisch-britische Seite ihren Teil der Abmachungen nicht erfüllte bzw. das Unternehmen fehlschlug. Großbritannien verpflichtete sich darüber hinaus, Jordanien, das kurz zuvor eine Militärallianz mit Ägypten abgeschlossen hatte, bei einem eventuellen Angriff auf Israel nicht zu unterstützen.

Das "Geheimnis von Sèvres" bestand in einem britisch-französisch-israelischen Protokoll über den abgestimmten Ablauf der Operation. Danach sollte Israel am 29. Oktober einen Angriff unternehmen mit dem Ziel, am 31. Oktober die Kanalzone zu erreichen. Nach Bekanntwerden dieser Ereignisse würden dann Großbritannien und Frankreich getrennte Appelle, deren Wortlaut in Sèvres ausgearbeitet wurde, an Israel und Ägypten richten. Sie sollten aufgefordert werden, die Feindseligkeiten einzustellen; die ägyptischen Truppen sollten sich 15 km westlich vom Suezkanal, die israelischen 15 km östlich zurückziehen. Von Ägypten sollte die Zustimmung zur Besetzung der Schlüsselpositionen am Kanal durch britisch-französische Streitkräfte verlangt werden. Da Ägypten diese Forderung als diskriminierend auffassen mußte, rechneten die Verhandlungspartner in Sèvres mit der ägyptischen Ablehnung des britisch-französischen Ansinnens. Daraufhin sollte am 31. Oktober der britisch-französische Angriff auf die Suezkanalzone erfolgen. Israel sollte indessen die gesamte Halbinsel Sinai und die Inseln Tiran und Sanapir besetzen, um den Zugang zum Hafen Eilat zu öffnen. Aus der jeweiligen Interessenlage der drei Partner ergab sich eine unterschiedliche Gewichtung der mit der militärischen Aktion zu erreichenden Ziele.

Der verhängnisvolle Rückgriff der Regierenden in Paris und London auf die alte "Kanonenbootpolitik" sollte den Suezkanal-Aktionären weiter ihre Dividenden sichern, zielte aber letztlich auf den Sturz der Regierung Gamal Abd el-NASSERs. In ihr sah MOLLET die stärkste Stütze für die algerischen Rebellen, die es zu zerbrechen galt, wollte Frankreich den Algerienkrieg gewinnen. Für die konservative Regierung in London war NASSER als anerkanntes Haupt der arabischen nationalen Bewegung Feind Nummer Eins, der auch die letzten Positionen, die das Empire noch im arabischen Raum, so z. B. im Irak, in Aden und in Oman, besaß, ins Wanken bringen konnte. Nach dem Zeugnis DAJANs wäre auch für Israel

"... ein neues ägyptisches Regime, mit dem wir nach der Aktion in Frieden zusammenleben könnten, wünschenswert, aber wir betrachteten einen solchen

Machtwechsel nicht wie Großbritannien und Frankreich als wesentliches Ziel der militärischen Aktionen. Mit der Besetzung der Halbinsel Sinai würden wir unser Ziel erreichen, auch wenn Nasser an der Macht blieb."[25]

Die internationale Großwetterlage schien den Verhandlungspartnern von Sèvres für ihr Unternehmen günstig. Die sowjetische Führung war stark mit den freiheitlichen Bestrebungen, wie sie sich im Herbst 1956 in Polen und Ungarn zeigten, beschäftigt; die US-Administration stand vor Präsidentenwahlen. Dwight D. EISENHOWER, der bereits sechs Wochen vor Beginn des Krieges durch Attachéberichte von den britisch-französisch-israelischen Vorbereitungen unterrichtet worden war, hatte mehrfach deswegen bei Premierminister EDEN angefragt und ihn schließlich gewarnt. Da man aber in London nicht ohne Grund annahm, daß NASSER in den USA als Gefahr für die amerikanischen Interessen im Mittelmeerraum betrachtet wurde, nahm man solche Warnungen gelassen hin. Trotzdem wurde eine Reaktion der beiden Weltmächte und der Vereinten Nationen in Rechnung gestellt. Durch schnelles Handeln sollten deshalb vollendete Tatsachen geschaffen werden. Für Israel bedeutete das, die militärische Operation so zu führen, daß sie den Gegner überraschen mußte.

Nach einem schweren israelischen Angriff auf die jordanische Grenzstadt Kalkilya am 10. Oktober wurde die Aufmerksamkeit Ägyptens und der Weltöffentlichkeit auf die sich daraus entwickelnden Spannungen gelenkt: König HUSSEIN forderte britische Luftunterstützung an. Der britische Geschäftsträger informierte BEN GURION, Großbritannien würde Jordanien im Falle weiterer israelischer Angriffe helfen. Der Irak setzte eine Division nach Jordanien in Marsch, was Israel als "casus belli" bezeichnete. Wie Jigal ALLON schrieb, verbreitete Israel nun bewußt Gerüchte über einen bevorstehenden Angriff auf Jordanien. Kein Journalist wunderte sich daher, daß die israelischen Truppen in Alarmbereitschaft versetzt und an der jordanischen Grenze - an einigen Stellen nur 50 bis 60 Kilometer von der ägyptischen entfernt - zusammengezogen wurden. Die "jordanische Krise" war zu einem erheblichen Teil bereits der Schirm, unter dem sich der Aufmarsch des ZAHAL vollzog; die britischen und israelischen Erklärungen waren bloßer Theaterdonner.

Der Kriegsbeginn wurde vom israelischen Oberkommando so gestaltet, daß Ägypten zunächst im Zweifel sein mußte, ob es sich tatsächlich um den Beginn eines Krieges oder nur um einen begrenzten "Vergeltungsschlag" handelte. Die Operation begann am 29. Oktober 1956 um 17 Uhr mit dem Absprung von 395 israelischen Fallschirmjägern der 202. Brigade am Mitlapaß, 250 km von Israel und 72 km vom Suezkanal entfernt. Um den Eindruck des Vergeltungsschlages zu verstärken, verzichtete Israel auf einen Eröffnungsschlag zur Ausschaltung der ägyptischen Luftwaffe. Doch zwei Stunden vor dem Absprung auf dem Mitlapaß zerschnitten vier Mustang-Jäger, nur 12 Meter über dem Boden fliegend, mit ihren Propellern und Tragflächen alle Telephonleitungen auf Sinai, die die verschiedenen ägyptischen Hauptquartiere und Einheiten verbanden.

Die anfängliche Verwirrung im ägyptischen Oberkommando über den Charakter des israelischen Angriffs ausnutzend, stieß der Rest der 202. Fallschirmjägerbrigade mit Panzer- und Artillerieunterstützung von der jordanischen Grenze, wo sie in Bereitschaft stand, zum Mitlapaß vor. Dort vereinigte sie sich am Abend des 30. Oktober mit den gegen eine von Suez anrückende ägyptische Brigade kämpfenden Verteidigern des Passes. Mit diesen Operationen waren wichtige Verbindungen vom Nord- zum Süd- und vom West- zum Ostteil der Sinai-Halbinsel durchschnitten. Die israelischen Truppen standen in solcher Nähe des Suezkanals, daß der Vorwand für das britisch-französische Ultimatum geliefert war.

Die schwersten und verlustreichsten Kämpfe tobten während des Sinai-Feldzuges um die befestigten ägyptischen Stellungen im Raum von Abu Aweigila und Rafah, wo ägyptische Truppen konzentriert waren. Die Kämpfe dauerten vom 30. Oktober bis 2. November. Eine ägyptische Panzerbrigade, die am 31. Oktober auf der zentralen West-Ost-Route durch den Sinai zum Entsatz der bei Abu Aweigila schwer ringenden 3. ägyptischen Infanteriedivision vorstieß, wurde durch einen israelischen Luftangriff so dezimiert, daß sie umkehren und nach Westen über den Kanal zurückweichen mußte. Die israelischen Verfolger machten 15 km vor der Wasserstraße gegenüber Ismailia halt.

Nachdem die ägyptischen Stellungen bei Abu Aweigila und Rafah durch konzentrierten Panzer- und Artillerieeinsatz niedergekämpft worden waren und die 27. israelische Panzerbrigade am 1. November vor El-Arisch stand, gab NASSER den noch auf der nördlichen Sinai-Halbinsel kämpfenden ägyptischen Verbänden den Befehl zum Rückzug hinter den Suezkanal. Nach der Ablehnung des britisch-französischen Ultimatums bombardierten seit dem 31. Oktober britische und französische Flugzeuge Einrichtungen der ägyptischen Armee und Luftwaffe; stündlich wurde die Landung des britisch-französischen Expeditionskorps erwartet. Auf ihrem Rückzug überließen die Ägypter den Israelis 385 intakte Fahrzeuge, vierzig T-34-Panzer und 60 Schützenpanzerwagen. Noch am Abend des 2. November erreichte eine israelische Einsatztruppe auch auf der Nordroute bei Rumani die Suezkanalzone. Die im Gaza-Streifen abgeschnittenen 10.000 Mann ägyptischer und palästinensischer Verbände leisteten z. T. noch bis 3. November Widerstand; die Besatzung von Gaza kapitulierte im Interesse der mit Flüchtlingen überfüllten Stadt.

Um das von der israelischen Regierung anvisierte Hauptziel noch vor dem Feuereinstellungsbefehl der UNO zu erreichen, drangen Einheiten der 202. Fallschirmjägerbrigade an der Küste des Golfs von Suez und die 9. Infanteriebrigade am Golf von Akaba in Eilmärschen nach Süden vor. Am Morgen des 5. November eroberten sie die befestigte ägyptische Basis Scharm asch-Scheich an der Südspitze der Halbinsel. Sie öffneten damit die Straße von Tiran und den Zugang zum Hafen Eilat für die israelische Schiffahrt. Am selben Tag landeten die französischen und britischen Truppen in Port Said.

Der Sinai-Feldzug kostete Israel 181 Gefallene und 619 Verwundete. Ägypten hatte dagegen rund 2.000 Gefallene zu beklagen, fast 6.000 ägyptische Soldaten gerieten in Gefangenschaft. Mit ihrem Sieg in der Sinai-Kampagne erwies sich die israelische Armee als die schlagkräftigste im Nahen Osten. Ihren Erfolg hatte sie vornehmlich dem effektiven Reservistensystem und der dadurch ermöglichten schnellen Mobilisierung, der Anwendung der Strategie des indirekten Angriffs in der Eröffnungsphase des Krieges und generell dem hohen Maß an Flexibilität und taktischem Geschick der Führung zu verdanken. Hinzu kam, daß die Offiziere ebenso wie im Krieg 1948/49 durch ihren persönlichen Einsatz im Kampf den Mannschaften ein Beispiel gaben. Günstig wirkte sich für Israel aus, daß die ägyptischen Truppen unter der britisch-französischen Bedrohung standen und schließlich durch diese auch zum Rückzug gezwungen wurden. Die Frage, wie ein bloßes israelisch-ägyptisches Kräftemessen ausgegangen wäre, blieb, trotz der ägyptischen Niederlage, unbeantwortet.

Das politische Ergebnis entsprach im Unterschied zu den militärischen Erfolgen nicht den Erwartungen. Es war im Gegenteil für London und Paris katastrophal, für Israel widersprüchlich. Verabredungsgemäß hatten Frankreich und Großbritannien mit ihrem Veto den Sicherheitsrat blockiert und so den ungestörten Ablauf des israelischen Angriffs gesichert. Die Regierungen in London, Paris und Jerusalem standen jedoch in der UNO und vor der Weltöffentlichkeit als Interventen und Friedensstörer am Pranger.

Eine große Enttäuschung für die israelische Regierung war es vor allem, daß EISENHOWER und DULLES sich dem Rat der Stabschefs verschlossen, "diesen Angriff ohne Einmischung der Vereinigten Staaten stattfinden (zu) lassen, wegen der absolut vorrangigen Bedeutung, NASSER aus der Führung Ägyptens beseitigt zu sehen".[26] Der Präsident und sein Außenminister hielten es statt dessen für klüger, gerade *mit* der Verurteilung des israelischen Angriffs das Prestige der USA in den Augen der arabischen Welt zu heben: Israel sollte sich - nicht zuletzt wegen seiner finanziellen und wirtschaftlichen Abhängigkeit - amerikanischem Druck fügen. So stoppten die USA bereits am 31. Oktober die Entwicklungshilfe für Israel und drängten in den folgenden Wochen, wenn auch vergeblich, Bundeskanzler ADENAUER, die Lieferungen aus dem

Abb. 17: Jüdische Freiwillige in der britischen Armee (Ausbildungslager Sarafand)

Abb. 18: Die „Exodus“ mit Überlebenden der Schoah vor der Küste Palästinas 1947

Abb. 19: Überlebende der Konzentrationslager nach ihrer Ankunft in Palästina

Abb. 20: Jubel auf den Straßen Tel Avivs nach Bekanntgabe des Teilungsbeschlusses der UNO 1947

Abb. 21: Proklamation des Staates Israel am 14. Mai 1948 durch David Ben Gurion im Stadtmuseum von Tel Aviv

Abb. 22: Staatswappen Israels

Abb. 23: Chaim Weizmann (1874-1952), erster Staatspräsident

Abb. 24: Auswahl hebräischsprachiger Zeitungen in Israel 1948

Abb. 25: Eine Gruppe von Soldatinnen in der Ausbildung während des Unabhängigkeitskrieges

Abb. 26: Übergangslager für Neueinwanderer 1949

Abb. 27: Jüdische und arabische Arbeiter auf einer gemeinsamen Maidemonstration in Ramleh 1949

Abb. 28: Golda Meir, die erste Gesandte Israels in der Sowjetunion, bei der Überreichung ihres Beglaubigungsschreibens 1949

Abb. 29: David Ben Gurion, Nahum Goldmann und Konrad Adenauer bei Gesprächen zum Luxemburger Abkommen 1952

Abb. 30: Israelische Soldaten mit einem Bild des ägyptischen Präsidenten Nasser als Souvenir vom Sinaikrieg 1956

Abb. 31: Prozeß gegen Adolf Eichmann 1961 in Jerusalem

Abb. 32: Ministerpräsidentin Golda Meir, Staatspräsident Schneor Salman Schasar und der erste Botschafter der Bundesrepublik Deutschland, Rudolf Pauls, 1965

Abb. 33: Verteidigungsminister Mosche Dajan (Mitte) und Generalstabschef Jizchak Rabin (rechts) nach dem Junikrieg 1967 in Jerusalem

Wiedergutmachungsabkommen ebenfalls einzustellen. Die USA erwirkten eine außerordentliche Sitzung der UN-Vollversammlung, die am 2. November 1956 die Einstellung der Kampfhandlungen und den Rückzug hinter die Waffenstillstandslinie - eine Aufforderung, die nur an die Adresse Israels gerichtet war - sowie am 4. November die Aufstellung einer UN-Friedenstruppe beschloß.

Am 5. November erklärte die Sowjetunion Frankreich und Großbritannien gegenüber ihre Entschlossenheit, "mit der Anwendung von Gewalt die Aggressoren zu vernichten und den Frieden im Nahen Osten wiederherzustellen".[27] Ministerpräsident Nikolai A. BULGANIN übermittelte eine Note an BEN GURION, in der seine Regierung androhte, "jetzt Schritte" zu unternehmen "um den Krieg zu beenden und die Angreifer in ihre Schranken zu verweisen".[28] Die UdSSR berief gleichzeitig ihren Botschafter aus Tel Aviv ab. Am 6. November stellten Großbritannien, Frankreich und Israel die Kampfhandlungen ein.

Angesichts des stärker werdenden politischen Drucks aus allen Teilen der Welt gelangte die israelische Regierung zur Überzeugung, daß der am 7. November von der UN-Vollversammlung verlangte Truppenrückzug letztlich unvermeidbar sein werde. Sie suchte ihn jedoch zu verzögern und mit Garantien für die Sicherheit ihres Staates zu verknüpfen. So kündigte sie an, Israel werde den Gaza-Streifen und Scharm asch-Scheich nicht ohne die Zustimmung Ägyptens zu einem Friedensvertrag räumen. Außenministerin Golda MEIR setzte sich mit aller Kraft dafür ein, die Ziele, für die sich Israel an der Suez-Kampagne beteiligt hatte, völkerrechtlich festzuschreiben: Gewährleistung der Sicherheit seiner Grenze gegenüber *Fedajin*-Angriffen und freie Zufahrt durch die Straße von Tiran zum Hafen Eilat. Zugleich bemühte sie sich in der UNO - allerdings vergeblich - um die Einleitung von Friedensgesprächen.

Die eklatante politische Niederlage der alten Kolonialmächte Großbritannien und Frankreich, die mit dem Abzug der Truppen aus der Suezkanalzone ihre Hegemonialstellung in diesem Raum endgültig verloren, war gleichzeitig ein politischer Sieg Gamal Abd el-NASSERs. Sein Prestige als Führer eines Volkes, das sich einer kolonialen Aggression nicht gebeugt hatte, war in der arabischen Welt und darüber hinaus unter den Blockfreien größer als je zuvor. Ihn zu einem, vom militärischen Sieger Israel diktierten Frieden bewegen zu können, war unrealistisch. Israel mußte schließlich dem internationalen Druck nachgeben, wie er in den wiederholten Aufforderungen der UN-Vollversammlung zum Rückzug seiner Truppen hinter die Waffenstillstandslinien zum Ausdruck kam. Von besonderer Bedeutung war in diesem Zusammenhang das kurzzeitige konzertierte Vorgehen von USA und UdSSR. Beide Großmächte waren bestrebt, den Einfluß Großbritanniens und Frankreichs in der arabischen Welt zu minimieren und deren Positionen einzunehmen.

Insbesondere waren es die USA, die Israels Führung zum Einlenken bewegen konnten, da sie sich mit der Mahnung zum Rückzug gleichzeitig hinter Israels Forderung nach Sicherung der Grenzen und Freiheit der Schiffahrt im Golf von Akaba stellten. US-Außenminister DULLES traf sich mit dem israelischen Botschafter in Washington, Abba EBAN, und sicherte ihm zu, seine Regierung würde 1. Israels Auffassung unterstützen, nach der der Golf von Akaba eine internationale Wasserstraße und daher frei für Israels Schiffahrt sei und sich 2. für die Stationierung von UN-Truppen im Gaza-Streifen einsetzen. BEN GURION stellte befriedigt fest, daß EISENHOWER "jetzt auch mehr Verständnis zu zeigen begann ... Er versprach volle amerikanische Unterstützung für die Garantien, die wir von den Vereinten Nationen forderten."[29]

Die israelische Regierung konnte also trotz allen Grollens aus Washington auf die Unterstützung der USA rechnen. Um die Erschütterungen abzufangen, die das britisch-französische Suez-Fiasko bis weit nach Afrika hervorgerufen hatte, suchte EISENHOWER die Staaten des Nahen Ostens fester an den Westen zu binden, ohne dazu - wie in den Jahren zuvor - förmliche Bündnisse anzustreben. Er versprach Wirtschafts- und Militärhilfe sowie den Einsatz der US-Streitkräfte,

> "... um die territoriale Integrität und politische Unabhängigkeit der Nationen, die um solche Hilfe ersuchen, gegen eine offenbare bewaffnete Aggression seitens irgendeiner durch den Internationalen Kommunismus kontrollierten Nation zu bewahren und zu schützen".[30]

Am 7. März 1957 verließen die letzten israelischen Soldaten ägyptisches Territorium. Auf der ägyptischen Seite der Grenze im Gaza-Streifen und in Scharm asch-Scheich bezogen Einheiten der UN-Friedenstruppe Posten. Für Israel hatte damit die Beteiligung am Suez-Krieg recht unterschiedliche Ergebnisse gezeitigt: Die unmittelbare Bedrohung der Grenze durch ägyptische *Fedajin* war gebannt. Die Freiheit der Schiffahrt im Golf von Akaba war wiederhergestellt, so daß Israel die Schiffsroute von Eilat durch den Golf von Akaba nach Ostafrika und Asien benutzen und damit seinen Außenhandel und seine Wirtschaft stimulieren konnte. Von besonderer Bedeutung war ferner, daß Israels Militärmacht gegenüber Ägypten ihre Überlegenheit bewiesen hatte. Neben diesen positiven Ergebnissen hatte der Krieg allerdings auch negative Aspekte hervorgebracht. Der israelisch-arabische Konflikt war nicht entschärft worden. Der Sinai-Feldzug hatte im Gegenteil – wie Nahum GOLDMANN es ausdrückte - "das Bild Israels als eines Bundesgenossen der 'imperialistischen Mächte' für die arabische Welt endgültig fixiert".[31] Weitere Konfrontationen waren abzusehen.

Zehn Jahre eines unsicheren Friedens

Nach dem Suez-Krieg behielt die israelische Regierung ihre grundsätzliche außenpolitische Position bei. Sie bestand darin, den arabischen Staaten Friedensverhandlungen auf der Basis des status quo von 1949 anzubieten und gleichzeitig auf die Stärke des ZAHAL zu vertrauen, der bis Mitte der sechziger Jahre über 250.000 Mann, 450 Kampfflugzeuge und 16 Kriegsschiffe verfügte. Innenpolitische Kritiker sahen darin eine Politik des Immobilismus, des "Abwartens", der Furcht, etwas Neues zu versuchen. Um ihrer Politik zum Erfolg zu verhelfen, suchten sowohl David BEN GURION als auch sein Nachfolger Levi ESCHKOL, neben Frankreich und Großbritannien nun vor allem die USA, darüber hinaus auch die EG und kleinere westeuropäische Staaten, für die Unterstützung ihrer Politik zu aktivieren. Durch die Herstellung guter Beziehungen zu den unabhängig gewordenen Ländern in Schwarzafrika und Asien sollte der arabische Ring um Israel gesprengt werden. BEN GURIONs Bemühungen, amerikanische Sicherheitsgarantien und Waffen zu erlangen, hatten in dem Maße mehr Aussicht auf Erfolg, als sich die USA nach dem britisch-französischen Suez-Debakel als die alleinigen Verteidiger westlicher Interessen im Nahen Osten betrachteten. Sie sahen sich besonders herausgefordert durch die zunehmend radikaler werdende arabische nationale Bewegung und deren Verbindung zur UdSSR.

Das Jahr 1958 brachte die Unruhen im Libanon mit nachfolgender amerikanischer Intervention, den Sturz der Monarchie im Irak und den ersten Erfolg der arabischen Einigungsbemühungen in Gestalt des Zusammenschlusses von Ägypten und Syrien zur Vereinigten Arabischen Republik (VAR 1958-1960). Die sechziger Jahre waren gekennzeichnet durch z. T. tiefgreifende politische, soziale, wirtschaftliche und kulturelle Umgestaltungen in Ägypten, Irak, Syrien, Algerien und Südjemen, bei denen schrittweise überkommene Gesellschaftstrukturen beseitigt und die wirtschaftliche Unabhängigkeit erreicht werden sollten. Syrien, Algerien und der Irak nationalisierten die Erdölwirtschaft. 1961 wurden in Ägypten die privaten Großbetriebe verstaatlicht und der Großgrundbesitz weiter eingegrenzt. Nach 1965 ergriff Syrien ähnliche Maßnahmen. Die arabischen Bestrebungen, der einseitigen Abhängigkeit von westlichen Staaten zu entrinnen, wurden von der Sowjetunion unterstützt. Es entwickelte sich nun auch die wirtschaftliche Kooperation der arabischen Staaten mit Osteuropa. Die UdSSR rüstete die ägyptische Armee nach der Niederlage auf der Sinai-Halbinsel 1956 wieder auf. In den sechziger Jahren nahmen die Lieferung von Luftabwehrraketen, Düsenjägern und Panzern an Ägypten, Syrien und den Irak wie die Ausbildung arabischer militärischer Kader in der Sowjetunion bedeutend zu.

Die Regierungen westeuropäischer Staaten und der USA, deren Einflußbereich in den sechziger Jahren insbesondere in Afrika durch die Entstehung von Nationalstaaten eingegrenzt worden war, betrachteten zunehmend besorgt die Entwicklung im arabischen Raum. Mit dem Amtsantritt von John F. KENNEDY gingen die USA zu einer aktiven Nahostpolitik über mit dem Ziel, ihren verminderten Einfluß zurückzugewinnen. Sie lieferten Ägypten in großem Ausmaß Getreide und entsprachen mit einer Erklärung vom 27. September 1962 Israels Wunsch nach hochentwickelten amerikanischen Waffensystemen. Die ständige Waffenversorgung Israels wurde 1963 mit der Lieferung von 5 Batterien Hawk-Flugabwehrraketen aufgenommen, die Israel als erstes Nicht-NATO-Mitglied erhielt. Gleichzeitig begann dafür in den USA die Ausbildung israelischer Mannschaften.

Die Bildung der - letztlich sehr kurzlebigen und wirkungslosen - "Arabischen Föderation" im Frühjahr 1963, die als eines ihrer Hauptziele die Zerstörung Israels proklamierte, veranlaßte BEN GURION, alle Großmächte um eine gemeinsame Garantie der nahöstlichen Grenzen und um Verweigerung von Hilfe an diejenigen Staaten zu ersuchen, die die territoriale Integrität eines anderen Staates der Region in Frage stellten. Am 12. Mai 1963, einen Monat vor seinem Rücktritt, schrieb er an KENNEDY:

> "Jahrelang nahm die zivilisierte Welt Hitlers Ankündigungen nicht ernst, daß die weltweite Ausrottung des jüdischen Volkes zu seinen Zielen gehöre. Ich zweifle nicht daran, daß sich ähnliches ereignen wird, wenn Nasser unsere Streitkräfte besiegt".[32]

Der israelische Diplomat Gideon RAFAEL bezeugt, daß David BEN GURION ferner "den Abschluß einer zweiseitigen Sicherheitsvereinbarung zwischen den Vereinigten Staaten und Israel, der sich die Verbündeten der Vereinigten Staaten anschließen könnten", vorschlug.[33] Die USA bekräftigten daraufhin, daß sie keine Verletzung der territorialen Integrität und Souveränität Israels zulassen würden. Ein förmliches Militärbündnis erachteten sie wie die anderen NATO-Staaten angesichts der bereits weit fortgeschrittenen militärischen Zusammenarbeit mit Israel für überflüssig und wegen ihrer Interessen in den arabischen Staaten für schädlich. Es hätte zu einer einheitlichen antiwestlichen Front der arabischen Staaten geführt. Dem gerade suchten die USA - zusammen mit Großbritannien - entgegenzuwirken, indem sie die konservativen Gegenspieler der panarabischen Pläne NASSERs, Saudi-Arabien und Jordanien, ebenfalls mit modernster Waffentechnik belieferten.

Das militärische Eingreifen Ägyptens 1963 in den Bürgerkrieg im nördlichen Jemen - zeitweilig kämpften dort 70.000 ägyptische Soldaten - betrachteten die USA als eine Bedrohung Saudi-Arabiens und der Golfstaaten. Der US-Senat beschloß daraufhin im November 1963, die Wirtschaftshilfe für Ägypten einzustellen. Um ägyptische Kräfte, die sonst im Jemen hätten eingesetzt werden können, zu binden, begann die Lieferung amerikanischer Offensiv-Waffen an Israel. Mit ihnen sollte auch der auf arabischen Druck Anfang 1965 zustande gekommene Stopp westdeutscher Waffenlieferungen wettgemacht werden. Die Waffenhilfe der USA an Israel nahm somit unter der Präsidentschaft Lyndon B. JOHNSONs neue Dimensionen an. Von 1965 bis Juni 1967 erhielt der ZAHAL 200 moderne M-48-Patton-Panzer, 48 Skyhawk-Bomber, elektronische Ausrüstungen und andere Rüstungsgüter. Zwischen 1964 und 1967 wurden 39 Piloten in den USA ausgebildet. Die für 1966 vorgesehenen 92 Mill. Dollar Militärhilfe überstiegen die gesamte US-Militärhilfe der Jahre 1948-1965 an Israel. Hatte die Regierungsunterstützung der USA im letzten Finanzjahr der Kennedy-Administration 1964 nur 40 Mill. Dollar betragen, so stieg sie bis 1966 auf 130 Mill. Dollar. 71 Prozent davon waren Kredite für Waffenkäufe.

Die Ausweitung des "Kalten Krieges" auf den Nahen Osten, die während des Suez-Krieges bereits deutlich geworden war, setzte sich in den sechziger Jahren fort. Die Region wurde auf diese Weise noch stärker als im Jahrzehnt zuvor ein Gebiet der politischen und strategischen Auseinandersetzungen der Großmächte. Die USA, die durch den seit 1964 andauernden Krieg in Vietnam auf internationaler Ebene bedeutend an Prestige eingebüßt hatten, waren bestrebt, ihre Präsenz im Mittelmeerraum zu erhalten bzw. auszubauen. Nicht zuletzt aus diesem Grunde festigten sie ihre Beziehungen zu Israel.

Neben den USA war es Frankreich, mit dessen Unterstützung die israelische Regierung in ihrer Außen- und Sicherheitspolitik rechnen konnte. Die Entwicklung einer israelischen Nuklearindustrie und -politik stand in Zusammenhang mit BEN GURIONs "Politik der Abschreckung". Sie erfolgte von Beginn an in enger Zusammenarbeit mit der französischen Atomenergiebehörde, wurde jedoch auch von den USA mit Interesse verfolgt. Der Bau des Atomreaktors in Dimona erfolgte aufgrund eines 1957 mit Frankreich geschlossenen, zunächst geheimgehaltenen Abkommens. Ab 1959 lieferte Frankreich Uran nach Israel. Als die Tatsache des Baus weltweit bekannt und die Möglichkeit einer israelischen Atombombe zum Dauerthema der internationalen Presse wurden, warnten EISENHOWER im März 1960 und KENNEDY im März 1961 BEN GURION vor den Folgen eines solchen Weges, der Israel nicht mehr Sicherheit bringen würde. Auf KENNEDYs Drängen wurden jährliche Inspektionen amerikanischer Wissenschaftler in Dimona vereinbart. Darüber hinaus trat Israel im August

1963 dem Moskauer Teststoppabkommen bei. Im Land entstand 1961 mit dem "Komitee für die Denuklearisierung des israelisch-arabischen Konflikts" eine Anti-Atomwaffenbewegung, an der sich zahlreiche Wissenschaftler beteiligten. Die Befürchtungen, daß Israel spaltbares Material nicht nur für friedliche Zwecke produzierte, wurden erhärtet, als israelische Militärs 1964 an den französischen Atomtests in der Sahara teilnahmen und als Israel und Frankreich gemeinsam eine Boden-Boden-Rakete entwickelten, die mit Atomsprengköpfen ausgerüstet werden konnte.

Es war offensichtlich JOHNSONs Versprechen, Israel mit genügend konventionellen Waffen zu versorgen, das ESCHKOL im Frühjahr 1966 veranlaßte, Maßnahmen zu ergreifen, um das Nuklearprogramm einzufrieren. Am 18. Mai 1966 erklärte er vor der Knesset, Israel besitze keine Nuklearwaffen und werde nicht als erster Staat solche Waffen im Nahen Osten einsetzen. Offen blieb, ob sich Israel zum Zeitpunkt dieser Erklärung bereits in der Lage befand, Atombomben technisch herstellen zu können.

Zwischen Israel und Frankreich entwickelte sich nach 1956 eine enge Kooperation auf militärischem Gebiet. Die Erfahrungen, die israelische Militärs mit dem französischen Kriegsmaterial während der Suez-Kampagne gemacht hatten, fanden Eingang in technische Weiterentwicklungen der französischen Rüstungsindustrie. Die Israelis stellten auch ihre Kenntnisse über die erbeuteten MiG-Jäger zur Verfügung. Israel wurde zum größten ausländischen Kunden der französischen Luftfahrtindustrie. 1958 lieferte Frankreich mit 24 Super Mystère B-2 erstmals Überschallflugzeuge und sicherte so weiterhin Israels Luftüberlegenheit in der Region. Daneben wurden Vautour- und Mirage-Kampfflugzeuge, Panzer und diverses anderes Kriegsmaterial an Israel verkauft, israelische Piloten ausgebildet und gemeinsame Manöver durchgeführt. Als Höhepunkt der israelisch-französischen Zusammenarbeit kann der Besuch von Premier BEN GURION, Außenministerin MEIR und Vizeverteidigungsminister PERES im Juni 1961 bei Staatspräsident Charles de GAULLE und der französischen Regierung gelten. In Paris habe er das deutlichste Verständnis und die größte Sympathie für Israel verspürt, urteilte BEN GURION nach seiner Reise in verschiedene westliche Hauptstädte.

Nach Beendigung des Algerienkrieges 1962 und der Wiederaufnahme diplomatischer Beziehungen zu Ägypten 1963 lenkte de GAULLE die französische Nahostpolitik von einer rein proisraelischen zu einer neutraleren Position über mit dem Ziel, durch engere Beziehungen auch zu den arabischen Staaten stärkeren Einfluß im Nahen Osten zu gewinnen. Die Rüstungskooperation mit Israel wurde fortgesetzt, doch erklärte de GAULLE, daß die Waffen keinesfalls für einen Offensivschlag Verwendung finden dürften. Die beginnende französische Zurückhaltung bei der Lieferung von Mirage IV und V sowie von AMX-Panzern seit 1965 korrespondierte mit dem Einsetzen der massiven amerikanischen Militärhilfe für Israel. Frankreich riet nun der israelischen Regierung nach den Worten de GAULLES

> "... zur Mäßigung besonders hinsichtlich der Streitigkeiten um die Gewässer des Jordan und der Geplänkel, die sich die Streitkräfte beider Seiten von Zeit zu Zeit einander lieferten. Schließlich verweigerten wir unsere Zustimmung zu Israels Installierung in jenem Teil Jerusalems, dessen es sich bemächtigt hatte, und wir beließen unsere Botschaft in Tel Aviv".[34]

Im Interesse seiner Sicherheit suchte Israel möglichst enge Beziehungen zu den NATO-Staaten zu entwickeln und sich in wirtschaftlicher Hinsicht an die Europäische Gemeinschaft anzulehnen. Besonders wichtig waren dabei die Beziehungen zur Bundesrepublik Deutschland. Das Wiedergutmachungsabkommen vom 10. September 1952 hatte dafür bereits eine solide wirtschaftliche Grundlage geschaffen. Nach der Suez-Kampagne entwickelte sich auch die militärische Zusammenarbeit zwischen beiden Staaten. Das israelische Verteidigungsministerium nahm Kontakte zu Bundesverteidigungsminister Franz Josef STRAUSS auf. Zunächst wurden STRAUSS erbeutete sowjetische Waffen zur Ansicht übermittelt, dann kam es im Dezember 1957 zu förmlichen, allerdings geheimgehaltenen Abmachungen zwischen STRAUSS und PERES.

Aus Interviews mit beiden Politikern geht hervor,

> "... daß es intensive Verbindungen zwischen beiden Staaten gab, Verbindungen, die nicht nur zur Einbahnstraße aus Israel nach Deutschland wurden, indem für die Bundeswehr eine Reihe von Ausrüstungsteilen, Munition und die Maschinenpistole Uzi gekauft wurden, sondern wo auch Material aus der Bundeswehr nach Israel ging. Wichtigster Faktor war wohl die Tatsache, daß junge israelische Offiziere in den Jahren um 1960 nach Deutschland kamen und bei der Bundeswehr an Ausbildungskursen teilnahmen".[35]

Obwohl die Lieferungen von Israel in die Bundesrepublik durch den Knesset-Beschluß vom Juni 1959 gestoppt wurden, so gingen sie doch in umgekehrter Richtung, wenngleich unter strenger Geheimhaltung, weiter.

Ein deutliches Zeichen für die intensivierten deutsch-israelischen Kontakte war das Treffen BEN GURION-ADENAUER am 14. März 1960 in New Yorker Waldorf-Astoria-Hotel. Neben der Frage der Waffenlieferungen stand der Vorschlag BEN GURIONS, die Bundesrepublik möge sich mit einer Anleihe von 500 Mill. Dollar an einem 10-Jahres-Programm zur Entwicklung des Negev beteiligen, im Mittelpunkt. In dieser und in weiteren Verhandlungen ging es der israelischen Seite um die Sicherung deutscher

Unterstützung für die Zeit nach Auslaufen der Wiedergutmachungslieferungen 1966. ADENAUER reagierte auf BEN GURIONS Vorschläge positiv. Für ihn war Israel ein Bestandteil der westlichen Welt, der im Interesse der Auseinandersetzung mit dem Osten gestärkt werden mußte und zu dem Deutschland in besonderer Beziehung stand. Ab 1963 erhielt Israel projektgebundene Kredite für die Entwicklung des Negev in durchschnittlicher Höhe von 150 Mill. DM jährlich. Zur gleichen Zeit wurde die Bundesrepublik nach den USA zum zweitwichtigsten Exportmarkt und Handelspartner Israels.

Die Beziehungen zwischen beiden Staaten gestalteten sich zu Anfang der sechziger Jahre durchaus nicht problemlos. Am 11. Mai 1960 hatte der israelische Geheimdienst Adolf EICHMANN, einen der Hauptverantwortlichen für die Durchführung der "Endlösung der Judenfrage", in Buenos Aires dingfest gemacht und nach Israel gebracht. Der vom 11. April bis 15. Dezember 1961 in Jerusalem gegen EICHMANN geführte Prozeß endete mit dem Todesurteil wegen Verbrechen am jüdischen Volk, Verbrechen gegen die Menschlichkeit und Kriegsverbrechen. Er zeigte der Welt noch einmal das ganze Ausmaß der nationalsozialistischen Judenvernichtung und die menschenverachtende Brutalität ihrer Organisatoren. Der Eichmann-Prozeß lenkte die Aufmerksamkeit der israelischen Öffentlichkeit auf die im höheren Bonner Staatsdienst befindlichen ehemaligen Nazi-Beamten. Hakenkreuzschmierereien auf jüdischen Friedhöfen in der Bundesrepublik verstärkten die Skepsis der Israelis gegenüber der regierungsamtlichen Ansicht, daß man es mit einem neuen, demokratischen Deutschland zu tun habe. Die Regierung Israels selbst reagierte scharf auf die Bonner Absicht, Nazi-Verbrechen wie gewöhnliche Vergehen nach 30 Jahren verjähren zu lassen. Eine weitere Belastung stellten die vom Geheimdienst *Mosad* eruierten Erkenntnisse über die Mitarbeit westdeutscher Spezialisten am ägyptischen Raketenrüstungsprogramm dar.

Hinzu kam das Problem der diplomatischen Beziehungen. David BEN GURION war mit der wirtschaftlichen und militärischen Zusammenarbeit allein nicht zufrieden. Er strebte entgegen früheren Erklärungen nach formellen diplomatischen Beziehungen mit der Bundesrepublik Deutschland, denn "sie ist ein Mitglied der NATO und nimmt eine bedeutende Position in dieser Allianz ein".[36] Erst mit der Bundesrepublik glaubte Israels Regierung die sichere Unterstützung Westeuropas zu haben. Das Wort von der "Achse Bonn-Paris-Jerusalem" machte die Runde. Der umfangreiche Warenaustausch mit den arabischen Ländern und die westdeutschen Kapitalanlagen im Nahen Osten veranlaßten jedoch die Regierungen ADENAUER und ERHARD, die Aufnahme diplomatischer Beziehungen ständig zu verschieben. Für diesen Fall hatten die arabischen Staaten Gegenmaßnahmen - u. a. die Anerkennung der DDR - angedroht. Seit Oktober 1964 begannen in der Presse Westeuropas Berichte über geheime westdeutsche Waffenlieferungen an Israel zu erscheinen. Die arabischen Proteste blieben nicht aus. Kanzler Ludwig ERHARD sah sich am 17. Februar 1965 gezwungen, die Einstellung der Waffentransporte anzuordnen und zu erklären, daß die Bundesrepublik keine Waffen mehr in Spannungsgebiete exportieren werde. 80 Prozent des vereinbarten Materials waren zu dieser Zeit bereits geliefert.

Ministerpräsident ESCHKOL protestierte energisch gegen Bonns Lieferungsstopp. Daraufhin schickte ERHARD den CDU-Bundestagsabgeordneten Kurt BIRRENBACH nach Israel, der als Ausgleich für die eingestellten Waffenlieferungen die diplomatische Anerkennung Israels durch Bonn und langfristige Entwicklungskredite anbot. In diesem Vorschlag sah die israelische Regierung eine willkommene Stärkung ihrer Position gegenüber den arabischen Nachbarn. Gegen starken Widerstand in der Knesset und breite Protestdemonstrationen in vielen Orten Israels akzeptierte die Regierung die Bonner Offerte, die in einer Erklärung der Bundesregierung zur Nahostfrage am 7. März 1965 ihren Niederschlag fand.

In seiner Erklärung vor der Knesset-Abstimmung am 16. März 1965 ging Levi ESCHKOL noch einmal auf die "schwerwiegenden Entwicklungen" in den Beziehungen zwischen Israel und der Bundesrepublik Mitte der sechziger Jahre ein:

> "Zu einer Zeit, da wir uns noch in der tiefgreifenden Auseinandersetzung über die Frage der Wissenschaftler (d. h. westdeutscher Raketenspezialisten in Ägypten - d. Verf.) befinden und alles tun, um die Weitergabe deutschen militärtechnischen Wissens an die Feinde Israels zu verhindern, und zu einer Zeit, da zwischen dem jüdischen Volk und Deutschland eine Auseinandersetzung in Bezug auf die Verjährung von Nazi-Verbrechen geführt wurde, erschütterte uns die Entschließung der deutschen Regierung, Verpflichtungen ein Ende zu setzen, die sie in verschiedenen Sicherheitsangelegenheiten auf sich genommen hatte".[37]

Mit 66 gegen 29 Stimmen bei 10 Enthaltungen billigte die Knesset die Entscheidung der Regierung. Beide Staaten nahmen am 12. Mai 1965 diplomatische Beziehungen auf. Die arabischen Staaten, mit Ausnahme von Tunesien, Marokko und Libyen, brachen daraufhin ihre Beziehungen zur Bundesrepublik ab.

Die direkte Auswirkung des Ost-West-Konflikts auf die Lage im Nahen Osten und damit auch auf die außenpolitische Stellung Israels zeigte sich im Kontrast zwischen der immer engeren Kooperation des jüdischen Staates mit den führenden Mächten der NATO einerseits und seinem sich verschlechternden Verhältnis zur UdSSR andererseits.

Die israelisch-sowjetischen Beziehungen blieben überschattet von der enger werdenden Zusammenarbeit der UdSSR mit Ägypten und Syrien. Die sowjetischen Waffenlieferungen an Ägypten erfolgten in einem solchen quantitativen Umfang, daß sie zur Selbstüberschätzung der ägyptischen Führung beitrugen, wie sich im Mai/Juni 1967 erweisen sollte. Offiziell unterstützte die sowjetische Regierung die antiisraelischen Maximalziele der arabischen Staaten nicht. Sie bezeichnete jedoch in gemeinsamen Erklärungen mit diesen den jüdischen Staat als "Agenten des Imperialismus". Die Medien der UdSSR und ihrer Verbündeten stellten Israel einseitig als den Verursacher aller Spannungen im Nahen Osten dar.

Die schwierige Lage der sowjetischen Juden, wie sie in der Schließung von Synagogen, der Verurteilung von Juden wegen des Vorwurfs der Spionage für Israel bzw. die USA und angeblicher Wirtschaftsvergehen sowie der nur in seltenen Fällen genehmigten Ausreise zum Ausdruck kam, verschärfte die politischen Spannungen. David BEN GURION war der Ansicht, daß die Feindseligkeit der UdSSR gegenüber Israel und den Juden prinzipiellen Charakter trage und es damit einen Grund mehr gäbe, sich im Konflikt der Supermächte auf die Seite der USA zu stellen. Obwohl Levi ESCHKOL prinzipiell dieser Meinung zustimmte, wurde unter seiner Ministerpräsidentschaft in den Jahren 1964 bis 1966 wiederholt die Hoffnung nach Verbesserung der Beziehungen zur UdSSR zum Ausdruck gebracht.

Gewissen Anlaß zu Optimismus bot die nach langwierigen Verhandlungen im Oktober 1964 erzielte Vereinbarung über die Liegenschaften der russisch-orthodoxen Kirche in Israel. Hatte die sowjetische Regierung zuvor stets auf die Übergabe dieses beträchtlichen Besitzes aus der Zarenzeit in ihre Hände gedrängt, stimmte sie nun dem Verkauf an Israel für 4,5 Mill. Dollar zu. Für ein Drittel der Summe wurden israelische Waren an die UdSSR geliefert, so daß nach 1956 erstmalig wieder Handelsbeziehungen zwischen beiden Ländern zustande kamen. Auch der Kultur- und Delegationsaustausch begann sich in bescheidenem Rahmen zu entwickeln. Diese Tendenzen wurden jedoch durch die Verschärfung der israelisch-arabischen Beziehungen in den Jahren 1966/67 abgebrochen. Die israelische Seite wies sowjetische Warnungen vom Mai und Juli 1966 sowie vom April 1967 wegen angeblicher israelischer Kriegsprovokationen gegenüber Syrien als Panikmache scharf zurück. Im Juni 1967 waren die israelisch-sowjetischen Beziehungen wieder auf dem Nullpunkt angelangt.

Israels Verhältnis zu den nichtarabischen Ländern der Dritten Welt verbesserte sich seit den fünfziger Jahren kontinuierlich durch die Aufnahme diplomatischer Beziehungen zu den Staaten Lateinamerikas und unabhängigen bzw. eng mit den USA und Frankreich verbundenen asiatischen Ländern. Mit dem sich anbahnenden Ende der Kolonialherrschaft richtete sich das Interesse der israelischen Außenpolitik auf die afro-asiatischen

Staaten und auf noch abhängige Gebiete, die die Blockfreiheit anstrebten. Bereits nach der Bandung-Konferenz vom April 1955, die die Rechte des arabischen Volkes von Palästina unterstützte, begann Israels Außenministerium in Asien aktiv zu werden, um dem Einfluß der arabischen Staaten, mit denen sich die Blockfreien in vielen Erklärungen solidarisierten, entgegenzuwirken.

Erste Erfolge konnten in Burma erzielt werden. Hier gab es eine sozialdemokratische Regierung, die 1953 der "Asiatischen Sozialistischen Konferenz", der auch die MAPAI angehörte, Gelegenheit gab, in Rangun zu tagen. Die damals geknüpften Verbindungen wirkten weiter. Burmesische Studiendelegationen kamen nach Israel, um die dortigen landwirtschaftlichen Siedlungsformen zu studieren und nach Burma zu übertragen. Was in Burma, Ceylon, Thailand, den Philippinen und Südkorea gelang, verfehlte seine Wirkung jedoch bei dem größten und volkreichsten Staat dieser Region - bei Indien. Noch ein Jahrzehnt später klagte BEN GURION, es sei für ihn "eine Quelle persönlicher Enttäuschung" gewesen,[38] daß Jawaharlal NEHRU sich eng mit den arabischen Staaten solidarisiert und nach der Anerkennung Israels 1950 keine diplomatischen Beziehungen aufgenommen habe. Die von der MAPAI geführte Regierung suchte daher die *Histadrut* und ihre internationalen Verbindungen zur Anknüpfung von Kontakten zu nutzen. Tatsächlich erhielt die *Histadrut* von vielen asiatischen und afrikanischen Gewerkschaften Zustimmungs- und Sympathieerklärungen, selbst wenn regierungsoffiziell andere Stellungnahmen vorherrschten.

Als nach der Unabhängigkeitsproklamation Ghanas 1957 das Kolonialsystem südlich der Sahara schrittweise zusammenbrach, sah die israelische Regierung darin eine neue Chance, die arabische Umklammerung zu überwinden. Einige Jahre später drückte ESCHKOL dieses Anliegen in drastischer Weise aus: "Unser Weg nach Kairo führt über Bamako und Abidjan".[39] Zunächst bestand das Ziel darin, Verbündete in den unmittelbar an die Region angrenzenden Staaten zu gewinnen. In Geheimverhandlungen, die z. T. von Ministerpräsident BEN GURION selbst geführt wurden, entstand Mitte der fünfziger Jahre die sogenannte "Randstaaten-Allianz" mit dem Iran, der Türkei und Äthiopien. Der Geheimpakt sollte u. a. für die USA die Rolle Israels als Verbündeter aufwerten. "Wenn Amerika diesen Pakt billigt - eine Allianz zwischen Iran, Türkei, Israel und, nicht zu vergessen, Äthiopien -", schrieb BEN GURION an Botschafter Abba EBAN nach Washington, "könnte etwas Besonderes daraus erwachsen".[40] Der schließlich 1958 abgeschlossene Pakt hatte bis in die sechziger Jahre Gültigkeit.

Gegenüber den ehemaligen Kolonialmächten verfügte Israel über eine Reihe von Vorteilen. Seine Politiker und Diplomaten konnten argumentieren, Israel sei der ideale Partner beim wirtschaftlichen und sozialen Aufbau, da es - in Asien liegend - selbst aus einer nationalen Bewegung hervorgegangen und Entwicklungsland sei und daher die Probleme aus eigener Erfahrung kenne. Von ihm drohe wegen seiner geringen Macht und Größe keine politische Bevormundung, es empfinde im Gegenteil tiefste Sympathien für die nationale Befreiungsbewegung, besonders Afrikas, seien doch Afrikaner wie Juden jahrhundertelang von der europäischen Zivilisation verachtet und diskriminiert, durch Sklavenjagden und Pogrome dezimiert worden.

Wegen seiner begrenzten wirtschaftlichen und finanziellen Ressourcen konzentrierte sich Israel zunächst auf die technische und wissenschaftliche Hilfe. 1958 richtete das israelische Außenministerium eine "Abteilung für internationale Zusammenarbeit" ein; das Verteidigungsministerium folgte diesem Beispiel. Aus der Verteilung der israelischen Experten im Ausland in den fünfziger und sechziger Jahren geht hervor, daß die Gruppe israelischer Entwicklungshelfer in Asien begrenzt blieb, sich schwerpunktmäßig auf Afrika konzentrierte, jedoch die Fühler auch nach Lateinamerika auszustrecken begann. Seit 1958 schickte Israel etwa 2.500 Fachkräfte in 62 Länder, die in der Landwirtschaft, der Verwaltung, beim Aufbau des Bildungs- und Genossenschaftswesens und der Gewerkschaften halfen. Ihre Arbeit trug wesentlich dazu bei, bei vielen afrikanischen Politikern Interesse an dem von der MAPAI propagierten "israelischen Sozialismus" zu wecken.

Über 10.000 Studenten, Praktikanten, Beamte und Politiker aus 80 Ländern erhielten von 1958 bis zum Beginn der siebziger Jahre in Israel eine Ausbildung in Wochenkursen bis zu vollen Universitätsstudien. Dem diente besonders das "Institut für Arbeiterstudien und Kooperation", das die *Histadrut* 1960 mit Unterstützung durch amerikanische Gewerkschaftsverbände eröffnete. Wissenschaftliche Konferenzen - z. B. 1960 und 1963 in Rechovot - wurden veranstaltet, um Politiker, Wissenschaftler und Techniker aus den Entwicklungsländern von der Gangbarkeit des israelischen Weges zu überzeugen. Allein zehn Staatspräsidenten und fast 100 Minister aus Schwarzafrika besuchten von 1960 bis 1967 Israel.

Eine dritte Form der Hilfe bestand darin, daß öffentliche und private israelische Unternehmen - beginnend in Ghana, dann in Elfenbeinküste, Tansania, Kenia und anderen Staaten - Straßen, Hafenanlagen, Hotels, Zementwerke und Betriebe der Leichtindustrie bauten. Die Israelis verzichteten dabei im Gegensatz zu westlichen Kreditgebern auf das Kontrollrecht über die Unternehmen, die sie gemeinsam mit ihren afrikanischen Partnern aufbauten. Sie gaben sich stets mit 40 Prozent Anteil an den gemischten Unternehmen zufrieden, die sie in Afrika mit einem Gesamtkapital von 200 Mill. Dollar gründeten. So beteiligte sich die Schifffahrtsgesellschaft ZIM mit 40 Prozent Aktienanteil an der Gründung der ghanesischen Reederei "Black Star Line". Der *Histadrut*-Konzern *Solel Boneh* schuf gemeinsam mit der Regierung in Accra die "Ghana National Construction Company" und realisierte auf diesem Wege zahlreiche Bauvorhaben wie Straßen, Krankenhäuser und öffentliche Gebäude, sowie das Präsidentenpalais und den Flughafen von Accra.

Mit weniger Publizität, dafür aber um so größerer Tragweite entwikkelte sich Israels Militärhilfe, die sich von Liberia bis Tansania faktisch über den gesamten schwarzafrikanischen Kontinent erstreckte. Instrukteure aus Israel halfen in Sierra Leone, Ghana und Uganda beim Aufbau von Militär- und Marine-Akademien. Israels Luftwaffe trainierte Piloten und Fallschirmjäger aus Nigeria, Uganda, Kenia, Tansania, Zaire und Äthiopien, darunter auch General Sese Seko MOBUTO, den späteren Staatspräsidenten von Zaire. Nach dem Muster der GADNA- und NACHAL-Einheiten wurden in Liberia, Dahome, Togo, Elfenbeinküste und Niger vormilitärische Jugendorganisationen aufgebaut. Die israelische Rüstungsindustrie versandte nach Afrika Maschinengewehre, Schnellfeuerpistolen und Munition. 1970 wurde geschätzt, daß Israel bis dahin etwa 10.000 afrikanische Militärangehörige ausgebildet hatte.

Die israelischen Beziehungen zu den afrikanischen Staaten waren auf politischer Ebene belastet, hatte Israel doch Frankreich und andere Staaten des Westens in der Algerien- und Kongo-Frage unterstützt. Dem israelischen Bemühen um die Freundschaft der Afrikaner standen zudem die Mitarbeit bei französischen Atomtests in der Sahara sowie Beziehungen zum Apartheid-Regime in Südafrika entgegen. In verschiedenen afrikanischen Staaten erhoben sich zu Beginn der sechziger Jahre Stimmen, daß Israel mit seiner Entwicklungshilfe das Ziel verfolge, die schwarzafrikanischen und arabischen Staaten des Kontinents auseinander zu manövrieren. Deshalb traten auf der Konferenz der nord- und einiger westafrikanischer Staaten von Casablanca im Januar 1961 neben vier arabischen Regierungen auch die Vertreter Ghanas, Guineas und Malis für eine Resolution ein, die Israel als "Instrument des Imperialismus" im Nahen Osten bezeichnete.

Trotz scharfer israelischer Reaktionen - man warf den Afrikanern Undankbarkeit vor - ging das zweite Treffen der Casablanca-Staaten im Juni 1962 noch einen Schritt weiter und warnte die afrikanischen Staaten, daß Israel mit seinen Aktivitäten ihre Wirtschaft unter imperialistische Kontrolle zu bringen suche. Die Konferenzen der blockfreien Staaten in den sechziger Jahren unterstützten darüber hinaus den Kampf des palästinensischen Volkes. Immer wieder äußerten deshalb israelische Publizisten Zweifel, ob man wirklich in Afrika und Asien verläßliche Freunde gewonnen habe.

Israels Position im Nahen Osten wurde in den sechziger Jahren nicht sicherer. Das Wettrüsten auf israelischer wie auf arabischer Seite ging weiter, das gegenseitige Mißtrauen hielt an und die jeweiligen Feindbilder verfestigten sich. Dem Bild vom imperialistischen Brückenkopf Israel stand das vom arabischen Fanatismus und Totalitarismus gegenüber. Damit fehlten jegliche Grundlagen für einen Durchbruch zur Regelung des Nahostkonflikts. Die Regierung ESCHKOL legte im Oktober 1963 einen Sechs-Punkte-Plan zur Entspannung in Nahost vor und forderte die Araber am 17. Mai 1965 zu Friedensverhandlungen auf. Dazu bot der israelische Ministerpräsident kleine Grenzkorrekturen und finanzielle Hilfe bei der Lösung des Flüchtlingsproblems an. Doch die Kluft zwischen den gegnerischen Standpunkten war nicht zu überbrücken. Einerseits war Israel nicht bereit, auf die Teilungsgrenzen von 1947 als endgültige Landesgrenzen zurückzugehen; andererseits blieb die Arabische Liga bei ihrer Maximalforderung nach einem arabischen Palästina und der Rückkehr der Flüchtlinge. Der tunesische Staatspräsident Habib BOURGIBA stand mit seinem Vorschlag vom 6. März 1965, Israel in den Grenzen des UN-Beschlusses von 1947 anzuerkennen, allein.

An den Grenzen Israels verschärften sich indessen die Spannungen. Ausgelöst wurden sie maßgeblich durch den Streit um das Wasser des Jordan. Ein von dem amerikanischen Regierungsbeauftragten Eric JOHNSTON zwischen 1953 und 1955 ausgearbeiteter Plan zur Verteilung der Wasserressourcen des Jordan zwischen Israel, Jordanien und Syrien zur Entwicklung der Landwirtschaft war von der Arabischen Liga abgelehnt worden. 1958 begann Israel mit der Arbeit an einem Rohrleitungssystem, um Wasser aus dem See Genezareth in die Negev-Wüste zu bringen. Die Arabische Liga drohte daraufhin mit der Ableitung der Quellflüsse des Jordan, des Hasbani im Libanon und des Banias in Syrien. Als 1964 die Fertigstellung des Genezareth-Negev-Projektes näher rückte, beschlossen die 13 Staaten der Arabischen Liga auf ihrer Gipfelkonferenz am 17. Januar 1964, die geplanten Ableitungsarbeiten in Angriff zu nehmen. Gleichzeitig wurden ein gemeinsames arabisches Oberkommando und ein Verteidigungsplan beschlossen.

Israelische Artillerie und Panzer zerstörten am 17. März 1965 syrische Ableitungseinrichtungen. Auch die Arbeiten im Libanon mußten im August 1965 eingestellt werden, da sie im Bereich der israelischen Waffen lagen. Weder Israel noch die arabischen Staaten versuchten, die Frage der Wassernutzung mit Hilfe internationaler Gremien einvernehmlich zu regeln. Statt dessen verhärteten sich ihre Positionen zunehmend.

Herrschte seit der Stationierung der UN-Friedenstruppe an der ägyptisch-israelischen Grenze seit 1957 Ruhe, so kam es seit 1962 wiederholt zu bewaffneten Zusammenstößen zwischen israelischen und syrischen

Truppen sowie zu Zwischenfällen an der israelisch-jordanischen Grenze. Insbesondere die Kämpfe zwischen der israelischen und der syrischen Luftwaffe am 14. Juli und 15. August 1966 sowie das Vordringen israelischer Panzer auf jordanisches Gebiet am 13. November desselben Jahres trugen zur Eskalation des Konflikts bei. Kommandoaktionen palästinensischer Freischärler häuften sich; auch bei Vergeltungsaktionen der israelischen Armee kam eine Vielzahl von Zivilpersonen ums Leben bzw. wurden Unbeteiligte verwundet. Vor dem Hintergrund der Rivalität der Großmächte und des anhaltenden Wettrüstens hatten die Spannungen zwischen Israel und seinen arabischen Nachbarn Ende 1966/Anfang 1967 einen gefährlichen Punkt erreicht.

Zwischen Juni- und Oktoberkrieg (1967-1977)

Der Sechstagekrieg

Als im Februar 1966 in Syrien der linke Flügel der *Baath*-Partei die Macht übernahm und dessen Führer nur wenige Monate später einen Verteidigungspakt mit Ägypten schlossen, werteten viele israelische Politiker diese Entwicklung als militärische Bedrohung ihres Landes. Heftige Gefechte an der israelisch-syrischen Grenze im Januar und April 1967 verdeutlichten den Ernst der Situation. In den folgenden Wochen nahmen die Spannungen von Tag zu Tag zu.

Die israelische Regierung setzte zunächst auf die Politik der Abschreckung. Sie veranstaltete am 14. Mai, dem Vorabend des Tages der Unabhängigkeit, in Jerusalem eine Militärparade, die die gewachsene Kampfkraft und Stärke der Armee unter Beweis stellen sollte. In seiner Festansprache erklärte Premier Levi ESCHKOL, sein Land sei bereit und in der Lage, auf alle Versuche, die israelischen Grenzbefestigungen zu durchdringen, "zu antworten - an einem Ort, zu einer Zeit und durch eine Methode, die wir selbst bestimmen".[1]

Ägypten forderte am 16. Mai in einem Schreiben seines Generalstabschefs Mahmud FAWZY die UNO auf, ihre seit 1957 auf der Sinai-Halbinsel und im Gaza-Streifen stationierten Einheiten (UNEF - United Nation Emergency Forces) abzuziehen. UN-Generalsekretär U THANT gab in einem an den ägyptischen Außenminister gerichteten Antwortbrief zu bedenken, daß die UNEF "ein wichtiger Faktor zur Aufrechterhaltung relativer Ruhe in der Region war" und ihr Abzug den Frieden beeinträchtigen könne.[2] Da die ägyptische Seite jedoch auf der Realisierung ihrer Forderung bestand, ordnete er am 18. Mai den Abzug der 3.400 Mann umfassenden UN-Truppe an. Ägyptische Einheiten nahmen deren Stellungen ein. Fünf Tage später ließ Präsident NASSER die Straße von Tiran für die israelische Schiffahrt sowie für Schiffe anderer Staaten, die militärische Fracht für Israel an Bord führten, sperren. Israel reagierte mit der Generalmobilmachung und demonstrativen Kriegsvorbereitungen. 15.000 Soldaten der Reserve erhielten den Einberufungsbefehl. Im Gegenzug unterzeichneten Ägypten und Jordanien am 30. Mai einen Verteidigungsvertrag, dem am 4. Juni der Irak beitrat.

Schritt für Schritt war eine Eskalation der Ereignisse erfolgt, die ernste Besorgnis in der Weltöffentlichkeit auslöste. Wiederholt forderte die UNO beide Seiten zur Besonnenheit auf. Auch der französische Präsident

Charles de GAULLE warnte am 24. Mai den israelischen Außenminister Abba EBAN: "Greift nicht an! Die Schließung der Straße von Tiran ist eine Sache, das Feuer zu eröffnen eine andere".[3] Für den Fall eines Kriegsausbruchs kündigte Frankreich ein Waffenembargo für den gesamten Nahen Osten an. Die anderen Großmächte dagegen ergriffen offen Partei. So erhielt Außenminister Abba EBAN bei seiner diplomatischen Mission in Washington und London die definitive Zusage, daß Israel in einem eventuellen Krieg nicht allein stehen würde. Die Regierung der USA beorderte den Hauptteil der 6. Flotte - bestehend aus 50 Schiffen, 200 Flugzeugen und 25.000 Mann - in das östliche Mittelmeer und versetzte diese Truppe in Alarmbereitschaft. Ägypten wiederum versicherte sich der politischen und militärischen Hilfe der UdSSR. Verteidigungsminister Schams ad-Din BADRAN überbrachte Präsident NASSER nach Konsultationen mit Ministerpräsident Alexej KOSSYGIN in Moskau das Versprechen der sowjetischen Seite, Ägypten in der gegenwärtigen Krise umfassend zu unterstützen.

Die israelische Führung bereitete sich nicht nur militärisch, sondern auch innenpolitisch auf kriegerische Auseinandersetzungen vor. Sie hielt der Bevölkerung des Landes immer wieder die Umzingelung Israels durch feindliche arabische Armeen vor Augen. Dabei konnte sie auf militante Reden namhafter arabischer Führer verweisen. Ahmed SCHUKEIRI, der damalige Vorsitzende der PLO, rief z. B. offen zum "Heiligen Krieg" gegen Israel auf. Präsident NASSER erklärte auf einer Pressekonferenz in Kairo: "Wir akzeptieren keine Grundlage für eine Koexistenz mit Israel ... Allein die Existenz Israels ist eine Aggression ..."[4] Verständlich, daß in dieser Atmosphäre die Worte Jigal ALLONs, der Krieg sei unvermeidbar geworden, auf einer Kundgebung in Tel Aviv offene Ohren fanden.

Angst und Entschlossenheit charakterisierten die Stimmung in der israelischen Bevölkerung. Die Furcht vor der Auslöschung des jüdischen Staates verstärkte die aus der *Schoah* herrührenden Traumata. Sie ließ politische Rivalitäten und soziale Gegensätze zweitrangig erscheinen. "Bitachon" - Sicherheit - so lautete der Nenner, auf den sich sozialdemokratische, liberal-konservative und religiöse Parteien einigen konnten. Gleichzeitig verstärkte sich der Druck der Opposition auf die Regierung. Premier ESCHKOL wurde seitens der Militärs zu langes Zögern vorgeworfen. Der Ruf nach dem "starken Mann" ertönte immer lauter. Schließlich setzten sich die zum Krieg bereiten "Falken" in RAFI und GACHAL gegenüber den nach wie vor für Verständigung plädierenden "Tauben" der MAPAI durch. Am 1. Juni bildete ESCHKOL eine "Regierung der nationalen Einheit", der außer den Kommunisten alle im Parlament vertretenen Parteien angehörten. Er berief Mosche DAJAN, den Helden des Suezkrieges 1956, zum Verteidigungsminister sowie Menachem BEGIN und

Josef SAPIR zu Ministern ohne Portefeuille. Am 4. Juni 1967 beschloß die neue Regierung für den folgenden Morgen Angriffshandlungen des ZAHAL gegen Ägypten. Außer zwei MAPAM-Ministern stimmten alle Kabinettsmitglieder dem Plan zu.

Am 5. Juni 1967, 7.45 Uhr starteten 183 israelische Kampfflugzeuge als erste Angriffswelle zur Zerstörung ägyptischer Luftbasen. Um der feindlichen Abwehr zu entgehen, flogen sie einen Umweg über das Mittelmeer. Die Überraschung gelang: Innerhalb von 70 Minuten wurden 197 ägyptische Flugzeuge vernichtet - davon 189 am Boden und nur acht bei Luftkämpfen - sowie 16 Radarstationen. Sechs Flugplätze - vier auf der Halbinsel Sinai und zwei westlich des Suezkanals - wurden so weitgehend zerstört, daß ihre Nutzung für lange Zeit nicht mehr möglich war. Die zweite Angriffswelle, sie begann 9.34 Uhr, hatte mit Abwehrmaßnahmen der ägyptischen Armee zu rechnen. Dennoch konnten bei der Bombardierung von 14 Luftstützpunkten weitere 107 Flugzeuge zerstört werden. General DAJAN schätzte ein:

> "Im ganzen gesehen hatte es die zweite Welle etwas leichter. Die Rauchsäulen, die von den Flughäfen aufstiegen, dienten ihnen als Wegweiser, und es war jetzt weder Funkstille noch Tiefstflug mehr nötig".[5]

Die ägyptische Armee verlor in den ersten Stunden des Junikrieges drei Viertel ihrer Luftstreitkräfte.

Gegen Mittag suchten die jordanische und die syrische Luftwaffe den ägyptischen Verbündeten zu unterstützen. Die Jordanier griffen die Ölraffinerien bei Haifa und einen israelischen Flughafen in Megiddo an. Ein kleines Flugfeld bei Kfar Syrkin nahmen die Syrer unter Beschuß. Weitere Vorstöße scheiterten an der dritten israelischen Angriffswelle. Bei Einsätzen gegen die jordanischen Flughäfen Mafrak und Amman wurden alle 28 jordanischen Kampfflugzeuge außer Gefecht gesetzt. Syrien verlor mit 53 von 112 Flugzeugen fast die Hälfte seiner Luftwaffe. Mit der Erringung der Luftherrschaft war es Israel gelungen, eine wichtige Vorentscheidung des Krieges zu fällen.

Noch während die ersten israelischen Flugzeuge ihre Bomben ausklinkten, wurde das verabredete Kodewort an Generalmajor Jeschajahu GAVISCH und das ihm unterstellte Oberkommando Süd durchgegeben. Mit ihm setzten sich die israelischen Panzer in drei Formationen in Bewegung. Geführt von Jisrael TAL, Avraham JOFFE und Ariel SCHARON besetzten sie am 6. Juni den Gaza-Streifen, erreichten am 9. Juni in breiter Front den Suezkanal und hatten am 10. Juni die Sinai-Halbinsel vollständig in ihrer Gewalt. Die israelischen Truppen trafen dabei allerdings auf stärkeren Widerstand als sie erwartet hatten. Es gab sowohl bei den

:ämpfen in der Küstenstadt El-Arisch als auch im Gaza-Streifen Verluste
uf beiden Seiten.

An der jordanischen Front konzentrierte sich die israelische Armeefüh-
ung zunächst auf die Einnahme Ostjerusalems. Die Schlacht um die hei-
ige Stadt begann in der Nacht vom 5. zum 6. Juni. Die Fallschirmjä-
erbrigade Mordechai GURS drang, unterstützt von der unter Befehl von
)berst Elieser AMITAI stehenden Jerusalemer Panzerbrigade, in die Alt-
tadt vor. Jordanische und israelische Soldaten kämpften erbittert um jede
traße, um jedes Haus. Bei Anbruch der Morgendämmerung war die
'erbindung zur israelischen Enklave auf dem Mount Scopus, wo sich die
Iebräische Universität befand, hergestellt. Der für die Verteidigung von
erusalem zuständige jordanische Brigadegeneral hoffte vergeblich auf
'erstärkung aus Amman. Um seine Soldaten zu retten, zog er einen Teil
er ihm anvertrauten Streitkräfte zurück. Als am 7. Juni Mordechai GUR
rneut den Befehl zum Angriff gab, trafen seine drei Bataillone daher nur
och auf geringen Widerstand. Um 10 Uhr erreichten sie das bedeutend-
te jüdische Heiligtum - *ha-Kotel ha-Maaravi*, die Klagemauer. Unmittel-
ar danach erklärte Verteidigungsminister Mosche DAJAN an diesem Ort:

"Wir haben das geteilte Jerusalem, die gespaltene Hauptstadt Israels von neuem vereint; wir sind zu unseren heiligen Stätten zurückgekehrt, um uns nie wieder von ihnen zu trennen".[6]

m 7. und 8. Juni eroberten die israelischen Streitkräfte die Berge von
Iebron, nahmen sie Ramallah, Jericho und Nablus ein. Sie drangen bis
um Jordan vor und kontrollierten bald alle drei Brücken über den Fluß.
)amit sicherten sie sich die Kontrolle über das gesamte Westufer. König
IUSSEIN, dem der israelische Ministerpräsident ESCHKOL noch am Mor-
en des 5. Juni zugesichert hatte, Jordanien nicht anzugreifen, wenn es
ich aus den Kämpfen heraushalte, verlor das 1949 annektierte palästinen-
ische Gebiet. Militärische Hilfe, die der Monarch sowohl von Syrien als
uch von den in Jordanien stationierten irakischen Truppen erwartet hatte,
lieb weitgehend aus.

Die syrische Armee konzentrierte sich nach Kriegsbeginn auf die Bom-
ardierung israelischer Orte und Kampfverbände des ZAHAL in Ostgali-
ia. Ausgangspunkt ihrer Operationen waren die Golanhöhen, ein Hoch-
lateau von 70 km Länge, das mit Bunkern, Panzer- und Geschützstellun-
en einer schier uneinnehmbaren Festung glich. Nach Beendigung der
:ämpfe auf Sinai und am Westjordanufer erfolgte am 9. Juni der israeli-
che Angriff auf den Golan. Unter dem Schutz der Luftwaffe kämpften
ich im Norden und Süden Panzer, Bulldozer und Infanterie den steilen
bhang unter teilweiser Umgehung syrischer Stellungen hinauf. Beide

Seiten erlitten hohe Verluste. Am 10. Juni wurde Kuneitra, das indessen bereits von den syrischen Truppen geräumt worden war, kampflos eingenommen. Damit endeten die Kampfhandlungen des dritten Nahostkrieges.

Der Sicherheitsrat der Vereinten Nationen hatte in einer Sondersitzung bereits am 6. Juni die unverzügliche Feuereinstellung gefordert. Die arabischen Staaten erklärten sich in den folgenden Tagen dazu bereit, die Kampfhandlungen einzustellen - Jordanien am 7. Juni, Ägypten am 8. Juni und Syrien am 9. Juni. Von israelischer Seite wurde die Bereitschaft, die Waffen niederzulegen, am Abend des 10. Juni, 18.30 Uhr Ortszeit, bekundet.

Die sechs Kriegstage hatten einen hohen Blutzoll gefordert und die politische Landkarte des Nahen Ostens wesentlich verändert. Sie hatten 11.500 Ägyptern, etwa 6.000 Jordaniern und 1.000 Syrern das Leben gekostet. 679 israelische Soldaten waren gefallen, 2.503 verwundet worden. Von den 1,3 Millionen palästinensischen Bewohnern des Westjordangebiets und des Gaza-Streifens flohen während und im Gefolge der Kriegsereignisse laut UNO-Angaben ca. 500.000 über die Grenzen in die arabischen Nachbarstaaten, 220.000 von ihnen bereits Vertriebene des ersten Nahostkrieges (1948/49). Nur etwa 10 Prozent der Flüchtlinge konnten in den folgenden Monaten in ihre Heimatorte zurückkehren. Israel hatte Gebiete besetzt, die insgesamt eine Fläche von 66.278 km^2 - etwa das Dreifache des israelischen Territoriums - umfaßten und in denen etwa eine Million Menschen lebte.

Der Charakter und die Ziele des Sechstagekrieges wurden innerhalb und außerhalb Israels vielfach und umfassend analysiert und diskutiert. Israelische Politiker hielten lange Zeit die These von der Existenzbedrohung ihres Landes, wie sie Außenminister EBAN unmittelbar nach dem Krieg in der UNO-Vollversammlung vertreten hatte, aufrecht:

> "Israel, von kampfbereiten feindlichen Armeen eingeschlossen, durch einen niederträchtigen kriegerischen Akt beleidigt und bedrängt, Tag und Nacht mit Vorhersagen über seine bevorstehende Auslöschung bombardiert, zur Totalmobilmachung seines Menschenpotentials gezwungen, sah sich, da seine Wirtschaft und sein Handel weitgehend lahmgelegt und seine Hauptzufuhr an lebenswichtigem Treibstoff durch einen kriegerischen Akt gedrosselt war, vor der größten Gefährdung seiner Existenz seit seiner Gründung ... An dem schicksalsschweren Morgen des 5. Juni war für unser Land die Entscheidung gefallen. Sie lautete: Leben oder Untergang; entweder wir verteidigten unsere nationale Existenz oder sie war ein für allemal verwirkt".[7]

Auch in der Bevölkerung bestand weitgehender Konsens hinsichtlich der Unabdingbarkeit des Präventivkrieges. Den Mythos des Sechstagekrieges stellten nur wenige in Frage. Zu ihnen gehörte General Matitjahu PELED, einer der Strategen des Sechstagekrieges. Fünf Jahre später erklärte er öffentlich, seit 1949 habe niemand mehr ernsthaft die Existenz Israels bedroht. PELED schrieb am 24. März 1972 in der israelischen Zeitung "Maariv":

> "Als wir die Mobilisierung aller unserer Streitkräfte vornahmen, gab es keinen vernünftigen Menschen, der daran glaubte, daß diese Streitmacht notwendig gewesen wäre, um uns gegen die ägyptische Bedrohung zu verteidigen. Sie war vielmehr notwendig, um die Ägypter auf militärischem Gebiet und ihre sowjetischen Schutzherren auf politischem Feld endgültig zu schlagen".

In der sich an diesen Artikel anschließenden konträren Diskussion meldeten sich weitere namhafte Militärs zu Wort; die meisten lehnten PELEDs Behauptung ab, andere modifizierten die These von der Existenzbedrohung Israels. Generalstabschef RABIN erklärte beispielsweise in einem Interview für "Le Monde":

> "Ich glaube nicht, daß Nasser einen Krieg wollte. Die zwei Divisionen, die er am 15. Mai in die Sinai schickte, hätten nicht ausgereicht, um eine Offensive gegen Israel auszulösen. Er wußte es, und wir wußten es".[8]

Welche Gründe hatten die israelische Regierung bewogen, den dritten Nahostkrieg zu wagen? Zweifelsohne handelte es sich zunächst um einen "Befreiungsschlag" mit dem Ziel, dem ägyptisch-syrischen Druck zu begegnen, der die Handlungsfähigkeit Israels einzuschränken und das Land zu ersticken drohte. Insbesondere Aufklärungsflüge der ägyptischen Luftwaffe über dem israelischen Atomreaktor in Dimona, die am 17. und 26. Mai 1967 stattfanden, ohne von der israelischen Luftwaffe verhindert werden zu können, lösten berechtigte Besorgnis aus.[9] Als potentielle Bedrohung galten die Kooperation Ägyptens mit der Sowjetunion und die damit verbundene militärische Stärkung des bedeutendsten arabischen Gegenspielers. Israelische Politiker und Militärs sahen ebenfalls im syrischen *Baath*-Regime eine existentielle Gefahr und kalkulierten daher den Sturz Gamal Abd el-NASSERs wie auch Nur ad-Din ATASSIs bei einem durch die Araber verlorenen Krieg ein. Diese Ziele trafen sich mit den Interessen der USA und einiger mit ihnen verbündeter westeuropäischer Staaten, die den Nahostkonflikt zur Stärkung eigener Positionen in der Region zu nutzen suchten. Nach dieser Deutung wäre der Junikrieg als israelischer Präventivschlag mit offensiver Zielsetzung zu definieren.

Ein zusätzlicher Anstoß für das militärische Agieren Israels zu diesem Zeitpunkt mag der inneren Situation Israels entsprungen sein. Rezession und Arbeitslosigkeit charakterisierten die Lage im Land und minderten seine Anziehungskraft. Die Regierung nutzte den neuerlichen Waffengang, um von inneren Problemen abzulenken, den nationalen Konsens zu festigen und die solidarische Verbundenheit der Juden in der Diaspora mit Israel zu stärken.

Nicht zu übersehen ist, daß die Falken in der Regierung bestrebt waren, die Situation auszunutzen, um Ansprüche auf weitere Teile Palästinas - die Groß-Israel-Variante - zu verwirklichen. Insbesondere Ostjerusalem, aber auch das Westjordanland, in dem sich heilige Stätten des Judentums befinden, waren das direkte Ziel der militärischen Aktionen. Sinai, Gaza und die Golan-Höhen dagegen wurden primär aus politischen und militärstrategischen Überlegungen heraus besetzt bzw. ihre Inbesitznahme ergab sich aus dem konkreten Verlauf der Kriegshandlungen.

Unmittelbar nach Ausbruch des dritten Nahostkrieges waren in aller Welt besorgte Stimmen zu hören, die eine Eskalation des Krieges und eine Ausweitung über die Region hinaus befürchteten. Der UNO-Sicherheitsrat forderte in seinen Resolutionen 233 (1967) und 234 (1967) vom 6. bzw. 7. Juni die sofortige Einstellung der kriegerischen Aktivitäten. In der Vollversammlung zeigte sich jedoch, daß die Meinungen in wesentlichen Fragen auseinandergingen. Das betraf die Schuldzuweisung für den Ausbruch des Krieges sowie das Sicherheitsverständnis der verschiedenen Seiten. Übereinstimmung konnte daher bei einer Abstimmung am 4. Juli zunächst nur zu einem von Pakistan eingebrachten Resolutionsentwurf erzielt werden, der die von Israel eingeleiteten Veränderungen im Status von Jerusalem für null und nichtig erklärte und die israelische Regierung aufforderte, sie rückgängig zu machen.

Erst mehrere Monate später erreichte die UNO mit der Annahme der Resolution 242 (1967) einen Fortschritt in ihrem Bemühen, zu einer Regelung des Nahostkonfliktes zu gelangen. Das am 22. November 1967 vom Sicherheitsrat verabschiedete Dokument

> "... betont die Unzulässigkeit, Territorien durch Kriege zu erobern, und die Notwendigkeit, für einen gerechten und dauerhaften Frieden zu wirken, der es jedem Staat der Region erlaubt, in Sicherheit zu leben".[10]

Es forderte, die israelischen Truppen aus den während des Krieges besetzten Gebieten zurückzuziehen, den Kriegszustand zu beenden und die Souveränität und territoriale Integrität aller Staaten des Nahen Ostens zu respektieren und anzuerkennen, die freie Schiffahrt der internationalen Wasserstraßen der Region zu garantieren, eine gerechte Lösung des Flüchtlingsproblems zu verwirklichen sowie die territoriale Unverletzlichkeit und politische Unabhängigkeit jedes Staates der Region durch Maßnahmen zu garantieren, die die Schaffung entmilitarisierter Zonen einschließen.

Ein UNO-Beobachter sollte zur Sondierung der Lage sowie für Gespräche mit den am Konflikt beteiligten Seiten benannt werden und dem Sicherheitsrat so schnell wie möglich Bericht über die Ergebnisse seiner Bemühungen erstatten. Obwohl die Resolution 242 unterschiedlich interpretiert wurde - nur im französischen Text wurde der "Rückzug aus *den* während des jüngsten Konflikts besetzten Gebieten" gefordert, während im englischen Text der Artikel fehlte - und sie die Palästinenserproblematik lediglich als Flüchtlingsfrage behandelte, stellte sie, bedingt auch durch ihren Kompromißcharakter, einen gewichtigen Schritt auf dem Wege zu einer politischen Regelung dar.

Der UNO-Beschluß konnte infolge der regionalen und internationalen Machtkonstellationen nicht realisiert werden. Syrien lehnte die Resolution ab. Ägypten und Jordanien akzeptierten sie, forderten als ersten und entscheidenden Schritt jedoch den vollständigen und bedingungslosen Abzug Israels aus den besetzten Gebieten. Die israelische Regierung wiederum anerkannte den Beschluß des Sicherheitsrates nur in der englischen Fassung und bestand aus Sicherheitsgründen auf Grenzkorrekturen. Sie wurde in dieser Haltung von den USA und westeuropäischen Staaten unterstützt. Unter diesen Umständen war die Aufgabe des UNO-Sonderbeauftragten Gunnar JARRING nicht realisierbar. Nach mehreren Reisen in die Region und wiederholten erfolglosen Gesprächen mit den Vertretern der am Konflikt beteiligten arabischen Staaten und Israels beendete er seine Mission im April 1969.

Der Sechstagekrieg und seine Ergebnisse hatten der Weltöffentlichkeit erneut verdeutlicht, daß der ungelöste Nahostkonflikt ein Brennpunkt internationaler und regionaler Spannungen bleiben und die Gegensätzlichkeit zunehmen würde. Er war mit der Besetzung umfangreicher arabischer Territorien durch Israel in eine qualitativ neue Phase eingetreten und leitete Prozesse ein, die die Entwicklung des Nahen Ostens in den folgenden Jahrzehnten maßgeblich bestimmten. Insbesondere die Existenzbedingungen der im Westjordangebiet und im Gaza-Streifen lebenden Palästinenser hatten sich grundlegend verändert. Das Flüchtlingsproblem nahm neue Dimensionen an. Landenteignungen und politische Repressionen seitens der Besatzungsmacht, aber auch Einschränkungen der Bewegungs- und Aktionsfreiheit der emigrierten Palästinenser durch die arabischen Gastländer führten zur Verstärkung des Widerstandes und zur Herausbildung eigenständiger politischer Organisationen mit spezifischen Zielen.

Nach 1967 formierten sich die wichtigsten Organisationen der palästinensischen Nationalbewegung, die *Fatah*, die *Volksfront zur Befreiung Palästinas* (PFLP) und die *Demokratische Front zur Befreiung Palästinas* (DFLP). Die bereits 1964 gegründete *Palästinensische Befreiungsorganisation* (PLO), seit 1969 geführt von Jasir ARAFAT, profilierte sich als international zunehmend anerkannte Dachorganisation des palästinensischen Widerstandes. In den Jahren nach dem Junikrieg war die Programmatik der PLO von Extremismus und unrealistischen Positionen gekennzeichnet, die den politischen Spielraum der Organisation einschränkten. Die 1968 verabschiedete "Nationalcharta" verstand den "bewaffneten Kampf" als "einzigen Weg zur Befreiung Palästinas". Die PLO lehnte darin die Balfour-Deklaration, die UNO-Resolution 181 (II) von 1947 und die Gründung des Staates Israel ab.

Die Entwicklung in den arabischen Staaten und in der PLO sowie in den besetzten Gebieten wurde zu einem wichtigen Element der innerisraelischen Diskussion über den Nahostkonflikt. 1967 dominierten zunächst die Genugtuung und der nationale Stolz über die Blitzerfolge des Krieges. Premierminister ESCHKOL brachte sie am 12. Juni 1967 in der Knesset auf den Hauptnenner:

> "Unser ideelles historisches Recht wurde durch das Völkerrecht bestätigt und auf dem Amboß der Realität geschmiedet. Heute ist die ganze Welt überzeugt davon, daß es keine Kraft gibt, die uns aus diesem Land vertreiben kann".[11]

Er ging davon aus, daß eine neue Situation entstanden sei, die in direkten Verhandlungen mit den arabischen Staaten als Ausgangspunkt für eine Friedensregelung dienen könne.

Bald erhoben sich jedoch auch Stimmen, die die Kriegsergebnisse durchaus nicht nur auf die verbesserte militärstrategische Position des Landes, die Ausweitung des Territoriums und des wirtschaftlichen Potentials durch die besetzten Gebiete sowie die nunmehr verstärkt wirksame Doktrin der Abschreckung reduziert sehen wollten. Sie verwiesen zunehmend auf die neuen sozialen und politischen Probleme, die Israel aus der Herrschaft über eine andere Bevölkerungsgruppe erwuchsen, sowie auf Tendenzen nationalistischer Überheblichkeit und die Gefahr außenpolitischer Isolierung des Landes. Der Generalsekretär der *Histadrut,* Jizchak BEN AHARON, beispielsweise gab zu bedenken:

> "Wir schaffen uns durch unser gegenwärtiges Herrschaftssystem in den Gebieten ein irisches Problem ... Wir müssen uns einseitig auf die Grenzen zurückziehen, die wir einnehmen wollen".[12]

Am 10. Juni 1967 hatten die UdSSR, die Tschechoslowakei und Bulgarien ihre diplomatischen Beziehungen zu Israel "angesichts der Fortsetzung der Aggression gegen die arabischen Staaten und der groben Verletzung der Sicherheitsrats-Beschlüsse" abgebrochen.[13] Polen und Ungarn folgten am 12. bzw. 13. Juni. Auch eine Vielzahl von Entwicklungsländern unterstützte in den folgenden Jahren die politischen Forderungen der arabischen Staaten zur Regelung des Nahostkonflikts. Frankreich - bisher ein bedeutender Waffenlieferant Israels - mißbilligte öffentlich die israelischen Angriffshandlungen sowie das Vorgehen in den besetzten Gebieten. Das "sich rasch verschlechternde Image Israels" - wie Golda MEIR es ausdrückte[14] - beförderte das Nachdenken vieler Israelis über die gespannte Lage in der Region.

Politik in den besetzten Gebieten

Die israelische Regierung ließ keinen Zweifel daran, daß sie nicht gewillt war, "zu der Situation zurückzukehren, wie sie am 4. Juni existierte".[15] Auf einer Tagung der RAFI in Tel Aviv erklärte Verteidigungsminister Mosche DAJAN am 9. August 1967:

> "Wir werden niemals zu den Vereinbarungen und zu den Grenzen von 1948 zurückkehren ... Es gibt nicht mehr die Grenzen von 1948, sondern die Realität der Landkarte von 1967. Die Gelegenheit, Grenzen zu revidieren, ist in der Geschichte einer Nation selten: wir haben sie dank des Abenteurertums Husseins und Nassers erhalten. Nun haben wir die historische Verantwortung, die endgültigen Grenzen Israels festzulegen; so etwas passiert im Laufe von Generationen nur einmal".[16]

Die israelische Politik war zwischen 1967 und 1977 darauf gerichtet, in den besetzten Gebieten unumstößliche Fakten zu schaffen. Dabei ging es gleichermaßen darum, die Ausgangsbedingungen für etwaige Friedensverhandlungen zu verbessern und Grenzlinien den eigenen Sicherheitsvorstellungen entsprechend zu korrigieren. Letzteres wurde 1967 vom stellvertretenden Ministerpräsidenten Jigal ALLON in einen detaillierten Plan gefaßt, der 1968 von der Knesset als Siedlungskonzept gebilligt wurde. Hauptgedanke des Planes, den ALLON als Außenminister 1976 in modifizierter Fassung erneut unterbreitete, war ein möglichst großer Staat Israel mit möglichst wenig arabischer Bevölkerung. Um dieses Ziel zu erreichen, wurden ein 115 Kilometer langer und 20 Kilometer breiter israelischer Siedlungsstreifen am Westjordanufer sowie die Eingliederung Ostjerusalems und der Aufbau jüdischer Siedlungen an strategisch wichtigen Punkten vorgesehen. Sicherheitszonen sollten der südliche Teil des Gaza-Streifens bis El-Arisch, die Ostküste Sinais von Scharm asch-Scheich bis Eilat sowie der Hauptteil der Golan-Höhen bilden.

Am 27. Juni 1967, 17 Tage nach Beendigung der Kriegshandlungen, faßte die Knesset einen Beschluß, wonach durch entsprechende Verfügungen "Recht, Gesetzgebung und Verwaltung des Staates Israel auf alle Teile von *Erez Israel* (Palästina)" ausgedehnt werden konnten.[17] Im Juli desselben Jahres führte die Regierung in den besetzten Gebieten die israelische Währung ein. Die bisher gültigen Zahlungsmittel wurden - außer im Westjordangebiet, wo neben dem Israelischen Pfund der Jordanische Dinar im Umlauf blieb - nicht mehr anerkannt. Alle arabischen Banken wurden geschlossen, ihre Einlagen beschlagnahmt.

Im Dezember 1967 ersetzte die Regierung durch Dekret die bisher im israelischen Sprachgebrauch übliche Bezeichnung "Westbank" (*ha-Gadah ha-Maaravit*) durch die der Bibel entlehnten Begriffe "Judäa" (*Jehudah*) und "Samaria" (*Schomron*). Sie erließ im Februar 1968 eine Verordnung, der zufolge die besetzten Territorien nicht länger als "feindliche Gebiete" anzusehen waren. Die noch während des Krieges für das Westjordanland und den Gaza-Streifen ernannten Militärkommandeure erhielten weitgehende administrative und juristische Vollmachten über die Gebiete und deren Bewohner. Sie erließen eine Vielzahl von Anordnungen mit Gesetzeskraft. In der Verfügung Nr. 2 des Militärkommandeurs der Westbank vom 7. Juni 1967 hieß es im Absatz 3:

> "Jede amtliche, legislative, ernennende und administrative Gewalt hinsichtlich des Gebietes oder seiner Einwohner wird ab sofort auf mich allein übertragen und wird von mir oder von Personen, die von mir zu diesem Zweck ernannt wurden, oder an meiner Stelle tätig sind, ausgeübt".[18]

Auf der Grundlage der am 27. Juni 1967 vom Parlament verabschiedeten Gesetze begann die israelische Regierung, konkrete Maßnahmen einzuleiten. Sie konzentrierte sich zunächst auf die politische, verwaltungsmäßige und ökonomische Vereinigung der beiden Teile Jerusalems. Die Stadtgrenze wurde neu festgelegt und beträgt seitdem 106 Kilometer statt vormals 38 Kilometer. Die Regierung löste den gewählten Stadtrat Ostjerusalems auf und wies die meisten seiner Mitglieder nach Jordanien aus. In das Verwaltungsgebäude zogen israelische Behörden. Proteste der internationalen Öffentlichkeit gegen die Veränderung des Status von Jerusalem wurden u. a. durch Bezugnahme auf die biblische Geschichte zu entkräften gesucht. So erklärte Außenminister EBAN vor der UNO:

> "Jerusalem, nun vereinigt nach seiner tragischen Teilung, ist keine Arena für Artilleriestellungen und Stacheldraht mehr ... Ein Volk ist zur Wiege seiner Geburt zurückgekehrt. Es hat die Verbindung mit dem Mysterium seiner Fortdauer wiederhergestellt".[19]

Am 30. Oktober 1967 legte Premier Levi ESCHKOL seinem Kabinett einen Plan vor, der umfangreiche bauliche Veränderungen in der arabischen Altstadt vorsah. Im Mittelpunkt stand dabei zunächst die Rekonstruktion des von den Jordaniern zerstörten jüdischen Viertels. Zahlreiche Institutionen - einschließlich der meisten Ministerien - wurden von Tel Aviv nach Jerusalem verlegt. Die Hebräische Universität auf dem Mount Scopus, die bisher eine Enklave im jordanisch besetzten Teil Jerusalems und für israelische Bürger kaum zugänglich gewesen war, wurde wieder aufgebaut und erweitert. Ostjerusalem erschien in offiziellen israelischen Statistiken bereits seit 1968 als Teil des Staates Israel. Die arabischen Bewohner dieses Stadtteils blieben in der Regel jedoch jordanische Staatsbürger. Sie erhielten israelische Identitätskarten und sind bei den Wahlen zur Stadtverwaltung, nicht jedoch zur Knesset stimmberechtigt.

Mit den Maßnahmen zur Eingliederung Jerusalems vergleichbar waren die Schritte der Regierung zur Integration der Golan-Höhen. Erste militärische Siedlungen entstanden bereits 1967. Im Oktober 1969 wurde das bisher geltende syrische Recht durch israelische Gesetze ersetzt. Die syrisch-drusische Bevölkerung - nachdem der Hauptteil der syrischen Bevölkerung während des Krieges das Gebiet verlassen hatte, blieben nur noch ca. 6.000 Drusen in dieser Region - wurde veranlaßt, israelische Identitätskarten anzunehmen.

Bereits wenige Monate nach dem Junikrieg begann die Regierung, strategisch wichtige Positionen in den besetzten Gebieten zu besiedeln. Die staatliche Israel Land Authority und der Jüdische Nationalfonds der Zionistischen Weltorganisation kauften - stets in Abstimmung mit Regierungsinstitutionen - arabischen Grund und Boden auf. Sie konnten sich die vor 1967 existierenden Besitzverhältnisse in der Landwirtschaft zunutzemachen, die im Westjordangebiet zum Beispiel noch auf Regelungen aus der Zeit der osmanischen Herrschaft fußten. Nur etwa ein Drittel des privat bewirtschafteten Landes war registriert. Umfangreiche, über Jahrhunderte hinweg privat genutzte Ländereien, waren nicht in den Katasterämtern erfaßt. Da die arabischen Besitzer somit keine amtlichen Dokumente vorweisen konnten, wurde das "herrenlose" Land zu Staatseigentum erklärt. Darüber hinaus beschlagnahmte die israelische Regierung umfangreiche Ländereien, deren Besitzer 1967 geflohen und nicht zurückgekehrt waren. Weitere Enteignungen erfolgten im Rahmen von Strafmaßnahmen oder aus Sicherheitsgründen. Die Bewohner mußten ihre Wohnorte verlassen. Bis September 1971 waren zum Beispiel 900 Familien des Gaza-Streifens umgesiedelt worden; im Januar/Februar des Jahres 1972 mußten 1.500 Beduinenfamilien aus dem Gebiet südlich von Rafah auf Sinai weichen, da hier in den folgenden Jahren der israelische Hafen Jamit entstand.

Im Westjordangebiet konzentrierten sich die Maßnahmen der Regierung auf das Jordantal, die gering besiedelten Westhänge des Berglandes sowie auf die Umgebung von Jerusalem. Besonderes Aufsehen erregte 1967 die Zerstörung der Dörfer im Latrun-Tal und die damit im Zusammenhang stehende Aussiedlung von 4.000 Palästinensern. Der Umfang des von 1967 bis 1977 enteigneten Bodens in der Westbank wird auf 1,6 Mill. Dunam (160.000 ha) geschätzt; das entsprach etwa einem Viertel der gesamten Fläche des Gebietes.

An markanten Punkten bzw. in wirtschaftlich bedeutenden Gegenden entstanden Wehrdörfer bzw. ländliche und städtische Siedlungen. Die Siedlungspolitik charakterisierte Dr. Meron BENVENISTI, der ehemalige stellvertretende Bürgermeister von Jerusalem, folgendermaßen:

"Die Geschichte des zionistischen Werks ist ein Bericht über die Schaffung praktischer faits accomplis durch Landerwerb und Besiedlung, um nationale, politische und militärische Ziele zu erreichen. Die meisten Israelis betrachten die Okkupation als eine direkte Fortsetzung des zionistischen Werks".[20]

Die Entscheidungen, in welchen Gegenden des Westjordanlandes neue Ortschaften entstehen sollten, fielen in der Regel bis 1977 auf der Grundlage des Allon-Planes. Außerhalb der darin genannten Gebiete legten Siedlerorganisationen in dieser Zeit drei weitere Orte an - Ofra (1975), Elon Moreh (1975) und Kaddum (1977). Insgesamt entstanden im ersten Jahrzehnt nach dem Junikrieg 95 israelische Siedlungen: 48 im Westjordangebiet, vier im Gaza-Streifen, 18 auf der Halbinsel Sinai und 25 auf den Golan-Höhen. In diesen Orten - zumeist landwirtschaftlich orientierten Wehrdörfern sowie vereinzelt städtischen Anlagen - lebten zu jener Zeit ca. 10.000 jüdische Siedler. Darüber hinaus nahmen in Ostjerusalem und seinen - zum Teil neu geschaffenen - Vororten etwa 45-50.000 israelische Bürger ihren Wohnsitz.

Parallel zur Siedlungstätigkeit begann die Regierung bereits 1967 damit, Maßnahmen zur wirtschaftlichen Integration der besetzten Territorien einzuleiten. Obwohl zunächst kein offizieller Plan zur Veränderung der Wirtschaftsstruktur dieser Gebiete existierte, nahm die Administration de facto zahlreiche Veränderungen insbesondere in Westbank und Gaza vor. Vor allem wurden die neuen Absatzmärkte genutzt, um palästinensische Arbeitskräfte zur Aufnahme einer Arbeitstätigkeit in Israel zu bewegen.

Hinsichtlich der wirtschaftlichen Verflechtung gab es durchaus unterschiedliche Meinungen innerhalb des Kabinetts. Verteidigungsminister DAJAN beispielsweise erklärte offen:

"Es stimmt, ich will die wirtschaftliche Integration, ich will, daß Juden aus Israel und der Welt in Gaza investieren ... Ich bin dafür, Arbeitsplätze in den besetzten Gebieten zu schaffen ... aber man muß wissen, dazu braucht man Israelis und jüdisches Geld. Die Ausführung wird langsam sein und unter den Bedingungen einer radikalen wirtschaftlichen Integration ... Aber wer die Gebiete besetzt halten will, muß wissen, daß man dem eine Grundlage geben muß ..."[21]

Gegen die Vorstellungen DAJANs traten vor allem Finanzminister Pinchas SAPIR und Arbeitsminister Josef ALMOGI auf. Auch der stellvertretende Ministerpräsident Jigal ALLON setzte sich noch im Mai 1968 dafür ein, "daß die Wirtschaft der besetzten Gebiete weiterhin eine eigenständige Einheit in jeder Hinsicht bilden muß, ihr Arbeitspotential inbegriffen".[22] Die Meinungsverschiedenheiten änderten jedoch nichts daran, daß unverzüglich konkrete Maßnahmen seitens der Regierung in den arabischen Territorien eingeleitet wurden. Dabei zeigte es sich, daß sich letztlich die Positionen Mosche DAJANs durchsetzten.

Schon unmittelbar nach dem Junikrieg begannen israelische Firmen mit der Ausbeutung der Naturreichtümer - Boden, Wasser, landwirtschaftliche Erzeugnisse - in Westbank und Gaza sowie der Bodenschätze auf Sinai. In Abu Rodeis auf der Sinai-Halbinsel förderte die Gesellschaft Netivei Neft zum Beispiel jährlich 6 Mill. Tonnen Rohöl, das zunächst für die israelische Wirtschaft genutzt und in der Folgezeit zum Teil nach Westeuropa exportiert werden konnte. Die israelischen Behörden unterstützten Aktivitäten, die ihnen zur Entwicklung ihrer einheimischen Unternehmen notwendig erschienen, bzw. hemmten solche, die nicht in deren Interesse lagen. So versuchten sie, die Landwirtschaft umzustrukturieren. Sie ordneten beispielsweise die Verringerung der Getreide- und Zitrusproduktion in Gaza und des Wassermelonenanbaus im Westjordangebiet an. Bestimmte Erzeugnisse - wie Weintrauben aus Hebron und Datteln aus El-Arisch oder Fisch aus Gaza - wurden für den israelischen Markt nicht zugelassen.

Die Entwicklung im palästinensischen Industriesektor stagnierte nach 1967. Israelische Firmen bauten zwar Kontakte zu Manufakturbetrieben auf, waren i. d. R. jedoch nicht an deren Erweiterung bzw. Vergrößerung interessiert. Sie lieferten ihnen Halbfabrikate, insbesondere Textil- und Lederwaren, und erhielten diese dann als Fertigprodukte zurück. Der Aufbau eigenständiger moderner Industriebetriebe war für Palästinenser angesichts der Konkurrenz israelischer Erzeugnisse sehr schwierig. 1975 wurden beispielsweise israelische Produkte im Wert von 2,35 Mrd. I£ nach Westbank und Gaza exportiert, davon 85 Prozent Industriewaren. Der umfangreiche Warenaustausch und die Ausrichtung der Ein- und Ausfuhr der besetzten Gebiete auf israelische Marktinteressen erhöhten die wirtschaftliche Abhängigkeit der Territorien beträchtlich. Bereits 1968 umfaßten die Einfuhren aus Israel 77 Prozent des gesamten Imports der Westbank und des Gaza-Streifens, 1977 sogar 91 Prozent. Deren Exporte nach Israel betrugen 1968 44 Prozent und erreichten 1977 61 Prozent.

Der israelische Staat war bestrebt, neue Einnahmequellen zu erschließen. Infolge der Verfügungsgewalt über die heiligen Stätten des Westjordanlandes erweiterte sich unter anderem der Tourismus. Insbesondere Ostjerusalem wurde durch den Bau neuer Straßen und Luxushotels zu einem großen internationalen Touristenzentrum entwickelt, das ausländische Besucher und mit ihnen Devisen ins Land brachte.

Die Regierung war bestrebt, mit Hilfe umfangreicher Investitionen die wirtschaftliche Integration der besetzten Gebiete schrittweise zu erweitern. Sie sicherte zu diesem Zweck in- und ausländischen Industriefirmen bereits im Juni 1968 umfangreiche Kredite zu günstigsten Bedingungen zu. 1972 beschloß das Kabinett, die arabischen Territorien als "Entwicklungszone, Kategorie A" zu deklarieren. Damit erhielt das Ministerium für Handel und Industrie freie Hand, direkte Maßnahmen zur Förderung von Kapitalanlagen einzuleiten. Aus staatlichen Mitteln wurden 20 Prozent der Kosten für Baulanderschließung und Gebäude sowie 33,3 Prozent der erforderlichen Gelder für Maschinen und Betriebsausrüstungen gezahlt. Fünf Jahre lang brauchten die Unternehmer keine Einkommenssteuer sowie nur ein Drittel der Vermögenssteuer zu entrichten. Dennoch konnten zunächst nur wenige Privatbetriebe für eine Investitionstätigkeit interessiert werden. Wirtschaftlich aktiv waren in Westbank, Gaza und Sinai daher bis 1977 vorrangig Gesellschaften, die zum staatlichen oder *Histadrut*-Sektor gehörten. Diese widmeten sich vor allem der Bautätigkeit - der Straßenbau wurde forciert und neue Siedlungen entstanden. 1973 ging die Regierung daran, die wirtschaftliche Erschließung der besetzten Gebiete langfristig vorzubereiten. Im August dieses Jahres beschloß das Kabinett einen 13-Punkte-Plan, der die Gründung zahlreicher neuer Siedlungen und die Errichtung großer Industriezentren vorsah. Der Minister für Handel und Industrie, Chaim BAR LEV, erklärte dazu auf einer Pressekonferenz, Israel und die besetzten Territorien seien als "eine wirtschaftliche Einheit" zu betrachten.[23]

Die wirtschaftlichen Probleme Israels nach dem Oktoberkrieg 1973 ermöglichten nicht die sofortige Umsetzung des Programms. Erst 1974 ging die Regierung an den Aufbau der Industriezentren Maale Adumim unweit von Jerusalem und Kirjat Arba bei Hebron. Hier entstanden vor allem Arbeitsplätze für die Siedler, die nicht in der Landwirtschaft tätig waren und daher zunächst täglich nach Israel fahren mußten, um Geld zu verdienen.

Für die Palästinenser boten Siedlungen und israelische Unternehmen ebenfalls Beschäftigungsmöglichkeiten. Sie blieben insgesamt jedoch relativ gering. Ein von Jahr zu Jahr größer werdender Teil der Bevölkerung sah sich daher veranlaßt, eine Tätigkeit im israelischen Kernland aufzunehmen. Arbeitskräfte aus Westbank und Gaza wurden dort vor allem im Bausektor, in der Landwirtschaft und im Dienstleistungswesen eingesetzt. Israelischen Statistiken zufolge stammten 1975 38.300 in Israel Beschäftigte aus dem Westjordanland und 25.600 aus dem Gaza-Streifen und Nordsinai. Da ihr Durchschnittsverdienst um etwa 40 Prozent niedriger als der israelischer Arbeitskräfte lag, waren sie vor allem für Klein- und Mittelunternehmer attraktiv.

Die Militärverwaltung war von Anfang an bestrebt, den Selbstbehauptungswillen und Widerstand der Bevölkerung so gering wie möglich zu halten. Dazu schränkte sie die Bewegungsfreiheit ein, verhängte sie den Ausnahmezustand über Orte und ganze Gebiete, ließ sie Schulen und Geschäfte zeitweilig schließen, führte sie Landkonfiskationen durch und verfügte sie Deportationen. Jede politische Betätigung war verboten. "Der arabischen Bevölkerung in den okkupierten Territorien" wollte Verteidigungsminister DAJAN zwar ermöglichen, "so gut wie möglich zu leben", er gestand ihr jedoch "keine politischen Rechte oder eine Stimme bei der Festlegung ihrer politischen Zukunft" zu.[24] Auf diese Weise sollten nicht nur Protestaktionen verhindert, sondern zugleich die Bevölkerung zur Auswanderung in arabische Staaten veranlaßt werden. Die Repressivmaßnahmen richteten sich vor allem gegen Intellektuelle und Persönlichkeiten des öffentlichen Lebens - Mitglieder von Gemeinderäten, Lehrer, Journalisten, Rechtsanwälte, religiöse Führer. Das zeigte sich insbesondere vor den Gemeindewahlen 1972 und 1976 im Westjordanland.

Der Oktoberkrieg und seine Folgen

Wie die folgenden Jahre belegten, waren durch den Sechstagekrieg Spannungen nicht abgebaut, sondern vielmehr verschärft worden. Zunächst konzentrierten sich - analog der Situation nach der Suez-Kampagne - alle internationalen Anstrengungen darauf, die kriegführenden Seiten an den Verhandlungstisch zu bringen. Israel war zu Gesprächen mit den arabischen Staaten bereit, gedachte diese jedoch im Sinne seiner Sicherheitsinteressen von der Position der Stärke aus zu führen. So berichtet Chaim HERZOG, daß sich das israelische Kabinett am 19. Juni 1967 einstimmig für die Rückgabe des gesamten Sinai an Ägypten ausgesprochen habe, "als Gegenleistung für Frieden, Entmilitarisierung und besondere Abmachungen für Scharm el-Scheich" sowie der "gesamten Golanhöhen an Syrien als Gegenleistung für Frieden und Entmilitarisierung". Auch seien bereits Schritte unternommen worden, "um mit König HUSSEIN wegen der Westbank Verhandlungen aufzunehmen".[25] Ägypten, Syrien und Jordanien jedoch bestanden auf dem sofortigen bedingungslosen Abzug der israelischen Truppen aus den besetzten Gebieten und lehnten direkte

Verhandlungen mit dem "zionistischen Gebilde" - wie ihre Politiker Israel nannten - ab. Ihre Positionen verfestigten sich nach der Gipfelkonferenz der arabischen Staaten in Khartum, die vom 29. August bis 1. September 1967 stattfand und sich gegen Frieden mit Israel, gegen eine Anerkennung Israels, gegen arabisch-israelische Verhandlungen und für Aktionen zur Sicherung der Rechte der Palästinenser aussprach. Die Fronten verhärteten sich immer mehr, da beide Konfliktparteien - gestützt von den Großmächten - auf ihren Positionen beharrten.

Bereits wenige Wochen nach dem Sechstagekrieg begannen entlang der ägyptisch-israelischen Waffenstillstandslinie am Suezkanal erneut Kämpfe. War es das Ziel Präsident NASSERs, Israel auf diese Weise zum Abzug vom Suezkanal zu zwingen, so suchte die israelische Führung durch Vergeltungsaktionen die Stärke ihrer Armee unter Beweis zu stellen und die 1967 eingenommenen strategischen Positionen zu festigen. Generalstabschef Chaim BAR LEV beauftragte Spezialeinheiten mit dem Bau eines Systems militärischer Befestigungsanlagen auf Sinai. Am 15. März 1969 war die sogenannte Bar-Lev-Linie fertiggestellt. Dennoch kamen die von General Jizchak RABIN nach dem Junikrieg versprochenen "langen Jahre der Sicherheit" nicht. Umfangreiche Lieferungen modernster Waffen nach Ägypten bzw. Israel beschleunigten die Rüstungsspirale. Das Terrain um den Suezkanal wurde somit zu einem großen Testgelände für die militärischen Ausrüstungen der Großmächte. Der sogenannte "Zermürbungs"- oder "Abnutzungskrieg" dauerte bis zum Sommer 1970. Er kostete Israel mehr Tote als der Sechstagekrieg. Israelische Historiker bezeichnen ihn daher mitunter als vierten Nahostkrieg.

Auch an den anderen Fronten herrschte nach Beendigung des Sechstagekrieges keine Ruhe. Bewaffnete palästinensische Gruppen gingen von arabischen Staaten aus gegen Israel vor; Terroranschläge gegen israelische Bürger im Ausland häuften sich. Vergeltungsmaßnahmen der israelischen Streitkräfte gegen Jordanien und Libanon führten zu Opfern unter der Zivilbevölkerung. Im Sinne ihrer Doktrin der Abschreckung war die Armeeführung bestrebt, die Überlegenheit des ZAHAL stets aufs Neue unter Beweis zu stellen. Doch dieses Vorhaben glückte nicht immer. Bei der Schlacht von Karame, einem kleinen jordanischen Dorf in der Nähe eines palästinensischen Flüchtlingslagers, zwangen am 21. März 1968 Einheiten der *Fatah* und der jordanischen Armee eine 15.000 Mann starke israelische Strafexpedition zum Rückzug über den Jordan. Karame wurde zum Symbol des neugewonnenen Selbstbewußtseins und eines militanten Identitätsgefühls der Palästinenser. Der Widerstand gegen die israelische Besetzung verstärkte sich.

In den folgenden Jahren kam es zu politischen Veränderungen in einer Reihe arabischer Staaten. In Sudan und Libyen übernahmen nationalistische Militärs die Macht, die Regierungen Iraks und Syriens gingen enge Bindungen zur Sowjetunion ein; im Jemen wurden verstärkt Anstrengungen zur Beendigung des Bürgerkriegs unternommen. In Ägypten begann 1970 mit der Übernahme der Präsidentschaft durch Anwar as-SADAT eine Entwicklung, die durch Öffnung der Wirtschaft für privates und ausländisches Kapital gekennzeichnet war und das Land außenpolitisch Westeuropa und den USA annäherte. Auch in anderen arabischen Staaten suchten konservative Kräfte ihre Positionen zu stärken. Sie nutzten dazu nicht selten die Palästinenserfrage. Sowohl in Jordanien als auch in Libanon - beide Länder bildeten die Hauptbasen palästinensischer Widerstandsgruppen - setzten die Regierungen ihre Truppen gegen Einheiten der PLO und palästinensische Flüchtlingslager ein. Während des "Schwarzen September" 1970 in Jordanien wurden 20.000 Palästinenser getötet.

Die Regierung der USA hielt an ihrem engen Bündnis mit Israel fest. Gleichzeitig war sie bemüht, die seit Juni 1967 relativ gespannten Beziehungen zu den arabischen Staaten, insbesondere zu Ägypten, zu verbessern. Mit diesem Ziel unterbreitete Außenminister William Pierce ROGERS im Dezember 1969 und im Juni 1970 Pläne, die Möglichkeiten für Separatabkommen zwischen Israel und Ägypten sondieren sollten. ROGERS schlug einen dreimonatigen Waffenstillstand am Suezkanal vor, um UNO-Botschafter Gunnar JARRING die Wiederaufnahme seiner Friedensbemühungen zu ermöglichen. Als Gegenleistung zum Abzug eines Teils der israelischen Streitkräfte von der Sinai-Halbinsel sollte Ägypten Maßnahmen einleiten, um den Suezkanal wieder für die internationale Schiffahrt freizugeben.

Die amerikanischen Vorschläge wurden in ihrer zweiten Fassung - die erste Version war von allen beteiligten Seiten abgelehnt worden - sowohl von Ägypten und Jordanien als auch von der israelischen Regierung akzeptiert. Es kam daraufhin am 7. August 1970 zum Waffenstillstand am Suezkanal. Der Abnutzungskrieg war beendet. Dennoch führten die Bemühungen JARRINGs nicht zu den erwarteten Fortschritten. Beide Seiten beharrten auf Maximalforderungen und waren nicht zu einem Kompromiß bereit.

Den Standpunkt der israelischen Regierung legte Ministerpräsidentin Golda MEIR am 16. März 1971 in der Knesset folgendermaßen dar:

"1. Jerusalem soll vereinigt und Bestandteil Israels bleiben.
2. Israel wird die Golan-Höhen, die das Huleh-Tal beherrschen, nicht aufgeben.
3. Der Jordan darf für arabische Truppen nicht mehr überquerbar sein.
4. Ich sagte, daß ich gegen einen unabhängigen palästinensischen Staat auf dem Westjordanufer bin.
5. Sichere und anerkannte Grenzen, die durch Verhandlungen bestimmt wer-

den, sind notwendig, um einen weiteren Krieg zu verhindern. Internationale Garantien können solche Grenzen nicht ersetzen.

6. Israel ist bereit, mit den Arabern über alle Fragen zu verhandeln, wird sich aber dazu nicht zwingen lassen ..."[26]

Chancen für eine Nahostregelung, die sich 1970/71 im Zusammenhang mit sich abzeichnenden Entspannungstendenzen in den internationalen Beziehungen boten, wurden nicht genutzt. Die folgenden Jahre waren daher durch einen Zustand, der weder Krieg noch Frieden bedeutete, charakterisiert. Diese Situation endete abrupt am 6. Oktober 1973. Am *Jom Kippur*, dem höchsten jüdischen Feiertag, und gleichzeitig im islamischen Fastenmonat *Ramadan,* überquerten ägyptische Panzer auf Pontonbrücken den Suezkanal. Etwa 240 Flugzeuge der ägyptischen Luftwaffe bombardierten israelische Stellungen; syrische Panzereinheiten drangen auf den Golan-Höhen vor. Die Ägypter durchbrachen die "unüberwindbare" Bar-Lev-Linie und stießen etwa 30 Kilometer ins Innere der Sinai-Halbinsel vor, wo sie ihre Offensive aus bisher umstrittenen Gründen stoppten. Auch die syrischen Truppen erzielten in den ersten Kriegstagen Geländegewinne.

Die israelische Führung war von den Angriffshandlungen der arabischen Armeen überrascht worden. Sie konnte in den ersten Tagen deren Vormarsch nicht verhindern und verlor einen Teil der auf Sinai stationierten Panzerwaffe sowie bereits am ersten Kriegstag 35 Flugzeuge. Verteidigungsminister DAJAN faßte die Situation am Abend des 8. Oktober folgendermaßen zusammen:

> "Selbst auf die Gefahr hin, der Bevölkerung einen schweren Schock zu versetzen, mußten wir sie mit der Wahrheit konfrontieren: Es war uns derzeit nicht möglich, die Ägypter über den Kanal zurückzuwerfen. Die Bevölkerung sollte wissen, daß die Festungen der Bar-Lev-Linie gefallen seien, daß es uns an Soldaten fehlte und wir daher zum ersten Mal ältere Jahrgänge mobilmachen und die vormilitärische Ausbildung der Siebzehnjährigen ins Auge fassen müßten. Wir brauchten auch dringend mehr Waffen und müßten versuchen, sie von den Vereinigten Staaten zu bekommen".[27]

Premierministerin Golda MEIR flog in die USA, um die Lage persönlich mit US-Präsident Richard NIXON zu beraten.

Am 11./12. Oktober gelang es dem ZAHAL, zunächst an der syrischen Front die militärische Initiative wiederzuerlangen. Die israelische Armee überschritt die faktische Waffenstillstandslinie von Juni 1967 und besetzte weitere syrische Territorien. Daraufhin trat zur Unterstützung Syriens am 13. Oktober Jordanien in den Krieg ein. Nach heftigen Kämpfen eroberte Israel am 22. Oktober den Berg Hermon zurück. An der ägyptischen

Front war indessen am 16. Oktober General Ariel SCHARON mit einer Panzerbrigade über den Suezkanal vorgestoßen und weit auf ägyptisches Gebiet vorgedrungen. Die auf Sinai operierende dritte ägyptische Armee wurde von israelischen Truppen eingekreist und geriet in eine komplizierte Situation. Der Weg nach Kairo schien zum Zeitpunkt, da die Kampfhandlungen beendet wurden, für die israelischen Verbände offen. Damit hatte Israel im Verlauf des Krieges zwar Positionen aufgeben müssen, jedoch auch neue arabische Gebiete besetzt und Positionsgewinne erzielt, so daß der Ausgang des Krieges - von beiden Seiten häufig als "Sieg" gefeiert - wohl am ehesten als "Pattsituation" zu charakterisieren war.

Verluste an Menschenleben und Material mußten beide Seiten hinnehmen: 12.000 ägyptische, 3.000 syrische und 2.222 israelische Soldaten fanden während der Kämpfe den Tod. Die Zahl der Verwundeten wurde mit 35.000 Ägyptern, 5.000 Syrern und 5.600 Israelis angegeben. Auch die Einbußen an Kriegsmaterial waren hoch. Israel verlor etwa 400 Panzer, 100 gepanzerte Truppenfahrzeuge, 102 Kampfflugzeuge, 5 Hubschrauber, 25 Geschütze und ein mit Raketen bestücktes Unterseeboot. Die Kriegskosten betrugen auf israelischer Seite pro Tag 50 bis 60 Mill. I£. Hinzu kam, daß der Jom-Kippur- oder Ramadan-Krieg den Mythos von der Unbesiegbarkeit der israelischen Armee zerstörte. Es hatte sich wiederum gezeigt, daß eine gewaltsame Lösung des Nahostkonflikts unmöglich war. Der Oktoberkrieg bedeutete vielmehr eine gefährliche Zuspitzung der Konfrontation in der Region und barg infolge der massiven Militärhilfe der USA und der Sowjetunion an die kriegführenden Seiten die Gefahr einer internationalen Ausweitung in sich.

Die Organisation der Vereinten Nationen suchte die weitere Eskalation zu verhindern und drängte zunehmend energischer darauf, die kriegerischen Handlungen einzustellen. Der Sicherheitsrat tagte vom 8. bis 10. Oktober. Er konnte jedoch keine Resolution verabschieden, da die Mitglieder einander diametral entgegengesetzte Ansichten vertraten. Erst am 22. Oktober nahmen sie einstimmig einen gemeinsam von der UdSSR und den USA unterbreiteten Vorschlag an. Der Beschluß des Sicherheitsrates 338 (1973) enthielt die Aufforderung an alle Parteien, sofort die militärischen Aktivitäten zu beenden, unverzüglich mit der Verwirklichung der Resolution 242 (1967) zu beginnen sowie Verhandlungen mit dem Ziel aufzunehmen, einen gerechten und dauerhaften Frieden im Nahen Osten herzustellen. Noch am selben Tag wurde die Resolution von Ägypten, Israel und Jordanien anerkannt. Syrien stimmte der Entschließung am 24. Oktober zu. Dennoch mußte der Sicherheitsrat seinen Appell am 23. und 25. Oktober wiederholen, um die Kämpfe auf Sinai zum Stillstand zu bringen. Erst als die Einkreisung der dritten ägyptischen Armee durch den ZAHAL abgeschlossen war, schwiegen auch hier die Waffen.

Das Kriegsziel Ägyptens und Syriens, mit dem Oktoberkrieg die 1967 von Israel besetzten arabischen Territorien zurückzugewinnen, war nicht erreicht worden. Der status quo ante blieb weitgehend erhalten. Dennoch waren durch den erneuten Ausbruch der bewaffneten Auseinandersetzungen und vor allem durch die indirekten Kriegsergebnisse neue Akzente im Nahostkonflikt gesetzt worden. Die arabischen Nachbarstaaten Israels hatten demonstriert, daß sie auf Dauer nicht bereit waren, sich mit den Gebietsverlusten des Sechstagekrieges abzufinden. Die Kampfhandlungen hatten die gewachsene Stärke ihrer Armeen unter Beweis gestellt. Selbst DAJAN mußte konstatieren: "Die Soldaten kämpften gut und waren mit hervorragenden sowjetischen Waffen ausgerüstet".[28] Dennoch hatte der Einsatz umfangreicher militärischer Mittel keine Lösung des Nahostkonfliktes erbringen können.

Israel hatte seine militärische Vormachtposition zwar behauptet, mußte neben hohen materiellen und menschlichen Verlusten jedoch vor allem eine politisch-moralische Schwächung seiner Armee hinnehmen. Militärs und Politiker sahen sich mit der Frage konfrontiert, ob die Abschreckungsdoktrin allein weiter ausreichen würde, um die Sicherheit des Landes zu gewährleisten, oder ob es an der Zeit sei, neue Überlegungen anzustellen. Die Folge war eine ernste innenpolitische Krise des Landes.

Der Oktoberkrieg belastete erheblich den internationalen Entspannungsprozeß. Gleichzeitig wurden in der von den USA und der UdSSR gemeinsam dem Sicherheitsrat unterbreiteten Resolution 338 (1973) jedoch auch erste Ergebnisse der Detente für den Nahen Osten sichtbar. Im Interesse einer Beilegung dieses Krisenherdes berief der UN-Sicherheitsrat für den 21. und 22. Dezember 1973 eine "Friedenskonferenz über die Lage im Nahen Osten in Genf unter Schirmherrschaft der Vereinten Nationen" ein. An der Konferenz nahmen die Außenminister der UdSSR, der USA, Ägyptens, Jordaniens und Israels teil. Syrien hatte eine Teilnahme abgelehnt.

Die Diskussionen auf der Genfer Konferenz verdeutlichten die konträren Standpunkte der arabischen Staaten und Israels. Sowohl in der Erklärung des ägyptischen Außenministers Ismail FAHMY als auch des jordanischen Ministerpräsidenten Said RIFAI stand die Forderung nach "vollständigem Abzug der israelischen Streitkräfte aus den seit dem 5. Juni 1967 besetzten arabischen Gebieten" und nach "Befreiung der arabischen Stadt Jerusalem" im Mittelpunkt.[29] Abba EBAN sprach sich dagegen für eine Korrektur der Grenzen aus. "Es kann keine Rückkehr zu den früheren Waffenstillstandslinien von 1949-1967 geben", erklärte er. Für "Israels Hauptstadt Jerusalem, die jetzt auf immer vereinigt ist", schlug der israelische Außenminister Gespräche über den freien Zugang von Pilgern zu den heiligen Stätten der Christenheit und des Islams vor.[30] Trotz dieser Divergenzen, der unzureichend kompromißbereiten Positionen beider Großmächte und der Abwesenheit einer syrischen Vertretung wurde die Möglichkeit eines Dialogs unter Schirmherrschaft der UNO deutlich. Die vorgesehene Fortsetzung der Konferenz auf Außenministerebene in Genf kam allerdings nicht zustande. Ein mit Zugeständnissen an die Gegenseite verbundener Friedensschluß paßte zu diesem Zeitpunkt weder ins Kalkül der regionalen Akteure noch entsprach er den Interessen der Großmächte.

Die Ergebnisse des Oktoberkrieges hatten zu einer militärischen Situation geführt, die für keine der beteiligten Seiten haltbar war: Israelische Truppen standen jenseits des Suezkanals auf afrikanischem Boden sowie in Kuneitra auf syrischem Gebiet; die dritte ägyptische Armee befand sich noch immer auf Sinai zwischen den israelischen Stellungen. Diese Lage suchten die USA mittels einer Politik der "kleinen Schritte" - wie Außenminister Henry KISSINGER formulierte - zu entspannen. Da die Sowjetunion aufgrund der abgebrochenen Beziehungen zu Israel sowie der antisowjetischen Politik SADATs als Vermittler ausschied, kam der amerikanischen Diplomatie ein besonderer Stellenwert zu. Der Erfolg wurde sichtbar, als am 11. November 1973 Vertreter Ägyptens und Israels am Kilometerstein 101 der Straße Kairo-Suez ein Sechs-Punkte-Abkommen zur Truppenentflechtung unterzeichneten. Mit der Bestätigung der Generalstabschefs beider Armeen am 18. Januar 1974 und der Beglaubigung durch den Befehlshaber der UN-Friedensstreitmacht erlangte die erste "Ägyptisch-israelische Vereinbarung über die Entflechtung der Streitkräfte" Rechtskraft.

Das Auseinanderrücken der israelischen und ägyptischen Armeen setzte unmittelbar nach Unterzeichnung des Abkommens ein. Am 4. März 1974 verließen die letzten israelischen Soldaten die Westseite des Suezkanals. Auch zwischen Syrien und Israel begannen Verhandlungen über ein Auseinanderrücken ihrer Streitkräfte. Am 31. Mai 1974 vereinbarten beide Seiten - ebenfalls durch Vermittlung der USA - eine Truppenentflechtung sowie einen Gefangenenaustausch. Mit der Realisierung wurde sofort begonnen. Beide Abkommen waren sowohl unter militärischem als auch unter politischem Aspekt notwendig geworden und können als erste zaghafte Schritte zur Beruhigung und künftigen Regelung des Nahostkonflikts - zunächst der ägyptisch-israelischen Konfrontation - gewertet werden.

Am 4. September 1975 unterzeichneten Vertreter Ägyptens und Israels ein zweites Abkommen, das sogenannte "Sinai-Abkommen". Es beinhaltete die erklärte Absicht beider Seiten, den Konflikt im Nahen Osten "nicht mit militärischer Gewalt, sondern mit friedlichen Mitteln" zu lösen und sich jeglicher "Androhung oder Anwendung von Gewalt oder militärischer Blockade gegeneinander" zu enthalten.[31] Auf dem östlichen Ufer des Suezkanals hatten sich die israelischen Truppen um durchschnittlich 55 Kilometer vom Kanal zurückzuziehen. Um die Vorbereitungsarbeiten für die Wiedereröffnung dieses wichtigen Schiffahrtsweges abzusichern, erfolgte die Stationierung einer UN-Friedenstruppe. Die Festlegungen führten zu einem einseitigen Truppenrückzug Israels hinter die Linien des Waffenstillstands von 1967. Sie entschärften die Situation an der ägyptisch-israelischen Grenze und wirkten der Gefahr eines erneuten "Abnutzungskrieges" entgegen.

Modifizierung außenpolitischer Grundlinien

Die israelische Nahostpolitik war nicht zu trennen von Aktivitäten, die über die Region hinausreichten. Mit dem Ziel, das Land politisch, wirtschaftlich und militärisch zu stärken, orientierte sich die Regierung weiterhin vorrangig auf die Partner in den USA und in Westeuropa. Damit wurden die bis zum Sechstagekrieg geltenden Prioritäten in der Außenpolitik prinzipiell weiter verfolgt. Gleichzeitig ließen sich in Zusammenhang mit den Kriegsereignissen 1967 und 1973 Modifizierungen nicht übersehen.

Der Sieg im Junikrieg hatte die politische und militär-strategische Bedeutung Israels für die USA erhöht. Sowohl die Regierung unter Präsident Richard NIXON als auch die von Präsident Jimmy CARTER geführte Administration setzten in der Nahost-Konfrontation vorrangig auf Israel. Parallel dazu waren sie bestrebt, Einfluß auf die Politik arabischer Staaten zu nehmen; diese Bemühungen minderten jedoch in keiner Weise den Stellenwert Israels. Dieser Haltung Rechnung tragend, erklärte Verteidigungsminister DAJAN im Januar 1968:

> "Das erste, was wir jetzt tun müssen, ist, eine so weitreichende Verständigung mit den Vereinigten Staaten wie möglich zu erreichen und ihnen zu helfen, im Nahen Osten zu bleiben".[32]

Die praktischen Ergebnisse der vorrangigen Orientierung auf die USA waren für Israel äußerst bedeutsam. Kredite und Darlehen in Höhe von 1,17 Mrd. Dollar im Zeitraum von 1966 bis 1973 und von 2,4 Mrd. Dollar in den Jahren 1974 bis 1977 trugen wesentlich zur Entwicklung der Wirtschaft bei. Das Know-how amerikanischer Spezialisten bzw. in den USA ausgebildeter israelischer Wissenschaftler und Techniker beschleunigte die Einführung modernster Technologien auf den verschiedensten Gebieten. Insbesondere auf militärischer Ebene verstärkte sich nach 1967 die Kooperation mit den Amerikanern. Sie umfaßte Waffenlieferungen - bereits 1968 waren z. B. hundert moderne Phantom- und Skyhawk-Kampfflugzeuge an Israel geliefert worden -, zweckgebundene Finanzhilfen und Abkommen über gemeinsame Manöver im Mittelmeer.

Besonders offensichtlich wurde die Bedeutung der politischen und materiellen Hilfe der USA in den Krisenjahren 1967 und 1973. Über die Regierungszuwendungen hinaus unterstützten Israel auch jüdische Bürger der USA, die - obwohl nicht zur Auswanderung bereit - sich mit dem jüdischen Staat solidarisierten und um seine Existenz bangten. 1967 erhielt Israel z. B. Spenden von amerikanischen Privatpersonen und jüdischen Organisationen in Höhe von 600 Mill. Dollar, 1973 sogar einen Betrag von 1,8 Mrd. Dollar.

Die Festigung der Beziehungen zu den USA, die DAJAN als "unseren einzigen Freund" in der Welt bezeichnete,[33] war um so bedeutungsvoller, als nach dem Oktoberkrieg einige westeuropäische Staaten kritische Töne gegenüber der israelischen Regierungspolitik anschlugen. Die EG-Staaten unterstützten in einer gemeinsamen Nahost-Erklärung vom 6. November 1973 die Resolutionen des Sicherheitsrates 242 (1967) und 338 (1973). Sie sprachen sich u. a. für die "Unannehmbarkeit von Gebietserwerbungen durch Gewalt" sowie für die "Notwendigkeit für Israel" aus, "die territoriale Besetzung zu beenden, die es seit dem Konflikt von 1967 aufrechterhält".[34] Ähnliche Positionen vertrat auch die japanische Regierung. Die Hintergründe für diese Stellungnahmen waren weitgehend in der Wirkung der nach dem Oktoberkrieg eingesetzten "Erdölwaffe" der arabischen Staaten zu suchen, waren doch Westeuropa und Japan in hohem Maße von den Öllieferungen der nahöstlichen OPEC-Staaten abhängig.

Dennoch wurden Ende der sechziger und Anfang der siebziger Jahre zwischen einzelnen EG-Staaten und Israel weitreichende Abkommen auf wirtschaftlichem Gebiet abgeschlossen. Von Bedeutung waren vor allem die Verträge mit der Europäischen Gemeinschaft über den Warenaustausch und den Abbau von Zollschranken von 1970 und 1975. Im November 1976 unterzeichneten beide Seiten ein Finanzprotokoll, wonach Israel von der Europäischen Investitionsbank ein hohes Darlehen zu günstigen Zinsbedingungen erhielt.

Die Beziehungen Israels zu den osteuropäischen Staaten verschlechterten sich in dem Maße, wie sich die Fronten im Nahostkonflikt erneut verhärteten. Die Sowjetunion ergriff sowohl 1967 als auch 1973 einseitig die Partei der arabischen Staaten und suchte durch Abbruch der Beziehungen zu Israel diplomatischen Druck auf den jüdischen Staat auszuüben. Die Politik der anderen osteuropäischen Staaten entsprach - mit Ausnahme von Rumänien - dieser Linie.

Die sowjetische Regierung sah sich aufgrund der von ihr vertretenen

Politik der Detente auch innenpolitischen Zwängen gegenüber. Tausende Juden hatten die Ausreise nach Israel beantragt; sie fanden internationale Unterstützung für ihr Anliegen. Zwischen 1967 und 1970 verließen 4.675 Auswanderungswillige das Land; die meisten von ihnen siedelten sich in Israel an. Doch erst in den Folgejahren kam es zu Auswanderungswellen größeren Ausmaßes. 1971 bis 1973 verließen z. B. 76.000 Juden die UdSSR; auch nach dem Oktoberkrieg hielt der "Exodus" an. Nicht alle 144.610 sowjetische Bürger, die in den Jahren 1968 bis 1977 israelische Visa, erhielten, reisten nach Israel. Auch unter den Neueinwanderern gab es nicht wenige, die nach kurzem Aufenthalt das Land wieder verließen. Die Immigranten jedoch, die in Israel blieben, stärkten in der Regel konservative Parteien. Sie lehnten die Politik der israelischen Sozialdemokratie als "sozialistisch" ab und neigten in der Palästinenserfrage zu wenig kompromißbereiten Haltungen.

Im Zusammenhang mit dem Oktoberkrieg verlor Israel an außenpolitischem Prestige. Bis Mitte November 1973 brachen - nicht selten unter dem Druck der arabischen Erdölländer - 22 afrikanische Staaten die diplomatischen Beziehungen zum jüdischen Staat ab. Das war ein bedeutender Rückschlag für die israelische Politik gegenüber der Dritten Welt. Die Zahl israelischer Experten in Entwicklungsländern reduzierte sich drastisch; gemeinsame Projekte wurden nur noch vereinzelt begonnen, obwohl 1975 noch 120 israelische Firmen allein auf dem afrikanischen Kontinent arbeiteten. Als Ausgleich konzentrierte sich die Regierung auf den Ausbau ihrer Beziehungen zu Südafrika. Während der israelische Vertreter in der UNO 1971 noch für Sanktionen gegen das Apartheid-Regime gestimmt hatte, enthielt er sich ab 1973 bei ähnlichen Anlässen der Stimme oder lehnte die Resolutionen ab. Die neue Qualität der Zusammenarbeit mit Südafrika manifestierte sich in der Aufnahme voller diplomatischer Beziehungen 1974 sowie im Besuch des südafrikanischen Staatsoberhauptes Balthazar Johannes VORSTER im April 1976 in Jerusalem. Im Gefolge dieser Visite wurde ein gemeinsames Ministerialkomitee für die Durchführung von spezifischen Projekten gebildet. Es handelte sich dabei sowohl um Industrievorhaben, wie die Errichtung eines Stahlwerkes durch *Kur* (Koor), als auch um Unternehmen mit militärischem Charakter.

Die auf dem afrikanischen Kontinent erlittenen Rückschläge suchte Israel in den siebziger Jahren durch Konzentration auf die Beziehungen mit Staaten Asiens und Lateinamerikas auszugleichen. Die Regierung forcierte die Kontakte zu Iran, Hongkong, Mexiko, Guatemala, Nikaragua, Costa Rica und Honduras. 1972 nahm sie diplomatische Beziehungen zu Südvietnam und 1974 zu El Salvador auf. 1977 existierten 58 Wirtschaftsprojekte in lateinamerikanischen Staaten.

Sozialökonomische Entwicklungen

Die israelische Regierung konnte zunächst die Ergebnisse des Junikrieges nutzen, um der Wirtschaftsrezession der Jahre 1965-1967 zu begegnen. Den mageren "Jahren der Mäßigung" folgten die "fetten Jahre" erneuter wirtschaftlicher Prosperität. Israelische Historiker schätzten sie als "Höhepunkt des Wachstums des Kapitalismus" unter Ägide der Partei der Arbeit,[35] oder als "goldenes Zeitalter des Labour-Kollektivs" ein.[36] Im Zeitraum bis 1973 expandierte die Wirtschaft. Bruttosozialprodukt, Nationaleinkommen und Exportvolumen stiegen drastisch an. Die Industrieproduktion verdoppelte sich nahezu. Auch das durchschnittliche Realeinkommen und die Privatausgaben pro Kopf der Bevölkerung erhöhten sich. Diese Entwicklung währte bis 1973, als in Zusammenhang mit dem Oktoberkrieg das Land erneut in eine schwere Wirtschafts- und Gesellschaftskrise gestürzt wurde.

Entscheidungen zur wirtschaftlichen Entwicklung Israels waren in den Jahren 1967 bis 1974 eng verbunden mit dem Wirken des Finanzministers Pinchas SAPIR. Geboren 1907 in Polen und 1929 nach Palästina eingewandert, war SAPIR nach der Staatsgründung mehrere Jahre Generaldirektor des Verteidigungsministeriums bzw. des Finanzministeriums und ab 1955 Minister für Handel und Industrie. 1963 übernahm er die Funktion des Finanzministers. In den folgenden Jahren spielte er eine aktive Rolle bei der Förderung privater in- und ausländischer Investitionen. SAPIR ging als "israelischer Wirtschaftszar"[37] und "Königsmacher"[38] in die Geschichte ein und galt als Symbolfigur für das enge Zusammenwirken von Staat und Wirtschaft, gleichzeitig aber auch für Manipulierung, Begünstigung und Korruption. Er organisierte ab 1967 jährliche Weltwirtschaftskonferenzen in Jerusalem, auf denen Regierungsvertreter mit jüdischen Bankiers und Unternehmern aus fünf Kontinenten Möglichkeiten der Kapitalanlage in Israel diskutierten, ihnen staatliche Zuwendungen in Höhe von 30 Prozent der Investitionen zusicherten sowie umfangreiche Steuervergünstigungen versprachen. Diese Maßnahmen förderten das Zusammenwirken von einheimischem und ausländischem Kapital in Industrie, Dienstleistungs- und Finanzwesen.

In der Industrie dominierte zunehmend der Rüstungssektor. Es entstanden die neuen Großbetriebe El-Op, Israel Shipyards und Beit Shemesh Engines. Die staatlichen Unternehmen Israel Aircraft Industries (IAI) und Israel Military Industries (IMI) wurden reorganisiert bzw. wesentlich erweitert. Sie entwickelten sich zu den größten Industriekonzernen des Landes. IAI beschäftigte beispielsweise 1972 über 15.000 Arbeiter und Angestellte.

Bis 1977 befanden sich Armee, Verteidigungsministerium und die meisten Firmen, die sich mit der Produktion militärischer Güter beschäftigten, in den Händen von Vertretern der MAPAI bzw. von deren Nachfolgepartei MAI. Die bereits Anfang der sechziger Jahre begonnene enge Verflechtung von Partei- und Staatsapparat mit der Armee und der Militärindustrie setzte sich fort. Ehemalige führende Militärs - wie zum Beispiel der Kommandeur der Luftwaffe Benny PELED oder der Generalmajor Jeschajahu GAVISCH - übernahmen leitende Funktionen in der Rüstungsindustrie bzw. lenkten - wie die Generale Jizchak RABIN und Mosche DAJAN - als Minister die Geschicke des Landes. Der Anteil des Staatsbudgets für militärische Zwecke erhöhte sich im ersten Jahrzehnt nach dem Sechstagekrieg bedeutend. Während bis 1967 die Verteidigungsausgaben etwa ein Viertel des Budgets und ein Zehntel des Bruttosozialproduktes betrugen, stiegen sie bis 1974 auf 40 Prozent des Budgets und 30 Prozent des BSP.

Zur Belebung der Wirtschaft nahm die Regierung umfangreiche Kredite und Darlehen auf. Die Auslandsschulden, die 1967 noch bei 2,157 Mrd. Dollar lagen, verdreifachten sich bis 1973 auf 6,740 Mrd. Dollar und erhöhten sich bis 1977 auf 13,281 Mrd. Dollar. Erneute Anleihen, Zinsen und Zinseszinsen vergrößerten die Abhängigkeit der israelischen Wirtschaft vom Ausland. Zum größten Kreditgeber avancierte die US-Regierung. Während sie Israel von 1966-1970 Darlehen in Höhe von 490 Mill. Dollar zur Verfügung stellte, waren es im Zeitraum von 1971-1973 bereits 680 Mill. Dollar.

Gleichzeitig erhöhte sich die Einflußnahme der großen Banken des Landes auf die Wirtschaft. Die mächtigsten drei Finanzinstitute - *Bank Le'umi, Bank ha-Poalim* und *Bank Diskont le Jisrael* - verfügten 1968 über ein Gesamtvermögen von 24 Mrd. Dollar. Über ihre Rolle nach dem Junikrieg schrieben israelische Autoren:

> "Wie große Haie stürzten sich damals die Banken auf die Beute, um ihren Anteil zu ergattern. Das war der Beginn des Prozesses, an dessen Ende die drei Banken zu den wahren, fast ausschließlichen Beherrschern der israelischen Wirtschaft geworden sind, zu einer Macht im Staat und auch in internationaler Hinsicht".[39]

Symptomatisch für die "Sapir-Zeit" war, daß nicht wenige Regierungsangestellte ihre Position nutzen konnten, um sich persönlich zu bereichern sowie sich - zum Teil nach Ausscheiden aus ihrer Funktion - an Aktiengesellschaften zu beteiligen bzw. eigene Unternehmen zu gründen. Als Beispiele für die personelle Verflechtung von Wirtschaft und Politik bzw. von Privat- und Staatssektor seien genannt: David HACOHEN - ehemaliger Vorsitzender des Knessetkomitees für Auswärtige Angelegenheiten und

Vorsitzender der im Besitz der Maritime Fruit Carriers befindlichen Atlantik-Gesellschaft, Avraham OFER - Generaldirektor der *Histadrut*-Gesellschaft *Schikun Ovdim* und Direktor des privaten Konzerns Ashdod Company, Jisrael Jeschajahu SCHARABI - Postminister, Knessetsprecher, Generalsekretär der Partei der Arbeit (1971) und stellvertretender Präsident der Firma General Telephone and Electronics in New York.

Der - nach dem Staat - zweitgrößte Arbeitgeber Israels, die *Histadrut*, spielte eine wichtige Rolle bei der wirtschaftlichen Entwicklung des Landes. Eng verbunden mit in- und ausländischem Privatkapital sowie mit dem staatlichen Sektor, unterstützt durch Gelder des Staatshaushalts und der Zionistischen Weltorganisation war die *Chevrat ha-Ovdim* eine wesentliche Säule der israelischen Wirtschaft. Sie beschäftigte von 1967 bis 1977 kontinuierlich ein Fünftel bis ein Viertel aller Lohn- und Gehaltsempfänger. Die Gesellschaft *Kur* (Koor) wurde in Hinblick auf die wirtschaftlichen Prioritäten des Landes reorganisiert. Sie konzentrierte sich in der Folgezeit auf die Metallverarbeitung, die Herstellung elektrischer und elektronischer Anlagen, die Erzeugung von Chemikalien und Gummi. Ihre Investitionen erhöhten sich von 38,5 Mill. I£ 1968 auf 80,5 Mill. I£ 1970. Im gleichen Zeitraum vergrößerte sich die gesamte Nettoproduktion der *Chevrat ha-Ovdim* von 11,3 Mrd. I£ auf 14,8 Mrd. I£.

Während in den ersten zwei Jahrzehnten nach der Staatsgründung die Erweiterung der landwirtschaftlichen Nutzfläche und die Steigerung der Agrarproduktion noch eine bestimmende Rolle in der israelischen Wirtschaftspolitik gespielt hatten, wurde nach 1967 der Industrie Priorität gegeben. Die landwirtschaftliche Nutzfläche blieb konstant bzw. verringerte sich von 1967 bis 1970 sogar um 33.000 Dunam (3.300 ha). Sowohl der Einsatz moderner Technik als auch der verstärkte Urbanisierungsprozeß führten in Zusammenhang damit zur relativen und absoluten Verringerung der Zahl der im Agrarsektor tätigen Bevölkerung. Im Zeitraum von 1967 bis 1977 nahm die Zahl der Arbeitskräfte in der Landwirtschaft um etwa 25 Prozent ab.

Die Abhängigkeit der landwirtschaftlichen Siedlungen *Kibbuzim* und *Moschavim* von Bank- und Regierungskrediten sowie die Verbindung der durch sie gegründeten Betriebe mit in- und ausländischen Privatunternehmen erhöhte sich. Die seit Mitte der sechziger Jahre errichteten Industriebetriebe der Genossenschaften verarbeiteten nicht nur landwirtschaftliche Produkte, sondern beschäftigten sich zunehmend auch mit Ersatzteilfertigung für Maschinen, mit Möbelherstellung oder mit der Produktion elektrischer und elektronischer Geräte. 1977 hatten bereits 90 Prozent der *Kibbuzim* eine zweite industrielle Basis; in ihnen existierten 295 Industriebetriebe, die sich insgesamt als profitabler erwiesen als private Unternehmen. Höhere Arbeitsproduktivität, geringere Managerkosten und größere Nettogewinne pro Beschäftigten zogen sowohl Vertreter des privaten Sektors als auch staatliche Unternehmen an. Gleichzeitig wurde die Attraktivität dieser Betriebe dadurch erhöht, daß sie weitgehend von Streiks verschont blieben.

Die Entwicklung von Industriebetrieben in den *Kibbuzim* und *Moschavim* in den sechziger und siebziger Jahren war mit einer Zunahme der Zahl der Lohnarbeiter, die zunächst nur in der Erntesaison in der Landwirtschaft tätig gewesen waren, verbunden. Bereits 1973 waren 5.350 Lohnarbeiter in Industrieunternehmen des Kibbuz-Sektors beschäftigt. Der Mythos vom sozialistischen Kibbuz, der unter anderem auf dem Tabu der Ablehnung von Lohnarbeit beruhte, schwand zunehmend. Dennoch wirkten die utopisch-sozialistischen Vorstellungen der Gründerväter - wenn auch abgeschwächt und modifiziert - nach wie vor unter den Mitgliedern der Kollektivsiedlungen. Aus ihren Reihen kamen viele kritische Stimmen zur praktischen Politik der Regierung und der *Histadrut*. Hier konzentrierten sich linke Kräfte der Sozialdemokratie, die Verstöße gegen die demokratischen Spielregeln im Staat nicht ohne Protest hinnahmen und sich nicht selten solidarisch mit den arabischen Bürgern des Landes erklärten.

Die Wirtschafts- und Sozialpolitik der Regierung trug dazu bei, daß sich im Zeitraum von 1967 bis 1973 die Schere zwischen den oberen und unteren Einkommenskategorien erheblich vergrößerte. Während den Besitzern großer Unternehmen immer neue Steuererlasse zugebilligt wurden, hatten Arbeiter und Angestellte sowie die Angehörigen des Mittelstandes dem Staat fortwährend höhere Abgaben zu entrichten. So verringerte sich der Anteil der Kapitalgesellschaften am gesamten Steueraufkommen von 1967 bis 1969 beispielsweise von 22 auf 13 Prozent. Gleichzeitig erhöhten sich die durch die Lohn- und Gehaltsempfänger erbrachten Einkommenssteuern um 4 Prozent. Die Situation der Klein- und Mittelverdiener wurde auch durch verminderte Sozialleistungen beeinträchtigt. Während 1966/67 noch 39 Prozent des Budgets für Sozialausgaben vorgesehen waren, betrugen die von der Regierung für diese Zwecke veranschlagten Gelder 1970/71 nur noch 15 Prozent.

Nach 1973 verstärkten sich die wirtschaftlichen Probleme Israels drastisch. Hatte das jährliche Wachstum des Bruttosozialproduktes von 1967 bis 1973 durchschnittlich 10 Prozent betragen, so erhöhte es sich von Oktober 1973 bis Februar 1977 jährlich im Durchschnitt nur noch um 2,6 Prozent. Höhere Militärausgaben und gestiegene Erdölpreise belasteten den Staatshaushalt bedeutend. Die instabile Lage in der Region hielt ausländische Firmen davon ab, ihr Kapital in Israel und in den besetzten Gebieten anzulegen. Die Investitionen gingen 1974 um 4,5 Prozent, 1976 sogar um 12,2 Prozent zurück. Ausdruck der prekären Wirtschaftssituation waren Inflationsraten von 56,2 Prozent 1974 bzw. 38 Prozent 1976. Das Zahlungsbilanzdefizit betrug 1974 fast vier Milliarden Dollar.

Finanzminister Jehoschua RABINOWITZ, der 1974 SAPIR ablöste, suchte die Wirtschaftsprobleme insbesondere durch noch höhere Steuern und weitere Kürzungen von Subventionen zu lösen. Die Folge davon war, daß sich das Realeinkommen der Bevölkerung im Zeitraum von 1973 bis 1976 um durchschnittlich 8 Prozent verringerte. Damit verbunden war eine Senkung des Lebensstandards der Arbeiter und Mittelschichten. Die *Histadrut* als Interessenvertreter der Arbeitnehmer kritisierte die Maßnahmen der Regierung. Sie war in ihrer Wirkungsmöglichkeit jedoch eingeschränkt, da ihre Führer der regierenden Partei der Arbeit angehörten und in bestimmtem Maße deren Politik mittrugen. Ausdruck ihres gemeinsamen Vorgehens waren beispielsweise die im Februar 1970 und im März 1973 von Unternehmerverband, Regierung und *Histadrut*-Führung ausgehandelten "Pauschalabmachungen" über ein Einfrieren der Löhne und Gehälter. Im Oktober 1976 lehnte die Gewerkschaftsführung die von RABINOWITZ vorgeschlagenen Kürzungen der Subventionen für Grundnahrungsmittel um 40 Prozent ab. Nach längerer Diskussion stimmte sie jedoch dem stufenweisen Abbau der staatlichen Stützungen zu und gab nach anfänglichem Zögern auch ihr Einverständnis zur Einführung der Mehrwertsteuer.

Die Kooperation von *Histadrut*-Führung und Regierung auf wichtigen Gebieten führte dazu, daß soziale Spannungen nicht in vollem Umfange zum Tragen kamen. Dennoch gab es permanent Streikkämpfe, die auf die Verbesserung der Lebens- und Arbeitsbedingungen gerichtet waren. Insbesondere in der Periode wirtschaftlicher Prosperität erlangten sie Breite und Intensität. So fanden 1970-1972 insgesamt 500 Arbeitsniederlegungen statt, an denen 290.500 Arbeiter und Angestellte beteiligt waren. Staatliche Institutionen und die *Histadrut*-Führung beschäftigten sich in dieser Zeit mehrfach mit den Auswirkungen der Arbeitsniederlegungen auf die Wirtschaft. In Zusammenhang damit stellten sich Regierung und leitende Gewerkschaftsmitglieder nicht selten auf die Seite der Unternehmer. So erklärte Ministerpräsidentin MEIR 1971 vor der Knesset, daß sie Streiks als "Bedrohung der israelischen Gesellschaft und der Grundlagen unserer Existenz" betrachte.[40]

Am 18. Juni 1971 verabschiedete die Regierung ein Gesetz, das die Arbeitskämpfe wesentlich einschränken sollte. Dennoch wurde weiter gestreikt, wobei die Zahl der "wilden" Streiks, d. h. der Arbeitsniederlegungen, die ohne Genehmigung der *Histadrut*-Führung stattfanden, immer mehr zunahm. Erst 1973 und 1974, als sich angesichts des Krieges und seiner Folgen der nationale Konsens wieder auf soziale Fragen ausdehnte, fanden wesentlich weniger Streiks statt.

Innenpolitische Trends

Der Junikrieg und die ihm nachfolgenden sozialen Umschichtungsprozesse führten zu bedeutenden Veränderungen im innenpolitischen Kräfteverhältnis. Liberale und konservative Parteien erstarkten und wurden zu einem Machtfaktor, der die Dominanz der Sozialdemokratie in Parlament und Regierung gefährdete. Die MAPAI-Führung war daher bestrebt, ihre politische Kraft zu erhöhen und bereitete den Zusammenschluß aller sozialdemokratischen Gruppierungen vor. Am 21. Januar 1968 fand der Vereinigungsparteitag von MAPAI, *Achdut ha-Avodah/Poale Zion* und RAFI in Jerusalem statt. Die neu gebildete Partei nannte sich *Mifleget ha-Avodah ha-Jisraelit* (Israelische Partei der Arbeit, MAI). Erster Generalsekretär wurde Pinchas SAPIR. Erste Vorsitzende der Partei waren Golda MEIR (1968-73) und Jizchak RABIN (1973-77).

Die auf dem Parteitag 1968 formulierten Hauptziele der MAI - Förderung der Einwanderung, Verstärkung der Vision des sozialistischen Zionismus und der Grundwerte der Arbeiterbewegung, Interessenvertretung der Werktätigen Israels in den zentralen und lokalen Institutionen, in der zionistischen Bewegung, in der *Histadrut* und in der internationalen Arbeiterbewegung sowie Schutz der Meinungs-, Rede- und Diskussionsfreiheit - waren relativ allgemein gehalten. Sie sollten einem breiten Spektrum der Bevölkerung den Eintritt in die Partei bzw. die Abgabe der Stimme für die Sozialdemokraten ermöglichen.

Der im Vorfeld der Gründung der MAI ebenfalls diskutierte Beitritt der MAPAM kam nicht zustande. Am 19. Januar 1969 schlossen sich jedoch Partei der Arbeit und MAPAM zu einem Wahlbündnis, dem sogenannten großen *Maarach*, für Knesset- und *Histadrut*-Wahlen zusammen. Für die MAPAM war es in den folgenden Jahren schwierig, ihre betont linkssozialistischen Positionen im Bündnis und nach außen zu artikulieren. Sie gab für einen längeren Zeitraum ihren Charakter als eigenständige Partei weitgehend auf.

Die konservative *Cherut* und die Liberale Partei verstanden es, die verschlechterten Existenzbedingungen der Arbeitnehmer Mitte der sechziger Jahre sowie die im Gefolge des dritten und vierten Nahostkrieges zunehmenden nationalistischen Tendenzen zu nutzen, um ihren Einfluß insbesondere in Teilen der Arbeiterschaft, des Mittelstandes bzw. bei sozial entwurzelten und verarmten Schichten zu vergrößern. Es gelang ihnen, Anhänger der MAI für sich zu gewinnen, die in der Palästinenserfrage Kompromisse ablehnten. Insbesondere Splitterparteien, die erstmals bei den Wahlen 1969 kandidierten, waren für sie potentielle Bündnispartner.

Am 20. Februar 1968 hatten ehemalige Mitglieder der RAFI, die die Gründung der MAI ablehnten, die *Reschimah Mamlachtit* (Staatsliste) gegründet. Mit den Spitzenkandidaten David BEN GURION, Meir AVISOHAR und Jigael HORWITZ errangen sie 1969 bei den Parlamentswahlen vier Sitze. Von der *Cherut* hatte sich wiederum im März 1967 *ha-Merkas ha-Chofschi* (Das Freie Zentrum) abgespalten. Standen hier zunächst vor allem persönliche Meinungsverschiedenheiten zwischen Schmuel TAMIR und Menachem BEGIN im Hintergrund, so zeichneten sich die Mitglieder dieser Splitterpartei in der Folgezeit durch besonders aktivistische Positionen hinsichtlich der besetzten Gebiete aus. Sie traten für die sofortige Annexion dieser Territorien ein und lehnten das Zusammengehen mit den Sozialdemokraten in der Regierung der nationalen Einheit ab. Bei den Wahlen 1969 bekamen sie zwei Mandate.

Der liberal-konservative Flügel war bestrebt, die Sozialdemokraten aus der Regierungsverantwortung zu verdrängen. Seine Vertreter setzten daher der Bildung des großen *Maarach* die Fusion von Parteien entgegen, die die Verbindung sozialdemokratischer und zionistischer Ideen ablehnten. Als Alternative zum Arbeiterblock wurde auf Initiative von Ariel SCHARON im Juli 1973 der *Likud* (Einigung) gegründet. Dabei handelte es sich um den Zusammenschluß von *Cherut,* Liberaler Partei, Staatsliste und Freiem Zentrum. Während der GACHAL-Block 1969 bei den Parlamentswahlen nur 21,7 Prozent der Stimmen erhalten hatte, bekam der *Likud* 1973 bereits 30,2 Prozent. Diese Ergebnisse deuteten auf die Bildung von zwei miteinander rivalisierenden politischen Hauptgruppierungen im israelischen Parteienspektrum und in der Innenpolitik hin; in den folgenden Jahren bestimmten folgerichtig *Maarach* und *Likud* die innerisraelischen Auseinandersetzungen.

Am Ringen um die politische Macht beteiligten sich auch die klerikalen Parteien MAFDAL und *Agudat Jisrael*. Die Nationalreligiöse Partei verfügte im Zeitraum von 1967 bis 1977 über jeweils 10-12 Parlamentssitze und war bis 1976 in der Regierungskoalition vertreten. Sie arbeitete zunächst eng mit der Sozialdemokratie zusammen, begab sich aber zunehmend auf Positionen, die insbesondere in der Nahostfrage dem *Likud*-Standpunkt nahekamen. In der Partei entwickelten sich drei Fraktionen - die "Junge Garde" unter Zevulun HAMMER, eine Gruppe um den Parteivorsitzenden Josef BURG und ein kleiner Kreis um Avraham MELAMED. In der Regierung stellte die MAFDAL den Minister für Religiöse Angelegenheiten und den Innenminister.

Die *Agudat Jisrael* trat offiziell gegen alle Bestrebungen auf, Religion und Zionismus miteinander zu verbinden, und blieb daher in der Opposition. Sie richtete ihr Hauptaugenmerk darauf, die religiöse Gesetzgebung auf weitere Bereiche des täglichen Lebens auszudehnen. Auseinandersetzungen mit der Regierung standen in den siebziger Jahren immer wieder auf der Tagesordnung. Dabei ging es den Orthodox-Religiösen vor allem darum, die Sabbatruhe landesweit einzuhalten und eine Festlegung zur Frage "Wer ist Jude" in ihrem Sinne zu erreichen.

Die Zusammenarbeit mit den religiösen Parteien stellte stets eine Säule der Regierungspolitik dar. Obgleich Religion und Tradition ein wichtiges Bindeglied zwischen den aus verschiedenen Staaten und Kontinenten stammenden jüdischen Bürgern bildeten, wirkten die klerikalen Parteien nicht immer ausgleichend und beschwichtigend auf die parteipolitischen Rivalitäten ein, sondern suchten verstärkt eigene Ambitionen durchzusetzen. 1976 führte die MAFDAL eine ernste Regierungskrise herbei, als sie sich weigerte, gemeinsam mit den übrigen Koalitionsparteien gegen ein Mißtrauensvotum der *Agudat Jisrael* zu stimmen. Die orthodox-religiösen Kräfte hatten die Legitimität der Regierung in Frage gestellt, als diese die Ankunft neuer Militärflugzeuge aus den USA ausgerechnet auf den Sabbat legte. Damit wurde das Kabinett gezwungen, am 22. Dezember 1976 zurückzutreten und Neuwahlen für den 16. Mai 1977 auszuschreiben.

Nach dem Junikrieg zeichnete sich immer deutlicher ab, daß zwei politische Lager entstanden waren, die sich voneinander vor allem in ihrer Haltung zur Palästinenserfrage unterschieden. Hatten bis zu diesem Zeitpunkt in den innerisraelischen Debatten Fragen der Sozial- und Wirtschaftspolitik Priorität gehabt, so konzentrierten sich die Auseinandersetzungen ab 1967 auf die politische und territoriale Gestaltung Israels, das Schicksal der besetzten Gebiete und die Politik gegenüber den Palästinensern. Während der liberal-konservative Flügel und die religiösen Parteien die Angliederung der Territorien an den Staat Israel befürworteten, vertraten MAI und MAPAM die Variante des territorialen Kompromisses, die sogenannte Jordanische Option. Diese sah die Rückgabe strategisch weniger wichtiger Gebiete an Jordanien sowie die Regelung des Palästinenserproblems durch die Bildung eines jordanisch-palästinensischen Staates vor.

Zusätzlich zu den genannten Parteien traten nach dem Sechstagekrieg mehrere neue politische Gruppierungen an die Öffentlichkeit, die beide Lager stärkten. Zu nennen sind einerseits die Organisation *Tnuah lemaan Erez Jisrael ha-Schlemah* (Bewegung für Groß-Israel), die am 31. Oktober 1967 gegründet wurde, und die sich im Februar 1974 formierende Bewegung *Gusch Emunim* (Block der Treue). Beide Bewegungen forderten die Annexion der besetzten Territorien sowie die Anlage jüdischer Siedlungen auch außerhalb des Allon-Planes. Während die Groß-Israel-Bewegung zunächst als Bürgerinitiative tätig war und Mitglieder umfaßte, die aus verschiedenen politischen Parteien kamen, standen die *Gusch-Emunim*-Aktivisten in ihrer Mehrzahl der Nationalreligiösen Partei nahe und beriefen sich auf die Lehren des Rabbiners Avraham Isaak ha-Cohen

KOOK und dessen Sohnes Zvi Jehuda KOOK. Grundlage ihrer Ideologie bildeten eine messianistische Interpretation des Zionismus und die Betonung der Heiligkeit des Landes Palästina (*Erez Jisrael*) für die Juden.

Andererseits formierten sich auch Kräfte, die zwar von der Sozialpolitik des *Maarach* enttäuscht waren und aus diesem Grunde oppositionelle Organisationen bildeten. Sie standen in der Palästinenserfrage jedoch der Sozialdemokratie näher als dem *Likud*. So entstand zum Beispiel unter Führung von Schulamit ALONI 1973 die *Tnuat le-S'chujot ha-Esrach u-le-Schalom* (Bewegung für Bürgerrechte und Frieden - RAZ). Sie setzte sich für die Gleichberechtigung aller Bürger des Landes ohne Unterschied von Rasse, Religion und Geschlecht ein und konnte mit diesem Programm bereits wenige Monate nach ihrer Gründung drei Parlamentssitze bei den Knessetwahlen erringen. Seit 1971 machte auch wiederholt eine Gruppe orientalischer Juden von sich reden, die sich - analog zu einer Organisation von Afroamerikanern in den USA - die "Schwarzen Panther" nannte. Sie wollte die Aufmerksamkeit der Öffentlichkeit auf die nach wie vor unterprivilegierte Stellung der Einwanderer aus arabischen Staaten lenken. Ein Teil verbündete sich mit den israelischen Kommunisten und trat 1977 der von der Neuen Kommunistischen Liste (RAKACH) geführten *Demokratischen Front für Frieden und Gleichheit* (CHADASCH) bei.

Die Wahlen zur 7. Knesset am 28. Oktober 1969 fanden ganz im Zeichen des zwei Jahre zuvor errungenen militärischen Sieges Israels statt. Obwohl im Ergebnis des Wählervotums der *Maarach* mit 56 Parlamentssitzen stark genug gewesen wäre, um gemeinsam mit der Nationalreligiösen Partei die bis Juni 1967 existente kleine Koalition zu erneuern, setzte er die "Regierung der nationalen Einheit" mit dem GACHAL-Block fort. Golda MEIR, die nach dem Tode von Premierminister Levi ESCHKOL im März 1969 dessen Amt übernommen hatte, stand an der Spitze des neuen Kabinetts. Die 1898 in Rußland geborene und in den USA aufgewachsene Politikerin hatte seit ihrer Einwanderung nach Palästina 1921 zunächst in einem *Kibbuz* gelebt und war mehrere Jahre aktiv in der Gewerkschaft tätig gewesen. In ihrer Amtszeit als Ministerpräsidentin (1969 bis 1974) konnte sie auf ihre Erfahrungen als Ministerin für Arbeit (1949-1956) und Außenministerin (1956-1966) zurückgreifen.

Obwohl Frau MEIR als der "starke Mann" im Kabinett galt, gelang es ihr nicht, Divergenzen innerhalb der Regierung sowohl zu innenpolitischen Fragen als auch hinsichtlich des Vorgehens in der Region auszugleichen. Die Kontroversen zwischen den politischen Hauptgruppierungen, aber auch die innerhalb der Partei der Arbeit existierenden Meinungsverschiedenheiten konnte die Öffentlichkeit anhand der Goldmann-Affäre und des Rogers-Planes verfolgen.

Der Präsident der Jüdischen Weltkongresses, Dr. Nahum GOLDMANN

(1895-1982), schlug im März 1970 ein Treffen mit dem ägyptischen Präsidenten NASSER vor, um die Möglichkeiten einer Nahostregelung zu sondieren. Eine Bereitschaft der ägyptischen Seite lag seinen Worten zufolge vor. Das israelische Kabinett, in dem sich zunehmend wenig kompromißbereite Kräfte durchsetzten, wies GOLDMANNs Initiative zurück. Wenngleich die Mehrheit der israelischen Bevölkerung zu diesem Zeitpunkt die Vorstellungen des Präsidenten des Weltkongresses hinsichtlich der uneingeschränkten Anerkennung der UN-Resolution 242 (1967) und der Notwendigkeit einer schnellen Regelung des Problems der palästinensischen Flüchtlinge nicht teilte, hielten viele Israelis die Ablehnung der Gespräche mit NASSER für eine verpaßte Chance. Es kam zum ersten Mal in der Geschichte des Landes zu Demonstrationen von Studenten und Universitätsprofessoren gegen die Regionalpolitik der Regierung.

Die sowohl zwischen den Parteien als auch auf innerparteilicher Ebene geführten Diskussionen zur Nahostproblematik verschärften sich mit dem zweiten Rogers-Plan im Juni 1970. Die Akzeptanz des amerikanischen Vorschlags, der einen Abzug Israels aus Teilen der besetzten Gebiete vorsah, durch den *Maarach* führte zum Austritt des GACHAL-Blocks aus der Koalition. Die Regierung der nationalen Einheit beendete damit nach drei Jahren ihre Tätigkeit.

In der verkleinerten Koalitionsregierung verfügte die MAI erneut über alle Schlüsselressorts politischer Macht. Eine kleine Gruppe von Politikern, das sogenannte "Küchenkabinett" Golda MEIRs, leitete die Innen-, Außen- und Militärpolitik. Nicht selten fielen die wichtigsten Entscheidungen am Samstagabend im Haus der Ministerpräsidentin, wenn sie und ihre Vertrauten - zumeist Finanzminister SAPIR, Verteidigungsminister DAJAN und der Minister ohne Geschäftsbereich GALILI - Beschlüsse vorbereiteten, um sie dann am folgenden Tag der Regierung vorzulegen.

Die Ergebnisse des Oktoberkrieges bewirkten weitere Veränderungen der innenpolitischen Kräftebalance. Bei den Wahlen am 31. Dezember 1973 gelang es dem *Maarach* zwar nochmals, trotz der Einbuße von 5 Mandaten mit 51 Abgeordneten die größte Parlamentsfraktion zu stellen und gemeinsam mit der Nationalreligiösen Partei (10 Sitze) und der Unabhängigen Liberalen Partei (4 Sitze) die Regierung zu bilden. Der Machtzuwachs des liberal-konservativen Flügels war jedoch unübersehbar. Der *Likud* errang 39 Mandate - das waren sieben Sitze mehr als GACHAL, Staatsliste und Freies Zentrum gemeinsam bei den letzten Wahlen 1969 erreicht hatten.

Bevölkerung und Parteien diskutierten heftig und engagiert Verlauf und Ergebnisse des Oktoberkrieges. Sowohl die Regierung als auch die führenden Armeegeneräle standen im Mittelpunkt der öffentlichen Debatten. Ihnen lasteten viele Israelis die Schuld an den hohen menschlichen und materiellen Verlusten während des Krieges an. Eine Untersuchungskommission unter Leitung des Präsidenten des Obersten Gerichts, Schimon AGRANAT, legte im Januar 1975 einen 1.500 Seiten umfassenden Bericht vor, von dem 42 Seiten veröffentlicht wurden. Die Kommission erklärte den Generalstabschef und den Kommandeur des Südabschnitts für die Rückschläge schuldig, ließ jedoch Ministerpräsidentin MEIR und Verteidigungsminister DAJAN ungeschoren. Der Bericht konnte die Kritik der Bevölkerung nicht zum Verstummen bringen. Protestdemonstrationen im Februar, März und April 1974 sowie die öffentliche Diskussion zwischen den führenden Militärs über Fehlentscheidungen vor und während des Krieges trugen zur weiteren Unterhöhlung der Positionen der Regierung bei. Die als "Krieg der Generäle" in die israelische Geschichtsschreibung eingegangene Kontroverse beschäftigte sich insbesondere mit der Frage, ob Geheimdienst oder Generalstab schuld daran waren, daß Israel vom Kriegsbeginn überrascht wurde. Am 11. April 1974 traten Premierministerin MEIR, Außenminister EBAN und Verteidigungsminister DAJAN zurück. Neuer Premier wurde Jizchak RABIN (geb. 1922); Jigal ALLON übernahm das Amt des Außenministers, Schimon PERES das Verteidigungsressort.

Aus Jerusalem stammend, war RABIN der erste im Lande geborene Regierungschef. Er gehörte zur militärischen Elite des Landes, war 1940 in den PALMACH eingetreten und hatte während des Unabhängigkeitskrieges als Brigadekommandeur gedient. Er blieb bis zum Sechstagekrieg, den er als Generalstabschef führte, in der Armee. 1968 begann RABIN seine politische Karriere im diplomatischen Dienst als israelischer Botschafter in Washington. 1971 wurde er Mitglied der Partei der Arbeit und bekleidete bis 1974 mehrere Kabinettsposten.

Bedeutenden Einfluß auf die innenpolitische Entwicklung nahmen nach 1967 in höherem Maße als zuvor Militärs, da der Junikrieg Rolle und Stellenwert der Armee in Politik und Gesellschaft aufgewertet hatte. Die Auswirkungen zeigten sich in höheren Militärausgaben und in juristischen Festlegungen und administrativen Maßnahmen. Das Parlament verabschiedete beispielsweise 1968 und 1975 Gesetze über die Verlängerung des Wehrdienstes von Männern und Frauen; 1969 wurde das Alter für Reservisten auf 55 Jahre erhöht. In der Berichterstattung der Massenmedien nahmen Armee, Offiziere und Soldaten einen wichtigen Platz ein. Sie wurden häufig mit dem Nymbus der "Unbesiegbarkeit" umgeben.

Der Gründerpionier als der Prototyp eines Israelis wurde zunehmend durch den siegreichen ZAHAL-Soldaten verdrängt. So schrieb der israelische Autor Amos ELON:

"Die Öffentlichkeit sieht im allgemeinen in den Kibbuzniks keine Supermänner mehr, die die höchsten nationalen Ideale personifizieren. Die Öffentlichkeit wird jetzt mehr von siegreichen Generälen und Kriegshelden beeindruckt".[41]

Er stellte - allerdings mit kritischer Distanz - den Fallschirmspringer HAR-ZION, der in der für ihre Überfälle auf arabische Ortschaften im Grenzgebiet bekannten Kompanie 101 diente, als "Symbol eines 'neuen' kaltblütig kämpfenden Juden mit stählernem Gewissen" dar und bezeichnete ihn als "Symbol" des sich ausweitenden "Kults der Härte".[42] Wie ELONs Buch zeigte, begrüßten nicht alle israelischen Bürger diese Tendenz. Öffentliche Kritik blieb jedoch eine Ausnahmeerscheinung.

Während des Oktoberkrieges sank zwar das Prestige der Militärs innerhalb der Bevölkerung, die existentielle Bedeutung von Armee, Aufklärung (*Modiin*) und Geheimdienst (*Mosad*) galt jedoch erneut als bewiesen. Um kritische Stimmen zu beruhigen, beschloß die Regierung im Januar 1974 ein Gesetz, wonach Teilnehmern des Jom-Kippur-Krieges Vergünstigungen hinsichtlich Arbeitsplatz, Bildungsmöglichkeiten und Wohnung zugesichert wurden. Insbesondere mit der Entebbe-Aktion 1974, als es dem *Mosad* gelang, 83 israelische Geiseln zu befreien, konnte im Lande der legendäre Ruf der Sicherheitskräfte - zumindest teilweise - wiederhergestellt werden. Die von der MAI geführte Regierung nutzte auch Persönlichkeiten wie Ariel SCHARON, um neue Sicherheitsüberlegungen zu demonstrieren. SCHARON, dessen Überquerung des Suezkanals als "entscheidender Sieg" gefeiert worden war, erhielt 1975 die Funktion eines Beraters des Premierministers für Sicherheitsfragen.

Durch Duldung der Aktivitäten der Siedlerorganisationen in den besetzten Gebieten förderte die Regierung objektiv das Erstarken von Kräften, die sich gegen politische und territoriale Kompromisse wandten. Sie unternahm nichts gegen Demonstrationen des *Gusch Emunim* und erlaubte die Formierung der auf rassistischer Grundlage agierenden *Kach*-Partei. Der Anführer dieser Partei, Meir KAHANE (1932-1990), hatte 1968 die "Jüdische Verteidigungsliga" in den USA gegründet, die die militante Bekämpfung des Antisemitismus auf ihre Fahnen geschrieben hatte. 1971 wegen illegalen Waffenbesitzes verhaftet, wanderte KAHANE nach Israel aus und erhielt hier 1972 die israelische Staatsbürgerschaft. Im Wahlkampf 1973 begann er eine antiarabische Kampagne, die insbesondere Palästinenser in der Westbank veranlassen sollte, ihre Heimat zu verlassen. Die Tolerierung der Aktivitäten KAHANEs war vielfach Gegenstand der Kritik linkszionistischer Kräfte. Diese wandten sich offen gegen die Gefahr einer Rechtsentwicklung, wie sie u. a. im Vorgehen von Polizeieinheiten gegen streikende Arbeiter und Angestellte, gegen Demonstrationen der "Schwarzen Panther", gegen Flugblattaktionen der Kommunisten sowie gegen linkssozialistische Jugendgruppen zum Ausdruck kam. Aufsehen erregte der Fall des Giora NEUMANN, des ersten israelischen Bürgers, der - im Juli 1972 - zu einer Gefängnisstrafe verurteilt wurde, weil er sich geweigert hatte, in der Armee zu dienen.

Das Erstarken von Kräften, die Gewalt gegen Palästinenser und oppositionelle Israelis befürworteten und die Rolle der Armee über Gebühr betonten, hing zweifellos nicht nur mit inneren Entwicklungen des Landes und der Situation in den besetzten Gebieten zusammen. Auch die Spannungen im Nahostkonflikt, die dem israelischen Bürger als Bedrohung seiner Existenz erschienen, und terroristische Aktionen von Palästinensern, wie zum Beispiel der Überfall auf die israelische Olympiamannschaft in München 1972 und die Angst um die israelischen Geiseln in Entebbe 1974, trugen maßgeblich dazu bei.

Einseitige antiisraelische Stellungnahmen internationaler Organisationen bestärkten den nationalen Konsens der jüdischen Bevölkerung Israels in Grundfragen. Das wurde besonders deutlich, als die UNO-Vollversammlung am 10. November 1975 die Resolution 3379 mit einer Mehrheit von 72 zu 35 Stimmen bei 32 Enthaltungen verabschiedete, die den Zionismus als "eine Form von Rassismus und Rassendiskriminierung" verurteilte.[43] Die überwiegende Mehrheit der Israelis stellte sich emotional und rational hinter Chaim HERZOG, der als offizieller Vertreter seines Landes auf der Vollversammlung der Vereinten Nationen die Resolution nicht nur als antiisraelisch, sondern zugleich als antisemitisch bezeichnete. HERZOG charakterisierte den Zionismus als eine der "dynamischsten Nationalbewegungen in der Menschheitsgeschichte", als das "Aufbegehren einer unterdrückten Nation gegen Ausplünderung und bösartige Diskriminierung der Länder, in denen der Antisemitismus gedieh".[44] Alle Straßen in Israel, die den Namen der Vereinten Nationen trugen, wurden symbolisch in "Zionismus-Straßen" umbenannt.

Trotz Betonung der nationalen Identität in zugespitzten Situationen war es auch im dritten Jahrzehnt der Existenz des Staates Israel noch nicht gelungen, eine vollständige Integration der jüdischen Einwanderer aus den verschiedenen Ländern und Kontinenten bzw. ihrer Nachkommen zu erreichen. Obwohl objektive Zwänge diesen Prozeß beförderten, wirkten ihm gleichzeitig die konkreten sozialökonomischen und politischen Bedingungen sowie eine Reihe subjektiver Faktoren entgegen.

Die Identität der relativ geschlossenen ethnischen Gruppe der orientalischen Juden (*Adot ha-Misrach*) blieb durch enge familiäre Bindungen und eigene Lebensgewohnheiten weitgehend erhalten. Konzentriert auf die großen Städte und die sogenannten Entwicklungsstädtchen bildete sie 1975 bereits 56,7 Prozent der jüdischen Bevölkerung Israels und stellte damit einen Faktor dar, mit dem jede Regierung zu rechnen hatte. Diese

Konstellation berücksichtigte die Führung der Partei der Arbeit, die sich zunächst im wesentlichen als Partei der *Aschkenasim*, der aus Europa und Amerika stammenden Juden, verstand, nur bedingt.

Noch 1970 betrug das Durchschnittseinkommen einer orientalisch-jüdischen Familie lediglich 73,9 Prozent des Einkommens einer Familie, deren Oberhaupt aus Europa oder Amerika stammte. Obwohl sich in den folgenden Jahren dieses Verhältnis zugunsten der Orientalen etwas veränderte - für 1975 wurde ihr Durchschnittseinkommen mit 82,2 Prozent angegeben - blieb die Unzufriedenheit mit der Regierungspolitik bestehen. Sie richtete sich auch gegen die Unterrepräsentierung der *Adot ha-Misrach* in kommunalen Vertretungen, in führenden Partei- und Gewerkschaftsfunktionen sowie im Parlament. 1973 waren beispielsweise nur 16,5 Prozent der Knessetabgeordneten orientalischer Herkunft.

Eine wichtige Frage der israelischen Innenpolitik war stets das Verhältnis zu den im Lande ansässigen Arabern israelischer Staatsbürgerschaft. Trotz offensichtlichen demographischen Wachstums - die Volkszählungen ergaben eine Verdopplung der arabischen Bevölkerung zwischen 1961 und 1975 - erfolgte keine Ausweitung der von dieser Gruppe bewohnten Gebiete. Die Regierung leitete im Gegenteil wiederholt Maßnahmen zur Beschlagnahme arabischen Grund und Bodens ein. Bekannt wurde insbesondere Mitte der siebziger Jahre die Aktion zur "Judaisierung Galiläas", die das Ziel hatte, umfangreiche Ländereien im Norden Israels zu enteignen, um damit Voraussetzungen für die Gründung von Entwicklungsstädten für jüdische Einwanderer inmitten eines geschlossenen arabischen Siedlungsgebietes zu schaffen. Für dieses Vorhaben stellte der Staat 1,5 Mrd. I£ zur Verfügung.

Umfangreiche Landkonfiszierungen erfolgten auch im vorwiegend von arabischer Bevölkerung bewohnten Gebiet Meschulasch (Triangel) und im Negev. Die israelischen Araber waren teilweise noch nach Aufhebung der Militärverwaltung 1966 in ihrer Bewegungsfreiheit eingeschränkt. Sie hatten insbesondere in Krisenzeiten unter der komplizierten politischen und wirtschaftlichen Lage zu leiden. So war die Arbeitslosigkeit im arabischen Sektor stets höher als innerhalb der jüdischen Bevölkerung.

Diese Situation stieß wiederholt auf Kritik sowohl jüdischer als auch arabischer Bürgerrechtler. Unter ihrem Druck wurde 1972 eine Kommission eingesetzt, die die Probleme der arabischen Kommunalverwaltungen untersuchte. Sie stellte fest, daß staatliche Zuwendungen für arabische Dörfer nur 7-10 I£ pro Kopf der Bevölkerung betrugen, während es im jüdischen Sektor 70-250 I£ waren. Die Kommission beschäftigte sich in diesem Zusammenhang auch mit Fragen des Wohnungs- und Bildungswesens. Obwohl in den arabischen Orten in den letzten Jahrzehnten eine Vielzahl neuer Häuser entstanden war, die meisten Dörfer auch an das

Wasser- und Stromversorgungsnetz angeschlossen wurden, ließen sich gegenüber den jüdischen Ortschaften doch gravierende Unterschiede feststellen. Während von den jüdischen Haushalten nur 6,2 Prozent auf so engem Raum lebten, daß drei und mehr Personen ein Zimmer teilen mußten, waren es 44,9 Prozent der Familien im arabischen Sektor. Trotz drastischer Erhöhung des Bildungsstandes der arabischen Bevölkerung - es gab 1972 nur noch 36,5 Prozent Analphabeten - entsprachen die Bedingungen des Schulwesens keinesfalls den Erfordernissen. 1971 fehlten in arabischen Schulen ca. 3.000 Klassenräume. Insbesondere in den höheren Bildungseinrichtungen blieben die arabischen Bürger stark unterrepräsentiert. So hatte sich die Zahl der arabischen Absolventen israelischer Universitäten von 1961 bis 1974 zwar von 354 auf 1.840 erhöht; das bedeutete jedoch lediglich eine Steigerung von 0,98 auf 1,9 Prozent aller Absolventen.

Eine umfangreiche innenpolitische Diskussion zur Lage der arabischen Bevölkerung löste die Veröffentlichung des "König-Reports", eines Geheimdokuments des Gouverneurs des Nordbezirks, Jisrael KÖNIG, an das Innenministerium im September 1976 durch die MAPAM-Zeitung "Al ha-Mischmar" aus. KÖNIG hatte die Ausweitung jüdischer Siedlungen in Territorien mit vorwiegend arabischer Bevölkerung sowie die gezielte politische Beeinflussung der arabischen Bürger des Landes vorgeschlagen. Sein Hauptanliegen war es, die Mehrzahl der israelischen Araber zur Auswanderung zu drängen. Aufgrund der starken Proteste im In- und Ausland zog die Regierung den "König-Report" zurück.

Die arabische Bevölkerung stand der Verwirklichung der Regierungspläne nicht abwartend oder passiv gegenüber. Als sich 1975/76 die Landenteignungen häuften, rief am 25. März 1976 das "Komitee zur Verteidigung des Bodens" zum Generalstreik für den 30. März auf. Die Mehrheit der arabischen Bürger folgte diesem Aufruf. Es kam zu Demonstrationen, die die Polizei bemüht war, mit Gewalt niederzuschlagen. Sechs Araber wurden getötet, Hunderte verhaftet. Nationale und internationale Proteste veranlaßten die Regierung, noch 1976 einen Ministerausschuß einzusetzen, der sich mit der Lage der arabischen Minderheit befaßte.

Die Integration der arabischen Bürger erfolgte insgesamt nur zögernd. Sie wurde behindert durch historische Erfahrungen und nationalistische Vorurteile beider Seiten sowie religiöse Barrieren. Der Generalstreik vom 30. März 1976 zeigte jedoch deutlich, daß die arabische Minderheit zu einem ernstzunehmenden politischen Faktor in Israel geworden war. Zum Interessenvertreter der Araber in Knesset und Gewerkschaft wurde zunehmend die Neue Kommunistische Liste (RAKACH). Sie sprach insbesondere das arabische Wählerpotential an und konnte ihren Stimmenanteil bei Parlamentswahlen von 2,8 Prozent 1969 auf 3,4 Prozent 1973 erhöhen.

Diesen Entwicklungstrends Rechnung tragend begann die Regierung, ihre Politik zu modifizieren. Sie legte einerseits als Gegengewicht zu Konzentrationspunkten arabischer Bevölkerung jüdische Satellitenstädte - zum Beispiel Nazareth Elit - an und gewährte den dortigen Ortsräten hohe Zuwendungen aus staatlichen Mitteln. Andererseits war insbesondere die Führung der Partei der Arbeit bestrebt, eine Zusammenarbeit mit arabischen Intellektuellen und Vertretern des Mittelstandes zu erreichen. Sie suchte dieses Ziel zunächst u. a. mit Hilfe von arabischen Listen, die mit dem *Maarach* verbunden waren, zu erreichen. Gemeinden, in denen Stimmengewinne zu erhoffen waren, vor allem jedoch die Oberhäupter einflußreicher Großfamilien, erhielten materielle Unterstützung. Gleichzeitig wurde die politische und ideologische Einflußnahme auf die drusische Bevölkerung verstärkt. Ab 1973 nahm die Partei der Arbeit auch arabische Bürger Israels als Mitglieder auf.

Der wirtschaftliche Aufschwung nach 1967 führte zu einer Belebung der Aktivitäten des Staates auf wissenschaftlich-technischem Gebiet. Diese wurde nicht zuletzt durch großzügige Spenden jüdischer Organisationen des Auslands sowie in Kooperation mit Institutionen und wissenschaftlichen Einrichtungen der USA und Westeuropas erzielt. Es erfolgte der umfassende Ausbau der Hebräischen Universität Jerusalem auf dem Mount Scopus. Die Universität stellte nicht nur eine Investition in die wissenschaftliche Zukunft des Landes dar, sondern spielte auch unter politisch-strategischem Aspekt eine bedeutende Rolle. Sie erhielt umfangreiche finanzielle Zuwendungen, baute neue Fachrichtungen auf und entwikkelte sich mit 13.850 Studenten im Studienjahr 1975/76 zur größten Hochschuleinrichtung des Landes. Die übrigen sechs Universitäten - insbesondere die Tel Aviver Universität, aber auch die Mitte der sechziger Jahre gegründeten Ausbildungsstätten in Haifa und Beerscheva - erhöhten gleichermaßen ihre Rolle im wissenschaftlichen Leben. Es gab 1975/76 in Israel insgesamt 51.500 Studierende. Das Wissenschaftlerpotential der Universitäten wurde mit ca. 9.000 beziffert - eine für ein Land mit einer Bevölkerung von 3,5 Millionen nicht zu unterschätzende Größe von wissenschaftspolitischer und wirtschaftlicher Bedeutung.

Die Auswirkungen wissenschaftlich-technischer Neuerungen auf fast allen Gebieten und der damit zunehmende Stellenwert von allgemeiner und spezifischer Ausbildung erforderten auch Maßnahmen im Schulwesen. 1968 wurde eine umfassende Schulreform durchgeführt, die die allgemeine Schulpflicht von acht auf zehn Jahre erhöhte. Der Zensus von 1972 ergab, daß zu diesem Zeitpunkt nur noch 12,4 Prozent der israelischen Bevölkerung über 14 Jahre Analphabeten waren. Eindrucksvoll war auch die Tatsache, daß sich insbesondere die Zahl derjenigen wesentlich vergrößert hatte, die Hebräisch als Umgangssprache benutzten und in Wort und Schrift beherrschten - von 67,4 Prozent der jüdischen Bevölkerung über 14 Jahre im Jahre 1961 auf 88,4 Prozent im Jahre 1972. Vorhandene Disparitäten im Bildungsstand zwischen jüdischer und arabischer Bevölkerung sowie zwischen den Juden aus europäischen bzw. amerikanischen Staaten und aus dem Orient konnten geringfügig gemindert werden.

Auf kulturellem Gebiet verstärkten sich nach 1967 westeuropäische und US-amerikanische Einflüsse. Zur Verbreitung westlicher Zivilisationsvorstellungen in Israel trug nicht unwesentlich die Einführung des Fernsehens 1969 bei. Außer dem Landesprogramm konnten von Anfang an auch jordanische Sender empfangen werden, die vor allem von den israelischen Arabern und zum Teil von der orientalisch-jüdischen Bevölkerungsgruppe verfolgt wurden.

In der Literatur zeichnete sich Mitte der sechziger Jahre eine deutliche Politisierung ab. Die Auseinandersetzung mit der *Schoah* und Darstellungen aus der Aufbauzeit des Landes - insbesondere aus dem Kibbuzleben - blieben ein wichtiges Thema. Darüber hinaus wurden nunmehr verstärkt die Probleme der Region und Fragen der Entwicklung der israelischen Gesellschaft reflektiert. Dabei gab es durchaus konträre Linien. Wurden einerseits das Armee- und Soldatenleben verherrlicht, zeigten sich andererseits nach dem Junikrieg deutlicher als zuvor Konturen einer Antikriegsliteratur. Meinungsäußerungen israelischer Soldaten, zusammengefaßt in dem Band "Siach Lochamim" (Kämpfergespräche), sowie politische Satiren Hanoch LEVINs stellten die Pendants zu den Werken von Nathan ALTERMANN und Uri Zvi GREENBERG dar, die die israelische Entwicklung glorifizierten. Nationale und internationale Bedeutung erlangten Schriftsteller wie Avraham B. JEHOSCHUA, Joram KANIUK und Amos OZ als Vertreter der jungen, bereits im Lande geborenen Generation, deren Werke sich durch Realitätssinn und kritische Auseinandersetzung mit den Problemen der eigenen Gesellschaft auszeichneten. Diskussionen über den jüdischen Charakter der israelischen Kultur und deren Verbindung mit der Diaspora waren belebt worden; sie verdeutlichten die Suche vieler Intellektueller nach neuen Parametern kultureller Identität und zeugten zugleich von einem gewachsenen nationalen Selbstbewußtsein.

Das Jahr 1977 bildete für die Geschichte Israels einen gewichtigen Einschnitt, endete mit den Wahlen zur 10. Knesset am 16. Mai doch die 29jährige Regierungsverantwortung der Sozialdemokratie. Der *Maarach* erhielt mit 24,6 Prozent der Stimmen nur noch 32 Parlamentssitze und war nicht mehr in der Lage, eine Regierungskoalition zu bilden. Der *Likud* - mit 33,4 Prozent und 43 Mandaten stärkste Fraktion - wurde zur führenden politischen Kraft im Lande. Der Regierungswechsel, obwohl von den nationalen wie internationalen Medien als "überraschend und unerwartet" benannt, war Ausdruck und Ergebnis einer Entwicklung, die bereits Jahre zuvor in der israelischen Gesellschaft begonnen hatte.

Im Zeitraum von 1967 bis 1977 waren liberale und konservative Kräfte erstarkt. Nicht wenige Unternehmer profitierten wirtschaftlich von der Besetzung der arabischen Territorien und vertieften ihre Bindungen an das Auslandskapital. Sie betrachteten häufig nicht die Sozialdemokratie, sondern den *Likud* als ihre Partei und unterstützten ihn politisch und finanziell. Die Mehrheit der *Likud*-Wähler kam allerdings nicht aus den Luxusvillen der Vororte großer Städte, sondern aus den Armenvierteln Tel Avivs, Haifas und Jerusalems sowie aus den Entwicklungsstädten. Durch die Verschlechterung ihrer sozialen Lage mit der Regierungspolitik unzufrieden, hatten sich im Verlauf der siebziger Jahre viele Orientalen vom *Maarach*, den sie mit dem Establishment gleichsetzten, abgewandt. Sie sahen insbesondere in der *Cherut*-Partei einen Gegenspieler zum Arbeiterblock und wurden von ihr mit offenen Armen aufgenommen.

Unter den *Likud*-Wählern waren viele Arbeitnehmer, die den Versprechungen der Rechtskräfte Glauben schenkten. Auch kleine und mittlere Unternehmer, Handwerker und Gewerbetreibende, die nach 1967 wirtschaftlich erstarkt waren, orientierten sich auf die Partei des Menachem BEGIN. Ihr gewachsenes Selbstbewußtsein trug dazu bei, daß sie nicht mehr auf die Regierungsparteien setzten, sondern zu Anhängern der oppositionellen *Cherut* wurden. Diese Entwicklung wurde dadurch begünstigt, daß die Mehrzahl der orientalischen Juden relativ geringe Bildungsmöglichkeiten und damit auch unzureichende berufliche Entwicklungschancen hatte. Ihr Verhalten wurde maßgeblich durch traditionell-religiöse Bindungen bzw. durch kleinbürgerliche Lebensnormen und Denkweisen geprägt. Politisch und ideell standen die *Adot ha-Misrach* somit dem *Likud* weitaus näher als der MAPAM oder MAI mit deren Losungen eines "demokratischen Sozialismus". Selbst extrem-nationalistisches Gedankengut fiel bei ihnen häufig auf fruchtbaren Boden.

Beeinflußt vom militärischen Erfolg und der anhaltenden Besetzung fremder Territorien, neigte ein Teil der Bevölkerung nach 1967 zu verstärkt nationalistischen Auffassungen. Die Ansichten rechtsextremistischer Kräfte, die die Angliederung der okkupierten Gebiete forderten und offen antiarabische Propaganda betrieben, fanden in alle sozialen Schichten und ethnischen Gruppen Eingang. Zunehmend mehr Israelis sahen den Allon-Plan, der die Annexion nur eines Teils der Westbank und des Gaza-Streifens vorsah, als nicht mehr ausreichendes Konzept an. Sie forderten das größere Israel und lehnten sowohl die Genfer Verhandlungen als auch die Vorschläge der US-Regierungen unter NIXON und CARTER zu einer Nahostregelung ab. Bestärkt in dieser Haltung wurden sie durch den Oktoberkrieg 1973, palästinensische Terrorakte und die benannten antiisrae.-lischen Trends im internationalen Leben.

Auch die durch den Krieg verursachten menschlichen Opfer, materiellen Verluste und politischen Einbußen vertieften Tendenzen des Mißtrauens und der Ablehnung gegenüber der Regierung. Selbst innerhalb der Sozialdemokratie war ein enormer Vertrauensverlust in die Führung zu verspüren. Das zeigte sich insbesondere bei den Wahlergebnissen in den *Kibbuzim* und *Moschavim*, die stets als Hochburgen von MAI und MAPAM gegolten hatten. Nur 70,8 Prozent der Mitglieder der Kibbuz-Organisation *Ichud ha-Kvuzot we-ha-Kibbuzim* stimmten 1977 für den *Maarach*, 1973 waren es noch 88,2 Prozent gewesen. In der Moschav-Bewegung *Tnuat ha-Moschavim* gaben 44,4 Prozent der Mitglieder ihre Stimme der Sozialdemokratie - 1973 noch 61,7 Prozent.

Das Prestige der sozialdemokratischen Führung wurde unmittelbar vor den Knessetwahlen 1977 zudem durch Spaltungserscheinungen, durch offen zutage tretende Rivalität zwischen Führern der MAI, insbesondere zwischen Schimon PERES und Jizchak RABIN, sowie durch mehrere Korruptionsskandale (Gerichtsprozesse gegen die MAI-Politiker Ascher JADLIN und Michael ZUR sowie Selbstmord des finanzieller Unkorrektheiten beschuldigten Wohnungsbauministers Avraham OFER) beeinträchtigt. Jizchak RABIN trat im Dezember 1976 von seinem Amt als Ministerpräsident zurück. Gegen ihn und seine Frau wurden gerichtliche Untersuchungen wegen illegaler Konten in den USA eingeleitet. Neuer Ministerpräsident wurde für wenige Monate der 1923 in Polen geborene Schimon PERES, ein langjähriger Vertrauter und Mitarbeiter des "Großen Alten" David BEN GURION. Es gelang ihm jedoch nicht, die Zerrüttung der Partei der Arbeit aufzuhalten.

Gewichtige soziale, wirtschaftliche und politische Faktoren, aber auch subjektive Momente hatten somit dazu geführt, daß nach fast dreißigjähriger Regierungsperiode die israelische Sozialdemokratie aus den führenden Staatsämtern verdrängt werden konnte und sie die politische Macht dem konservativ-liberalen *Likud*-Block übergeben mußte. Nunmehr war es an diesem nachzuweisen, ob er für die innen- und außenpolitischen Probleme und Herausforderungen des Landes erfolgreichere Konzepte und politische Entscheidungen anzubieten in der Lage war.

Zwei Legislaturperioden unter Likud-Dominanz (1977-1984)

Die neue Regierung

Die Überraschung, die die Veröffentlichung der Wahlergebnisse vom Mai 1977 hervorgerufen hatte, währte nicht lange. National wie international stellte man sich auf die neue politische Realität in Israel ein. Stärkeres Interesse galt der Person des neuen Ministerpräsidenten, seinem Programm und der von ihm geführten Partei. Bekannt war Menachem BEGIN bis dahin vor allem als politischer Außenseiter und als Führer der Organisation EZEL, die Terroranschläge gegen die britischen Mandatsbehörden durchgeführt und das Massaker von Deir Jassin mitverantwortet hatte. Er galt als Mann mit Charisma und großer politischer Ausstrahlungskraft.

BEGIN wurde 1913 in Brest-Litowsk in einer orthodox-jüdischen Familie geboren. 1929 trat er der militanten zionistischen Jugendorganisation BETAR bei. Im folgenden Jahrzehnt entwickelte er sich zu einer ihrer Führerpersönlichkeiten. 1940 von den sowjetischen Behörden verhaftet, wanderte er nach seiner Freilassung 1942 nach Palästina aus. Hier wurde er bereits zwei Jahre später Kommandeur des EZEL. Seine aktive Tätigkeit gegen die Mandatsbehörden veranlaßte diese, eine Kopfprämie von 10.000 £P auf ihn auszusetzen - allerdings ohne Erfolg. 1948 gehörte BEGIN zu den Gründern der *Cherut*. In den Fußtapfen seines theoretischen und praktischen Vorbildes, des Führers der Revisionistischen Partei JABOTINSKY, wirkend, nahm er über 35 Jahre prägenden Einfluß auf Charakter und Aktivitäten dieser Partei. Sein Name symbolisierte bis 1983 die Politik des konservativen Flügels im Zionismus.

Bei den Wahlen zur 9. Knesset 1977 konzentrierte sich der *Likud* auf die Propagierung seiner Version, die zionistische Idee zu verwirklichen. Weitaus stärker als die Partei der Arbeit betonte er die Bindung zwischen jüdischem Volk und Land Israel. Die Legitimation suchten die Anhänger BEGINs nicht vorrangig in der Inbesitznahme des Landes durch eigene Arbeit, sondern in der göttlichen Verheißung. Die Bibel war für sie politischer Atlas. In der Wahlplattform des *Likud* hieß es dazu:

> "Das Recht des jüdischen Volkes auf das Land Israel ist ewig und unbestreitbar; es ist mit dem Recht auf Sicherheit und Frieden verbunden. Judäa und Samaria wird daher nicht einer ausländischen Verwaltung übergeben; zwischen dem Mittelmeer und Jordanien wird es nur israelische Oberhoheit geben".[1]

Die jüdische Besiedlung Israels, einschließlich der besetzten Gebiete, galt als wichtigste Aufgabe und Methode zur Erlösung des Landes.

In wirtschaftlicher Hinsicht versprach der *Likud* seinen Wählern, die Inflation einzugrenzen, die Mittel für Regierungsausgaben zu reduzieren und die Privatinitiative zu fördern - ein Programm, das sowohl für die oberen als auch für die unteren Einkommensschichten annehmbar sein sollte. "Jeder Mensch wird die Freiheit haben, Initiativen in der Produktion zu entwickeln", erklärte der Vorsitzende der Liberalen Partei, Simcha EHRLICH, während der Wahlkampagne. "Jeder wird frei sein, Gewinn zu erwirtschaften, um guten Lohn für die Früchte seiner Arbeit zu bekommen. Diese Politik wird Israel Juden aus der ganzen Welt bringen".[2]

Obwohl der *Likud* sich als Block verschiedener Parteien und Gruppierungen konstituiert hatte, wurde er eindeutig durch die *Cherut*-Partei dominiert. Politiker wie Menachem BEGIN, David LEVI, Jizchak SCHAMIR und ab 1977 auch Ariel SCHARON bestimmten seine Politik. Sie übten in entscheidender Weise Einfluß auf die Aktivitäten der Regierung sowohl in innen- als auch in außenpolitischen Fragen aus. Bis 1980 spielte ebenfalls General Eser WEIZMANN, der Neffe des ersten Präsidenten Israels, eine wichtige Rolle. Als Verteidigungsminister gehörte er ab 1979 zum "inneren Kabinett".

Vertreter der Liberalen Partei bestanden auf ihrer relativen Eigenständigkeit innerhalb des *Likud*, mußten letztlich jedoch das Übergewicht der *Cherut*-Politiker akzeptieren. Das kam u. a. bei der Regierungsbildung zum Ausdruck. Vertreter der *Cherut* stellten nicht nur den Ministerpräsidenten, sondern besetzten auch die wichtigen Ressorts für Verteidigung und Außenbeziehungen. Seitens der Liberalen Partei traten vor allem die Minister Simcha EHRLICH als Finanzminister, Jizchak MODAI als Minister für Energiewesen und Gideon PATT als Minister für Wohnungsbau in Erscheinung. Die Liberalen verstanden sich als Zentrumspartei, die vor allem die Interessen von Unternehmern und mittelständischen Schichten zu vertreten suchte. In außenpolitischen Fragen unterstützten sie nahezu vorbehaltlos die Positionen der *Cherut*.

Als Hauptpartner des *Likud* gehörte der Regierung die Nationalreligiöse Partei an. Die MAFDAL hatte nach 1967 eine Entwicklung durchlaufen, die sie mehrfach in Gegensatz zur bisher regierenden Partei der Arbeit brachte. Ihre Entscheidung, 1977 mit dem *Likud* zusammenzugehen, kam daher nicht überraschend. Die Nationalreligiösen besetzten drei Ministerposten. Josef BURG übernahm das Amt des Innenministers, Zevulun HAMMER wurde Minister für Bildung und Kultur und Aharon ABUHARITZA Minister für Religiöse Angelegenheiten. In diesen Funktionen waren sie bestrebt, ihre Maxime - die Verbindung zionistischen und religiösen Gedankengutes - möglichst weitgehend umzusetzen.

Gemeinsam verfügten *Likud* und NRP über 55 der 120 Parlamentssitze. Um eine regierungsfähige Mehrheit zu erhalten, mußten sie sich daher nach weiteren Koalitionspartnern umsehen. Diese Konstellation führte bereits unmittelbar nach Bekanntgabe der Wahlergebnisse zu ersten Veränderungen im parteipolitischen Spektrum. Mosche DAJAN, gewählt als Kandidat der MAI, verließ seine Partei, behielt seinen Knessetsitz und trat in das vom *Likud* geführte Kabinett als Außenminister ein. Ariel SCHARON, der mit einer eigenständigen Partei - *Schlom Zion* (Frieden Zions) - in den Wahlkampf gegangen war und zwei Mandate errungen hatte, schloß sich dem *Likud* an. Schmuel FLATTO-SCHARON, ein Geschäftsmann, der bei den Parlamentswahlen ebenfalls mit einer auf seine Person bezogenen Liste kandidiert hatte, um mit Hilfe parlamentarischer Immunität einem Auslieferungsersuchen der französischen Regierung wegen Steuerhinterziehung zu entgehen, sagte dem *Likud* seine Unterstützung zu.

Menachem BEGIN konzentrierte sich in den Koalitionsverhandlungen nunmehr auf die orthodox-religiöse *Agudat Jisrael*. Der Rat der Torah-Weisen, das oberste Gremium dieser Partei, stimmte einem Zusammengehen mit der neuen Regierung in prinzipiellen Fragen zu. Einen Eintritt ins Kabinett lehnte er jedoch ab.

Diese Haltung, die von den *Poale Agudat Jisrael* (Arbeiter der *Agudat Jisrael*) geteilt wurde, ermöglichte es BEGIN, die neue Regierung im Parlament zur Abstimmung zu stellen, wußte er doch nunmehr 64 Knessetabgeordnete hinter sich. Ungeachtet dessen war er an einer Erweiterung des Kabinetts interessiert und setzte die Verhandlungen mit anderen politischen Kräften fort. Nachdem die Partei der Arbeit das Angebot zur Zusammenarbeit im Rahmen einer großen Koalition abgelehnt und sich für die Oppositionsbank entschieden hatte, stand die erst im Dezember 1976 gegründete *Tnuah Demokratit le-Schinui* (Demokratische Bewegung für Veränderung, DASCH) im Mittelpunkt des Interesses der *Likud*-Politiker. Sie betrachtete sich als eine Partei der Mitte und wollte eine "Bewegung von Israelis aller Schichten der Nation und aller Teile des Landes" sein.[3] Geführt vom ehemaligen Generalstabschef und Professor für Archäologie an der Hebräischen Universität Jerusalem, Jigael JADIN, und vom Professor der Rechtswissenschaften an der Tel Aviver Universität, Amnon RUBINSTEIN, sprach sie vor allem Intellektuelle an, die von der Politik der Sozialdemokraten enttäuscht waren, aber davor zurückschreckten, den *Likud* zu wählen. DASCH trat für eine Verbesserung der Lage unterprivilegierter Bevölkerungsschichten, einen Wandel des Wirtschaftssystems - insbesondere Verringerung des Einflusses der Gewerkschaft - sowie eine Reform des Wahlsystems ein. Dieses "Sammelbecken von Protesten und Hoffnungen"[4] umfaßte im Sommer 1977 bereits 38.000 Mitglieder.

Die Demokratische Bewegung für Veränderung hatte bei den Wahlen zur 9. Knesset 11,6 Prozent der Stimmen erhalten und zog mit 15 Abgeordneten ins Parlament ein. Damit bildete sie einen Faktor im innenpolitischen und parlamentarischen Leben, mit dem sowohl der *Likud* als auch der *Maarach* als stärkste Oppositionsfraktion zu rechnen hatten. Die Führung von DASCH bemühte sich daher, in den Koalitionsverhandlungen möglichst viele ihrer Forderungen durchzusetzen. Sie konzentrierte sich auf die Einführung des Mehrheitswahlrechts, um Entscheidungen in erster Linie nicht zu Gunsten von Parteien, sondern von Persönlichkeiten zu treffen. Der *Likud* weigerte sich jedoch, einer derartigen Änderung der Wahlgesetzgebung zuzustimmen. Nach weiteren Verhandlungen trat die DASCH schließlich im Oktober 1977 ohne politische Bedingungen der Regierung bei, die nunmehr 79 Knessetmitglieder hinter sich wußte. Führende Vertreter der Bewegung für Veränderung wie Meir AMIT, Schmuel TAMIR und Jisrael KATZ erhielten Ministerposten. Jigael JADIN wurde stellvertretender Ministerpräsident.

Es dauerte jedoch nicht lange und die junge DASCH-Partei hatte den Preis für ihren Eintritt in die Regierung zu bezahlen. Sie spaltete sich im Herbst 1978 in drei Gruppen - *Tnuah Demukratit* (Demokratische Bewegung), *Schinui* (Veränderung) und *Jaad* (Ziel). Während die Abgeordneten der Demokratischen Bewegung in der Regierung verblieben und der einzige Abgeordnete von *Jaad* sogar zum *Likud* übertrat, verließ Amnon RUBINSTEIN mit weiteren sechs Parlamentsmitgliedern das Bündnis, um in die Opposition zu gehen. In den folgenden Jahren setzten sich die Spaltungstendenzen fort und führten bis zur Auflösung der aus DASCH hervorgegangenen Gruppierungen.

Die Abkommen von Camp David

Ein Ereignis von tiefgreifender Bedeutung für die Innen- und Außenpolitik unter BEGIN war der Besuch des ägyptischen Präsidenten am 19. November 1977 in Jerusalem. Für Beobachter des Nahostgeschehens wie auch für die arabischen Verbündeten und die Palästinenser völlig unerwartet, hatte Anwar as-SADAT zehn Tage zuvor dem Parlament in Kairo offenbart, er sei bereit, "ans Ende der Welt" zu reisen und sogar "in die Knesset" nach Jerusalem zu gehen, sollte dadurch die Verletzung oder der Tod auch nur eines ägyptischen Soldaten oder Offiziers verhindert werden.[5] Augenzeugen und Reporter, die die Impulsivität SADATs in Rechnung stellten, sahen in dieser Erklärung ein Resultat des Augenblicks. Traf sie die israelische Regierung, die internationale Öffentlichkeit und den PLO-Führer ARAFAT, der bei der historischen Rede SADATs in Kairo zugegen war, jedoch wirklich so unvorbereitet, wie Politiker es vielfach dokumentierten?

Die von den US-Regierungen unter Henry NIXON und Gerald FORD seit dem Oktoberkrieg 1973 verfolgte Politik der "kleinen Schritte" hatte nach den Waffenstillstands- und Entflechtungsabkommen zwischen Israel und dessen Nachbarstaaten keine weiteren Fortschritte in Richtung einer Nahostregelung erbracht. Zunächst loteten die Großmächte - die Sowjetunion und die USA - die Möglichkeit aus, die Genfer Friedenskonferenz fortzusetzen. In einer am 1. Oktober 1977 veröffentlichten gemeinsamen Erklärung sprachen sich die Außenminister beider Staaten für "Verhandlungen im Rahmen der speziell für diese Ziele einberufenen Genfer Friedenskonferenz unter Beteiligung der Vertreter aller vom Konflikt betroffenen Seiten, darunter des palästinensischen Volkes" aus.[6] Damit eröffnete sich eine historische Chance für einen Friedensschluß im Nahen Osten, wie viele Wissenschaftler und Publizisten es in der Folgezeit einschätzten. Doch bereits die vorbereitenden Konsultationen, die zwischen beiden Seiten im Mai 1977 in Genf stattfanden, stießen sowohl in Israel als auch in Ägypten auf Zurückhaltung.

Weder Anwar as-SADAT noch Menachem BEGIN waren an einer sowjetischen Teilnahme an den Verhandlungen interessiert, fürchteten sie davon doch eine Stärkung palästinensischer Positionen, insbesondere der PLO. Beide setzten auf die USA als den Hauptverbündeten und suchten auf der Grundlage der Erfahrungen bei den Entflechtungsabkommen nach bilateralen Anknüpfungspunkten. Die Aufdeckung einer libyschen Verschwörung gegen SADAT im Sommer 1977 durch den israelischen Geheimdienst veranlaßte den ägyptischen Präsidenten, seine prinzipiell ablehnende Haltung gegenüber Israel zu überdenken.

Angesichts innenpolitischer Unruhen in Ägypten, die sich wegen der Erhöhung des Brotpreises im Januar 1977 im Lande ausbreiteten, sowie der Zuspitzung der Konfliktsituation an der libysch-ägyptischen Grenze sah sich SADAT unter Zugzwang gesetzt. Er benötigte dringend einen außenpolitischen Erfolg, um den inneren Prestigeverlust seines Regimes kompensieren zu können. Die "Falken" in der israelischen Regierung wiederum befürchteten, daß ihre Siedlungspolitik durch die auf einer Nahostkonferenz zu erwartenden Festlegungen gefährdet werden könnte. Die Formulierung Präsident CARTERs, der im Februar 1977 von einer "Heimstätte für das palästinensische Volk" gesprochen hatte, weckte Erinnerungen an die Balfour-Deklaration und setzte ein deutliches Alarmzeichen. In der *Cherut*-Partei wurde Menachem BEGIN zu entschiedenen Maßnahmen aufgefordert.

Vor dem Hintergrund der skizzierten Situation trafen sich im September 1977 Vertreter Israels und Ägyptens - Außenminister Mosche DAJAN und Vizepremier Hassan at-TUHAMI -, um bilaterale Verhandlungen auf höchster Ebene vorzubereiten. Somit war es nicht verwunderlich, daß BEGIN nur wenige Minuten nach der Erklärung SADATs am 9. November verkündete, der ägyptische Präsident sei ihm willkommen. Zwei Tage später wandte sich der israelische Premierminister über den Rundfunk an das ägyptische Volk:

"Es wird uns eine Freude sein, Ihren Präsidenten mit der traditionellen Gastfreundschaft willkommen zu heißen, die wir von unserem gemeinsamen Vater Abraham geerbt haben. Was mich betrifft, so bin ich natürlich bereit, Ihre Hauptstadt Kairo mit demselben Ziel zu besuchen - Nie wieder Krieg, wirklicher Frieden für immer".[7]

Als Anwar as-SADAT am 19. November 1977 in Jerusalem israelischen Boden betrat, ägyptische und israelische Fahnen gehißt und die Nationalhymnen beider Staaten intoniert wurden, glaubten viele Israelis zu träumen: Der langersehnte Frieden mit der arabischen Welt schien gekommen. Die Menschen strömten - ähnlich wie am Unabhängigkeitstag 1948 - auf die Straßen, sangen und umarmten einander. Noch am Abend desselben Tages fanden erste Gespräche zwischen den Staatsführern Israels und Ägyptens statt. Am 20. November folgte eine symbolische Geste der anderen: SADAT nahm am Gottesdienst in der Ostjerusalemer Al-Aqsa-Moschee teil und besuchte im Westteil der Stadt Jad Vaschem, die Gedenkstätte für die jüdischen Opfer des Nationalsozialismus. Bevor sich der Ägypter am Nachmittag an die Abgeordneten der Knesset wandte, legte er einen Kranz am Denkmal für die gefallenen israelischen Soldaten nieder.

Im Parlament sprach SADAT von historischer Verantwortung für das Leben der Menschen in der Region - sowohl der Araber als auch der Juden. Er rief zum Frieden auf und betonte, Vorurteile, Illusionen und veraltete Überlegenheitstheorien müßten überwunden werden. Nicht ein Separatfrieden zwischen Israel und Ägypten sei daher letztlich das Ziel seiner Reise, sondern ein "dauerhafter und gerechter Frieden". Der ägyptische Präsident wählte, nicht zuletzt mit Rücksicht auf seine Landsleute und die arabischen Völker, klare Worte:

"Frieden ist nicht mehr als ein leeres Wort, wenn er nicht auf Gerechtigkeit basiert, sondern auf der Okkupation von Land, das anderen gehört ... Es gibt arabische Gebiete, die Israel okkupiert hat und die es immer noch mit Waffengewalt besetzt hält. Wir bestehen auf dem vollständigen Abzug aus diesen Gebieten, einschließlich aus dem arabischen Jerusalem".[8]

Ein Friedensabkommen solle daher folgende Punkte enthalten:

1. Abzug der israelischen Truppen aus den 1967 besetzten arabischen Gebieten,
2. Verwirklichung des Rechtes des palästinensischen Volkes auf Selbstbestimmung, einschließlich des Rechtes auf Bildung eines eigenen Staates,
3. Respektierung des Rechtes jedes Staates der Region, in Frieden innerhalb sicherer und anerkannter Grenzen zu leben,
4. Verpflichtung der Staaten der Region, ihre Beziehungen untereinander in Einklang mit den Prinzipien und Zielen der UN-Charta zu gestalten,
5. Beendigung des Kriegszustandes.

Der israelische Premierminister betonte in seiner Antwortrede, daß Israel in der Vergangenheit immer wieder den arabischen Völkern die Hand zum Frieden hingestreckt habe, diese sie jedoch nicht ergriffen hätten.

> "Wir müssen Wege suchen, in dieser Region über Generationen hinweg zusammenzuleben - das große arabische Volk, seine Staaten und Länder und das jüdische Volk in seinem Land, in Erez Jisrael ... Lassen Sie uns, Herr Präsident, als freie Menschen über einen Friedensvertrag verhandeln ... Wir wollen Frieden mit allen unseren Nachbarn, mit Ägypten, Jordanien, Syrien und Libanon".[9]

Hoffnungsvolle Worte, die jedoch angesichts des jahrzehntelang angestauten Hasses, des gegenwärtigen Gefühls der Unterlegenheit und Ohnmacht auf Seiten der Araber und der Position der Stärke seitens Israels nur schwer zu realisieren waren. Alle arabischen Regierungen - mit Ausnahme Marokkos und Sudans - verurteilten die Jerusalem-Reise des ägyptischen Präsidenten. Auch die Sowjetunion lehnte die neue Initiative ab, sah sie damit doch die bereits in greifbare Nähe gerückte Genfer Konferenz gefährdet. Eine Teilnahme an der von SADAT zum 14. Dezember 1977 nach Kairo einberufenen Friedenskonferenz zog sie ebensowenig wie Syrien, Jordanien, Libanon und die PLO in Erwägung. Damit waren die Weichen für bilaterale Verhandlungen zwischen Ägypten und Israel gestellt.

Im Dezember 1977 reiste Menachem BEGIN nach Ägypten, um sich in Ismailia mit Anwar as-SADAT zu treffen. Die Gespräche hatten nicht nur die Rückgabe der besetzten ägyptischen Territorien zum Inhalt, sondern auch das Schicksal der Palästinenser. Das Palästinenserproblem stand aufgrund des massiven Protestes der PLO, die die Chance, das Selbstbestimmungsrecht des palästinensischen Volkes zu verwirklichen, durch ein Separatabkommen zwischen Israel und Ägypten schwinden sah, im Mittelpunkt internationaler Aufmerksamkeit. Die israelische Regierung fühlte sich daher zu einer offiziellen Stellungnahme veranlaßt. Sie veröffentlichte am 28. Dezember 1977 einen Plan, mit dem der palästinensischen Bevölkerung von Westbank und Gaza die Autonomie in Aussicht gestellt wurde. Die Kontrolle der Sicherheit und die Aufrechterhaltung der öffentlichen Ordnung sollten in den besetzten Territorien jedoch noch weiterhin in den Händen Israels bleiben; israelische Bürger sollten auch künftig das Recht haben, dort Land zu erwerben und es zu besiedeln. Gleichzeitig gab die Regierung bekannt, daß sie zum nahezu vollständigen Abzug aus Sinai bereit sei. Allerdings sollten die nach 1967 angelegten Siedlungen auf der Halbinsel weiter unter "israelischem Schutz" bestehen bleiben.

Hatte der SADAT-Besuch innerhalb der israelischen Bevölkerung zunächst einhellig Zustimmung gefunden, so löste die Veröffentlichung des Regierungsplanes unterschiedliche Reaktionen aus. Militante Kräfte, die für die Eingliederung der 1967 besetzten Gebiete in das Staatsterritorium Israels eintraten, warfen dem Kabinett vor, es setze die Sicherheit des Landes leichtfertig aufs Spiel. Organisationen wie *Gusch Emunim* und *Erez Jisrael ha-Schlemah* (Großisrael) kündigten Protestdemonstrationen an; Siedlergruppen bildeten Aktionskomitees zur Durchsetzung ihrer Interessen.

Auch die oppositionelle Partei der Arbeit kritisierte die Regierungsvorschläge, da Israel für seinen Verzicht auf Sinai eine zu geringe Gegenleistung erhalte. Die Autonomieregelungen könnten zu einem palästinensischen Staat führen, mutmaßten die Vertreter der MAI. Den kritischen Stimmen Rechnung tragend, beschloß die Regierung, weitere Siedlungen auf Sinai, in Westbank und im Gaza-Streifen zu errichten. 15 Mill. Dollar sah das Budget des Jahres 1978 dafür vor. Die Beschlüsse trugen maßgeblich dazu bei, die offiziellen Gespräche mit Ägypten zu erschweren.

In den Folgemonaten hielten die Spannungen zwischen Kairo und Jerusalem an. Die sich anbahnenden Verhandlungen wurden durch militärische Aktionen belastet. Im März 1978 überfiel eine palästinensische Terrorgruppe einen israelischen Bus bei Tel Aviv; der ZAHAL unternahm daraufhin einen Vergeltungsschlag und marschierte in Südlibanon ein. Während der "Operation Litani" besetzte er einen 10 km^2 breiten Streifen nördlich der israelischen Grenze und hielt ihn bis Juni unter Kontrolle. Die israelisch-ägyptischen Gespräche schienen endgültig in eine Sackgasse geraten zu sein.

In dieser Situation formierten sich in Israel Kräfte, die mit den Verhandlungen große Hoffnung auf eine gesicherte Existenz des jüdischen Staates verbunden hatten. Sie traten vorbehaltlos für einen israelisch-ägyptischen Frieden als Ausgangspunkt für eine Nahostregelung ein und lehnten die Anlage neuer Siedlungen sowie militärische Aktionen, wie den Angriff gegen Libanon, als dem Friedensprozeß schädlich ab. *Schalom achschaw* - Frieden jetzt - lautete ihre Losung. Auch innerhalb der Armee wurden kritische Stimmen zur Politik BEGINs artikuliert. Ein Brief von 300 Reserveoffizieren, abgesandt am 7. März 1978 an den israelischen Ministerpräsidenten, fand breite Resonanz. Bis Ende Mai hatten den darin enthaltenen Friedensappell über 100.000 Bürger unterzeichnet.

Die genannten Aktionen beeinflußten zweifellos die Entscheidungen des israelischen Kabinetts. Von grundsätzlicher Bedeutung für den Fortgang der Verhandlungen waren sie jedoch nicht. Erst nachdem sich die Regierung der Vereinigten Staaten von Amerika mit BEGIN und SADAT sowie mit weiteren Ministern in Verbindung gesetzt hatte, wurden die ägyptisch-israelischen Gespräche wieder aufgenommen. Nach umfangreichen Sondierungsrunden erreichte Jimmy CARTER, daß beide Seiten seiner Einladung nach Camp David, dem Erholungssitz des amerikanischen Präsidenten, Folge leisteten. Die Verhandlungen begannen unter amerikanischer Schirmherrschaft am 5. September 1978 und endeten nach zwölf Tagen mit der Unterzeichnung von zwei Rahmenvereinbarungen.

Im ersten Abkommen, das dem "Frieden im Nahen Osten" gewidmet war, erkannten beide Seiten die Resolutionen des UN-Sicherheitsrates 242 (1967) und 338 (1973) als Grundlage für eine friedliche Regelung des Nahostproblems an. Sie riefen die anderen Konfliktparteien auf, in Verhandlungen einzutreten und Friedensverträge abzuschließen. Zur Lösung der Palästinenserfrage befürworteten sie Gespräche zwischen Ägypten, Israel, Jordanien und Vertretern des palästinensischen Volkes. Die israelische Armee sollte sich aus dem Westjordangebiet und aus dem Gaza-Streifen zurückziehen, jedoch in sogenannten "Sicherheitszonen" weiterhin präsent bleiben.

Der zweite Rahmenvertrag sah die Unterzeichnung eines Friedensvertrages zwischen Israel und Ägypten innerhalb von drei Monaten, den Abzug Israels aus Sinai und die Auflösung aller dort entstandenen israelischen Siedlungen, die Entmilitarisierung der Halbinsel sowie die Herstellung normaler Beziehungen zwischen beiden Staaten nach Unterzeichnung des Friedensabkommens und nach Abschluß der ersten Etappe des Rückzugs der israelischen Truppen vor.

Obwohl die Abkommen von Camp David nicht zu dem von SADAT und BEGIN gleichermaßen versprochenen "gerechten und dauerhaften" Frieden in der Region führten, zeigten sie die Möglichkeit auf, durch Verhandlungen zu Kompromissen im Interesse beider Seiten zu gelangen. Ägypten erhielt mit der Sinai-Halbinsel sein 1967 verspieltes Territorium - mit Ausnahme der zu diesem Zeitpunkt weiterhin umstrittenen Enklave Taba am Golf von Akaba - zurück. Die ägyptisch-israelische Grenze hörte auf, Streitobjekt und Austragungsort blutiger Auseinandersetzungen bzw. politischer Kontroversen zu sein. Sie wurde offiziell sowohl von Ägypten als auch von Israel anerkannt.

Zu einer Regelung der Palästinenserproblematik dagegen trugen die Abkommen von Camp David nicht bei, waren sie doch ohne Mitwirkung und Zustimmung der Hauptbeteiligten - der palästinensischen Bevölkerung der Westbank und des Gaza-Streifens sowie der PLO - abgeschlossen worden. Nicht einmal Ägypten und Israel konnten sich über das Schicksal der besetzten Gebiete einigen. Die Autonomie-Gespräche, die vom 25. Mai 1979 bis zum Frühjahr 1982 stattfanden, blieben ohne Ergebnis und wurden schließlich abgebrochen.

Zur Verwirklichung der Vereinbarungen von Camp David begannen am 12. Oktober 1978 unter US-Schirmherrschaft ägyptisch-israelische Verhandlungen über den Abschluß eines Friedensvertrages zwischen beiden Staaten. Sie verliefen komplizierter als zunächst erwartet. Die Beschlüsse der Gipfelkonferenz der arabischen Staaten im November 1978, die die Separatvereinbarungen und insbesondere die ägyptische Kompromißbereitschaft gegenüber Israel verurteilt und der PLO volle Unterstützung zugesagt hatten, beeinflußten die ägyptischen Positionen. Um eine Isolierung in der arabischen Welt zu verhindern und in der Hoffnung, weitere Konfliktparteien könnten dem Beispiel seines Landes folgen, trat SADAT zunehmend als Verteidiger der Rechte der Palästinenser auf. Er befürwortete eine Verbindung von Friedensvertrag und palästinensischer Autonomie. Die Begin-Regierung, die sich zu diesem Zeitpunkt einem starken innenpolitischen Druck seitens militanter Kräfte ausgesetzt sah, gab dagegen dem sofortigen Abschluß eines Friedensvertrages Priorität. Sie beschloß Ende 1978 die Errichtung von sechs neuen Siedlungen im Westjordangebiet und ließ keinen Zweifel daran, daß der Rückzug israelischer Truppen von Sinai nicht als Modell für andere Gebiete angesehen werden könne.

Die Verhandlungen über den Abschluß des Friedensvertrages nahmen somit mehr Zeit in Anspruch als geplant, führten jedoch am 26. März 1979 zum Erfolg. Erstmals in der Geschichte des Staates Israel wurde ein Abkommen unterzeichnet, das den Kriegszustand mit einem arabischen Nachbarstaat beendete und die Aufnahme "normaler und freundschaftlicher Beziehungen" beinhaltete.[10] Vereinbart wurden der Rückzug Israels von der Sinai-Halbinsel und die Rückgabe des Gebietes in ägyptische Souveränität sowie die Errichtung von Zonen mit geringer Truppenkonzentration. Die israelischen Siedlungen auf Sinai sollten geräumt werden.

Mit der Ratifizierung durch die Parlamente Israels und Ägyptens trat der Vertrag in Kraft. Bei der Abstimmung über den Vertragsentwurf in der Knesset am 22. März 1979 hatten ihn 95 von 120 Abgeordneten befürwortet. 18 Gegenstimmen und zwei Enthaltungen sowie fünf Abgeordnete, die sich nicht am Votum beteiligten, wiesen aus, daß auch kritische Stimmmen existierten. Sieben Abgeordnete des *Likud* und vier Vertreter der Nationalreligiösen Partei, die der Regierungskoalition angehörten, hatten sich gegen den Friedensvertrag ausgesprochen. Sie lehnten die Auflösung der Siedlungen ab und befürchteten eine Schwächung israelischer Positionen gegenüber den arabischen Staaten.

Der Friedensvertrag leitete eine Periode bedingter Normalisierung der Beziehungen zwischen Ägypten und Israel ein. Im Februar 1980 erfolgte der Austausch von Botschaftern, der Wirtschaftsboykott gegenüber Israel wurde durch die ägyptische Regierung aufgehoben und israelische Schiffe konnten ungehindert den Suezkanal passieren. Die Räumung der Sinai-Halbinsel war im April 1982 abgeschlossen. Bis zu diesem Zeitpunkt blieben die ägyptisch-israelischen Beziehungen - nicht zuletzt infolge innenpolitischer Kontroversen in Israel wegen der Aufgabe der Siedlungen - gespannt. Beide Seiten waren jedoch bemüht, die Vereinbarungen nicht prinzipiell zu gefährden.

Neue Trends in der Wirtschaftspolitik

Nach dem Regierungswechsel 1977 waren in Israel vielfach Stimmen zu hören, die eine völlig neue Wirtschafts- und Finanzpolitik des Landes erwarteten. Sie sagten voraus, daß nunmehr die Einmischung des Staates in die Wirtschaft drastisch eingeschränkt und das Gewicht des staatlichen und gewerkschaftseigenen Sektors zugunsten des privaten Unternehmertums verringert würden. Erhofft wurde vor allem eine Senkung der Inflationsrate.

Im Oktober 1977 begann die "große Reform", angekündigt durch Finanzminister EHRLICH als "Wirtschaftswende". Mit ihr wurde die Kontrolle des Staates über die Wechselkurse abgeschafft; israelischen Bürgern war es erstmals erlaubt, Devisenkonten einzurichten. Weiterer Bestandteil der Reform waren Maßnahmen, die insbesondere die Industriezweige förderten, die für den einheimischen Markt produzierten. Vorgesehen war ferner, staatliche Unternehmen zu verkaufen und den Staatshaushalt durch die Reduzierung von Subventionen zu entlasten. Die wirtschaftlichen Ergebnisse der Reform entsprachen allerdings nicht den Erwartungen der Regierung. Außenhandelsdefizit und Inflationsrate vergrößerten sich. Ausländisches Kapital floß zwar in stärkerem Umfang nach Israel ein, gleichzeitig zeichnete sich jedoch die Destabilisierung des Israelischen Pfundes ab.

EHRLICH mußte 1979 zurücktreten. Er übergab seinen Posten an Jigael HORWITZ, der innerhalb des *Likud* der 1976 gebildeten Fraktion *Laam*

(Für das Volk) angehörte. Doch auch HORWITZ konnte die wirtschaftlichen Probleme, die sich in den letzten Jahren angehäuft hatten, nicht lösen. Er blieb nur ein knappes Jahr im Amt. Als typisch für seine Finanzpolitik wird in Israel bis heute der von ihm häufig gebrauchte Ausdruck "ein li" (hab ich nicht) zitiert. Erst seinem Nachfolger, dem langjährigen *Cherut*-Mitglied Joram ARIDOR, gelang es, der Bevölkerung für eine gewisse Zeit die Hoffnung auf eine prosperierende Wirtschaft zurückzugeben.

Daß es sich beim ARIDOR'schen Wirtschafts"wunder" um eine kurzzeitige Illusion handelte, geschaffen, um die Knessetwahlen 1981 zu Gunsten des *Likud* zu entscheiden, wurde vielen Israelis erst später bewußt. Der Privatkonsum hatte sich 1981 im Vergleich zum Vorjahr zwar um 10,5 Prozent erhöht, die Inflationsrate jedoch erreichte 124,1 Prozent, und die Auslandsverschuldung lag bei 23,73 Mrd. Dollar. Das Außenhandelsdefizit betrug pro Kopf der Bevölkerung 633 Dollar. Die Einführung einer neuen Bezeichnung für die Landeswährung - das Israelische Pfund (I£) wurde am 30. September 1980 durch den Israelischen Schekel (IS) ersetzt - war mit einer Abwertung gegenüber dem US-Dollar verbunden.

Auch in der zweiten Legislaturperiode der *Likud*-Regierung 1981-84 konnten die wirtschaftlichen Probleme nicht verringert werden. Joram ARIDOR blieb bis 1983 als Finanzminister im Amt, d. h. bis zu dem Zeitpunkt, als er einen Plan zur Einführung des Dollars als paralleles Zahlungsmittel zum Schekel vorlegte. In der ohnehin angespannten innenpolitischen Situation stieß der Vorschlag auf heftige Kritik in beinahe allen politischen Gruppierungen; seine Verwirklichung hätte den praktischen Verlust der Souveränität Israels bedeutet.

ARIDOR wurde von seinem Parteikollegen Jigael COHEN-ORGAD abgelöst. Dieser suchte sofort mit drastischen Maßnahmen die Wirtschafts- und Finanzsituation zu stabilisieren. Abwertung des Schekel, erneute staatliche Devisenkontrolle und Limitierung der Dollarankäufe für israelische Bürger auf 300 Dollar pro Jahr und Person bei Vorlage eines gültigen Reisetickets - das waren erste Schritte. Die Reduzierung der Subventionen für Waren des täglichen Bedarfs und für Dienstleistungen führte im Oktober 1983 gegenüber dem Vormonat zum Anstieg der Lebenshaltungskosten um 21,1 Prozent. Gleichzeitig sanken die Reallöhne; sie waren im ersten Quartal 1984 um 13,7 Prozent niedriger als im Vergleichszeitraum des Vorjahres. Da kurzfristig kaum Aussichten auf eine prosperierende Wirtschaft bestanden, transferierten viele Unternehmer ihre Gewinne ins Ausland. Die Investitionen verringerten sich von Juni bis September 1984 um 1,19 Mrd. Dollar und erreichten mit 2,56 Mrd. Dollar den niedrigsten Umfang seit 1978. Die Inflationsrate, 1983 bereits bei 190,7 Prozent liegend, drohte sich weiter zu erhöhen.

Die Politik der beiden *Likud*-Regierungen von 1977 bis 1984 hatte somit keineswegs das erhoffte "Wirtschaftswunder" gebracht. Dennoch stellte diese Periode einen wichtigen Abschnitt für die ökonomische Entwicklung des Landes dar. Die Übernahme der Regierungsgeschäfte durch den *Likud* als des politischen Interessenvertreters von Unternehmern und Angehörigen des Mittelstandes begünstigte die Konzentration und Zentralisation des Kapitals. 1984 existierten zum Beispiel 160 Großbetriebe, in denen 45,3 Prozent der Lohn- und Gehaltsempfänger des Industriesektors beschäftigt waren. Allein in den zehn größten Industriefirmen - Israel Aircraft Industries, Tadiran, Tnuva Food Industries, Oil Refineries, Dead Sea Works, Polgat Industries, Soltam, Negev Phosphates, Automative Equipment und Nesher Israel Cement Enterprises - waren fast 60.000 Arbeiter und Angestellte tätig. Gefördert wurde insbesondere der private Wirtschaftssektor. Die Regierung erließ dazu mehrere Gesetze und Verfügungen über Vergünstigungen für das Privatkapital und Ausfuhrregelungen, die zur Stärkung des Unternehmertums beitrugen. Sie begann mit der Privatisierung staatlicher Betriebe, wie zum Beispiel der Telefongesellschaft Bezeq.

Die Verflechtung von staatlichem, privatem und *Histadrut*-Sektor sowie deren Verquickung mit ausländischen Firmen nahmen nach 1977 wesentlich zu. US-Gesellschaften waren 1984 an mehr als 200 israelischen Firmen beteiligt, so zum Beispiel mit 28,11 Prozent am zweitgrößten Industrieunternehmen Israels Tadiran, das sich vor allem auf Elektronik spezialisiert hatte. Israelisch-amerikanische Gesellschaften, wie die American Israeli Paper Mills Ltd. oder die Telrad Electronics & Telecommunications Industries, standen 1984 an 13. bzw. 15. Stelle auf der Liste der größten israelischen Industriegesellschaften. Die Motorola Israel Ltd. mit 1.400 Beschäftigten befand sich zu diesem Zeitpunkt ganz in der Hand der amerikanischen Muttergesellschaft.

Anfang der achtziger Jahre verstärkten zahlreiche Investment Companies ihre Tätigkeit. Sie beförderten die Liaison staatlicher, gewerkschaftlicher und privater Unternehmen mit einheimischen und ausländischen Banken. Mit Hilfe zahlreicher Holding- und Investmentgesellschaften strebten die Finanzinstitute die indirekte Kontrolle über Industriebetriebe an, beteiligten sich an Schiffahrtsunternehmen sowie am Im- und Exportgeschäft. Der Konzern *Klal* - im Besitz der privaten *Israel Discount Bank* und der gewerkschaftseigenen *Bank ha-Poalim* - hatte zum Beispiel Kapital im Wert von 190 Mill. Dollar in Industrie, Handel und Bauwesen angelegt. Er umfaßte 100 Tochtergesellschaften und verfügte insgesamt über ein Vermögen von 900 Mill. Dollar.

Besonders in der Militärindustrie bildeten sich große Unternehmen heraus. So bestritten elf Industriekonzerne 1984 ca. 80 Prozent der gesamten israelischen Militärproduktion. Da die Unternehmen eng mit der Rüstungsindustrie der USA verbunden waren, bemühte sich die Regierung darum, gerade auf diesem Gebiet die Leistungsfähigkeit der israelischen Wirtschaft unter Beweis zu stellen und eine gewisse Eigenständigkeit zu erreichen.

Obwohl die vom *Likud* geführte Regierung bestrebt war, die wirtschaftliche Domäne der israelischen Sozialdemokratie - den *Histadrut*-Sektor - zu schwächen, waren 1984 in gewerkschaftseigenen Betrieben 280.000 Arbeiter und Angestellte - etwa 20 Prozent des zivilen Arbeitskräftepotentials - tätig. Damit blieb die *Histadrut* nach dem Staat zweitgrößter Arbeitgeber. Ihre Holding-Gesellschaft *Chevrat ha-Ovdim* konzentrierte sich vor allem auf den Ausbau und die Stärkung des Industriesektors. Etwa ein Viertel der Industrieexporte Israels kamen 1984 aus gewerkschaftseigenen Betrieben. Besonders hoch war der Anteil der *Chevrat ha-Ovdim* an der Produktion von Erzeugnissen der Elektronik und Elektrotechnik (41 Prozent) sowie in der Gummi- und Plastindustrie. Eine besondere Rolle spielte nach wie vor der Industriekonzern *Kur* (Koor), der 1984 - im 40. Jahr seines Bestehens - elektronische und elektrotechnische Waren im Wert von 658 Mill. Dollar herstellte. Zu den 100 größten Industriebetrieben Israels gehörten zu diesem Zeitpunkt 15 Tochtergesellschaften von *Kur*; sieben von ihnen arbeiteten mit Beteiligung staatlichen oder privaten Aktienkapitals.

Die gewerkschaftseigene *Bank ha-Poalim* blieb auch unter der neuen Regierung das zweitgrößte Finanzinstitut des Landes. Sie verfügte 1984 über 537 Mill. Dollar Eigenkapital. Damit besaß die israelische Sozialdemokratie, die im wesentlichen die Politik der *Histadrut* bestimmte, auch in ihrer Oppositionsphase ein bedeutendes wirtschaftliches Potential und Mitspracherecht. Sie war bestrebt, den Gewerkschaftssektor trotz krisenhafter Erscheinungen in der nationalen Wirtschaft weiter zu stärken. Naphtali BLUMENTHAL, Chefmanager des Konzerns *Kur*, charakterisierte in diesem Sinne die *Histadrut*-Wirtschaft als

> "... einen Test für die Sozialdemokratie, einen Versuch, zu demonstrieren, daß die Wirtschaftsunternehmen, die den Arbeitern gehören und die entsprechend den Spielregeln der Marktwirtschaft arbeiten, eine echte Alternative sowohl zu den kapitalistischen Unternehmen als auch zur zentral geplanten kommunistischen Wirtschaft darstellen".[11]

Höhere Durchschnittslöhne in den *Histadrut*-Betrieben sowie weniger Streiks als im staatlichen und privaten Bereich wurden häufig für die Richtigkeit dieser These angeführt. Dennoch ließ sich gerade in den achtziger Jahren nicht übersehen, daß die Einbindung der *Histadrut*-Unternehmen in die israelische Wirtschaft sowie die Verflechtung mit privatem, staatlichem und ausländischem Kapital maßgeblich die Politik der Gewerkschaftsführung beeinflußten. In der Krisensituation von 1984 kam es auch in diesem Bereich nicht selten zur Schließung von Betrieben und zur Entlassung von Arbeitskräften.

Die Wirtschaftsstrategie der *Likud*-Regierungen wurde verständlicherweise sowohl von innen- als auch von außenpolitischen Gegebenheiten und Erwägungen beeinflußt. Insbesondere die Haltung der *Cherut*-Führung gegenüber den besetzten Gebieten spielte dabei eine Rolle. Ihren Wahlversprechungen gemäß setzte sie unmittelbar nach Amtsübernahme alles daran, "die israelische Souveränität zwischen Mittelmeer und Jordan" durch die Schaffung von Fakten zu sichern. Die Regierung bestätigte ein Sonderbudget in Höhe von 5,7 Mill. Dollar, mit deren Hilfe 10-14 neue Siedlungen in den nächsten 12 Monaten geschaffen werden sollten. Während sich der *Maarach* darauf konzentriert hatte, neue Siedlungen vor allem an strategisch bedeutenden Punkten in der Umgebung Jerusalems, im Jordantal und auf der westlich angrenzenden Bergkette zu errichten, gab der *Likud* bekannt, daß es das "Recht des jüdischen Volkes" sei, in "ganz Judäa und Samaria zu siedeln".[12]

Industrieminister SCHARON entwickelte einen Plan, wonach die Siedlungen insbesondere in den dicht von Arabern bewohnten Gebieten vorgesehen waren. Palästinensische Ortschaften sollten auf diese Weise eingekreist, Siedlungsachsen angelegt und strategische Schlüsselpunkte besetzt werden. Besondere Bedeutung maß SCHARON dem Status von Jerusalem bei. Er erklärte:

> "Jerusalem wird nicht die Hauptstadt Israels bleiben, wenn es keine jüdische Mehrheit hat. Die Antwort ist, Satelliten-Städte rund um die arabischen Teile von Jerusalem zu errichten ... Innerhalb von 20-30 Jahren müssen wir an den Punkt kommen, wo es in Groß-Jerusalem eine Million Juden gibt, einschließlich der Städte, die es umgeben".[13]

Zur Umsetzung dieses Konzepts leitete die Regierung Schritte ein, die weit über die von der *Maarach*-Regierung durchgeführten Maßnahmen hinausgingen. Sie erließ 1979 eine Verordnung, die alle Ländereien zu "Staatsbesitz" erklärte, die nicht im Katasteramt eingetragen waren und deren Besitzer nicht innerhalb von 21 Tagen den Eigentumsnachweis erbringen konnten. 1980 wurden alle Flächen, die von jordanischer Seite nicht erfaßt worden waren, als "Staatsland" deklariert. Von 1980 bis 1983 nahm der israelische Staat auf dieser Grundlage ca. 400.000 Dunam (40.000 ha) in Besitz. Das 1979 von der Regierung aufgehobene Verbot von privatem Grundbesitz verstärkte das Interesse an den besetzten Gebieten. 1983 besaßen israelische Privatpersonen bzw. Institutionen in Westbank und Gaza bereits etwa 100.000 Dunam (10.000 ha). Sie nutzten diese Ländereien häufig zur Errichtung neuer Industriebetriebe. Gleichzeitig verstärkten sich die Aktivitäten von Spekulanten, die durch Kauf und Weiterverkauf des Bodens riesige Profite erzielten.

Die Intensität israelischer Besiedlung in den Territorien erhöhte sich unter Schirmherrschaft des *Likud* beträchtlich. Während 1977 in Westbank und Gaza 83 Siedlungen mit ca. 8.000 Bewohnern existierten, gab es 1984 bereits 114 neugegründete Orte mit 42.000 Siedlern. Die jüdische Bevölkerung Ostjerusalems wurde zu Ende der zweiten Legislaturperiode des *Likud* mit 60.000 beziffert.

Für die wirtschaftliche Entwicklung Israels blieb die Politik der Regierung in den besetzten Gebieten nicht ohne Rückwirkungen. Hatten bis Mitte der siebziger Jahre vor allem Firmen des staatlichen und gewerkschaftseigenen Sektors in Westbank und Gaza investiert, so erhöhten sich nunmehr die Aktivitäten des Privatkapitals. Mit dem Bau und der Entwicklung neuer Städte, wie Efrat, Maale Adumim, Givon, Ariel, Elkana u. a., waren lukrative Investitionsobjekte entstanden. Vor allem in den neuangelegten urbanen Zentren wurden zahlreiche mittlere und kleine Industriebetriebe als Tochterunternehmen israelischer Firmen gegründet. Sie boten den Siedlern Arbeitsmöglichkeiten. Ihre Besitzer beschäftigten zum Teil auch arabische Lohnarbeiter. Gleichzeitig erhöhte sich die Zahl der palästinensischen Wanderarbeiter, die in Israel Beschäftigung fanden, von 36.000 (1977) auf 86.900 (1984). Sie waren weiterhin vor allem im Bausektor und im Dienstleistungswesen tätig.

Im Ergebnis der veränderten Politik gegenüber den besetzten Gebieten intensivierten sich die Handelsbeziehungen zwischen ihnen und dem israelischen Kernland. Die israelischen Warenlieferungen in das Westjordangebiet und in den Gaza-Streifen stiegen zwischen 1977 und 1984 z. B. um 51,5 Prozent bzw. 36,5 Prozent. Die Einfuhren aus Israel - 1984 im Wert von 668,8 Mill. Dollar - machten 90,5 Prozent aller Importe dieser Gebiete aus.

Die Wirtschafts- und Sozialpolitik des *Likud* verstärkte die soziale Polarisierung. Insbesondere die Streichung von Subventionen bei Grundnahrungsmitteln führte dazu, daß der Lebensstandard vieler Bürger sank. So enthielt der am 16. Januar 1981 veröffentlichte Jahresbericht des israelischen Amtes für Statistik die Feststellung, daß zu diesem Zeitpunkt 500.000 jüdische Bürger des Landes - 14 Prozent der jüdischen Bevölkerung - unterhalb der Armutsgrenze lebten. Da die Vergleichszahlen für 1977 bei nur 2,1 Prozent gelegen hatten, erhöhte sich die Sorge vieler Menschen um ihre soziale Existenz und Zukunft. 7 Prozent der städtischen Familien verdienten 1984 weniger als 500.000 IS pro Jahr und gehörten damit der niedrigsten Einkommenskategorie an. Ihnen standen 9,1 Prozent der Haushalte gegenüber, die laut Statistical Abstract of Israel mit über 3,5 Mill. IS der höchsten Einkommenskategorie zuzurechnen waren. Da die Niedrigverdiener nicht selten zu den kinderreichen Familien zählten, ergab sich ein deutliches Gefälle im Lebensstandard, das in bestimmten Vierteln der großen Städte auch optisch sichtbar wurde.

Viele Angehörige der *Adot ha-Misrach,* jüdische Einwanderer aus den arabischen Staaten und ihre Nachkommen, hatten 1977 für den *Likud* ihre Stimme abgegeben in der Hoffnung, eine neue Regierung werde Maßnahmen zur Verbesserung ihrer sozialen Lage einleiten. Diese Vorstellungen verwirklichten sich nur zum Teil. Der Jahresdurchschnittsverdienst einer orientalisch-jüdischen Familie erhöhte sich im Vergleich zum Einkommen einer Familie aus Europa und Amerika von 1970 bis 1984 lediglich von 73,9 auf 77,5 Prozent. Von einer generellen Angleichung konnte also keine Rede sein. Obwohl bereits nahezu zwei Drittel der jüdischen Bevölkerung Israels umfassend, waren die orientalischen Juden 1984 nur zu 16,9 Prozent in der obersten Einkommenskategorie vertreten. Ihr Anteil an den Familien mit mittlerem Einkommen dagegen erhöhte sich in diesem Zeitraum beträchtlich. Das betraf vor allem Lohnarbeiter und Angestellte, die durch Ausbildung und Qualifizierung in den Genuß höherer Gehälter kamen. Gleichzeitig wuchs die Zahl mittlerer und kleiner Unternehmer orientalischer Herkunft. Sie stellten häufig billige arabische Arbeitskräfte aus Israel oder aus den besetzten Gebieten ein und erzielten durch den Verkauf ihrer Waren in Westbank und Gaza zusätzliche Gewinne.

Von einigen Ausnahmen abgesehen, gehörten die arabischen Bürger Israels ausschließlich den unteren drei Einkommenskategorien an. Die Arbeitslosigkeit im arabischen Sektor war besonders hoch; dies betraf auch arabische Intellektuelle. Eine Studie israelischer Wissenschaftler gibt für 1984 beispielsweise an, daß 6.439 arabische Ingenieure einen Arbeitsplatz suchten. Die Aussichten auf Beschäftigung in ihrem Beruf waren sehr gering, da israelische Betriebe, die in irgendeiner Weise mit der Rüstungsindustrie verbunden waren, arabische Bewerber von vornherein ablehnten und arabische Unternehmen nur in geringem Umfang existierten.

Die Zunahme der Lebenshaltungskosten und die Kürzung der Regierungszuwendungen für die Städte und Gemeinden wirkten sich für viele Israelis unmittelbar im Alltag aus. Die Wohnungsknappheit zum Beispiel brachte 1979 vierzig junge Familien dazu, eine Zeltstadt in Jerusalem zu errichten, um auf ihre Probleme aufmerksam zu machen. Die meisten von ihnen waren orientalisch-jüdischer Herkunft. Ihr Protest richtete sich gleichzeitig gegen die bevorzugte Behandlung von Neueinwanderern aus der Sowjetunion; sie forderten die Sanierung der Armenviertel der großen Städte und niedrigere Mieten bzw. Kaufpreise für Wohnungen.

In Industriebetrieben und im Dienstleistungssektor kam es zu zahlreichen Streiks, in deren Mittelpunkt die seitens der Regierung gewährte Teuerungszulage stand. Bis 1979 hatte die Gewerkschaft einen hundertprozentigen Ausgleich für die Erhöhung der Lebenshaltungskosten durchsetzen können. Danach betrug dieser nur noch 80 Prozent; er verringerte sich aufgrund der hohen Inflationsrate durch verspätete Auszahlung noch weiter. Dem damit verbundenen Absinken des Lebensstandards breiter Bevölkerungskreise stellte sich die Gewerkschaft entgegen. Die Jahre 1978 und 1982-1984 waren durch die bisher umfassendsten Streikkämpfe in der Geschichte Israels gekennzeichnet. Schlagzeilen in der nationalen und internationalen Presse bewirkten unter anderem der Monate währende Streik der Angestellten der Fluggesellschaft *El Al* 1982 und der Streik der 5.000 Ärzte der *Kupat Cholim* 1983.

Noch 1977 hatte *Histadrut*-Generalsekretär Jerucham MESCHEL verkündet, sein "Patriotismus werde es ihm nicht gestatten, einen Generalstreik auszurufen, egal, wodurch er provoziert werde".[14] Im Juli und August 1979 jedoch initiierte die Gewerkschaft zweistündige Generalstreiks, an denen sich jeweils über eine Million Arbeiter und Angestellte beteiligten. Insbesondere die oppositionelle Partei der Arbeit, die die *Histadrut* dominierte, war daran interessiert, der Bevölkerung zu zeigen, daß nur sie deren Interessen zu vertreten in der Lage war.

Obwohl die Gewerkschaftsführer von den Arbeitnehmern nicht selten wegen ihrer Inkonsequenz und Kompromißbereitschaft angegriffen wurden, sah der *Likud* in der *Histadrut* eine reale Gefahr für die Durchsetzung seines Wirtschafts- und Sozialkonzepts, das de facto zu Lasten der Niedrigverdiener ging. Die Regierung war daher bestrebt, den Einfluß der Gewerkschaft zurückzudrängen. Zunächst suchte sie die Bedeutung der Krankenkasse *Kupat Cholim*, für viele Israelis Symbol erfolgreicher *Histadrut*-Arbeit, durch Gründung eines Fonds für Nationale Gesundheitsfürsorge zu mindern. Das Vorhaben schlug jedoch fehl. Aufgrund der schwierigen Wirtschaftslage im Land erhöhte sich die Rolle der Gewerkschaft sogar weiter. Die Vertreter des *Likud* sahen sich daher genötigt, eine neue Linie einzuschlagen. Sie suchten innerhalb der *Histadrut* Einfluß zu gewinnen, um durch eine große *Likud*-Fraktion die politische Ausrichtung der Gewerkschaft zu modifizieren.

Die wirtschaftliche Situation und die nach wie vor gespannte politische Lage in der Region verminderten die Anziehungskraft Israels auf die in der Diaspora lebenden Juden. Waren im Zeitraum von 1969 bis 1976 über 300.000 Einwanderer in das Land gekommen, so verringerte sich die Zahl der Immigranten in den Jahren 1977 bis 1984 um etwa 50 Prozent. Dabei spielte die Tatsache eine wichtige Rolle, daß sowjetische Juden, die das Haupteinwanderungspotential gebildet hatten, ab 1980 nur noch in Ausnahmefällen eine Ausreiserlaubnis erhielten. Gleichzeitig ließ sich nicht übersehen, daß Ende der siebziger Jahre Tausende Juden aus der UdSSR ihre für Israel erteilten Ausreisevisa nutzten, um in Westeuropa oder Amerika Fuß zu fassen bzw. Israel nur als "Transitland" auf dem Wege in die USA oder nach Kanada betrachteten. Aufsehen erregte im Juli 1979 die Mitteilung des Vorsitzenden des Knessetkomitees für Einwanderungsfragen, Ronnie MILO, daß monatlich 2.000 Israelis das Land verließen.

In die öffentliche Diskussion wurde auch das demographische Verhältnis zwischen jüdischer und arabischer Bevölkerungszahl eingebracht, das sich spürbar zu Gunsten der Araber entwickelte. Verringerte jüdische Einwanderung und hohe Geburtenraten in der arabischen Bevölkerung führten dazu, daß sich von 1967 bis 1979 der jüdische Anteil an der Gesamtbevölkerung von 86 auf 84 Prozent und bis 1984 auf 82,6 Prozent verringerte. Diese Daten setzten ein Achtungszeichen auch für die weitere Diskussion über das Schicksal der 1967 besetzten Gebiete.

Nach der Regierungsbildung war die innenpolitische Situation vor allem durch Auseinandersetzungen zwischen Vertretern des *Likud* und des *Maarach* geprägt. Nach 29 Jahren Oppositionstätigkeit verfügten Politiker der *Cherut* und der Liberalen Partei über wenig direkte Erfahrungen mit der Handhabung der Staatsmacht. Ihr politischer Block war zudem heterogen zusammengesetzt; er hatte sowohl die Interessen der Niedrigverdiener - des Wählerpotentials der *Cherut*-Partei aus den Entwicklungsstädten und Vororten der urbanen Zentren - als auch des Unternehmertums wahrzunehmen. Während es in außenpolitischer Hinsicht relativ einfach war, beide Komponenten auf einen Nenner zu bringen, gingen in Fragen der Wirtschafts- und Sozialsituation die vitalen Interessen auseinander. Meinungsumfragen des Jahres 1979 ergaben daher einen hohen Grad von Unzufriedenheit mit den von der neuen Regierung eingeleiteten wirtschaftlichen Maßnahmen. Gleichzeitig herrschte weitgehende Zustimmung zur Nahostpolitik. Insgesamt konnte sich der *Likud* in seiner ersten Legislaturperiode als Regierungspartei konsolidieren. Eine wesentliche Rolle spielte dabei die Persönlichkeit Menachem BEGINS.

Meldungen über "Regierungskrisen" und "Machtkämpfe" zwischen Regierung und Opposition waren in Israel keine Seltenheit; sie bestimmten die Innenpolitik seit der Staatsgründung. An dieser Situation änderte sich auch nach 1977 nichts. Allerdings war es dem *Maarach* aufgrund der Übereinstimmung in grundsätzlichen nationalen Existenzfragen nicht möglich, die Regierungspolitik pauschal abzulehnen. Er beschränkte sich daher auf "selektive Kritik" und wollte nicht als "prinzipieller Neinsager" erscheinen.[15]

Die Wahlniederlage von 1977 hatte in den Reihen der Partei der Arbeit zunächst einen tiefen Schock ausgelöst. Das Prestige der Führung, das durch die jahrelange Rivalität zwischen Jizchak RABIN und Schimon PERES ohnehin stark beeinträchtigt war, wurde durch die gegenseitigen Schuldzuweisungen der Spitzenpolitiker für den Wahlausgang weiter gemindert. Austritte aus der Partei, Abspaltungen und die Formierung neuer Fraktionen waren die Folge. Im Januar 1978 prophezeite die Jerusalem Post bereits den generellen "Zerfall" der MAI.[16]

Dieser Gefahr suchte die Parteiführung durch eine aktivistische Politik in der Knesset entgegenzuwirken. Sie hatte dem parlamentarischen Kampf stets große Bedeutung beigemessen und war nun bestrebt, mit Hilfe zahlreicher Mißtrauensanträge eine "politische Wende" herbeizuführen. Andererseits zeichneten sich Tendenzen ab, politisch-theoretischen Aspekten wieder größere Beachtung zu schenken. Die Forderung, man müsse zur historischen MAPAI zurückkehren, zielte auf eine Wiederbelebung der Werte des sozialistischen Zionismus ab. Federführend wirkte in diesem Sinne die 1979 gegründete *Beit-Berl*-Gruppe, die nach dem theoretischen Zentrum der MAI benannt war. Ihr gehörten u. a. Musa HARIF, Usi BAR-AM, Jaacov LEVINSOHN und Nawa ARAD an. Sie bildeten nach den Wahlen 1981 die Gruppe *Dor ha-Hemschech* (Die nächste Generation), die vor allem in der Palästinenserfrage mit gemäßigten Positionen an die Öffentlichkeit trat. Ihr gegenüber stand die Gruppe *Jachdaw* (Gemeinsam) bzw. ab 1981 *Manof* (Hebel), die etwa 100 Mitglieder umfaßte. Funktionäre des *Manof* wie Tamar ESCHEL, Schlomo HILLEL, Simcha DINIZ und Jehuda HAREL forderten vom Parteivorsitzenden PERES eine straffere Führung und setzten sich von Anfang für eine gemeinsame Regierung mit dem *Likud* ein.

Die inneren Auseinandersetzungen über den weiteren Weg der Partei der Arbeit fanden in zahlreichen Schriften, Interviews und Reden führender Politiker und Parteitheoretiker ihren Niederschlag. Insbesondere das 1978 veröffentlichte Buch "Kaet Machar" (Morgen ist schon jetzt) von Schimon PERES stellte den Versuch einer neuen Positionsbestimmung dar. Dabei nahm die Haltung zu Nahostkonflikt und zur Palästinenserfrage einen zentralen Platz ein. Die Partei der Arbeit ging - wie der *Likud* -

vom historischen Recht des jüdischen Volkes auf Palästina aus; sie sah eine Möglichkeit, das Selbstbestimmungsrecht der Palästinenser zu verwirklichen, nur im Rahmen arabischer Staatlichkeit, z.B. in Form der "Jordanian Option". Verhandlungen mit der PLO und die Gründung eines eigenständigen palästinensischen Staates lehnte sie ab. Andererseits führten die Entwicklungen in der Nahost-Region und die mit den Camp-David-Abkommen verbundenen Diskussionen über das Schicksal der Palästinenser in Ansätzen zu neuen Wertungen. So erklärte der ehemalige Außenminister EBAN im Januar 1978 gegenüber der Presse:

> "Nach zwei oder drei Jahren palästinensischer Autonomie wird die Idee eines palästinensischen Staates den Israelis nicht mehr so schrecklich erscheinen".[17]

In Zusammenhang mit Camp David gab es in der Partei der Arbeit gravierende Meinungsverschiedenheiten. Die "Tauben" befürworteten die Autonomieverhandlungen und verliehen immer wieder ihrer Befürchtung Ausdruck, durch deren Scheitern könne es zur Annexion der besetzten Gebiete kommen. Die Herrschaft über 1,5 Millionen Araber jedoch zerstöre zwangsläufig den jüdischen Charakter des Staates Israel. Die "Falken" indessen lehnten die Autonomie als Vorleistung und Ausgangspunkt für einen Palästinenserstaat ab. Die MAI-Führung suchte in ihrer Politik beiden Seiten Rechnung zu tragen. Sie stimmte prinzipiell den Vereinbarungen von Camp David zu, trat jedoch unabhängig davon in eigenständige Gespräche mit dem ägyptischen Präsidenten, mit König HUSSEIN von Jordanien und mit Palästinensern aus den besetzten Gebieten ein. In der Öffentlichkeit und im arabischen Umfeld war sie bestrebt, sich - gemessen am *Likud* - als moderatere Kraft zu profilieren.

Die religiösen Parteien, insbesondere die MAFDAL, standen in der innenpolitischen Kontroverse zur Palästinenserproblematik auf der Seite des *Likud*. Sie untersetzten dessen territorialistische Auffassungen durch Belege aus den religiösen Schriften und unterstützten aktiv die Siedlungspolitik der neuen Regierung. Gleichzeitig behielt für sie die Frage, ob der Staat religiös oder säkular geprägt sein solle, nach wie vor zentrales Gewicht. Die Nationalreligiöse Partei hatte 1977 erstmals die Möglichkeit erhalten, den Posten des Ministers für Bildung und Kultur zu besetzen. Sie nutzte diese Chance zur Durchsetzung ihrer religiös-politischen Forderungen. So wurde im Zeitraum von 1977 bis 1981 der für religiöse Schulen verwendete Anteil des Budgets des Bildungsministerium um ein Drittel erhöht.

Besondere Aufmerksamkeit widmeten die Vertreter der religiösen Parteien der strikten Einhaltung des Sabbat. Dabei kam es - wie im Juli 1977 in Jerusalem, als Fanatiker Straßensperren errichteten, um jeglichen Ver-

Abb. 34: Nach dem Sechstagekrieg angelegte Wohnsiedlungen bei Jerusalem

Abb. 35: General Ariel Scharon nach der Überquerung des Suezkanals 1973

Abb. 36: „Schwarze Panther“ auf einer Demonstration gegen die steigenden Lebenshaltungskosten 1974

Abb. 37: Anwar as-Sadat, Jimmy Carter und Menachem Begin nach Unterzeichnung der Abkommen von Camp David 1978

Abb. 38: Vertreterin der Sabra-Generation

Abb. 39: Jeschiva-Schüler in Jerusalem

Abb. 40: Zu den wertvollsten Ausstellungsstücken des 1965 eröffneten Israel-Museums gehören die Qumran-Texte

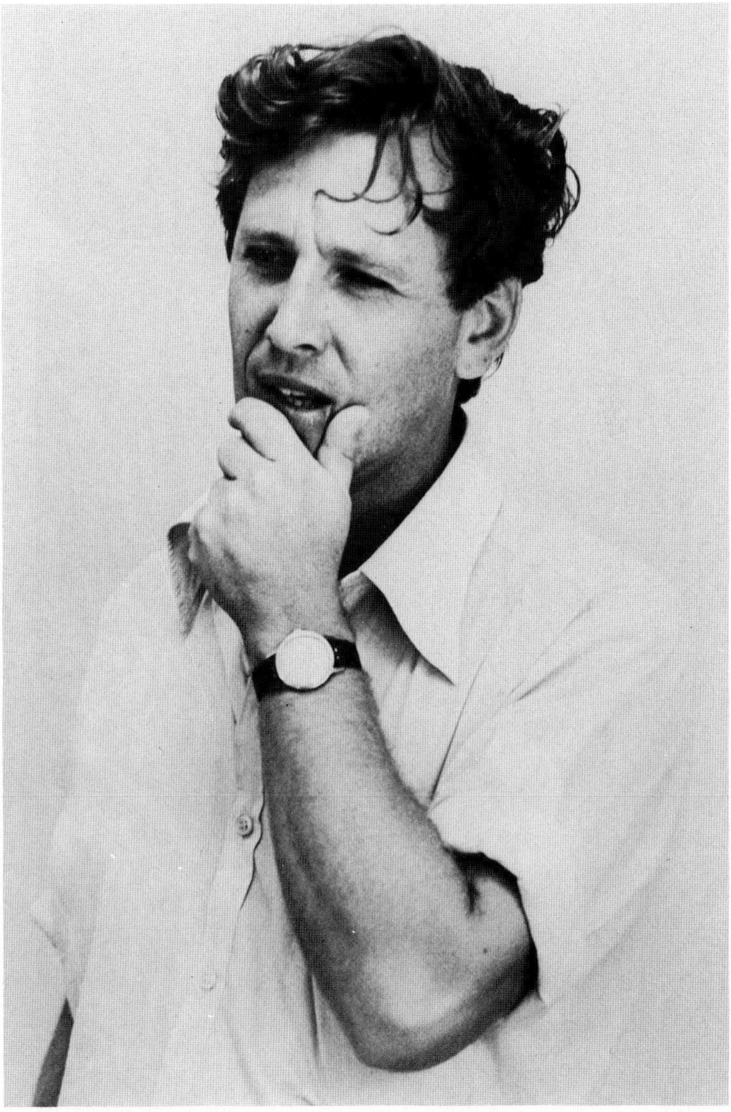

Abb. 41: Amos Oz, ein Vertreter der jungen, im Lande geborenen Schriftstellergeneration

Abb. 42: Rabbiner der orthodox-religiösen Partei SCHASS 1988

Abb. 43: Dicht beieinander befinden sich in Jerusalem die heiligen Stätten von Judentum und Islam – Klagemauer und Felsendom

Abb. 44: Neueinwanderer aus Äthiopien beim Erlernen des Hebräischen (1985)

Abb. 45: Die Führer der beiden großen Parteienblöcke Israels, Jizchak Schamir (Likud) und Schimon Peres (Maarach), nach der Bildung der Regierung der nationalen Einheit 1988

Abb. 46: Demonstration von Arbeitern vor der Knesset in Jerusalem gegen die zunehmende Arbeitslosigkeit (23. Juli 1989)

Abb. 47: Ministerpräsident Schamir in der Knesset

Abb. 48: Israels Außenminister David Levi zeigt Bundesaußenminister Hans-Dietrich Genscher die während des Golfkriegs 1991 von irakischen Raketen zerstörten Häuser in Tel Aviv (24. Januar 1991)

Abb. 49: Händedruck zwischen dem Leiter der israelischen Verhandlungsdelegation, Rubinstein, und dem Leiter der jordanisch-palästinensischen Delegation, Majali, Madrid, 3. November 1991

Abb. 50: Zwei Welten treffen aufeinander - Sowjetischer Neueinwanderer und israelische Soldatin in einem Armeelager

kehr zu verhindern - nicht selten zu öffentlichen Auseinandersetzungen zwischen religiösen und liberalen Kräften. Der "Kulturkampf" war Gegenstand kontroverser Debatten im Parlament und umfangreicher Dispute in der Presse. Schulamit ALONI, die die Bürgerrechtsbewegung in der Knesset vertrat, formulierte:

> "Schritt für Schritt ... wird Israel von einem demokratischen, humanistischen Staat in eine orthodoxe, klerikale Gemeinschaft verwandelt".[18]

Charakteristisch für die innenpolitische Situation Israels während der ersten Legislaturperiode der *Likud*-Regierung waren die Abstimmungsergebnisse über den Status von Jerusalem und die Reaktionen auf die Zerstörung des irakischen Atomreaktors. Als am 30. Juli 1980 die von der *Techijah*-Partei unterbreitete Vorlage zum Grundgesetz: "Das vereinte Jerusalem ist in seiner Gesamtheit die Hauptstadt Israels" zur Abstimmung kam,[19] unterstützte neben den Regierungsparteien auch die Mehrheit der Abgeordneten der Partei der Arbeit diesen Beschluß. Gegen das Gesetz sprachen sich die Vertreter der linkszionistischen Parteien MAPAM und SCHELI (*Schalom lemaan Jisrael* - Frieden für Israel), der von DASCH abgespaltenen Gruppierung SCHAI (*Schinui we-josmah* - Veränderung und Initiative) und der unter kommunistischer Führung stehenden CHADASCH-Fraktion aus. De facto hatte es israelische Gesetzgebung und Verwaltung in Jerusalem bereits seit 1967 gegeben. Das nunmehr verabschiedete "Grundgesetz" sollte die juristische Annexion des Ostteils der Stadt unumkehrbar machen.

War sich die Führung der israelischen Sozialdemokratie hinsichtlich Jerusalems mit dem *Likud* weitgehend einig, so übte sie massive Kritik, als israelische Flugzeuge am 6. Juni 1981 den Atomreaktor bei Bagdad angriffen. Obwohl sie erklärte, sich niemals mit der Produktion von Atombomben durch Irak abfinden zu können, verurteilte die MAI die Zerstörung des irakischen Reaktors; sie gab zu bedenken, daß es doch "bessere Wege" gäbe, "um diese Gefahr auszuschalten".[20]

Die militärische Aktion fand drei Wochen vor den Wahlen zur 10. Knesset statt - zu einer Zeit also, da sich das Ringen der Parteien um die Gunst der Wähler in seiner Endphase befand. Sie beeinflußte zweifelsohne die Wahlergebnisse. Der *Likud* brauchte eine Aufwertung seines Prestiges im Innern und setzte vor allem auf das rechte Spektrum. Er hatte in den ersten Jahren seiner Amtsperiode viel von seinem Ansehen eingebüßt: Außenminister DAJAN war im Oktober 1979 zurückgetreten, Verteidigungsminister WEIZMANN hatte im Mai 1980 seinen Rücktritt eingereicht und mit ARIDOR hatte die Regierung bereits ihren dritten Finanzminister benennen müssen.

Dem *Maarach* war es aus der Opposition heraus eher möglich, die Interessen der Klein- und Mittelverdiener, die in ihrer Mehrzahl in der *Histadrut* organisiert waren, zu vertreten. Die Positionen der Partei der Arbeit wurden dadurch gestärkt, daß in Zusammenhang mit dem Friedensschluß mit Ägypten alle Vorschläge, die eine gewisse Kompromißbereitschaft in der Nahostfrage erkennen ließen, insbesondere unter Intellektuellen stärkeren Widerhall fanden. Im Ergebnis dessen erhöhte sich das Prestige der israelischen Sozialdemokratie wieder. Meinungsumfragen sagten ihr im Oktober 1980 einen überwältigenden Wahlsieg voraus. Die Wahlen zur *Histadrut*-Generalversammmlung im April 1981 bestätigten diesen Trend (der *Maarach* erhielt 62,9 Prozent der Stimmen, der *Likud* lediglich 26,3 Prozent). Und dennoch erbrachten die Parlamentswahlen im Juni 1981 erneut einen Sieg des *Likud*.

Die Vorbereitungen zu den Knessetwahlen begannen Monate vor dem festgelegten Termin. Heftige Auseinandersetzungen zwischen *Maarach* und *Likud*, die von gegenseitigen Beschuldigungen bis zu tätlichen Angriffen reichten, charakterisierten den Wahlkampf. Die Rivalen versuchten, der Bevölkerung zu suggerieren, Israel stehe am Scheidewege und die Stimmenabgabe für *Likud* oder für die Sozialdemokraten bestimme den weiteren Entwicklungsweg des Landes. Während BEGIN als Ministerpräsident den Staatsapparat für seine wahlpolitischen Aktionen nutzen konnte, mobilisierte der Arbeiterblock - eingedenk der Niederlage von 1977 - Tausende Freiwillige, die die Ziele des *Maarach* unter der Bevölkerung propagierten. Allein am Wahltag setzte die Partei der Arbeit 150.000 Personen und 20.000 Fahrzeuge ein. Mit Ausgaben von 300 Mill. Schekel allein für propagandistische Zwecke galten die Wahlen als die bisher teuersten in der Geschichte Israels.

Die Wahlbeteiligung am 30. Juni 1981 blieb dennoch unter den Erwartungen. Nur 77,4 Prozent der Stimmberechtigten - damit 2 Prozent weniger als 1977 - gingen zu den Wahlurnen. 21 Parteien konnten die Einprozentklausel nicht überspringen und hatten keine Möglichkeit, ins Parlament einzuziehen. Unter den Parteien, die in der zehnten Knesset vertreten waren, befanden sich einige neue Gruppierungen, wie zum Beispiel die *Tnuat Masoret Jisrael* - TAMI (Traditionsbewegung Israels). Diese Partei orientalischer Juden hatte sich von der MAFDAL abgespalten und war wie diese stark religiös geprägt. Sie setzte sich insbesondere für die soziale Gleichstellung der orientalischen Juden in Israel ein. Aufmerksamkeit hatte auch die *Tnuah le-Hitchadschut Mamlachtit* - TELEM (Bewegung zur staatlichen Erneuerung) unter Führung Mosche DAJANs erregt. Sie zog mit zwei Vertretern ins Parlament ein.

Die Wahlergebnisse zeigten - im Unterschied zu früheren Jahren - einen klaren Trend zum Zweiparteiensystem. *Likud* und *Maarach* erhielten zusammen 73,65 Prozent der Stimmen und 95 der 120 Parlamentssitze. Beide Parteienblöcke lieferten sich ein hartes Kopf-an-Kopf-Rennen, das schließlich vom *Likud* mit 48 Abgeordneten gegenüber dem *Maarach* mit 47 Parlamentssitzen gewonnen wurde. Damit erhielt BEGIN zum zweiten Mal die Möglichkeit, die Regierung zu bilden. Er hatte sich als Führerpersönlichkeit profiliert, die sowohl zum Frieden als auch zum Krieg bereit war. Sein Image wurde einerseits durch den Friedensschluß mit Ägypten - honoriert mit dem Friedensnobelpreis 1978 - und andererseits durch den Angriff auf den irakischen Atomreaktor sowie die Zuspitzung der Libanonkrise untermauert.

Für den *Likud* wirkte ferner, daß nach dem Rücktritt von DAJAN, WEIZMANN und HORWITZ im Wahlkampf nach außen eine relative Geschlossenheit der Regierung demonstriert werden konnte. Dennoch gelang es BEGIN nicht, seinen Erfolg von 1977 in vollem Umfange zu wiederholen. Obwohl er fünf Parlamentssitze für den *Likud* hinzugewann, schmolz der Abstand zwischen *Likud* und *Maarach* auf nur ein Mandat. Damit wurde deutlich, daß sich der Hauptteil der Wähler, die 1977 für DASCH gestimmt hatten, nunmehr erneut stärker zur Partei der Arbeit hingezogen fühlte.

Die Führung der MAI hatte im Wahlkampf "die wirtschaftliche Stagnation, die gigantische Auslandsverschuldung, Arbeitslosigkeit, die großen sozialen Unterschiede, die wachsende Polarisierung zwischen den ethnischen Gruppen, das Versagen der gesellschaftlichen Solidarität, die Atmosphäre des Fanatismus und der Gewalt sowie das Abrücken von grundsätzlichen demokratischen Werten"[21] kritisiert. Sie traf damit auf offene Ohren bei vielen Wählern, denen die *Likud*-Regierung nicht den erhofften wirtschaftlichen Aufschwung gebracht hatte.

Die neue Regierungskoalition, die BEGIN nach dreiwöchigen Verhandlungen vorstellen konnte, bestand aus Vertretern des *Likud*, der Nationalreligiösen Partei, von *Agudat Jisrael* und TAMI. Wie sich bereits bei der Abstimmung in der Knesset am 5. August zeigte, verfügte sie mit 62 Mandaten über eine nur hauchdünne Mehrheit. Dem Kabinett gehörten 15 *Likud*-Minister - unter anderem Jizchak SCHAMIR als Außenminister, Ariel SCHARON als Verteidigungsminister und Joram MERIDOR als Wirtschaftsminister - an. Josef BURG von der Nationalreligiösen Partei bekleidete das Amt des Ministers für Innere Angelegenheiten, Religionsfragen und Polizei; sein Parteikollege Zevulun HAMMER war für Bildung und Kultur zuständig und Aharon ABUHATZIRA (TAMI) wurde Minister für Arbeit, soziale Belange und Eingliederung der Neueinwanderer.

Das Koalitionsabkommen enthielt als erklärtes Regierungsziel die Fortsetzung der in Camp David fixierten Nahost-Politik, einschließlich der Wiederaufnahme der Autonomieverhandlungen mit Ägypten. In diesem

Zusammenhang verwies es nachdrücklich darauf, daß Israel das Recht habe, Siedlungen in Judäa, Samaria und im Gaza-Streifen anzulegen, daß es sich nicht von den Golan-Höhen zurückziehen werde und daß Jerusalem als unteilbare Hauptstadt des Staates Israel betrachtet werde.[22]

Die neue Regierung hatte sich neben wirtschaftlichen Problemen vor allem mit der letzten Phase des israelischen Abzugs von Sinai zu beschäftigen - einer Frage, die nach der Ermordung SADATs durch islamische Extremisten am 6. Oktober 1981 in Israel erneut heftig diskutiert wurde. Kontroverse Diskussionen, ob unter dem neuen ägyptischen Präsidenten Husni MUBARAK eine Fortsetzung des Normalisierungsprozesses möglich sei, hielten trotz erster Gespräche zwischen BEGIN und dem Nachfolger SADATs während der Trauerfeierlichkeiten in Kairo an. Insbesondere die israelischen Siedler, die Sinai zu verlassen hatten, nutzten die Gunst der Stunde und forderten höhere Entschädigungen. Die Regierung billigte ihnen insgesamt schließlich fast eine Milliarde Dollar zu. Damit erhielt jeder Siedler einen Betrag, den sich ein Fabrikarbeiter in 40-50jähriger Arbeit nicht hätte ersparen können.

Zur Beschwichtigung der Kräfte, die den Abzug von Sinai als einen unverantwortlichen Präzedenzfall betrachteten, trug die Annahme des Gesetzes über die Ausweitung von "Gesetz, Rechtssprechung und Verwaltung des Staates Israel" auf die Golan-Höhen am 14. Dezember 1981 bei.[23] Der von der *Techijah*-Abgeordneten Geula COHEN vorgeschlagenen Beschlußvorlage gaben 63 Knessetabgeordnete ihre Stimme, darunter acht Mitglieder der Partei der Arbeit.

"Frieden für Galiläa"

Während der zweiten Legislaturperiode der *Likud*-Regierung spitzte sich der Nahostkonflikt erneut zu. Die arabischen Staaten waren nach dem Abschluß der Vereinbarungen von Camp David und der Unterzeichnung des ägyptisch-israelischen Friedensvertrages gespalten. Der im September 1980 vom Irak gegen Iran begonnene Krieg und der seit 1975 andauernde Bürgerkrieg in Libanon, dessen Ende nicht abzusehen war, trugen zur Destabilisierung der Lage in der Region bei. Versuche der USA, weitere arabische Regierungen zu veranlassen, den Camp-David-Prozeß mitzutragen, scheiterten. Ägypten blieb isoliert; nach der Ermordung SADATs kam der "Normalisierungsprozeß" mit Israel beinahe zum Erliegen.

Die PLO hatte sich im Verlaufe der siebziger Jahre von den in Jordanien während des "Schwarzen September" 1970 erhaltenen Schlägen erholt und ihre militärischen Basen bzw. ihr Führungszentrum nach Libanon verlegt. Sie entwickelte sich hier zu einem Staat im Staate und wurde sowohl von Syrien als auch von Israel als potentielle Bedrohung eigener Machtinteressen betrachtet. Die 1976 auf Beschluß der Arabischen Liga in Libanon stationierten syrischen Truppen befanden sich nach wie vor in der Bekaa-Ebene und entlang der Straße Damaskus-Beirut. Ihre Präsenz trug jedoch nur bedingt zur Beruhigung der Lage bei. Insbesondere die Verlegung sowjetischer SAM-6-Raketen in die Bekaa-Ebene werteten israelische Politiker als Affront, behinderte dies doch israelische Aufklärungsflüge über dem Libanon.

In den vorausgegangenen Jahren hatte die Regierung unter Menachem BEGIN politische und militärische Verbindungen zu den maronitischen Führungskräften im Libanon aufgenommen und vor allem die Milizen des Majors Saad HADDAD zur Absicherung ihrer Nordgrenze genutzt. Der ZAHAL mischte sich nicht selten in die innerlibanesischen Kämpfe ein. Seine Angriffe galten PLO-Quartieren sowie Orten, in denen die militärische Aufklärung muslimische Gruppierungen vermutete. 1980 und 1981 wurden mehrmals palästinensische Stützpunkte bombardiert. Die Zahl der Todesopfer war hoch. 503 Menschen starben allein bei Luftangriffen auf Beirut, Nabatijeh und Damur im Juli 1981.

Ein vom US-Vermittler Philip HABIB 1981 ausgehandelter Waffenstillstand wurde weitgehend eingehalten. Dennoch ließen Äußerungen israelischer Politiker im Herbst des Jahres eine Eskalation des Konfliktes erahnen. So erklärte am 30. Oktober 1981 der neue Verteidigungsminister des *Likud*-Kabinetts, Ariel SCHARON, in einem Interview:

> "Wir sprechen von der Herstellung einer Situation, die zum Abzug der Syrer von Beirut bis Zahle führt. Ich möchte das durch Drohungen erreichen und nicht durch tatsächlichen Krieg ... Es ist alles Erforderliche zu tun, um nicht in einen Krieg mit den Syrern einzutreten; ich bin jedoch nicht sicher, ob das möglich ist. Ich denke, es ist unmöglich."[24]

Ariel SCHARON, geboren 1928 in Palästina, war bereits Offizier während des Unabhängigkeitskrieges gewesen. Er hatte als Berufssoldat bis 1973 in der Armee gedient und sah 1981 in seiner Ernennung zum Verteidigungsminister den Höhepunkt der militärischen Laufbahn. Die Ausübung dieser Funktion war geprägt durch die Auffassung, daß Israel "erstens durch die Konfrontation mit den Arabern und zweitens durch die sowjetische Expansion"[25] bedroht sei. Vor dem Hintergrund des sowjetischen Einmarschs in Afghanistan betrachtete SCHARON "die strategische Zusammenarbeit zwischen Israel, den USA und den prowestlichen Staaten dieser Regionen" als den "einzig realen Weg, um der weiteren sowjetischen Einkreisung zu begegnen".[26]

Obwohl es selbst innerhalb des *Likud* kritische Stimmen bei der Ernennung SCHARONs zum Verteidigungsminister gegeben hatte, konnte er sich hinsichtlich des Bündnisses mit den USA auf einen weitgehenden Konsensus innerhalb der Regierung stützen. Das zeigte sich bei der Diskussion über das "Amerikanisch-israelische Memorandum der Verständigung zur strategischen Kooperation", das am 30. November von Caspar WEINBERGER und Ariel SCHARON unterzeichnet wurde. Die Vereinbarung stellte nicht nur eine Fortsetzung der 1970, 1975 und 1979 abgeschlossenen Verträge über die Zusammenarbeit Israels mit den USA auf militärtechnischem Gebiet dar, sondern enthielt in Artikel I den Passus:

> "Die strategische Kooperation zwischen den USA und Israel zielt auf die Zurückweisung der Bedrohung des Friedens und der Sicherheit der Region durch die Sowjetunion und sowjetisch kontrollierte Kräfte, die von außen in die Region eingebracht werden".[27]

Die Formulierung ging in ihrer antisowjetischen Ausrichtung weiter als die Vertragswerke der NATO und der CENTO. Sie war mit der Eisenhower-Doktrin von 1957 vergleichbar und rief Widerspruch bei der Opposition hervor:

> "Zwischen Israel und den USA gibt es eine strategische Zusammenarbeit, die bisher in Stille durchgeführt wurde ... Wem nützen die lauten Reden des Ministerpräsidenten und besonders des Verteidigungsministers über einen strategischen Bund, der die Welt umfaßt - von Afghanistan bis zur Sowjetunion? ... Bevor wir uns anschicken, den Atlantischen Ozean zu überqueren, müssen wir aufpassen, was am Jordan geschieht".[28]

Auch Persönlichkeiten, wie der Generalsekretär der Partei der Arbeit, Chaim BAR LEV, und der ehemalige UNO-Botschafter Israels, Chaim HERZOG, sprachen sich gegen den Passus im Memorandum aus. Der Versuch der *Maarach*-Fraktion, mit einem Mißtrauensantrag wegen der Unterzeichnung des strategischen Abkommens die Regierung zu stürzen, hatte allerdings keinen Erfolg. Der Antrag wurde mit 57:53 Stimmen zugunsten der Regierungskoaliton entschieden.

Die Politiker des *Likud*, die nach der Rückgabe des letzten Teils der Sinai-Halbinsel starken Angriffen von rechts ausgesetzt waren, suchten sich im Frühjahr und Sommer 1982 als Strategen der "Abschreckung" zu profilieren. BEGIN und SCHARON setzten sich im Kabinett durch. Sie bestimmten in den folgenden Monaten vor allem die israelische Regionalpolitik. Koordinierungsgespräche zwischen Vertretern der israelischen Regierung und Maronitenführer Baschir DSCHEMAJEL sowie Äußerungen israelischer Politiker, die sich insbesondere gegen die PLO richteten, ließen unschwer die Ziele bevorstehender militärischer Aktionen erkennen. "Wir werden die Terrororganisationen zerschmettern, ihre Köpfe, ihre Führer, ihre Hauptquartiere und ihre Stützpunkte - wo immer wir sie finden", kündigte Außenminister SCHAMIR im April 1982 bei der Beerdigung eines in Paris von libanesischen Terroristen ermordeten israelischen Diplomaten an.[29]

Am 6. Juni 1982 lief der Countdown des fünften Nahostkrieges ab. Zu einem Zeitpunkt, da das Interesse der Weltöffentlichkeit auf die Falkland-Krise, die Ereignisse in Afghanistan und den Krieg zwischen Irak und Iran gerichtet war, marschierten israelische Truppen in den Südlibanon ein. Den Vorwand lieferte das Attentat palästinensischer Terroristen auf den israelischen Botschafter Schlomo ARGOV in London am 3. Juni 1982. Der Diplomat überlebte. Tausende Palästinenser, Libanesen, Syrer und Israelis jedoch fielen während eines Krieges, der den Namen *Schlom ha-Galil* (Frieden für Galiläa) erhielt und als bisher längster Krieg in die Geschichte des Staates Israel einging.

Nachdem im Verlauf des 5. Juni die israelische Luftwaffe PLO-Stützpunkte in Libanon bombardiert hatte, trat am Abend das israelische Kabinett zusammen, um über das weitere Vorgehen zu beraten. Ziel sei die Schaffung einer "Sicherheitszone" von 40 Kilometern Tiefe, erklärten SCHARON und BEGIN den versammelten Ministern. Den meisten war jedoch zu diesem Zeitpunkt klar, daß es um mehr ging. Die israelischen Autoren Zeev SCHIFF und Ehud JAARI skizzierten in ihrem 1984 veröffentlichten Buch "Milchemet Scholal" (Krieg der Irreführung) den "großen Plan", wie er von SCHARON lange vor dem Krieg ausgearbeitet und von ihm im Komitee für Sicherheitsfragen vorgetragen worden war, wie folgt:

> "Die PLO muß aus Libanon vertrieben werden, aus dem Süden, aus Beirut und aus dem ganzen Gebiet. Um ihre Rückkehr zu verhindern, ist Baschir Dschemajel als künftiger Präsident Libanons einzusetzen. Und um der Rache der Syrer zu begegnen, muß deren Armee aus Libanon entfernt werden. Wenn die PLO aus Beirut und aus ganz Libanon vertrieben ist, wird Israel den Konflikt mit den Palästinensern in seinem Interesse lenken können ..."[30]

Die Bombardierung libanesischer Gebiete am 5. Juni war von den meisten Israelis noch nicht als außergewöhnliche Maßnahme gewertet worden; mit einem Vergeltungsschlag hatte man mehr oder weniger gerechnet. Dennoch waren viele, deren Söhne zum Militär eingezogen worden waren, besorgt. Sie befürchteten, SCHARON werde "sich nicht mit weniger als einem Krieg begnügen".[31] Dennoch war es nicht nur "Scharons Krieg". Als am 8. Juni linke Knesset-Abgeordnete der CHADASCH-Front der Regierung das Mißtrauen ausdrückten und den Rücktritt des Kabinetts forderten, beschworen selbst die Oppositionsführer RABIN und PERES die Einheit des Volkes als Gebot der Stunde. Zu diesem Zeitpunkt waren nur wenige Politiker bereit, die Notwendigkeit eines erneuten Waffengangs in Frage zu stellen.

Die israelische Armee drang innerhalb weniger Tage tief in libanesisches Territorium ein. Sie eroberte bereits am 7. Juni die Festung Beaufort sowie Sidon, Tyrus und Hasbaja. Am 9. Juni stand sie vor den Toren Beiruts. Gefechte mit den syrischen Truppen führten in der ersten Kriegswoche zu erheblichen Verlusten auf beiden Seiten. Doch schon am 11. Juni wurde ein Waffenstillstandsabkommen vereinbart, das die Straße Beirut-Damaskus als Grenze zwischen syrischen und israelischen Truppen festlegte. Die israelische Armee konzentrierte sich nunmehr auf die Kämpfe um Beirut. Der von palästinensischen und schiitischen Truppen kontrollierte Westteil der libanesischen Hauptstadt wurde eingeschlossen und wochenlang belagert. Die Blockade, die in enger Zusammenarbeit mit den *Falangisten* aus dem Ostteil der Stadt erfolgte, bewirkte, daß die in Westbeirut lebenden 800.000 Menschen fast völlig von der Außenwelt abgeschnitten waren. Die Versorgung mit Lebensmitteln, Wasser, Strom und Medikamenten war bald nicht mehr gewährleistet. Krankheiten, insbesondere Typhus, breiteten sich aus. Unaufhörliche Bombenangriffe der israelischen Luftwaffe belasteten die Situation in dramatischer Weise. 500 Gebäude waren allein in der ersten Juliwoche zerstört worden. Tausende Menschen starben in den Trümmern.

Ziel der Armee unter Oberbefehlshaber Rafael EITAN war es in erster Linie, die PLO-Truppen, die nach wie vor erbittert Widerstand leisteten, zum Verlassen Westbeiruts und des Libanon zu zwingen. Um den Druck weiter zu verstärken, nahmen israelische Truppen am 4. August den internationalen Flughafen Beiruts ein; sie versuchten, von hier nach Westbeirut einzurücken. Höhepunkt der Kriegshandlungen war die systematische Bombardierung Westbeiruts am 12. August, die international auf breite Kritik und Empörung traf. US-Präsident Ronald REAGAN warnte den israelischen Premier BEGIN in einem Telefongespräch, sollten "die Bombenangriffe nicht sofort eingestellt werden", fürchte er "gravierende Konsequenzen für die Beziehungen" zwischen den USA und Israel.[32]

Unter dem Druck der sich rapide verschlechternden Lebensbedingungen und der großen Zahl der Opfer unter der Zivilbevölkerung stimmte die PLO-Führung unter Jasir ARAFAT, der sich in Westbeirut befand, dem Abzug der bewaffneten palästinensischen Kämpfer aus Libanon zu. In mehreren Gesprächsrunden hatte US-Vermittler Philip HABIB die Konditionen dafür ausgehandelt. Am 18. August sollten die Kampfhandlungen eingestellt, danach 13.000 Mann der PLO-Streitkräfte sowie etwa 600 Frauen und Kinder innerhalb von 15 Tagen Westbeirut verlassen und eine multinationale Friedenstruppe - bestehend aus 800 Amerikanern, 800 Franzosen und 400 Italienern - zur Absicherung dieser Aktion aufgeboten werden. Die PLO-Kämpfer übergaben ihre schweren Waffen an die muslimischen Milizen und zogen - militärisch geschlagen, moralisch jedoch aufgewertet, hatten sie doch länger als alle arabischen Armeen den israelischen Truppen standgehalten - aus Beirut ab. Sie wurden im Zeitraum vom 21. August bis 4. September auf dem Seeweg evakuiert.

Die israelischen Streitkräfte blieben in Libanon. Gespräche zwischen dem Ende August gewählten libanesischen Präsidenten Baschir DSCHEMAJEL und Ministerpräsident Menachem BEGIN sowie Verteidigungsminister Ariel SCHARON in Israel waren mit Mutmaßungen verknüpft, daß Pläne einer israelisch-libanesischen Zusammenarbeit Gegenstand der Unterredung waren. Das Attentat auf DSCHEMAJEL am 14. September 1982 gab den führenden Politikern Israels jedoch Anlaß zur Besorgnis. Sie sahen trotz der militärischen Erfolge ihre Konzeption, mit Hilfe der *Falangisten* in Libanon eine neue Ordnung zu errichten, in Gefahr:

> "Der Mord an Dschemajel rief die Befürchtung hervor, daß bewaffnete Kräfte in Westbeirut, wie linke Milizen (etwa 7.000 Mann) und verbliebene Terroristen, die Macht in Westbeirut ergreifen und die Möglichkeit der Etablierung einer stabilen und proisraelischen Regierung in Libanon vereiteln könnten",

gab SCHARON später zu Protokoll.[33]

Trotz Abzug der PLO-Einheiten befahl der israelische Verteidigungsminister seinen Truppen, Westbeirut zu besetzen und dort "Gesetz und Ordnung" wiederherzustellen. Da die multinationale Streitmacht, die den Abzug der Palästinenser überwacht hatte, sich auf Wunsch des libanesischen Ministerpräsidenten Schafik WAZZAN bereits bis zum 13. September zurückgezogen hatte, gab es keine Kraft, die den Einmarsch der israelischen Armee in Beirut am 15. September hätte verhindern können. In den frühen Morgenstunden dieses Tages hatte sich Generalstabschef Rafael EITAN im Stab der *Falangisten* aufgehalten und mit diesen das weitere Vorgehen abgesprochen. Den Worten seines Stellvertreters Mosche LEVI zufolge, "wandte sich Israel an die *Falangisten* mit der Bitte, in die Lager einzudringen".[34]

Die Folge dieser Absprache waren blutige Massaker in den palästinensischen Flüchtlingslagern Sabra und Schatila, bei denen etwa 3.000 Männer, Frauen und Kinder ermordet wurden. Ob das Vorgehen der libanesischen Milizen auch mit der israelischen Regierung abgesprochen war oder nicht, blieb ungeklärt. Allein die Tatsache, daß die Armee dem Hinmorden Tausender wehrloser Opfer zusah und durch das Abschießen von Leuchtstoffraketen für die nötige Beleuchtung sorgte, anstatt den Überfall zu verhindern, bedeutete jedoch praktische Schützenhilfe für die libanesischen Milizen.

Die sich seit dem Junikrieg in Israel abzeichnende politische Polarisierung sowie Differenzierungen innerhalb des Parteienspektrums verstärkten sich während des Libanonkrieges. Insbesondere die Oppositionsparteien MAI, MAPAM und RAZ, die sich seit 1977 in ständiger Auseinandersetzung mit der *Likud*-Regierung befanden, sahen sich veranlaßt, ihre Haltung zu überdenken. Bei keinem der vorangegangenen Nahostkriege war der nationale Konsensus - die Notwendigkeit, gegen den äußeren Feind zusammenzustehen - prinzipiell in Frage gestellt worden. Nunmehr konzentrierten sich die Diskussionen darauf, ob man in diesem Krieg bedingungslos hinter der Regierung stehen könne. Heftig und kontrovers wurde der Charakter des Krieges debattiert. War die Aktion "Frieden für Galiläa" ein "Krieg ohne Ausweg" (*Milchemet ein brirah*) oder handelte es sich um einen ungerechtfertigten Angriff Israels, um eine Aggression? Insbesondere das Vorgehen des israelischen Militärs gegen die libanesische und palästinensische Zivilbevölkerung stieß auf Kritik.

In Israel entstanden politische Gruppierungen und Organisationen, die Mitglieder verschiedener Parteien, aber auch Parteilose erfaßten und die sich zu einer breiten Antikriegsbewegung formierten. Noch im Juni waren in Tel Aviv, Jerusalem, Haifa und Nazareth "Komitees gegen den Krieg in Libanon" gebildet worden. Studenten der Tel Aviver Universität sammelten Unterschriften unter eine Petition, die den sofortigen Rückzug der israelischen Truppen aus Libanon forderte. "Dai", es reicht, so nannten sie ihre Initiative. Bereits seit mehreren Jahren existente Friedensorganisationen, wie die 1975 gegründete religiöse Bewegung *Os we-Schalom* (Kraft und Frieden) oder *Schalom achschav* (Frieden jetzt), richteten ihre Aktivitäten auf die Beendigung des Libanonkrieges. Doch auch neue Organisationen - wie *Jesch Gvul* (Es gibt eine Grenze) und *Chajalim neged ha-Schtikah* (Soldaten gegen das Schweigen) - erhoben ihre Stimme und forderten Massenaktionen.

Am 26. Juni protestierten 20.000 Israelis auf dem Platz der Könige in Tel Aviv gegen die Regierungspolitik. Eine Woche später, am 3. Juli, versammelten sich am selben Ort 100.000 Demonstranten. Sie trugen Losungen mit der Aufschrift "Scharon, geh nach Hause!", "Macht den Weg für den Frieden frei!" und "Nie wieder Krieg!".[35] Drei Aktivisten der Friedensbewegung übergaben BEGIN am 8. August eine von 2.000 Reservisten unterzeichnete Petition, in der diese den Premierminister aufforderten, die Armee nicht nach Westbeirut einmarschieren zu lassen. Zu den Sprechern gehörte Avraham BURG, der Sohn des Innenministers. Aktiv in der Bewegung "Soldaten gegen das Schweigen", erklärte BURG:

"Diesmal wurden wir im Gegensatz zur nationalen Meinung in einen Krieg geschickt, zu dem es einen Ausweg gegeben hätte."[36]

Den meisten Protestierenden fiel die Stellungnahme gegen die Regierung während des Krieges nicht leicht. Wenn dennoch Tausende Intellektuelle, Studenten, Kibbuzmitglieder und Reservisten auf die Straße gingen, so taten sie dies im Bewußtsein, daß dieser Krieg eine Gefahr für die Zukunft Israels und für die Demokratie im Lande darstellte. Sie traten für einen Zionismus mit menschlichem Antlitz in einem demokratischen jüdischen Staat ein und distanzierten sich von der Regierungspolitik.

Innerhalb der Sozialdemokratie entbrannten heftige Debatten über die Haltung zur Antikriegsbewegung. Hatten sich Politiker wie PERES und RABIN Anfang Juni noch mit der Regierung solidarisiert, so sahen sie sich in den folgenden Wochen veranlaßt, ihre Haltung zu ändern. Am Ende der zweiten Kriegswoche forderte die *Maarach*-Führung das Kabinett auf, nicht über die offiziell erklärte Zielsetzung - die Schaffung einer 40-50 Kilometer breiten Sicherheitszone - hinauszugehen. Am 22. Juni rief die sozialdemokratische Knessetfraktion die Regierung dazu auf, den "Krieg zu beenden". Sie lehnte den Einmarsch der israelischen Armee in Westbeirut ab und sprach sich für ein Libanon mit "souveräner Regierung aus".[37]

Die Meinungsverschiedenheiten innerhalb des *Maarach* hatten ein vielfältiges Gesicht. Während die Führung der Partei der Arbeit noch die Regierung bat, sich mit der "Hauptopposition" abzustimmen und zu einer Verständigung zu kommen, um "den nationalen Konsensus" zu sichern,[38] verstärkten sich an der Parteibasis die Forderungen, eine konsequentere Antikriegshaltung zu beziehen. Insbesondere nach der Bombardierung Beiruts im August 1982 nahmen die innerparteilichen Auseinandersetzungen und die Kräftepolarisierung innerhalb der israelischen Sozialdemokratie ein bis dahin nicht gekanntes Ausmaß an. Menachem HACOHEN, Mitglied der Partei der Arbeit, aktiv in *Os we-Schalom*, sprach für viele, wenn er der Beschwörung der "nationalen Einheit" durch die Parteiführung die Frage entgegenstellte, ob er "mit der Forderung, das Blutvergießen zu beenden, etwa bis zur Beendigung des Krieges warten" solle.[39]

Den Höhepunkt der Antikriegsbewegung in Israel stellte zweifellos die Demonstration am 25. September 1982 in Tel Aviv dar, die nach Bekanntwerden der Massaker in den Flüchtlingslagern Sabra und Schatila von *Schalom achschav* organisiert wurde. An ihr beteiligten sich nach Angaben der Veranstalter 400.000 Menschen, d.h. jeder fünfte erwachsene Israeli. Diese Kundgebung, auf der auch prominente Oppositionsführer wie Schimon PERES und Schulamit ALONI sprachen, trug dazu bei, das internationale Ansehen Israels wieder aufzurichten. Nicht nur die Namen

BEGIN und SCHARON wurden nunmehr in Zusammenhang mit dem Libanonkrieg und mit den Massakern genannt, sondern im gleichen Atemzuge der Protest Hunderttausender Israelis gegen den von diesen Politikern verantworteten Krieg.

Die nachhaltig erhobenen Forderungen, alle Verantwortlichen zur Rechenschaft zu ziehen, führten am 1. Oktober 1982 zur Einsetzung einer Untersuchungskommission. Das vom Präsidenten des Obersten Gerichts Jizchak KAHAN geleitete Gremium führte monatelange Befragungen, insbesondere zu den Hintergründen der Ereignisse in Sabra und Schatila, durch. Es übte im Abschlußbericht Kritik an den Entscheidungen führender Persönlichkeiten in der Regierung und empfahl Verteidigungsminister SCHARON den Rücktritt. Die Ablösung des Generalstabschefs stand ohnehin auf der Tagesordnung, so daß General EITAN nur mit einigen kritischen Worten bedacht wurde, um der öffentlichen Meinung Genüge zu tun.

SCHARON wurde im Februar 1983 von seiner Funktion als Verteidigungsminister entbunden; er gehörte jedoch als Minister ohne Geschäftsbereich weiterhin dem Kabinett an. Das Verteidigungsressort übernahm der frühere Botschafter in den USA, Mosche ARENS. Premierminister BEGIN verblieb im Amt, sah sich jedoch zunehmender Kritik ausgesetzt und zog schließlich nach einem Besuch in den Vereinigten Staaten im August 1983 die Konsequenzen aus dem Libanondebakel. Sein Rücktritt, den er mit gesundheitlichen und persönlichen Problemen - seine Frau war wenige Wochen zuvor verstorben - begründete, hing zweifellos eng mit dem Libanonkrieg zusammen und war nicht zuletzt eine Reaktion auf breite öffentliche Kritik.

Das letzte Jahr der zweiten Amtsperiode des *Likud* stand innenpolitisch weiterhin im Zeichen der Diskussionen über die Aktion *Schlom ha-Galil*. Der neue Premierminister Jizchak SCHAMIR verfügte nicht über das Charisma seines im August 1983 zurückgetretenen Vorgängers. Als Außenminister der letzten Jahre hatte er zudem das Libanonabenteuer mitzuverantworten. Er konnte somit weder in seiner Partei noch in der Öffentlichkeit als Alternative zu BEGIN auftreten.

SCHAMIR - 1915 als Jizchak IZERNIZKY in Polen geboren - gehörte zu den Einwanderern der vierten *Alijah*. Er hatte in Bialystok ein Hebräisches Gymnasium besucht und begann anschließend ein Jurastudium in Warschau. Bereits als Gymnasiast in der revisionistischen Jugendorganisation BETAR aktiv, entschloß er sich 1935 zur Auswanderung nach Palästina. An der Hebräischen Universität Jerusalem setzte Jizchak SCHAMIR sein Studium fort. 1937 trat er der terroristischen Untergrundbewegung EZEL bei, war ab 1940 Mitglied des LECHI und wurde nach der Ermordung Abraham STERNs Führer dieser Organisation. Die britischen Mandatsbehörden verhafteten ihn zweimal. Nach der Gründung des Staates Israel übernahm SCHAMIR Aufgaben im *Mosad*. Seine politische Tätigkeit setzte er in der Partei *Cherut* fort; ab 1974 war er Parlamentsabgeordneter. Als Knessetsprecher (1977-80) und Außenminister (1980-83) erwarb er sich Erfahrungen auf diplomatischem Parkett.

Meinungsverschiedenheiten in der *Cherut*-Partei sowie innerhalb des *Likud*-Blocks trugen zur Destabilisierung der Regierung bei. Im Frühjahr 1984 galt daher der Sieg der Partei der Arbeit, die den Rückzug der israelischen Armee aus Libanon auf ihre Fahnen geschrieben hatte, bei der bevorstehenden Parlamentswahl als sicher. Diese Einschätzung wurde mit den hohen Verlusten im Libanon, aber auch mit Meinungsverschiedenheiten zu den USA begründet, die sich durch die Ablehnung eines neuen Nahostfriedensprogramms, des sogenannten Reagan-Plans vom 1. September 1982, durch den *Likud* ergaben. Hinzu traten die wirtschaftlichen Probleme. Der Libanonkrieg kostete Israel täglich eine Million Dollar. Das führte zur Abwertung des Schekel und trug dazu bei, daß Israel erneut von seiner Anziehungskraft auf Einwanderer und Touristen einbüßte. Die Militäraktion "Frieden für Galiläa" hatte somit weitreichende Auswirkungen auf die Entwicklung des politischen Spektrums in Israel. Sie hinterließ nach Einschätzung des amerikanischen Politologen und Israel-Spezialisten Amos PERLMUTTER die "Nation führerlos, unzufrieden und erbittert gespalten".[40]

Außenbeziehungen

Gestützt auf die Abkommen von Camp David und den Friedensvertrag mit Ägypten versuchte die *Likud*-Regierung Ende der siebziger Jahre sowie insbesondere während ihrer zweiten Legislaturperiode, das internationale Ansehen Israels zu erhöhen. Angesichts der militärischen Vergeltungsschläge, der forcierten Siedlungspolitik und des Angriffs auf Libanon fiel es ihr jedoch sogar bei den Verbündeten schwer, Verständnis und Hilfe zu erlangen. Gleichzeitig vermochten es die arabischen Staaten, ihr beachtliches wirtschaftliches Potential und ihren politischen Einfluß auf internationaler Ebene dafür einzusetzen, insbesondere in der UNO Unterstützung für ihre Forderungen gegenüber Israel zu erlangen. Auch die PLO wurde zunehmend international anerkannt. Im Juli 1979 trafen der österreichische Bundeskanzler Bruno KREISKY und der Vorsitzende der Sozialistischen Internationale Willy BRANDT in Wien z. B. mit Jasir ARAFAT zu einem Informationsgespräch zusammen; in einer Reihe westeuropäischer Hauptstädte wurden PLO-Büros errichtet.

Hauptanliegen der israelischen Regierung blieb die Festigung des strategischen Bündnisses mit den USA, das als Voraussetzung für die wirtschaftliche, militärische und politische Stärkung des jüdischen Staates galt. Sowohl die US-Regierung unter CARTER als auch die Reagan-Administration betrachteten die "Unterstützung für Israels Sicherheit und wirtschaftliches Wohlbefinden" als einen "Grundsatz der amerikanischen Außenpolitik".[41]

Dennoch kam es insbesondere in den achtziger Jahren mehrfach zu Meinungsverschiedenheiten zwischen israelischen und amerikanischen Politikern. In der Regel handelte es sich dabei nicht so sehr um grundsätzliche Fragen als vielmehr um taktische Entscheidungen. Deutlich wurden diese Differenzen in der Bewertung israelischer Siedlungsstrategien gegenüber den 1967 besetzten Gebieten, in der Stimmenthaltung der USA bei Annahme der UN-Sicherheitsrats-Resolution 478 (1980) zum "Status der Heiligen Stadt Jerusalem"[42] sowie in ihrer Unterstützung der Resolution 509 (1982) zum Libanonkrieg. "Es gab einige Fälle, wo uns schien, daß die israelischen militärischen Handlungen übermäßig waren, und das sagten wir ...",[43] erklärte Außenminister George SHULTZ auf einer Pressekonferenz am 21. August 1982.

Der Versuch der US-Regierung, ihre Nahostpolitik stärker auszubalancieren, war mit umfangreichen Kontakten zu arabischen Politikern sowie wirtschaftlicher bzw. militärischer Unterstützung für Ägypten und Saudi-Arabien verbunden. Das rief in Israel Besorgnis hervor. Die israelische Regierung protestierte in diesem Zusammenhang z. B. gegen die 1981 angekündigte Lieferung amerikanischer AWACS-Systeme an Saudi-Arabien, fürchtete sie doch eine demonstrative Aufwertung arabischer Staaten, die sich offiziell im Kriegszustand mit Israel befanden. Sie benutzte weiterhin jede Gelegenheit, um ihre Verbündeten auf die Gefährlichkeit der arabischen Kontrahenten hinzuweisen.

Meinungsverschiedenheiten zur Nahostfrage charakterisierten auch das Verhältnis Israels zu den Staaten der Europäischen Gemeinschaft. Insbesondere die Erklärung des EG-Gipfeltreffens in Venedig vom 13. Juni 1980, in der Israel aufgefordert wurde, "die territoriale Besetzung ..., die es seit dem Konflikt von 1967 aufrechterhält", zu beenden, stieß auf Unverständnis der Regierung in Jerusalem.[44] Obwohl sich die konkreten Beziehungen zu Großbritannien, Frankreich, der Bundesrepublik und Österreich nicht immer harmonisch entwickelten, wirkten sich die Differenzen jedoch kaum auf die Entwicklung der Wirtschafts- und Außenhandelsbeziehungen aus.

1977 war das zwei Jahre zuvor mit der EG abgeschlossene Kooperationsabkommen durch ein Zusatzprotokoll ergänzt worden, das die Zusammenarbeit auf den Gebieten der Produktion, des Warenabsatzes, der industriellen Entwicklung und der Landwirtschaft sowie bei Direktinvestitionen, im Umweltschutz, in Wissenschaft und Technik fördern sollte. Die Mehrzahl der israelischen Produkte konnte zollfrei in die Staaten der Europäischen Gemeinschaft eingeführt werden. 1980 gingen 40 Prozent der Exporte Israels in die neun EG-Mitgliedsländer; die israelischen Importe stammten zu 30 Prozent aus diesem Wirtschaftsraum.

Zweitwichtigster Handelspartner Israels - nach den USA - war die Bundesrepublik Deutschland. Ungeachtet der besonders engen wirtschaftlichen Zusammenarbeit mit der Bundesrepublik zeigten sich Ende der siebziger/Anfang der achtziger Jahre politische Divergenzen zwischen beiden Staaten, die die Frankfurter Allgemeine Zeitung am 20. Juni 1979 sogar von einem "Tiefststand der Beziehungen" sprechen ließ. Ursache dafür waren verstärkte Wirtschaftsbeziehungen und politische Kontakte der Bundesregierung zu den arabischen Staaten, insbesondere zu Ägypten, Saudi-Arabien und Syrien. Der israelische Außenminister DAJAN hielt mit seiner Kritik an der westdeutschen Nahost-Politik nicht zurück, als er im November 1977 und im September 1979 zu offiziellen Besuchen in Bonn weilte. "Ich glaube nicht, daß die deutsche Bundesregierung uns sagen sollte, welche Politik wir zu machen haben; umgekehrt wollen sie das sicher auch nicht", erklärte er in einem Fernsehinterview.[45]

Im Sommer 1980 - nach der Zustimmung der Bundesrepublik zur EG-Erklärung von Venedig - und im Juni 1981 - im Zusammenhang mit geplanten deutschen Waffenlieferungen an Saudi-Arabien - wurde das Verhältnis zwischen beiden Staaten erneut belastet. Der israelische Premierminister BEGIN griff Bundeskanzler Helmut SCHMIDT persönlich wegen dessen Offizierslaufbahn im zweiten Weltkrieg an. Im Juni 1982 beim Besuch von Außenminister Hans-Dietrich GENSCHER konnten die Differenzen nur teilweise beigelegt werden. Auch die vorsichtige Kritik der Bundesregierung am israelischen Vorgehen während des Libanonkrieges belastete das sensible Verhältnis. Erst die neue Regierungskoalition von CDU und FDP, die am 1. Oktober 1982 die Geschäfte übernahm, vermochte es, das Klima in den politischen Beziehungen zwischen Israel und der Bundesrepublik zu verbessern.

Das Verhältnis zwischen Israel und der UdSSR sowie anderen Staaten des Warschauer Vertrages, das nach Abbruch der diplomatischen Beziehungen 1967 gespannt und von einer Atmosphäre der Konfrontation geprägt war, spitzte sich in den Jahren der beiden *Likud*-Regierungen weiter zu. Es wurde eindeutig zu einer Funktion in der Systemauseinandersetzung. Die Orientierung der israelischen Führung auf die Westmächte beantworteten die sowjetische Außenpolitik und Außenpropaganda, indem sie die arabischen Partner zu stärken suchten, ohne deren Politik einer differenzierten Wertung zu unterziehen. Israel wurde sowohl in internationalen Gremien, vor allem in der UNO und ihren Teilorganisationen, als auch in den Medien als "Vorposten des Imperialismus in der Region" attackiert. Die Abkommen von Camp David charakterisierten führende sowjetische Politiker als "eine neue antiarabische Abmachung zwischen Israel und Ägypten, die unter aktiver Teilnahme Washingtons ausgearbeitet wurde".[46] Sie seien "dazu bestimmt, die Wachsamkeit der Völker einzuschläfern" und ein "Weg zum Anhäufen von noch mehr Zündstoff".[47]

Die juristische Annexion Ost-Jerusalems 1980 und der Golan-Höhen 1981 sowie insbesondere der israelische Einmarsch in Libanon 1982 wurden als Beweis für die Richtigkeit der sowjetischen Nahostpolitik, d. h. der Distanz zu Israel, gewertet. Die UdSSR betonte zwar wiederholt, daß sie das Existenzrecht des Staates Israel nicht in Zweifel ziehe; gleichzeitig ignorierte sie jedoch die israelischen Sicherheitsinteressen. "Niemand glaubt an eine tatsächliche Bedrohung der Sicherheit Israels", hieß es in einer Erklärung der Regierung der UdSSR vom 30. März 1983.[48] Vokabeln, wie "Völkermord", "vertierter Aggressor"[49], "bestialische Ausrottung der Zivilbevölkerung Westbeiruts"[50] u. a., abgegeben in offiziellen Stellungnahmen sowjetischer Politiker bzw. in Kommuniques der Warschauer Vertragsstaaten, verdeutlichten eine antiisraelische Grundhaltung, die zu diesem Zeitpunkt offizielle Kontakte selbst auf unterster Ebene ausschloß.

Gegenüber den Staaten der Dritten Welt war die Begin-Regierung bemüht, die Beziehungen zu erneuern bzw. zu festigen. Sie hatte dabei jedoch nur partiell Erfolg bzw. mußte auch Rückschläge hinnehmen. Am 18. Februar 1979 brach die neue Regierung des Iran die diplomatischen Beziehungen zum jüdischen Staat ab. Sie verfügte einen sofortigen Stopp der Erdöllieferungen und sagte alle Landungen von *El Al*-Maschinen in Iran ab. 67 israelische Bürger wurden des Landes verwiesen.

In Süd- und Südostasien suchte Israel insbesondere in Nepal, Thailand und Burma Fuß zu fassen. Außenminister DAJAN reiste im April 1979 zu offiziellen Besuchen in diese Staaten. Eine israelische Handelsmission wurde 1980 in Singapur eröffnet; sie sollte ein Signal für den Ausbau der Kooperation mit den südostasiatischen Ländern setzen. Die Handelsbeziehungen erweiterten sich jedoch in den Folgejahren nur zögernd.

In Afrika zeichnete sich Anfang der achtziger Jahre eine partielle Veränderung des Verhältnisses zu Israel ab. Im November 1981 reiste Verteidigungsminister SCHARON nach Kinshasa, und im Mai 1982 erfolgte die Wiederaufnahme der diplomatischen Beziehungen. Kontakte zu einer Reihe anderer schwarzafrikanischer Staaten wurden hergestellt. Die israelische Absicht, "zum schwarzen Kontinent zurückzukehren",[51] erlitt nach ersten positiven Ansätzen jedoch Rückschläge, als der Libanonkrieg begann. Lediglich in Zaire waren israelische Militärberater, Wirtschaftsexperten und Außenpolitiker nach wie vor willkommen; trotz des israelischen Einmarsches in Libanon wurde im November 1982 ein Abkommen über technische und landwirtschaftliche Zusammenarbeit unterzeichnet. 1983 stellte auch Liberia die diplomatischen Beziehungen zu Israel wieder her. Die weitgesteckten Ziele israelischer Außenpolitiker, die sich ein Comeback in die Dritte Welt erhofft hatten, konnten durch die vom *Likud* geführten Regierungen nicht realisiert werden.

Regierung der nationalen Einheit (1984-90)

Knessetwahlen 1984

Die innenpolitischen Auseinandersetzungen führten dazu, daß die für November 1985 vorgesehenen Wahlen zur 11. Knesset vorgezogen wurden und bereits am 23. Juli 1984 stattfanden. Viele Israelis erhofften von einer neuen Regierung, daß die Wirtschaft stabilisiert und eine klare Entscheidung über die Präsenz des ZAHAL im Libanon getroffen werde. Im Wahlkampf standen diese Fragen eindeutig im Mittelpunkt der Debatten. Die politischen Hauptantagonisten - SCHAMIR als Vertreter der *Likud*-Regierung und PERES als Herausforderer und Repräsentant des *Maarach* - suchten in einer Fernsehdebatte am 10. Juli mit mehr oder weniger überzeugenden Argumenten die Gunst der Wähler zu gewinnen.

Jizchak SCHAMIR betonte, seine Regierung habe es geschafft, die Kluft zwischen dem "ersten und dem zweiten Israel" zu verringern und ein Gefühl der Zugehörigkeit zu einer Nation sowohl bei orientalischen als auch bei europäisch-amerikanischen Juden zu erzeugen. Schimon PERES verwies insbesondere auf die für die Regierungszeit des *Likud* charakteristische hohe Inflationsrate und auf die Abnahme der Devisenbestände des Staates. Der Arbeiterblock, so versprach er, werde die Wirtschaft wieder auf den Export orientieren und unnötige Regierungsausgaben vermeiden.

Beide Kandidaten ließen prinzipiell erkennen, daß sie einen Abzug der israelischen Armee aus Libanon für möglich, ja sogar für erstrebenswert hielten. Ihre Auffassungen unterschieden sich jedoch hinsichtlich des Zeitplanes und der konkreten Konditionen. So forderte SCHAMIR als Vorbedingung den Abzug aller syrischen Truppen aus Libanon. Er sprach sich dafür aus, die israelische Nordgrenze durch Stärkung der Südlibanesischen Armee (SLA) unter Antoine LAHAT und durch Zusammenarbeit mit der örtlichen Bevölkerung zu sichern. Erst danach käme ein Truppenabzug in Betracht. PERES dagegen war bereit, ohne weitreichende Vorbedingungen in kürzester Frist die israelischen Soldaten nach Hause zurückzuholen. Auch er ging davon aus, daß die Sicherheitsinteressen Israels unbedingt gewahrt bleiben müßten. Den verbalen Fernsehwettstreit gewann - Meinungsumfragen der Tageszeitung ha-Arez zufolge - Schimon PERES. Die Knessetwahlen jedoch konnte die Partei der Arbeit nicht für sich entscheiden.

Am 23. Juli waren 2,65 Millionen Israelis aufgefordert, ihre Stimme für eine von 26 Listen, von denen 13 zum ersten Mal kandidierten, abzugeben. Ihr Votum ließ 15 Parteien bzw. Wahlbündnisse in die Knesset einziehen. Unübersehbar war neben der breiten Fächerung des Parteienspektrums, daß die Kräfte rechts vom *Likud* an Einfluß gewonnen hatten. So erhöhte die *Techijah* ihren Stimmenanteil von 2,3 auf 4,0 Prozent. Hinzu kamen 3,8 Prozent der Wählerstimmen für die Rechtsparteien *Moraschah* (Vermächtnis) und *Kach* (Nur so!). Aufsehen erregte insbesondere, daß es Meir KAHANE gelungen war, für seine auf rassistischen Positionen stehende *Kach*-Partei einen Parlamentssitz zu erringen. Viele Israelis werteten das als eine ernstzunehmende Bedrohung der israelischen Demokratie.

Hoffnungen des *Maarach*, enttäuschte *Likud*-Anhänger für sich zu gewinnen, hatten sich nicht erfüllt. Viele jüngere Wähler - insbesondere orientalisch-jüdischer Herkunft - sympathisierten mit rechts von der Sozialdemokratie stehenden oder religiös orientierten Gruppierungen. 4,9 Prozent der Stimmen entfielen zum Beispiel auf die von der Nationalreligiösen Partei bzw. von der *Agudat Jisrael* abgespaltenen Fraktionen *Tnuat Masoret Jisrael* - TAMI (Traditionsbewegung Israels) und SCHASS (Bezeichnung für den *Talmud*), die sich als Interessenvertreter der *Adot ha-Misrach* (der orientalischen Juden) verstanden.

Die Hauptaufmerksamkeit richtete sich nach Bekanntgabe der Wahlergebnisse auf mögliche Varianten einer Regierungsbildung, bestand zwischen *Maarach* und *Likud* - wie bereits 1981 - doch fast eine Pattsituation. Der Arbeiterblock hatte 34,9 Prozent der Stimmen und damit 44 Mandate erreicht, der *Likud* verfügte mit 31,9 Prozent über 41 Abgeordnete. Diese Konstellation stellte Schimon PERES, der von Präsident Chaim HERZOG den Auftrag zur Regierungsbildung erhielt, vor nahezu unlösbare Probleme. Erst nach sechs Wochen komplizierter Gespräche konnte er die neue Regierung vorstellen - eine große Koalition, die im wesentlichen von der Partei der Arbeit und vom *Likud* getragen wurde. Das während der erbitterten Auseinandersetzungen in den Monaten vor den Wahlen und infolge der heftigen Attacken der MAI-Politiker gegen die *Likud*-Regierung für unmöglich Gehaltene war eingetreten - die Kontrahenten schlossen nicht nur Waffenstillstand, sondern vereinbarten sogar Zusammenarbeit. Sowohl die konkrete Sitzverteilung im Parlament als auch die schwierige wirtschaftliche Situation ließen ihnen keine andere Wahl.

Am 13. September bestätigten 89 Knessetmitglieder die 25-köpfige Regierung. Zu den 18 Gegenstimmen gehörten die der sechs Vertreter der MAPAM, die aus Protest gegen das Zusammengehen der Partei der Arbeit mit dem *Likud* das seit 1969 existierende Wahlbündnis des *Maarach* verließen und in die Opposition überwechselten. Der *Maarach* blieb dennoch bestehen, da sich die Splitterpartei *Jachad* unter WEIZMANN der MAI anschloß.

Der neue Ministerpräsident hieß Schimon PERES. 1923 als Sohn eines Getreide- und Holzhändlers in Polen unter dem Namen Simon PERSKY geboren, war er als Elfjähriger mit seinen Eltern nach Palästina eingewandert. Er betätigte sich bereits als Jugendlicher aktiv in der zionistischen Bewegung und war 1941 bis 1945 Generalsekretär der *Histadrut*-Jugendorganisation *ha-Noar ha-Oved* (Arbeitende Jugend). In den folgenden Jahren kam er in der *Haganah* als Koordinator für Waffenbeschaffung eng mit Persönlichkeiten wie David BEN GURION und Levi ESCHKOL zusammen. Diese Kontakte wurden für spätere Funktionen im Militär- und Parteiapparat wichtig; beispielsweise wurde PERES 1953 Generaldirektor des Verteidigungsministeriums und beförderte in dieser Funktion die militärische Zusammenarbeit seines Landes mit Frankreich. Als enger Vertrauter BEN GURIONs war er Generalsekretär der RAFI. PERES sprach sich 1968 für eine Rückkehr in die MAPAI aus und gehörte zu den Gründern der *Mifleget ha-Avodah* (MAI). Ab 1969 bekleidete er mehrere Ministerposten. 1974 bis 1977 war er Verteidigungsminister. Nach dem Rücktritt Jizchak RABINs 1977 wurde PERES Vorsitzender der Partei der Arbeit und stand damit bis 1984 an der Spitze der größten Oppositionsfraktion.

Der Regierung der nationalen Einheit gehörten jeweils 10 Minister der Hauptpartner MAI und *Likud* an. Jede der Fraktionen konnte sich darüber hinaus auf zwei Minister anderer Parteien stützen. Für ein Bündnis mit dem *Likud* hatten sich SCHASS und *Moraschah*, für die Partei der Arbeit *Omez* und *Schinui* entschieden. Als "neutraler" - d. h. zwischen beiden Blöcken stehender - Politiker galt der Abgeordnete der Nationalreligiösen Partei, Josef BURG. Die wichtigsten Ressorts wurden von Jizchak SCHAMIR (Vizepremier und Außenminister), Jizchak RABIN (Verteidigung), Gad JAAKOBI (Wirtschaft) und Jizchak MODAI (Finanzen) bekleidet. Das Koalitionsabkommen enthielt die Formulierung:

> "Die Regierung wird zwei Grundprinzipien verfolgen: Gleichheit in der Anzahl der Minister und Aufrechterhaltung des Gleichgewichts zwischen den Parteien auch für den Fall, daß andere Parteien (der Koalition - d. Verf.) beitreten, so daß keines der Lager ein Übergewicht über das andere erhält".[1]

In diesem Sinne wurde festgelegt, daß nach 25 Monaten, d. h. nach der Hälfte der Legislaturperiode, ein Wechsel im Amt des Ministerpräsidenten und des Außenministers zu erfolgen habe. Dieses Rotationsprinzip war nicht nur neu für Israel, sondern stellte darüber hinaus ein Novum für die Spielregeln parlamentarischer Demokratie dar. Es bildete die einzige Möglichkeit für eine Verständigung zwischen *Likud* und *Maarach*.

Die Hauptlinien des Regierungsprogramms zeigten die Übereinstimmung der Koalitionspartner in Grundpositionen. Gleichzeitig waren einige Formulierungen so allgemein und unscharf gehalten, daß sie Meinungsverschiedenheiten in konkreten Fragen vermuten ließen. Zu den wichtigsten Festlegungen auf außenpolitischem Gebiet gehörten "die Fortsetzung des Friedensprozesses und der Abzug des ZAHAL aus Libanon bei Garantierung der Sicherheit Galiläas", "die Aufrechterhaltung freundschaftlicher Beziehungen zu den USA", "der Versuch, diplomatische Beziehungen zur Sowjetunion sowie zu asiatischen, afrikanischen und lateinamerikanischen Staaten zu erneuern" und die Aufforderung an Jordanien, dem Friedensprozeß entsprechend den Prinzipien von Camp David beizutreten.[2]

In der während der Koalitionsverhandlungen besonders heftig umstrittenen Frage, ob die Besiedlung der 1967 besetzten Gebiete fortgesetzt werden solle oder nicht, einigten sich beide Seiten auf die Errichtung einer begrenzten Anzahl von jüdischen Siedlungen. Diese Festlegung gab dem *Likud* zwar keine freie Hand für die von ihm geplanten Aktivitäten, kam letztlich jedoch den Intentionen der Vertreter eines "Groß-Israel" entgegen. Zur Stabilisierung der Wirtschaft sah die Vereinbarung über die Regierungspolitik die Verabschiedung eines umfassenden Planes vor, der auf "die Entwicklung der Industrie, vor allem der produktiven und exportorientierten Industrie", "die Reduzierung der Ausgaben für öffentliche Zwecke, sowohl auf zivilem als auch auf militärischem Gebiet, und die Verringerung des Privatverbrauchs ..." abzielte.[3]

Israel hatte damit zum zweiten Mal in seiner 36-jährigen Geschichte eine Regierung der nationalen Einheit. Diese war wie das 1967 gebildete Kabinett in einer akuten Krisensituation zustande gekommen. Allerdings war die Bedrohung 1984 in erster Linie wirtschaftlicher Natur und nicht mit einer Zuspitzung des Nahostkonfliktes verbunden. Ein weiterer wesentlicher Unterschied bestand darin, daß 1967 bis 1970 letztlich die israelische Sozialdemokratie die Politik der Regierung bestimmt hatte und nicht unbedingt auf die Mitwirkung der liberal-konservativen Parteien angewiesen war. 1984 jedoch bestand eine Pattsituation, die die Partei der Arbeit veranlaßte, zunehmend *Likud*-Positionen zu akzeptieren bzw. sogar zu unterstützen. In seiner Antrittsrede sagte PERES:

> "Wir wollen hoffen, daß ein neuer und guter Stil an die Stelle der Meinungsverschiedenheiten tritt und darum beten, daß die gemeinsame Tat die historischen und bleibenden Differenzen zwischen uns sowie auch innerhalb der einzelnen Gruppen ausgleichen wird".[4]

Nicht alle Mitglieder der Partei der Arbeit stimmten PERES zu. Das Zentralkomitee der MAI hatte am 10. September 1984 mit 294 gegen 166

Stimmen das Koalitionsabkommen zwar gebilligt; die große Zahl der Gegenstimmen sowie die Tatsache, daß über die Hälfte der ZK-Mitglieder der Abstimmung fernblieben bzw. sich der Stimme enthielten, wies jedoch auf ernstere Meinungsverschiedenheiten hin. Die Stimmen der Kritiker waren in der Folgezeit allerdings relativ schwach und unkoordiniert. Jossi SARID war der einzige Knessetabgeordnete, der aus Protest die Partei verließ. Er schloß sich der Bürgerrechtsbewegung RAZ an.

Libanondebakel und Wirtschaftspolitik hatten den *Likud* somit viele Stimmen gekostet. Er war nicht mehr in der Lage, lediglich auf das Bündnis mit den religiösen Parteien gestützt, die Regierung zu bilden. Dennoch dominierten seine Vertreter weiter die Entscheidungen im Kabinett. Politiker wie Jizchak SCHAMIR, Mosche ARENS und David LEVI profilierten sich zunehmend. Auch Ariel SCHARON hatte erneut einen Ministerposten erhalten.

Krisenmanagement

Bereits wenige Tage nach der Amtsübernahme leitete die neue Regierung Schritte ein, die die angespannte wirtschaftliche Lage beruhigen sollten. Dazu gehörten die Kürzung des Budgets um eine Milliarde Dollar, die Abwertung des Schekels um 9 Prozent und ein halbjähriger Importstopp für Luxusgüter, zum Beispiel für Kühlschränke und Farbfernseher. Am 2. Oktober 1984 rief die Regierung den "wirtschaftlichen Notstand" aus. Sie ersuchte die USA um Unterstützung, um die Krise zu bewältigen. Ministerpräsident PERES erreichte bei seinen Absprachen in Washington Anfang Oktober eine vorgezogene Zahlung der amerikanischen Wirtschaftshilfe für das bevorstehende Finanzjahr in Höhe von 1,2 Mrd. Dollar. Weitere Summen in Höhe von 800 Mill. Dollar für 1985 sicherte ihm Präsident REAGAN zu, falls das israelische Kabinett bereit und in der Lage sei, weitere Maßnahmen zur Sanierung der Wirtschaft einzuleiten.

Vor diesem Hintergrund schlossen israelische Regierung, Gewerkschaftsführung und Arbeitgeberverband am 1. November 1984 ein Abkommen, das Preise und Gehälter für drei Monate festschrieb. Diese Vereinbarung bedeutete vor allem einen Verzicht der Arbeitnehmer auf die monatlich berechnete Teuerungsrate und führte in diesem Zeitraum zu einer Verringerung der Einkommen um 20 Prozent. Die Subventionen für Grundnahrungsmittel - Brot, Eier, Margarine u. a. - wurden drastisch reduziert. Entlassungen im staatlichen Sektor sollten den aufgeblähten Beamtenapparat einschränken und das Budget entlasten. Diese Schritte leiteten eine Senkung der Inflationsrate in den Monaten November und Dezember ein. Sie reichten jedoch nicht aus, der Bevölkerung und den ausländischen Investoren die Sicherheit in eine künftig prosperierende Wirtschaft zu geben.

Als das Amt für Statistik die Inflationsrate für 1984 mit 445 Prozent bezifferte, wirkte das wie ein Schock, handelte es sich doch um die höchste Rate seit Bestehen des Staates. Angesichts dieser Situation waren die Proteste innerhalb der Bevölkerung relativ gering, als am 24. Januar 1985 bekanntgegeben wurde, daß Löhne und Preise für weitere acht Monate eingefroren würden. Gleichzeitig wurde mit Erleichterung konstatiert, daß sich die Regierung ernsthaft bemühte, den Truppenabzug aus Libanon zu forcieren, kostete doch jeder Tag weiteren Verbleibens dort Unsummen.

Das erste Halbjahr 1985 brachte nicht den erhofften wirtschaftlichen Aufschwung. Es zeichnete sich erneut ein Anschwellen der Inflation ab. Im Januar wurden die Auslandsschulden mit 24,5 Mrd. Dollar beziffert; 9,6 Mrd. Dollar davon waren Verpflichtungen gegenüber den USA. In dieser Situation begann eine israelisch-amerikanische Expertenkommission unter US-Außenminister George SHULTZ ihre Tätigkeit. Ihr im Juli bekanntgegebener "Notstandsplan zur Stabilisierung der Wirtschaft" wurde richtungsweisend für die ökonomische Entwicklung Israels in den folgenden drei Jahren. Das "Krisenpaket" sah die sofortige Abwertung der israelischen Währung um 18,8 Prozent sowie das Einfrieren des Schekel in einer Höhe von 1.500 IS pro Dollar vor. Preissteigerungen, Erhöhung der Steuern und die weitere Reduzierung der Beschäftigten im staatlichen Sektor gehörten zu den von der Regierung eingeleiteten Maßnahmen. Am 4. September 1985 wurde der Schekel (IS), der seit seiner Einführung 1980 gegenüber dem Dollar um 25.000 Prozent an Wert verloren hatte, im Verhältnis 1000:1 gegen den Neuen Israelischen Schekel (NIS) eingetauscht.

Die Durchführung der Empfehlungen der gemeinsamen Kommission war verbunden mit hohen finanziellen Zuwendungen der USA. Während die jährlichen Zahlungen bis 1984 unterhalb von 2 Mrd. Dollar lagen, erhielt Israel 1985 3,3 Mrd. Dollar und 1986 bzw. 1987 jeweils 3,75 Mrd. Dollar. Diese Gelder trugen zur Stabilisierung der wirtschaftlichen Situation bei. Sie waren nicht nur in israelischem Interesse, sondern sicherten auch den im Land tätigen US-Firmen weiterhin günstige Kapitalverwertungsbedingungen.

Erste positive Ergebnisse der neuen Wirtschaftspolitik zeichneten sich in den folgenden Jahren für jedermann sichtbar ab. Die Inflationsrate verringerte sich auf 185 Prozent (1985), 19,6 Prozent (1986) bzw. 15,1 Prozent (1987). Das Bruttosozialprodukt pro Kopf der Bevölkerung, das seit 1981 kontinuierlich zurückgegangen war, stieg 1986 um 0,6 Prozent und 1987 um 3 Prozent. Gleiche Tendenzen wies die Entwicklung des Nationaleinkommens auf. Es erhöhte sich 1987 um 4,5 Prozent gegenüber dem Vorjahr. Die Arbeitslosenrate verringerte sich in diesem Zeitraum von 7,1 Prozent auf 5,7 Prozent.

Dennoch war nicht zu übersehen, daß neue Probleme heranreiften bzw. einige Grundfragen auf diese Weise nicht gelöst werden konnten. Obwohl die finanziellen Leistungen der US-Regierung als Schenkungen erfolgten, vergrößerte sich u. a. durch fällige Zahlungen für Zinsen und Zinseszinsen die innere und äußere Verschuldung. Die Auslandsschulden, die 1984 30,4 Mrd. Dollar betragen hatten, erreichten Ende 1987 eine Summe von 32,8 Mrd. Dollar. Auch das Außenhandelsdefizit konnte nicht abgebaut werden. Es belief sich 1987 auf 3,2 Mrd. Dollar.

Als Problem stellte sich die Entwicklung der Militärindustrie dar. In diesem leistungsfähigen Wirtschaftsbereich, der einen großen Teil der Forschungs- und Entwicklungsgelder des Staates verschlang und über modernste Ausrüstungen und Technologien verfügte, zeigten sich zunehmend Rezessionserscheinungen. Der Abzug der Armee aus Libanon und Absatzschwierigkeiten in der Dritten Welt reduzierten den Bedarf und damit die Produktion israelischer Rüstungsgüter. Nationale Weite erhielt in diesem Zusammenhang die Diskussion um das *Lavie*-Kampfflugzeug.

Das 1980 von der Regierung beschlossene *Lavie*-Projekt sollte Israel auf militärtechnischem Gebiet größere Selbständigkeit verschaffen. Es erwies sich jedoch als zu teuer und wurde auf Druck der Regierung, die einen großen Teil der Kosten übernommen hatte, Ende August 1987 gestoppt. Die Auseinandersetzungen um den *Lavie*-Jäger waren mit Macht- und Positionskämpfen zwischen führenden Vertretern der Militärindustrie und der politischen Parteien verbunden. *Likud* und *Techijah* traten für eine Fortsetzung des Projekts ein, um die Stärke und Eigenständigkeit Israels zu demonstrieren. Nicht wenige Politiker der MAI hingegen unterstützten die Regierungsentscheidung. 4.800 Israelis hatten als Arbeiter und Angestellte der einheimischen Luftfahrtindustrie ihren Lebensunterhalt durch das neue Kampfflugzeug verdient. Im Oktober 1987 erhielt die Hälfte von ihnen den "blauen Brief" zugestellt.

Nicht nur die Militärindustrie befand sich in Schwierigkeiten. Seit Beginn des neuen Wirtschaftsplanes vom Sommer 1985 erhöhte sich die Zahl von Unternehmen, die um ihre Existenz fürchten mußten. So meldeten im Januar 1988 israelische Zeitungen, daß 2.595 Gesellschaften vor dem Bankrott ständen. Immer häufiger wurden Überlegungen laut, gewerkschaftseigene und staatliche Firmen zu privatisieren. Für Aufmerksamkeit sorgte in diesem Zusammenhang im Mai 1988 der "Privatisierungs Master Plan" der amerikanischen Investitionsbank First Boston Corporation, die der israelischen Regierung nahelegte, bis 1992 die teilweise oder vollständige Privatisierung von 26 staatlichen Unternehmen durchzuführen. Dazu gehörte auch der Rüstungskonzern Israel Aircraft Industries mit zahlreichen Tochtergesellschaften.

Die von der Regierung der nationalen Einheit in Abstimmung mit den USA eingeleitete Politik führte in den Jahren 1986 und 1987 zu wirtschaftlichem Aufschwung. Insbesondere die drastische Senkung der Inflationsrate war ein Erfolg. Gleichzeitig beförderte die Erhöhung der Lebenshaltungskosten innenpolitische Spannungen. Auseinandersetzungen zwischen Vertretern von *Likud* und Partei der Arbeit zu wirtschaftlichen und sozialen Fragen in Kabinett, Parlament, *Histadrut* und Medien nahmen zu.

Außenpolitische Schwerpunkte

Die Regierung hatte sich in den ersten Monaten nach der Amtseinführung vorrangig mit wirtschaftlichen Fragen und dem geplanten Abzug der Armee aus Libanon zu beschäftigen. Der ZAHAL war im September 1983 bis zum Awali-Fluß südlich von Beirut zurückgewichen, hatte jedoch noch Zehntausende Soldaten im Libanon stationiert und sicherte gemeinsam mit der Südlibanesischen Armee (SLA) das von ihr besetzte Territorium ab. Im November 1984 begannen bilaterale Gespräche in Ras Naqura, einem kleinen libanesischen Ort unweit der israelischen Grenze. Zur Sicherung seiner Nordgrenze forderte Israel zunächst Garantien dafür, daß weder syrische Truppen noch PLO-Einheiten in das geräumte Gebiet einzögen, der SLA volle Bewegungsfreiheit gegeben und UNO-Truppen lediglich nördlich des Sicherheitsstreifens stationiert würden.

Libanon dagegen verlangte Reparationen in Höhe von 10 Mrd. Dollar, den bedingungslosen Abzug des ZAHAL und den Einsatz von UNO-Truppen unmittelbar an der Grenze zu Israel. Beide Seiten konnten sich in mehreren Verhandlungsrunden nicht einigen und brachen die Gespräche schließlich ergebnislos ab. Der innenpolitische Druck in Israel, der sich angesichts der schwierigen Wirtschaftslage noch verstärkte, sowie der zunehmende Prestigeverlust des Landes auf internationaler Ebene führten dazu, daß die israelische Regierung nunmehr einseitig Schritte unternahm. Sie beschloß am 14. Januar 1985 gegen die Stimmen des stellvertretenden Premiers Jizchak SCHAMIR und des Ministers ohne Portefeuille Mosche ARENS, die Truppen sofort aus "dem Sumpf des Libanon" herauszuziehen.

Der Rückzug verlief in drei Etappen. Er begann im Februar 1985 und war Anfang Juni abgeschlossen. 500 israelische Armeeangehörige verblieben in einer 11 bis 20 km breiten Sicherheitszone entlang der libanesisch-israelischen Grenze. Im Juni 1985 zog Syrien etwa 10.000 Soldaten aus Libanon zurück. Um kriegerische Handlungen zu verhindern, nahmen UNIFIL-Einheiten die ehemals israelischen bzw. syrischen Positionen ein. Die weitere Entwicklung zeigte, daß das Blutvergießen in Libanon damit kein Ende gefunden hatte. Militärische Auseinandersetzungen zwischen palästinensischen Freischärlern, *Falangisten*, schiitischen Milizen und anderen Kampfeinheiten hielten an. Israelische Kommandounternehmen, die insbesondere der Vernichtung palästinensischer und schiitischer Stützpunkte galten, forderten viele Menschenleben.

Die Operation "Frieden für Galiläa" galt mit dem Truppenabzug 1985 als beendet. Sie hatte ca. 3,5 Mrd. Dollar verschlungen und 610 israelische Soldaten das Leben gekostet. Über 3.500 Israelis waren verletzt worden. Der Krieg hatte überdies dazu beigetragen, die wirtschaftliche Situation des Landes drastisch zu verschlechtern und sein internationales Ansehen zu beeinträchtigen.

Für Premierminister Schimon PERES bildete der Truppenabzug einen Ausgangspunkt, um auch in anderen Fragen eine Politik durchzusetzen, die den Vorstellungen seiner Partei entsprach. Insbesondere in der Palästinenserfrage zeigten sich jedoch gravierende Unterschiede zu den Auffassungen der *Likud*-Minister, insbesondere Außenminister SCHAMIRS. Die Stabilität der Regierung war wiederholt in Frage gestellt.

Die durch den Libanonkrieg erreichte militärische und organisatorische Schwächung der PLO suchte PERES auszunutzen, um mit kompromißbereiten Palästinensern sowie König HUSSEIN von Jordanien ins Gespräch zu kommen. Das Amman-Abkommen vom 23. Februar 1985, in dem HUSSEIN und ARAFAT sich für die Bildung einer gemeinsamen jordanisch-palästinensischen Verhandlungsdelegation aussprachen, beförderte weitere Überlegungen in diese Richtung. Israel unterstützte den Gedanken, die fünf Ständigen Mitglieder des UN-Sicherheitsrates in den Friedensprozeß einzubeziehen, lehnte jedoch nach wie vor den Gedanken an eine internationale Friedenskonferenz ab. Statt dessen wiederholten seine Politiker die seit den fünfziger Jahren artikulierte Forderung nach direkten Verhandlungen mit den am Konflikt beteiligten arabischen Staaten. In keinem Falle - auf diesem Standpunkt standen PERES und SCHAMIR - dürften PLO-Vertreter als Gesprächspartner akzeptiert werden.

Die Regierung nutzte terroristische Aktionen palästinensischer Organisationen, wie den Mordanschlag auf israelische Touristen in Larnaca und die Entführung des italienischen Schiffes "Achille Lauro" 1985, um die Richtigkeit ihrer Argumentation zu belegen. Sie agierte nunmehr in zwei Richtungen. Einerseits war sie bestrebt, die PLO weiter zu schwächen. Ihre Aktivitäten reichten von der Offenlegung terroristischer PLO-Aktionen in internationalen Gremien bis zur Bombardierung des PLO-Hauptquartiers in Tunis am 1. Oktober 1985. Andererseits bemühte sich insbesondere Schimon PERES, Palästinenser in Westbank und Gaza ausfindig zu machen, die bereit waren, mit Israel zu verhandeln. Er führte dazu beispielsweise Gespräche mit den Bürgermeistern von Nablus und Bethlehem.

Der Premierminister versprach, Maßnahmen einzuleiten, um das Leben der palästinensischen Bevölkerung zu verbessern und Schritte in Richtung auf eine "funktionale Autonomie" zu unternehmen. Hinter diesem Begriff verbarg sich die Absicht, den Bewohnern der Territorien weitgehende Bürgerrechte einzuräumen, die israelische Oberhoheit über Westbank und Gaza jedoch zu bewahren. In seiner Rede vor der UNO-Vollversammlung im Oktober 1985 forderte PERES die Vereinten Nationen auf, eine Initiative zu Verhandlungen auf der Grundlage der Resolutionen 242 (1967) und 338 (1973) zu ergreifen. Den Palästinensern rief er zu:

> "Kommt und erkennt die Realität des Staates Israel an, unseren Wunsch, in Frieden zu leben, und unser Sicherheitsbedürfnis. Sehen wir uns als freie Männer und Frauen am Verhandlungstisch ins Angesicht!"[5]

Immer wieder konzentrierten sich die Diskussionen auf die Besiedlung der besetzten Gebiete. Obwohl sich die Koalition darauf geeinigt hatte, jährlich fünf bis sechs Siedlungen zu errichten, waren in der Amtsperiode von PERES als Regierungschef bis Oktober 1986 lediglich zwei Neugründungen erfolgt. Allerdings hatte sich bis zu diesem Zeitpunkt die Zahl der jüdischen Bewohner existenter Siedlungen um 17.500 erhöht. Mit der Übernahme des Amtes des Ministerpräsidenten 1986 durch SCHAMIR suchte der *Likud* seine bereits von 1977 bis 1984 praktizierte Strategie in der Westbank und im Gaza-Streifen fortzusetzen. Allein im folgenden Jahr wurden 23 Siedlungen angelegt, eine Tatsache, die internationale und palästinensische Protestbekundungen provozierte. Sie verringerte die Chance für kurz- und mittelfristige Regelungen der Palästinenserfrage.

Einen gewichtigen Stellenwert in der israelischen Nahostpolitik besaß Ägypten. Um Präsident MUBARAK eine Mittlerrolle gegenüber Palästinensern und Jordanien zu ermöglichen, erklärte sich PERES bereit, Verhandlungen über das Schicksal der noch von Israel besetzten Enklave Taba auf Sinai aufzunehmen bzw. diese Frage einem internationalen Schiedsgericht zu übergeben. Diese Haltung stieß auf die erbitterte Gegnerschaft des *Likud*. Erst im Januar 1986 gelang es PERES, einen Kabinettsbeschluß durchzusetzen, der eine internationale Schiedskommission befürwortete. Diese entschied im September 1988, das umstrittene Gebiet Ägypten zuzusprechen. Damit war auch der letzte Teil der Sinai-Halbinsel unter ägyptische Souveränität zurückgekehrt. Die Fortschritte in der Taba-Frage hatten dazu beigetragen, die Beziehungen Israels zu Ägypten spürbar zu verbessern. Am 11. September 1986 trafen sich beide Staatsoberhäupter zum ersten Mal seit fünf Jahren. Erst danach erhielt der ägyptische Botschafter, der in Zusammenhang mit dem Libanonkrieg aus Tel Aviv abgezogen worden war, einen Nachfolger.

Die Aktivitäten von PERES zur Nahostfrage - von Bedeutung war in diesem Zusammenhang auch die Begegnung mit König HASSAN II. von Marokko im Juli 1986 - wurden flankiert durch Bemühungen, das internationale Ansehen Israels durch zahlreiche diplomatische Kontakte zu verbessern. Dabei standen die Beziehungen zu den USA und zu den Staaten der Europäischen Gemeinschaft im Mittelpunkt. Neue Akzente setzte die israelische Zusage, sich am SDI-Programm zu beteiligen. Im April 1985 wurde ein Freihandelsabkommen zwischen den Vereinigten Staaten und Israel abgeschlossen. Die Aufnahme diplomatischer Beziehungen zu Spanien 1986 war für Israel sowohl von politischer als auch wirtschaftlicher Bedeutung.

Als wichtiger außenpolitischer Erfolg stand ebenfalls die Erneuerung der 1973 abgebrochenen diplomatischen Beziehungen zu Spanien, Honduras, Kamerun, Elfenbeinküste, Togo und Liberia zu Buche. Darüber hinaus begannen sich offizielle Kontakte zu den osteuropäischen Staaten, die 1967 im Gefolge des Sechstagekrieges ihre diplomatischen Vertretungen in Tel Aviv geschlossen hatten, zu entwickeln. Zum ersten Mal nach 19 Jahren kam es im August 1986 zu offiziellen israelisch-sowjetischen Gesprächen, denen 1987 die Entsendung einer sowjetischen Konsulardelegation nach Israel folgte. Im September 1986 begann ein israelisches Visabüro in Warschau seine Tätigkeit. 1987 tauschten Polen und Ungarn mit Israel Interessenvertretungen aus.

Im Vordergrund der auf die osteuropäischen Staaten gerichteten außenpolitischen Aktivitäten stand das Bemühen, politische Interessen Israels auf internationaler Ebene stärker artikulieren und durchsetzen zu können, den jüdischen Auswanderern aus der Sowjetunion den Weg nach Israel zu ebnen und für beide Seiten vorteilhafte Handelsbeziehungen zu eröffnen. Als begünstigend für diesen vorsichtigen Normalisierungsprozeß wirkte sich die mit der Politik der Perestroika Michail S. GORBATSCHOWS begonnene Öffnung gegenüber dem Westen aus. Obwohl sich in der UdSSR zunehmend die Erkenntnis durchsetzte, daß Israel als wirtschaftlicher, militärischer und politischer Faktor in der Nahost-Region nicht länger ignoriert werden konnte, erfolgte die notwendige Aufnahme diplomatischer Beziehungen mit Rücksichtnahme auf das Verhältnis zur PLO und zu den arabischen Staaten noch nicht. Die sowjetische Regierung machte diesen Schritt von einer veränderten Haltung Israels zum Nahostkonflikt abhängig.

Zerreißproben für die Koalitionsregierung

Die konträren Standpunkte und Debatten in der Regierung konzentrierten sich immer wieder auf außenpolitische Probleme. Sie beschäftigten sich vorrangig mit dem Abzug Israels aus Libanon, mit der Palästinenserproblematik sowie mit dem Verhältnis zu Ägypten. Nicht selten drohte bei strittigen Fragen die Koalition auseinanderzubrechen. Darüber hinaus beeinträchtigten jedoch auch vielfältige Kontroversen zur innenpolitischen Entwicklung die Stabilität der Regierung.

Bereits bei der Besetzung der Ministerposten war es zu Spannungen gekommen, als sich sowohl der Vertreter der MAFDAL als auch der orthodox-religiösen SCHASS für das Amt des Ministers für religiöse Angelegenheiten, das gleichzeitig mit der Funktion des Innenministers verbunden war, bewarben. Erst am 20. Dezember 1984 konnte ein Kompromiß erzielt werden - Josef BURG als Abgeordneter der Nationalreligiösen Partei erhielt das Religionsministerium und Jizchak PEREZ von SCHASS wurde Innenminister. Diese Regelung war mit Zuwendungen aus dem Budget für religiöse Belange auch für das Innenministerium verbunden.

Da Beschlüsse des Kabinetts bei Meinungsverschiedenheiten zwischen *Likud* und MAI letztlich durch die Vertreter der fünf kleineren Parteien entschieden wurden, suchten die religiösen Kräfte diese Konstellation für ihre Interessen zu nutzen. Sie setzten alles daran, um strikter als bisher die Einhaltung der religiösen Vorschriften abzusichern und hatten zumindest teilweise Erfolg. Die Regierung untersagte auf Drängen der Religiösen hin alle öffentlichen Veranstaltungen am *Erev Schabat* (Freitagabend). 1986 verabschiedete sie ein Gesetz, das den Verkauf oder die Verteilung von gesäuertem Brot während der Pessachfeiertage verbietet. Nicht durchsetzen konnten sich die orthodox-religiösen Parteien, als sie versuchten, die Einführung der Sommerzeit für Israel zu verhindern. Nationalreligiöse Partei und *Moraschah* unterstützten das Anliegen der Regierung, so daß 1986 in Israel erstmals die Uhren umgestellt wurden. Als Zugeständnis gegenüber den Orthodoxen endete die Sommerzeit jedoch - im Unterschied zu europäischen Staaten - bereits am 1. September, um den Beginn der Hohen Feiertage (*Jom Kippur, Rosch ha-Schanah*) nicht zu beeinträchtigen.

Selbst bei der Verabschiedung eines Gesetzes, das Rassismus und rassistische Propaganda verbieten sollte, standen religiöse Fragen im Mittelpunkt der öffentlichen Diskussionen. Als am 21. Januar 1986 der Knesetausschuß für Recht und Gesetzgebung dem Parlament einen entsprechenden Beschlußentwurf vorlegte, wollten seine Mitglieder damit nach innen und außen bekunden, daß rassistisches Gedankengut - zu dieser Zeit insbesondere von Meir KAHANE und seinen Anhängern propagiert - nicht toleriert werde. In den folgenden Wochen und Monaten brach jedoch eine Kontroverse zwischen religiösen und weltlich orientierten Politikern auf, die erst am 5. August 1986 mit der Bestätigung des Gesetzes ihr Ende fand.

Die Vertreter der religiösen Parteien hatten befürchtet, der Verweis auf das Bibelwort, die Juden seien das "auserwählte Volk", könne von böswilligen Interpreten als rassistisch ausgelegt werden und damit unter das Gesetz fallen. Sie bestanden darauf, einen zusätzlichen Passus aufzunehmen, nach dem "eine Erklärung, die auf die Bewahrung des Charakters oder des Kultus einer Religion ausgerichtet ist", nicht unter die Bestimmungen des Gesetzes falle, es sei denn, sie werde mit der Absicht rassistischer Hetze abgegeben.[6] Trotz dieser Änderung enthielten sich die Abgeordneten von *Agudat Jisrael* und SCHASS bei der Abstimmung in der Knesset der Stimme, während paradoxerweise KAHANE, gegen den sich der Gesetzesantrag richtete, dafür votierte.

Innenminister PEREZ (SCHASS) strebte mit Hilfe seines Amtes eine Revision der 1970 getroffenen Festlegung zur Frage "Wer ist Jude?" an. Anhand des Beispiels einer aus Amerika eingewanderten Frau, die zum Judentum übergetreten war, entzündete sich 1986 erneut die Diskussion zu dieser Problematik. Die von PEREZ geforderte Festlegung, nur eine entsprechend dem orthodoxen Ritus erfolgte Konversion sei rechtsgültig, fand genausowenig eine Mehrheit im Parlament wie ähnlich gelagerte Vorstöße orthodox-religiöser Abgeordneter in den vorangegangenen Jahren. Der Minister trat im Januar 1987 von seinem Amt zurück.

Die Fragestellung, wer als Jude anzuerkennen sei, erhielt erneut aktuelle Bedeutung, als Mitte der achtziger Jahre eine größere Gruppe sogenannter *Falaschas* nach Israel einwanderte. Die Regierung unternahm 1984 und 1985 große Anstrengungen, um diese in Äthiopien oder in Flüchtlingslagern des Sudan in bitterster Armut lebenden Menschen nach Israel zu bringen. Mit Hilfe der "Operation Moses" gelangten ca. 10.000 Angehörige der *Beita Jisrael*, wie sie sich selbst bezeichneten, auf dem Luftwege in den jüdischen Staat. Ihre Eingliederung verlief nicht problemlos und stieß insbesondere auf Vorbehalte bei den aus Europa und Amerika stammenden religiösen Autoritäten.

Das Oberrabbinat bezweifelte, daß die Neuankömmlinge tatsächlich als Juden entsprechend den Vorschriften der *Halacha* anzuerkennen seien, und forderte einen symbolischen Akt des Übertritts zum Judentum - rituelles Tauchbad und Beschneidung. Die äthiopischen Einwanderer protestierten gegen diese Forderung und demonstrierten mehrmals vor der Knesset. Mit ihnen solidarisierten sich auch viele seit Jahren und Jahrzehnten in Israel ansässige Juden. Insbesondere Angehörige der Sozialdemokratie und der Bürgerrechtsbewegung nutzten die Vorfälle, um vor dem religiösen Zwang entgegenzustellen.

Neben den Debatten über die nationalen Existenzfragen und den Vorstößen der Religiösen hatte sich die Regierung der nationalen Einheit mit innenpolitischen Affären zu beschäftigen, die monatelang die Gemüter beschäftigten und zu Zerreißproben wurden. Beispielsweise stellte sich heraus, daß zwei Palästinenser, die am 12. April 1984 gemeinsam mit zwei weiteren Terroristen einen israelischen Bus überfallen hatten, erst nach ihrer Festnahme und - wie die befragten Offiziere aussagten - auf höheren Befehl hin getötet worden waren. SCHAMIR - im April 1984 noch Premierminister - geriet in Verdacht, dieses Vorgehen angeordnet zu haben. PERES wurde vorgehalten, er habe als Oppositionsführer von der Angelegenheit gewußt und diese vertuscht. Die Einsetzung einer von vielen Parlamentariern geforderten öffentlichen Untersuchungskommission wurde durch die Abstimmung im Kabinett (14:11) verhindert.

Mißtrauen gegenüber führenden Vertretern der Regierung und des Geheimdienstes wurde auch im Zusammenhang mit der Pollard-Spionage-Affäre 1985/86 und mit dem Prozeß gegen den ehemaligen Techniker im Atomforschungszentrum Dimona, Mordechai VANUNU, 1986/87 zum Ausdruck gebracht. Jonathan POLLARD, ein amerikanischer Jude, war über Jahre im Auftrag der israelischen Aufklärung in den USA tätig gewesen und hatte brisante militärische Informationen übermittelt. Er wurde im März 1987 in den USA zu lebenslänglicher Haft verurteilt. Wer ihn beauftragt und damit die Beziehungen Israel-USA belastet hatte, blieb ungeklärt.

VANUNU erklärte im September 1986 gegenüber Journalisten des britischen Journals Sunday Times, Israel produziere Atomwaffen. Er wurde vom *Mosad* aus London entführt und nach Israel gebracht. Im September 1987 begann sein Prozeß. International wurde im Zusammenhang mit dieser Affäre vor allem die nunmehr nicht mehr zu bestreitende Tatsache hervorgehoben, daß Israel Atomwaffen besaß und diese jederzeit einsetzen konnte. Im Lande diskutierte man dagegen in erster Linie über Kompetenzen, Sicherheitserfordernisse und das Recht der freien Meinungsäußerung. Dabei erwies es sich, daß die Mehrheit der Israelis VANUNU verurteilte und in dieser Frage mit der Regierung konform ging. Diese offenen Diskussionen über die Tätigkeit des Geheimdienstes bzw. über die Verantwortlichkeit von Militär und Regierung waren Ausdruck eines ausgeprägten Demokratieverständnisses der Israelis, das kaum Tabus anerkennt. Sie offenbarten gleichzeitig den Prestigeverlust, den die - bisher unumstrittenen - nationalen Autoritäten hinzunehmen hatten.

Innerhalb der Koalitionsparteien kam es zu Fraktionsbildungen, die nicht ohne Folgen für das Zusammenwirken in der Regierung blieben. So zeigte der 15. Parteitag der *Cherut* 1986, daß SCHAMIR, LEVI und SCHA-

RON an der Spitze unterschiedlicher Flügel standen und sich als Rivalen um die Führung in Partei und *Likud* bewarben. Obwohl sich SCHAMIR bei den Wahlen mit 45 Prozent der Stimmen durchsetzte, blieben die Risse in der Partei noch lange spürbar. In der MAI bestimmte die mehr oder weniger offensichtliche Spaltung in "Tauben" und "Falken" die inneren Kontroversen. Sie prägte alle Diskussionen zur Nahostfrage. Hinzu kam die auf dem Parteitag 1986 nur verdeckte Rivalität von Schimon PERES und Jizchak RABIN, die dem Ansehen der Partei in der Bevölkerung nicht dienlich war.

Trotz aller Divergenzen bzw. inneren und äußeren Infragestellungen konnte sich die Regierung der nationalen Einheit, die über 30 Mißtrauensanträge zu überstehen hatte, während der gesamten Legislaturperiode behaupten. Aus der Einsicht heraus, daß vorgezogene Neuwahlen kaum eine prinzipielle Änderung des parlamentarischen Kräfteverhältnisses erbringen würden, zeigten sich *Likud* und *Maarach* immer wieder kompromißbereit. Ein Reporter der Jerusalem Post nannte das Kabinett daher "Regierung ohne Alternative".[7]

Einen Höhepunkt erreichten die Spekulationen über den Zusammenbruch der Koalition mit dem Herannahen des Rotationstermins im September 1986. Sowohl *Likud* als auch *Maarach* versuchten, diesen Zeitpunkt zu nutzen, um die jeweiligen Interessen insbesondere in Personalfragen durchzusetzen. Da beide Seiten bestrebt waren, das Koalitionsabkommen aufrechtzuerhalten - der *Likud*, um mit dem Amt des Premiers die Führung der Regierung zu übernehmen, und die MAI, um nicht durch die Verletzung der Vereinbarung unglaubwürdig zu werden -, einigten sich die Kontrahenten schließlich auf Kompromißlösungen. PERES trat am 10. Oktober 1986 als Ministerpräsident zurück, SCHAMIR übergab ihm den Posten des Außenministers und übernahm am 14. Oktober das Amt des Regierungschefs. Am 20. Oktober bestätigte die Knesset das neue Kabinett. Umbesetzungen betrafen das Amt des Religionsministers - Zevulun HAMMER statt Josef BURG - und des Ministers für Gesundheitswesen - Schoschana ARBELI-ALMOSLINO statt Mordechai GUR.

Die Regierung führte ihre bisherige Politik auf der Grundlage der Koalitionsvereinbarung fort. Sie konzentrierte sich auf die Sanierung der Wirtschaft und die Verbesserung ihrer Außenbeziehungen. Die größte Belastungsprobe erwuchs ihr ab Dezember 1987 in Gestalt der *Intifada*, des Aufstands der palästinensischen Bevölkerung in Westbank und Gaza.

Die *Intifada* und ihre Auswirkungen auf Israel

Als vom 8. zum 9. Dezember 1987 in Gaza und nahezu gleichzeitig im Westjordangebiet die Erhebung der Palästinenser begann, sagten ihr Wissenschaftler, Publizisten und Politiker lediglich eine Dauer von einigen Wochen voraus. Das Aufbegehren folgte jedoch nicht den Emotionen des Augenblicks. Es resultierte vielmehr aus der jahrzehntelangen sozialen Infragestellung und politischen Entmündigung eines Volkes, dem Selbstbestimmung und Eigenstaatlichkeit - zunächst durch die Regierenden in Jordanien und Ägypten, später dann in Israel - verwehrt wurden. Zunächst unabhängig von der Führung der PLO, teilweise sogar gegen das mit inneren Rivalitätsfragen beschäftigte Führungsgremium in Tunis gerichtet, zeigten die Demonstrationen und Streiks, daß nicht äußere Kräfte, sondern in erster Linie die Bewohner der Westbank und des Gaza-Streifens um eine Verbesserung ihrer politischen und sozialen Situation zu kämpfen bereit waren. Vor allem die junge Generation, geboren nach 1967, rebellierte gegen die Besatzungsmacht. Die *Intifada* war ihr verzweifelter Versuch, die Aufmerksamkeit der Weltöffentlichkeit, insbesondere auch der arabischen Staaten und Israels, auf das Palästinenserproblem zu lenken und die Dringlichkeit einer Lösung zu signalisieren.

Eine Zuspitzung der Situation hatte sich bereits vor dem Dezember 1987 abgezeichnet. Angaben des israelischen Historikers und Publizisten Meron BENVENISTI zufolge gab es im Zeitraum von April 1986 bis Mai 1987 in den besetzten Gebieten 3.150 Demonstrationen, in deren Verlauf häufig Steine geworfen und Molotow-Cocktails eingesetzt wurden. Dabei fanden neun Palästinenser und zwei Israelis den Tod, 67 Palästinenser und 62 Israelis erlitten Verletzungen. Über 4.500 Einwohner von Westbank und Gaza wurden in diesem Zeitraum verhaftet. Die Fakten verwiesen nachdrücklich auf die Brisanz der Entwicklung in den besetzten Territorien. Nicht wenige Bürger Israels, insbesondere Intellektuelle, suchten Antworten auf die damit aufgeworfenen drängenden Fragen. Für Aufsehen sorgte 1987 u. a. die Reportage "Der gelbe Wind" von David GROSSMAN, die sich mit der psychischen Situation der jüdischen Siedler und der Palästinenser beschäftigte. GROSSMAN wertete die Besetzung als eine Herausforderung an Israelis wie Palästinenser, zugleich aber auch als Test und Falle für beide Seiten. Seine Worte, "eines Tages werden wir aufwachen und eine bittere Wahrheit erleben", schienen sich im Dezember 1987 zu bewahrheiten.[8]

Die Eskalation der Gewalt nahm neue Dimensionen an. Von Dezember 1987 bis 21. Juni 1989 ereigneten sich in Westbank und Gaza 42.355 gewaltsame Zusammenstöße zwischen Palästinensern und Israelis. Dabei wurden 409 Palästinenser getötet und 6.594 verletzt. Auf israelischer

Seite fanden neun Soldaten und sechs Zivilisten den Tod, 1.869 Personen erlitten Verletzungen. Regierung und Armeeführung mußten sich darauf einstellen, daß der sporadische und weitgehend spontane Widerstand der Vorjahre in eine organisierte Erhebung hinüberwuchs, die breite Schichten der Bevölkerung und nahezu alle politischen und ideologischen Strömungen erfaßte. Der "Krieg der Steine" war mit dem Streik der Palästinenser, die in Israel arbeiteten, mit der Schließung der Geschäfte in Ostjerusalem und anderen für Israelis und Touristen interessanten Städten sowie mit dem Boykott israelischer Waren verbunden. Die PLO stellte sich allmählich an die Spitze der *Intifada*. Sie errang damit zeitweilig ein höheres internationales Ansehen. Im Dezember 1988 wurde sie auch von den USA als Gesprächspartner akzeptiert.

Der palästinensische Aufstand wirkte nachhaltig auf die internationale Öffentlichkeit, auf die arabischen Nachbarstaaten und nicht zuletzt auf die innenpolitische Situation in Israel ein. Die Medien in Europa und Amerika berichteten ausführlich über die Geschehnisse in Westbank und Gaza. Sie vermittelten nicht selten das Bild eines palästinensischen David, der dem israelischen Goliath gegenüberstand. Die Nahostproblematik spielte auch in den bilateralen Gesprächen zwischen der UdSSR und den USA, unter anderem während der Treffen beider Staatsoberhäupter in Washington und Moskau 1987 und 1988, eine wichtige Rolle. Neue Überlegungen zur Befriedung der Region, insbesondere zur Regelung der Palästinenserfrage, wurden geäußert. Fortschritte jedoch blieben aus. Weder der Mubarak-Plan vom 22. Januar 1988 noch die Shultz-Initiative vom 4. März 1988 fanden auf palästinensischer und israelischer Seite ein positives Echo. Im Sommer 1988 verstärkten sich die Unruhen. Das Selbstbewußtsein der Palästinenser - gefördert durch internationale Solidarität und israelische Verunsicherung - wuchs.

Der neuen politischen Situation trug König HUSSEIN von Jordanien Rechnung, als er am 31. Juli 1988 die juristischen und administrativen Bindungen des Westjordangebietes an Jordanien aufhob. Der Monarch war sich dabei durchaus der Gefahren bewußt, die ein Übergreifen des Aufstandsgedankens auf die palästinensische Bevölkerung seines Landes für die Königsherrschaft bedeuten konnte. Mit dem einseitigen Schritt wurden jedoch auch die Vorstellungen hinsichtlich eines israelisch-jordanischen Separatabkommens, wie sie vor allem von der israelischen Sozialdemokratie vertreten wurden, hinfällig. Die "Jordanian Option" verlor an Realitätsgehalt.

Die israelische Regierung sah in der *Intifada* eine ernsthafte Infragestellung der nationalen Sicherheit und Staatsräson. Sie verhängte Ausgangssperren über palästinensische Ortschaften, schloß Schulen und Universitäten und bemühte sich, die Öffnung von Geschäften durchzusetzen.

Die Armee wurde angewiesen, auf Provokationen mit Verhaftungen und notfalls mit dem Gebrauch der Schußwaffe zu antworten. In vielen Fällen wurden Tränengas und ab August 1988 Plastikgeschosse eingesetzt. Insgesamt blieb die Anwendung militärischer Mittel jedoch begrenzt. Regierung und Generalstab waren sich weitgehend darin einig, daß ein offener Krieg gegen die palästinensische Zivilbevölkerung vermieden werden müsse. In einem derartigen "Ernstfall" - so wurde argumentiert - stehe nicht nur das internationale Ansehen Israels auf dem Spiel; auch die rechtsstaatlichen Grundlagen der israelischen Gesellschaft könnten dauerhaft Schaden nehmen. So sagte eine Analyse des Tel Aviver Zentrums für Strategische Studien eine ernste Vertiefung der innerstaatlichen Krise voraus, "wenn die israelische Regierung der Armee befehle, gegen die palästinensisch-arabische Zivilbevölkerung stärkere Maßnahmen als bisher zu ergreifen".[9] Die Intentionen der israelischen Regierung bestanden daher zunächst - wie Verteidigungsminister RABIN betonte - darin, "zu beweisen, daß wir die Gebiete unter Kontrolle haben" und "ihnen zu zeigen, wer der Boss ist".[10]

Die *Intifada* währte nicht nur Monate; sie hielt über Jahre an. Erst im Zusammenhang mit dem Golfkrieg im Sommer 1990 schwächte sie sich vorübergehend ab. Sie zeitigte nicht nur in der palästinensischen Bevölkerung, sondern auch in der israelischen Gesellschaft tiefgreifende wirtschaftliche, politische und ideelle Auswirkungen. Die 1967 begonnene und seit 1977 zu einer neuen Qualität gelangte Verflechtung der besetzten Gebiete mit Israel verlangsamte sich. Der für Israelis und Touristen dominierende Eindruck, die sogenannte "Grüne Linie" - die Grenze vom 4. Juni 1967 - schwinde allmählich, wich in kürzester Frist dem Bewußtsein, Westbank und Gaza seien besetztes Gebiet. Selbst Ostjerusalem wurde von vielen Israelis nicht mehr unbeschwert betreten. Ausländische Touristen mieden seit Dezember 1987 zunehmend die bisher beliebten Ausflugsziele in Betlehem, Hebron und Jericho. Hatten viele Israelis in den Jahren zuvor die Frage nach der nationalen Identität der Palästinenser weitgehend verdrängt oder nur bedingt wahrgenommen, so wurden sie nun täglich sehr real mit ihr konfrontiert.

Die wirtschaftliche Integration verlangsamte sich. Während 1987 israelische Waren und Dienstleistungen im Wert von 1,048 Mrd. Dollar nach Westbank und Gaza exportiert worden waren, betrugen die Ausfuhren 1988 nur noch 865 Mill. Dollar; die Importe aus diesen Gebieten sanken ebenfalls um ca. 134 Mill. Dollar. 1987 waren in Israel 108.000 Palästinenser aus den besetzten Territorien tätig gewesen. 45,6 Prozent arbeiteten im Bauwesen, 18 Prozent in der Industrie und 14,5 Prozent in der Landwirtschaft. 1988 gaben 30-50 Prozent dieser Beschäftigten ihre Arbeit vorübergehend oder völlig auf. Ihr Fehlen blieb für die israelische

Wirtschaft nicht ohne Auswirkungen. Vor allem kleine und mittlere Unternehmen, die sich die teureren einheimischen Lohnarbeiter bzw. eine Modernisierung ihrer Betriebe nicht leisten konnten, waren betroffen. Die durch Streiks, geringeren Warenabsatz, den Rückgang des Tourismus um ca. 15 Prozent sowie erhöhte Ausgaben für Militär und Polizei verursachten finanziellen Verluste wurden allein für 1988 offiziell mit 1,5 bis 3 Prozent des israelischen Bruttosozialprodukts angegegeben. Die *Intifada* trug somit dazu bei, daß der wirtschaftliche Aufschwung der Jahre 1986 und 1987 von einer Rezession abgelöst wurde.

Materiell nicht meßbar war der moralische Preis, den Israel zu zahlen hatte. Insbesondere die Armee wurde durch den Einsatz gegen die palästinensische Zivilbevölkerung moralisch in Frage gestellt. Junge Soldaten standen Palästinensern gegenüber, die in der Regel nicht älter waren als sie. Auf Befehl und häufig auch aus Angst vor den Steine und Molotow-Cocktails werfenden Jugendlichen setzten sie auf das "bewährte" Prinzip der Abschreckung. Viele Eltern befürchteten eine Verrohung der jungen Generation; die Zahl derjenigen, die den Wehrdienst in den besetzten Gebieten verweigerten, nahm zu. Integrität und Funktionsfähigkeit der Armee standen öffentlich zur Debatte.

Nicht zuletzt diese Auswirkungen der palästinensischen Erhebung bewirkten, daß die innerisraelische Diskussion über die Politik in den besetzten Gebieten neu belebt wurde und 1988 und 1989 alle anderen Fragen überschattete. Die Themen Nahostkonflikt und Palästinenserproblematik verstärkten gleichzeitig politische Differenzierungen innerhalb und zwischen den politischen Parteien. Selbst in der Armeeführung wurden konträre Meinungen laut.

Gruppen, Parteien und Persönlichkeiten, die eine Politik der "eisernen Faust" in den besetzten Gebieten und den Transfer der Palästinenser in die umliegenden arabischen Staaten befürworteten, traten zunehmend offener in Erscheinung. Vertreter von *Techijah* und *Kach* bzw. ab 1988 *Moledet* (Heimat) nutzten die Tribüne des Parlaments, um ihre Forderungen zu artikulieren. Die Siedler - neben der Armee Ziel und Angriffsobjekt der *Intifada* - machten zunehmend häufiger vom "Faustrecht" Gebrauch. Sie bewaffneten sich und schreckten auch vor tätlichen Auseinandersetzungen mit der israelischen Armee und Polizei nicht zurück. Militante Organisationen erhöhten ihre Aktivitäten in Westbank und Gaza und suchten zunehmend auch das innenpolitische Klima in Israel zu beeinflussen. Meinungsumfragen der Jahre 1988 und 1989 belegten eine deutliche Zunahme kompromißfeindlicher Positionen in der Bevölkerung.

Gleichzeitig gewannen in MAPAM, RAZ und MAI Kräfte an Einfluß, die ein flexibleres Herangehen der Regierung an die Nahostfrage forderten. Sie traten für Verhandlungen mit den Palästinensern ein und anerkannten deren Recht auf nationale Selbstbestimmung. In diesem Sinne faßte die MAPAM auf ihrer Landeskonferenz im Mai 1988 einen Beschluß, in dem das Recht des jüdischen und des arabisch-palästinensischen Volkes auf *Erez Israel* anerkannt wurde. Als Weg zum Frieden wurden "direkte Verhandlungen zwischen Israel und den Staaten der Region sowie einer bevollmächtigten Vertretung des palästinensischen Volkes - einschließlich der PLO" als erstrebenswert betrachtet.[11]

Bürgerrechtsbewegung und die Tauben in der Partei der Arbeit standen auf ähnlichen Positionen. In einem offenen Brief schrieb der der MAI nahestehende Schriftsteller Amos KENAN an Außenminister PERES:

> "Wenn ich an Ihrer Stelle wäre, würde ich mit Trommeln und Fanfaren die Idee der Verkündung eines palästinensischen Staates und die Bildung einer Exilregierung, die mit Israel über die endgültigen Grenzen verhandeln wird, begrüßen ... Endlich ist jemand da, mit dem man sprechen kann, und endlich gibt es etwas, worüber gesprochen werden kann".[12]

Damit war der seit 1967 existierende Konsens aller zionistischen Parteien in der Palästinafrage - kein Rückzug auf die Grenzen vom 4. Juni 1967, keine Verhandlungen mit der PLO, kein palästinensischer Staat an der Seite Israels, das vereinigte Jerusalem bleibt die Hauptstadt Israels - erstmalig aufgebrochen. Nicht zur Diskussion stand lediglich der Status von Groß-Jerusalem als israelischer Hauptstadt, den trotz *Intifada* außer den Kommunisten und der Progressiven Liste keine politische Kraft in Israel aufzugeben bereit war.

Die Friedensbewegung, die nach dem Abzug der israelischen Armee aus Libanon an Gewicht und Profil verloren hatte, trat mit Beginn der palästinensischen Erhebung wieder stärker in Erscheinung. Über 50 Organisationen und Institutionen befürworteten eine politische Regelung des Nahostkonflikts und die Abtrennung der Westbank und des Gaza-Streifens von Israel. Sie stellten sich mit Vehemenz der von Verteidigungsminister RABIN geführten Politik der Unterdrückung der *Intifada* entgegen und organisierten Demonstrationen, Kundgebungen und Begegnungen von israelischen und palästinensischen Friedensaktivisten. *Schalom achschav, Jesch gvul* und die religiöse Friedensbewegung *Os we-Schalom* wurden wieder aktiv. Neue Organisationen, z. B. "Frauen in Schwarz" und das "21. Jahr", entstanden.

Zu den längerfristig wirkenden Ergebnissen der *Intifada* gehörte auch, daß sich die Bindungen innerhalb der arabischen Bevölkerung Israels sowie zwischen ihr und den Palästinensern der besetzten Gebieten vertieften. Das Ringen um nationale Identität und Solidarität widerspiegelte sich z. B. am jährlichen Tag des Bodens (30. März) wie auch in mehreren

Generalstreiks, die zur Unterstützung der *Intifada* stattfanden. Gleichzeitig wurde deutlich, daß nationalistische Kräfte und islamisch-fundamentalistische Organisationen unter den Palästinensern an Einfluß gewannen. Radikalisierungstendenzen, die sich Ende der siebziger und Anfang der achtziger Jahre bereits abzuzeichnen begannen, verstärkten sich. Die Verständigung und das Zusammengehen mit den jüdischen Bürgern Israels, die Kompromisse in der Palästinafrage befürworteten, wurde zunehmend erschwert.

Die *Intifada* offenbarte, daß die bisherige Regierungspolitik in den besetzten Gebieten erfolglos geblieben war. Sie warf Fragen auf, deren Beantwortung von vielen Israelis als entscheidend für die weitere Existenz des Staates angesehen wurde. Der 40. Jahrestag der Staatsgründung im Mai 1988 war daher für viele Bürger Israels Anlaß, sich mit Grundfragen der Entwicklung im Lande und in der Region auseinanderzusetzen. "Wir müssen sehr dankbar und stolz in unserem 40. Jahr sein. Nicht zuletzt deshalb, weil wir eine etablierte, lebendige, dynamische Demokratie sind", schrieb Wirtschaftsminister Gad JAAKOBI (MAI). Er fügte jedoch hinzu: "Es ist dennoch nicht die Zeit für Selbstlob und Euphorie. Eine Reihe von wichtigen Faktoren beeinträchtigt, ja gefährdet sogar unseren demokratischen Lebensstil". Die Besetzung der palästinensischen Territorien bezeichnete JAAKOBI als "moralisches Krebsgeschwür, das das Festhalten an den demokratischen Werten in Israel schwächer werden läßt".[13]

Wahlen 1988

Die zweite Hälfte des Jahres 1988 stand im Zeichen der für November vorgesehenen Parlamentswahlen. Im Mittelpunkt des Wahlkampfes standen angesichts der *Intifada* die Nahostkonzepte der einzelnen Parteien und Kandidaten. Der *Maarach* versuchte, der Formel "Land gegen Frieden", d. h. der Erzielung eines territorialen Kompromisses bei einem Friedensschluß, neue Aktualität zu verleihen. Im Unterschied zum *Likud* befürwortete er nunmehr eine internationale Nahostkonferenz als Auftakt zu bilateralen Verhandlungen mit einer jordanisch-palästinensischen Delegation. Er kritisierte die hohen Ausgaben der Regierung für die Errichtung neuer Siedlungen in den besetzten Gebieten und forderte mit Blick auf die orientalisch-jüdischen Wähler, diese Gelder künftig vor allem in israelischen Entwicklungsstädten einzusetzen.

Auch der *Likud* kam nicht umhin, neue Überlegungen anzustellen. In Erkenntnis der Notwendigkeit, auch dem wenig kompromißbereiten nationalistischen Wähler Frieden in Aussicht zu stellen, suchte er die vor einem Jahrzehnt abgeschlossenen Verträge von Camp David wiederzubeleben. Obwohl Jizchak SCHAMIR 1978 gegen diese Vereinbarungen gestimmt hatte, sprach er sich nunmehr für eine Autonomieregelung aus, wie sie damals Menachem BEGIN vorgeschlagen hatte. Gespräche mit den Bewohnern der besetzten Gebiete sollten den wichtigsten Aspekt in der Tätigkeit des *Likud* bilden. Der Wahlslogan "Nur der Likud kann" sollte andeuten, daß es eine *Likud*-Regierung war, die den Friedensvertrag mit Ägypten ausgehandelt hatte und nunmehr prädestiniert sei, auch mit weiteren arabischen Staaten in Gespräche zu treten.

Am 1. November gaben 2.305.567 israelische Bürger ihre Stimmen den 27 kandidierenden Parteien, von denen 15 ins Parlament einzogen. Die Wahlbeteiligung lag mit 79,65 Prozent relativ hoch und übertraf die der Jahre zuvor. Keiner der großen Parteienblöcke konnte die absolute Mehrheit erringen. Dennoch blieb die politische Bedeutung und Dominanz von *Likud* mit 31,1 Prozent und *Maarach* mit 30 Prozent der Stimmen unbestritten. Für die drittgrößte Partei SCHASS sprachen sich lediglich 4,7 Prozent der Wähler aus.

Die Wahlergebnisse verdeutlichten, daß es in der Bevölkerung keinen Konsens zur Nahostfrage gab. Statt dessen zeigte sich, daß der Riß mitten durch die israelische Gesellschaft ging. 1,2 Millionen Israelis stimmten für den *Likud* und für rechts von ihm stehende Gruppierungen bzw. sprachen sich für religiöse Parteien aus. Sie befürworteten mehrheitlich eine Politik der Härte in den besetzten Gebieten und lehnten Kompromißlösungen ab.

Den Hintergrund für die Zunahme des Stimmenanteils der Rechtskräfte um 1,1 Prozent und der Religiösen um 3,2 Prozent gegenüber 1984 bildete u. a. die demographische Entwicklung. Erstmals stellten die orientalischen Juden über die Hälfte (54 Prozent) der Wähler. Besonders in den Altersgruppen von 18 bis 30 Jahren dominierten sie. Der Einfluß von *Likud* und ihm nahestehenden Parteien erhöhte sich daher spürbar unter Jugendlichen und Armeeangehörigen. Während im Landesdurchschnitt sieben Prozent der Wähler für *Techijah*, *Moledet* und *Zomet* stimmten - die *Kach*-Partei KAHANEs war wegen ihrer rassistischen Propaganda 1988 nicht zugelassen worden -, waren es in der Armee 15,7 Prozent. Der *Likud* erhielt in der Armee 35,1 Prozent gegenüber 31,1 Prozent im Landesmaßstab.

Gleichzeitig war der Stimmenanteil klerikaler Parteien in der Armee niedriger als in Israel insgesamt - 8,6 gegenüber 14,6 Prozent. Doch auch das war eine nicht unbedeutende Zunahme des Einflusses religiöser Kräfte, die 1984 in der Armee nur 3 Prozent der Stimmen erhalten hatten. Landesweit erhöhte sich die Zahl der Abgeordneten des religiösen Flügels gegenüber 1984 von 13 auf 18. Außer *Agudat Jisrael*, MAFDAL und SCHASS zog eine weitere klerikale Partei - *Degel ha-Torah* (Fahne der

Torah) - in die Knesset ein.

Die Wahlen belegten, daß die Anziehungskraft religiöser bzw. betont nationalistisch auftretender Parteien zugenommen hatte. Die politischen Umschichtungen, die mit der *Intifada* in Zusammenhang standen, stärkten jedoch auch kompromißbereite Kräfte. So hatten etwa 984.000 Bürger den Parteien ihre Stimme gegeben, die die teilweise oder vollständige Rückgabe von Westbank und Gaza befürworteten. Mindestens 200.000 von ihnen, das waren 13 Prozent der Wähler, traten für Verhandlungen mit der PLO und für die Schaffung eines palästinensischen Staates ein. Die israelische Gesellschaft zeigte sich 1988 gespalten wie nie zuvor in der 40jährigen Geschichte des jüdischen Staates.

Das Wahlergebnis ließ - wie 1984 - ein Zusammengehen der beiden großen Parteienverbindungen *Likud* und *Maarach* erwarten. Numerisch möglich erschien auch ein Zusammengehen von *Likud*, religiösen und rechtsextremen Parteien. Gegen ein solches Bündnis sprachen sich jedoch nicht nur viele Israelis, sondern auch Vertreter amerikanischer Juden aus. So hatten sich 27 jüdische Organisationen der USA in einem Schreiben an SCHAMIR und PERES gegen die "Beteiligung ultraorthodoxer Parteien" an der Regierung ausgesprochen.[14] Der Vorsitzende der *Jewish Agency*, Arieh DULZIN, erklärte, Israel würde in diesem Falle den "Juden der Welt als Staat aus dem Mittelalter" erscheinen.[15] Befürchtet wurde insbesondere, daß die Forderungen der klerikalen Führungskräfte nach Ausdehnung der religiösen Gesetzgebung auf alle wichtigen Bereiche des gesellschaftlichen Lebens und ihr - bereits angekündigter - Griff nach den Ministerien für Bildung, Innenpolitik, Wohnungsfragen, Arbeit und Soziales sowie nach dem Vorsitz im Finanzausschuß der Knesset die innenpolitische Situation zuspitzen könnten. Auswirkungen für die jüdischen Gemeinschaften außerhalb Israels wurden in diesem Zusammenhang nicht ausgeschlossen.

In der Partei der Arbeit setzten sich in langwierigen Debatten die Falken durch. Sie plädierten für eine erneute große Koalition. Mit der Begründung, Schlimmeres verhüten zu wollen, und mit dem Ziel, durch Schimon PERES als Finanzminister die Gewerkschaftsunternehmen zu sanieren, erlangten die Falken bei einer Abstimmung im Zentralkomitee der MAI am 21. Dezember 1988 eine knappe Mehrheit. Um sich als koalitionsfähig auszuweisen, ging die Führung der Partei von ihrem Votum für eine internationale Nahostkonferenz ab und erklärte sich mit der Errichtung weiterer Siedlungen in den besetzten Gebieten einverstanden. Damit stand der erneuten Bildung einer "Regierung der nationalen Einheit" nichts mehr im Wege.

15 Monate "nationale Einheit"

Nach wochenlangen Koalitionsverhandlungen bestätigte am 22. Dezember 1988 die Knesset das neue Kabinett. Der Regierung gehörten der *Likud* - durch Vereinigung von *Cherut* und Liberaler Partei kein Bündnis mehr, sondern nun auch formal eine Partei -, der *Maarach*, *Agudat Jisrael,* Nationalreligiöse Partei und SCHASS an. Diese Parteien verfügten im Parlament über 95 von 120 Sitzen. Premierminister wurde erneut Jizchak SCHAMIR; aufgrund der Dominanz des *Likud* war ein Wechsel in der Besetzung dieses Amtes nicht vorgesehen.

Die Regierungsvereinbarung machte deutlich, daß MAI und *Likud* ihre von 1984 bis 1988 geführte Politik in innen- und außenpolitischen Fragen prinzipiell fortzusetzen gedachten. In der Nahostfrage wurden trotz der veränderten regionalen Situation bisherige Positionen festgeschrieben: Verhandlungen mit der PLO und die Möglichkeit der Bildung eines palästinensischen Staates blieben ausgeschlossen. Dagegen griff die neue Regierung die während des Wahlkampfes vom *Likud* vorgestellten Vorschläge auf. Sie befürwortete bilaterale Verhandlungen nach dem Muster von Camp David und Autonomie für die Einwohner von Westbank und Gaza.

Im November und Dezember 1988 startete die PLO eine internationale politische Offensive, die auch Israel vor neue Entscheidungen stellte. Auf der 19. Tagung des Palästinensischen Nationalrates am 15. November hatte ARAFAT den Staat Palästina proklamiert. Vor der UNO-Vollversammlung sprach er sich am 13. Dezember für das Recht aller Staaten der Region - damit auch Israels - auf friedliche Existenz in sicheren und anerkannten Grenzen aus. Er bekannte sich zu den Beschlüssen der UNO 181 (II) von 1947, 242 (1967) und 338 (1973) - Resolutionen, die in der 1968 angenommenen und nach wie vor gültigen PLO-Charta abgelehnt wurden. Damit war ein wichtiger Schritt auf dem Wege zur Mitsprache der PLO bei künftigen Nahostregelungen getan. Am 16. Dezember begannen in Tunis Gespräche zwischen Vertretern der USA und der von ARAFAT geführten Organisation.

Die israelische Regierung beschloß, weiterhin Verhandlungen mit der PLO abzulehnen. Als Alternative stellte Premierminister SCHAMIR bei seinem USA-Besuch im April 1989 einen Friedensplan vor, der eine Bekräftigung der Abkommen von Camp David durch die USA, Ägypten und Israel vorsah und bilaterale Verhandlungen mit arabischen Staaten, eine Regelung des Flüchtlingsproblems sowie Wahlen in den besetzten Gebieten beinhaltete. Die Abstimmung in der Knesset am 15. Mai über die israelische Initiative - 43 Ja-Stimmen, 15 Gegenstimmen, 11 Enthaltungen (51 Parlamentarier waren nicht anwesend) - bestätigte erneut, daß es keinen Konsens zur Palästinenserfrage gab. Der innenpolitische Druck reichte zudem nicht aus, um die Regierung zu kompromißbereitem Handeln zu bewegen.

Auf wirtschaftlichem Gebiet waren die ersten Monate der Amtsperiode der neuen Regierung durch Sparmaßnahmen gekennzeichnet: Abwertung des Schekel um 13 Prozent, Preissteigerungen für Grundnahrungsmittel, Strom und Wasser um 20-30 Prozent. Im Budget des Jahres 1988/89 waren 40,2 Prozent der Staatsgelder für die Rückzahlung fälliger Schulden und 20,42 Prozent für Militärausgaben vorgesehen. Für soziale Belange wurden 11,68 Prozent des Budgets veranschlagt. Diese Festlegungen führten dazu, daß die Wirtschafts- und Sozialpolitik der Regierung wieder stärker in die öffentliche Diskussion geriet. Finanzminister PERES suchte die Versprechen, die er als Spitzenkandidat der Partei der Arbeit bei den Knessetwahlen gegeben hatte, einzulösen. Dazu gehörte der Vorschlag, das Verteidigungsbudget um 300 Mill. Dollar zu kürzen und ausländische Investitionen stärker zu fördern.

Im August 1989 waren 150.000 Israelis, d. h. 9,5 Prozent der zivilen Arbeitskräfte, arbeitslos. Die *Histadrut* beschäftigte sich daher vorrangig mit dem Problem der zunehmenden Arbeitslosigkeit und drängte den Finanzminister, Gegenmaßnahmen einzuleiten. Im Unterschied zu den Knessetwahlen ein Jahr zuvor standen die Wahlen zur *Histadrut*-Generalversammlung im November 1989 nicht im Zeichen der *Intifada*, sondern widerspiegelten die Haltung der Bevölkerung zur sozialen und wirtschaftlichen Problematik des Landes. Die Mehrzahl der Gewerkschaftsmitglieder votierte für die Sozialdemokratie. Während die MAI 56 Prozent der Stimmen auf sich vereinte, erhielten der *Likud* 27 Prozent, MAPAM zehn Prozent, RAZ vier Prozent und die unter Führung von CHADASCH stehende Jüdisch-arabische Liste drei Prozent. Der *Maarach* konnte damit seine Majorität in der Führung des Gewerkschaftsverbandes behaupten, verlor jedoch etwa vier Prozent der Wählerstimmen an den *Likud*.

Auf außenpolitischem Gebiet waren 1989/90 vor allem die erneuerten Beziehungen zwischen Israel und den osteuropäischen Staaten von Bedeutung. Die gesellschaftlichen Veränderungen in diesen Ländern waren begleitet von einer stärkeren Orientierung der Außen- und Wirtschaftspolitik auf die USA und die westeuropäischen Staaten; sie modifizierten gleichzeitig die Haltung zu den Staaten der Dritten Welt, u. a. des Nahen Ostens. Die Abgrenzungs- und Konfrontationspolitik gegenüber Israel wurde abgelöst durch das Bestreben, normale Beziehungen zum jüdischen Staat herzustellen. Im Februar 1989 initiierte der sowjetische Außenminister Eduard SCHEWARDNADSE ein Treffen mit seinem israelischen Amtskollegen Mosche ARENS. Mehrere Abkommen zu kultureller und wissenschaftlicher Zusammenarbeit wurden unterzeichnet. Eine vollständige Normalisierung der politischen Beziehungen jedoch erfolgte trotz des Drängens der israelischen Seite auch zu diesem Zeitpunkt noch nicht.

Der erste osteuropäische Staat, der die diplomatischen Beziehungen zu Israel wiederherstellte, war im September 1989 Ungarn. Es folgten Polen und die Tschechoslowakei. Auch die DDR hatte 1989 ernsthaftere Anstrengungen unternommen, um das Verhältnis zu Israel zu verbessern. Als der Staatssekretär für Kirchenfragen, Kurt LÖFFLER, Ende Januar zu einem offiziellen Besuch nach Israel reiste, kam es erstmals zu einem Gespräch auf Regierungsebene - LÖFFLER traf mit dem israelischen Religionsminister Zevulun HAMMER zusammen. Kontakte wurden auch zwischen den Außenministerien beider Länder angebahnt. In den Gesprächen in Jerusalem machte die israelische Seite kein Hehl daraus, daß sie von der DDR-Führung eine eindeutige Anerkennung der Verantwortung aller Deutschen für die *Schoah* erwarte. Da diese ausblieb, nahm HAMMER die Gegeneinladung zu einem Besuch der DDR nicht wahr.

Nach der "Wende" von November 1989 unternahmen die Regierungen unter Hans MODROW und Lothar de MAIZIERE erneut Anstrengungen, bilaterale Verhandlungen zur Aufnahme diplomatischer Beziehungen in die Wege zu leiten. Es kam zu drei Gesprächsrunden, die vom 29. Januar bis 2. Februar, vom 7. bis 9. März und vom 2. bis 3. Juli 1990 in Kopenhagen stattfanden. Im März wurde ein Brief an den israelischen Ministerpräsidenten übergeben, in dem die DDR die Verantwortung des gesamten deutschen Volkes für die nationalsozialistische Vergangenheit anerkannte. Die ebenfalls enthaltene Aussage, daß die DDR bereit sei, über die Regelung vermögensrechtlicher Fragen, die von israelischen Bürgern gestellt würden, zu sprechen, blieb jedoch weit unter den Erwartungen der israelischen Seite.

Mit Aufmerksamkeit und Sympathie wurde in Israel dagegen die Erklärung der Volkskammer der DDR vom 12. April 1990 aufgenommen. Die ersten frei gewählten Parlamentarier der DDR erklärten:

> "Wir bitten die Juden in aller Welt um Verzeihung. Wir bitten das Volk in Israel um Verzeihung für Heuchelei und Feindseligkeit der offiziellen DDR-Politik gegenüber dem Staat Israel und für die Verfolgung und Entwürdigung jüdischer Mitbürger auch nach 1945 in unserem Lande".[16]

Nach dieser Erklärung wurden von beiden Seiten erneut Überlegungen hinsichtlich der Aufnahme diplomatischer Beziehungen angestellt. Noch in den offiziellen Verhandlungen in Kopenhagen Anfang Juli 1990 wurde von beiden Seiten ein Botschafteraustausch für möglich und erstrebenswert gehalten. Dafür war der deutsche Vereinigungsprozeß jedoch schon zu weit fortgeschritten. Mit dem Inkrafttreten der Wirtschafts-, Währungs- und Sozialunion hatte die DDR ihre Souveränität weitgehend aufgegeben. Sie konnte keine definitive Zusage mehr über die Zahlung von Wiedergutmachungsleistungen an Israel geben. Während die übrigen Staaten des Warschauer Vertrages - mit Ausnahme der UdSSR - 1989/90 ihre Beziehungen zu Israel normalisierten, ging die Existenz des zweiten deutschen Staates zu Ende, ohne daß dieser Schritt vollzogen wurde.

Das israelische Kabinett der nationalen Einheit war nur knapp 15 Monate im Amt. Es wurde zum Rücktritt gezwungen, als am 15. März 1990 zum ersten Mal in der Geschichte des Staates Israel ein Mißtrauensvotum zu Ungunsten der Regierung ausfiel. 60 Knessetabgeordnete, die Vertreter von *Maarach*, MAPAM, *Schinui*, CHADASCH, Progressiver Liste, *Arabischer Demokratischer Partei* und *Agudat Jisrael*, stimmten gegen die Politik Jizchak SCHAMIRs. Fünf der sechs SCHASS-Vertreter enthielten sich der Stimme.

Die Auseinandersetzungen in der Regierungskoalition hatten sich bereits über Wochen hingezogen. Sie konzentrierten sich vor allem auf das weitere Vorgehen in den besetzten Gebieten. Eine Mehrheit der Parlamentsabgeordneten war der Auffassung, daß die Vorstellungen des Premiers über Wahlen in Westbank und Gaza und die Errichtung einer begrenzten Autonomie für die Palästinenser nicht den Erfordernissen der Zeit entsprächen, zumal sogar aus Washington Kritik an der unnachgiebigen israelischen Position geäußert und offensichtlich eine flexiblere Haltung erwartet wurde. Wie die israelische Presse enthüllte, fielen beim Mißtrauensvotum auch die Ambitionen einiger Abgeordneter, die durch Bündnisversprechen gegenüber dem *Likud* bzw. dem *Maarach* persönliche Interessen zu verwirklichen suchten, ins Gewicht. Vertreter religiöser Parteien als "Zünglein an der Waage" spielten eine wichtige Rolle.

Oppositionsführer Schimon PERES, den Präsident Chaim HERZOG mit der Bildung einer neuen Regierung beauftragte, konnte für sich und seine Partei diese Chance nicht nutzen. Es gelang ihm - trotz mehrfacher Versuche - nicht, ein Mehrheitsvotum im Parlament für eine von der Partei der Arbeit geführte Koalitionsregierung zu erreichen. Er mußte den Auftrag nach sechs Wochen an Jizchak SCHAMIR abtreten, der am 11. Juni 1990 seine neue Regierung vorstellte. Ihr gehörten zunächst Vertreter des *Likud*, der Nationalreligiösen Partei, von SCHASS, *Techijah* und *Zomet* an. SCHAMIR übernahm neben dem Amt des Ministerpräsidenten die Funktionen des Ministers für Arbeit und Soziales sowie für Umweltfragen. Vizepremier und Außenminister wurde David LEVI; Mosche ARENS erhielt das Verteidigungsressort. Auch für Finanzen und Wirtschaftsfragen übernahmen mit Jizchak MODAI und David MAGEN Politiker des

Likud die Verantwortung. Den religiösen Parteien wurden die Ministerien für Erziehung und Kultur, für Einwanderungsfragen und religiöse Angelegenheiten sowie das Innenministerium zugesprochen. Die neue Regierung sah sich sehr bald sowohl in innen- als auch in außenpolitischer Hinsicht mit Fragen von äußerster Brisanz für die nationale Fortexistenz Israels konfrontiert.

Kulturelles und literarisches Leben in den siebziger und achtziger Jahren

Der unikale Charakter der israelischen Gesellschaft wird besonders deutlich im kulturellen Bereich reflektiert. Schriftsteller, Poeten, Musiker oder Vertreter der bildenden und darstellenden Künste setzen sich in ihren Werken mit Vergangenheit und Gegenwart jüdischen Lebens auseinander; sie widerspiegeln die Erfahrungen im jeweiligen konkreten Umfeld und lassen Zukunftsvisionen entstehen.

Die jüdischen Einwanderer brachten in der Regel ein ausgeprägtes Interesse für Kultur und Bildung mit, waren diese doch wichtige Säulen des Zusammenhalts und des Selbstverständnisses in der Diaspora. Das Aufeinandertreffen und die Symbiose verschiedener Kulturkreise - der Einflüsse aus Europa, Amerika, Asien und Afrika - versprachen, qualitativ Neues hervorzubringen. Nach über vierzigjähriger Entwicklung ist zu konstatieren, daß sich in Konturen nicht nur eine jüdisch-israelische Nation herausbildet, sondern daß als deren Bestandteil auch eine eigenständige israelische Kultur entsteht. Wenngleich durch vielfältige Bande eng mit jüdischer Kultur und Tradition in der Diaspora verknüpft, besitzt sie doch ein eigenständiges, unverwechselbares Profil. Dieser Haupttrend schließt ein, daß in Israel mehrere kulturelle Impulsstränge und Widerspiegelungsebenen nebeneinander existieren, die vor allem den historisch-ethnischen Grundkomponenten der Gesellschaft entsprechen.

Zwischen Juden und Arabern, aber auch zwischen orientalischen Juden und den aus Europa und Amerika stammenden Bevölkerungsgruppen sind die sozialen und kulturellen Unterschiede nach wie vor klar erkennbar. Die Kluft zwischen jüdischen und arabischen Israelis wird in Literatur und Theaterkunst besonders deutlich. Dagegen zeigt sich in der Musik, daß das geographisch-kulturelle Milieu nicht selten bestimmender wirkt als die nationale und religiöse Zugehörigkeit. Die Melodien der *Adot ha-Misrach* unterscheiden sich zum Beispiel nur wenig von arabischen Klängen, während die Musik der europäischen Einwanderer einer völlig anderen Traditionslinie entspringt.

In den ersten Jahrzehnten nach der Staatsgründung standen für die Regierung die profane Eingliederung der Einwanderer, die wirtschaftlichen

Fragen und die gespannte Nahost-Situation im Vordergrund aller Aktivitäten. Sie bestimmten die Verwendung der Haushaltsmittel und gestatteten nur begrenzt Ausgaben für Kultur und Bildung. In hohem Maße förderten private Spenden sowie Zuwendungen jüdischer Organisationen aus dem Ausland das kulturelle Leben. Sie trugen u. a. zur Errichtung von Museen, Theatern, Konzerthallen und Bibliotheken bei.

Tel Aviv, das sich bereits in der Mandatszeit zum Zentrum des *Jischuv* entwickelt hatte, blieb lange auch die kulturelle Metropole des Landes. Hier spielten *ha-Bimah* (Die Bühne) und das Kammertheater, entstanden das erste Konservatorium und das Israelische Philharmonische Orchester. Erst Mitte der sechziger Jahre verlagerten sich die Aktivitäten der Künstler auch in andere Orte. Ein besonderer Stellenwert kam Jerusalem zu. Im Westteil der Stadt wurden 1965 ein weiteres Symphonieorchester, 1973 ein Musikzentrum und 1975 das Jerusalemtheater gegründet. Das Israel-Museum öffnete 1965 seine Pforten. Insbesondere nach 1967 war die Regierung bestrebt, den Status von Jerusalem in jeder Hinsicht zu festigen und die Hauptstadt auch zum kulturellen Mittelpunkt des Landes werden zu lassen. Ein drittes Zentrum für Musik und Theater entstand in Haifa. Mitte der siebziger Jahre wurden in Natanja und Beerscheva Orchester und Theaterbühnen gegründet.

Die israelische Kultur - genährt aus den jüdischen Traditionen der Diaspora, dem Einfluß westlicher Zivilisationen und dem nahöstlichen Umfeld - weist ihre eigene Spezifik auf. Einen spürbaren Einschnitt für Erscheinungsbild und Inhalt künstlerischer Produktion stellte der Sechstagekrieg dar. Wenn sich Israelis erinnern, so "teilen die meisten ihre Erfahrungen ein in das, was davor und das, was danach geschah".[17]

Besonders sensibel reagierten Schriftsteller u. a. Künstler auf die im Zusammenhang mit der Besetzung arabischer Territorien zugespitzten gesellschaftlichen Probleme und Widersprüche. Dominierte in der Literatur bis Mitte der sechziger Jahre beispielsweise Kibbuz- und Lagerfeuerromantik - die Verklärung der "Gründerzeit" in Palästina und der Pioniergeneration -, so wurde nach 1967 zunehmend eine differenziertere, kritischere Sicht bestimmend. Die Schriftstellerin und Literaturkritikerin Amalia KAHANA-CARMON fand 1984 dafür die Worte:

> "Der heile Spiegel barst. Bis er in Stücke sprang. Was übrig blieb, war der Rahmen, der alle diese Fragmente umgab, die einst ein Spiegel gewesen waren. Jedes Spiegelfragment reflektierte nun etwas anderes. Ein Fragment der Realität, aus unterschiedlichem Blickwinkel. Die Summe aller ergab eine Art kubistisches Bild, das lediglich die Schnittpunkte zwischen den Oberflächen darstellt".[18]

Israel blickt bereits auf vier Schriftstellergenerationen zurück, deren Werke im Land gelesen werden und häufig auch in Übersetzungen das Ausland erreichen. Zu ihnen zählen die berühmtesten Autoren der Vorstaatszeit Schmuel Josef AGNON, Chaim HASAS, Nathan ALTERMANN und Avraham SCHLONSKY. Sie bestimmten die hebräischsprachige Literaturszene von der Mandatszeit bis in die siebziger Jahre. Die zweite Gruppe begann mit dem Schreiben in der Zeit des Unabhängigkeitskrieges bzw. unmittelbar danach. Ihre Vertreter Chaim GURI, T. CARMI, Abba KOVNER, S. JISHAR, Amir GILBOA u. a. widmeten sich nicht zuletzt Fragen des arabisch-israelischen Konflikts. Vom Unabhängigkeitskrieg bis zum Jom-Kippur-Krieg spannten sie den Bogen. Für diese Generation blieb bis in die achtziger Jahre auch die Auseinandersetzung mit der *Schoah* ein wesentliches Motiv der Erzählungen und Romane. Das Anliegen, die Schrecken der Judenvernichtung verständlich und nachempfindbar zu machen, menschliche Größe wie menschliches Versagen darzustellen, erwies sich als gewichtiges, aber kaum zu bewältigendes Unterfangen. Ihm widmeten sich vor allem Aharon APPELFELD und Jehuda AMICHAI.

Die dritte Gruppe umfaßt Schriftsteller und Dichter, die am Ende der fünfziger und zu Beginn der sechziger Jahre erstmals in die Öffentlichkeit traten. Sie gehören, wie Avraham B. JEHOSCHUA und Amos OZ, zu den am meisten gelesenen und international bekannten israelischen Gegenwartsautoren. In ihren Werken werden verstärkt individuelle Einzelschicksale im zweiten Weltkrieg und in der Zeit des Unabhängigkeitskrieges, aber auch im heutigen Israel dargestellt. Darüber hinaus beschäftigen sie sich mit dem Zusammenprall der verschiedenen ethnischen Gruppen im Lande.

Waren bis Mitte der sechziger Jahre die Werke der bedeutendsten israelischen Autoren noch unter starkem osteuropäischen Einfluß entstanden, so begannen nach dem Sechstagekrieg zunehmend moderne westeuropäische und amerikanische Kulturströmungen auf sie einzuwirken. Diese Tendenzen prägen auch die junge - ausschließlich in Israel geborene - Generation, deren Kurzgeschichten und Romane in den siebziger und achtziger Jahren erschienen. Amos KENAN, Jizchak BEN NER und David GROSSMAN stehen zwar durchaus in Kontinuität und unter dem Einfluß "älterer" Schriftsteller. Sie suchen jedoch bewußt Neues in die israelische Literatur einzubringen und beschäftigten sich vorwiegend mit Gegenwartsfragen. Düstere Zukunftsvisionen sind nicht selten.

In den achtziger Jahren gerieten Fragen nach dem Selbstverständnis und der Identität der Israelis in den Mittelpunkt des künstlerischen Schaffens. Dabei wurden unterschiedliche geistige Profile und politische Standpunkte sichtbar. Während z. B. Mosche SCHAMIR in einer Trilogie das zionistische Aufbauwerk heroisierte, beschäftigte sich Ruth ALMOG kritisch mit den zionistischen Wurzeln des Staates. Nathan ZACH, Dalia RABIKOWIZ, Amos OZ und viele andere Autoren nahmen den Libanonkrieg zum Anlaß, um Grundprobleme der modernen israelischen Gesellschaft aufzuwerfen.

Eine wichtige Tribüne für die künstlerische Auseinandersetzung mit der Gegenwart wurden das Theater und das Filmschaffen. Das israelische Nationaltheater *ha-Bimah* hat seine Heimatbühne seit 1932 in Tel Aviv. Gegründet in Moskau und zunächst noch tief der Tradition des Schtetl und der osteuropäischen Kultur verhaftet, wurde es zum Grundstein des hebräischen Theaters. Während in der Mandatszeit vier Fünftel der Aufführungen in Jiddisch, Deutsch, Englisch und Russisch stattfanden, setzte sich in der Folgezeit das Hebräische durch. Das Repertoire von *ha-Bimah* umfaßt neben traditionellen jüdischen Stücken und Übersetzungen international bekannter europäischer und amerikanischer Bühnenautoren auch Werke zeitgenössischer israelischer Dramatiker. In Konkurrenz zum Nationaltheater befanden sich Ende der achtziger Jahre zwei weitere große Bühnen Israels - das Kammertheater in Tel Aviv und das Haifaer Stadttheater. Sie stellten sich vor allem die Inszenierung von gegenwartsbezogenen Stücken - wie "Die Palästinenserin" und "Das Jerusalem-Syndrom" von Joschua SOBOL - zur Aufgabe.

Kontroverse Diskussionen zum zeitgenössischen Theaterschaffen gehören zum israelischen Alltag ebenso wie die öffentliche Auseinandersetzung mit neuen literarischen Werken oder Filmen. 1960 begann Israel mit der Produktion eigener Spielfilme, deren Themen sich vor allem mit dem Leben im Lande beschäftigen. Prägnante Beispiele aus den achtziger Jahren sind die Werke des Regisseurs Uri BARABASCH "Hinter den Gittern" und "Der Träumer". Da pro Jahr jedoch nicht mehr als zehn bis zwölf israelische Spielfilme gedreht wurden, dominierten in den Kinos nach wie vor Produktionen aus den USA und aus Westeuropa.

Im Musikschaffen waren stets Einflüsse europäischer Komponisten unverkennbar. Als neue Ausdrucksform entwickelte sich der sogenannte "Mittelmeerstil". Er vermischt europäische Elemente mit alten Gebetsgesängen und orientalischen Weisen und könnte durchaus als Beginn einer Symbiose von Tradition und Moderne sowie als Ausdruck der sich vollziehenden Verschmelzung der verschiedenen Bevölkerungsgruppen in der israelischen Gesellschaft gewertet werden.

Ähnliche Entwicklungen sind auf dem Gebiet der bildenden Künste wahrnehmbar. Die Schüler der bereits 1908 in Jerusalem gegründeten Bezalel-Kunstakademie versuchten in den ersten Jahren eine Brücke von der jüdischen Tradition zu den Visionen des sozialistischen Zionismus zu schlagen. In den dreißiger Jahren entstand eine Art israelisches Bauhaus, das vorwiegend von Flüchtlingen aus Deutschland getragen war. Nach der

Staatsgründung suchten israelische Künstler verstärkt nach einem eigenständigen Stil. Es entstand die Gruppe "Ofakim Chadaschim" (Neue Horizonte), die sich dem Abstraktionismus verschrieb. Sie prägte über Jahrzehnte die bildende Kunst im Lande. Ausstellungen israelischer Künstler in den siebziger und achtziger Jahren zeigten viele Werke, die neben den Einflüssen der französischen und amerikanischen Pop-Art eine erneute Hinwendung zu landesspezifischen Motiven und Themen aufweisen.

Zur kulturellen Szene Israels gehört nicht zuletzt das künstlerische Schaffen der arabischen Bürger des Landes. Trotz jahrzehntelanger Eigenentwicklung in Israel fühlen sich arabische Autoren der palästinensischen Nationalkultur zugehörig. Die wechselseitige Befruchtung jüdischer und arabischer Kultur und Literatur wurde und wird durch nationalistische Vorurteile und Berührungsängste auf beiden Seiten behindert. Eine Ausnahme stellte die 1986 veröffentlichte hebräischsprachige Novelle "Arabesken" von Anton SCHAMMAS dar. Der 1950 in Israel geborene Autor war weder damals noch heute repräsentativ für die junge Generation arabisch-israelischer Schriftsteller. Dennoch wirft sein Beispiel die Frage nach den Möglichkeiten gegenseitiger Beeinflussung und produktiver Anregung zwischen den ethnisch verschiedenen Kulturträgern im nahöstlichen Staat Israel in aller Deutlichkeit auf.

Demographischer Wandel

Mit Eintritt in das letzte Jahrzehnt des 20. Jahrhunderts standen die Bürger Israels vor Fragen, deren Beantwortung von vielen als entscheidend für das weitere Schicksal des Landes angesehen wurde. Den Hintergrund bildeten ungelöste innergesellschaftliche und regionale Probleme sowie die durch das Ende des Kalten Krieges bewirkten Veränderungen in der internationalen Politik. Auch der Umbruch in Osteuropa ließ den Nahen und Mittleren Osten nicht unberührt. Ab 1989 ermöglichte die Politik der Perestroika sowjetischen Juden erneut und verstärkt die Auswanderung. Der sich nunmehr nach Israel ergießende Emigrantenstrom vergrößerte sich mit der Implosion der UdSSR. Er beeinflußte nicht nur die demographische und wirtschaftliche Entwicklung des jüdischen Staates, sondern bewirkte auch gravierende soziale und politische Umschichtungen sowie kulturelle Wandlungen.

Die Aufnahme und Ansiedlung von Juden aus der Diaspora war stets ein wichtiges Anliegen israelischer Regierungspolitik. Das Israelische Zentralbüro für Statistik zählte für die Jahre 1948 bis 1997 insgesamt 2,6 Mill. Einwanderer, von denen 33 Prozent aus Asien und Afrika, zwei Drittel jedoch aus Europa und Amerika stammten. Besonders hohe Einwanderungszahlen waren unmittelbar nach der Staatsgründung, im Zusammenhang mit dem zweiten Nahostkrieg 1956/57 und zu Beginn der sechziger Jahre zu verzeichnen. Zugeständnisse der UdSSR an die Politik der Détente ermöglichten im Zeitraum von 1971 bis 1979 ca. 165.000 sowjetischen Juden, nach Israel auszureisen. Im darauffolgenden Jahrzehnt allerdings übertraf die Zahl der Israel verlassenden Bürger zeitweilig die der Zuwanderer. Diese Situation wandelte sich mit dem Jahr 1989/90 grundsätzlich; erstmals seit 1948-1951 war wieder von einer "Massenalijah" die Rede.

Zwischen 1990 und 1997 suchten insgesamt 822.563 jüdische Zuwanderer eine neue Heimat in Israel; die überwältigende Mehrheit - 675.274 - kam aus den Republiken der ehemaligen Sowjetunion. Der Hauptteil dieser sowjetischen Immigranten stammte aus Rußland (31,2 Prozent), aus der Ukraine (29,5 Prozent) und aus Zentralasien (21,1 Prozent). Als Motive für die Übersiedlung nach Israel wurden bei repräsentativen Meinungsumfragen vor allem Familienzusammenführung, Furcht vor Antisemitismus und Hoffnung auf bessere wirtschaftliche und soziale Standards genannt. Der Wunsch nach einem höheren Lebensniveau in dem der westlichen Hemisphäre zugeordneten Israel dominierte. Die Chance, entsprechend der jüdischen Tradition und den Vorschriften der Religion leben zu können, spielte dagegen kaum eine Rolle.

Insbesondere der Zustrom osteuropäischer Intellektueller stärkte die israelischen Potentiale in Wissenschaft und Technik. Hatten 1990 25,3 Prozent aller israelischen Bürger über 15 Jahre eine Ausbildung von mindestens 13 Jahren absolviert - ein Zustand, der den Vergleich mit westeuropäischen Staaten keinesfalls zu scheuen brauchte -, so brachten von den Neueinwanderern etwa zwei Drittel diesen Bildungsstand mit; 40 Prozent verfügten sogar über einen Hochschulabschluß. Das führte zu einer Erhöhung des Anteils von Akademikern am israelischen Arbeitskräftepotential, der im zivilen Sektor bis dahin bei 21 Prozent gelegen hatte und nunmehr sprunghaft auf 26,4 Prozent anstieg. Notwendige Umschulungs- und Qualifizierungsmaßnahmen konnten auf hohem Niveau ansetzen. In den für die wirtschaftliche Entwicklung impulsgebenden Gebieten der Hochtechnologie dürfte es in absehbarer Zeit keinen Mangel an hochqualifizierten Arbeitskräften geben. In einigen Bereichen bewirkte die Masseneinwanderung sogar einen - kurzfristigen - Aufschwung. Bauwesen und Dienstleistungssektor expandierten und schufen neue Arbeitsplätze; der Absatz israelischer Waren auf dem Binnenmarkt nahm infolge gestiegener Kaufkraft der Bevölkerung zu.

Neue Tendenzen begannen sich auch auf geistig-kulturellem Gebiet abzuzeichnen. Es entstanden neue Orchester, Theatergruppen und künstlerische Vereinigungen, die das kulturelle Leben bereicherten. 1996 erschienen in Israel über 60 Zeitungen und Zeitschriften in russischer Sprache; staatliches Fernsehen und verschiedene Radiosender strahlten mehrere Stunden am Tag russischsprachige Programme aus. Die Pflege russischer Folklore erinnerte an die Jahre der ersten *Alijot*. Zugleich wurde nicht selten besorgt die Frage artikuliert, inwieweit die von den Neueinwanderern eingebrachten Erfahrungen und Lebensauffassungen spezifisch israelische Werte, die sich in den vergangenen vier Jahrzehnten herausgebildet hatten, gefährden könnten. Nicht selten war die Rede von einer "Russifizierung".

Die Eingliederung der Immigranten in die israelische Gesellschaft brachte gravierende Probleme mit sich. Im Zeitraum von wenigen Jahren mußten für eine Dreiviertelmillion Zuwanderer Wohnungen, Arbeitsplätze, Möglichkeiten der Gesundheitsfürsorge und der Ausbildung - zunächst zum Erlernen der hebräischen Sprache - geschaffen werden. Obwohl Israel zu Beginn der neunziger Jahre über bessere materielle und organisatorische Voraussetzungen verfügte als unmittelbar nach der Staatsgründung, war die Belastung für das Budget enorm. Die pro Immigrantenfamilie veranschlagten Eingliederungskosten in Höhe von 62.000 Dollar wurden zu 85 Prozent aus dem Staatshaushalt und zu 15 Prozent durch die *Jewish Agency* finanziert. Preis- und Steuererhöhungen zu Lasten der Bevölkerung konnten nicht ausbleiben.

Die berufliche Integration war mit besonderen Komplikationen verbunden. Fast zwei Drittel der Einwanderer im berufsfähigen Alter waren Akademiker, Ingenieure, Lehrer und Ärzte, deren Ausbildung z. T. nicht den israelischen

Standards und Erfordernissen entsprach. Selbst wenn Umschulungen durchgeführt und zusätzliche Prüfungen absolviert worden waren, blieb die Zahl freier Arbeitsplätze in diesen Berufen begrenzt. Auch die vielen eingewanderten Künstler sahen sich mit existentiellen Problemen konfrontiert. Die kurzzeitige Gründung künstlerischer Ensembles bzw. die Errichtung von Werkstätten, für die nicht selten die individuellen Integrationshilfen in Anspruch genommen wurden, konnten meist nur vorübergehend den Broterwerb sichern.

1992 lag die Arbeitslosenquote unter den seit 1989 nach Israel eingewanderten Juden bei 28,6 Prozent; sie sank 1993 auf 19 Prozent und 1994 auf 14,9 Prozent, blieb damit jedoch bedeutend über dem Landesdurchschnitt von 10,9 bzw. 8,5 Prozent. Eine Studie des für die Eingliederung zuständigen Ministeriums von Januar 1994 benennt als Hauptprobleme fehlende Arbeitsplätze für 45- bis 65jährige Einwanderer, die ungenügende Nutzung des individuellen Bildungsniveaus - nur etwa 30 Prozent fanden einen Arbeitsplatz, der ihrer Qualifizierung entsprach -, ferner die hohe Frauenarbeitslosigkeit und die nicht der konkreten Tätigkeit angemessene niedrige Bezahlung der Neueinwanderer. Drei Jahre später belegen Veröffentlichungen des Zentralbüros für Statistik, daß die überwiegende Mehrzahl der Immigranten im arbeitsfähigen Alter sich in das Berufsleben eingegliedert hat: Nur 6,8 Prozent der 1990/91 Eingewanderten und 10 Prozent der 1992/93 nach Israel Eingereisten waren im Dezember 1996 noch ohne Arbeit.

Nicht selten ersetzten sowjetische Immigranten palästinensische Arbeitskräfte aus den besetzten Gebieten. Bereits für das Jahr 1990 verwiesen israelische Quellen auf die Entlassung von 20.000 Palästinensern - eine Tendenz, die sich durch die sicherheitspolitisch motivierte wochenlange Absperrung der Gebiete in den folgenden Jahren verstärkte. Sie wirkte objektiv der weiteren Verflechtung der besetzten Territorien mit dem Staat Israel entgegen und war für die Lohnarbeiter aus Westbank und Gaza mit anhaltender Arbeitslosigkeit verbunden. Der Rückgang und der periodische Ausfall palästinensischer Arbeitskräfte in der israelischen Wirtschaft führte bereits 1994 zu Überlegungen, kurzfristig Arbeitskräfte aus anderen Regionen einzufliegen. Am 10. April 1994 gab das Kabinett dem "Import" von 18.000 thailändischen Arbeitern, die für sechs Monate im Bauwesen und in der Landwirtschaft Beschäftigung finden sollten, seine Zustimmung. Ende 1996 waren offiziell 106.000 Gastarbeiter in Israel beschäftigt; sie kamen zu zwei Dritteln aus Rumänien und zu einem Fünftel aus Thailand. Die Zahl weiterer ausländischer Arbeiter, die sich illegal in Israel aufhielten, wurde auf mindestens 100.000 geschätzt.

Durch die Masseneinwanderung verstärkte sich die Wohnungsknappheit im israelischen Kernland. Allein bis Ende 1993 waren 220.000 zusätzliche Wohneinheiten zu schaffen. Durch die Versorgung von etwa 10.000 Familien über den sozialen Wohnungsbau und die Vergabe von 70.000 Krediten für einen Eigenheimbau konnte ein reichliches Drittel der Wohnungssuchenden zufriedengestellt werden; nicht wenige Einwanderer fanden in landwirtschaftlichen Siedlungen oder bei Verwandten Aufnahme. 53.000 Familien waren im Dezember 1993 jedoch noch behelfsmäßig in Hotels, Wohnwagen oder Baracken untergebracht; sie drängten auf eine schnelle Verbesserung ihrer sozialen Lage.

Obwohl viele Altbürger Israels die Ansiedlung der osteuropäischen und zentralasiatischen Zuwanderer in den besetzten Gebieten befürworteten, war ein nur geringer Teil bereit, die Unsicherheit im Herkunftsland gegen neue Ungewißheit in den spannungsgeladenen Territorien einzutauschen. Umfragen des Jahres 1990 zufolge lehnten 89 Prozent der Immigranten eine Ansiedlung im Westjordangebiet ab; ein Wohnsitz im Gaza-Streifen schien sogar nur für 3,1 Prozent akzeptabel. Von 1990 bis 1995 ließen sich 9.800 Einwanderer - das sind lediglich 1,7 Prozent der Neuankömmlinge - in Westbank und Gaza nieder. Bevorzugt wurden demgegenüber die Städte im Kernland wie Tel Aviv, Haifa und Westjerusalem; hier fanden ca. 40 Prozent ein neues Heim. Entwicklungsstädte in Galiläa und im Negev sowie landwirtschaftliche Kooperativen rangierten ebenfalls vor Siedlungen im besetzten Gebiet; sie nahmen 20-25 Prozent der Einwanderer auf. Pläne zur Schaffung neuer Orte innerhalb und entlang der "grünen Linie" zu den besetzten Gebieten - insbesondere zwischen Jerusalem und Tulkarem - nahmen Gestalt an. Auch die nach 1967 entstandenen jüdischen Wohnviertel in Ostjerusalem - Gilo, ha-Givah ha-Zorfatit, Ramot, Pisgat Seev, Ramat Eschkol u. a. - erhielten beachtlichen Zuwachs aus der Gruppe der Immigranten. Allein zwischen Juni 1990 und Sommer 1992 gab das Wohnungsbauministerium eine Summe von umgerechnet fünf Milliarden Dollar aus, um sowjetische Einwanderer im Süden und Norden Israels, d. h. im Negev und in Galiläa, sowie im besetzten Westjordangebiet anzusiedeln. Trotz der Wohnungsknappheit im Kernland waren die meisten Immigranten jedoch nicht bereit, sich in diesen Regionen dauerhaft niederzulassen - nicht zuletzt, weil sie dort kaum Arbeitsmöglichkeiten vorfanden. Ein Teil der Bauten blieb ohne Bewohner; nicht wenige Bauvorhaben wurden abgebrochen.

Neben der Eingliederung der sowjetischen Juden und ihrer - z. T. nichtjüdischen - Familien hatte die israelische Regierung die Aufnahme von 15.000 äthiopischen Juden, die sie am 24./25. Mai 1991 einfliegen ließ, zu bewältigen. Die "Operation Salomo" - Pendant und Fortsetzung der "Operation Moses" des Jahres 1985 - löste weltweit durchaus unterschiedliche Reaktionen aus. Für die überwiegende Mehrheit der israelischen Bevölkerung stellte sie die Lebenskraft der zionistischen Idee unter Beweis. "Die Hauptaufgabe des Zionismus als der nationalen Bewegung eines Volkes, das seit 2.000 Jahren auf der ganzen Welt verstreut lebt, ist es immer gewesen, so viele Juden wie möglich in ihr historisches Heimatland Israel zu bringen, um hier eine souveräne nationale Existenz für das jüdische Volk aufzubauen", hieß es in der Monatszeitschrift Spektrum der *Mifleget ha-Avodah* im Juni 1991. Das Blatt betonte:

"Operation Salomo beweist, daß zumindest einige der von den Nazis ermordeten sechs Millionen Juden hätten gerettet werden können, wäre der israelische Staat neun Jahre früher gegründet worden."[1]

Auch nach Abschluß der "Operation Salomo" war die israelische Regierung bestrebt, die noch in Äthiopien lebenden Juden nach Israel zu transferieren. Ab September 1991 wurden weitere 4.000 Einwanderer von Addis Abeba mit El-Al-Maschinen nach Lod geflogen. Damit erhöhte sich die Zahl der in Israel lebenden *Falaschas* oder *Beita Jisrael*, wie sie sich selbst bezeichnen, auf etwa 45.000. Fast die Hälfte wohnte 1993 noch in Notunterkünften; ihre Lebensbedingungen waren nicht zuletzt wegen des niedrigen Bildungsstandes, der eine Eingliederung in den Arbeitsprozeß erschwerte, kompliziert. Die Konzentration der Äthiopier in den ärmeren Vierteln mittelgroßer Städte verstärkte zudem Tendenzen der Isolierung; israelische Sozialwissenschaftler wiesen sogar auf die Gefahr der Ghettobildung hin.

Trotz der genannten Integrationsprobleme unterstützte die Regierung die Einwanderung aus weiteren Staaten, in denen jüdisches Leben gefährdet war. 1993 und 1994 unternahm sie beispielsweise verstärkt diplomatische Anstrengungen, um den - zahlenmäßig kleinen - jüdischen Gemeinden aus dem ehemaligen Jugoslawien, aus dem Jemen und aus Syrien die Ausreise nach Israel zu ermöglichen.

Im 50. Jahr nach der Staatsgründung ist die Gesamtbevölkerung Israels auf sechs Millionen angewachsen. Politiker des Landes betrachten die Einwanderung nicht zuletzt als bedingte Chance, den jüdischen Charakter des Staates zu erhalten. Dem wirkt entgegen, daß die Geburtenrate der arabischen Bürger des Landes bei durchschnittlich drei Prozent liegt - gegenüber einem natürlichen Zuwachs der jüdischen Population von jährlich 1,5 Prozent. Es ist somit abzusehen, daß sich in Israel mittelfristig eine binationale Gesellschaft herausbildet. Die arabische Bevölkerung des Kernlandes wuchs seit der Staatsgründung nicht nur absolut von 156.000 auf 1,2 Millionen an; sie erlangte auch prozentual zunehmend höheres Gewicht: 1967 - 14,1 Prozent, 1985 - 17,5 Prozent und 1989 - 18,4 Prozent. Demographische Prognosen sprechen für das Jahr 2010 bereits von einer nichtjüdischen Bevölkerungsgruppe um 23,7 Prozent; 1997 lag ihr Anteil bei 19,9 Prozent. Dieser Trend konnte durch die Masseneinwanderung der neunziger Jahre zwar verlangsamt, nicht jedoch umgekehrt werden.

Die arabischen Bürger Israels registrierten die jüdische Masseneinwanderung der neunziger Jahre mit Besorgnis. Da die *Alijah* Unsummen verschlang, fielen finanzielle Zuwendungen des Staates für arabische Orte geringer aus als erhofft. Die Arbeitslosigkeit im arabischen Sektor nahm zu, zumal viele Neueinwanderer bereit waren, die - zuvor vorwiegend von arabischen Arbeitskräften ausgeführten - gering bezahlten Tätigkeiten im Dienstleistungssektor zu übernehmen. In der Öffentlichkeit geführte Diskussionen über "Avodah Ivrit" (Jüdische Arbeit), die an entsprechende Losungen der Arbeiterzionisten aus den zwanziger Jahren anknüpften, verstärkten die arabischen Befürchtungen: Die vorübergehende "Stärkung des jüdischen Charakters des Staates Israel" wirke nicht zuletzt "der Möglichkeit entgegen, eine israelische Identität für alle Bürger des Landes - unabhängig von ihrer Nationalität - zu entwickeln".[2]

Nach Aufhebung der Militäradministration in Israel 1966 und insbesondere nach dem Junikrieg von 1967 bildete sich unter den arabischen Bürgern Israels eine Mehrfach-Identität aus: Einerseits sind sie Araber und Angehörige des palästinensischen Volkes, Muslime oder Christen bzw. fühlen sie sich mit den Bewohnern der besetzten Gebiete solidarisch verbunden, andererseits sehen sie sich als israelische Staatsbürger und streben als solche die soziale Gleichstellung mit jüdischen Einwohnern des Landes an. Diesen Identitätskonflikt kleidete ein arabischer Jugendlicher in das Bild, "wenn er in Nablus sei, fühle er sich wie ein Israeli, besuche er aber Tel Aviv, empfinde er sich als Araber".[3] Das ambivalente Verhältnis von Ethnizität, Religion und Staatszugehörigkeit, das durch die zunehmende wirtschaftliche Integration der arabischen Israelis und durch ein wachsendes politisches Selbstbewußtsein gefördert wird, verstärkte sich zweifellos in den neunziger Jahren.

In Israel existieren neun Städte mit ausschließlich arabischer Bevölkerung. In ihnen sowie in den Städten mit jüdisch-arabischer Einwohnerschaft - Jerusalem, Haifa, Tel Aviv-Jafo, Akko, Lod und Ramla - entwickelten sich kleine und mittelständische arabische Unternehmen, die vorwiegend der Leichtindustrie und dem Bauwesen zuzuordnen sind. Untersuchungen des Jaffa Research Center wiesen für 1990 im arabischen Sektor Israels 829 Betriebe aus, deren Existenz weitgehend vom dominierenden jüdischen Wirtschaftssektor abhängig ist. Die Etablierung arabischer Unternehmen, teilweise mit Nutzung palästinensischer Arbeitskräfte aus den besetzten Gebieten, führte zur Herausbildung eines arabischen Besitzbürgertums. Insbesondere diese Schicht ist bestrebt, sich in den Staat Israel zu integrieren, wirtschaftliche Gewinnchancen zu nutzen und den Lebensstandard weiter zu erhöhen. Sie steht zumeist dem Staat und seiner Regierung loyal gegenüber.

Die überwiegende Mehrheit der arabischen Israelis dagegen, 91 Prozent der Berufstätigen, sind Lohnarbeiter mit relativ geringem Verdienst. Das Durchschnittseinkommen eines städtischen arabischen Haushalts betrug 1994 nur 68 Prozent einer vergleichbaren jüdischen Familie. Obwohl sich die Zahl der unterhalb der Armutsgrenze lebenden israelischen Araber in den folgenden beiden Jahren verringerte, lag sie 1996 immer noch bei knapp 200.000. Gleichzeitig nutzten immer mehr arabische Intellektuelle die Bildungsmöglichkeiten an israelischen und ausländischen Universitäten. Ihre Aussichten auf Anstellung und Beschäftigung blieben jedoch ebenfalls geringer als im vergleichbaren jüdischen Sektor - nicht zuletzt infolge der Zuwanderung von Akademikern aus den GUS-Staaten. Insbesondere in den letztgenannten sozialen Strata wirken national-palästinensische, z. T. auch religiös-islamistische Tendenzen dem Trend der "Israelisierung" der Araber entgegen. "Auf vielen Wegen, offen und versteckt, hat der Staat Israel seine Minderheit suspendiert und versperrt ihr - wie sich selbst - die Chance einer Eingliederung, einer gegenseitigen Befruchtung", resümiert der israelische Autor David GROSSMANN nach Diskussionen mit arabischen und jüdischen Israelis.[4]

Israel und der Krieg am Golf

Die Einwanderung sowjetischer Juden nach Israel war während der Kuweitkrise vorübergehend zurückgegangen; sie riß jedoch niemals völlig ab und stieg unmittelbar nach Beendigung der Kampfhandlungen im März 1991 wieder sprunghaft an. Bereits am 2. August 1990, als irakische Truppen Kuweit besetzten und als wenige Tage später die Operation "Desert Shield" mit der Entsendung amerikanischer Truppen nach Saudi-Arabien begann, stellte sich für Einwanderungswillige wie für israelische Bürger die Frage, ob sich die Zuspitzung der Situation am Golf auch auf den jüdischen Staat auswirken werde. Würde Israel als militärischer Verbündeter der USA in den Krieg eingreifen? War Saddam HUSSEINs Drohung, die Hälfte der israelischen Bevölkerung auszulöschen, falls die *Likud*-Regierung einen Angriff auf Bagdad wage, ernst zu nehmen? Welche Präventivmaßnahmen waren von israelischer Seite zu erwarten?

Bereits am 9. August 1990 erklärte die israelische Regierung, sie werde ein irakisches Vorrücken nach Jordanien als "Casus belli" betrachten und entsprechend beantworten. In den folgenden Wochen und Monaten bereitete sie die Bevölkerung auf irakische Chemiewaffenangriffe vor; am 7. Oktober ordnete sie z. B. die Ausgabe von Gasmasken an. Ministerpräsident SCHAMIR forderte die Vernichtung des Atom- und Chemiewaffenpotentials des Irak sowie die Beseitigung Saddam HUSSEINS.

Am 17. Januar 1991 begann mit über 1.000 Luftangriffen der Golf-Alliierten gegen Ziele in Kuweit und Irak das Unternehmen "Desert Storm". Schon am folgenden Tag zeigte sich, daß die gegen Israel ausgestoßenen Drohungen des Bagdader Alleinherrschers mehr als leere Worte waren: Dessen Raketenbatterien richteten sich auf Ziele in Israel und Saudi-Arabien. Damit wurde der jüdische Staat erstmals in einen Krieg verwickelt, der unmittelbar weder mit israelischer Regionalpolitik verbunden war, noch israelisch-arabische Grenzprobleme oder die Palästinenserfrage zum Ausgangspunkt hatte.

Zwischen dem 18. Januar und dem 25. Februar 1991 schlugen 38 Scud-Raketen auf israelischem Territorium und in den besetzten Gebieten ein. Sie riefen in der jüdischen Bevölkerung Existenzängste und Traumata wach, die der jüngeren Generation nur noch aus dem Geschichtsbuch und den Berichten der

Älteren bekannt waren. Die Gasmasken, z. T. "made in Germany", ausgegeben, die Bevölkerung vor Gas zu schützen, das in Produktionsanlagen deutscher Firmen hergestellt worden war, beschworen für Junge wie Alte, Überlebende der Vernichtungslager wie orientalische Juden oder Einwanderer aus der Sowjetunion, erneut die *Schoah* als zentrale jüdische Erfahrung und drohende kollektive Gefahr herauf.

Die Sorge um das Schicksal des Staates und um das eigene Überleben brachte die Israelis einander näher. Als 20 Prozent der Bevölkerung Tel Avivs Zuflucht in weniger gefährdeten Regionen des Landes suchten, boten Kibbuz-Mitglieder, aber auch Einwohner arabischer Dörfer Galiläas gastfreundliche Aufnahme an. Meinungsverschiedenheiten über innenpolitische Fragen wurden vorübergehend zurückgestellt. Der nationale Konsens, der im Zusammenhang mit Libanonkrieg und *Intifada* Risse erhalten hatte, war für eine kurze Zeitspanne wieder präsent.

Nach dem Krieg jedoch standen die alten und neuen Probleme trennend wie zuvor zwischen den Parteien und politischen Gruppierungen. Die Diskussionen über Wege und Methoden zur Lösung der offenen Fragen wurden mit Vehemenz weitergeführt. Neue Einsichten wurden artikuliert. "Dieser Krieg hat viele Konzepte durcheinander gebracht, eines davon ist das Abschreckungskonzept", erklärte ein Knesset-Abgeordneter der Partei der Arbeit mit Verweis auf die neue Realität.[5]

Während des Krieges hatte die israelische Regierung darauf verzichtet, die irakischen Angriffe - wie von nicht wenigen Politikern gefordert - mit Vergeltungsschlägen zu beantworten. Auf Bitten des amerikanischen Verbündeten hielt sie sich von direkten militärischen Aktionen zurück. Diese in der Weltöffentlichkeit positiv bewertete Haltung stand im Widerspruch zum bisherigen strategischen Denken der meisten israelischen Politiker und Militärs sowohl im *Likud* als auch im *Maarach*. Wenngleich nicht unumstritten, wurde sie in den Januar- und Februartagen 1991 von der Mehrheit der Bevölkerung gutgeheißen.

Der Golfkrieg hatte für Israel darüber hinaus weitreichende militär-strategische, wirtschaftliche, innen- und außenpolitische Konsequenzen. Die stärkste arabische Militärmacht, gerichtet gegen Israel, war für längere Zeit ausgeschaltet. Gleichzeitig machte die Kuweitkrise der israelischen Staats- und Militärführung nicht nur die Anfälligkeit des Landes im modernen Raketenkrieg, sondern auch dessen begrenzten Stellenwert für die amerikanische Sicherheitspolitik deutlich.

Viele Staaten - auch die Bundesrepublik Deutschland - traten während des Golfkriegs für die Unantastbarkeit Israels ein. Dennoch wurde das deutsch-israelische Verhältnis vorübergehend belastet, als deutsche Waffenlieferungen an den Irak - vorgenommen vor allem in den achtziger Jahren - bekannt wurden. Darüber hinaus wandte sich die israelische Öffentlichkeit gegen Antikriegsdemonstrationen in deutschen Städten, die israelische Sicherheitsinteressen außer acht ließen. Die von vielen Israelis als peinlich empfundene Übergabe eines Dollar-Schecks durch Bundesaußenminister Hans-Dietrich GENSCHER in Jerusalem konnte das Bild des "häßlichen Deutschland" nicht verschönen.

Das Verhältnis Israels zur jüdischen Diaspora, in den vorangegangenen Jahren aufgrund kritischer Stimmen aus Amerika und Europa zur Siedlungs- und Palästinenserpolitik sowie zur Rolle religiöser Parteien im jüdischen Staat nicht ungetrübt, verbesserte sich spürbar. Angesichts der Bedrohung israelischer Existenz standen die schicksalhafte Verbundenheit mit Israel und die solidarische Unterstützung seiner Bürger im Vordergrund.

Bedeutsam für die weitere Entwicklung des Landes waren die Wirkungen der Golfkrise auf die arabische Staatengruppe bzw. ihre Verknüpfung mit der Palästinenserproblematik. Saddam HUSSEIN war es letztlich nicht gelungen, seine expansiven panarabischen Ziele mit der "Befreiung Palästinas" zu kaschieren und gegen Israel zu mobilisieren: Der Spalt in der Arabischen Liga vertiefte sich vielmehr wie nie zuvor. Saudi-Arabien, Ägypten, Syrien und einige andere arabische Staaten unterstützten das von der UNO sanktionierte militärische Eingreifen am Golf, mahnten jedoch gleichzeitig die Regelung der ungelösten Palästinenserfrage an, die damit einen neuen internationalen Stellenwert erlangte. Die von den USA avisierte "neue Weltordnung" konnte den Nahostkonflikt nicht ausklammern.

Zunächst schien es allerdings, als seien während der Kuweitkrise die zaghaften Ansätze für eine israelisch-palästinensische Verständigung zerstört worden. Zu einem Zeitpunkt, da sich Teile der PLO-Führung und Palästinenser in den besetzten Gebieten, in Israel und in Jordanien öffentlich mit Saddam HUSSEIN solidarisierten, war es für die meisten Juden in Israel undenkbar, den Friedensdialog mit Jasir ARAFAT zu führen. Auch viele "Tauben", z. B. Anhänger der Friedensbewegung *Schalom achschaw*, zogen ihre bereits bekundete Bereitschaft zu einer Verständigung mit den Palästinensern zurück. Symptomatisch für diese Reaktion war der Artikel des Knessetabgeordneten der Bürgerrechtsbewegung RAZ, Jossi SARID, der den Palästinensern am 17. August 1990 in der Tageszeitung ha-Arez unter der Überschrift "Ihr wißt, wo ihr mich finden könnt" die Zusammenarbeit aufkündigte.

Es waren auch andere Stimmen zu hören. "Wenn der Staub sich gelegt und der Golf sich beruhigt hat, werden immer noch zwei Völker in diesem Land sein", hieß es in einem Aufruf von *Schalom achschav* zum jüdischen Neujahrsfest im September 1990, "... zwei Völker, die in der Hölle leben werden, wenn der Konflikt zwischen ihnen nicht mit friedlichen Mitteln beigelegt wird. Mit Beginn des neuen Jahres 5751 sind wir uns in unserer Verpflichtung gegenüber dem Frieden einig. Wir werden unseren Dialog mit den Palästinensern fortsetzen."[6] Diese Einsichten und Erwartungen blieben Teil der israelischen Realität. Nach Beendigung des Golfkrieges rückten sie wieder in die Mitte der Diskussion über nationale Existenzfragen.

Innenpolitische Wende 1992

Als im Frühjahr 1992 der Termin für die Wahlen zur 13. Knesset bekanntgegeben wurde, sah sich die israelische Regierung neuen Herausforderungen gegenüber, die im Lande, in den besetzten Gebieten und auf internationaler Ebene herangereift waren. Die Masseneinwanderung aus der ehemaligen Sowjetunion erforderte finanzielle Aufwendungen unübersehbaren Ausmaßes; die Situation in Westbank und Gaza war durch zunehmende Militanz der *Intifada* und wachsenden Einfluß islamisch-fundamentalistischer Organisationen gekennzeichnet; die US-Regierung verweigerte die dringend benötigte Kreditbürgschaft in Höhe von 10 Mrd. Dollar mit der Begründung, Israel sei nicht bereit, seine Siedlungspolitik zu überdenken. Die innerisraelischen Kontrahenten waren somit aufgefordert, ihre politischen Programme zur Überwindung dieser existentiellen Probleme vorzulegen.

Der *Likud* führte den Wahlkampf weitgehend aus einer Defensivposition unter dem Slogan "Likud echad gadol neged kol ha-smol" (Ein großer Block [Likud] gegen die gesamte Linke). Er konzentrierte sich auf die Nahostproblematik und argumentierte, die *Likud*-Regierung unter Menachem BEGIN habe wichtige Schritte zur Friedensregelung unternommen, ohne nationale Grundprinzipien zu verletzen. Die *Mifleget ha-Avodah* (MAI) dagegen sei bereit, *Erez Jisrael* aufzugeben; sie setze der Schaffung eines PLO-Staates zu wenig Widerstand entgegen.

Die Partei der Arbeit griff den *Likud* vor allem ob seiner verfehlten Sozial- und Sicherheitspolitik an. Gleichzeitig schlug sie ein flexibleres Vorgehen bei den am 30. Oktober 1991 in Madrid begonnenen Friedensgesprächen vor. Der Politik des *Likud*, Westbank und Gaza durch forcierte Siedlungspolitik enger an Israel zu binden, setzte die MAI den "territorialen Kompromiß in Übereinstimmung mit den Resolutionen des UN-Sicherheitsrates 242 und 338 bei Ablehnung eines Rückzugs auf die Grenzen von 1967" und die "Schaffung sicherer, anerkannter und einvernehmlich festgelegter Grenzen" entgegen.[7] Das entsprechende Dreistufenprogramm sah eine Interimsvereinbarung über palästinensische Selbstverwaltung in den besetzten Gebieten und die endgültige Festlegung der Ostgrenze Israels vor; es reichte bis zur Vision der "Schaffung eines neuen Nahen Ostens".[8] Der geforderte Siedlungsstopp versprach nicht nur, frei werdende Gelder für die Lösung sozialer Probleme im Lande zu nutzen; er ließ zugleich eine positive Resonanz seitens der US-Administration und somit eine Verbesserung des getrübten Verhältnisses zum wichtigsten Verbündeten Israels erwarten.

Zu den Wahlen am 23. Juni 1992, die aufgrund der Koalitionsaufkündigung durch *Techijah* und *Moledet* mehrere Monate vor dem regulären Datum stattfanden, kandidierten 25 Parteien und Listenverbindungen. Zehn von ihnen gelang es, die per Knessetbeschluß vom 14. Oktober 1991 auf 1,5 Prozent erhöhte

Sperrklausel zu überwinden und in das Parlament einzuziehen. Mit 34,6 Prozent der Stimmen und 44 Mandaten gewann die Partei der Arbeit nach 15 Jahren ihre führende Position im innenpolitischen Spektrum zurück. Der *Likud* verlor gegenüber 1988 deutlich an Einfluß; nur 24,5 Prozent der Wähler votierten für ihn. Mit insgesamt 32 Knessetabgeordneten verfehlte er die Chance, erneut mit der Regierungsbildung beauftragt zu werden.

An der Spitze der siegreichen *Avodah*-Liste stand im Ergebnis einer erstmals durchgeführten Urabstimmung der Parteimitglieder Jizchak RABIN; er hatte sich in der Partei erfolgreich gegen seine Kontrahenten Schimon PERES, Ora NAMIR und Jisrael KESSAR durchgesetzt. "Israel wartet auf Rabin" - lautete die Hauptlosung der *Mifleget ha-Avodah*. Zweifellos war es gelungen, nicht wenige Wähler von der Richtigkeit dieses Slogans zu überzeugen, galt RABIN doch als "Falke", der trotz bedingter Kompromißbereitschaft hinsichtlich der besetzten Gebiete keine israelischen Sicherheitsinteressen aufs Spiel setzen würde.

In erster Linie wurde der Erfolg der Sozialdemokraten als Mißtrauensvotum gegen den *Likud* verstanden. Dieser hatte weder in der Wirtschafts- noch in der Außenpolitik sichtbare Erfolge aufzuweisen. Auch im Wahlkampf ließ er die Bereitschaft und Fähigkeit zu politischer Erneuerung vermissen. Untermalt wurde dieses Bild durch den Jahresbericht der Staatskontrolleurin, der wenige Wochen vor den Wahlen veröffentlicht wurde und grobe Unregelmäßigkeiten sowie private Bereicherung in den Ministerien für Wohnungsbau, Erziehung, Gesundheitswesen, Verteidigung und Integration von Neueinwanderern nachwies.

Der *Likud*, der nach dem Ausscheiden Menachem BEGINs aus der aktiven Politik keine charismatische Führerpersönlichkeit mehr hervorgebracht hatte, verlor besonders viele Stimmen innerhalb der *Adot ha-Misrach*. In der orientalisch-jüdischen Bevölkerungsgruppe war eine neue Generation herangewachsen, die dem *Likud* weniger gewogen war als die Vätergeneration. Die Stimmungslage in den Entwicklungsstädten wurde z. B. durch die Enttäuschung dominiert, daß die von der Regierung abgegebenen Versprechen, den Lebensstandard zu erhöhen, nicht eingehalten worden waren. Der soziale Status der orientalischen Juden hatte sich seit 1977 nicht wesentlich verändert; die gesellschaftlichen Eliten rekrutierten sich nach wie vor aus Juden europäisch-amerikanischer Herkunft. Innerhalb des *Likud* hatte es in öffentlich geführten Auseinandersetzungen zwischen einzelnen Fraktionen der Partei wiederholt sogar verbale Ausfälle gegen orientalische Juden gegeben.

Für viele Wähler war der *Likud* auch in seiner Haltung zur Nahostproblematik unglaubwürdig geworden. Die "Tauben" kritisierten seine Ablehnung jeglichen Kompromisses und das starre Festhalten an maximaler Siedlungstätigkeit. Die "Falken" dagegen sahen durch die Friedensgespräche mit Palästinensern, Syrern und Jordaniern in Washington ein nationales Tabu gebrochen und waren nicht bereit, diese Haltung zu tolerieren.

Eine wichtige Rolle für den Wahlausgang spielte das Stimmverhalten der Neueinwanderer. Die 270.000 Wähler aus der ehemaligen Sowjetunion, die zum ersten Mal ihre Stimme in Israel abgaben, stellten acht Prozent der Wählerschaft. Ihr Votum war - im Unterschied zu den stärker zionistisch motivierten Einwanderern der siebziger Jahre - nicht politisch, sondern in erster Linie sozial geprägt. Die Losung der *Avodah*, "Geld nicht für Siedlungen, sondern für die Eingliederung der Einwanderer", klang hoffnungsvoll und fand Resonanz. Mit der frischen Erfahrung, daß es die *Likud*-Regierung nicht vermocht hatte, die Probleme der Immigranten - insbesondere die Arbeitslosigkeit - zu lösen, richteten diese ihre Hoffnung nun auf die bisherige Oppositionsfraktion.

Die unter dem Namen *Demokratijah we-Alijah* (Demokratie und Einwanderung) in den Wahlkampf gezogene Neueinwandererliste stellte zunächst keine ernsthafte politische Kraft dar. Sie erhielt nur 11.681 Stimmen (0,4 Prozent) und verfehlte damit die Chance, in das Parlament einzuziehen. 47 Prozent der aus der Sowjetunion zugewanderten Neuwähler stimmten für die Partei der Arbeit, 18 Prozent für den *Likud* und 11 Prozent für den MEREZ-Block.

MEREZ - die Vereinigung aus linker MAPAM-Partei, Bürgerrechtsbewegung RAZ und *Schinui* als Partei der Mitte - profilierte sich im Wahlkampf als Fraktion der "Tauben". Sie sprach besonders junge Wähler an, die vom Establishment enttäuscht waren und ihre Stimme nicht der MAI geben mochten. Geführt von Schulamit ALONI (RAZ), Jair ZABAN (MAPAM) und Amnon RUBINSTEIN (*Schinui*), errang MEREZ mit 9,4 Prozent der Stimmen einen großen Wahlerfolg. Das Bündnis erhielt 12 Knessetsitze, wurde drittstärkste Parlamentsfraktion und hatte somit ein gewichtiges Wort bei der Koalitionsbildung mitzusprechen.

In das Parlament zogen ferner drei religiöse Parteien mit insgesamt 16 Mandaten (1988: 18 Mandate) ein. Ihr geringfügiger absoluter Stimmenzuwachs von ca. 10.600 Voten war vor allem auf die natürliche Bevölkerungsentwicklung zurückzuführen, die ebenfalls zu einem Ansteigen der Zahl von Neuwählern führte. Insbesondere in der israelischen Hauptstadt konnten die Religiösen viele Stimmen gewinnen. Obwohl in Meah Schearim, dem traditionellen Viertel der jüdischen Orthodoxie, viele Plakate zum Boykott der Wahlen aufgerufen hatten, war der für die Liste *Jahadut ha-Torah ha-Me'uchedet* (Vereinigtes Torah-Judentum, bestehend aus *Agudat Jisrael*, *Degel ha-Torah* und *Moriah*) abgegebene Stimmenanteil mit 13,4 Prozent wesentlich höher als in allen anderen Wahlbezirken (im Landesdurchschnitt 3,2 Prozent).

Auf die sowjetischen Einwanderer konnten weder die national- noch die orthodox-religiösen Kräfte zählen. Viele Neuankömmlinge machten sich erst in Israel mit Vorschriften und Bräuchen des Judentums vertraut. Sie standen der Forderung, die Rolle der Religion in Gesellschaft und Staat zu erhöhen, skeptisch gegenüber und wählten nur zu 4,3 Prozent religiöse Parteien.

Zu den politischen Verlierern der Wahlen gehörte die Nationalreligiöse Partei (MAFDAL). Sie konnte im Vergleich zu 1988 zwar Stimmengewinne verbuchen, kam als Koalitionspartner für Jizchak RABIN jedoch nicht in Frage. In der fünfundvierzigjährigen Geschichte des Staates Israel - mit Ausnahme der Jahre 1958/59 und des ersten Halbjahres 1977 - stets in der Regierung vertreten, fand sich die NRP nunmehr gemeinsam mit dem *Likud* auf der Oppositionsbank wieder.

Wähler, denen der *Likud* in der Nahostfrage zu gemäßigt schien, entschieden sich mehrheitlich für die 1983 von Rafael EITAN gegründete konservativ-nationalistische Partei *Zomet* (Scheideweg), die ihren Stimmenanteil gegenüber 1988 fast vervierfachen konnte und mit acht Abgeordneten in das Parlament einzog. *Zomet* lehnte jeden territorialen Kompromiß ab; die Siedlungspolitik der *Likud*-Regierung hielt sie für unzureichend. Die auf vergleichbaren Positionen stehende *Techijah* war überraschend nicht mehr in der 13. Knesset vertreten - sie erhielt nicht einmal die Hälfte der 1988 für sie abgegebenen Stimmen. Dagegen demonstrierte die *Moledet*-Partei unter Rechavam SEEVI, die den "Transfer" der arabischen Bewohner der besetzten Gebiete bzw. Israels in die Nachbarstaaten propagierte, ihren gewachsenen Einfluß; sie entsandte drei Abgeordnete ins Parlament.

Die arabischen Stimmen spielten im Wahlkampf von 1992 eine untergeordnete Rolle. Erst am letzten Wochenende vor den Wahlen wurden *Avodah* und *Likud* in arabischen Orten aktiv. Beide Parteien hatten sich auf das für den Wahlausgang entscheidende jüdische Potential konzentriert. Dennoch konnte die Partei der Arbeit etwa ein Fünftel der arabischen Wählerstimmen auf ihr Konto verbuchen. CHADASCH, die unter Führung der Kommunistischen Partei Israels stehende Demokratische Front für Frieden und Gleichheit, erhielt - wie in den Vorjahren - einen bedeutenden Teil der arabischen Stimmen (23,1 Prozent); ihre Resonanz in der Bevölkerung blieb 1992 jedoch begrenzt, begründet in der Entwicklung in Osteuropa, im parallelen Wirken der Arabischen Demokratischen Partei (15,3 Prozent der Wählerstimmen) und im Aufruf islamischer Fundamentalisten zum Wahlboykott. Als interessantes Phänomen mag gelten, daß jede zehnte arabische Stimme jüdisch-religiösen Parteien zugute kam. Insgesamt waren in der 13. Knesset erstmals acht arabische Bürger Israels (1988: sechs) vertreten - jeweils zwei gehörten der Partei der Arbeit, CHADASCH und der Arabischen Demokratischen Partei an; MEREZ und *Likud* verfügten über je ein arabisches Parlamentsmitglied.

Die israelischen Parlamentswahlen von 1992 wurden von Politikwissenschaftlern und Publizisten vielfach als Mahapach - "Wende" - in der innenpolitischen Entwicklung des Landes dargestellt. Diese Einschätzung ging davon aus, daß der *Likud* und rechts von ihm stehende Parteien insgesamt fünf Sitze weniger erhielten als 1988 und sich die seit 1967 abzeichnende Rechtsentwicklung in der israelischen Gesellschaft wahlpolitisch nicht fortsetzte. Der durch die Partei der Arbeit erzielte Stimmenzuwachs verwies den *Likud* nach 15 Jahren Regierungsverantwortung zurück auf die Oppositionsbank. Die These von der "Trendwende" wurde dadurch gestützt, daß religiöse Parteien einen wesentlich geringeren Einfluß auf die Regierungsbildung nehmen konnten als in den Vorjahren.

Trotz Irritationen infolge der hohen Zahl von Erstwählern (insbesondere aus der ehemaligen Sowjetunion) entsprach der Wahlausgang nicht nur der Konstellation des Augenblicks; er widerspiegelte offensichtlich auch die Tendenz, Antworten auf innen- und außenpolitische Infragestellungen zu suchen. Verwiesen sei auf die anhaltenden Belastungen durch die ungelöste Palästinenserfrage, die Enttäuschung unterprivilegierter orientalischer Juden und die mit der Einwanderung in Zusammenhang stehenden komplizierten wirtschaftlichen und sozialen Probleme. Auf außenpolitischem Gebiet bewirkte das Ende des Ost-West-Konflikts einen veränderten Stellenwert Israels für die USA und Westeuropa. Dieser Situation konnte - wie insbesondere von vielen israelischen Intellektuellen erkannt - die starre *Likud*-Politik nicht gerecht werden; ein neues Herangehen an die Fragen der Gegenwart und Zukunft war gefordert.

Der Polarisierungstrend in der Gesellschaft wurde nicht zuletzt in dem großen Zuspruch sichtbar, den die Parteien rechts und links der politischen Hauptkräfte fanden. MEREZ und *Zomet* zogen insbesondere junge Wähler an. Ihr gewachsener Einfluß resultierte aus dem Konflikt zwischen den "Gründervätern" bzw. der ersten Sabra-Generation einerseits und den heranwachsenden neuen Generationen andererseits. Dieser Widerspruch äußerte sich in einer Stimmungslage, die sich generell gegen etablierte Parteien richtete.

Jizchak RABIN war der Wahlsieger des Jahres 1992. Als Verteidigungsminister in den Regierungen der nationalen Einheit von 1984 bis 1990 hatte er sich für den Abzug des ZAHAL aus Libanon im Frühjahr 1985 eingesetzt. Aber auch die Bombardierung der PLO-Zentrale in Tunis im Oktober 1985 und der Versuch, das Rückgrat der *Intifada* mit "eiserner Faust" zu brechen, waren mit seinem Namen verbunden. Der Militär und Politiker RABIN war dennoch zu der Überzeugung gelangt, daß die Militanz letztlich nur mittels politischer Lösungen abgebaut werden könne und Verhandlungen mit den Palästinensern unumgänglich seien. An seiner Ablehnung der PLO und Jasir ARAFATs änderte sich zunächst nichts. Gespräche mit autorisierten Bewohnern der besetzten Gebiete hatte RABIN jedoch bereits im Januar 1989 in Erwägung gezogen und vorgeschlagen, Wahlen in Westbank und Gaza durchzuführen. Seine Zusammenarbeit mit dem *Likud* war durch ein Mißtrauensvotum der MAI gegen die von Jizchak SCHAMIR geführte Koalition im April 1990 beendet worden. Wie andere Minister der *Mifleget ha-Avodah* hatte RABIN damit den Weg freimachen wollen für eine neue Regierung unter Führung seiner Partei. Nachdem dieses Vorhaben mißlungen war, propagierte er die Ablösung des *Likud* durch die Sozialdemokraten über Neuwahlen. Seit dem 19. Februar 1992 an der Spitze der MAI stehend, betrieb er konsequent dieses Vorhaben.

Unmittelbar nach dem Wahlsieg bedeutete Jizchak RABIN der Öffentlichkeit, daß die Entscheidungen der künftigen Regierung in erster Linie von ihm geprägt würden. "Ich werde die Politik in jeder Koalitionsregierung festlegen", erklärte er auf einer Pressekonferenz in Tel Aviv.[9] Als Hauptanliegen bezeichnete er es, substantielle Fortschritte im Friedensprozeß, die Verringerung staatlicher Investitionen in den besetzten Gebieten und die Verbesserung des gespannten Verhältnisses zu den USA zu erreichen. RABIN sprach sich für ein Einfrieren der Siedlungstätigkeit, insbesondere in Gebieten mit hoher arabischer Bevölkerungskonzentration, aus. Gespräche mit Palästinensern der besetzten Territorien wurden von ihm erneut befürwortet. Der designierte Ministerpräsident erklärte jedoch zunächst noch: "Mit der PLO wird Israel nicht verhandeln."[10]

Als Führer der stärksten Knessetfraktion mit der Bildung einer neuen Regierung beauftragt, hielt RABIN ein Zusammengehen mit Parteien für möglich, die rechts und links der *Avodah* standen. Die Verhandlungen mit *Zomet* und Vertretern der Nationalreligiösen Partei scheiterten jedoch, so daß sich zur Koalition schließlich die Partei der Arbeit, MEREZ und SCHASS zusammenfanden.

Am 13. Juli 1992 sprach die Knesset dem neuen Kabinett mit 67 gegen 53 Stimmen das Vertrauen aus. Jizchak RABIN übernahm außer der Funktion des Ministerpräsidenten das Amt des Verteidigungsministers. Das Außenministerium wurde Schimon PERES zugesprochen. MEREZ erhielt drei Ministerien - Schulamit ALONI wurde Ministerin für Bildung, Jair ZABAN Minister für Einwanderung und Eingliederung der Immigranten und Amnon RUBINSTEIN Minister für Energie und Infrastruktur sowie Wissenschaft und Technik. Umstritten war die Ernennung von Frau ALONI als Bildungsministerin. Insbesondere seitens der religiösen Parteien, einschließlich des Koalitionspartners SCHASS, wurde befürchtet, daß die seit Jahren engagiert für die Trennung von Staat und Religion eintretende Politikerin die staatlichen Zuwendungen für religiöse Schulen reduzieren und das Bildungsprogramm der Schulen des bisher obligaten religiösen Inhalts entleeren würde.

Bereits im Herbst 1992 kam es zur ersten Regierungskrise; im Dezember 1992 und im Mai 1993 erfolgten Kabinettsumbildungen. Die Auseinandersetzung um das Bildungsministerium wurde durch Umsetzung ALONIs in das Ministerium für Kommunikation, Wissenschaft und Technologie beendet. Neuer Bildungsminister wurde Amnon RUBINSTEIN. Das Religionsministerium übernahm zeitweilig Jizchak RABIN zusätzlich zu seiner Verantwortung als Premier und Verteidigungsminister. De facto als Minister für religiöse Angelegenheiten wirkte allerdings Rafael PINCHASI, Abgeordneter der SCHASS-Partei, der am 21. Dezember 1992 zum stellvertretenden Religionsminister ernannt wurde. Diese Regelung war von kurzer Dauer. Am 8. September 1993 gab das

Oberste Gericht als Ergebnis monatelanger Untersuchungen bekannt, daß Innenminister Arieh DERI und Rafael PINCHASI in größerem Umfang Regierungsgelder für Parteizwecke mißbraucht hätten; ihnen wurde nahegelegt, auf ihre Ämter zu verzichten. Wenige Tage später traten beide als Minister zurück; die durch sie repräsentierte SCHASS-Partei verließ Anfang Oktober 1993 die Regierungskoalition.

Für Ministerpräsident RABIN war damit die Stabilität der Regierung erstmals ernsthaft in Frage gestellt. Er konnte sich nur noch auf 56 von 120 Knessetabgeordneten stützen und war mehr als zuvor - insbesondere bei Voten zum Friedensprozeß - auf die Unterstützung der fünf Abgeordneten von CHADASCH und der Demokratischen Arabischen Partei angewiesen. Um für seine Regierungspolitik eine "jüdische Mehrheit" zu erhalten, wandte er sich u. a. an Rafael EITAN. Die intensiven Verhandlungen mit *Zomet* mündeten in keine neue Koalitionsvereinbarung; sie veranlaßten SCHASS jedoch, den Schmollwinkel zu verlassen und im März 1994 Bereitschaft zu signalisieren, in die Regierung zurückzukehren. Die reale Möglichkeit, wie bereits 1984 und 1988 eine Regierung der nationalen Einheit mit dem *Likud* zu bilden, wurde in den Machtentscheidungen nicht ernsthaft erwogen.

Der Verlierer der Wahlen von 1992 - der *Likud* - hatte an seiner Niederlage schwer zu tragen. Jizchak SCHAMIR trat als Parteivorsitzender zurück, der ehemalige Außenminister Mosche ARENS stellte sein Knessetmandat zur Verfügung. Grabenkämpfe zwischen einzelnen innerparteilichen Fraktionen beschäftigten die Mitgliedschaft. An die Spitze der Partei trat der 44jährige Benjamin ("Bibi") NETANJAHU, ein Sabra wie Jizchak RABIN. Der gebürtige Tel Aviver hatte als Jugendlicher mehrere Jahre mit seinen Eltern in den USA verbracht und dort seine Ausbildung erfahren; 1982-84 war er israelischer Generalkonsul in Washington und anschließend bis 1988 Vertreter seines Landes in der UNO. Insbesondere in jüdischen Gemeinden der USA erfreute sich NETANJAHU großen Ansehens. In Israel galt er vielen als ambitionierter Lebemann, der alles daran setze, eines Tages Premierminister zu werden. 1988 zum stellvertretenden Außenminister berufen, hoffte "Bibi" auf eine schnelle Karriere nach dem Wahlsieg seiner Partei 1992. Als dieser ausblieb, suchte er dem *Likud* ein neues Profil zu geben und ihn aus der Niederlage heraus in eine kämpferische Oppositionspartei zu verwandeln.

Revanche für die Niederlage vom Juni 1992 erhoffte sich der *Likud* bei den Kommunalwahlen am 2. November 1993. In zehn Orten konnte er Veränderungen zu seinen Gunsten erreichen. Insbesondere die Ablösung des populären Jerusalemer Bürgermeisters Teddy KOLLEK, der das Amt seit 1966 innegehabt hatte, durch Ehud OLMERT (*Likud*) sorgte für Schlagzeilen. In Tel Aviv folgte dem Mitte der achtziger Jahre aus dem *Likud* ausgetretenen Schlomo LAHAT, der nicht mehr kandidiert hatte, der ehemalige Polizeiminister Ronnie MILO, ebenfalls *Likud*. Die Wahlen, die als Popularitätstest für die Regierung Jizchak

RABINs galten, offenbarten durch die geringe Wahlbeteiligung von 36 Prozent Politikverdrossenheit, Verunsicherung und Unentschlossenheit in beachtlichen Teilen der israelischen Bevölkerung.

Zu einer Schwächung der Partei der Arbeit kam es zudem auf einem Gebiet, wo sie sich unschlagbar wähnte. Die *Histadrut*-Wahlen am 10. Mai 1994 erbrachten ihr nur 33 Prozent der Stimmen. Gewinner war allerdings nicht der *Likud*, der mit 17 Prozent deutlich unter den eigenen Erwartungen blieb, sondern eine neue Wahlvereinigung namens "Chajim chadaschim" (Neues Leben). Diese Listenverbindung war von Chaim RAMON, der drei Monate zuvor als Gesundheitsminister aus dem Kabinett RABIN ausgetreten war und die *Mifleget ha-Avodah* verlassen hatte, initiiert worden. RAMON suchte ein Bündnis mit dem MEREZ-Block und der ultraorthodoxen SCHASS-Partei gegen die traditionelle Gewerkschaftsführung - mit 47 Prozent der Stimmen war er erfolgreich. Der als Populist und Pragmatiker charakterisierte ehrgeizige Politiker galt zu diesem Zeitpunkt in der israelischen Öffentlichkeit als aussichtsreicher Kandidat für eine künftige Spitzenposition in der Arbeitspartei.

Der Friedensprozeß von Madrid

Die innenpolitischen Kontroversen im Israel der neunziger Jahre waren und sind untrennbar mit dem "Friedensprozeß" im Nahen Osten verbunden. Dieser Begriff, eingeführt in das politische Vokabular des jüdischen Staates und der internationalen Gemeinschaft anläßlich des ägyptisch-israelischen Friedens 1978/79, feierte Auferstehung nach dem Golfkrieg. Die Kuweitkrise verdeutlichte nicht nur Politikern und Militärs, sondern auch "dem einfachen Mann auf der Straße" die Gefahren, die der Region aus der Hochrüstung der letzten Jahrzehnte erwuchsen. Neue Hoffnungen auf ein Ende des jüdisch-palästinensischen bzw. israelisch-arabischen Widerspruchs, der nicht selten als "Jahrhundertkonflikt" apostrophiert wurde, erwachten, als am 30. Oktober 1991 in Madrid unter der Schirmherrschaft der USA und der Sowjetunion Friedensgespräche über den Nahen Osten begannen. Sie beendeten eine seit dem Scheitern der Genfer Friedenskonferenz 1973 nahezu 18 Jahre währende Phase der bi- und multilateralen Verhandlungsabstinenz. Die Beratungen in Madrid bildeten den Auftakt zu einer Reihe offizieller Begegnungen zwischen Delegationen Israels, Syriens, Jordaniens und Libanons, die in den folgenden zwei Jahren in Washington stattfanden, wobei Vertreter des palästinensischen Volkes - nicht der PLO - zunächst im Rahmen der jordanischen Delegation agierten.

Das Zustandekommen des seit Jahrzehnten angestrebten oder gefürchteten, letztlich jedoch lange gemiedenen Dialogs und die Reden der Schirmherren und Delegationsleiter auf dem Eröffnungsgipfel weckten positive Erwartungen. George BUSH sprach von einer "historischen Zusammenkunft", verschwieg jedoch nicht die aus der "langen und schmerzlichen Geschichte" des Konflikts resultierenden Hürden für den Regelungsprozeß.[11] Michail GORBATSCHOW, zu jenem Zeitpunkt noch Präsident der UdSSR, nannte das Treffen ein "bemerkenswertes Ereignis in der neuen Weltpolitik"; er formulierte als Ziel, "eine der am schwersten bewaffneten Regionen der Welt" dauerhaft zu befrieden.[12] Die Sprecher der drei unmittelbaren Konfrontanten, der Palästinenser Haidar Abd asch-SCHAFI, der israelische Ministerpräsident Jizchak SCHAMIR und der syrische Außenminister Faruk asch-SCHARAA, machten in ihren Erklärungen deutlich, wie groß die Widersprüche und wie gering die Ansätze für Kompromisse zu diesem Zeitpunkt waren.

Der Madrider Konferenz folgten bis zum Sommer 1993 zehn bilaterale Gesprächsrunden und eine Reihe multilateraler Treffen; letztere befaßten sich in fünf Kommissionen mit Fragen, die die gesamte Region betrafen.[13] In den Verhandlungen zeigte sich, wie kompliziert und vielseitig der Nahostkonflikt in den viereinhalb Jahrzehnten seiner Existenz geworden war. Bereits während des ersten Nahostkrieges 1948/49 hatte sich der in der ersten Hälfte des 20. Jahrhunderts wurzelnde palästinensisch-jüdische Widerspruch zu einem zugespitzten arabisch-israelischen Gegensatz erweitert. Die nationalen Selbstbestimmungs- und Existenzfragen der beiden Völker in Palästina wurden überlagert durch hegemoniale Ansprüche regionaler Eliten, widersprüchliche außerregionale Interessen an den Ressourcen der Region - Land, Wasser, Öl - und neue territoriale Konflikte im Gefolge der Kriege von 1967 und 1982. Zementiert wurde die Nahostkonfrontation durch die ihr inhärente ethnische und religiöse Konfliktmasse, durch das Aufbrechen militanter Krisen an den Rändern des Kernkonflikts, z. B. in Libanon oder im Golfgebiet - und durch die psychologischen Barrieren, die in Form von Feindbildern, Komplexen und Syndromen selbst geringfügigen ideellen und politischen Regelungsansätzen entgegenstanden.

Vor dem Hintergrund der mehr als vierzigjährigen Geschichte des Konflikts wurden das Zustandekommen der Madrider Konferenz und die Fortführung der Gespräche vielfach als Erfolg und "historische Chance" bezeichnet - auch wenn Verhandlungsergebnisse zunächst ausblieben, Annäherungen in den Positionen kaum spürbar waren und schnelle Fortschritte von keiner Seite erwartet wurden.

Der Beginn der Nahostverhandlungen im Herbst 1991 war in erster Linie ein Resultat der Beendigung des Kalten Krieges. Infolge des vorübergehenden sowjetischen Rückzugs aus der Region und des sich verändernden Stellenwertes, den der Nahe Osten für die Europäische Gemeinschaft, Japan und die UNO nach Beendigung der internationalen Bipolarität gewann, war das Gebiet erstmals in diesem Jahrhundert frei von zugespitzten Großmachtwidersprüchen. Der zweite Golfkrieg war zum Experimentierfeld für die "neue Weltordnung" und zum ersten großen Versuch geworden, den qualitativen Wandel der internationalen Kräftebalance in der Politik gegenüber einer Region modellhaft zu erproben. Daraus erwuchsen Impulse für weitere Veränderungen im nahöstlichen Kräftespiel und für die Einleitung des Friedensdialogs.

Einen weiteren Impuls gaben Wandlungen in der arabischen Welt. Das Gewicht der arabischen Staatengruppe war infolge der inneren Zerrissenheit, der Ausschaltung des irakischen Potentials und der Positionsverluste Jordaniens, Jemens und der Palästinenser wesentlich geschwächt; soziale und politische Zerklüftungen vertieften sich. Der neue internationale Stellenwert und das Zweckbündnis mit einer Reihe arabischer Staaten im Kuweitkrieg ermöglichten es den USA, verstärkt als Machtfaktor und Mittler in der Region in Erscheinung zu treten. Für Ägypten, Syrien und Saudi-Arabien wurde die Golfkrise zum Anstoß und gleichzeitig zur Legitimation, ihren Platz in den internationalen und regionalen Beziehungen neu zu bestimmen und auf die Kompromißsuche der USA positiv zu reagieren.

Wichtig für das Zustandekommen der Madrider Gespräche wurden auch Positionsverschiebungen im palästinensischen Lager und in Israel. Die *Intifada* und die Unabhängigkeitserklärung des Staates Palästina 1988 hatten das palästinensische Selbstbewußtsein gestärkt bzw. eine neue politische Identität und Programmatik geschaffen. In den besetzten Gebieten war seit 1967 - nicht unbeeinflußt von den fortgeschrittenen Modernisierungsprozessen in Israel - eine neue Generation herangewachsen, die zu einem eigenständigen Element der palästinensischen Nationalbewegung wurde und die Absicht bekundete, ihre Vorstellungen und Forderungen in den Dialog einzubringen. Die auf die vorübergehende Fehlorientierung der PLO während des Golfkrieges folgende Isolierung der palästinensischen Auslandsorganisation gab den Bewohnern der Westbank und des Gaza-Streifens die Chance, die Geschicke nunmehr verstärkt in die eigenen Hände zu nehmen.

Die 20. Tagung des Palästinensischen Nationalrats im September 1991 bestätigte die 1988 in Algier gefaßten Beschlüsse zur Anerkennung der UN-Resolutionen 181 (II) von 1947, 242 (1967) und 338 (1973). Die politische Repräsentation der Palästinenser sprach sich mehrheitlich für die US-Initiative zur Einberufung einer Nahost-Friedenskonferenz aus; sie forderte die Teilnahme der PLO und schuf Grundlagen für deren weiteres politisches Agieren. Dazu gehörte, daß sie von maximalistischen Forderungen und irrationalen Losungen abrückte und eine zeitlich begrenzte Autonomie bzw. die Verwirklichung des Palästinenserstaates neben Israel in Etappen und als ein späteres Ergebnis des Friedensprozesses für akzeptabel hielt. An diesen strategischen Entwürfen und den daraus abgeleiteten taktischen Handlungsmaximen hielt die PLO-Führung auch fest, als ihr zunächst die direkte Teilnahme an den Nahost-Gesprächen verwehrt und sie auf eine indirekte Präsenz verwiesen wurde.

Der Wegfall der sowjetischen Patronage, das Versiegen der Geldquellen am Golf und das politische Abenteuer während der Kuweitkrise hatten die palästinensischen Positionen insgesamt geschwächt. Damit verband sich zunehmend die Einsicht, daß in den viereinhalb Jahrzehnten seit der UNO-Resolution 181 (II) jede durch die Palästinenser ungenutzte Gelegenheit die Chancen für Selbstbestimmung gemindert hatte. Hinzu trat die Erkenntnis, daß die Eliten der arabischen Staaten nach wie vor in erster Linie auf Eigeninteressen fixiert und in nur geringem Maße bereit waren, palästinensische Ziele zu vertreten oder zu unterstützen. Verelendungsprozesse in den besetzten Territorien und unter den jordanischen Palästinensern, die wieder gewaltbereitere *Intifada*, der nach wie vor starke Druck seitens der israelischen Besatzungsmacht, die Obstruktionspolitik radikal-nationalistischer PLO-Organisationen und das Vordringen religiös-fundamentalistischer Bewegungen, z. B. der *Hamas*- und *Dschihad*-Fanatiker, waren weitere Faktoren, die in weitsichtigen und moderaten Teilen der PLO-Führung die Dialogbereitschaft förderten.

Auch die israelische Regierung war zunehmend in eine Zwangssituation geraten, ihre Regionalpolitik den neuen Realitäten anzupassen. Das Ende des Kalten Krieges konfrontierte sie - bis dahin unverzichtbarer westlicher Bündnispartner in der Region - mit dem veränderten Stellenwert des Landes für die Nahost- und Weltpolitik der USA und anderer Weltmächte. Der Schock des Golfkrieges und viereinhalb Jahre *Intifada* förderten bei Politikern und Militärs die Erkenntnis, daß der jüdische Staat sich auf eine neue Sicherheitslage einzustellen habe, die künftig mit militärischen Mitteln allein nicht mehr zu bewältigen wäre. Die demographischen Trends, die die Herausbildung eines binationalen - anstelle des angestrebten jüdischen - Staates signalisierten, wurden nicht nur von sozialdemokratischen Politikern als gesellschaftliche Infragestellung betrachtet. Auch Menachem BEGIN und Jizchak SCHAMIR hatten letztlich davor zurückgeschreckt, das Westjordanland und den Gaza-Streifen zu annektieren, hätten sie damit doch den arabischen Faktor in der israelischen Gesellschaft bedeutend gestärkt und das Land in eine tiefe internationale Isolierung geführt. Bedrohlicher erschien seit Anfang der neunziger Jahre zudem die Gefährdung Israels und der Machtpositionen politischer Eliten in arabischen Staaten durch islamistische Bewegungen; deren Ausbreitung konnte - so die Ansätze zu neuem strategischen Denken - durch die Normalisierung der regionalen Staatenbeziehungen und die Stärkung liberaler Ideen und Strömungen entgegengewirkt werden. Den Ausschlag für die Entscheidung, in Friedensverhandlungen mit Palästinensern, Syrern, Jordaniern und Libanesen einzutreten, mag auf israelischer Seite neben der Erwartungshaltung der USA jedoch die innenpolitische Situation gegeben haben; die sozialökonomischen und sozio-kulturellen Probleme sowie die offensichtliche Kriegsmüdigkeit weiter Teile der Bevölkerung drängten auf politische Lösungen.

Eine erste Antwort auf die neuen Herausforderungen gab der Führer des 1991 regierenden *Likud*-Blocks SCHAMIR, als er nach langem Zögern der Friedenskonferenz von Madrid zustimmte. Damit wurde das für Jahrzehnte geschlossene Tor zu Verhandlungen geöffnet. Die für Israel günstige internationale und regionale Atmosphäre nach der Kuweitkrise nutzend, setzte es die israelische Regierung durch, daß ihre Vorbedingungen - direkte arabisch-israelische Verhandlungen nach einer zeremoniellen Eröffnungskonferenz ohne Beteiligung der UNO und ohne eine selbständige palästinensische Delegation - zunächst erfüllt wurden. Sie konnte die de facto Anerkennung Israels durch die arabischen Staaten als ersten substantiellen Erfolg verbuchen.

Während der Gespräche zeigte sich jedoch, daß die *Likud*-dominierte Führung nicht bereit war, Grundpositionen zu modifizieren und über territoriale Konzessionen zu verhandeln. SCHAMIR hielt an der Losung seiner Partei fest, das jüdische Volk habe das Recht, in allen Teilen von *Erez Jisrael* zu siedeln. Er erklärte, seine Regierung werde keinen Fußbreit besetzten Territoriums aufgeben, Groß-Israel müsse erhalten bleiben, um die Sicherheit Israels durch strategische Tiefe zu erhöhen und die Ansiedlung von Neueinwanderern zu ermöglichen; die Gründung eines palästinensischen Staates sei undenkbar.

Die Taktik des israelischen Verhandlungsteams war offensichtlich auf Zeitgewinn gerichtet, um weitere vollendete Tatsachen zu schaffen. Nach dem Ende der Regierung der nationalen Einheit 1990 hatte das Kabinett einen "Plan 2010" vorgelegt, der für die kommenden zwei Jahrzehnte die Schaffung von 700.000 neuen Wohneinheiten in 170 Siedlungen und eine jüdische Bevölkerung von 2,6 Millionen in den besetzen Gebieten vorsah. Bis zu den Knessetwahlen 1992 wurden sieben neue Siedlungen gegründet; die Zahl der jüdischen Siedler in der Westbank und im Gaza-Streifen erhöhte sich innerhalb von zwei Jahren um 25.800 auf ca. 107.000. Die forcierte Siedlungstätigkeit führte zur Konfrontation mit der US-Regierung, die vorübergehend eine Kreditbürgschaft in Höhe von 10 Mrd. Dollar stornierte. Sowohl auf internationaler als auch auf nationaler Ebene hatte der *Likud* einen deutlichen Prestigeverlust zu verzeichnen.

Konzentrierten sich die ersten Runden der bi- wie auch der multilateralen Gespräche nach dem Austausch von Grundsatzerklärungen in Madrid zunächst auf die komplizierten Verfahrensfragen - Ort, Termine, Teilnehmer, Tagesordnung und andere Modalitäten -, so gelang seit der fünften und verstärkt mit der sechsten und siebenten Dialogrunde die Diskussion von Sachthemen. Die Mitte bildeten eindeutig die israelisch-syrischen und israelisch-palästinensischen Treffen, die vornehmlich drei Themenkreisen gewidmet waren - der Gewährleistung israelischer Sicherheits- und Territorialinteressen, der Wahrnehmung palästinensischer Rechte in Form begrenzter Selbstverwaltung in den besetzten Territorien und dem Schicksal der Golan-Höhen bzw. der israelisch-syrischen Beziehungen. Die weiteren Verhandlungsgegenstände - Wiederherstellung der libanesischen Souveränität über alle Teile des Landes, die Kompromißsuche für die israelisch-jordanischen Beziehungen und die höchst sensitive Jerusalem-Frage - blieben bis 1993 unter der Schwelle konkreter Sacherörterung. Auch der Gedankenaustausch in den multilateralen Gesprächen über aktuelle, vor allem jedoch über mittel- und langfristige kollektive Existenzfragen der Region gelangte über allgemeine Erörterungen nicht hinaus.

Die Wahlen vom Juni 1992 erbrachten einen deutlichen Wandel in den israelischen Positionen zur Sicherheitsproblematik. Der *Likud* war zu Verhandlungen mit den arabischen Nachbarstaaten nur nach der Formel "Frieden für Frieden", d. h. Abschluß von Friedensverträgen unter Beibehaltung des territorialen Status quo, bereit gewesen. Dagegen vertrat die Partei der Arbeit unter RABIN - im Sinne eines "pragmatischen Zionismus" - die These, Sicherheit sei primär nicht von der Größe des Territoriums, sondern vor allem von der inneren Stabilität der Gesellschaft und der Qualität der äußeren Beziehungen abhängig. Sie suchte "das Gefühl der Isolation, das uns ein halbes Jahrhundert versklavt hat,"[14] zu überwinden, aus der Isolierung auszubrechen und neue Sicherheitskonzepte zu kreieren. Ihre Verhandlungsführung beruhte auf der von der israelischen Sozialdemokratie seit 1968 vertretenen Politik des territorialen Kompromisses bei gleichzeitiger Erhöhung der militärischen Sicherheit.

Jizchak RABIN, der die Herausbildung eines binationalen jüdisch-arabischen Staates unter Einschluß der 1967 besetzten Gebiete als potentielle Gefährdung der inneren Stabilität und des zionistischen Anspruchs wertete, machte deutlich, daß seine Regierung zu Friedensabkommen mit den arabischen Staaten nach dem Prinzip "Land für Frieden" bereit sei. Das beinhaltete die Rückgabe eines Teils der besetzten Territorien, insbesondere der von arabischer Bevölkerung dicht besiedelten Gebiete, verbunden mit regionalen und internationalen Sicherheitsgarantien für Israel. Der israelische Premier schlug - einer Meldung von ha-Arez am 2. Juli 1992 zufolge - eine neue Version des Allon-Plans vor, die die Angliederung von etwa 40 Prozent der Westbank an Israel vorsah. In den von Israel beanspruchten Gebieten befanden sich zu diesem Zeitpunkt 149 palästinensische Ortschaften mit 400.000 Einwohnern sowie 76 israelische Siedlungen mit etwa 71.000 Bewohnern, die dem israelischen Staatsterritorium zugeschlagen werden sollten. RABIN zeigte sich andererseits bereit, "politische Siedlungen" aufzugeben, die sich außerhalb des Allon-Plans befanden, keine strategische Bedeutung hatten und hohe Kosten verursachten - in der Westbank betraf das 51 jüdische Siedlungen mit 24.000 Einwohnern.

Bewegung in die Nahost-Gespräche und erste Ansätze für Regelungen erbrachte zeitweilig - vor allem in der sechsten und siebenten Verhandlungsrunde - der Gedankenaustausch über die Entkrampfung der israelisch-syrischen Beziehungen. Beide Seiten operierten jedoch mit Forderungen, die sich Kompromißlösungen entzogen. Es wurde deutlich, daß die 1967 durch Israel besetzten und 1981 annektierten Golan-Höhen für Syrien primär eine Frage des nationalen Prestiges bzw. ein "Symbol des syrischen Nationalstolzes" darstellten und damit außerhalb jeden syrischen Verzichtsdenkens lagen. Für Israel dagegen waren (und sind) sie vor allem wegen ihrer militär-strategischen bzw. sicherheitspolitischen Bedeutung (Schutz Obergaliläas) und ihrer wasserwirtschaftlichen Rolle (Einzugsbereich des Tiberias-Sees) von existentiellem Interesse. Sie stellen - nicht zuletzt auch als neue Heimat von 12.000 - 13.000 israelischen Siedlern - ein wichtiges Faustpfand für weitere Verhandlungen dar.

Obwohl Syrien auf extremen Forderungen nach der Formel "totaler Rückzug für totalen Frieden" beharrte, tauchte im Oktober 1992 auch in den Reden israelischer Politiker und in einem Syrien übermittelten Diskussionspapier erstmals der Begriff "Rückzug" auf. Angeboten wurde ein begrenzter israelischer Truppenabzug aus strategisch weniger wichtigen Gebieten; gefordert wurde von Syrien dafür ein "Sicherheitsarrangement" in Form einer Friedensvereinbarung bzw. eines Friedensvertrages, verbunden mit Öffnung der Grenzen, Aufnahme diplomatischer Beziehungen, Botschafteraustausch und voller Normalisierung der bilateralen Kontakte. Die Erwägungen auf beiden Seiten machten deutlich, daß zwischen den starren Ausgangspositionen ein Spielraum für territoriale, funktionale oder zeitbedingte Kompromisse liegen könne, der bisher jedoch unzureichend ausgelotet schien.

In der kompliziertesten Streitmasse der Nahost-Friedensgespräche - dem Schicksal der ca. 1,8 Mill. Palästinenser in den von Israel seit 1967 besetzt gehaltenen Territorien bzw. der annähernd drei Millionen Menschen umfassenden palästinensischen Diaspora - bestimmten bis zum Sommer 1993 unvereinbar erscheinende Positionen das Bild der bilateralen Verhandlungen zwischen der israelischen Delegation und der palästinensischen Repräsentation unter Leitung des Gaza-Notablen Haidar Abd asch-SCHAFI und seiner Sprecherin Hanan ASCHRAWI. Die konträren Standpunkte zeigten sich zunächst in Grundfragen - in der Anerkennung (oder Nichtakzeptanz) der Existenz eines palästinensischen Volkes über den Flüchtlingsstatus hinaus, des nationalen Selbstbestimmungsrechts, einschließlich eigener Staatlichkeit, und des Rechts, eine politische Vertretung zu berufen und über die Zukunft des eigenen Volkes mitzubestimmen. Aus den existentiellen Fragen leiteten die palästinensischen Verhandlungsführer weitere Gesprächsthemen ab: Verwirklichung der Menschenrechte für die Bevölkerung der besetzten Gebiete, Beendigung der israelischen Siedlungstätigkeit, Vereinbarungen über palästinensische Selbstverwaltung bzw. über Autonomie in allen Teilen der Westbank und Gazas, freie Wahlen zu einem palästinensischen Parlament mit Gesetzeskompetenz, Verfügungsgewalt über die nationalen Ressourcen im Palästinenserland, insbesondere über Boden und Wasser. Obgleich sich die Palästinenser bereit zeigten, maximale Ambitionen - z. B. die Forderung nach sofortigem vollständigen Abzug der israelischen Armee oder nach Schaffung eines Palästinenserstaates - zunächst zurückzunehmen, blieben die Positionen beider Seiten gegensätzlich; Kompromißansätze waren kaum erkennbar.

Die Friedensgespräche wurden zeitweilig zusätzlich belastet durch die Ausweisung von 415 *Hamas*-Aktivisten aus den besetzten Gebieten in den Libanon am 17. Dezember 1992. Die von Jizchak RABIN angewiesene Aktion stieß auf internationaler Ebene auf vehemente Kritik; der UN-Sicherheitsrat verurteilte das israelische Vorgehen einstimmig. Die achte Runde der Nahostverhandlungen in Washington fand aufgrund des Boykotts seitens der arabischen Delegationen ein abruptes Ende.

Erst Ende April 1993 war es möglich, die Washingtoner Gespräche fortzusetzen, nachdem die israelische Regierung 30 unmittelbar nach dem Junikrieg ausgewiesenen Palästinensern die Rückkehr aus Jordanien gestattet hatte. Eine weitere Geste guten Willens war die Zustimmung zur Aufnahme Faisal al-HUSSEINIs in die palästinensische Delegation. Damit modifizierte Israel seine Position, keine Einwohner Ostjerusalems zu den Verhandlungen zuzulassen; einer einflußreichen und prominenten Persönlichkeit, deren Kontakte zur PLO-Führung bekannt waren, wurde Mitspracherecht eingeräumt.

Historischer Durchbruch

Die bilateralen Verhandlungen in Washington auf mehreren bilateralen Ebenen schienen im ersten Halbjahr 1993 zunehmend in eine Sackgasse zu geraten. Auch die Vermittlungsversuche des neugewählten amerikanischen Präsidenten Bill CLINTON, der die USA als "full partner"[15] im Friedensprozeß betrachtete, erbrachten keinen Fortschritt. Die Desillusionierung der Palästinenser in den besetzten Gebieten mündete nach der Deportation der *Hamas*-Aktivisten in Frustration und zunehmende Gewaltbereitschaft. In Israel ergaben Meinungsumfragen ein Jahr nach der Wahl Jizchak RABINs, daß fast zwei Drittel der Bevölkerung mit der Regierungspolitik unzufrieden waren; viele Israelis fühlten sich durch die nicht eingehaltenen Versprechungen der *Mifleget ha-Avodah* getäuscht. Neue Überlegungen und Impulse waren gefragt, sollten die Friedensbemühungen der letzten zwei Jahre nicht vergebens gewesen sein.

Auf Veränderung drängte nicht zuletzt die soziale Situation in den besetzten Gebieten, die sich seit Beginn der *Intifada* weiter verschlechtert hatte. Ende 1992 lebten im Westjordangebiet 1.051.500 Palästinenser, die Bevölkerung Gazas zählte 716.800. Der jährliche Bevölkerungszuwachs betrug 4,5 bzw. 6 Prozent. Insbesondere im 365 Quadratkilometer großen Gaza-Streifen mit seinen etwa 480.000 Flüchtlingen verband sich die demographische Entwicklung mit sozialen Verwerfungen. Während in der Westbank ein Haushalt durchschnittlich 7,5 Menschen umfaßte, waren es in Gaza neun Personen. 51 Prozent der palästinensischen Bevölkerung des Gaza-Streifens waren jünger als 14 Jahre; nur jeder sechste Einwohner des Gebietes hatte eine Arbeits- bzw. Verdienstmöglichkeit.

Israelische Statistiken benannten für das Jahr 1992 214.800 Arbeitskräfte im Westjordangebiet und 118.600 im Gaza-Streifen. Die Arbeitslosigkeit in den Territorien lag laut einer 1993 veröffentlichten Studie des Osloer Forschungszentrums FAFO für Gaza bei 12 Prozent, für die Westbank bei drei Prozent und für Ostjerusalem bei 12 Prozent. Der Tel Aviver Wirtschaftswissenschaftler Simcha BAHIRI verwies 1993 sogar auf eine reale Arbeitslosigkeit von 22 Prozent im Gaza-Streifen; den Lebensstandard in diesem Gebiet schätzte er um etwa zehn Prozent niedriger als im Westjordangebiet.

Die Anzahl der in Israel beschäftigten Palästinenser aus den besetzten Territorien, die 1990 lt. israelischen Statistiken noch 107.700 betragen hatte, erhöhte sich 1992 auf 115.600. Damit war zumindest jeder dritte in Westbank und Gaza ansässige Arbeitnehmer in Israel tätig. 74,3 Prozent fanden Arbeit im Bauwesen, 8,9 Prozent in der Landwirtschaft und 5,9 Prozent in der Industrie. Im Dienstleistungssektor verringerte sich der Anteil der Palästinenser infolge des Ansturms jüdischer Neueinwanderer auf diese Beschäftigungs- und Verdienstmöglichkeit. Da ein palästinensischer Arbeitnehmer häufig sechs bis acht Personen zu ernähren hatte, bedeuteten die Verhängung des Ausnahmezustands bzw. die wiederholte Absperrung der Territorien von Israel eine drastische Senkung des Lebensstandards vieler Palästinenserfamilien.

Die komplizierte soziale Situation der Westbank- und Gazabewohner verschlechterte sich nach der Kuweitkrise; die Arbeitsmöglichkeiten im Ausland wurden geringer, Transferzahlungen blieben aus. Viele Palästinenser kehrten aus den arabischen Golfstaaten zurück, ohne eine Chance auf Arbeit in Jordanien, in den besetzten Gebieten oder in Israel zu erhalten. Auch die monatlichen finanziellen Zuwendungen, die etwa 90.000 palästinensische Familien - u. a. Angehörige von Opfern der *Intifada* - von der PLO erhalten hatten, wurden drastisch gekürzt. Für die in den Flüchtlingslagern lebenden Palästinenser bildeten die von der UN-Flüchtlingshilfsorganisation UNRWA und anderen internationalen Organisationen gezahlten Gelder häufig die einzige Existenzbasis.

Beeinträchtigt durch die *Intifada* war auch das Bildungswesen. Die anhaltende Schließung von Schulen und Universitäten, die von den israelischen Behörden nicht zu Unrecht als Kristallisationspunkte des Widerstands angesehen wurden, verhinderte eine kontinuierliche Ausbildung. Die Analphabetenrate lag 1992 - bezogen auf die Bevölkerung im Alter ab 15 Jahre - in der Westbank und in Gaza bei 20 Prozent; Mädchen und Jungen im schulpflichtigen Alter wuchsen zunehmend ohne ausreichende Kenntnisse im Lesen, Schreiben und Rechnen auf. Geistig und physisch unterfordert, täglich mit den Problemen der Erwachsenen konfrontiert, suchten sie in der Auseinandersetzung mit der Besatzungsmacht Frust und Unzufriedenheit abzureagieren. Hier mag eine Erklärung für die Tatsache liegen, daß sich die Gewaltbereitschaft insbesondere bei den palästinensischen Kindern und Jugendlichen deutlich erhöhte.

Die *Intifada*, 1987 als Antwort auf die unhaltbare politische und soziale Situation in den besetzten Gebieten ausgebrochen, hatte spätestens im Sommer 1990 einen Punkt erreicht, der ihr Ende bedeuten konnte. Die Erfolglosigkeit der Streikaktionen und die zunehmende Verelendung ließen nicht wenige palästinensische Aktivisten am Erfolg des Aufstands zweifeln. Auseinandersetzungen zwischen einzelnen Gruppierungen der PLO - *Fatah*, PFLP, DFLP u. a. - sowie zwischen der PLO und islamistischen Organisationen spitzten sich zu. Die Abrechnung mit Kollaborateuren und militante Terrorakte gegen israelische Soldaten, Siedler und Zivilpersonen schienen 1991 und 1992 den "Krieg der Steine" abzulösen.

Bereits 1989 und 1990 war es der zunächst von Israel unterstützten *Hamas*-Organisation gelungen, ihren Einfluß nicht nur im Gaza-Streifen, sondern auch im Westjordangebiet zu verstärken. Sie trat als islamisch-nationalistische Alternative zur PLO auf und machte dieser offen die Führungsrolle streitig. Die Deportation der *Hamas*-Aktivisten im Dezember 1992 erhöhte ihr Ansehen in einer Bevölkerung, die sich in der Westbank zu 96 Prozent und im Gaza-Streifen zu 99,8 Prozent zum Islam bekannte. Zweifellos befürworteten nicht alle Muslime einen islamisch geprägten Staat; der entsprechende Prozentsatz in der Bevölkerung war jedoch bereits 1992 - Umfragen sprachen von 56 Prozent der Männer und 64 Prozent der Frauen - relativ hoch.

Seit Beginn der *Intifada* hatten sich in den besetzten Gebieten neue selbstbewußte Führer profiliert. Sie kamen zumeist aus der palästinensischen Oberschicht, hatten ihre Ausbildung z. T. im Ausland erhalten und waren bestrebt, ihre politischen Vorstellungen durchzusetzen. Einige von ihnen, z. B. Haidar Abd asch-SCHAFI, Hanan ASCHRAWI und Faisal al-HUSSEINI, wurden nicht zuletzt durch die bilateralen Verhandlungen in Washington auch außerhalb der Region bekannt. Ihr Spielraum war jedoch begrenzt, da sie von der PLO-Führung in Tunis weitgehend abhängig blieben und nicht befugt waren, eigenständige Entscheidungen zu treffen. Die Erfolglosigkeit der Gespräche in Washington, an denen sie - legitimiert durch die PLO - als Vertreter der Palästinenser teilnahmen, minimierte zunehmend ihren Gestaltungsrahmen und politischen Einfluß. In dieser Situation entstand erneut Handlungsbedarf sowohl bei der PLO-Führung in Tunis, deren internationales Prestige während des Golfkrieges gelitten hatte und die nunmehr auf finanzielle Unterstützung weder aus Europa noch aus den bisher reichlich zahlenden Golfstaaten hoffen durfte, als auch bei den lokalen Führern der *Intifada* in Westbank und Gaza.

Im politischen Establishment Israels mehrten sich zeitgleich Stimmen, die bisherige Positionen anfochten und fragten, ob "die Schwächung der PLO bis zum Kollaps denn tatsächlich gut für Israel" sei.[16] Die *Hamas*-Bewegung, die die Existenz Israels in Frage stellte, schien keine akzeptable Alternative zur PLO zu sein. Außenminister PERES und sein Stellvertreter BEILIN begannen nach Wegen zu suchen, die zu einer direkten Verständigungsmöglichkeit mit der PLO - außerhalb des Washingtoner Verhandlungstisches - zu führen versprachen.

Die *Intifada* hatte die Gräben zwischen Israelis und Palästinensern zunächst zweifelsohne vertieft. Sie forcierte jedoch auch neue Einsichten und schuf somit die Basis für eine mögliche gegenseitige Anerkennung. Die Palästinenser sagten sich von der Unterordnung unter äußere Mächte los und nahmen ihr Schicksal stärker in die eigenen Hände. Sie stemmten sich gegen die durch mehrfache Niederlagen - in den Kriegen 1948/49 und 1967, während des Schwarzen Septembers in Jordanien 1970 oder beim Abzug aus Libanon 1982 - verfestigten psychologischen Barrieren und gelangten zu einem neuen nationalen Selbstbewußtsein sowohl im Umgang mit Israel als auch mit politischen Eliten in arabischen Staaten. Für Israel wurden sie zu einem ernsthaften politischen Gegner, der dauerhaft nicht mehr ausgeschlossen werden konnte. Bei Schimon PERES und seinem Beraterteam verdichtete sich die Einsicht: Wollte man ernsthaft Verhandlungsergebnisse, so mußten diese auch auf palästinensischer Seite von einer Kraft getragen werden, die in der Lage war, sie umzusetzen. Hierfür kam letztlich nur die PLO-Führung in Tunis in Frage.

Mit Hilfe norwegischer Wissenschaftler und Diplomaten fanden von Januar bis August 1993 fünfzehn geheime Treffen zwischen Vertretern Israels und der PLO statt. Initiator auf israelischer Seite war der stellvertretende Außenminister Jossi BEILIN. Der promovierte Politikwissenschaftler, 1949 in Petach Tikwah geboren, war bereits 1977 zum Berater und Vertrauten von Schimon PERES aufgestiegen. In der Regierung der nationalen Einheit nahm er einflußreiche Positionen - u. a. die des Generaldirektors im Außenministerium und des stellvertretenden Finanzministers - wahr.

Zunächst blieben die politischen Architekten der Oslo-Connection jedoch im Hintergrund. Die Gespräche wurden von Akademikern, Wirtschaftsfachleuten und Juristen begonnen; in einem komplizierten Prozeß trugen sie auf beiden Seiten zum Verständnis der Ängste des jeweils anderen bei und halfen, das Eis der Konfrontation aufzubrechen. Die Akzeptanz der widersprüchlichen Interessenlagen und die allmähliche Vertrauensbildung gestatteten es, die Kompetenz der Gesprächspartner schrittweise zu erhöhen bzw. die Experten durch Politiker zu ersetzen. Ministerpräsident RABIN wußte von den Gesprächen, wurde jedoch in die Entscheidungsfindung offensichtlich erst einbezogen, als das Stadium ernsthafter Verhandlungen erreicht und Ergebnisse zu erwarten waren. Auf palästinensischer Seite war Jasir ARAFAT von Anfang an über die Kontakte mit den Israelis informiert gewesen. Offiziell beteiligt an den Verhandlungen war aber auch er erst in deren Endphase.

Seit ihrer Gründung galt die PLO in der israelischen Öffentlichkeit und Politik als Terrororganisation, die die Auslöschung des jüdischen Staates betreibe und als Verhandlungspartner nie in Frage käme. Die politischen Differenzierungen innerhalb der Dachorganisation der Palästinenser, insbesondere in der dominierenden *Fatah*, und damit auch die Signale von Algier (1988) wurden lange ignoriert. Mit den Gesprächen von Oslo dagegen wurden verfestigte Stereotypen in Frage gestellt und Tabus gebrochen. Am 19. Januar 1993 hob die Knesset das 1986 verhängte Verbot jeglicher Kontakte zu PLO-Mitgliedern auf.

Sie trug einer Entwicklung Rechnung, die mit der Madrider Friedenskonferenz eingeleitet und während der bilateralen Gespräche in Washington fortgesetzt worden war. Es vergingen weitere sieben Monate, bis die israelische Regierung am 12. August 1993 erstmals ihre Bereitschaft bekundete, während der bevorstehenden 11. Runde der Nahost-Friedensgespräche direkt mit der PLO zu verhandeln. Zwei Wochen später berichtete die israelische Presse über Kontakte von Regierungsvertretern mit der PLO.

Nachdem die psychologischen Barrieren überwindbar schienen und die politische Weichenstellung erkennbar wurde, überschlugen sich die Ereignisse. Am 30. August 1993 informierte RABIN die Mitglieder seiner Regierungskoalition über eine Vereinbarung "mit Palästinensern, die nicht aus den Gebieten sind"; er erklärte, die "Zeit, dem Frieden eine Chance zu geben," sei nunmehr gekommen.[17] Das Kabinett bestätigte mehrheitlich das in Oslo ausgehandelte Grundsatzdokument über palästinensische Autonomie in Gaza und Jericho; nur zwei Minister enthielten sich der Stimme. Nachdem auch das Zentralkomitee der *Fatah* am 4. September 1993 in Tunis nach heftigen Auseinandersetzungen seine Zustimmung gegeben hatte, stand einer öffentlichen gegenseitigen Anerkennung zwischen Israel und der PLO nichts mehr im Wege.

Am 9. September 1993 übersandte Jasir ARAFAT Jizchak RABIN eine Botschaft, in der es hieß:

> "Die PLO erkennt das Recht des Staates Israel auf Existenz in Frieden und Sicherheit an. Die PLO nimmt die Resolutionen 242 und 338 des Sicherheitsrates der Vereinten Nationen an. Die PLO verpflichtet sich auf den Nahost-Friedensprozeß und auf eine friedliche Lösung des Konflikts zwischen den zwei Parteien und erklärt, daß alle ausstehenden Fragen über den dauerhaften Status durch Verhandlungen geregelt werden."[18]

Der Antwortbrief des israelischen Ministerpräsidenten enthielt die Entscheidung seiner Regierung, "die PLO als die Vertretung des palästinensischen Volkes anzuerkennen und Verhandlungen mit der PLO im Rahmen des Nahost-Friedensprozesses aufzunehmen".[19] Damit wurde die Phase gegenseitiger Verunsicherung, Diskreditierung und politischer Nichtakzeptanz offiziell beendet. Die israelische Presse schrieb von einer "historischen Versöhnung"[20] und einem "Schritt in Richtung Hoffnung"[21].

Der gegenseitigen Anerkennung - einem bedeutenden Ereignis in der jüngeren Geschichte des Nahen Ostens - folgten politische Taten. Am 13. September 1993 unterzeichneten Schimon PERES und Abu MASEN in Washington eine israelisch-palästinensische Prinzipienerklärung, die einen ersten Schritt auf dem Weg zu einer Nahostregelung markierte. Die US-Administration, die zunächst der Oslo-Connection geringe Aufmerksamkeit geschenkt und sich auf die bilateralen Verhandlungen in Washington konzentriert hatte, übernahm in Gestalt des Präsidenten der Vereinigten Staaten von Amerika die Schirmherrschaft über die Vereinbarung. Vor der Silhouette des Weißen Hauses reichten Jasir ARAFAT und Jizchak RABIN einander die Hände.

Die Prinzipienerklärung von Washington enthielt noch keine Festlegungen über den Friedensschluß; sie beinhaltete zunächst lediglich eine Rahmenvereinbarung bzw. einen Zeitplan für die Schritte zum israelisch-palästinensischen Ausgleich. Beide Seiten bekundeten z. B. die Bereitschaft, Verhandlungen über eine palästinensische Selbstverwaltungsbehörde für den Gaza-Streifen und das Westjordangebiet zu führen, die auf der Grundlage von direkten, freien und allgemeinen Wahlen für einen Zeitraum von fünf Jahren gebildet werden sollte. Von Bedeutung waren die Festlegungen über den Abzug der israelischen Truppen aus Gaza und Jericho, der bis zum 13. April 1994 terminiert wurde, sowie die Absichtserklärung beider Seiten, ab April 1996 Gespräche über den endgültigen Status der besetzten Gebiete zu führen und dabei Fragen wie "Jerusalem, Flüchtlinge, Siedlungen, Sicherheitsregelungen, Grenzen, Beziehungen zu und Zusammenarbeit mit anderen Nachbarn"[22] zu regeln.

Parallel zum israelisch-palästinensischen Konsenspapier paraphierten Vertreter Israels und Jordaniens am 14. September 1993 in Washington eine Agenda, die als Schritt auf dem Wege zu einem Friedensvertrag angesehen wurde. Zu einer Annäherung zwischen Israel und Syrien sowie zwischen Israel und Libanon kam es vorerst nicht. Obwohl mit dem "Oslo I"-Papier primär israelische Interessen bedient wurden und die Prinzipienerklärung einen - den realen Machtgegebenheiten entsprechend - asymmetrischen Kompromiß darstellte, reagierte die israelische Öffentlichkeit auf den "historischen Augenblick von Washington" recht verhalten. Die Euphorie, mit der beispielsweise 1977 der ägyptische Präsident SADAT in Jerusalem begrüßt worden war, blieb aus. Die Gedanken und Gespräche galten vor allem dem weiteren Schicksal der besetzten Gebiete: Gaza und Jericho zuerst, und was dann? Wird ein palästinensischer Staat unausweichlich sein? Wer wird ihn regieren? Bedeutet palästinensische Autonomie bereits ein Sicherheitsrisiko? Was wird aus den jüdischen Interessen, Ansprüchen und Siedlungen?

Demonstrationen und Gegendemonstrationen an mehreren Abenden der ersten beiden Septemberwochen 1993 in Jerusalem und Tel Aviv verdeutlichten, wie kontrovers in der israelischen Gesellschaft der "Friedensschluß mit der PLO" empfunden wurde. Auf einer Kundgebung, organisiert von *Schalom achschaw*, gaben z. B. etwa 100.000 Demonstranten der Losung "Frieden mit der PLO jetzt" offene Unterstützung. Doch auch die Gegner der Vereinbarung von Washington artikulierten sich. Losungen, wie "Heute Jericho, morgen Jerusalem und Tel Aviv" oder "Wer sich mit Arafat verbündet, verrät Israel", wurden den Friedensdemonstranten entgegengehalten. Nicht selten kam es zu handgreiflichen Auseinandersetzungen.

Meinungsumfragen belegten, daß die Mehrheit der israelischen Bevölkerung "den schwersten politischen Schritt, den Israel zu gehen hatte" - so RABIN[23] - unterstützte. Jediot Acharonot schrieb am 10. September 1993, daß über 57 Prozent der israelischen Bevölkerung den Friedensprozeß für richtig hielten; Jerusalem Post berichtete am 13. September über 62 Prozent Befürworter der eingeleiteten Schritte. Nur wenige Israelis mochten glauben, daß der Generalstabschef des Junikrieges von 1967 die israelische Sicherheit leichtfertig aufs Spiel gesetzt habe. Auch die Opposition des *Likud* blieb zunächst relativ zurückhaltend, wenngleich Benjamin NETANJAHU bereits im September 1993 den Friedensplan als "Brückenkopf zur Zerstörung Israels" bezeichnete[24], und Ariel SCHARON dazu aufrief, ARAFAT zu verhaften, sobald er einen Fuß über den Jordan setze. In der Knesset erhielt der Grundlagenvertrag mit der PLO am 23. September 1993 nach dreitägiger Debatte die Zustimmung von 61 Abgeordneten. Acht Stimmenthaltungen - darunter drei aus dem *Likud* - und 50 Gegenstimmen bewiesen, daß man von einem innergesellschaftlichen Konsens im politischen Establishment noch weit entfernt war.

Die erzielte Kompromißformel zwischen der PLO und Israel resultierte aus einer gewissen Konfliktmüdigkeit und bedingt auch aus der Erkenntnis weitsichtiger Politiker, daß sich Gewalt als Mittel und Alternative aufgezehrt und daher keine Zukunftschance habe. Auf seiten der Palästinenser dominierten zunächst die Freude über das erreichte Minimum bzw. über den neuen Handlungsspielraum sowie die Hoffnung auf weitere Schritte in Richtung der Selbstbestimmung und Eigenstaatlichkeit. In Ostjerusalem, Bethlehem, Hebron, Nablus und Jericho wurden PLO-Fahnen gehißt. Das Bild Jasir ARAFATs war an Häuserwänden und in den Basaren zu sehen - noch wenige Tage zuvor waren Palästinenser allein wegen des Besitzes von PLO-Symbolen verhaftet worden. Repräsentative Umfragen am 19./20. September ergaben, daß 68,6 Prozent der palästinensischen Bevölkerung in den besetzten Territorien den Friedensschluß unterstützten. Doch auch die Gegner der Vereinbarungen in Westbank und Gaza waren aktiv. Vor allem *Hamas, al-Dschihad al-Islami* und andere islamistische Kräfte lehnten die Deklaration von Washington ab. Innerhalb der PLO und ihrer Führungsgremien formierte sich eine Ablehnungsfront. Die Mandatsträger der DFLP und der PFLP blieben der Sitzung des PLO-Exekutivkomitees fern, das am 12. Oktober 1993 das Autonomie-Abkommen mit 63:8 Stimmen bei 11 Enthaltungen bestätigte.

Der in Washington vereinbarte Zeitplan[25] sah vor, innerhalb von zwei Monaten nach Inkrafttreten der Prinzipienerklärung ein Abkommen über Gaza und Jericho auszuhandeln und zu unterzeichnen. Nach Billigung der Prinzipienerklärung durch Knesset und Palästinensischen Nationalrat wurden die entsprechenden Verhandlungen termingemäß aufgenommen. Die Gespräche in Taba und Kairo gestalteten sich jedoch derart schwierig, daß sich die Unterzeichnung einer Vereinbarung über den Rückzug der israelischen Truppen aus Gaza und

Jericho wesentlich verzögerte. Strittige Fragen waren z. B. die Größe des Jericho-Gebietes, die Kontrolle der Grenzübergänge zu Ägypten und Jordanien, die Sicherheit der jüdischen Siedler und die Schaffung einer Verbindung zwischen Jericho und Gaza. Die Entlassung einiger hundert Palästinenser aus israelischer Haft und die Rückkehr der im Dezember 1992 nach Südlibanon deportierten *Hamas*-Aktivisten reichten als Gesten guten Willens nicht aus, um schnelle Vereinbarungen über konkrete Fragen zu erzielen. Ende Februar 1994 schien die Kompromißsuche in der Sackgasse. Hinzu trat ein Geschehen, mit dem ein Rückfall in militant-terroristische Gewaltanwendung eingeleitet wurde, die die israelisch-palästinensischen Beziehungen in den Folgejahren begleiten sollte.

Am 25. Februar 1994 hatte ein israelischer Siedler, der Arzt Baruch GOLDSTEIN, Mitglied der militant-rassistischen *Kach*-Partei, auf muslimische Gläubige geschossen, die sich zum Freitagsgebet in der Haram al-Chalil Moschee in Hebron versammelt hatten. Das Massaker in der Machpela-Höhle, die Muslimen wie Juden mit dem Grab des Patriarchen Abraham als heiliger Ort gilt, warf nicht nur bei Palästinensern und Israelis, sondern auch in der internationalen Öffentlichkeit die Frage nach der realen Chance einer Aussöhnung der Konfliktparteien auf. Unterschiedliche Zahlen über Tote und Verletzte wurden in den folgenden Tagen kolportiert. Hatte der ZAHAL-Sprecher zunächst von 54 ermordeten Palästinensern gesprochen, so war in den folgenden Tagen "zumindest von 35 Toten" die Rede; die israelische Regierungskommission stellte schließlich fest, daß GOLDSTEIN schuldig am Tod von 29 palästinensischen Muslimen sei.

Mit dem Anschlag, auch in der israelischen Presse als "tevach" (Massaker) bezeichnet, sollte - so die Intention des Attentäters - der Friedensprozeß gemeuchelt werden. Innerhalb der palästinensischen Bevölkerung der besetzten Gebiete kam es zu Unruhen und Demonstrationen. Auch die arabischen Israelis protestierten auf Kundgebungen in Jafo, Nazareth und anderen arabischen Orten gegen den Mord an den Betenden von Hebron.

In Israel dominierten Entsetzen und Bestürzung. Ministerpräsident RABIN bezeichnete das Blutbad als "abscheuliches Verbrechen" und gleichzeitig als "Tat eines verwirrten Einzeltäters".[26] Staatspräsident Eser WEIZMANN, ein knappes Jahr zuvor, am 24. März 1993, von der Knesset zum Nachfolger Chaim HERZOGs gewählt, reiste demonstrativ nach Hebron und sprach den Bewohnern der Stadt sein Beileid aus. Am 28. Februar 1994 verabschiedete das israelische Parlament eine Resolution, die das Massaker verurteilte, gleichzeitig aber zwischen militanten Extremisten und der Mehrzahl der jüdischen Siedler unterschied. In den Medien begann eine Diskussion über das künftige Schicksal der Siedler und Siedlungen, über Feindbilder und die notwendige Erziehung zum Frieden. Eine vom Kabinett erwogene Räumung der mitten im arabischen Hebron gelegenen Siedlung - 450 Zeloten unter 120.000 Palästinensern - wurde von Vertretern der Siedlerbewegung und des *Likud* jedoch strikt abgelehnt. Die Regierung vergab eine Chance, sich gegenüber der radikalen israelischen Rechten durchzusetzen.

Die offizielle Untersuchungskommission nahm am 8. März 1994 ihre Tätigkeit auf. Die Tatsache, daß ihr auch ein arabischer Rechtsanwalt aus Nazareth angehörte, wurde von vielen Beobachtern als Geste guten Willens gegenüber der arabischen Bevölkerung gewertet. Die "Schamgar-Kommission" legte einen 370 Seiten umfassenden Bericht vor, in dem GOLDSTEIN zum Alleinschuldigen erklärt wurde. Sie riet, generell das Waffentragen in der Machpela-Höhle zu verbieten, getrennte Gebetszeiten für Juden und Muslime sowie strengere Sicherheitsmaßnahmen einzuführen. Kritik an Politikern und Militärs wurde nicht geübt. Unabhängig von den Ergebnissen der Kommission verbot das israelische Kabinett am 13. März auf Empfehlung des Generalstaatsanwaltes die beiden rechtsextremistischen Parteien *Kach* und *Kahane Chai*, die in den vorausgegangenen Jahren vor allem durch Einwanderer aus den USA und Kanada personell gestärkt worden waren. Erstmals seit Staatsgründung wurden gegen jüdische Gruppen die noch aus der Mandatszeit stammenden Antiterrorgesetze angewandt.

Trotz genannter Belastungen war im Mai 1994 nach monatelangen Verhandlungen eine neue Etappe im Friedensprozeß erreicht. In einer öffentlichen Zeremonie unterzeichneten Jizchak RABIN und Jasir ARAFAT am 4. Mai in Kairo das Gaza-Jericho-Abkommen. Es bildete die juristische Grundlage für den Abzug der israelischen Armee aus beiden Territorien sowie für die Übernahme der Verwaltung durch palästinensische Behörden. In einer Ansprache im israelischen Parlament erklärte RABIN am 11. Mai 1994:

> "In Hunderten von Seiten, Hunderten von Artikeln und Absätzen versucht das Abkommen, ein ganzes Geflecht von Beziehungen zwischen zwei Völkern zu erfassen... Wir glauben, daß es ein gutes Abkommen ist - gut für uns und die Palästinenser - und daß es auch die Chance auf Erfolg beinhaltet."[27]

Die Befürchtungen der Opposition suchte RABIN mit den Worten zu zerstreuen, daß keine Siedlung entwurzelt werde. Er betonte, daß man "unter diesen neuen Bedingungen in allen sicherheitsrelevanten Angelegenheiten das Maximum erreicht"[28] habe.

Das Abkommen von Kairo legte fest, daß die Verantwortung für die äußere Sicherheit der Gebiete und für die Unantastbarkeit der israelischen Siedler und Siedlungen während der Interimsphase in israelischer Hand bleiben werde. Es übertrug gleichzeitig die bisherigen Befugnisse der israelischen Zivilverwaltung auf die palästinensische Selbstverwaltungsbehörde und traf für die Zeit der Übergangsphase Vereinbarungen über die Struktur des Justizwesens und der Gesetzgebung. Palästinensische Polizisten - ausgebildet und uniformiert in Jordanien und Ägypten - sollten nach Abzug des ZAHAL die öffentliche Sicherheit in den "autonomen" Gebieten garantieren. Ein bereits am 29. April 1994 in Paris unterzeichnetes separates Abkommen befaßte sich mit den Wirtschaftsbeziehungen zwischen Israel und den palästinensischen Selbstverwaltungsgebieten.

Als Jasir ARAFAT am 1. Juli 1994 nach 27 Jahren zum ersten Mal wieder palästinensischen Boden betrat, wurde Befürwortern wie Gegnern des Friedensprozesses die Tragweite der Beschlüsse von Washington und Kairo deutlich. Der PLO-Vorsitzende begann seinen Besuch nicht zufällig in Gaza; hier befand sich das Haus seiner Vorfahren und von hier nahm im Dezember 1987 die *Intifada* ihren Ausgang. ARAFAT war sich des immensen sozialen und politischen Zündstoffs bewußt, der sich in den letzten Jahrzehnten in Gaza angehäuft hatte; er rief die westliche Welt zur sofortigen finanziellen Unterstützung auf. Vier Tage später wurde er in Jericho als Vorsitzender der palästinensischen Selbstverwaltungsbehörde vereidigt.

Ein weiterer Meilenstein auf dem Weg zum Frieden stellte die Beendigung des seit 1948 andauernden Kriegszustandes zwischen Israel und Jordanien dar. Die Knesset bestätigte am 3. August mit großer Mehrheit die von Ministerpräsident RABIN und König HUSSEIN am 25. Juli 1994 unterzeichnete Vereinbarung. Nur wenige Tage später wurde ein jordanisch-israelischer Grenzübergang eröffnet, und RABIN reiste zum ersten offiziellen Besuch eines israelischen Regierungsoberhauptes nach Amman. Am 26. Oktober schließlich wurde der israelisch-jordanische Friedensvertrag in Ain Avrona, dem unweit der Hafenstädte Eilat und Akaba gelegenen Grenzübergang, abgeschlossen. Beide Seiten verpflichteten sich zu Beziehungen guter Nachbarschaft und vereinbarten wirtschaftliche Zusammenarbeit. Israel verzichtete formal auf einen ca. 380 Quadratkilometer umfassenden Grenzstreifen, konnte weiterhin jedoch durch einen Pachtvertrag die Kontrolle über dieses Gebiet, in dem sich einige israelische Siedlungen befinden, aufrecht erhalten. Eine Kompromißregelung wurde auch in der Frage der Wassernutzung erzielt. RABIN drückte die Meinung vieler Israelis aus, als er in Ain Avrona erklärte:

> "Fast zwei Generationen lang herrschte Verzweiflung in den Herzen unserer beiden Völker. Jetzt ist die Zeit reif, nicht nur von einer besseren Zukunft zu träumen, sondern sie auch zu verwirklichen. Die führenden Politiker sollten den Weg freimachen und die Richtung aufzeigen, aber die Straße selbst muß von beiden Völkern gepflastert werden."[29]

Im Gegensatz zu den Vereinbarungen mit der PLO war der Friedensschluß mit Jordanien in Israel kaum umstritten. Die Mehrzahl der Israelis betrachtete ihn nicht nur als logische Folge vorangegangener Gespräche und Kontakte, sondern auch als längst überfällige juristische Grundlage für die von beiden Seiten ange-

Abb. 51: Die Regierung Rabin (mit Staatspräsident Herzog) nach der Amtseinführung, 14. Juli 1992

Abb. 52: Der historische Händedruck in Washington am 13. September 1993

Abb. 53: In der Altstadt von Jerusalem werden nach der Ratifizierung des isrealisch-palästinensischen Abkommens PLO-Fahnen gehißt, 20.9.1993

Abb. 54: Demonstrative Proteste israelischer Siedlerorganisationen gegen den Friedensschluß mit der PLO

Abb. 55: Friedensvertrag Israel-Jordanien, 26.10.1994; Begegnung Jizchak Rabins mit König Hussein

Abb. 56: Begegnung von Jasir Arafat, König Hussein von Jordanien, Husni Mubarak, Jizchak Rabin und

Abb. 57: Beisetzung des ermordeten Ministerpräsidenten Jizchak Rabin, 6.11.1995

Abb. 58: Trauer um Jizchak Rabin auf dem Platz der Könige (später in Jizchak-Rabin-Platz umbenannt) in Tel Aviv, November 1995

Abb. 59: Staatspräsident Eser Weizmann im Gespräch mit dem am 29.5.1996 gewählten Premier Benjamin Netanjahu

strebte wirtschaftliche Zusammenarbeit. Angstgefühle, wie sie die Abkommen mit den Palästinensern überschatteten, wurden kaum artikuliert. Statt dessen dominierten bei israelischen Bürgern die Erleichterung über die Entspannung an der östlichen Grenze und die Hoffnung auf baldige touristische Besuche im Nachbarland. In der Knesset sprach sich die Opposition mehrheitlich für die Beendigung des Kriegszustandes mit Jordanien aus; dagegen votierten die drei Abgeordneten der rechtsextremen Partei *Moledet*.

Jordanien war nicht das einzige arabische Land, das dem Beispiel Ägyptens von 1979 folgte und staatlich-politische Beziehungen zu Israel aufnahm. Am 1. September 1994 vereinbarten Marokko und Israel, ihre Beziehungen zu normalisieren, einen Monat später, am 1. Oktober, folgte Tunesien. Premier RABIN besuchte Ende Dezember 1994 als erstes israelisches Regierungsoberhaupt einen Golfstaat. Er traf sich zu Gesprächen über wirtschaftliche Zusammenarbeit mit Sultan KABUS IBN SAID von Oman. Kontakte wurden auch zu Bahrain und Katar geknüpft. Diese Entwicklung wäre ohne die gegenseitige Anerkennung von PLO und Israel kaum denkbar gewesen. Für Israel wie für Palästinenser und arabische Staaten begann die Orientierung auf politisches Verhandeln erste Früchte zu tragen.

Das Eintreten der israelischen und palästinensischen Führung für eine Aussöhnung zwischen den verfeindeten Völkern wurde im Oktober 1994 mit der Verleihung des Friedensnobelpreises an den israelischen Premier RABIN, den PLO-Vorsitzenden ARAFAT und den israelischen Außenminister PERES gewürdigt. Das Nobelkomitee verlieh seiner Hoffnung Ausdruck, der Preis möge alle Israelis und Palästinenser, die für einen stabilen Frieden in der Region eintraten, ermutigen, ihre Bemühungen fortzusetzen. Die Auszeichnung erfolgte allerdings zu einem Zeitpunkt, da die erste Euphorie über den nahöstlichen Friedensprozeß bereits verflogen und das israelisch-palästinensische Verhältnis erneut gespannt war. Im selben Monat verübten islamistische Extremisten in Westjerusalem und Tel Aviv Terroranschläge, die Dutzende Menschenleben kosteten. Insbesondere das im Geschäfts- und Einkaufszentrum Tel Avivs verübte Bombenattentat vom 19. Oktober 1994 ließ bei vielen Israelis Zweifel aufkommen, ob der Friedensprozeß ihr Leben tatsächlich sicherer mache. Kritik an der Regierung artikulierte sich zunehmend lauter; die rechte Opposition rief zu Demonstrationen auf und forderte ein Ende der Dialogpolitik.

Unmittelbar nach dem Attentat riegelte die israelische Armee die Grenzen zum Gaza-Streifen und zum Westjordanland ab. Den palästinensischen Gastarbeitern wurde das Betreten des israelischen Kernlandes untersagt - eine Maßnahme, die von ARAFAT als "unangemessene Kollektivstrafe" kritisiert wurde. Gegner des Friedens auf beiden Seiten erhielten Aufwind, und nicht wenige Beobachter der nahöstlichen Szene zweifelten daran, daß das Abkommen von Oslo jemals vollständig umgesetzt werden könne.

Schalom, chaver!

Das Jahr 1995 brachte für die israelische Gesellschaft eine Vielzahl von Herausforderungen und Bewährungssituationen. Im Januar, Juli und August verübten religiös fanatisierte palästinensische Selbstmordattentäter in Natanja, Ramat Gan und Jerusalem weitere Terroranschläge, bei denen Dutzende Israelis getötet und über hundert verletzt wurden. Militante Siedler und Vertreter der rechten Oppositionsparteien verstärkten ihre Kritik an der Regierung; sie bezeichneten insbesondere Premier RABIN als den Schuldigen für die Anschläge. Auf mehreren Demonstrationen wurden der Rücktritt der "*Hamas*-Regierung" - wie das Kabinett Rabin genannt wurde - und die Beendigung des Friedensprozesses gefordert. Die radikale Rechte heizte die politische Atmosphäre bewußt auf; zu den häufig skandierten Losungen gehörten: "Rabin - Verräter!", "Rabin - Mörder!" und "Das Volk ist gegen den Verrat!". Einige Plakate zeigten den Premierminister in Naziuniform oder mit dem palästinensischen Kopftuch. Am 12. Juli 1995 appellierten 15 einflußreiche Rabbiner öffentlich an israelische Militärangehörige, bei Aufgabe der besetzten Gebiete der Regierung den Gehorsam zu verweigern.

Nicht nur die militante Rechte zeigte sich unzufrieden. Auch Präsident Eser WEIZMANN forderte, die Verhandlungen mit der PLO auszusetzen. Die orthodox-religiöse SCHASS-Partei kündigte aufgrund der angeblich verschlechterten Sicherheitslage des Landes ihre parlamentarische Unterstützung für die Regierung auf und trat - entgegen ihrer Anfang 1994 geäußerten Zusage - nicht der Koalition bei. RABIN war gezwungen, mit einem Minderheitskabinett zu regieren. Nicht zuletzt die parlamentarisch-politische Konstellation erklärt das halbherzige Reagieren der Regierung auf die Infragestellung des Friedensprozesses.

Über Monate wurden die palästinensischen Gebiete abgeriegelt, so daß annähernd 55.000 Palästinenser nicht mehr nach Israel zu ihren Arbeitsplätzen gelangen konnten. In einer Fernsehansprache am 23. Januar brachte der Premier sogar die Idee einer totalen räumlichen Trennung der Israelis und Palästinenser (hafradah) ins Gespräch. Der Bau des seit längerem geplanten Straßennetzes in der Westbank wurde forciert, um den Siedlern die Umgehung oder schnelle Durchfahrt durch arabische Konzentrationsräume zu ermöglichen. Zugleich bestätigte das Kabinett die Erweiterung bestehender Siedlungen im Palästinenserland und im Großraum Jerusalem.

Die Beschwichtigung der militanten Friedensgegner im eigenen Land ging einher mit gesteigertem Druck auf ARAFAT. RABIN erklärte, weitere Schritte zur Umsetzung des Oslo-Abkommens würden einzig und allein von der Bereitschaft der palästinensischen Behörden abhängen, gegen Terroristen vorzugehen und die israelische Sicherheit zu gewährleisten. Die Autonomiegebiete sollten so lange abgeriegelt bleiben, bis die PLO-Führung bewiesen habe, daß sie Terrorangriffe auf Israelis verhindern könne.

Allen Krisen und Infragestellungen zum Trotz wurden die israelisch-palästinensischen Gespräche dennoch fortgesetzt. Am 28. September 1995 unterzeichneten Jizchak RABIN und Jasir ARAFAT in Washington ein etwa 400 Seiten umfassendes Abkommen über die Ausdehnung der palästinensischen Selbstverwaltung im Westjordangebiet. Das inoffiziell als "Oslo II-Abkommen" bezeichnete Vertragswerk bildete die juristische Grundlage für die Ausweitung der bisher auf den Gaza-Streifen und Jericho begrenzten Kompetenzen der Palästinensischen Behörde und den Abzug der israelischen Armee aus einigen städtischen Ballungszentren der 1967 besetzten Gebiete (Zone A). Die über 400 palästinensische Dörfer und Kleinstädte umfassende Zone B sollte in einem längeren Prozeß von ZAHAL geräumt, jedoch gemeinsam durch palästinensische Polizei und israelische Sicherheitskräfte kontrolliert werden. Als Zone C schließlich wurden Gebiete definiert, die von Israel als sicherheitspolitisch wichtig angesehen wurden und neben unbewohntem Land vor allem israelische Siedlungen umfaßten. Von der in Zone B und C schrittweise einzuführenden palästinensischen Administration sollten die israelischen Siedlungen und Militärstützpunkte ausgenommen bleiben.

Oslo II enthielt eine bedeutsame legitimatorische Erweiterung der palästinensischen Befugnisse. Als Hauptziel des Interimsabkommens wurde "die Ausweitung der palästinensischen Selbstverwaltung im Westjordanland durch eine gewählte Selbstverwaltungsbehörde - den Palästinensischen Rat"[30] definiert. Die Festlegung, durch demokratische Wahlen ein palästinensisches Legislativorgan und den Präsidenten (Ra'is) als Kopf der Exekutive zu ermitteln, wurde von vielen - insbesondere auch palästinensischen - Politikern als Vorgriff auf den palästinensischen Staat perzipiert. Der Übergangszeitraum, für den der Palästinensische Rat gewählt werden sollte, war für fünf Jahre nach Unterzeichnung des Abkommens konzipiert. Es wurde ferner vereinbart, Verhandlungen über den endgültigen Status der palästinensischen Gebiete spätestens im Mai 1996 aufzunehmen.

Nach einer Marathonsitzung von 15 Stunden billigte die Knesset am 6. Oktober 1995 in Anwesenheit aller 120 Mandatsträger das Autonomieabkommen mit 61 gegen 59 Stimmen. Bis zum Schluß blieb ungewiß und spannend, wie die Abstimmung ausgehen würde, zumal Jizchak RABIN sie zum Vertrauensvotum für seine Regierung erklärt hatte. Seine Hoffnungen wurden letztlich mit Hilfe der fünf Abgeordneten von CHADASCH und Demokratischer Arabischer Partei realisiert. Zwei Vertreter der regierenden *Mifleget ha-Avodah*, Avigdor KAHALANI und Emanuel ZISMAN, stimmten mit der Opposition. Sie wurden aus der *Avodah* ausgeschlossen und bildeten bis zum Ende der Legislaturperiode eine unabhängige Parlamentsfraktion.

Die öffentliche Diskussion über das Abkommen verdeutlichte den tiefen Spalt in der israelischen Gesellschaft. Noch während der Knessetdebatte demonstrierten über 10.000 Anhänger der radikalen Rechten gegen die Ausdehnung der palästinensischen Selbstverwaltung im Westjordangebiet. Ariel SCHARON erklärte, eine künftige *Likud*-Regierung werde Oslo II revidieren und alles tun, um die israelische Kontrolle über Städte wie Hebron zurückzuerlangen. Am 13. Oktober demolierten rechtsextremistische Demonstranten den PKW des israelischen Ministerpräsidenten. Itamar BEN GVIR, ein Aktivist der verbotenen *Kach*-Partei, erklärte bei seiner Verhaftung: "So wie wir die Motorhaube geschafft haben, werden wir auch ihn schaffen."[31]

Die Drohung sollte nur zu bald wahr werden. Am 4. November 1995 hatten sich mehr als 100.000 friedensbewegte Menschen auf dem Platz der Könige Israels unter der Losung "Ja zum Frieden - Nein zur Gewalt!" zusammengefunden, um ihre Unterstützung für die Politik der Rabin-Peres-Regierung zu bekunden. Augenzeugenberichten zufolge zeigte sich der Premier, den das in den vorangegangenen Tagen und Wochen geäußerte Mißtrauen breiter Teile der Bevölkerung tief getroffen hatte, am Ende der Kundgebung gelöst und glücklich. Er sang mit den Versammelten Schir ha-Schalom, das Friedenslied. "Das war einer der größten Tage meines Lebens", sagte er dem ehemaligen Bürgermeister von Tel Aviv, Schlomo LAHAT.[32] Nur wenige Minuten später sank RABIN, von mehreren Schüssen getroffen, tödlich verletzt zu Boden. Alle Versuche, sein Leben zu retten, schlugen fehl.

Die letzten Worte Jizchak RABINs auf der Friedenskundgebung verdeutlichten den Paradigmenwechsel, den weitsichtige israelische Politiker und Militärs in der ersten Hälfte der neunziger Jahren vollzogen hatten:

> "Ich bin 27 Jahre lang Soldat gewesen. Ich habe so lange gekämpft, wie der Frieden keine Chance hatte. Jetzt aber gibt es diese Chance, eine große Chance, und wir müssen sie ergreifen, denen zuliebe, die hier sind, und auch um jener vielen willen, die nicht gekommen sind ... Gewalt unterminiert die Grundlagen der israelischen Demokratie. Sie muß abgelehnt und verurteilt werden, und sie muß eingedämmt werden. Sie ist nicht Linie des Staates Israel. Demokratie ist unsere Linie ... Wir haben auch unter den Palästinensern einen Partner für den Frieden gefunden - die PLO, die einst ein Feind war, jetzt jedoch dem Terrorismus abgeschworen hat."[33]

Die israelische Öffentlichkeit reagierte mit Entsetzen, Ratlosigkeit und Bestürzung, als bekannt wurde, daß nicht ein islamistischer Fanatiker, sondern ein jüdischer Israeli die tödlichen Schüsse abgegeben hatte. Der Attentäter Jigal AMIR, ein 25jähriger Jurastudent der Bar-Ilan-Universität in Ramat Gan, erklärte bei seiner Verhaftung, er habe allein und "auf Gottes Weisung" gehandelt. Er zeigte auch später keine Reue und sagte aus, bereits zuvor mehrfach versucht zu haben, den "Verräter am jüdischen Volk" - wie er den Ministerpräsidenten nannte - zu ermorden.[34] AMIR gehörte einer kleinen militant-extremistischen Siedlergruppe namens EJAL an, die 1993 in Ablehnung des Friedensschlusses mit der PLO gegründet worden war und deren Mitglieder sich verschworen hatten, mit allen Mitteln den Friedensprozeß aufzuhalten. Der Mörder wurde am 27. März 1996 zu lebenslanger Haft verurteilt.

Die internationale Völker- und Staatengemeinschaft nahm am Geschehen in Israel Anteil. Zur Beisetzung Jizchak RABINs am 6. November 1995 reisten zahlreiche Staats- und Regierungschefs an, u. a. Bill CLINTON, Jacques CHIRAC, John MAJOR und Helmut KOHL. Auch König HUSSEIN von Jordanien, der ägyptische Präsident Husni MUBARAK sowie Vertreter Marokkos, Mauretaniens, Katars und des Sultanats Oman erwiesen dem Ermordeten die letzte Ehre. Jasir ARAFAT, der aus Sicherheitsgründen auf eine Teilnahme verzichtete, stattete am 10. November der Witwe Jizchak RABINs einen Kondolenzbesuch ab. Nach Ende der einwöchigen Trauerwoche fand eine Gedenkveranstaltung auf dem Platz der Könige Israels in Tel Aviv statt, die nach Teilnehmerzahl und Stimmung als eine der bisher beeindruckendsten in der Geschichte Israels gilt. Lea RABIN vollzog die Umbenennung des Ortes in Jizchak-Rabin-Platz. Sie sprach sich vehement für die Fortsetzung der Friedenspolitik aus, für die ihr Mann gekämpft hatte und gestorben war.

Die Trauer der israelischen Bevölkerung war beispiellos. Über Wochen brannten Tausende Kerzen vor RABINs Privathaus, am Schauplatz des Verbrechens und in vielen Kollektivsiedlungen, Dörfern und Städten. Immer wieder wurden frische Blumen am Jizchak-Rabin-Platz und am Grab des Ermordeten auf dem Herzl-Berg niedergelegt. Vor allem junge Menschen, die "Kinder der Kerzen", waren aufgewühlt. Das Gefühl, einen Vater verloren zu haben, dominierte. Mit der Trauer verband sich das Gefühl, die Vision einer besseren Zukunft, einer Zukunft ohne Gewalt und Krieg, sei unwiederbringlich zerronnen. An Straßenrändern, belebten Plätzen und vielen Privathäusern sowie auf Tausenden Autos war als letzter Gruß für RABIN zu lesen: Schalom chaver! - Leb wohl, Freund! - ein Versprechen, das Vermächtnis des Toten zu erfüllen.

Für mehrere Wochen fand die rechte Opposition - von der Linken als ideelle Hauptschuldige am Mord benannt - kaum Gehör in der Öffentlichkeit. Die Friedensvision der "Tauben" wurde von der Bevölkerungsmehrheit befürwortet. Hatten sich am 29. Oktober - eine knappe Woche vor dem Mordanschlag - lediglich 58 Prozent der Israelis generell für den Friedensprozeß bzw. 37,2 Prozent für die Osloer Abkommen ausgesprochen, so ergaben Umfragen vom 8. November 75,8 bzw. 51,6 Prozent. Wahlen an diesem Tag hätten - so die Demoskopen - 46,4 Prozent der Stimmen für die Partei der Arbeit und nur 15,4 Prozent für den *Likud* ergeben, 57,3 Prozent der Befragten favorisierten PERES und lediglich 24,5 Prozent NETANJAHU. Das offensichtliche Versagen des Sicherheitsdienstes, der die Ermordung des Ministerpräsidenten nicht verhindert hatte, warf Fragen hinsichtlich einer möglichen Verstrickung des SCHABAK in das Attentat auf und rührte damit an Grundfesten des nationalen Konsens.

Bald jedoch ging Israel wieder zur Tagesordnung über; der tiefe Schock, der Hunderttausende im November 1995 auf die Straßen getrieben hatte, schien für viele Bürger schnell überwunden. Mitglieder der Regierungskoalition erhielten Morddrohungen, und Jerusalemer Jugendliche gründeten einen Jigal-Amir-Fan-Klub. Nach mehreren Terroranschlägen palästinensischer Selbstmordattentäter Anfang 1996 verstärkten sich erneut Zweifel an der Richtigkeit des von der Rabin-Regierung eingeschlagenen Weges; die Zahl der Befürworter und Gegner des Friedensprozesses schien sich erneut die Waage zu halten.

Die Schüsse auf dem Platz der Könige hatten letztlich die Kluft zwischen Befürwortern und Gegnern eines Friedenskompromisses mit den Palästinensern vertieft; sie leiteten das Ende der sozialdemokratischen Regierungskoalition ein. Die Ermordung RABINs werteten Beobachter der innenpolitischen Szene nicht nur als das Ergebnis einer dreijährigen - sowohl von der radikalen als auch von der gemäßigten Rechten geführten - Hetzkampagne, sondern gleichzeitig als Synthese von religiösem und nationalistischem Fanatismus, als eine Verbindung, die sich inmitten der israelischen Gesellschaft entwickelte und die politische Kultur des Landes zunehmend zersetzte. "Das Attentat hat eine Wunde gerissen, die niemals verheilen wird", erklärte ein Tel Aviver Wissenschaftler. "Die Fragen, die Israel spalten und die zu Rabins Ermordung führten, sind bedeutend: Land, Souveränität, das Verhältnis von Staat und Religion. Solche Fragen verschwinden nicht."[35]

Schimon PERES, der noch in der Nacht des 4. November die Geschäfte des Ministerpräsidenten übernommen hatte, wurde am 22. November 1995 von der Knesset in diesem Amt bestätigt. Neuer Außenminister wurde Ehud BARAK; das von ihm in den vergangenen vier Monaten bekleidete Ressort des Innenministers übernahm der zur *Avodah* zurückgekehrte Chaim RAMON. Die Regierung sprach sich für die konsequente Umsetzung von Oslo II aus und begann wie vereinbart mit dem israelischen Rückzug aus sechs palästinensischen Städten. Eine Woche früher als geplant, am 13. November, wurde Jenin in die Verwaltung der Palästinensischen Autonomiebehörde gegeben; es folgten Nablus am 26. November, Tulkarem am 10. Dezember sowie Kalkilijah am 17. und Bethlehem am 21. Dezember. Mit dem Abzug von ZAHAL aus Ramallah am 27. Dezember wurde die Übergabe palästinensischer Städte vorerst abgeschlossen. Zugleich zog sich die Armee aus 400 palästinensischen Dörfern zurück. Die Räumung eines begrenzten Teils der Westbank stellte einen wichtigen, zwei bis drei Jahre zuvor noch für unmöglich gehaltenen Schritt zur Beendigung der israelischen Besatzung in den 1967 eingenommenen Territorien dar. Würden weitere Schritte folgen oder war mit der Umgruppierung der Streitkräfte das Ziel konservativer israelischer Politiker erreicht, die die Herrschaft über die Gebiete zwar behalten, jedoch die Verwaltung und Disziplinierung des größten Teils der arabischen Bevölkerung den Palästinensern überlassen wollten?

Zunächst schien die Entwicklung eher den Optimisten denn den Pessimisten Recht zu geben. Am 20. Januar 1996 fanden - wenngleich mit mehrmonatiger Verspätung - im Westjordangebiet, im Gaza-Streifen und in Ostjerusalem

Wahlen zum palästinensischen Parlament sowie des Ra'is, des Präsidenten, statt. Obwohl die Wahlbeteiligung in einigen Gebieten, etwa Ostjerusalem und Hebron, bei nur knapp 30 Prozent lag, gaben insgesamt etwa vier Fünftel der wahlberechtigten Palästinenser ihre Stimme ab. Jasir ARAFAT wurde mit 87,1 Prozent der Stimmen zum Ra'is gewählt; die einzige Gegenkandidatin - Samiha CHALIL - erhielt 9,6 Prozent. 50 der 88 Parlamentssitze gingen an *Fatah*, 36 an unabhängige Kandidaten, von denen 15 jedoch ebenfalls *Fatah* nahestanden.

Die Wahlen wurden von israelischen und palästinensischen Politikern als Erfolg der Osloer Verträge bezeichnet. Zweifellos stellten sie einen wichtigen Schritt in Richtung auf einen palästinensischen Staat dar; sie schlossen den Transformationsprozeß der PLO von einer militanten Befreiungsorganisation zu einer zivilen politischen Kraft ab. ARAFAT versicherte sich der demokratischen Legitimation seiner Herrschaft und eines Mandats für die Fortführung der Gespräche mit Israel. Damit war er nicht nur in den Augen der internationalen Gemeinschaft aufgewertet; auch seine Machtbefugnisse in den palästinensischen Territorien erweiterten sich deutlich. Haidar Abd asch-SCHAFI, unabhängiger Abgeordneter und Verhandlungsführer der palästinensischen Delegation in Madrid und Washington 1991 bis 1993, beklagte, in Palästina könne nichts mehr ohne die Zustimmung ARAFATs geschehen; zunehmend zeichneten sich die Konturen eines Polizeistaates ab.[36] Neben Nepotismus, Korruption und Personenkult erschwerten die von israelischer Seite begrenzten Rechte des Autonomierates, der zunächst lediglich für die Bereiche Wirtschaft, lokale und regionale Verwaltung, Gesundheit und Erziehung sowie Polizei zuständig war, die Herausbildung demokratischer, zivilgesellschaftlicher Strukturen in der palästinensischen Gemeinschaft. Hinzu kamen innerer und äußerer Druck auf den Ra'is sowie die Abhängigkeit der Gebiete von finanziellen Zuwendungen aus dem Ausland.

Die Wahlen wurden überschattet vom tödlichen Anschlag auf Jahja AJASCH, einen *Hamas*-Aktivisten, in Israel als "mehandes" (Ingenieur) bekannt und seit Jahren vom israelischen Geheimdienst gesucht; ihm wurde die Verantwortung für den Tod von mindesten 77 Menschen seit 1993 zur Last gelegt. Spekulationen, daß der *Schin Bet* für das Attentat verantwortlich sei, wurden nicht dementiert. Die Tat, von ARAFAT als gravierender Verstoß gegen die Autonomievereinbarungen bezeichnet, bedeutete de facto das Ende der inoffiziellen Waffenruhe zwischen *Hamas* und Israel. Vier Sprengstoffanschläge in Jerusalem und Aschkelon kosteten Ende Februar/Anfang März 1996 erneut 62 jüdische Zivilisten das Leben; sie versetzten die israelische Bevölkerung in eine panikartige Stimmung. Die Infragestellung der persönlichen Sicherheit und das Gefühl der Ohnmacht paarten sich mit Forderungen nach "harten Maßnahmen". Schimon PERES, der vielen weniger als Pragmatiker und Realist, sondern vielmehr als Verzichtspolitiker, Träumer und Visionär galt, wurde offen Versagen vorgeworfen. Oppositionsführer NETANJAHU nutzte die Stimmungen weidlich aus, um den bisherigen Verlauf des Friedensprozesses in Frage zu stellen und populistisch auf Stimmenfang für die angekündigten vorgezogenen Knessetwahlen zu gehen. "Wo ist der Neue Nahe Osten von Peres?" fragte er. "Alles, was wir sehen können, ist der alte Nahe Osten der Bomben und Gewehrkugeln." Der *Likud*-Abgeordnete Usi LANDAU pflichtete ihm bei: "Das Konzept von Oslo ist von den *Hamas*-Bombenlegern hinweggeblasen worden."[37]

Die Regierung beantwortete die neuerliche Herausforderung mit umfangreichen Sicherheitsvorkehrungen in Israel, mit der vorläufigen Suspendierung der Räumung Hebrons sowie mit der erneuten und fast vollständigen Absperrung der Territorien. Der Bau des von Innenminister Mosche SCHACHAL vorgeschlagenen elektronikbestückten Zauns, der die israelische und palästinensische Bevölkerung dauerhaft trennen sollte, wurde zwar zurückgestellt. Den in Israel beschäftigten Palästinensern aus der Westbank und dem Gaza-Streifen blieb jedoch über Monate die Einreise nach Israel verwehrt; der Handel mit den Gebieten kam fast vollständig zum Erliegen. Die der israelischen Wirtschaft aus der Absperrung erwachsenden Probleme wurden durch die Aufnahme von Arbeitskräften aus Osteuropa und Fernost sowie den Import von wesentlich teureren Obst- und Gemüseprodukten kompensiert. Infolge ausbleibender Verdienstmöglichkeiten verschlechterte sich die wirtschaftliche und soziale Situation in den palästinensischen Territorien erheblich. Schätzungen über die Arbeitslosigkeit reichten 1996 von 13 bis 50 Prozent für die Westbank und 31 bis 74 Prozent für den Gaza-Streifen; das Bruttosozialprodukt pro Kopf der palästinensischen Bevölkerung war 1996 um 36,1 Prozent geringer als 1992. Pessimismus, Hoffnungslosigkeit und Gewaltbereitschaft nahmen schnell zu. Der Teufelskreis schien erneut geschlossen.

Um den Stimmungsumschwung in der israelischen Bevölkerung aufzufangen, den Verunsicherungstendenzen zu begegnen und sich als "starker Mann" zu präsentieren, leitete Ministerpräsident PERES am 11. April 1996 eine militärische Offensive im Libanon ein. Die bis zum 26. April andauernde Aktion "Früchte des Zorns" war zweifellos auch eine Reaktion auf die sich abzeichnende Eskalation an der südlibanesischen Grenze - am 31. März waren 28 Katjuscha-Raketen in Nordisrael eingeschlagen. Die israelische Bombardierung von mutmaßlichen Hisbollah-Stellungen in der Bekaa-Ebene, an der libanesischen Küste und in Beirut dürfte vor allem jedoch innenpolitisch motiviert gewesen sein. Die Militäroperation hatte große Verluste unter der libanesischen Zivilbevölkerung zur Folge und zog nach Angriffen auf ein UNIFIL-Flüchtlingslager bei Tyrus internationale Kritik nach sich. Sie war in Israel umstritten, erhöhte die Vertrauenswürdigkeit der Regierung nicht und sollte sich letztlich für PERES - bei den Knessetwahlen - als höchst kontraproduktiv auswirken. Die Krise endete mit einem Waffenstillstandsabkommen zwischen Israel, Syrien und Libanon.

Wirtschaftliche Trends und soziale Folgen

Die Wirtschaftsentwicklung in Israel war zwischen 1990 und 1996 durch zwei miteinander verbundene Tendenzen gekennzeichnet - durch das Bemühen um Absorption der Masseneinwanderung aus der UdSSR bzw. aus den GUS-Staaten und durch das Bestreben, sich in stärkerem Maße als bisher der Weltwirtschaft zu öffnen. Für 1991 spielten darüber hinaus die Auswirkungen des Golfkrieges, die den in der zweiten Hälfte des Jahres 1990 begonnenen wirtschaftlichen Aufschwung beendeten, eine Rolle. Die für Israel relevanten Kosten des Konflikts beliefen sich offiziellen Angaben zufolge auf drei Milliarden Dollar. Diese Summe umfaßte Einbußen im Tourismus, durch Raketeneinschläge verursachte materielle Schäden, steigende Kosten für Ölimporte, höhere Militärausgaben sowie geringere Arbeitsleistungen infolge der Alarmbereitschaft und der zeitweiligen Absperrung der besetzten Gebiete. Die Verluste konnten durch zusätzliche Zahlungen der USA und der Europäischen Gemeinschaft in Höhe von 650 Mill. Dollar bzw. 250 Mill. Dollar nur teilweise ausgeglichen werden. Wichtiger als finanzielle Hilfen war die Entscheidung der EG, die aufgrund der israelischen Besatzungspolitik zuvor verhängten Sanktionen gegen den jüdischen Staat aufzuheben und die Handelsbeziehungen zu beleben.

Trotz des Golfkrieges stiegen 1991 die ausländischen Investitionen um 20 Prozent. Neben amerikanischen und westeuropäischen Unternehmen zeigten zunehmend auch japanische Firmen Interesse an einem wirtschaftlichen Engagement. Der 1992 und 1993 anhaltende positive Trend in der Investitionstätigkeit wurde insbesondere nach Unterzeichnung von Oslo I und II fortgesetzt. 1995 legten ausländische Unternehmen zwei Milliarden Dollar in Israel an; diese Summe war israelischen Angaben zufolge doppelt so hoch wie alle Auslandsinvestitionen der achtziger Jahre.[38] Die Drosselung der Inflationsrate - 1992 mit 9,4 Prozent seit über 20 Jahren erstmals wieder eine einstellige Zahl vor dem Komma - verbesserte das wirtschaftliche Klima; auch in den folgenden Jahren lag die Inflation mit 8,1 Prozent (1995) und 10,6 Prozent (1996) deutlich unter den Werten der achtziger Jahre. Das gestiegene Ansehen Israels wirkte sich nicht zuletzt im Fremdenverkehr aus; die Einnahmen aus dem Tourismus stiegen im Zeitraum 1992 - 1995 um über 55 Prozent auf rund elf Milliarden Dollar.

Die enge Kooperation mit den USA, die Anfang 1992 durch die wenig flexible Siedlungspolitik Israels vorübergehend getrübt schien, wurde nach den Knessetwahlen fortgesetzt. Präsident George Bush betonte gegenüber Jerusalem Post, daß Israel für die USA nicht nur als Freund, sondern auch als zuverlässiger strategischer Verbündeter von Bedeutung sei: "Es ist in unserem Sicherheitsinteresse, das bestehende Verhältnis zu Israel - sowohl auf militärischem Gebiet wie auch auf anderen Ebenen - aufrechtzuerhalten."[39] Auch Bill Clinton ließ keinen Zweifel an der Fortsetzung der Sicherheitspartnerschaft zwischen beiden Ländern. Die seit Mitte der achtziger Jahre an Israel jährlich gezahlte amerikanische Finanzhilfe in Höhe von 1,8 Mrd. Dollar für militärische Zwecke - wovon allerdings lediglich 475 Mill. Dollar in Schekel ausgegeben werden durften - und von 1,2 Mrd. Dollar für wirtschaftliche Belange wurde in den neunziger Jahren fortgesetzt. Die über einen Zeitraum von sechs Jahren ausgestellte US-Kreditbürgschaft in Höhe von 10 Mrd. Dollar trug ab 1993 maßgeblich zur Deckung des Zahlungsbilanz- und Haushaltsdefizits bei.

Priorität für die israelische Wirtschaftspolitik hatte die Schaffung von Arbeitsplätzen für Neueinwanderer. Die dafür aufgewendeten Finanzmittel konnten jedoch nicht alle Erfordernisse decken. Der Anteil der Arbeitslosen am zivilen Arbeitskräftepotential erhöhte sich von 9,6 Prozent 1990 auf 12,3 Prozent 1992. Er betrug 1993 trotz Abschwächung der *Alijah* immer noch 10,9 Prozent, verringerte sich offiziellen Angaben zufolge in den folgenden Jahren jedoch gravierend bis auf 6,7 Prozent 1996.

Streiks fanden in den beginnenden neunziger Jahren insbesondere in der öffentlichen Verwaltung und im Bildungswesen statt. Aufmerksamkeit erregte z. B. das Vorhaben der Regierung, die Gesundheitseinrichtungen weitgehend zu privatisieren. Dieser von der *Likud*-Regierung bereits 1991 vorgelegte Plan richtete sich vor allem gegen die Gewerkschaft *Histadrut*, deren Krankenkasse *Kupat Cholim* den größten Teil der Arbeitnehmer als Mitglieder erfaßte und etwa 70 Prozent der Bevölkerung medizinisch versorgte. Schulden in Höhe von 2,6 Mrd. NIS veranlaßten die Gewerkschaftsführung Ende Dezember 1992, einem weitgehenden Reformkonzept der Regierung zuzustimmen. Bereits in den vorangegangenen Jahren hatte die *Histadrut* jährlich etwa zwei Prozent ihrer Mitglieder verloren; als nunmehr die Sozialversicherung nicht mehr an die Gewerkschaft gebunden war, verringerte sich die Mitgliederzahl drastisch. War 1994 in offiziellen Statistiken noch von 1,8 Millionen Mitgliedern (Arbeitnehmer und Ehepartner) die Rede, so gab Chaim RAMON deren Zahl im Oktober 1995 nur noch mit 650.423 an.[40]

Die hohe Belastung des israelischen Haushalts durch Schuldenrate (1992 - 30,3 Prozent, 1996 - 32,2 Prozent) und Verteidigungsbudget (1992 - 15,7 Prozent, 1996 - 16,4 Prozent) hielt an. Nicht zuletzt aufgrund der Notwendigkeit, Terroranschläge abzuwenden, blieben die Militärausgaben, die 1992 und 1993 8,2 bzw. 7,2 Prozent des Bruttoinlandprodukts betragen hatten, in den folgenden Jahren nahezu konstant (1995 - 7,2 Prozent). Die Regierung war bestrebt, das Außenhandelsdefizit (1992 - 6,2 Mrd. Dollar) durch die Förderung exportorientierter Industriezweige zu verringern. Zuwachsraten wiesen vor allem die Textil-, Chemie- und Elektronikindustrie auf. So erhöhte sich der Export elektronischer Erzeugnisse von 2,6 Mrd. Dollar 1992 auf 4,3 Mrd. Dollar 1995.

Die Privatisierung staatlicher und gewerkschaftseigener Betriebe setzte sich fort. Sie zielte auf eine Rationalisierung und Umstrukturierung zahlreicher Betriebe und sollte deren Exportchancen verbessern. So wurde beispielsweise der

Histadrut-Anteil des Industriekonzerns *Kur* an die kalifornische Gesellschaft Shamrock Holdings für 252 Mill. Dollar verkauft; die bereits Mitte der achtziger Jahre zu wesentlichen Teilen vom Staat übernommene *Bank ha-Poalim* wurde ebenso wie die Telefongesellschaft Besek zum Verkauf angeboten. Waren 1992 noch 72.655 Personen in Betrieben beschäftigt, die mindestens zu 50 Prozent dem Staat gehörten, so waren es 1994 trotz des bedeutend gestiegenen israelischen Arbeitskräftepotentials nur noch 68.181 - etwa fünf Prozent aller zivilen Arbeitskräfte. Während sich im *Histadrut*-Sektor die Zahl der in Industriebetrieben Tätigen von 49.300 (1992) auf 28.700 (1996) verringerte, war in Privatfirmen ein deutlicher Anstieg des Arbeitskräftepotentials zu verzeichnen (1992 - 256.500; 1996 - 316.500).

Obwohl 1992 noch über 65 Prozent des Außenhandels mit Staaten der Europäischen Gemeinschaft und mit den USA getätigt wurden, war nicht zu übersehen, daß sich die israelische Wirtschaft auf neue Märkte zu orientieren begann. Das politische Klima schien dafür günstig. Das Ende des Kalten Krieges sowie die Einleitung des nahöstlichen Friedensprozesses hoben die außenpolitische Isolierung Israels weitgehend auf. Im Herbst 1995 existierten beispielsweise volle diplomatische Beziehungen zu 153 Staaten; das bedeutete eine Zunahme von 62 Staaten seit der Madrider Konferenz. Die Normalisierung der Beziehungen zu Osteuropa und zur Dritten Welt war erkennbar mit einer Erweiterung der Handelskontakte verbunden. Exporte Israels in die Sowjetunion hatten 1990 lediglich einen Wert von 4,9 Mill. Dollar ausgemacht; 1995 lieferte Israel allein nach Rußland Waren für 259,6 Mill. Dollar. Nach Ungarn, Polen, Bulgarien, der Slowakei und in die Tschechische Republik wurden 1995 Waren im Umfang von insgesamt 162,1 Mill. Dollar (1996 - 204,5 Mill. Dollar) ausgeführt. Auch der Warenaustausch mit Indien, Japan und Staaten Südostasiens nahm neue Dimensionen an. 1995 war Japan - noch vor der Bundesrepublik - zweitgrößter Handelspartner Israels. Als sichtbaren Erfolg einer neuen Außenhandels- und Wirtschaftspolitik verbuchte die israelische Regierung 1992 bis 1996 jährliche Exportsteigerungen zwischen 12 und 14 Prozent. Da sich zugleich jedoch die Einfuhren um 20 Prozent erhöhten, vergrößerte sich das Außenhandelsdefizit weiter. Nach Abkommen mit den EFTA-Staaten Finnland, Island, Norwegen, Schweden, Österreich, der Schweiz und Liechtenstein, die am 1. Januar 1993 in Kraft traten, konnte Israel als gewichtigen Erfolg die Unterzeichnung eines Assoziierungsabkommens mit der EG am 20. November 1995 verbuchen, das seinen Zugang zum europäischen Markt erweiterte. 1996 wurden Freihandelsabkommen mit Kanada, der Türkei, der Slowakei und der Tschechischen Republik abgeschlossen.

Einen besonderen politischen Stellenwert nahmen erste Wirtschaftskontakte zu arabischen Staaten ein. Sie waren auch ökonomisch von Bedeutung, konnten sie doch langfristig den Absatz israelischer Waren in der Region ermöglichen und perspektivisch die Versorgung Israels mit dringend benötigten Rohstoffen -

insbesondere Öl und Bauxit - sichern. Die Beendigung des sekundären und tertiären Wirtschaftsboykotts durch die Länder des Golfkooperationsrates und Jordanien wirkte über die Region hinaus. Die Wirtschaftskonferenzen der Staaten des Nahen und Mittleren Ostens sowie Nordafrikas in Casablanca 1994 und Amman 1995 stellten neue Weichen für israelisch-arabische Handelsbeziehungen - auch wenn die Realität zunächst hinter den Erwartungen zurückblieb. Am 14. August 1995 hob Jordanien alle Gesetze auf, die wirtschaftliche Kontakte mit Israel verboten; Ende Oktober desselben Jahres unterzeichneten Vertreter beider Staaten einen Handelsvertrag. In ihm wurde u. a. festgelegt, daß das Haschemitische Königreich künftig israelische Produkte in arabischen Ländern vertreiben könne. Eine Reihe von Joint Ventures wurde in Angriff genommen. Auch die Handelsbeziehungen mit Ägypten, insbesondere auf touristischem Gebiet, entwickelten sich 1994/95 positiv. Noch befand sich allerdings die Mehrzahl der gemeinsamen israelisch-arabischen Projekte im Planungsstadium. Zunehmende Spannungen im israelisch-palästinensischen Verhältnis verzögerten die Finanzierung multilateraler Projekte. Dennoch konnte Israel mit seinem stabilen Markt auf wirtschaftlichem Gebiet eine relativ hohe "Friedensdividende" erreichen. Für die Vision von Schimon PERES hinsichtlich eines "gemeinsamen Marktes im Nahen Osten"[41] fehlten jedoch noch entscheidende Voraussetzungen.

Knessetwahlen 1996

Am 29. Mai 1996 fanden Wahlen zur 14. Knesset statt. Sie waren infolge des Attentats auf Jizchak RABIN um fünf Monate vorverlegt worden und galten als Test für den 1993 begonnenen Friedensprozeß. Die Abstimmung wurde - wie beinahe jede zuvor - als "schicksalhaft" für die Zukunft des Landes dargestellt. Tatsächlich wies sie signifikante Unterschiede zu früheren Urnengängen auf.

1992 waren Reformen des politischen Systems eingeleitet worden, die eine Verbindung von parlamentarischer Demokratie und Präsidialregime darstellten. Sie sollten dem künftig direkt vom Volk gewählten Ministerpräsidenten größere Machtbefugnis verleihen und die Einflußmöglichkeiten kleiner Parteien minimieren. Der Premier allein nominiert nach diesem Konzept die Regierung; er kann nur mit einer Zweidrittel-Mehrheit der Knessetabgeordneten (80 von 120) abgewählt werden. Spricht ihm eine einfache Mehrheit (61) das Mißtrauen aus, so ist auch das Parlament neu zu wählen. Bei einem Abstimmungsverhalten von z. B. 58:57 muß die Regierung dagegen nicht mehr - wie bisher - zurücktreten. Schimon PERES sah Ende 1996 - nach der Wahl - diese von der *Mifleget ha-Avodah* inszenierte Entwicklung in kritischem Licht:

"Wir haben einen fürchterlichen Fehler begangen, als wir das System geändert haben. Denn man kann keinen Präsidenten direkt wählen lassen, wenn es kein Präsidialregime gibt ... Bei uns hat man die Befugnisse des Parlaments eingeschränkt und sie in die Hände des Premierministers gelegt, so daß die Kontrollmechanismen bedroht sind."[42]

Der israelische Wähler hatte sich im Mai 1996 somit nicht nur für eine Partei zu entscheiden, sondern er mußte auch zwischen zwei Bewerbern - Schimon PERES und Benjamin NETANJAHU - den einzigen Kandidaten für das wichtigste politische Amt im Staat Israel, auswählen. Mit den beiden Politikern standen nicht nur die Innen-, Wirtschafts- und Sozialpolitik, sondern auch die Konzepte der *Avodah* bzw. des *Likud* zur Weiterführung des Friedensprozesses zur Disposition. Darüber hinaus spielten innergesellschaftliche Widersprüche, insbesondere das Verhältnis zwischen religiösen und säkularen Teilen der Bevölkerung, eine Rolle. Deutlicher als jemals zuvor zeichneten sich bereits seit Jahrzehnten vorhandene Risse in der Gesellschaft ab.

Die Wahlen waren zudem durch konkrete politische Geschehnisse geprägt, seien es Diskussionen über die Ermordung RABINs, Terroranschläge islamistischer Gruppen in Jerusalem und Tel Aviv im Frühjahr 1996 oder die zögerliche Umsetzung des Oslo II-Abkommens. Während der *Likud* die Wähler mit der Prophezeiung zu schocken suchte: "Bleibt der *Maarach* an der Macht, teilt Peres Jerusalem"[43], mahnte die *Avodah* zur Geduld: "Frieden macht man nicht an einem Tag. Der Weg ist weder leicht noch kurz, daher darf man die Hoffnung nicht aufgeben."[44] In der alle Israelis bewegenden Frage nach der persönlichen und nationalen Sicherheit benutzten die Kontrahenten fast identische Slogans: "Schalom batuach" (Ein sicherer Frieden) bzw. "Schalom im Bitachon" (Frieden mit Sicherheit). Deutlicher als zuvor positionierten sich die rechts und links der beiden großen Parteien stehenden Gruppierungen. *Moledet* deklarierte "Erez-Jisrael gehört dem jüdischen Volk und nur ihm allein!" und forderte die Annulierung von Oslo I und II.[45] MEREZ dagegen sprach sich im Wahlprogramm für die "sichere Abtrennung" der palästinensischen Gebiete und - im Rahmen einer endgültigen Regelung - für die Errichtung eines palästinensischen Staates aus.[46] Die Zentrumsparteien *Dritter Weg* und *Jisrael ba-Alijah* tendierten in ihren Aussagen zur Palästinenserfrage eher zu den "Falken" denn zu den "Tauben".

Die politische Szene wurde 1996 eindeutig von den beiden großen Parteien - *Avodah* und *Likud* - dominiert; jedoch auch die kleineren Parteien kämpften lautstark um die Gunst des Wählers. Von den 20 Listen, die den Einzug ins Parlament versuchten, kandidierten 13 zum ersten Mal. Elf Parteien bzw. Parteiblöcke konnten die 1,5 Prozent-Sperrklausel überspringen, unter ihnen vier neue Gruppierungen. Fünf der später gewählten Knessetfraktionen bestanden aus mehreren Parteien. Die Wahlbeteiligung war mit 79,3 Prozent um fast zwei

Prozent höher als 1992. Sie wurde nicht zuletzt durch die Stimmen ultraorthodoxer Juden erreicht, die aus ihrer Ablehnung des säkularen Staatswesens kein Hehl machten und bisher mit dieser Begründung die Beteiligung an den Parlamentswahlen stets abgelehnt hatten.

Schimon PERES erlitt zum fünften Mal in seiner politischen Karriere eine Wahlniederlage. Sein Herausforderer, Benjamin NETANJAHU, wurde mit einem hauchdünnen Vorsprung von 29.457 Voten bzw. 50,49 Prozent der gültigen Stimmen zum neuen Ministerpräsidenten Israels gewählt. Damit war der *Likud*, obwohl nur zweitstärkste Knessetfraktion, ausersehen, die neue Regierung zu bilden; die Mitte-Links-Koalition der Jahre 1992-96 mußte abtreten. Während der Jubel unter den Anhängern des *Likud* groß war, als am Morgen des 30. Mai die Wahlergebnisse bekanntgegeben wurden, dominierten im Friedenslager tiefe Enttäuschung und düstere Zukunftsprognosen.

Die Wahlergebnisse verdeutlichten einen Vertrauensverlust der bisherigen Regierungsparteien; *Avodah* und MEREZ erhielten trotz des um eine halbe Million gewachsenen Wählerpotentials über 100.000 Stimmen weniger als 1992 und damit nur noch 43 Mandate (1992 - 56). Die Partei der Arbeit verlor insbesondere bei den sozial Schwachen an Rückhalt, hatte sie sich doch im Wahlkampf vor allem auf den gehobenen Mittelstand orientiert. Auch der Niedergang der *Histadrut*-Wirtschaft trug keinesfalls dazu bei, ihr Ansehen zu erhöhen. In den Entwicklungsstädten überließen *Avodah* und MEREZ das Aktionsfeld nahezu kampflos dem *Likud* und religiösen Parteien. Weder die offenkundigen Sympathien des amerikanischen Präsidenten für die Partei der Arbeit noch der Beschluß des Palästinensischen Nationalrats vom 25. April 1996, die Passagen aus der Palästinensischen Nationalcharta herauszunehmen, die die Existenz Israels in Frage stellten, hatten PERES die erwartete Schützenhilfe gebracht. Wähler der Mitte hatten sich vielmehr durch den Beschluß der *Avodah*, die Ablehnung eines palästinensischen Staates aus ihrem Wahlprogramm zu streichen, verunsichert gefühlt.

Doch auch der *Likud* hatte Federn lassen müssen; trotz des Wahlbündnisses mit *Zomet* und *Gescher* verlor er etwa 50.000 Stimmen und errang nur 32 Mandate. Niemals zuvor in der Geschichte Israels war einer derart kleinen Parlamentsfraktion die Führung der Regierungsgeschäfte anvertraut worden.

Die Direktwahl des Ministerpräsidenten stellte den israelischen Bürger zunächst vor die Entscheidung zwischen *Likud*- und *Avodah*-Kandidaten; die Zweitstimme konnte jedoch einer anderen Partei zugute kommen. Auf diese Weise gewannen die kleinen Parteien an Bedeutung; der in den siebziger und achtziger Jahren vorherrschende Trend zum Zweiparteiensystem wurde durch verstärkte politische Fraktionalisierung ersetzt. Hatten Wahlprognosen den religiösen Parteien höchstens 15 Parlamentssitze vorausgesagt, so erzielten sie am 29. Mai 1996 253.880 Stimmen mehr als 1992 und zogen mit 23 Mandaten ins Parlament ein.

Der Erfolg von SCHASS, Nationalreligiöser Partei und Vereinigtem Torah-Judentum zeigte, daß die Spaltung der israelischen Gesellschaft in "Tauben" und "Falken" als Erklärungsansatz für die Wahlergebnisse nicht mehr ausreichte. Neben dem Widerspruchspaar Sicherheitsgarantien versus Friedenskompromisse wirkte eine Reihe von Faktoren mit sozio-kulturellen Hintergründen. Ein Wertekonflikt wurde sichtbar, der nur z. T. deckungsgleich mit dem Herangehen an die Land-Sicherheits-Problematik ist. Die demographischen Veränderungen der neunziger Jahre, innenpolitische und wirtschaftliche Reformen sowie der eingeleitete und auf halbem Weg steckengebliebene Friedensprozeß hatten dazu geführt, daß sich Auseinandersetzungen um gesellschaftliche Grundwerte und israelische Identität zuspitzten und neue Formen annahmen. Treffend charakterisiert der israelische Schriftsteller Amos Oz den Wertewandel:

> "Diese Wahl hat gezeigt, daß Israel die Vision des Schmelztiegels aufgegeben hat. Israel ist jetzt eine Art Bundesstaat mit verschiedenen Werten, Traditionen und Entwürfen."[47]

Neben dem Paradigmenwechsel in der Regionalpolitik hatte die sozialdemokratisch geführte Regierung offen die Säkularisierung der Gesellschaft favorisiert. Die Tatsache, daß 1992 erstmalig das Amt des Bildungsministers nicht durch den Vertreter einer religiösen Partei besetzt worden war, rief Besorgnis bei den Juden hervor, die durch eine säkulare Erziehung der Jugend und zunehmende Trends einer Amerikanisierung bzw. Verwestlichung schlechthin den jüdischen Charakter des Staates gefährdet sahen. Der Begriff "Kulturkampf" als Ausdruck unterschiedlicher Interessenlagen, Weltsichten und Lebenshaltungen fand Eingang in das Vokabular der israelischen Presse. Der Rat der Torah-Weisen, das oberste Gremium der *Agudat Jisrael*, hatte wenige Tage vor der Knesset-Wahl z. B. alle Anhänger der Partei aufgerufen, für den Kandidaten zu stimmen, "dessen Partei dem Geist jüdischer Religion und Tradition stärker verhaftet sei".[48] Er sprach sich damit - ebenso wie das spirituelle Oberhaupt von SCHASS, Jizchak KADURI, der am 28. Mai NETANJAHU zu einem Gespräch empfangen und ihn gesegnet hatte - für den *Likud*-Kandidaten aus. Das Engagement religiöser Autoritäten im Wahlkampf war bemerkenswert, hatten diese doch noch 1992 zum Boykott der Wahl eines weltlichen Parlaments aufgerufen. Im Mai 1996 verteilte SCHASS dagegen ca. 140.000 Amulette und eine Vielzahl von Kerzen, die von Rabbi KADURI gesegnet worden waren und demjenigen Erfolg bescheren sollten, der die Partei der orientalischen Orthodoxie wählen würde.[49]

Weitere Widersprüche und Einflußfaktoren entsprangen den ethnischen Disparitäten. Sie betrafen z. B. das Verhältnis zwischen orientalischen Juden und sogenannten *Aschkenasim*, den aus Europa bzw. Amerika stammenden Familien, oder von Neueinwanderern und Alteingesessenen sowie die Kluft zwischen jüdischer Bevölkerungsmehrheit und arabischer Minderheit. NETANJAHU vermochte es, für sich die Unterstützung von zwei Dritteln der orientalisch-jüdischen Wählerschaft, von einem Drittel der Israelis europäisch-amerikanischer Herkunft und von etwa 40 Prozent der bereits in der zweiten Generation in Israel Ansässigen zu mobilisieren. Für PERES stimmten dagegen die Mehrheit der *Aschkenasim* und *Zabarim*, jedoch nur 40 Prozent der *Adot ha-Misrach*.

Angehörige der arabischen Bevölkerungsgruppe sprachen sich bei der Wahl des Ministerpräsidenten überwiegend für PERES aus; mit ihrer zweiten Stimme votierten sie in weitaus höherem Maße als noch 1992 für politische Gruppierungen, die mehrheitlich arabische Mitglieder hatten - CHADASCH und *Vereinigte Arabische Liste*. Beide Wahlbündnisse bedienten recht unterschiedliche Interessen und politische Standpunkte: Die von der Kommunistischen Partei geführte CHADASCH-Liste, die mit dem Nationaldemokratischen Bund eine arabisch-national betonte Komponente aufgenommen hatte, war vorwiegend säkular orientiert; die Vereinigte Arabische Liste unter Abd el-Malach DEHAMSCHAH dagegen galt als Organisation islamischer Traditionalisten. Nicht wenige Wahlbeobachter verwiesen darauf, daß PERES aufgrund der Militäraktion in Libanon Tausende arabische Wähler verloren hatte, die - anstatt für ihn zu stimmen - einen weißen Zettel in die Urne steckten; möglicherweise kostete ihn diese Entscheidungsabstinenz den Sieg. Insgesamt zogen elf arabische Bürger Israels in die 14. Knesset ein.[50]

Auch der Erfolg der Partei der Neueinwanderer, *Jisrael ba-Alijah,* die mit 5,7 Prozent der gültigen Stimmen und sieben Mandaten auf Anhieb eine Fraktion im Parlament bilden konnte, bestätigte den Trend zur "Tribalisierung"[51]. Nur 13 Prozent der Immigranten, die sich 1992 noch für *Avodah* ausgesprochen hatten, blieben der israelischen Sozialdemokratie treu; 68 Prozent wanderten zur Immigrantenpartei ab. Deren Vorsitzender Natan SCHARANSKI, ein 1986 aus der UdSSR nach Israel eingewanderter Dissident, hatte es verstanden, den Immigranten der neunziger Jahre begreiflich zu machen, daß sie - anstatt sich auf eine der beiden großen Parteien zu verlassen - ihre Interessenvertretung in die eigenen Hände nehmen sollten.

Das Abstimmungsverhalten drückte nicht zuletzt den anhaltenden Konflikt zwischen der etablierten Gründergeneration und den benachteiligten - nach der Staatsgründung eingewanderten - Bevölkerungsgruppen aus. Während PERES die vielen Israelis verhaßten Elemente des alten Establishments verkörperte, präsentierte sich NETANJAHU als Vertreter unzufriedener, zu kurz gekommener jüdischer Gruppen; er versprach - wie zwei Jahrzehnte zuvor Menachem BEGIN -, die Bedürfnisse und Interessen der "Verlierer" in der israelischen Gesellschaft zu vertreten.

Nicht zu übersehen war der Generationskonflikt, der die etablierten Parteien in den neunziger Jahren aufrührte. Die junge Generation unterscheidet sich drastisch von der Politikergeneration der Väter; sie ist weniger ideologisiert, sondern eher pragmatisch ausgerichtet. Hatte der *Likud* mit der Ablösung des greisen SCHAMIR durch den bereits im Staat Israel geborenen NETANJAHU dieser Entwicklung Rechnung getragen, so setzte die *Avodah* immer noch auf einen Dreiundsiebzigjährigen. Es war kein Zufall, daß ein Drittel der Knessetabgeordneten zum ersten Mal gewählt wurde - die tiefgreifenden Veränderungen der neunziger Jahre beförderten die politische Wachablösung.

Generelle Wende oder Sackgasse?

Die am 18. Juni 1996 vereidigte neue Koalitionsregierung bestand aus *Likud-Zomet-Gescher*, *Jisrael ba-Alijah*, *ha-Derech ha-schlischit* und drei religiösen Parteien. Sie konnte sich auf 66 Parlamentssitze sowie den Beistand der über zwei Mandate verfügenden *Moledet* stützen. Benjamin NETANJAHU trug den Erwartungen und Forderungen seiner Koalitionspartner Rechnung, indem er SCHASS die wichtigen Ministerien für Inneres, Religiöse Angelegenheiten, Arbeit und Soziales sowie MAFDAL die Posten des Transportministers und des Bildungsministers zubilligte. Das Vereinigte Torah-Judentum wurde für das Wohnungsbauministerium - und damit für den Siedlungsbau - zuständig.[52] Avigdor KAHALANI von *ha-Derech ha-Schlischit* wurde Minister für innere Sicherheit; die Partei der Neueinwanderer erhielt die Portefeuilles für Industrie und Handel sowie Einwanderung. Erstmals wurden vier Stellvertreter des Premiers benannt: David LEVI (*Gescher*), Mosche KAZAV (*Likud*), Rafael EITAN (*Zomet*) und Zevulun HAMMER (Nationalreligiöse Partei). Vom gewachsenen politischen Stellenwert der orientalischen Juden zeugte die Tatsache, daß vier zentrale Ministerposten mit Vertretern der *Adot ha-Misrach* besetzt wurden: Verteidigungsminister Jizchak MORDECHAI, Außenminister David LEVI, der Minister für innere Sicherheit Avigdor KAHALANI und Innenminister Eli SUISSA. Nach amerikanischem Vorbild schuf NETANJAHU einen Nationalen Sicherheitsrat, an dessen Spitze er einen ehemaligen Luftwaffengeneral stellte. Als weiteres neues Gremium kreierte er einen Wirtschaftsrat, geleitet vom Präsidenten der israelischen Notenbank. Beide Ausschüsse wurden direkt dem Ministerpräsidenten unterstellt.

Hatte es der neue Premier unmittelbar nach der Wahl angesichts der tiefen Risse in der israelischen Gesellschaft noch als vordringlichste Aufgabe angesehen, "Frieden zu Hause, zwischen uns" herzustellen und sich in diesem Zusammenhang sogar an die arabischen Bürger des Landes gewandt, die er als "volle und gleichberechtigte Partner" bezeichnete[53], so entsprach das Regierungsprogramm in erster Linie den Vorstellungen der politischen Rechten:

> "Die Regierung wird auf der Grundlage der Prämisse tätig sein, daß das Recht des jüdischen Volkes auf das Land Israel ewig und unbestreitbar ist, daß der Staat Israel

der Staat des jüdischen Volkes ist, dessen demokratische Regierung all seinen Bürgern Gleichheit garantiert und dessen wichtigstes Ziel die Sammlung und Integration des jüdischen Volkes ist."[54]

Als Hauptziele bezeichnete NETANJAHU den Frieden mit den arabischen Nachbarn bei gleichzeitiger Wahrung der essentiellen Interessen Israels, "die Bekräftigung des Status von Jerusalem als der ewigen Hauptstadt des jüdischen Volkes", "die Festigung, Erweiterung und Weiterentwicklung der Besiedlung Israels" und "die Festigung der Verbundenheit mit dem jüdischen Erbe sowie die Verwirklichung des Zionismus".[55]

Die Wahlen von 1996 stellten zweifellos eine politische Trendwende dar. Dennoch konnte es sich die neue Regierung, die sowohl in ihrer Zusammensetzung als auch in ihrer Programmatik in Kontinuität zum Kabinett SCHAMIR von 1990-92 stand, nicht leisten, sofort den von den Vorgängern eingeleiteten Friedensprozeß abzubrechen. Fast die Hälfte der israelischen Bevölkerung hatte sich in der Wahl für PERES und dessen Vision eines Neuen Nahen Ostens ausgesprochen. Weniger aus Rücksichtnahme auf die Wählerschaft, sondern eher aus pragmatischen Überlegungen und mit Blick auf die internationalen Verbündeten erklärte sich NETANJAHU verbal bereit, die bisher geschlossenen Verträge zu respektieren. Zugleich setzte er alles daran, um die Verhandlungsgrundlage zu verändern bzw. den Dialog zu verlangsamen und aufzuhalten.

Zu den ersten Maßnahmen des neuen Kabinetts gehörte die Aufhebung des seit 1992 bestehenden Siedlungsstopps in den palästinensischen Gebieten - ein Beschluß vom 2. August 1996, der nicht nur bei der Opposition in Israel, in der arabischen Welt und bei den Palästinensern, sondern auch bei Offiziellen in Westeuropa und den USA auf heftige Kritik stieß. Am 13. Dezember 1996 beschloß das Kabinett zudem neue Steuervorteile für israelische Siedler und Vergünstigungen bei Investitionen im Westjordanland. Die Siedlungstätigkeit wurde in den Rang einer "nationalen Priorität" erhoben.

NETANJAHU kam nicht umhin, sich mit Ra'is ARAFAT zu treffen. Der ersten Begegnung vom 4. September 1996 folgten weitere Gespräche. Dennoch wurden die israelisch-palästinensischen Verhandlungen über den weiteren Abzug israelischer Truppen aus dem Westjordangebiet nicht fortgesetzt und Gespräche über den endgültigen Status der Gebiete erst gar nicht aufgenommen. Statt dessen brachen Ende September militante Auseinandersetzungen in Jerusalem aus, die für einige Tage an die *Intifada* Ende der achtziger Jahre erinnerten. Auslösendes Moment war die Öffnung des 488 Meter langen "Hasmonäertunnels" unter dem Tempelberg, der aus herodianischer Zeit stammt. Die Restaurierungsarbeiten waren bereits während der Rabin-Regierung abgeschlossen worden; mit Rücksicht auf die religiösen Gefühle der muslimischen Gläubigen war der Tunnel für Touristen jedoch nicht geöffnet worden. Das blutige Fazit der dreitägigen Unruhen - 69 erschossene Palästinenser und 16 getötete Israelis -

schürte alte Angst- und Haßkomplexe; es ließ andererseits selbst Hardliner von der Vorstellung eines Wiedereinmarschs des ZAHAL in die palästinensischen Gebiete abrücken.

Geringfügige Bewegung schien mit der Unterzeichnung des Hebron-Abkommens vom 17. Januar 1997 in den festgefahrenen Verhandlungsprozeß zu kommen. Die Vereinbarung war Teil des Oslo II-Pakets und wurde mit amerikanischer Vermittlung konzipiert. Sie sah die Übergabe von 80 Prozent des Stadtterritoriums an die palästinensische Selbstverwaltung und den Rückzug der israelischen Truppen aus diesem Gebiet vor, das als letztes Ballungszentrum der Zone A zehn Monate nach dem ursprünglich vereinbarten Termin geräumt wurde. Entschieden wurde auch, die israelischen Streitkräfte in den als Zone B bezeichneten palästinensischen Gebieten in drei Phasen während des Zeitraums vom 1. März 1997 bis 31. August 1998 umzugruppieren. Entgegen ihrer Wahlpropaganda hatte die Führung des *Likud* damit erstmals der Räumung eines Teils von Judäa und Samaria zugestimmt. Nicht wenige Kabinettsmitglieder machten aus ihrer Ablehnung kein Hehl: Sieben von 18 Ministern votierten gegen das Hebron-Abkommen. Im Parlament allerdings wurde die palästinensisch-israelische Vereinbarung mit einer Mehrheit von 87 Stimmen angenommen.

Hoffnungen auf weitere Schritte zur Fortsetzung des Friedensprozesses erfüllten sich nicht. In den folgenden Monaten kam es vielmehr wiederholt zu militanten Zusammenstößen zwischen israelischer Armee und Palästinensern. Die Situation spitzte sich zu, als das israelische Kabinett die Errichtung der Siedlung Har Chomah auf einem sich an den arabischen Teil Jerusalems anschließenden Hügel beschloß. Hier sollten Wohnungen für ca. 30.000 jüdische Siedler entstehen. Ungeachtet der Proteste arabischer Staaten und der Autonomiebehörde begannen die Bauarbeiten am 18. März 1997. Die Schaffung von Fakten wurde auch durch den Beschluß des Jerusalemer Stadtrats vorangetrieben, im dichtbesiedelten arabischen Viertel Ras el-Amud etwa 70 Wohnungen für jüdische Israelis auf einem Baugelände zu errichten, das von einem amerikanischen Millionär gekauft worden war.

Ein Jahr nach dem Amtsantritt NETANJAHUs sprachen nicht wenige Nahostbeobachter von einem Scherbenhaufen, den die neue Regierung - anstatt des versprochenen "Friedens mit Sicherheit" - zustande gebracht hatte. Diese Einschätzung bestätigte sich, als NETANJAHU im Frühsommer 1997 mit einem Plan über endgültige Regelungen an die Öffentlichkeit trat, wonach ein souveräner Palästinenserstaat ausgeschlossen wurde, Großjerusalem ebenso wie das Jordantal dauerhaft unter israelischer Kontrolle verbleiben sollte und Israel lediglich bereit sei, 40 Prozent des Westjordangebiets in palästinensische Verwaltung zu geben. Die Außenministerkonferenz der Arabischen Liga verfügte daraufhin am 22. September 1997 in Kairo die Suspendierung der wirtschaftlichen Kontakte mit Israel. Auch ARAFAT sprach erstmals öffentlich von einem möglichen Ende des in Oslo eingeleiteten Friedensprozesses. Wiederholte Versuche der US-Regierung, zwischen der israelischen Führung und der palästinensischen Autonomiebehörde zu vermitteln, schlugen fehl; eine Wiederaufnahme der unterbrochenen Verhandlungen wurde nicht erreicht.

Auf außenpolitischem Gebiet konzentrierte sich Israel nach 1996 auf die Festigung der Beziehungen zu den Vereinigten Staaten. Einige Erwartungen schienen sich zu erfüllen, als der amerikanische Kongreß am 11. Juni 1997 beschloß, die Botschaft des Landes von Tel Aviv nach Jerusalem zu verlegen und Jerusalem als unteilbare Hauptstadt Israels anzuerkennen. Der Beschluß wurde jedoch von der US-Administration nicht bestätigt, und im Herbst 1997 weigerte sich Präsident CLINTON sogar, den israelischen Regierungschef zu empfangen. Außenministerin Madeleine ALBRIGHT machte bei ihrem Besuch in Jerusalem im September 1997 zwar klar, daß ihre Regierung eindeutig zu Israel stehe und weiterhin in erster Linie der Sicherheit des jüdischen Staates verpflichtet sei. Zugleich forderte sie Israel jedoch auf, vertrauensbildende Maßnahmen einzuleiten und auf Aktionen zu verzichten, die die Spannungen verschärften. Ungeachtet aller politischen Kontroversen bewilligte die US-Regierung für das Haushaltsjahr 1998 wiederum die Finanzhilfe für Israel in Höhe von drei Milliarden Dollar.

Hatte zu den Erfolgen der Rabin-Peres-Regierung die internationale Aufwertung Israels gehört, so sah sich NETANJAHU bereits nach wenigen Monaten einer drohenden Neuauflage der für die siebziger Jahre charakteristischen Isolierung Israels gegenüber. Er suchte dieser Gefahr durch Beziehungen zu osteuropäischen Staaten sowie den Versuch, die bereits von David BEN GURION angestrebte und auch von Jizchak RABIN favorisierte "Randstaatenallianz" mit der Türkei auszubauen, zu entgehen. Als Industrieminister SCHARANSKI im Januar 1997 Rußland besuchte, begleiteten ihn 70 israelische Geschäftsleute in der Hoffnung, neue Wirtschaftskontakte anbahnen zu können. Premier NETANJAHU reiste im März 1997 zu einem Staatsbesuch nach Moskau. Während eines Treffens mit Boris JELZIN beschwor er die "neue Partnerschaft" mit Rußland, die die Freundschaft zu den USA ergänze.[56] Israel zeigte sich ferner bestrebt, die militärische Zusammenarbeit mit der Türkei zu erweitern. So folgte dem 1995 ausgehandelten und im Februar 1996 unterzeichneten Abkommen über militärische Zusammenarbeit eine Vereinbarung über die technische Aufrüstung von türkischen F-4 Kampfflugzeugen durch Israel; Verteidigungsminister Jizchak MORDECHAI traf bei einem Besuch in Ankara im Dezember 1997 Absprachen über die Lieferung israelischer Merkava-Panzer sowie über gemeinsame Manöver im Mittelmeer.

Die Tätigkeit der Koalitionsregierung war von Anfang an durch die Abfolge innenpolitischer Krisen beeinträchtigt. Bereits sieben Wochen nach Amtsantritt des neuen Kabinetts erklärte Justizminister Jaakov NEEMAN seinen Rücktritt; aus Protest gegen das Hebron-Abkommen trat Wissenschaftsminister Benny

BEGIN am 16. Januar 1997 zurück; etwa einen Monat später führte die Bar-On-Affäre sogar zu Spekulationen über den möglichen Sturz NETANJAHUS. Den Hintergrund letztgenannten Skandals bildeten an den Premier gerichtete Vorwürfe des Amtsmißbrauchs. Es wurde vermutet, der Jerusalemer Rechtsanwalt Roni BAR ON sei auf Drängen der SCHASS-Partei zum Generalstaatsanwalt und obersten Ankläger des Landes ernannt worden, da von ihm ein moderateres Vorgehen gegen den der Korruption beschuldigten Vorsitzenden der ultraorthodoxen Partei, Arieh DERI, erwartet wurde. Als Gegenleistung hätten die SCHASS-Vertreter im Parlament dem Hebron-Abkommen ihre Zustimmung gegeben. Die Untersuchungen der Generalstaatsanwaltschaft führten nicht zur Anklageerhebung gegen NETANJAHU. Der Ruf des Ministerpräsidenten blieb jedoch beschädigt; die Regierungskrise schwelte weiter.

Im Mai und Juni 1997 traten Finanzminister Dan MERIDOR und sein Stellvertreter David MAGEN zurück. Natan SCHARANSKI nutzte die prekäre Situation und drohte mehrfach mit dem Austritt seiner Partei aus der Regierungskoalition, sollte seine Einwandererpartei nicht größeren Einfluß auf die offizielle Politik nehmen können. Er wurde mit einer größeren Summe zur Befriedigung der Bedürfnisse seiner Klientel ruhig gestellt. Anfang Januar 1998 stimmte *Gescher* mit der Opposition gegen den Haushaltsvorschlag der Regierung; am 6. Januar trat der einflußreiche Außenminister David LEVI zurück und NETANJAHU übernahm dessen Portefeuille. Da sich mit diesem Schritt auch die Knessetfraktion LEVIS aus der Koalition verabschiedete, blieb dem Premier nur noch eine knappe Mehrheit von 61 Parlamentsabgeordneten. Als er unter amerikanischem Druck Anfang 1998 - weit unter den vertraglichen Vereinbarungen bleibend - den israelischen Rückzug aus weiteren sechs bis acht Prozent des Westjordanlandes ankündigte, drohten Politiker der Nationalreligiösen Partei mit dem Bruch der Koalition. Da die Vertreter von *ha-Derech ha-Schlischit* ihrerseits den Austritt aus der Regierung in Aussicht stellten, sollte NETANJAHU den Friedensprozeß nicht fortsetzen, häuften sich Stimmen, die vorgezogene Knessetwahlen für denkbar und wünschenswert hielten. Laut einer Meinungsumfrage des israelischen Fernsehens waren Anfang Januar 1998 57 Prozent der befragten 20.000 Israelis der Auffassung, es werde noch im laufenden Jahr Neuwahlen geben.

Das Dilemma der Regierung wurde auch auf wirtschaftlichem Gebiet deutlich: Im Vergleich zu 1996 hatte sich 1997 das Wirtschaftswachstum von 4,5 auf 2 Prozent verlangsamt; die offizielle Arbeitslosigkeit stieg von 6,7 auf acht Prozent und die Investitionen waren um 5,9 Prozent gesunken. Wirtschaftsexperten prophezeiten, daß sich Israel 1998 - im 50. Jahr seiner Existenz - "am Rande einer Rezession, eines Nullwachstums"[57] befinden werde. Versuche, der schwierigen Entwicklung durch verstärkte Privatisierungsmaßnahmen und den weiteren Abbau von Sozialleistungen Herr zu werden, beantwortete die Gewerkschaft *Histadrut* im Juli und Dezember 1997 mit Generalstreiks, die die

Wirtschaft für Tage weitgehend lahmlegten. Nicht wenige Kommentatoren betonten, NETANJAHU habe es geschafft, in einem reichlichen Jahr all das zu zerstören, was seine Vorgänger auf wirtschaftlichem und außenpolitischem Gebiet aufgebaut hatten.

Trotz der skizzierten Entwicklung sah sich die Regierung einer relativ zurückhaltenden Opposition gegenüber, die zunächst versuchte, durch innere Umstrukturierungen ihre Wahlniederlage von 1996 zu kompensieren. Im Februar 1997 schlossen sich auf einem Vereinigungsparteitag die linkssozialistische MAPAM, die Bürgerrechtsbewegung RAZ und der liberale *Schinui* zur MEREZ-Partei zusammen. Aus dem seit 1992 existierenden losen Wahlbündnis wurde somit eine Partei. *Avodah* wählte am 3. Juni 1997 einen neuen Parteivorsitzenden. Nachfolger von Schimon PERES wurde Ehud BARAK. Der 1942 im Kibbuz Mischmar ha-Scharon geborene Sohn polnischer Einwanderer hatte eine 30-jährige Armeekarriere hinter sich; in den achtziger Jahren war er Chef des militärischen Abwehrdienstes; 1991 wurde er Generalstabschef. BARAK trat erst 1995 auf Drängen RABINs in die Partei der Arbeit ein und wurde sofort Innenminister; dem Kabinett PERES diente er als Außenminister. Als Mann der Mitte übte er Stimmenthaltung beim Knessetvotum über Oslo II; seiner Regierung empfahl er, den Rückzug aus dem Westjordanland zu verschieben. BARAK, der sich selbst als "jüngere Ausgabe" von Jizchak RABIN bezeichnete und sich für den einzigen in der MAI hält, der NETANJAHU bei den nächsten Wahlen schlagen könne, wird nicht selten sogar als "Bibis Zwilling" bezeichnet.[58] Unterstützt von Parteiaktivisten, u. a. von dem in Marokko gebürtigen Schlomo BEN AMI, sucht BARAK vor allem einen größeren Teil der orientalischen Juden für die Partei der Arbeit zu gewinnen. Sein Anliegen, die *Avodah* aus der Krise zu führen, wird Geduld und enorme Kraftanstrengung erfordern.

Das Jahr 1998 verspricht, neue Zeichen für die israelische Politik zu setzen. Genau 20 Jahre, nachdem israelische Offiziere in einem offenen Brief an den damaligen Ministerpräsidenten Menachem BEGIN appelliert hatten, die Chance eines Friedensschlusses mit Ägypten nicht ungenutzt verstreichen zu lassen, sahen Vertreter des militärischen Establishments eine ähnliche Situation herangereift. Am 8. März 1998 wandten sich 1.554 Generäle und Offiziere an NETANJAHU und forderten ihn auf, endlich die Vereinbarungen von Oslo zu realisieren. Sie erklärten:

> "Wir schreiben Ihnen nicht leichten Herzens, aber in diesen Tagen, da sich vor Israel neue Horizonte eines Lebens in Frieden öffnen, fühlen wir uns verpflichtet, Sie aufzurufen, keine Schritte zu unternehmen, die den kommenden Generationen Unglück bringen ... Der gegenwärtige Zeitpunkt gleicht aufs Haar dem März '78 nach Sadats Besuch in Israel. Auch heute hat sich für Israel ein historisches Fenster der Möglichkeiten geöffnet, das durch Krieg oder Intifada zugeschlagen würde, wenn die israelische Regierung nicht den Prozeß von Oslo fortsetzt."[59]

Die fünf Jahrzehnte der Vorbereitung auf den jüdischen Staat und das halbe Jahrhundert seiner staatlichen Existenz haben nicht nur die Landschaft des Nahen Ostens verändert und eine neue Realität geschaffen; sie haben auch den jüdischen Bürgern auf anderen Kontinenten neue Hoffnung, neue Gewißheit und neues Selbstbewußtsein vermittelt. Insbesondere die Bürger Israels blicken mit Genugtuung auf das in den zurückliegenden Dekaden Erreichte. Zugleich stehen sie vor Fragen und Herausforderungen, deren Beantwortung für die weitere Gestaltung ihrer Gemeinschaft schicksalsträchtig sein kann. Wie wird heute und künftig israelische Identität definiert? Entwickelt sich Israel zu einem binationalen Staat? Welchen Platz werden jüdische Religion und Tradition in der Gesellschaft und Politik künftig einnehmen? Werden sich im Ringen um die Regelung des Nahostkonfliktes bzw. der Palästinenserfrage die "Tauben" oder die "Falken" durchsetzen? Wird Israel zu einem Staat "wie jeder andere" oder werden die Syndrome aus jüdischer Geschichte und die Spezifika der Landnahme und Staatsbildung dauerhaft die Gesellschaft und ihre Bürger prägen?

Die sich seit Beginn der neunziger Jahre vollziehenden Umbrüche in den internationalen Beziehungen, in den regionalen Gegebenheiten und vor allem in der innergesellschaftlichen Befindlichkeit Israels ließen Wertekonflikte aufbrechen, die zuvor unter der Oberfläche schwelten. Diese neue Generation innergesellschaftlicher Widersprüche durchbricht zunehmend den zionistischen Konsens, der während eines langen Zeitraums zumindest die Hauptkomponenten des Establishments und der Bevölkerung in Grund- und Existenzfragen einte.

Ein *erstes* Widerspruchsfeld bilden Antagonismen auf sozio-ethnischer bzw. national-kultureller Ebene - zwischen *aschkenasischer* "Aristokratie" und dem orientalischen "Zweiten Israel", zwischen Alteingesessenen und Neueinwanderern sowie zwischen jüdischer Bevölkerungsmehrheit und arabisch-palästinensischer Minderheit. Trotz der zahlenmäßigen Dominanz orientalischer Juden blieb bisher die Vorrangstellung der europäischstämmigen Israelis in Politik, Armee und Wirtschaft, in den Medien und an den Universitäten weitgehend erhalten. Es war die *aschkenasische* Elite, die die ersten 50 Jahre der staatlichen Existenz Israels nachhaltig prägte. Ihre Infragestellung und schrittweise Ablösung deuteten sich bereits mit dem Wahlsieg des *Likud* 1977 an; ein weiterer Schritt in die gleiche Richtung wurde 1996 getan. Und nicht zufällig gilt heute der populäre Ex-General

Jizchak MORDECHAI als ernsthafte Herausforderung für Premier NETANJAHU.

Auch die israelische Sozialdemokratie sah sich genötigt, die orientalischen Juden als demographische und politische Größe in Rechnung zu stellen: Als sie Ende September 1997 erstmals einen Parteitag außerhalb Tel Avivs durchführte, wählte sie die vorwiegend von nordafrikanischen Juden bewohnte Entwicklungsstadt Netivot im Negev zum Tagungsort. Oppositionsführer Ehud BARAK entschuldigte sich bei dieser Gelegenheit im Namen seiner Partei offiziell für die arrogante Behandlung, die den *Olim* aus arabischen Staaten in den fünfziger Jahren bei ihrer Ankunft in Israel seitens des *aschkenasischen* Establishments zuteil wurde. Nahezu parallel zu diesem Geschehen wurde mit dem gebürtigen Marokkaner Amir PEREZ erstmals ein Vertreter des "Zweiten Israel" zum Vorsitzenden der *Histadrut* gewählt.

Noch sind es nur einzelne Politiker - Prominente wie David LEVI, Jizchak MORDECHAI oder der frühere Präsident Jizchak NAVON -, die in die politische Elite des Landes aufstiegen. Zweifellos gehört die Zukunft jedoch der zweiten Generation der *Adot ha-Misrach*, die sich - in Israel geboren und aufgewachsen - selbstbewußt ihren Weg bahnt und sich nicht mehr mit Almosen abspeisen läßt. Neue Nahrung erhalten die Unzufriedenheit und Partizipationsansprüche der orientalischen Juden durch den anhaltenden Zustrom jüdischer Einwanderer aus den GUS-Staaten. Erneut fühlen sich die "Orientalen" gegenüber den "Europäern" benachteiligt und um ihre Rechte geprellt.

Die Neueinwanderer wiederum befinden sich im signifikanten Gegensatz zu den seit mehreren Jahrzehnten im Lande befindlichen Juden; sie betrachten sich - im Vergleich zu diesen - als ungerecht behandelt. Waren sie in der Sowjetunion "die Juden", so sind sie in Israel "die Russen" - Bürger des jüdischen Staates zwar und dennoch "Fremde", von denen schnelle und vollständige Assimilation erwartet wird. In der alten wie in der neuen Gesellschaft in der Minderheit, bringen sie dennoch das zahlenmäßige und geistige Potential wie auch den sozialen Aufstiegswillen und die Durchsetzungskraft mit, um die israelische Realität nachhaltig zu beeinflussen. Sie wehren sich zunehmend selbstbewußt gegen vorgegebene kulturelle und ideologische Muster und Normen. Bestrebt, ihre Lebensweise beizubehalten, siedeln die "sowjetischen Juden" mehrheitlich in eigenen Wohnvierteln und pflegen stärker russische denn jüdische Traditionen. Ein Staat im Staate, dessen Bewohner untereinander nicht hebräisch, sondern vorwiegend russisch sprechen, ist im Entstehen. Das Erscheinungsbild israelischer Städte oder die Kulturszene des Landes gibt vielfältige Auskunft über den neuen Trend. Ob die sprachlich-kulturelle Separation über die Einwanderergeneration hinaus anhalten und welche Auswirkungen sie mittel- und langfristig auf den Charakter Israels haben wird, ist gegenwärtig noch kaum absehbar.

Jede *Alijah* hat Israel geprägt und verändert. Waren Sinnen und Trachten der politischen Eliten bisher jedoch auf die Integration der Einwanderer in die bereits existierende Gesellschaft und auf die Vermittlung des gültigen Wertesystems gerichtet, so setzt sich fünf Jahrzehnte nach der Staatsgründung die Erkenntnis durch, daß die zentrale Idee vom "Schmelztiegel Israel" weder realisierbar noch erstrebenswert ist. Avraham BURG, Präsident der Zionistischen Weltorganisation und Vorsitzender der *Jewish Agency*, zeichnete ganz in diesem Sinne 1997 ein Bild von dieser israelischen Realität:

> "Während vieler Jahre haben wir an den ‚melting pot', an den Schmelztiegel, geglaubt. Das Rezept war einfach. Man nehme zwei Marokkaner, zwei Russen, zwei Äthiopier, man schüttle sie gut - und dann, siehe da, haben wir einen neuen israelischen Prototyp, bei dem alles ‚israelisch' aussieht. Nach ein paar Jahren aber erkennt man, daß jeder seine eigene Identität behalten will. Israel verändert sich heute von einer Schmelztiegel-Gesellschaft zu einer Mosaik-Gesellschaft. Heute sind wir der Überzeugung, daß wir nur harmonisch zusammenleben können, wenn jeder Mosaikstein seine Identität innerhalb des Ganzen verwirklichen kann."[1]

Ist in Israel von der multikulturellen Gesellschaft die Rede, so werden nicht selten die israelischen Staatsbürger palästinensischer Nationalität ausgeblendet. Diese Bevölkerungsgruppe stellt jedoch im Jahre 1998 mit einem Fünftel der Gesamtbevölkerung eine nicht zu übersehende demographische, wirtschaftliche, politische und kulturelle Größe dar. Wirtschaftlich und sozial sind ihre Angehörigen weitgehend in die Gesellschaft integriert. Sie sprechen hebräisch als zweite Sprache und zeigen in der Regel wenig Ambitionen, Israel zu verlassen, etwa in Richtung eines künftigen palästinensischen Gemeinwesens. Dennoch haben die israelischen Araber vielfältigen Anlaß, sich diskriminiert zu fühlen. Sie sind Bürger eines Staates, dessen Symbole - zionistische Hymne und blau-weiße Flagge mit dem Davidstern - keinen oder nur negativen Bezug zur eigenen Geschichtstradition herstellen und in dessen Armee sie nicht verpflichtet sind zu dienen. Folgerichtig erheben insbesondere Vertreter der jungen Generation die Forderung nach kultureller Autonomie. Israel, so erklären sie, könne kein jüdischer Staat bleiben, sondern müsse ein Staat für alle seine Bürger werden. Hatten Vertreter des israelischen Establishments noch bis vor wenigen Jahren gehofft, die 1989 einsetzende jüdisch-*aschkenasische* Masseneinwanderung aus Osteuropa würde den Trend zum binationalen Staat aufhalten, so erwies sich diese Annahme indessen als Illusion.

Die ethnische Vielfalt Israels wird durch die Komponente des äthiopischen Juden und zunehmend durch nichtjüdische Arbeitskräfte aus Südostasien, Rumänien, Polen und anderen Staaten vermehrt. Letztere bleiben nach Ablauf ihres Kontrakts nicht selten im Lande; einige suchen Zugang zum Judentum. Ihre Existenz erfordert nicht nur die Lösung alltäglicher Probleme, wie Sozialversicherung, Besteuerung, Unterbringung etc.; sie rüttelt auch an zionistischen Grundfesten. Neben den zahlreichen nichtjüdischen Familienangehörigen, die mit der "russischen *Alijah*" nach Israel kamen, tragen die Gastarbeiter dazu bei, daß erstmals öffentlich und in breitem Umfang über eine Revision des ausschließlich auf religiösen Grundlagen basierenden Familienrechts sowie über die obligate Eintragung der Nationalität in israelische Personalausweise debattiert wird.

Als *zweites* Spannungsfeld, das innerhalb der jüdisch-israelischen Nation aufbricht, sei der "Kulturkampf" zwischen den säkularen Elementen, Interessenlagen und Lebenshaltungen auf der einen, den religiösen, z. T. religiös-orthodoxen Tendenzen auf der anderen Seite benannt - ein Widerspruch, den Tom SEGEV treffend mit der Kluft zwischen dem traditionellen, orthodoxen und religiösen Jerusalem und dem ganz und gar dem Heute zugewandten weltlichen Tel Aviv bildhaft macht.[2] Die häufig artikulierte Frage lautet: Wird das 1947 zwischen Sozialdemokraten, bürgerlichen Zionisten und Vertretern religiöser Parteien geschlossene Status-quo-Abkommen, das seither die Stellung der jüdischen Religion in Israel bestimmt, auch in den kommenden Jahrzehnten Bestand haben? Oder wird Israel von einem weltlich geprägten zu einem theokratischen Staatswesen mutieren?

Bei der Staatsgründung und in den ersten fünf Jahrzehnten dominierte in Israel ein säkulares Selbstverständnis - das Ideal eines modernen, an westlichen Vorbildern orientierten Gemeinwesens. Dennoch war das Verhältnis zwischen Staat und Religion stets ambivalent, nicht zuletzt durch die Definition Israels als eines jüdischen Staates. Die Tolerierung und Förderung religiöser Parteien als "Zünglein an der Waage" durch *Avodah* wie *Likud* zementierte deren Rolle in der Gesellschaft und machte sie zu einem wichtigen Bestandteil der politischen Kultur des Landes. Der auf übergreifende nationale Interessen gerichtete Konsens zwischen den politischen Gruppierungen wurde bereits in den vergangenen Jahrzehnten unterschwellig durch religiöse Sonderbestrebungen permanent in Frage gestellt. Er brach vollends auf, als Vertreter orthodox-religiöser Parteien ihre gewachsenen politischen Einflußmöglichkeiten in der 1996 gebildeten Regierungskoalition zu nutzen suchten, um Israel nach ihren Vorstellungen umzugestalten. *Halacha*-Staat versus säkularer Staat - so lautet nunmehr die Alternative. Vertreter beider Antipoden, der orthodoxe Rabbiner Jisrael EICHLER[3] wie der weltliche Schriftsteller Joram KANIUK[4], erklärten daraufhin salomonisch, die einzige Chance für eine friedliche Trennung von religiösen und säkularen Juden läge in der Gründung zweier Staaten - eines Staates Jehudah mit Jerusalem als Hauptstadt und eines Staates Israel an der Mittelmeerküste mit der Metropole Tel Aviv.

Der Streit um den Problemkreis "Wer ist Jude", verbunden mit der Auseinandersetzung um Konversion, das Rückkehrgesetz und Veränderungen des Familienrechts, wird Israel in das 21. Jahrhundert begleiten. Zu einem Kernproblem wird in diesem Zusammenhang die Frage, wie realistisch die Forderung ist, Israel als einen jüdischen *und* demokratischen Staat weiter auszugestalten, wie es das am 17. Mai 1992 von der Knesset verabschiedete Grundgesetz "Menschenwürde und Freiheit" vorsieht. Die unterschiedliche Definition des Jüdischen - Religion, Nation oder Tradition - spaltet die Bevölkerung. Während für die Orthodoxie Religion und Nation eine Einheit bilden, empfinden sich die meisten Israelis primär als Juden im nationalen Sinne. Lediglich 25 bis 30 Prozent geben bei Meinungsumfragen an, daß sie alle oder die meisten der jüdisch-religiösen Gesetzesvorschriften einhalten. Von der überwiegenden Mehrheit der Bevölkerung werden die Ambitionen der Rabbiner, einen "Gottesstaat" zu errichten, dagegen als religiöser Zwang und als Tendenz, Israel in einen fundamentalistischen Staat zu verwandeln, vehement abgelehnt. Der Gegensatz zwischen Religiösen und Säkularen droht zu einem "Krieg der Kulturen" zu werden, zumal mit der Zahl der *Charedim* auch deren politische Aktivität zunimmt. Die sich ausweitende Kluft in der Gesellschaft wird von Israelis und gleichermaßen von jüdischen Gemeinschaften in der Diaspora mit Sorge beobachtet, stellt Israel doch das wichtigste geistig-kulturelle und religiöse Zentrum des Judentums dar, von dem auch in Zukunft wichtige Impulse für die Pflege und den Erhalt jüdischen Lebens und jüdischer Kulturtradition erwartet werden. In der Diaspora jedoch existieren vielfältige nichtorthodoxe Gesellschaftskonzepte und Lebensentwürfe; religiöser Zwang, so wird befürchtet, würde eine Einengung jüdischer Existenz in nichtjüdischer Umgebung implizieren.

Zu den Infragestellungen auf ethnisch-kultureller und weltanschaulicher Ebene gesellt sich vor allem im Bereich der sozialen Beziehungen ein *drittes* Feld des Wertewandels, das viele Gesichter hat und eng mit den generellen Modernisierungstrends verbunden ist. In der ursprünglich von Kollektivgeist und Pionierideal (*chaluzijut*) getragenen israelischen Gesellschaft, deren Helden die Kibbuzniks und ZAHAL-Soldaten waren, verbreiten sich in einem schnellen Prozeß materielles Denken, Individualismus und Verwestlichung. Die Veränderungen in den entwickelten Industriestaaten der westlichen Welt, die sich seit den siebziger Jahren mehr und mehr vom Modell der sozialen Marktwirtschaft bzw. des Wohlfahrtstaates abwandten, in denen die Medien einen entscheidenden Einfluß auf Gesellschaft und Individuen gewannen und in denen Partikularismus und Pragmatismus zu bestimmenden Determinanten aufstiegen, blieben nicht ohne Einfluß auf Israel. Der Zusammenbruch des "Realsozialismus" in Osteuropa förderte zudem die Abkehr von Relikten des *Kibbuz*- und *Histadrut*-Sozialismus. Das Ideal des Arbeiterzionismus, das die Inbesitznahme des Landes durch individuelle Arbeitsleistung beinhaltete und Fremdarbeit ablehnte, war schon in den ersten Jahrzehnten der privatkapitalistischen Realität gewichen. Die unter Menachem BEGIN und Jizchak SCHAMIR eingeleitete Privatisierung staatlicher und gewerkschaftseigener Unternehmen wurde unter Jizchak RABIN nicht rückgängig gemacht oder aufgehalten, sondern, dem Trend der Zeit entsprechend, forciert. Die *Histadrut* - einst Symbol für Solidarität und Wirtschaftskraft - wird von der jungen Generation vor allem als eine Organisation von Bürokraten wahrgenommen, die unfähig zu Reformen und somit obsolet ist.

Für Gleichheitsvorstellungen, die dem sozialistisch geprägten Ethos der Gründerväter entsprangen, ist in der Werteskala der heutigen israelischen Gesellschaft kaum noch Platz. Die Realität besagt vielmehr, daß sich sozio-ökonomische Disparitäten in den vergangenen Jahrzehnten maßgeblich vertieften. So entfielen Ende der achtziger Jahre offiziellen Zahlenangaben zufolge in der zehn Einkommenskategorien umfassenden Stratifikationstabelle 49,7 Prozent des Nationaleinkommens auf die beiden obersten Gruppen, während den beiden untersten Einkommenskategorien lediglich 2,2 Prozent zur Verfügung standen. Der Prozentsatz der Israelis, die unterhalb der offiziellen Armutsgrenze lebt, erhöhte sich von 16,9 Prozent (1990) auf 18 Prozent (1994).[5] Die soziale Polarisierung geht einher mit den skizzierten ethnischen und sozio-kulturellen Spaltungen der Gesellschaft. Gelegentliche Forderungen nach Erhalt der israelischen Solidargemeinschaft sind daher nicht nur ein utopisches Gedankenspiel; sie drücken zugleich Sorge um die Zukunft aus. Der Jerusalemer Politologe Schlomo AVINERI charakterisierte das heutige Israel als eine Gesellschaft "zwischen Solidarität und Pluralität", deren Gestalt und Lebenskraft durch den in den nächsten Jahren zu führenden harten Kampf um ein zumindest geringes Maß an Solidarität mitgeprägt sein werden.[6]

Vom gesellschaftlichen Wertewandel erfaßt wird zunehmend auch eine nationale Institution, die bisher als unantastbar galt. Im Zeitalter nuklearer Waffentechnik büßte die Armee ihren Mythos als primärer Garant israelischer Sicherheit teilweise ein. Das Ende des Ost-West-Gegensatzes, die Erfahrungen des Golfkrieges sowie der Friedensschluß mit Jordanien und der PLO ließen die Wehrmotivation drastisch sinken. Die meisten Neueinwanderer sind ohnehin nicht auf einen - wesentlich längeren - Armeedienst als in ihren Herkunftsländern erpicht. Die in der Öffentlichkeit diskutierten Diskrepanzen zwischen politischem und militärischem Establishment sowie zahlreiche *Mosad*-Affären verschlechtern zusehends das Image von ZAHAL und Geheimdienst. So legte Mosche MAOS, der Leiter des Zentrums für strategische Studien an der Tel Aviver Universität, überzeugend dar, daß das Mißtrauen zwischen Sicherheitsorganen und Militärführung auf der einen sowie der Regierung auf der anderen Seite noch nie so groß gewesen sei wie in der Amtszeit NETANJAHUS.[7]

Die durch den Friedensprozeß verstärkte Öffnung des Landes verweist die israelischen Bürger auf neue Perspektiven; die Welt erscheint größer und interessanter. Elektronische Medien vermitteln Bilder und Geschehnisse, die das geistige Leben in den USA und in Westeuropa dominieren und das bisherige israelische Wertesystem in Frage stellen. Die Amerikanisierung der Gesellschaft - symbolisiert durch Fast Food-Ketten, Shopping Malls und Kabelfernsehen - hinterläßt ihre Spuren. Sie stößt auf den Widerstand traditioneller Kräfte, die einen Verlust jüdischer Spezifik und Erfahrung befürchten. Nach ihrer Meinung darf Israel kein Staat wie jeder andere werden. Nicht wenige Intellektuelle dagegen sehen in der "Normalisierung" eine Chance für die Zukunft.

Ein *viertes* Spannungsfeld in der israelischen Gesellschaft ist mit der konsensbildenden Kraft des Zionismus verbunden. 100 Jahre nach der Veröffentlichung von Theodor HERZLS programmatischer Schrift "Der Judenstaat. Versuch einer modernen Lösung der Judenfrage" liefern sich israelische Historiker, Soziologen und Politikwissenschaftler heftige Debatten über zionistische Grundwerte und deren Bedeutung für die weitere Entwicklung des Staates. Der Begriff "Post-Zionut" ist zu einem intellektuellen Modewort aufgestiegen. Er will aussagen, daß das "zionistische Zeitalter" vorüber sei und eine neue Etappe in der Geschichte des Zionismus bzw. des Staates Israel begonnen habe. Hat sich der Zionismus, so wird gefragt, als politische Idee und Gesellschaftsprogramm erschöpft? Oder ist eine Neudefinition alter Begriffe erforderlich?

Die Meinungen sind z. T. konfrontativ. Josef GORNI von der Universität Tel Aviv geht z. B. davon aus, daß der Zionismus das jüdische Volk nach wie vor eine und als "Ideologie und Glaube" so lange existiere wie das jüdische Volk selbst.[8] Auch Avraham BURG vertritt die These von der "Ewigkeit" des Zionismus:

> "Solange es Juden gibt, die ihre Länder verlassen wollen oder müssen, und solange es Juden gibt, die Israel als Mittelpunkt ihres Lebens betrachten, solange hat der Zionismus nicht ausgedient."[9]

Der Historiker Mosche ZIMMERMANN dagegen ist der Auffassung, daß der Mord an Jizchak RABIN letztlich "das Ende des klassischen Zionismus, der staatstragenden Ideologie Israels," symbolisiere. "Es zeigte sich der wahre

Sachverhalt: Die Epoche des Zionismus ist nach hundert Jahren beendet."[10] Eng verknüpft mit der Frage nach Erschöpfung oder Modernität des Zionismusbegriffs und Bestandteil des Historikerstreits à la Israel ist die Frage, ob die Beschwörung der Holocaust-Erfahrung über den Generationswechsel hinweg ausreiche, jüdische bzw. israelische Identität zu stiften.

Die "Post-Zionisten" und "neuen Historiker" sind angetreten, gesellschaftliche Tabus zu brechen. Bewußt stellen sie Helden, Mythen und Legenden in Frage. Ihre Vertreter, u. a. Baruch KIMMERLING, Benny MORRIS, Ilan PAPE, Uri RAM und Tom SEGEV, suchen Antworten auf die neu herangereiften Fragen. Prägend für ihre Lebens- und Gesellschaftserfahrung waren Jom-Kippur-Krieg, Libanoninvasion und *Intifada.* Ihr Anliegen konzentriert sich darauf, die Geschichte des Zionismus und des Staates Israel neu - ohne Beschönigung - zu schreiben. In durchaus provokanter Absicht stellen sie Thesen auf, die in Israel nicht unwidersprochen bleiben können. So behaupten sie beispielsweise, auf der Basis eines ethnischen Nationalismus ließe sich kein moderner Sozialstaat aufrecht erhalten. Israel benötige eine neue nationale Identität, die nicht auf dem Zionismus der Gründerväter basieren könne, sondern laizistisch und übernational definiert werden müsse.

Die kritische Auseinandersetzung mit israelischer Geschichte ist nicht neu; sie blieb bis Ende der achtziger Jahre jedoch Angelegenheit einzelner Historiker und Publizisten und fand nur wenig gesellschaftliche Resonanz. Heute ist der Streit über Israels Vergangenheit zugleich ein Streit über Israels Weg in die Zukunft. Die Debatten sind daher in hohem Maße emotionalisiert und parteipolitisch gefärbt. Zumeist sind es linksgerichtete Intellektuelle, die eine Ablösung des Zionismus in seiner bisherigen Ausprägung fordern. Nicht alle jedoch gehen, wie dargelegt, vom Ende des zionistischen Zeitalters aus. So hofft beispielsweise Mordechai BAR ON, ein Aktivist der israelischen Friedensbewegung, "daß die humanistischen Elemente, die in der zionistischen Ideologie stets enthalten waren, sich durchsetzen und sie das zionistische Projekt zu einer aufgeklärten Form jüdischer Existenz im nächsten Jahrhundert machen werden".[11]

Der weitere Weg Israels wird davon abhängen, welche Antworten Gesellschaft, Politik und geistiges Establishment auf die drängenden politischen, sozialen und wirtschaftlichen Fragen finden werden. Ein breiter Konsens besteht zunächst in einer Grundforderung: Die Bewältigung innergesellschaftlicher - aktueller wie künftiger - Herausforderungen wird ein friedliches Umfeld erfordern. Darüber, wie dieses Ziel zu erreichen sei, scheiden sich jedoch die Geister. Alle benannten Spannungsfelder bündeln sich in der Polarisierung zwischen "Tauben" und "Falken". Insbesondere in der Frage, wie individuelle und nationale Sicherheit - militärisch oder politisch - dauerhaft gewährleistet werden kann, zeigt sich die Gesellschaft gespalten. Seit 1967 bezieht sich "links" und "rechts" darum zunehmend auf die Haltung zu den besetzten Gebieten. Die "Linke" steht mehrheitlich für die "Tauben". Ihrer Bereitschaft zu territorialen Kompromissen bzw. zur teilweisen Akzeptanz der nationalen Forderungen der Palästinenser stehen das Beharren auf israelischen Herrschaftsansprüchen in den eroberten Territorien sowie die generelle Ablehnung palästinensischer Rechte gegenüber. Während sich die gemäßigte Rechte - beispielsweise Teile des *Likud* - angesichts neuer regionaler und internationaler Wandlungen und Herausforderungen auf eine pragmatische Politik festlegte, die Oslo II-Vereinbarungen widerstrebend toleriert und mit Unterzeichnung des Hebron-Abkommens 1997 erstmals bereit war, einen geringen Teil von *Erez Jisrael* zu räumen, beharrt die radikale Rechte - Aktivisten der Siedlerbewegung, Vertreter von *Moledet, Kach, Zomet,* Nationalreligiöser Partei und des rechten Flügels im *Likud* - auf einem "Großisrael" in biblischen Grenzen. Das Lager der "Falken" schuf die Atmosphäre, in der Baruch GOLDSTEIN und Jigal AMIR ihre Attentate vollbringen konnten.

Die Perspektive Israels wird unabdingbar mit dem Fortgang oder der Stagnation des nahöstlichen Friedensprozesses verbunden sein. Die völkerrechtliche Anerkennung der Existenz des Landes durch die Mehrheit der arabischen Staaten sowie die gegenseitige Anerkennung von PLO und Israel können als historisches Geschehen und erste Schritte zum regionalen Frieden gewertet werden; eine Garantie für weitere tragfähige Kompromisse in den israelisch-arabischen bzw. israelisch-palästinensischen Widersprüchen sind sie noch nicht. Gewalt und Konfrontation konnten im Nahen Osten vorübergehend verringert, nicht jedoch dauerhaft eliminiert werden. Die optimistischen Erwartungen, der Konflikt könne bis Ende des Jahrhunderts geregelt sein und in ein kooperatives Miteinander der Völker der Region münden, bestätigten sich nicht. Auf die Euphorie der historischen Augenblicke von Madrid, Oslo, Washington, Kairo und Ain Avrona folgte nüchterne Realität. Sollten die Friedensgespräche - trotz der Asymmetrien in den Machtgegebenheiten, Interessen und Zielen der nahöstlichen Protagonisten - in absehbarer Zeit wieder aufgenommen werden, so sind ein widerspruchsvoller Verhandlungsmarathon, vielfältige Störungen und zeitweilige Rückschläge zu erwarten. Die Kriegsoption bleibt zunächst erhalten.

Als regionale Existenzfrage, aber auch als Funktion des innergesellschaftlichen Geschehens ist die Gestaltung des Zusammenlebens mit den Palästinensern für Israel eine vitale Herausforderung. Unmittelbare Streitmassen und Verhandlungsgegenstände, wie die Bekämpfung des Terrorismus, der weitere Abzug israelischer Armee-Einheiten aus der Westbank, Vereinbarungen über die Landverbindung zwischen dem Gaza-Streifen und dem Westjordanland, die Eröffnung der See- und Flughäfen in Gaza sowie die Verständigung über den Zugriff auf regionale Wasserressourcen, harren einer Lösung. In den Verhandlungen über den endgültigen Status der palästinensischen Gebiete, entgegen der ursprünglichen Zeitplanung über einen symbolischen Start bisher nicht hinausgekommen, werden kardinale Probleme zu regeln sein, die aufgrund ihrer Kompliziertheit und Komplexität aus den Gesprächen zunächst ausgeklammert wurden - der Status von Jerusalem, das Problem der palästinensischen Flüchtlinge, die Zukunft der israelischen Siedlungen und Siedler, Sicherheitsfragen im weiteren und engeren Sinne, der Verlauf der Grenzen und die Beziehungen des künftigen palästinensischen Gemeinwesens zu seinen Nachbarländern.

Auch die Ausformung der künftigen staatlich-politischen Strukturen in der Region blieb zunächst offen. Realistische Denkansätze richten sich auf einen souveränen Palästinenserstaat in Westbank und Gaza als Zwischen- oder Endergebnis von Verhandlungen oder auf eine palästinensisch-jordanische Konföderation. Der von einigen Politikern in die Diskussion gebrachte föderative Zusammenschluß von Israelis und Palästinensern scheint dagegen geringen Realitätswert zu besitzen, auch wenn er für die Regelung grundsätzlicher Fragen - sei es für die Flüchtlings- und Siedlerproblematik oder für das künftige Schicksal Jerusalems - einen günstigen Rahmen böte. Ähnliche Zukunftsvisionen, z. B. die Idee eines Wirtschaftsverbunds Israel-Jordanien-Palästinenserstaat, die Schaffung einer ähnlichen Staatenverbindung unter Einbeziehung Syriens und Libanons oder die Vorstellung von einem regionalen Sicherheitssystem bzw. einer umfassenden Wirtschaftszone im Nahen Osten, liegen jenseits der Realität, verweisen jedoch auf Chancen für das 21. Jahrhundert.

Die Vision einer befriedeten Region beinhaltet für Israel und seine Bürger zunächst und vor allem individuelle und kollektive Sicherheit. Angesichts jüdischer Geschichtserfahrung, insbesondere im 20. Jahrhundert, sind Konfliktmüdigkeit und Friedenssehnsucht eng verbunden mit der Angst vor neuen Risiken und verknüpft mit der Furcht, den eingeleiteten Friedensprozeß nicht bewältigen zu können. Das Sicherheitsverständnis der Israelis wird von wachem Mißtrauen und steter Vorsicht gegenüber der Außenwelt geprägt bleiben. Der jüdische Staat wird auf seine schlagkräftige Armee nicht verzichten und unvermindert deren Modernisierung betreiben. Existentiellen Gefahren wird weiterhin rechtzeitig und mit allem Nachdruck begegnet werden.

Sicherheit beinhaltet in der heutigen Welt und auch im Nahen Osten allerdings nicht nur die militärische Dimension. Eine gesicherte Existenz erwächst aus Lebensqualität vielfältiger Natur, d. h. vor allem aus wirtschaftlicher Dynamik, ökologischer Stabilität, sozialer Prosperität und kulturellem Reichtum. In diesem Sinne sind der wirtschaftliche Aufbau in der Region, die Begegnung ökologischer Schäden, die Schaffung sozialer

Gerechtigkeit und die Zurückdrängung militant-regionaler Protestbewegungen Herausforderungen, die über die nationalstaatliche Grenzziehung hinaus Grundinteressen großer Menschengruppen betreffen und gemeinsamer Anstrengungen und Lösungskonzepte bedürfen. Es sind zugleich Fragen an die Staaten Europas und Amerikas, deren Politiker und Rüstungsexporteure im Nahen und Mittleren Osten gewaltige Konzentrationen von Destruktivmitteln zuließen, enorme Handelsgewinne erzielten und nicht selten den regionalen Konfrontationen Vorschub leisteten.

Bis heute sind das Selbst- und Geschichtsverständnis des jüdischen Israeli und damit auch jede Existenzfrage seines Staates zentriert auf die erlebten oder befürchteten Gefahren aus antisemitischer Verfolgung in Vergangenheit, Gegenwart und erkennbarer Zukunft. Das Trauma der *Schoah* verstärkt das Gefühl, auf Gedeih und Verderb einer Schicksalsgemeinschaft anzugehören. Trotz konfrontativer Diskussion um die Zeitgemäßheit des Zionismus werden infolge der realen oder fiktiven, d. h. politisch existenten oder beschworenen Gefahren emotional und rational die Bedeutung des Zionismus und die Zentralität des Staates Israel für die jüdische Bevölkerung des Landes und der Diaspora erhalten bleiben. Die Schaffung und die Entwicklung der nahöstlichen Zufluchtsstätte für die Juden wird weiterhin als bedeutsamstes Ergebnis jüngerer jüdischer Geschichte verstanden werden. Die Erfahrung nationalsozialistischer Judenvernichtung - Auschwitz als Syndrom und Vermächtnis - bleibt eine Komponente in der Haltung vieler Israelis zum Nahostkonflikt und zu Deutschland. Jede reale oder vermeintliche Existenzgefährdung Israels während des über Jahrzehnte andauernden Kriegszustandes mit den arabischen Staaten, insbesondere der Oktoberkrieg 1973 und die irakischen Raketenschläge im zweiten Golfkrieg, haben die Vergangenheit heraufbeschworen und mit den Bildern der Gegenwart verwoben. Chaim SCHATZKER, Professor für jüdische Geschichte an der Universität Haifa, schreibt über diese Synthese historischen Bewußtseins und akuten Überlebensinteresses:

> "Im gesamten Spektrum des israelischen Lebens gibt es wohl kaum ein emotionsbeladeneres und von ungelösten seelischen Konflikten beschwerteres Thema als die Schoah. Schwankend zwischen Anklage, Selbstbeschuldigung und Apologetik, zwischen dem Zwang zur Bewältigung und dem Zwang zur Verdrängung, begleitet sie das israelische Leben und bestimmt das Bewußtsein des Volkes und des Staates, insbesondere in Situationen der Spannung und Gefahr."[12]

Die umfassende Beschäftigung mit der *Schoah* in israelischen Schulen und Universitäten, die kollektive Erinnerung an die sechs Millionen ermordeten Juden während des nationalen Gedenktages *Jom ha-Schoah* sowie die

Auseinandersetzung mit der nationalsozialistischen Judenverfolgung in den Medien wirken nach wie vor integrativ. Auschwitz und Massada bilden in diesem Sinne eine Einheit. Die Unterschiede in der Rezeption der *Schoah* zwischen Juden aus Europa, für die Auschwitz und Theresienstadt mit eigenem Erleben oder dem der Mütter und Väter verbunden sind, und orientalischen Juden, die keine unmittelbare Erfahrung daran knüpfen, schwächen sich jedoch ab, je weiter Krieg und Nachkriegszeit zurückliegen. In der zweiten und dritten Generation dominiert in beiden Bevölkerungsgruppen das von der Gesellschaft vermittelte Bild.

Höchst sensibel bleibt das deutsch-israelische Verhältnis. Die Entwicklung im vereinigten Deutschland wird von der jüdischen Bevölkerung Israels mit Aufmerksamkeit verfolgt. Anzeichen von deutschem Nationalismus, verbunden mit Forderungen, einen Schlußstrich unter die nationalsozialistische Vergangenheit zu ziehen, sowie fremdenfeindliche und insbesondere antisemitische Vorkommnisse erregen Besorgnis. Sie wecken Assoziationen zur Vergangenheit und belasten die Beziehungen zwischen beiden Völkern. Dem wirkt ein breites Spektrum wirtschaftlicher, wissenschaftlich-technischer und kultureller Zusammenarbeit entgegen. Deutsche Investitionen in Israel, die Rolle des deutschen Marktes für israelische Produkte, die Unterstützung israelisch-palästinensischer Projekte und die Bonner Vermittlung zwischen Israel und der EU setzen wichtige Akzente und verweisen auf neue Gestaltungsräume. Der nahöstliche Friedensprozeß trug maßgeblich zu einer Versachlichung des deutsch-israelischen Verhältnisses bei. Dennoch wird die historische Last längerfristig keine Normalität in den Staaten- und Völkerbeziehungen zulassen. "Wir gehen immer noch auf dünnem Eis", konstatiert Botschafter PRIMOR.[13]

Die Mitte israelischer Außen- und Sicherheitspolitik werden weiterhin die Partnerschaft mit den USA und die engen Bindungen an Europa bilden. Im Kontext der Nahostgespräche und der aufbrechenden Nord-Süd-Konflikte gewinnen jedoch auch Beziehungen zu Staaten in der Region und in die afro-asiatische bzw. lateinamerikanische Staatenwelt hinein an Gewicht und Profil. Die Gegnerschaft zwischen den Kräften der Modernisierung, Liberalisierung und Demokratisierung auf der einen und den Mächten des politischen und religiösen Irrationalismus auf der anderen Seite - Mächte, die im Rückgriff auf das religiöse Fundament oder auf tradierte autokratische Strukturen den Ausweg aus fremd- und selbstverschuldeter Misere suchen - bestimmt zunehmend das politische Denken und Handeln der nahöstlichen Eliten. Die gemeinsame Herausforderung von Israelis und Arabern, von Juden, Muslimen und Christen, macht koordiniertes Handeln zur realen Chance, positive Werte der Modernisierung zu verteidigen, den Liberalismus zu stärken und das Überleben in demokratischen Gesellschaftsformen zu organisieren.

Zusammenfassend sei festgehalten: 50 Jahre nach der Staatsgründung zeichnen sich in Israel auf allen Existenzebenen somit tiefgreifende Wandlungen ab. Auf wirtschaftlich-sozialem Gebiet ist trotz Polarisierungstendenz ein Anstieg der Lebensstandards zu konstatieren. Institutionen, die für die Entstehung und Entwicklung des Staates prägend waren - wie *Histadrut* und *Kibbuz* - haben sich erschöpft und wandeln sich in Struktur und gesellschaftlicher Funktion. Das politische System erfuhr in den neunziger Jahren derart weitreichende Veränderungen, daß Politologen sich veranlaßt sehen, vom Ende der Ersten und von der Geburt der "Zweiten Republik"[14] in Israel zu sprechen. Sie beziehen sich dabei z. B. auf die gravierenden Veränderungen des Wahl- und Verfassungssystems und die Verabschiedung der Grundgesetze "Berufsfreiheit" bzw. "Menschenwürde und Freiheit". Zugleich bricht - erstmals in dieser Deutlichkeit und Schärfe - die Kluft zwischen orthodox-religiösen und säkularen Gesellschaftsvorstellungen auf, die kaum überbrückbar erscheint. Jüdisch-israelische Identität schwankt zwischen Tradition und westlichen Kultureinflüssen, zwischen Ethnozentrismus und Universalismus. Nicht zuletzt wird das künftige Bild der israelischen Gesellschaft durch die Stellung des Landes im Nahen Osten geprägt bleiben. Weitere "Orientalisierungsschübe" sind unschwer vorauszusagen.

Konturenhaft zeichnen sich für die nahöstliche Region bereits die Konflikte des 21. Jahrhunderts ab. Dazu gehören: Umweltverschmutzung, Wassermangel, Agrar- und Ernährungskrisen, Überbevölkerung, Migrationsbewegungen, wirtschaftliche und soziale Verwerfungen, die mögliche Zunahme autokratischer Herrschaftsstrukturen und das Anwachsen von Gewaltpotentialen, nicht zuletzt in Form von Überrüstung mit ihren Folgen und Verführungen. Sie bilden Hemmnisse und Barrieren für die erforderlichen Modernisierungsprozesse, für wirtschaftliche Prosperität, sozialen Ausgleich, gesellschaftliche Partizipation und Garantie der Menschenrechte. Die politischen und kulturellen Eliten des Nahen Ostens stehen somit vor Entscheidungen, die nicht mehr nur das Schicksal eines Landes oder einer Bevölkerungsgruppe, sondern die gesamte Region betreffen - eine Gratwanderung zwischen antizipiertem Progress und möglicher Katastrophe. Ungeregelt können die skizzierten Gefährnisse einen Explosivitätsgrad erreichen, dessen Zerstörungskraft alle Staaten und Regimes des Nahen und Mittleren Ostens und mit ihnen Israel existentiell gefährdet bzw. die Gewaltspirale in Bewegung hält. Fortschritte, erreicht durch koordiniertes Handeln in Koalitionen der Vernunft, bergen dagegen in sich die Chance, der latenten Gefahr militanten Konfliktaustrags zu begegnen, das Überleben von Millionen Menschen zu sichern, die Region zu neuer Blüte zu führen und ihr einen geachteten Platz in der internationalen Gemeinschaft zu sichern.

Anmerkungen

Vorwort

1 HERZL, T., "Wenn Ihr wollt, ist es kein Märchen", Altneuland/Der Judenstaat. Hrsg. von SCHOEPS, J. H., Königstein/Ts. 1985, S. 100. EBAN, A., Dies ist mein Volk. Die Geschichte der Juden. München/Zürich 1970, S. 365.
2 "Gedanken des Botschafters Avi Primor zum 50jährigen Bestehen des Staates Israel". In: Blickpunkt. Informationen der Botschaft des Staates Israel. Bonn, September bis Dezember 1997, S. 1.

Die Vorgeschichte

1 Diplomacy in the Near and Middle East. A Documentary Record: 1914-1956., Hrsg. von HUREWITZ, J. C., Princetown (N. J.) 1956, S. 282; vgl.: Die UN-Resolutionen zum Nahost-Konflikt. Übers. von HARTUNG, A., Berlin 1978, S. 28 (Offizielle deutsche Texte von UNO-Resolutionen gibt es erst seit 1. Juli 1975).
2 EBAN, A., Dies ist mein Volk. Die Geschichte der Juden. München/Zürich 1970, S. 365.
3 I. Zionistencongress in Basel. Officielles Protocoll. Wien 1898, S. 114, 119.
4 SIMON, H. u. M., Geschichte der jüdischen Philosophie. Berlin 1984, S. 14.
5 Ebenda.
6 HERZL, T., Gesammelte Zionistische Werke. 3. Aufl., I. Bd., Berlin 1934, S. 125.
7 HERZL, T., Der Judenstaat. In: Theodor Herzl's Zionistische Schriften. Hrsg. von KELLNER, L., 1. Teil, Berlin-Charlottenburg 1905, S. 47.
8 ACHAD HA-AM, Nicht dies ist der Weg. In: Zionismus. Texte zu seiner Entwicklung. Hrsg. von SCHOEPS, J. H., Wiesbaden 1983, S. 105.
9 HERZL, T., Der Judenstaat. S. 47.
10 Ebenda, S. 68.
11 KAPLANSKY, S., Probleme der Palästina-Kolonisation. Berlin 1923, S. 152.
12 Zit. nach BEN GURION, D., David und Goliath in unserer Zeit. München 1961, S. 7.
13 GOLDMANN, N., The Jewish Paradox. New York 1978, S. 88.
14 GOLDMANN, N., Staatsmann ohne Staat. Köln/Berlin 1970, S. 387.
15 BEN ELIESER (d. i. SYRKIN, N.), Die Judenfrage und der sozialistische Judenstaat. Bern 1898, S. 51, 57.
16 HERZL, T., Gesammelte Zionistische Werke, III. Bd., Tel Aviv 1934, S. 198.
17 Ebenda, V. Bd., Tel Aviv 1935, S. 529.

18 Ebenda, S. 475.
19 WEIZMANN, Ch., Memoiren. Zürich 1953, S. 263f.
20 Diplomacy in the Near and Middle East, S. 26.
21 SYKES, Ch., Kreuzwege nach Israel. Die Vorgeschichte des jüdischen Staates. München 1967, S. 3.
22 WEIZMANN, Ch., S. 357.
23 Handbuch der Verträge. 1871-1964. Berlin 1968, S. 188.
24 The Faisal-Weizmann Agreement (dated January 3, 1919). In: ANTONIUS, G., The Arab Awakening. Beirut 1969, S. 437f; vgl. WEIZMANN, Ch., S. 364f.
25 Israels Weg zum Staat. Hrsg. von ULLMANN, A., München 1964, S. 265.
26 Diplomacy in the Near and Middle East, S. 70.
27 BEN GURION, D., Der Zionismus, seine Faktoren und Aufgaben in unseren Tagen. Jerusalem 1935, S. 6.
28 ALLON, J., ... und David ergriff die Schleuder - Geburt und Werden der Armee Israels. Berlin 1971, S. 19.
29 BEN GURION, D., Zionistische Aliya-Politik. Berlin 1934, S. 11.
30 Zit. nach BRASLAWSKY, M., Tnuat ha-Poalim ha-Erez-Jisraelit (Die palästinensische Arbeiterbewegung). Tel Aviv 1955, Bd. I, S. 201.
31 Zit. nach SACHAR, H. M., A History of Israel. From the Rise of Zionism to Our Time. New York 1985, S. 82.
32 MEIR, G., Leben für mein Land. Bern/München 1979, S. 61.
33 BEN GURION, D., Zionistische Außenpolitik. Berlin 1937, S. 34.
34 Ders., Peel Bericht und Judenstaat. Tel Aviv 1938, S. 12.
35 KAPLANSKY, S., Realitäten und Möglichkeiten Palästinas. Berlin 1931, S. 10.
36 Zit. nach Encyclopedia Judaica, Jerusalem 1971, Bd. 14, S. 131.
37 WEIZMANN, Ch., S. 512.
38 DORON, A., Medinat Jisrael we-Erez Jisrael (Staat Israel und Erez Jisrael). Beit Berl 1988, S. 411f.
39 BEN GURION, D., Der Zionismus, S. 22.
40 WEIZMANN, Ch., S. 565.
41 BAR-ZOHAR, M., David Ben Gurion. 40 Jahre Israel. Die Biographie des Staatsgründers. Bergisch Gladbach 1988, S. 136.
42 Documents in British Foreign Policy 1919-1939, 3. Series, Bd. 6, London 1953, S. 74.
43 Diplomacy in the Near and Middle East, S. 220.
44 Ebenda, S. 222.
45 Ebenda, S. 225.
46 BEN GURION, D., Israel. Die Geschichte eines Staates. Frankfurt a. M. 1973, S. 85.
47 Diplomacy in the Near and Middle East, S. 235. (Kursiv gesetzte Worte im Original gesperrt)

Die Entstehung des Staates Israel

1 GOLDMANN, N., The Jewish Paradox, S. 90.
2 BEN GURION, D., Israel, S. 93.
3 Vnesnaja politika Sovetskogo Sojuza. Dokumenty i materialy. 1947 god, Teil 2, Moskau 1952, S. 333f.
4 Ebenda, S. 335.
5 Die UN-Resolutionen zum Nahostkonflikt, S. 28.
6 Zit. nach WARSCHAT, P., Die Rolle Israels im ersten israelisch-arabischen Krieg 1948/49. Phil. Diss.(A), Berlin 1988, S. 139.
7 HERZOG, Ch., Kriege um Israel 1948 bis 1984. Frankfurt a. M./Berlin/Wien 1984, S. 38.
8 ALLON, J., S. 46.
9 BEGIN, M., The Revolt. London 1951, S. 163f.
10 BEN GURION, D., Israel, S. 107.
11 BEGIN, M., S. 376.
12 EBAN, A., S. 366.
13 Ebenda, S. 367.
14 Zit. nach WARSCHAT, P., S. 98.
15 BAR-ZOHAR, M., David Ben Gurion. Der streitbare Prophet. Hamburg 1968, S. 159f.
16 ALLON, J., S. 59.
17 Resolution 194 (III) der UN-Vollversammlung. In: Der Nahostkonflikt - Gefahr für den Weltfrieden. Dokumente von der Jahrhundertwende bis zur Gegenwart. Ausgewählt und eingeleitet von MARDEK, H./ HEMPEL, H./ GLOEDE, K.-F., Berlin 1987, S. 39.
18 Lausanner Protokoll. In: Der Nahostkonflikt, S. 42.

Der Weg des israelischen Staates 1948-1967

1 Zit. nach FREUDENHEIM, Y., Die Staatsordnung Israels. München/Berlin 1963, S. 38.
2 EBAN, A., S. 367.
3 Zit. nach MEIER-CRONEMEYER, H./RENDTORF, R./KUSCHE, U., Israel. Hannover 1970, S. 160.
4 Zit. nach BADIA, J., Religion und Staat in Israel. Gütersloh 1971, S. 157.
5 EBAN, A., S. 367.
6 BEN GURION D., Mi-maamad le-am (Von der Klasse zum Volk). Tel Aviv 1974.
7 BRAUNTHAL, J., Geschichte der Internationale. Bd. 3, Hannover 1971, S. 415.
8 YAARI, M., What faces our Generation. Tel Aviv 1958, S. 27.
9 Verhandlungen des deutschen Bundestages, I. Wahlperiode 1949. Stenograph. Berichte, Bd. 9, Berlin 1951, S. 6698.

10 Zum Verhältnis der DDR zum Staat Israel vgl. u. a. TIMM, A., Hammer, Zirkel, Davidstern. Das gestörte Verhältnis der DDR zu Zionismus und Staat Israel. Bonn 1997.
11 HANOCH, G., Income Differentials in Israel. Falk Project. Fifth Report 1959 and 1960. Jerusalem 1961, S. 117.
12 EISENSTADT, S. N., Die israelische Gesellschaft. Stuttgart 1973, S. 217.
13 Yearbook of the International Socialist Labour Movement. Hrsg. von BRAUNTHAL, J., Bd. 2, 1960-1961, London 1960, S. 250.
14 YAARI, M., S. 126.
15 EBAN, A., S. 367.
16 MERCHAV, P., Die israelische Linke. Frankfurt a. M. 1973, S. 184f.
17 BEN GURION, D., Erinnerung und Vermächtnis. Hrsg. von BRANSTEN, T. R., Frankfurt a. M. 1971, S. 79.
18 Die arabischen Flüchtlinge. Hrsg. von der Informationsabteilung der Israel Mission, Köln 1954, S. 25.
19 Die Beziehungen zwischen Israel und den Arabern. Hrsg. von der Informationsabteilung des Außenministeriums, Jerusalem 1966, S. 19.
20 Die UN-Resolutionen zum Nahostkonflikt, S. 114.
21 Ebenda, S. 126.
22 Diplomacy in the Near and Middle East, S. 308f.
23 EBAN, A., Mein Land. Zürich 1973, S. 135.
24 DAYAN, M., Die Geschichte meines Lebens. Wien/München/Zürich 1976, S. 150.
25 Ebenda, S. 158.
26 Zit. nach BLUMBERG, S. A./OWENS, G., The survival factor. Israeli Intelligence from World War I to the present. New York 1981, S. 194.
27 Note des Vorsitzenden des Ministerrates der UdSSR an den Premierminister Großbritanniens. In: Der Nahostkonflikt, S. 59.
28 SSSR i Arabskije Strany 1917-1960 gg., Moskau 1961, S. 261ff.
29 Ben Gurion looks back in talks with Moshe Pearlman. London 1965, S. 115.
30 Botschaft des Präsidenten der USA, D. Eisenhower, an den Kongress. In: Der Nahostkonflikt, S. 60.
31 GOLDMANN, N., Staatsmann ohne Staat, S. 399.
32 Zit. nach RAFAEL, G., Der umkämpfte Friede. Frankfurt a. M./Berlin/Wien 1984, S. 169.
33 Ebenda, S. 170.
34 Text der Pressekonferenz de Gaulles vom 27. November 1967. In: ARON, R., Zeit des Argwohns. Frankfurt a. M. 1968, S. 185.
35 Der deutsch-israelische Dialog. Dokumentation. Hrsg. von VOGEL, R., Teil I: Politik. Bd. 1, München u. a. 1987, S. 142f.
36 Ben Gurion looks back, S. 166.
37 Der deutsch-israelische Dialog, S. 265.
38 Ben Gurion looks back, S. 178.
39 *Der Spiegel*, Hamburg, 11. August 1969, S. 64.
40 BAR ZOHAR, M., David Ben Gurion. 40 Jahre Israel. Die Biographie des Staatsgründers. Bergisch Gladbach 1988, S. 381.

1 *Jerusalem Post,* Jerusalem, 14. Juni 1967.
2 Report of Secretary General U Thant on the Withdrawal of UNEF, June 26, 1967. In: International Documents on Palestine 1967. Beirut 1970, S. 215.
3 JENDGES, H., Israel. Eine politische Landeskunde. Berlin 1970, S.126.
4 News Conference Statements by U.A.R. President Nasir to the Arab and World Press on the Crisis. Cairo, May 28, 1967. In: International Documents on Palestine 1967. Beirut 1970, S. 553 u. 562.
5 DAYAN, M., Die Geschichte meines Lebens. München 1976, S. 260.
6 Ebenda, S. 273.
7 EBAN, A., Dies ist mein Volk, S. 407.
8 Zit. nach LEWAN, K. M., Sechs Tage und zwanzig Jahre. Aufsätze zum Spannungsfeld Naher Osten. Berlin 1988, S. 19.
9 Vgl. COHEN, A., Cairo, Dimona, and the 1967 War. In: The Middle East Journal, vol. 50, No. 2 (Spring 1995), S. 190ff.
10 Resolution S/242 des UN-Sicherheitsrates. In: Der Nahostkonflikt, S. 71.
11 Rede von Ministerpräsident Eschkol in der Knesset am Ende des Sechstagekrieges, 12.6.1967 (Hebr.). In: Kovez mismachim be-toldot ha-medinah (Dokumentensammlung zur Geschichte des Staates), Jerusalem 1981, S. 232.
12 BEN AHARON, Y., Declarations and Controversy. In: *Israleft.* Tel Aviv, 3. April 1973, S. 11.
13 Note der Sowjetregierung an die Regierung Israels, 10. Juni 1967. In: Der Nahostkonflikt, S. 66.
14 MEIR, G., Mein Leben. Hamburg 1975, S. 391.
15 *Jerusalem Post,* October 25, 1967.
16 NAHUMI, M., Dayan and the Politics of creeping Annexation. In: *New Outlook.* Tel Aviv 15(1972)9, S. 53.
17 The legal Status of the Westbank and Gaza. United Nations. New York 1982. S. 21.
18 BENVENISTI, M., The West Bank Data Project. A Survey of Israel's Policies. Washington 1984, S. 37.
19 *Archiv der Gegenwart.* Bonn. Wien. Zürich 1967 (Jg. 36), S. 13263.
20 BENVENISTI, M., The West Bank Data Project, S. 19.
21 DAJAN, M., Mapah chadaschah - jechasim acherim (Eine neue Plattform - neue Beziehungen). Tel Aviv 1968, S. 158f.
22 Zit. nach FRIED, M., Israels Besatzungspolitik 1967-1972. Diss. Rauberg 1975, S. 209.
23 Zit. nach GERSON, A., Israel, the West Bank and International Law. London 1978, S. 147.
24 NAHUMI, M., Dayan and the Politics of creeping Annexation. In: *New Outlook.* 15(1972)9, S. 53.
25 HERZOG, Ch., Kriege um Israel, S. 225.
26 *New Middle East.* London, No. 31, April 1971, S. 46.
27 DAYAN, M., Die Geschichte meines Lebens. München 1976, S. 372.
28 Ebenda, S. 367.

29 *Europa-Archiv*, Bonn, 14/1974, D 322-324.
30 Ebenda, D 327.
31 The Egyptian-Israeli Disengagement Agreement, September 1975. In: RABINOVICH, I./REINHARZ, J. (eds.), Israel in the Middle East. Documents and Readings on Society, Politics and Foreign Relations, 1948-present. New York. Oxford 1984, S. 315.
32 *Ha-Arez,* Tel Aviv, 19. Januar 1968.
33 DAYAN, M., Die Geschichte meines Lebens, S. 420.
34 Nahost-Erklärung der EG-Staaten in Brüssel. 6. November 1973. In: Der Nahostkonflikt, S. 103.
35 WEISS, S., Ha-Mahapach (Die Wende). Tel Aviv 1979, S. 59.
36 PERLMUTTER, A., Israel. The Partitioned State. A Political History since 1900. New York 1985, S. 201.
37 Ebenda, S. 213.
38 ELIZUR, Y./SALPETER, E., Who rules Israel? New York 1973, S. 20.
39 FRENKEL, S./BICHLER, S., Ha-Mejuchasim (Die Privilegierten). Tel Aviv 1984, S. 66.
40 MEIR, G., Leben für mein Land. Selbstzeugnisse aus Leben und Wirken. Bern. München 1973, S. 276.
41 ELON, A., Die Israelis - Gründer und Söhne. Wien 1972, S. 343.
42 Ebenda, S. 258, 260, 262.
43 United Nations, Resolutions of the General Assembly at its Thirtieth Session, 16 September - 17 December 1975, UN press release GA/5438, S. 177.
44 RABINOVICH, I./REINHARZ, J. (eds.), Israel in the Middle East, S. 312.

Zwei Legislaturperioden unter Likud-Dominanz (1977-1984)

1 The Search for Peace in the Middle East. Documents and Statements 1967-1979. Washington 1979, S. 201.
2 ANSKY, A., Mechirat ha-Likud (Verkauf des Likud), Tel Aviv 1978, S. 139.
3 TORGOVNIK, E., A Movement for Change in a Stable System. In: PENNIMAN, H. R. (ed.), Israel at the Polls. Washington 1979, S. 151.
4 WEISS, S., Ha-Mahapach, S. 151.
5 Speech by President Sadat of Egypt stating his willingness to go to Israel to negotiate directly with Israeli officials. In: International Documents on Palestine 1977, Beirut 1979, S. 407.
6 Gemeinsame Erklärung der UdSSR und der USA zur Lage im Nahen Osten. 1. Oktober 1977. In: Der Nahostkonflikt, S. 150.
7 Middle East Contemporary Survey 1976-77, London 1978, S. 456.
8 Speech by President Sadat of Egypt before the Israeli Knesset discussing the establishment of peace between the Arabs and Israel. In: International Documents on Palestine 1977, S. 433f; vgl. Kovez ha-mismachim, S. 318.
9 Begin's Speech to the Knesset, November 20, 1977. In: RABINOVICH, I./REINHARZ, J. (eds.), Israel in the Middle East, S. 325.

10 The Egyptian-Israeli Peace Treaty. In: JUREIDINI, P. A./MCLAURIN, R. D., Beyond Camp David. New York 1981, S. 123.
11 *Jerusalem Post International,* Jerusalem, July 25-31, 1982.
12 BENVENISTI, M., The West Bank Data Project. A Survey of Israel's Policies. Washington 1984, S. 31.
13 *Ha-Arez,* 20.2.1979. Zit. in WALTZ, V./ZSCHIESCHE, J., Die Erde habt ihr uns genommen. Berlin 1986, S. 284.
14 *Jerusalem Post International,* November 11, 1977.
15 *Ha-Arez,* 3. November 1981.
16 *Jerusalem Post International,* Januar 18, 1978.
17 *Newsweek. International Edition.* New York. February 6, 1978, S. 32.
18 SACHAR, H. M., A History of Israel, Vol. II, New York 1987, S. 145.
19 *Europa-Archiv,* 1/1980, D 603.
20 *Maariv,* Tel Aviv, 12. Juni 1981.
21 *Jerusalem Post,* Jerusalem, July 3, 1981.
22 *Jerusalem Post,* August 6, 1981.
23 *Jerusalem Post,* December 15, 1981.
24 NAOR, A., Memschalah ba-milchamah (Regierung im Krieg), o. O. 1986, S. 28.
25 *Jediot Acharonot,* Tel Aviv, 18. Dezember 1981.
26 Ebenda.
27 *Jerusalem Post,* December 1, 1981.
28 *Maariv,* 25. September 1981.
29 Zit. nach SCHREIBER, F./WOLFFSOHN, M., Nahost. Geschichte und Struktur des Konflikts, Opladen 1989, S. 292.
30 SCHIFF, Z./JAARI, E., Milchemet Scholal (Krieg der Irreführung), Tel Aviv 1984, S. 38.
31 TIMERMAN, J., Israels längster Krieg. München 1985, S. 9.
32 SACHAR, A., A History of Israel, II, S. 187.
33 SCHIFF, Z./JAARI, E., Milchemet Scholal, S. 354.
34 NAOR, A., Memschalah ba-milchamah, S. 157.
35 *Jerusalem Post,* July 4, 1982.
36 Milchemet Levanon. Bejn Milchamah le-haskamah (Libanonkrieg. Zwischen Zustimmung und Protest). Tel Aviv 1983, S. 175.
37 *Migwan,* Tel Aviv, 1972 (Aug. 1982), S. 48.
38 RABIN, J., ha-Milchamah be-Levanon (Der Krieg in Libanon), Tel Aviv 1983, S. 47.
39 ZAHAVI, L., Anatomie eines Protestes, o. O. 1982, S. 15.
40 PERLMUTTER, A., Israel: The partitioned State. New York 1985, S. 311.
41 *Jerusalem Post,* Mai 27, 1983.
42 United Nations, Security Council, S/RES/478 (1980), August 20, 1980.
43 Pressekonferenz des Außenministers der USA, G. Shultz, in Washington. 21. August 1982. In: Der Nahostkonflikt, S. 233.
44 Erklärung des Gipfeltreffens der Europäischen Gemeinschaft über den Nahen Osten in Venedig, 13. Juni 1980, In: Der Nahostkonflikt, S. 189.
45 Zit. nach DEUTSCHKRON, I., Israel und die Deutschen. Köln 1983, S. 410.

46 *Neues Deutschland,* Berlin, 23. September 1978.
47 Rede des Ministers für Auswärtige Angelegenheiten der UdSSR, A. A. Gromyko, auf der UN-Vollversammlung am 25. September 1979. In: Der Nahostkonflikt, S. 184.
48 Erklärung der Regierung der UdSSR. In: *Neues Deutschland,* 31. März 1983.
49 *Pravda,* Moskau, 3. August 1982.
50 Politische Deklaration der Tagung des Politischen Beratenden Ausschusses der Teilnehmerstaaten des Warschauer Vertrages in Prag. In: *Neues Deutschland,* 7. Januar 1983.
51 *Maariv,* 9. Dezember 1981.

Regierung der nationalen Einheit (1984-1990)

1 *Jerusalem Post,* 12. September 1984.
2 Ebenda.
3 Ebenda.
4 *Archiv der Gegenwart,* 1984 (Jg. 54), S. 28055 A.
5 *Jerusalem Post,* Oktober 23, 1985.
6 *Ha-Arez,* 6. August 1986.
7 *Jerusalem Post,* November 23, 1985.
8 GROSSMAN, D., Der gelbe Wind. Die israelisch-palästinensische Tragödie. München 1990, S. 222.
9 The Westbank and Gaza. Israel's Options for Peace. The Jaffee Center for Strategic Studies Tel Aviv University. Tel Aviv 1989, S. 32.
10 *New Outlook,* Nov./Dez. 1988, S. 18.
11 Beschlüsse der zehnten Landeskonferenz der MAPAM. (Vereinigte Arbeiterpartei), Tel Aviv 5.-7. Mai 1988, S. 4.
12 *Jediot Acharonot,* 8. August 1988.
13 *Jerusalem Post,* May 3, 1988.
14 *Jerusalem Post,* November 13, 1988, *Al ha-Mischmar*, Tel Aviv, 13. November 1988.
15 *Ha-Arez,* 4. Dezember 1988.
16 *Neues Deutschland,* 14./15. April 1990.
17 EBAN, A., Einleitung zu: Israel: The first 40 years. Ed. by FRANKEL, W., London 1987, S. 14.
18 Erkundungen. 20 Erzähler aus Israel. Hrsg. von JANKE, J., TIMM, A., ZEMKE, M., Berlin 1989, S. 310.

"... dem Frieden eine Chance"

1 *Spektrum,* Tel Aviv, Nr. 25, Juni 1991, S. 2.
2 Al-HAJ, M., Ethnicity and Immigration: The Case of Soviet Immigration to Israel. In: *Humboldt Journal of Social Relations*, vol. 19, no. 2/1993, S. 284.

3 Zit. nach GINAT, J., Israeli Arabs: Some Recent Social and Political Trends. In: *Asian and African Studies,* Haifa, vol. 23, November 1989, S. 199.
4 GROSSMAN, D., Der geteilte Israeli. Über den Zwang, den Nachbarn nicht zu verstehen. Wien 1992, S. 268f.
5 *Spektrum,* Nr. 24, März 1991, S. 10.
6 *New Outlook,* September/October/November 1990, S. 56.
7 Ikare emdot ha-Avodah me-toch hachlatot ha-we'idah ha-5. (Hauptpositionen der Partei der Arbeit auf Grundlage der Beschlüsse des 5. Parteitages). Tel Aviv 1992, S. 2.
8 Ebenda, S. 3f.
9 *Jerusalem Post,* June 25, 1992.
10 Ebenda.
11 Rede des amerikanischen Präsidenten, George Bush, zur Eröffnung der Nahost-Friedenskonferenz in Madrid am 30. Oktober 1991. In: *Europa-Archiv*, 4/1992, D 125f.
12 Rede des sowjetischen Präsidenten, Michail Gorbatschow, bei der Eröffnung der Nahost-Friedenskonferenz in Madrid am 30. Oktober 1991. In: *Europa-Archiv*, 4/1992, D 128f.
13 Die von dem Madrider Gipfeltreffen ausgehenden bilateralen Nahostverhandlungen umfaßten 10 Runden:

1. Runde:	3.-4.11.1991 (Madrid)
2. Runde:	10.-18.12.1991 (Washington)
3. Runde:	13.-16.1.1992 (Washington)
4. Runde:	24.2.-4.3.1992 (Washington)
5. Runde:	27.-30.4.1992 (Washington)
6. Runde:	24.8.-24.9.1992 (Washington)
7. Runde:	21.10.-19.11.1992 (Washington)
8. Runde:	7.-16.12.1992 (Washington)
9. Runde:	27.4.-13.5.1993 (Washington)
10. Runde:	14.6.-1.7.1993 (Washington).

Die multilateralen Gespräche fanden in fünf Kommissionen statt; dem Plenartreffen in Moskau (28.-29.1.1992) folgten Kommissionstagungen zu Wirtschaftsfragen, zu Rüstungskontrolle und regionaler Sicherheit, zu regionalen Wasserfragen, zu Flüchtlingsfragen und zu regionalen Umweltfragen.
14 *Jerusalem Post,* July 14, 1992.
15 Statement by President Bill Clinton at a White House Press Conference, March 15, 1993. In: The Clinton-Rabin Partnership in the Mideast Peace Process (ed. by AIPAC). Washington 1993, S. 31.
16 PERES, S., Die Versöhnung. Der neue Nahe Osten. Berlin 1993, S. 33.
17 *Jerusalem Post,* August 31, 1993.
18 Schalom. Salam, Peace, Frieden. Die Vereinbarungen zwischen Israel und der PLO. Hrsg. von Botschaft des Staates Israel, Presse- und Informationsabteilung, Bonn 1993, S. 4.
19 Ebenda, S. 6.
20 *Al ha-Mischmar,* 10. September 1993.

21 *Jerusalem Post International,* September 11, 1993.
22 Schalom. Salam, Peace, Frieden, a.a.O., S. 22.
23 *Ha-Arez,* 5. September 1993.
24 *Jerusalem Post International,* September 11, 1993.
25 Zeitplan der Israelisch-Palästinensischen Prinzipienerklärung vom 13. September 1993:

A. 13. Sept. 1993	Unterzeichnung der Prinzipienerklärung in Washington
B. 13. Okt. 1993	Prinzipienerklärung tritt in Kraft
C. 13. Dez. 1993	Unterzeichnung des Abkommens zum Rückzug aus Gaza und Jericho
D. 13. April 1994	Abschluß des Rückzugs der israelischen Truppen aus Gaza und Jericho
E. 13. Juli 1994	Wahlen in den autonomen Gebieten und neue Positionierung der israelischen Armee
F. 13. April 1996	Beginn der Verhandlungen über den endgültigen Status
G. 13. April 1999	Inkrafttreten des endgültigen Status.

26 *Ha-Arez,* 27. Februar 1994.
27 Die erste Phase: Das "Gaza-Jericho-Abkommen". Die palästinensische Selbstverwaltung im Gaza-Streifen und im Gebiet Jericho. Hrsg. von der Botschaft des Staates Israel in der Bundesrepublik Deutschland, Presse- und Informationsabteilung. Bonn 1994, S. 16 u. 21.
28 Ebenda, S. 11.
29 Friedensvertrag zwischen dem Staat und dem Haschemitischen Königreich Jordanien, Botschaft des Staates Israel, Presse- und Informationsabteilung. Bonn 1994, S. 39.
30 Das Interimsabkommen zwischen Israel und der PLO ("Oslo II"), Botschaft des Staates Israel, Presse- und Informationsabteilung. Bonn 1995, S. 7.
31 *Jerusalem Report*, November 30, 1995, S. 6.
32 KAPELIUK, A., Rabin. Ein politischer Mord. Heidelberg 1997, S. 12.
33 *Jerusalem Report*, November 30, 1995, S. 3.
34 KAPELIUK, A., Rabin, S. 16f.
35 *Jerusalem Post International*, November 8, 1997, S. 7.
36 Vgl. BAUMGARTEN, H., Die palästinensischen Wahlen 1996. In: *Orient* 37 (1996)4, S. 606.
37 *Jerusalem Report*, April 4, 1996, S. 15.
38 Vgl. HOFMANN, S., Implikationen des Friedensprozesses für die Wirtschaftsbeziehungen Israels. In: HOFMANN, S./IBARAHIM, F. (Hrsg.), Versöhnung im Verzug. Probleme des Friedensprozesses im Nahen Osten. Bonn 1996, S. 193.
39 *Jerusalem Post,* August 12, 1992.
40 Vgl. ARIAN, A., The Second Republic: Politics in Israel. Chatham, NJ 1998, S. 48.
41 PERES, S., Die Versöhnung. Der neue Nahe Osten. Berlin 1993, S. 267.

42 LITELL, R., Arbeit für den Frieden: Gespräche mit Shimon Peres. Frankfurt a. M. 1998, S. 124.
43 *Maariv*, 23. Februar 1996.
44 *Jediot Acharonot*, 25. April 1996.
45 *Jediot Acharonot*, 10. Mai 1996.
46 MERETZ: For another four years. Elections '96, S. 2.
47 OZ, A., "Netanjahu ist nicht Mussolini", in: *Süddeutsche Zeitung*, 10. Juni 1996, S. 11.
48 Elections '96: A Strong Israel, A Secure Peace, in: Israel Yearbook and Almanac 1997, S. 87.
49 Auf Betreiben von MEREZ-Vertretern wurde der Vertrieb der Amulette am 19. Mai 1996 durch Beschluß des Zentralen Wahlkomitees untersagt.
50 Arabische Knessetabgeordnete: CHADASCH (4), *Vereinigte Arabische Liste* (4), *Avodah* (2) und MEREZ (1).
51 Vgl. Elections '96: A Strong Israel, A Secure Peace, in: Israel Yearbook and Almanac 1997, S. 93.
52 Offiziell wurde das Wohnungsbauministerium durch Premier NETANJAHU geführt; Meir PORUSCH von *Jahadut ha-Torah ha-Me'uchedet* erhielt lt. Koalitionsvereinbarung den Posten des stellvertretenden Ministers mit "ausgeweiteten Kompetenzen".
53 *Ha-Arez*, 3. Juni 1996.
54 Leitlinien der Regierung Netanjahu, veröffentlicht vom Government Press Office, Jerusalem, abgedruckt in: *Archiv der Gegenwart*, 19. Juni 1996, S. 41156-41162; vgl. *ha-Arez*, 19. Juni 1996.
55 *Archiv der Gegenwart*, 19. Juni 1996, S. 41157.
56 *Archiv der Gegenwart*, 21. März 1997, S. 41910.
57 *Jerusalem Report*, January 8, 1998, S. 36.
58 *Der Spiegel*, 22/1997, S. 144.
59 *Maariv*, 8. März 1998.

Israel an der Schwelle zum 21. Jahrhundert

1 *Israelitisches Wochenblatt*, Zürich, 22. August 1997, S. 83.
2 *die tageszeitung*, 1. Februar 1996.
3 *Jediot Acharonot*, 19. Januar 1998.
4 KANIUK, Y., "Gott schütze uns vor den Religiösen!". In: *Die Zeit*, 15. August 1997, S. 35f.
5 Vgl. ARIAN, A., The Second Republic: Politics in Israel, Chatham, NJ 1998, S. 70f.
6 AVINERI, S., Medinat Jisrael bejn Solidarijut le-pluralism (Der Staat Israel zwischen Solidarität und Pluralität). In: LISSAK, M./KNEI-PAS, B. (Hrsg.), Jisrael likrat schnot ha-Alpajim - chevrah, politikah we-tarbut (Israel vor dem 21. Jahrhundert - Gesellschaft, Politik und Kultur), Jerusalem 1997., S. 389.
7 *Ha-Arez*, 16. Oktober 1996.
8 *Ha-Arez*, 15. Oktober 1995.

9 *Allgemeine Jüdische Wochenzeitung*, 22. August 1996.

10 ZIMMERMANN, M., Wende in Israel. Zwischen Nation und Religion. Berlin 1996, S. 13.

11 BAR-ON, M., Zionism into its second century: A Stock-Taking. In: KYLE, K./PETERS, J. (eds.), Whither Israel? The Domestic Challenges. London/New York 1993, S. 40.

12 SCHATZKER, Ch., Die Bedeutung des Holocaust für das Selbstverständnis der israelischen Gesellschaft. In: *Aus Politik und Zeitgeschichte*, B 15/90, 6. April 1990, S. 23.

13 Interview mit Avi PRIMOR, Botschafter des Staates Israel in der Bundesrepublik Deutschland. In: *Das Parlament*, 14. April 1995.

14 ARIAN, A., The Second Republic, S. 1.; HAZAN, R. Y., The Second Republic: Reconstructing Government in Israel. In: *Israel Studies Bulletin*, Fall 1997, S. 1.

Zeittafel

1882-1903	Erste zionistische Einwanderungswelle (*Alijah*) nach Palästina
1896	"Der Judenstaat" von Theodor Herzl erscheint in Wien
1897	Gründungskongreß der Zionistischen Weltorganisation (ZWO) in Basel (29.-31.8.), Annahme des Baseler Programms
1902	Gründung des *Misrachi* in Wilna (März)
1904-1914	Zweite *Alijah*
1905	Gründung des *ha-Poel ha-Zair* in Petach Tikwah (Oktober) Konstituierung der *Poale Zion* in Jaffa (November)
1909	Grundsteinlegung von Tel Aviv (11.4.)
1910	Offizielle Gründung des ersten Kibbuz (Dagania, 25.10.)
1912	Gründung der *Agudat Jisrael* in Kattowitz
1916	Übereinkunft Frankreichs und Großbritanniens über die künftige Aufteilung der ostarabischen Provinzen des Osmanischen Reiches (Sykes-Picot-Abkommen, 16.5.)
1917	Balfour-Erklärung Großbritanniens (2.11.)
1917/18	Besetzung Palästinas durch britisch-arabische Verbände
1918	Grundsteinlegung der Hebräischen Universität Jerusalem (24.7.)
1919-1923	Dritte *Alijah*
1919	Faisal-Weizmann-Abkommen (3.1.) Gründung von *Achdut ha-Avodah* in Petach Tikwah (28.3.-1.4.)
1920	Wahlen zur ersten Vertretung des *Jischuv* (*Asefat ha-Nivcharim,* 19.4.) Antijüdische Pogrome in Jerusalem (April) Konferenz der Entente-Staaten in San Remo (19.-26.4.), Übertragung des Mandats über Palästina an Großbritannien Gründung der *Haganah* (13.6.) und der *Histadrut* (15.12.)

1921	Arabische Unruhen in Jaffa (Mai)
1922	Bestätigung des britischen Mandats über Palästina durch den Völkerbund (24.7.) Erste Volkszählung in Palästina (22.10.)
1924-1931	Vierte *Alijah*
1925	Eröffnung der Hebräischen Universität Jerusalem (1.4.) Gründung der *Revisionistischen Partei* (April)
1929	Arabische Unruhen in Hebron, Safed und Jerusalem (23.-29.8.), Aufruf des Mufti von Jerusalem zum Heiligen Krieg gegen die Juden Gründung der *Jewish Agency* (14.8.)
1930	Gründungskongreß der MAPAI (5.-7.1.)
1936-1939	Arabischer Aufstand gegen britische Mandatspolitik und jüdische Einwanderung
1936	Einsetzung der Peel-Kommission durch Großbritannien (21.7.)
1932-1938	Fünfte *Alijah*
1937	Gründung des EZEL (April) Veröffentlichung des Peel-Berichts (7.7.)
1939	Weißbuch der britischen Regierung über Einwanderungsbeschränkungen für Palästina (17.5.)
1939-1947	Einwanderung von Verfolgten des deutschen Nationalsozialismus trotz britischer Immigrationsbeschränkungen
1941	Gründung von PALMACH (15.5.)
1942	Biltmore-Konferenz in New York (9.-11.5.)
1946	Sprengung eines Flügels des Jerusalemer King-David-Hotels, des Sitzes der Mandatsverwaltung (27.7.)
1947	Übergabe der Palästina-Frage an die UNO (14.2.) Status-quo-Vereinbarung zwischen *Jewish Agency* und religiösen Parteien (19.6.) Tragödie des Flüchtlingsschiffs "Exodus" (Juli/August)

1947	Resolution 181(II) der UN-Vollversammlung über die Teilung Palästinas (29.11.)
1948	Gründung der MAPAM (Januar) Beendigung des britischen Mandats, Unabhängigkeitserklärung Israels in Tel Aviv, Bestätigung David Ben Gurions als Ministerpräsident der Provisorischen Regierung, De facto-Anerkennung Israels durch die USA (14.5.) Einmarsch arabischer Militärverbände in Palästina, Beginn des Unabhängigkeitskrieges (15.5.) Chaim Weizmann Präsident des Provisorischen Staatsrates (16.5.) De jure Anerkennung Israels durch UdSSR, Guatemala, Polen, Tschechoslowakei, Nikaragua, Uruguay und Jugoslawien (18.5.) Verabschiedung des Gesetzes "Law and Administration Ordinance" durch den Provisorischen Staatsrat (19.5.) Bildung der israelischen Verteidigungsarmee ZAHAL (26.5.) Einführung des Israelischen Pfundes - I£ - als offizieller Währung (16.8.)
1948-1951	Jüdische Masseneinwanderung aus arabischen Staaten, insbes. aus Ägypten, Irak und Jemen, sowie aus Polen und Rumänien
1949	Wahlen zur 1. Knesset (25.1.) Wahl von Chaim Weizmann zum Staatspräsidenten (16.2.) Waffenstillstand mit Ägypten (24.2.) Bestätigung von David Ben Gurion als Ministerpräsident der ersten Regierung durch die Knesset (8.3.) Waffenstillstand mit Libanon (23.3.) Waffenstillstand mit Transjordanien (3.4.) Aufnahme Israels in die UNO (11.5.) Waffenstillstand mit Syrien (20.7.) Verabschiedung des Wehrdienstgesetzes (15.9.)
1950	Knessetbeschluß über Jerusalem als Hauptstadt Israels (23.1.) "Gesetz der Rückkehr" verabschiedet (5.7.) Annexion der Westbank und Ostjerusalems durch Jordanien (10.9.)
1951	Wahlen zur 2. Knesset (30.7.)
1952	Gesetz über die Staatsbürgerschaft (1.4.) Luxemburger Abkommen über Wiedergutmachung zwischen der Bundesrepublik Deutschland und Israel (10.9.)
1955	Wahlen zur 3. Knesset (26.7.)

1955-1957	Jüdische Einwanderung aus Nordafrika
1956	Britisch-französische Suez-Intervention und Sinai-Krieg Israels gegen Ägypten (29.10.-6.11.) Gründung der *Nationalreligiösen Partei* (MAFDAL)
1957	Beginn des Rückzugs der israelischen Armee von Sinai (7.3.)
1959	Wahlen zur 4. Knesset (3.11.)
1960/1961	Lavon-Affäre
1960	Treffen David Ben Gurion - Konrad Adenauer in den USA (14.3.)
1961	Wahlen zur 5. Knesset (15.8.) Eichmannprozeß in Jerusalem (Todesurteil, 15.12.)
1961-1964	Weitere jüdische Einwanderung aus Nordafrika
1963	Rücktritt David Ben Gurions als Ministerpräsident (16.6.) Bestätigung Levi Eschkols als Ministerpräsident (26.6.)
1965	Aufnahme diplomatischer Beziehungen Israel - Bundesrepublik Deutschland (12.5.) Bildung des GACHAL-Blocks (*Cherut* und *Liberale Partei*, 6.4.) Vereinbarung über den kleinen *Maarach* (MAPAI und *Achdut ha-Avodah,* 19.5.) Gründung der RAFI (12.7.) Wahlen zur 6. Knesset (2.11.)
1966	Aufhebung der Militärverwaltung über die arabische Bevölkerung Israels (Dezember) Schmuel Josef Agnon erhält als erster israelischer Schriftsteller den Nobelpreis für Literatur (10.12.)
1967	Bildung der Regierung der nationalen Einheit (1.6.) Sechs-Tage-Krieg zwischen Israel - Ägypten, Syrien und Jordanien; Besetzung von Ostjerusalem, Sinai-Halbinsel, Westjordanufer, Golan-Höhen und Gaza-Streifen durch Israel (5.6.- 10.6.) Abbruch der diplomatischen Beziehungen zu Israel durch UdSSR und alle osteuropäischen Staaten außer Rumänien (10.6.) Georg Kiesinger besucht als erster deutscher Bundeskanzler Israel (30.10.-10.11.) Resolution 242/1967 des UN-Sicherheitsrates (22.11.)

1968	Gründung der *Israelischen Partei der Arbeit* (MAI, 21.1.)
1969	Bildung des großen *Maarach* (MAI und MAPAM, 19.1.) Wahlen zur 7. Knesset (28.10.) Bestätigung Golda Meirs als Ministerpräsidentin (15.12.)
1969-1970	Abnutzungskrieg Israel - Ägypten
1970	Austritt des GACHAL aus der Regierung (Juni)
1973	Bildung des *Likud*-Blocks (Juli) Oktober- (Ramadan- oder Jom-Kippur-) Krieg Ägyptens und Syriens gegen Israel (6.10.-26.10.) Resolution 338/1973 des UN-Sicherheitsrates (22.10.)
1973	Nahostkonferenz unter Schirmherrschaft der UNO in Genf (21./22.12.) Wahlen zur 8. Knesset (31.12.)
1974	Unterzeichnung des ersten Entflechtungsabkommens mit Ägypten (18.1.) Beendigung des Abzugs israelischer Truppen vom Ostufer des Suezkanals (3.3.) Rücktritt von Ministerpräsidentin Golda Meir (10.4.) Unterzeichnung eines Truppenentflechtungsabkommens mit Syrien (31.5.) Bestätigung Jizchak Rabins als Ministerpräsident (3.6.)
1975	Jizchak Rabin als erster israelischer Premierminister zu einem Staatsbesuch in der Bundesrepublik Deutschland (Juli 1975) Unterzeichnung des 2. Sinai-Abkommens mit Ägypten (4.9.) Resolution 3379/1975 der UNO-Vollversammlung (Charakterisierung des Zionismus als "einer Form des Rassismus"; 10.11.),
1977	Wahlen zur 9. Knesset (17.5.), Ablösung der *Avodah* durch *Likud,* Bestätigung Menachem Begins als Ministerpräsident (20.6.) Staatsbesuch Anwar as-Sadats in Jerusalem (19.-21.11.)
1978	Unterzeichnung der Abkommen von Camp David (17.9.) Auszeichnung Menachem Begins und Anwar as-Sadats mit dem Friedens-Nobelpreis (10.12.)
1979	Friedensvertrag Ägypten - Israel (26.3.)

1980	Grundgesetz über das vereinigte Jerusalem als Hauptstadt Israels (30.7.) Ersetzung des Israelischen Pfundes - I£ - durch den Israelischen Schekel - IS (30.9.)
1981	Zerstörung des irakischen Atomreaktors in Bagdad durch die israelische Luftwaffe (7.6.) Wahlen zur 10. Knesset (30.6.) Ersetzung der Militärverwaltung in Westbank und Gaza durch Ziviladministration (1.11.) Amerikanisch-Israelisches Memorandum über strategische Kooperation (30.11.) Knessetbeschluß über Annexion der Golanhöhen (14.12.)
1982	Abschluß der Rückgabe Sinais an Ägypten (25.4.) Beginn des Libanonkrieges (6.6.) Massaker libanesischer Milizen in den palästinensischen Flüchtlingslagern Sabra und Schatila mit ZAHAL-Deckung (16./18.9.) Antikriegsaktionen in Israel, u. a. Protestdemonstration der 400.000 auf dem Platz der Könige in Tel Aviv (25.9.)
1983	Rücktritt Menachem Begins (28.8.) Bestätigung Jizchak Schamirs als Ministerpräsident (10.10.)
1984	Wahlen zur 11. Knesset (23.7.) Bildung der Regierung der nationalen Einheit unter Beteiligung von *Maarach* und *Likud*, Bestätigung von Schimon Peres als Ministerpräsident (13.9.)
1984-1985	Transfer äthiopischer Juden nach Israel ("Operation Moses")
1985	Israelischer Rückzug aus Libanon (Februar - Juni) Notstandsplan zur Stabilisierung der Wirtschaft (Juli) Umtausch des Israelischen Schekels 1000:1 in den Neuen Israelischen Schekel - NIS (4.9.)
1986	Übernahme des Amtes des Ministerpräsidenten durch Jizchak Schamir (20.10.)
1987	Ausbruch der palästinensischen *Intifada* in Westbank und Gaza (8./9.12.)
1988	Wahlen zur 12. Knesset (1.11.), Bildung einer Koalitionsregierung aus *Likud*, *Maarach* und drei religiösen Parteien Bestätigung Jizchak Schamirs als Ministerpräsident (22.12.)

1989	Beginn der Masseneinwanderung aus der UdSSR
1990	Regierung der nationalen Einheit nach Mißtrauensvotum der Knesset beendet (15.3.) Bestätigung der neuen Regierung unter Jizchak Schamir (11.6.) Kuweit-Krise (2.8.1990-28.2.1991)
1991	Irakische Raketenüberfälle auf Israel (18.1.-25.2.) Nahostfriedenskonferenz in Madrid (30.10.-2.11.) Evakuierung äthiopischer Juden nach Israel ("Operation Salomo", 23.-25.5.)
1992	Wahlen zur 13. Knesset (23.6.) Bildung einer Koalitionsregierung von *Partei der Arbeit*, MEREZ und SCHASS unter Ministerpräsident Jizchak Rabin (13.7.) Israelische Ausweisung von 415 Hamas-Aktivisten nach Libanon (13.12.)
1993	Wahl Eser Weizmanns zum Staatspräsidenten (24.3.) Geheimverhandlungen Israel - PLO bei Oslo (20.1.-20.8.) Gegenseitige Anerkennung von Israel und PLO durch Briefwechsel zwischen Jizchak Rabin und Jasir Arafat (9./10.9.) Unterzeichnung der Israelisch-Palästinensischen Grundsatzerklärung in Washington über palästinensische Selbstverwaltung ("Oslo I", 13.9.)
1994	Überfall Baruch Goldsteins auf muslimische Gläubige in Hebron ("Hebron-Massaker", 25.2.) Verbot der rechtsextremistischen Parteien *Kach* und *Kahane Chai* durch die israelische Regierung (13.3.) Abschluß des Autonomieabkommens über Gaza und Jericho in Kairo (4.5.) Vereinbarungen über Aufnahme diplomatischer Beziehungen Israels mit Marokko (1.9.) und Tunesien (1.10.) Terroranschläge islamistischer Extremisten in Jerusalem und Tel Aviv (Oktober) Friedensvertrag Israel - Jordanien (26.10.) Aufnahme diplomatischer Beziehungen Israel - Jordanien (27.11.) Friedensnobelpreis an Jizchak Rabin, Jasir Arafat und Schimon Peres (10.12.)
1995	Terroranschläge palästinensischer Selbstmordattentäter in Tel Aviv (24.7.) und Jerusalem (25.8.) Interimsabkommen Israel - PLO über Ausdehnung der palästinensischen Selbstverwaltung im Westjordangebiet ("Oslo II", 28.9.)

Billigung des Autonomieabkommens durch die Knesset (6.10.)
Rückzug der israelischen Streitkräfte aus sechs Städten des Westjordangebiets (25.10.-28.12.)
Ermordung von Ministerpräsident Jizchak Rabin auf Friedenskundgebung in Tel Aviv durch jüdisch-israelischen Extremisten (4.11.)
Knesset bestätigt Schimon Peres als Ministerpräsident (22.11.)

1996 Wahlen in Westjordanland, Gaza und Ostjerusalem zum Palästinensischen Rat sowie Wahl Jasir Arafats zum Präsidenten des Rats (20.1.)
Selbstmordattentate palästinensischer Terroristen in Jerusalem, Aschkelon und Tel Aviv (Febr./März)
Israelische Militäraktion „Früchte des Zorns" in Südlibanon (11.-27.4.)
Wahlen zur 14. Knesset und erstmalige Direktwahl des Ministerpräsidenten, Sieg von *Likud* und Benjamin Netanjahu (29.5.)
Vereidigung der Koalitionsregierung aus *Likud-Zomet-Gescher, Jisrael ba-Alijah, ha-Derech ha-schlischit* und drei religiösen Parteien unter Benjamin Netanjahu (18.6.)
Kabinettsbeschluß über Aufhebung des Baustopps für Siedlungen im Westjordangebiet (2.8.)
Militante Auseinandersetzungen nach Öffnung des „Hasmonäertunnels" unter dem Tempelberg (25.-27.9.)

1997 Unterzeichnung des Hebron-Abkommens durch Benjamin Netanjahu und Jasir Arafat (15.1.)
Bar-On-Affäre (Januar)
Vereinigung von MAPAM, RAZ und *Shinui* zur MEREZ-Partei (12.2.)
Kabinettsbeschluß über den Bau des jüdischen Stadtviertels Har-Chomah in Ostjerusalem (26.2.)
Wahl Ehud Baraks zum Vorsitzenden der *Partei der Arbeit* (3.6.)
Entlassung von *Hamas*-Führer Scheich Achmed Jassin aus israelischer Haft (1.10.)

1998 Wiederwahl Eser Weizmanns als Staatspräsident (4.3.)

Tabelle 1

Jüdische Einwanderung nach Palästina / Israel

Periode/Jahr	*Zahl der Einwanderer*	*Wichtigste Herkunftsländer*
1882-1903	20.000-30.000 (1. Alijah)	Rußland
1904-1914	35.000-40.000 (2. Alijah)	Rußland, Polen
1919-1923	ca. 35.000 (3. Alijah)	Rußland bzw. Sowjetunion, Polen
1924-1931	ca. 80.000 (4. Alijah)	Polen, Sowjetunion
1932-1938	ca. 200.000 (5. Alijah)	Polen, Deutschland
1939-1945	ca. 80.000	Polen, Deutschland, Rumänien, Tschechoslowakei, Ungarn
1946-1948	ca. 160.000	Polen, Rumänien, Bulgarien Algerien, Tunesien
1949-1951	ca. 710.000	Polen, Rumänien, arabische Staaten
1952-1987	ca. 1.060.000	arabische Staaten, Iran, Sowjetunion, Polen, Rumänien, Äthiopien
1988-1989	ca. 30.000	Sowjetunion
1990-1997	ca. 822.500	Sowjetunion bzw. GUS-Staaten, Äthiopien

Tabelle 2

Die Bevölkerung Israels

	1949		1965		1997	
	in 1000	%	in 1000	%	1000	%
Gesamtbevölkg.	1173,9	100,0	2598,4	100,0	5905,5	100,0
Juden	1013,9	86,4	2299,1	88,5	4729,3	80,1
Muslims	111,5	9,5	212,4	8,2	881,2	14,9
Christen	34,0	2,9	57,1	2,2	193,0	3,3
Drusen u.a.	14,5	1,2	29,8	1,1	102,0	1,7

Tabelle 3

Staatspräsidenten Israels

1948 - 1952	Chaim Weizmann	(1874 - 1952)
1952 - 1963	Jizchak Ben Zvi	(1884 - 1963)
1963 - 1973	Schneor Salman Schasar	(1889 - 1974)
1973 - 1978	Efraim Kazir	(geb. 1916)
1978 - 1983	Jizchak Navon	(geb. 1921)
1983 - 1993	Chaim Herzog	(1918-1997)
1993 -	Eser Weizmann	(geb. 1924)

Tabelle 4

Ministerpräsidenten Israels

1948 - 1954	David Ben Gurion	(1886 - 1973)
1954 - 1955	Mosche Scharett	(1894 - 1965)
1955 - 1963	David Ben Gurion	
1963 - 1969	Levi Eschkol	(1895 - 1969)
1969 - 1974	Golda Meir	(1898 - 1978)
1974 - 1977	Jizchak Rabin	(1922-1995)
1977 - 1983	Menachem Begin	(1913-1992)
1983 - 1984	Jizchak Schamir	(geb. 1915)
1984 - 1986	Schimon Peres	(geb. 1923)
1986 - 1992	Jizchak Schamir	
1992 - 1995	Jizchak Rabin	
1995 - 1996	Schimon Peres	
1996 -	Benjamin Netanjahu	(geb. 1949)

Tabelle 5

Zusammensetzung der Knesset 1949-1994

1. Knesset (25. Januar 1949)

Partei	Sitze nach Wahl	Sitze Ende Wahlperiode
MAPAI	46	46
MAPAM	19	20
Vereinigte Religiöse Front	16	16
Cherut	14	12
Allgemeine Zionisten	7	7
Progressive Partei	5	5
Sephardische Liste	4	4
Kommunistische Partei Israels (MAKI)	4	3
Demokratische Liste von Nazareth (1)	2	2
Kämpferliste	1	1
Zionistische Frauenorganisation (WIZO)	1	1
Jemenitische Vereinigung	1	1
Unabhängige Knessetmitgl.	0	2

2. Knesset (30. Juli 1951)

Partei	Sitze nach Wahl	Sitze Ende Wahlperiode
MAPAI	45	47
Allgemeine Zionisten	20	23
MAPAM	15	10
ha-Poel ha-Misrachi	8	8
Cherut	8	8
MAKI	5	8
Progressive Partei	4	4
Demokratische Arabische Liste (1)	3	3
Agudat Jisrael	3	3
Sephardische Liste	2	0
Poale Agudat Jisrael	2	2
ha-Misrachi	2	2
Fortschritt und Arbeit (1)	1	1
Jemenitische Vereinigung	1	0
Farm und Entwicklung (1)	1	1

(1) Mit der MAPAI verbundene arabische Wahlliste

3. Knesset (26. Juli 1955)

Partei	Sitze nach Wahl	Sitze Ende Wahlperiode
MAPAI	40	40
Cherut	15	15
Allgemeine Zionisten	13	13
Nationale Religiöse Front (ab 1956 MAFDAL)	11	11
Achdut ha-Avodah/Poale Zion	10	10
MAPAM	9	9
Torah Front	6	6
MAKI	6	6
Progressive Partei	5	5
Demokratische Arabische Liste	2	2
Fortschritt und Arbeit (1)	2	2
Farm und Entwicklung (1)	1	1

4. Knesset (3. November 1959)

Partei	Sitze nach Wahl	Sitze Ende Wahlperiode
MAPAI	47	47
Cherut	17	17
MAFDAL	12	12
MAPAM	9	9
Allgemeine Zionisten	8	0
Achdut ha-Avodah/Poale Zion	7	7
Religiöse Torah-Front	6	0
Progressive Partei	6	0
MAKI	3	3
Fortschritt und Entwicklung (1)	2	2
Zusammenarbeit und Brüderlichkeit (1)	2	2
Farm und Entwicklung (1)	1	1
Agudat Jisrael	0	3
Poale Agudat Jisrael	0	3
Liberale Partei Israels	0	14

(1) Mit der MAPAI verbundene arabische Wahlliste

5. Knesset (15. August 1961)

Partei	Sitze nach Wahl	Sitze Ende Wahlperiode
MAPAI	42	35
Cherut	17	17
Liberale Partei Israels	17	17
MAFDAL	12	12
MAPAM	9	9
Achdut ha-Avodah/Poale Zion	8	8
MAKI	5	5
Agudat Jisrael	4	4
Poale Agudat Jisrael	2	2
Fortschritt und Entwicklung (1)	2	2
Zusammenarbeit und Brüderlichkeit (1)	2	2
RAFI	0	6
Min ha-Jesod	0	1

6. Knesset (2. November 1965)

Partei	Sitze nach Wahl	Sitze Ende Wahlperiode
Maarach (kl.)	45	63
GACHAL	26	22
MAFDAL	11	11
RAFI	10	1
MAPAM	8	0
Unabhängige Liberale Partei	5	4
Agudat Jisrael	4	4
RAKACH	3	3
Poale Agudat Jisrael	2	2
Fortschritt und Entwicklung (1)	2	1
Zusammenarbeit und Brüderlichkeit (1)	2	1
ha-Olam ha-Seh/Koach Chadasch	1	1
MAKI	1	1
ha-Merkas ha-Chofschi	0	4
Arabisch-Jüdische Brüderlichkeit (1)	0	1
Israelisch-Drusische Fraktion (1)	0	1

(1) Mit MAPAI/Maarach verbundene arabische Wahlliste

7. Knesset (28. Oktober 1969)

Partei	Sitze nach Wahl	Sitze Ende Wahlperiode
Maarach (gr.)	56	57
GACHAL	26	26
MAFDAL	12	11
Agudat Jisrael	4	4
Unabhängige Liberale Partei	4	4
Staatsliste	4	3
RAKACH	3	3
Fortschritt und Entwicklung (1)	2	2
Poale Agudat Jisrael	2	2
Zusammenarbeit und Brüderlichkeit (1)	2	2
ha-Olam ha-Seh/Koach Chadasch	2	0
ha-Merkas ha-Chofschi	2	2
MAKI	1	1
Unabhängige Abgeordnete	0	2
MERI	0	1

8. Knesset (31. Dezember 1973)

Partei	Sitze nach Wahl	Sitze Ende Wahlperiode
Maarach	51	49
Likud	39	39
MAFDAL	10	10
Religiöse Torah-Front	5	0
Unabhängige Liberale Partei	4	3
RAKACH	4	4
RAZ	3	2
Fortschritt und Entwicklung (1)	2	0
MOKED	1	1
Beduinen und Arabische Dorfliga (1)	1	0
Vereinigte Arabische Liste (1)	0	3
Sozialdemokratische Fraktion	0	2
Unabhängige Mitglieder	0	2
Agudat Jisrael	0	3
Poale Agudat Jisrael	0	2

(1) Mit dem Maarach verbundene arabische Wahlliste

9. Knesset (17. Mai 1977)

Partei	Sitze nach Wahl	Sitze Ende Wahlperiode
Likud	43	40
Maarach	32	33
DASCH	15	0
MAFDAL	12	12
CHADASCH	5	5
Agudat Jisrael	4	4
Schlom Zion	2	0
SCHELI	2	1
Flatto-Scharon	1	1
Vereinigte Arabische Liste (1)	1	1
Poale Agudat Jisrael	1	1
RAZ	1	1
Unabhängige Liberale Partei	1	1
Schinui	0	5
TELEM	0	4
Techijah	0	2
ha-Ichud	0	2
Achwah	0	1
Jaad	0	1
Ein Israel	0	1
Unabhängige Mitglieder	0	4

(1) Mit dem Maarach verbundene arabische Wahlliste

10. Knesset (30. Juni 1981)

Partei	Sitze nach Wahl	Sitze Ende Wahlperiode
Likud	48	46
Maarach	47	49
MAFDAL	6	5
Agudat Jisrael	4	4
CHADASCH	4	4
Techijah	3	3
TAMI	3	3
TELEM	2	0
Schinui	2	2
RAZ	1	1
MAZAD	0	1
Staatsliste	0	1
Erneuerungsbewegung	0	1

11. Knesset (23. Juli 1984)

Partei	Sitze nach Wahl	Sitze Ende Wahlperiode
Maarach	44	40
Likud	41	43
Techijah/Zomet	5	4
MAFDAL	4	4
CHADASCH	4	5
SCHASS	4	3
Schinui	3	2
RAZ	3	5
Jachad	3	0
Progressive Liste für Frieden	2	2
Agudat Jisrael	2	2
Moraschah	2	2
TAMI	1	0
KACH	1	1
Omez	1	0
MAPAM	0	5
Zomet	0	1
Unabhängige Mitglieder	0	1

12. Knesset (1. November 1988)

Partei	Sitze nach Wahl	Sitze Ende Wahlperiode
Likud	40	37
Maarach	39	38
SCHASS	6	5
Agudat Jisrael	5	4
RAZ	5	0
MAFDAL	5	5
CHADASCH	4	3
Techijah	3	3
MAPAM	3	0
Zomet	2	2
Moledet	2	2
Schinui	2	0
Degel ha-Torah	2	2
Progressive Liste für Frieden	1	1
Arabische Demokratische Partei	1	1
MEREZ (RAZ, MAPAM, Schinui)	0	10
Unabhängige Mitglieder	0	7

13. Knesset (23. Juni 1992)

Partei	Sitze nach Wahl	Sitze Ende Wahlperiode
Israelische Partei der Arbeit	44	42
Likud	32	31
MEREZ	12	12
Zomet	8	5
MAFDAL	6	6
SCHASS	6	6
Vereinigte Torah-Liste	4	4
Moledet	3	3
CHADASCH	3	3
Arabische Demokratische Partei	2	2
Ji'ud	-	3
Gescher	-	1
Derech Schlischit	-	2

14. Knesset (29. Juni 1996)

Israelische Partei der Arbeit	34
Likud/Zomet/Gescher	32
SCHASS	10
MAFDAL	9
MEREZ	9
Jisrael ba-Alijah	7
CHADASCH	5
Jahadut ha-Torah ha-Me'uchedet	4
Derech Schlischit	4
Vereinigte Arabische Liste	4
Moledet	2

Direktwahlen zum Amt des Ministerpräsidenten (29. Juni 1996)

Benjamin Netanjahu	1.501.023 Stimmen (50,4%)
Schimon Peres	1.471.566 Stimmen (49,5%)

Eckziffern der Wirtschaftsentwicklung Israels

Tabelle 6

Bruttosozialprodukt und Privatausgaben
(Veränderung pro Kopf der Bevölkerung gegenüber dem Vorjahr in Prozent)

	BSP	Privatausgaben
1951	10,3	3,8
1959	9,4	6,4
1966	-1,5	-0,5
1972	9,8	7,5
1975	1,3	-2,4
1977	-0,5	2,8
1982	-0,5	6,2
1985	2,7	-0,3
1989	-0,6	-1,4
1992	3,2	4,3
1994	3,9	6,3
1996	1,8	2,5

Quelle: Statistical Abstract of Israel 1995, S. 203; Statistical Abstract of Israel 1997, S. 75.

Tabelle 7

Bruttosozialprodukt und Bruttoinlandprodukt
zu laufenden Preisen (in 1000 NIS)

Jahr	BSP		BIP	
1950	44		47	
1955	201		216	
1960	420		446	
1965	903		1 052	
1970	1 877		1 912	
1975	7 895		8 166	
1980	107 245		111 047	
1985	27 331	(Mill. NIS)	28 450	(Mill. NIS)
1990	103 310	(Mill. NIS)	105 806	(Mill. NIS)
1992	157 568	(Mill. NIS)	160 770	(Mill. NIS)
1994	219 872	(Mill. NIS)	223 185	(Mill. NIS)
1996	296 956	(Mill. NIS)	303 812	(Mill. NIS)

Quelle: Statistical Abstract of Israel 1997, S. 175.

Tabelle 8

Auslandsverschuldung Israels (in Mill. Dollar)

1955	479
1960	946
1965	1 670
1967	2 065
1970	3 322
1973	6 790
1975	9 782
1980	21 463
1982	27 428
1985	29 592
1990	33 770
1992	35 691
1994	41 685
1996	47 635

Quelle: Statistical Abstract of Israel 1976, S. 182; Statistical Abstract of Israel 1997, S. 218.

Tabelle 9

Außenhandelsbilanz (Dollar pro Kopf der Bevölkerung)

Jahr	Exporte	Importe	Außenhandelsdefizit
1949	27	241	214
1950	28	237	209
1955	51	192	141
1960	100	234	134
1965	158	317	159
1970	246	481	235
1975	530	1 188	658
1980	1 358	2 014	656
1985	1 413	1 863	450
1990	2 449	3 188	739
1994	2 975	4 332	1 357
1996	3 365	5 198	1 833

Quelle: Statistical Abstract of Israel 1976, S. 189; 1997, S. 225.

Tabelle 10

Inflationsrate 1970-1997 (Prozent im Vergleich zum Vorjahr)

1970	10,1	1984	444,9
1971	13,4	1985	185,2
1972	12,4	1986	19,7
1973	26,4	1987	16,1
1974	56,2	1988	16,4
1975	23,5	1989	20,7
1976	38,0	1990	17,6
1977	42,5	1991	18,0
1978	48,1	1992	9,4
1979	111,4	1993	11,2
1980	132,9	1994	14,5
1981	101,5	1995	8,1
1982	131,5	1996	10,6
1983	190,7	1997	7,0

Quellen: Statistical Abstract of Israel 1997, S. 256; Economic Survey by GPO Economic Desk, January 18, 1998.

Tabelle 11

Streiks und Aussperrungen 1949 - 1995

1949	53	1976	123
1950	72	1977	126
1951	76	1978	85
1952	94	1979	117
1953	84	1980	84
1954	82	1981	90
1955	87	1982	112
1960	135	1983	93
1963	126	1984	149
1964	136	1985	131
1965	288	1986	142
1966	286	1987	174
1967	142	1988	156
1968	100	1989	120
1969	114	1990	117
1970	163	1991	77
1971	169	1992	114
1972	168	1993	73
1973	96	1994	75
1974	71	1995	71
1975	117		

Quelle: Versch. Jg. Statistical Abstract of Israel

Tabelle 12

Landwirtschaft

	Produktion (1967/68 = 100)	Bearbeitete Fläche (1000 Dunam)	Bewässerte Fläche (1000 Dunam)
1948/49	13	1 650	300
1959/60	59	4 075	1 305
1964/65	85	4 130	1 510
1969/70	109	4 105	1 720
1974/75	158	4 325	1 800
1979/80	205	4 386	2 003
1984/85	293	4 336	2 327
	(1986 = 100)		
1986	100	4 382	2 193
1988	108,3	4 333	2 135
1990	139,3	4 360	2 057
1992	153,8	4 355	1 871
1994	162,2	4 360	1 957
1995	195,3	4 366	1 993
1996	214,0	4 370	

Quelle: Statistical Abstract of Israel 1997, S. 346f.

Tabelle 13

Industrie

Kennziffern der Industrieproduktion und Beschäftigte

	Industrieproduktion	Beschäftigte
(1978 = 100)		
1958	15,7	39,5
1960	20,3	45,4
1965	38,1	65,4
1970	61,0	81,9
1975	85,2	93,9
1980	102,0	99,4
1981	108,4	101,9
1982	109,4	103,9
1983	113,2	105,7
(1983 = 100)		
1984	104,9	100,9
1985	107,9	100,6
1986	111,8	101,5
1987	117,2	103,6
1988	113,8	99,9
1989	111,7	93,7

	Industrieproduktion	Beschäftigte
(1989 = 100)		
1990	106,3	99,2
1992	122,8	107,4
1994	140,9	116,0
(1994 = 100)		
1995	108,4	103,8
1996	114,2	105,3

Quelle: Statistical Abstract of Israel 1997, S. 372.

Tabelle 14

Nettoinlandprodukt zu Faktorkosten nach Wirtschaftsbereichen, 1952-1996
(in Prozent)

Jahr	Landw./ Forstw. Fischerei	Industrie	Bauw./ Wasser Elektr.	Handel	Verkehr	Öff. Dienst-leistg.
1952	11,4	21,7	10,9	22,7	7,4	18,2
1953	11,4	22,8	10,0	22,0	7,2	19,0
1954	12,1	22,4	9,7	21,6	7,6	19,0
1955	11,3	22,5	10,1	20,6	7,4	20,0
1960	11,7	23,8	9,5	18,6	8,0	18,7
1965	8,4	24,2	9,8	17,9	8,5	18,7
1970	6,5	24,1	12,1	11,0	8,9	19,1
1975	5,7	22,5	12,3	11,9	7,4	18,3
1980	6,2	17,1	10,9	12,3	6,6	23,3
1985	4,9	22,6	6,3	13,8	7,6	22,0
1986	4,7	22,3	7,0	12,7	7,8	22,2
1987	4,2	23,3	8,0	12,7	8,1	22,2
1988	3,6	21,7	7,3	12,2	8,4	23,5
1989	3,4	22,7	7,5	11,8	8,1	24,0
1990	3,3	22,1	8,2	11,4	7,8	24,0
1991	2,7	20,7	9,7	10,7	7,4	23,4
1992	2,8	20,1	10,0	11,1	7,6	22,6
1993	2,4	20,1	9,2	11,5	7,5	22,6
1994	2,4	19,0	9,5	11,4	7,1	24,3
1995	2,4	18,2	10,3	12,6	7,1	25,7
1996	2,2	17,3	10,1	12,4	6,6	25,5

Quelle: Versch. Jg. Statistical Abstract of Israel

Tabelle 15

Wirtschaftliche Entwicklung 1992 - 1997
(Veränderung in Prozent zum Vorjahr)

	1992	1993	1994	1995	1996	1997
Bruttoinlandprodukt	6,6	3,4	6,8	7,1	4,5	2,1
Privatkonsum pro Kopf der Bevölkerung	4,1	4,6	6,4	4,6	2,6	0,8
Regierungsausgaben	0,2	4,6	0,1	1,8	5,5	1,8
Export an Waren und Dienstleistungen	13,7	10,5	12,6	10,1	5,0	7,5
Import an Waren und Dienstleistungen	8,9	14,2	10,9	8,6	7,6	2,4
Investitionen	6,7	1,8	13,3	9,1	8,8	-5,9

Quelle: ha-Lischkah ha-Merkasit le-Statistikah: Indikatorim ikarijim le-hitpatchut hameschek (Zentralbüro für Statistik: Eckziffern der Wirtschaftsentwicklung), Jerusalem Dezember 1997, S. 1.

Tabelle 16

Zahlungsbilanz 1992 - 1997
(in Mill. Dollar)

	1992	1993	1994	1995	1996	1997
Waren und Dienstleistungen (Netto, o. Militärimporte)	-5.540	-6,356	-8,009	-10,748	-11,440	-9,531
Militärimporte	1.448	2.106	1.461	1.293	1.671	1.752
Einseitige Transferleistungen (Netto)	6.752	6.689	6.959	7.197	7.763	7.799
Auslandsschulden (Mrd. Dollar)	35.691	37.652	41.685	45.091	47.635	50.650

Quelle: ha-Lischkah ha-Merkasit le-Statistikah: Indikatorim ikarijim le-hitpatchut hameschek (Zentralbüro für Statistik: Eckziffern der Wirtschaftsentwicklung), Jerusalem Dezember 1997, S. 2.

Tabelle 17

Arbeitskräftepotential und Beschäftigung
(Veränderung in Prozent zum Vorjahr)

	1992	1993	1994	1995	1996	1997
Anteil ziviler Arbeitskräfte an d. Bev. (15 J.+)	52,3	53,2	53,9	54,1	53,7	53,6
Anteil der Arbeitslosen am zivilen Arbeitskräftepotential	12,3	10,9	8,5	6,9	6,7	7,8

Quelle: ha-Lischkah ha-Merkasit le-Statistikah: Indikatorim ikarijim le-hitpatchut hameschek (Zentralbüro für Statistik: Eckziffern der Wirtschaftsentwicklung), Jerusalem Dezember 1997, S. 3.

Worterklärungen

(Der Artikel ha- [hebr.] bzw. al- [arab.] bleibt bei der Einordnung unberücksichtigt.)

ha-Achdut (Die Einheit) hebräischsprachige Zeitung der Partei *Poale Zion* in Palästina, 1910-1919

Adot ha-Misrach (Gemeinschaften des Orients) hebräischer Begriff für Juden, die aus dem Orient, insbesondere aus den arabischen Staaten, stammen

Ajarot Pituach, Sg. *Ajarat Pituach* (Entwicklungsstädtchen), vor allem für jüdische Einwanderer aus arabischen Staaten Ende der fünfziger Jahre angelegte Orte in Israel

Alijah, Pl. *Alijot* (Aufstieg - nach Zion) zionistische Einwanderungswelle nach Palästina/Israel

Alijat ha-Noar (Jugendeinwanderung) Organisation, die während der nationalsozialistischen Herrschaft in Deutschland und zwischen 1945 und 1948 jüdischen Jugendlichen die Auswanderung nach Palästina ermöglichte

Anglo-Palestine-Bank 1903 vom Jewish Colonial Trust gegründetes Finanzinstitut der Zionistischen Weltorganisation, 1951 in *Bank Le'umi le-Jisrael Ltd.* umbenannt

Aschkenasim, Sg. *Aschkenasi* von der in der rabbinischen Literatur des Mittelalters gebräuchlichen Bezeichnung *Aschkenas* für Mitteleuropa und insbesondere für Deutschland abgeleiteter Begriff, der häufig generell für Juden aus Europa benutzt wird

ha-Asefah ha-Mechonenet (Gründungsversammlung) Verfassungsgebende Versammlung in Israel, die auf Beschluß der Provisorischen Regierung des Staates am 25. Januar 1949 gewählt wurde und sich den Namen *Knesset* gab

Asefat ha-Nivcharim (Delegiertenversammlung) gewählte Vertretung der jüdischen Bevölkerung in Palästina während der Mandatszeit, 1920-1948

Bank Diskont le-Jisrael (Israel Discount Bank) Privatbank in Palästina/Israel, gegründet 1935

Bank Le'umi le-Jisrael (Nationalbank Israels) 1951 gegründet, ging aus dem Finanzinstitut der Zionistischen Weltorganisation bzw. der 1931 gegründeten Anglo-Palestine Company hervor

Bank ha-Poalim (Arbeiterbank) Bankinstitut der Gewerkschaft *Histadrut*, gegründet 1921

Beita Jisrael (auch *Beit Jisrael* - Haus Israel) Eigenbezeichnung der Juden aus Äthiopien

Beit Berl (Haus Berl) nach Berl Katznelson benanntes Forschungszentrum und Archiv der Israelischen Partei der Arbeit

BILU (Acronym für *Beit Jaakov lechu we-nelcha*, Haus Jakobs, wohlan, laßt uns gehen, Jes. 2,5) Pl. BILUim, Angehörige der ersten zionistischen Einwanderungswelle nach Palästina, 1882-1904

ha-Bimah (Die Bühne) israelisches Nationaltheater, gegründet 1917 in Moskau, seit 1931 in Tel Aviv

Chaluzim, Sg. *Chaluz* (Pionier) Mitglieder der Anfang des 20. Jahrhunderts bis Ende des zweiten Weltkriegs existierenden zionistischen Organisation *he-Chaluz* (Der Pionier), bereitete jüdische Jugendliche auf das Leben in Palästina vor, auch als Bezeichnung für Einwanderer der zweiten und dritten Einwanderungswelle gebräuchlich

Charedim, Sg. *Charedi* Orthodoxer Jude

Chevrat ha-Ovdim (Gesellschaft der Arbeiter) Holdinggesellschaft der Gewerkschaftsorganisation *Histadrut*, gegründet 1923

Chok ha-Maavar (Übergangsgesetz) am 16. Februar 1949 vom israelischen Parlament verabschiedetes Gesetz, das die Rechte und Pflichten von Knesset, Regierung und Staatspräsident fixiert

Chok ha-Schwut (Rückkehrgesetz) am 5. Juli 1950 vom israelischen Parlament verabschiedetes Gesetz, das jedem Juden das Recht zusichert, nach Israel einzuwandern

Conference on Jewish Material Claims against Germany 1951 gegründete Organisation, vertritt die außerhalb Israels lebenden Opfer der nationalsozialistischen Herrschaft, macht deren Wiedergutmachungsansprüche gegenüber Deutschland geltend

El Al (nach oben) Israelische Luftfahrtgesellschaft, gegründet 1948

Erev Schabat (Sabbatabend) Freitagabend, der Beginn des Sabbat

Erez Jisrael (Land Israel) hebräischer Begriff für die Gebiete, die Bestandteile des Jüdischen Königreichs zur Zeit des Ersten und Zweiten Tempels (bis 70 u. Z.) waren, häufig auch für Palästina während des britischen Mandats gebraucht

Erez Jisrael ha-Schlemah (Das ganze Land Israel) Verkürzung des Namens der Organisation *Tnuah lemaan Erez Jisrael ha-Schlemah* (Bewegung für das ganze Land Israel), die für einen Staat Israel in den biblischen Grenzen, d. h. zu beiden Seiten des Jordan, eintritt

Falangisten Mitglieder der 1936 im Libanon durch Pierre Gemayel gegründeten christlich-maronitischen Falange-Partei (Kata'ib)

Fedajin (arab., sich Opfernde) Bezeichnung palästinensischer Gruppen, die nach Israel eindrangen, um bewaffnete Anschläge auszuführen

Falaschas aus dem Amharischen stammende Bezeichnung für Juden aus Äthiopien, auch *Beita Jisrael*

ha-Gadah ha-Maaravit (Westufer) Hebr. Bezeichnung für das 1950 von Jordanien annektierte Westjordangebiet, das 1967 von Israel besetzt wurde

Haavarah (Transfer) Abkommen, das 1933 zwischen der *Jewish Agency* und dem deutschen Reichswirtschaftsministerium geschlossen wurde und den Transfer des Vermögens jüdischer Auswanderer durch Verrechnung deutscher Warenexporte nach Palästina regelte, in Kraft bis 1939

Hachscharah (Vorbereitung) System der Vorbereitung jüdischer Pioniere auf die Tätigkeit in Palästina, insbesondere auf landwirtschaftliche Arbeit in Kollektivsiedlungen

Haganah (Verteidigung) jüdische Selbstverteidigungsorganisation in Palästina, eng mit der Gewerkschaft *Histadrut* verbunden, 1920-1948

Halacha (Gehen, Wandeln) feststehende Norm und Satzung, System der zunächst mündlich und später schriftlich überlieferten Bestimmungen des Judentums, Gesetzeskodizes, die das Leben der Juden in allen Bereichen regeln

Haskalah (Aufklärung) Bestrebungen jüdischer Intellektueller im 18. und 19. Jhdt., die Kluft zwischen jüdischer Tradition und Moderne in Europa zu überbrücken, Versuch der Wiederbelebung des Hebräischen als profaner Literatur- und Umgangssprache

Intifada (arab., Abschütteln) Erhebung der palästinensischen Bevölkerung in den 1967 von Israel besetzten Gebieten Westbank und Gaza, begann im Dezember 1987

Jahadut (Judentum) Unterrichtsfach an israelischen Schulen, beschäftigt sich mit Fragen der jüdischen Geschichte, Philosophie und Religion

Jehudah (Judäa) der Bibel entlehnte hebräische Bezeichnung für den südlichen Teil des Westjordangebiets

Jewish Agency 1922-1948 *Jewish Agency for Palestine*, aufgrund des Mandatsvertrages gebildetes Organ, das die Interessen der jüdischen Bevölkerung Palästinas gegenüber Großbritannien und dem Völkerbund bzw. der UNO vertrat; ab 1948 *Jewish Agency for Israel* als Organ der ZWO, das insbesondere die Verbindung Israel-Diaspora aufrechterhält

Jischuv (Besiedlung) Bezeichnung sowohl für das jüdische Siedlungsgebiet als auch für die jüdische Bevölkerungsgruppe Palästinas

Jom Kippur (Versöhnungstag) einer der höchsten jüdischen Feiertage, strenger Fast- und Bußtag

Keren ha-Jesod (Grundfonds) Finanzinstitut der Zionistischen Weltorganisation, gegründet 1920

Keren Kajemet le-Jisrael (Jüdischer Nationalfonds) zentraler Fonds der Zionistischen Weltorganisation zur Besiedlung Palästinas, gegründet 1901

Kibbuz, Pl. *Kibbuzim* landwirtschaftliche Kollektivsiedlung in Palästina/ Israel, die auf genossenschaftlichem Eigentum beruht, kein Privateigentum der Mitglieder

Klal (Gesamtheit) zweitgrößter Konzern Israels, zu 40 Prozent im Besitz der *Bank ha-Poalim*

Knesset (Versammlung) Parlament Israels seit 1949

ha-Kotel ha-Maaravi (Westmauer) Klagemauer, Teil der Westmauer des Jerusalemer Tempelbezirks, bedeutendster jüdischer Wallfahrtsort

Kupat Cholim (Krankenkasse) größte Krankenkasse Israels, gehört zur Gewerkschaft *Histadrut*

Kur (Koor) Industriekonzern der Gewerkschaft *Histadrut*

Lavie (Löwe) Name eines Kampfflugzeugs, dessen Produktion israelische und US-amerikanische Firmen gemeinsam durchführen wollten, 1987 wurde das Projekt eingestellt

Maabarot, Sg. Maabarah (Übergangslager) Zelt- und Barackenstädte für jüdische Einwanderer in Israel bis Ende der fünfziger Jahre

Mamlachtiut (Staatlichkeit) von David Ben Gurion geprägter Begriff, der die zentrale Entscheidungsgewalt des Staates zum Ausdruck brachte, politische Parteien und Bewegungen sollten nach der Staatsgründung nur noch eine untergeordnete Rolle spielen

ha-Maschbir (Der Versorger) Absatzgenossenschaft der Gewerkschaft *Histadrut*

Megilat ha-Azma'ut (Unabhängigkeitserklärung) während der Proklamation des Staates Israel am 14. Mai 1948 von David Ben Gurion vorgetragene Erklärung, gilt als Hauptbestandteil des Grundgesetzes Israels

ha-Memschalah ha-Smanit (Provisorische Regierung) Regierung Israels bis zu den ersten Parlamentswahlen, 14. Mai 1948 bis 8. März 1949, geführt von David Ben Gurion als Ministerpräsident

Milchemet ein brerah (Krieg ohne Ausweg) in der innerisraelischen Diskussion zum Charakter der arabisch-israelischen Kriege geprägter Begriff, der beinhaltet, daß es für Israel im Interesse seiner Existenzsicherung keine Alternative zum Krieg gegeben habe

Minhelet ha-Am (Volksdirektorium) höchstes Organ des *Jischuv* in Palästina zur Vorbereitung der Gründung des Staates Israel 1948, 13 Mitglieder

Mitun (Mäßigung) Begriff für die Jahre der Wirtschaftskrise in Israel 1965-1967

Modiin (Nachrichtendienst) Militärische Aufklärung Israels

Moezet ha-Am (Volksrat) oberstes Gremium zur Vorbereitung der Gründung des Staates Israel in Palästina 1948, 37 Mitglieder, wählte das Volksdirektorium

Moezet ha-Medinah ha-Smanit (Provisorischer Staatsrat) gesetzgebendes Gremium Israels nach der Staatsgründung bis zur Wahl des ersten Parlaments, 1948-1949

Mosad Abkürzung von *ha-Mosad le-Modiin we-Tafkidim Mejuchadim* (Institution zur Aufklärung und für besondere Aufgaben), israelischer Geheimdienst, gegründet 1951

Moschav, Pl. *Moschavim* (Siedlung) Form genossenschaftlicher Kleinbauernsiedlung in Israel, beruht auf dem Zusammenschluß von privaten Landwirtschaftsbetrieben

Palestine Development Land Co. 1908 von der Zionistischen Weltorganisation gegründete Gesellschaft, die sich v. a. mit Landkäufen in Palästina befaßte

Plugot Machaz (PALMACH) (Stoßtruppen) militärische Organisation innerhalb der Haganah während der Mandatszeit, 1941-1948

Ramadan islamischer Fastenmonat

Rosch ha-Schanah (Neujahr) Jüdisches Neujahrsfest, einer der höchsten jüdischen Feiertage

SCHABAK (*Scherut Bitachon Klali* - Allgemeiner Sicherheitsdienst, auch *Schin Bet*) Israelischer Geheimdienst, für innere Sicherheit zuständig

Schekel Bezeichnung für den von Mitgliedern der Zionistischen Weltorganisation zu entrichtenden Jahresbeitrag, Währungseinheit in Israel ab 1980 (IS bzw. NIS)

Schikun Ovdim (Arbeiterwohnsiedlung) Wohnungsbaugesellschaft der Gewerkschaft *Histadrut*

Schin Bet siehe SCHABAK

Schlom ha-Galil (Frieden für Galiläa) Bezeichnung für den militärischen Angriff Israels gegen Libanon 1982, längster Krieg in der Geschichte des Staates Israel, endete mit dem Abzug der israelischen Armee aus Libanon im Mai 1985

Schnot ha-Mitun (Jahre der Mäßigung) Begriff für die Jahre der Wirtschaftskrise in Israel 1965-1967

Schoah (Katastrophe, Untergang) Massenvernichtung der Juden unter der nationalsozialistischen Herrschaft über Teile Europas

Schomron (Samaria) der Bibel entlehnte hebräische Bezeichnung für den nördlichen Teil des Westjordangebiets

Sephardim (hebr. *Sfaradim*, Sg. *Sfaradi* - Juden aus Spanien), Nachkommen der spanisch-portugiesischen Juden, die Ende des 15. Jahrhunderts vertrieben wurden und ihren Wohnsitz vorwiegend in arabischen Ländern nahmen, Begriff häufig fälschlicherweise generell für Juden aus dem Orient benutzt

Solel Boneh (Wegbahner, Erbauer) Bauunternehmen der Gewerkschaft *Histadrut*

State Domain Gemeinde- und herrenloses Land, das unter osmanischer Herrschaft und in der Mandatszeit von der Landbevölkerung genutzt werden konnte, in Israel zu Staatseigentum erklärt

Talmud (Lehre, Studium) die vom Alten Testament ausgehende Lehre des Judentums, besteht aus *Mischna* (Gesetzeswerk und Auslegung) und *Gemara* (Diskussionen und Erklärungen zur Mischna), entstanden in Palästina und Babylonien Ende des 5. Jahrhundert bzw. im 6./7. Jahrhundert

Technion (Technologisches Institut) Technische Hochschule in Haifa, gegründet 1912

Tnuat ha-Moschavim (Moschavbewegung) Zusammenschluß landwirtschaftlicher Siedlungen, die auf der Kooperation privater Wirtschaften beruhen, in Palästina/Israel, gegründet 1925, Bestandteil der *Histadrut*

Torah (auch: Thora) Lehre, Unterweisung, jüdische Religionsgesetze, im engeren Sinne zumeist für die fünf Bücher Mose (Pentateuch) des Alten Testaments gebräuchlich

United Nations Special Committee on Palestine (UNSCOP) Sonderausschuß der Vereinten Nation, gebildet 1947 zur Untersuchung der Situation in Palästina, unterbreitete der UNO Vorschlag nach Aufhebung des Mandats und Unabhängigkeit Palästinas

Waad Le'umi (Nationalrat) höchstes Organ des *Jischuv* in Palästina während der Mandatszeit

Waqf (arab., Stiftung) religiöse Stiftung im islamischen Recht, die allgemeinem Nutzen dienen soll, verfügt u. a. über Landbesitz

Wilajet (arab., *Wilaja* - Provinz, Distrikt) Provinz des Osmanischen Reiches

Zabarim, Sg. (*Zabar* eigtl. Kaktusfrucht) Bezeichnung für die im Lande geborenen Israelis

Zva Haganah le-Jisrael (ZAHAL) Israelische Verteidigungsarmee, gegründet 1948

Verzeichnis von Parteien und politischen Organisationen

Achdut ha-Avodah (Einheit der Arbeit) sozialistisch-zionistische Arbeiterpartei Palästinas, 1919-1930

Achdut ha-Avodah/Poale Zion (Einheit der Arbeit/Arbeiter Zions) sozialistisch-zionistische Arbeiterpartei Palästinas, 1946-1948 und 1964-1965

Agudat Jisrael (Bund Israels) jüdische orthodox-religiöse Partei in Europa und Palästina/Israel, gegründet 1912

Alijah Chadaschah (Neue Einwanderung) Partei jüdischer Einwanderer aus Deutschland, 1942-1948

Allgemeiner Jüdischer Arbeiterbund in Rußland und Polen 1897 in Wilna gegründete jüdische sozialistische Partei, setzte sich für nationale und soziale Gleichstellung der jüdischen Bevölkerung u. für die Anerkennung des Jiddischen als Nationalsprache ein; in Rußland bis 1921, in Polen bis 1948

Allgemeine Zionisten liberaler Flügel innerhalb der Zionistischen Weltorganisation, zunächst Bezeichnung für die keiner politischen Partei angehörende Mehrheit der Mitglieder der ZWO; in Israel als Partei 1948-1961, Vorläufer der Liberalen Partei

Al-Ard (arab., Das Land), nationalistische Partei arabischer Bürger Israels, gegründet 1958, 1964 auf Erlaß des israelischen Verteidigungsministeriums verboten

Arabische Demokratische Partei 1988 von ehemaligem MAI-Mitglied Abdel Wahab Darausche gegründete arabische Partei Israels,verbindet sozialdemokratische Ideen mit arabischem Nationalismus

Baath-Partei Abkürzung für *Hisb al-Baath al-Ischtiraki al-Arabi* (arab., Partei der Arabisch-Sozialistischen Wiedergeburt) als panarabische Organisation im April 1947 durch die Syrer Michel Aflaq und Salah ad-Din al-Bitar gegründet; Regierungsverantwortung in Syrien (seit 1963) und Irak (seit 1968)

BETAR siehe Brit Josef Trumpeldor

Bewegung für Bürgerrechte und Frieden (*Tnuah le-S'chujot ha-Esrach u-le-Schalom* - RAZ; RAZ ist das Wahlsymbol) 1973 gegründete liberale Partei, fordert Demokratisierung der israelischen Gesellschaft, für Gleichberechtigung aller Bürger des Landes, gegen religiösen Zwang

Brit Josef Trumpeldor (Bund Josef Trumpeldor - BETAR) mit der Revisionistischen Partei verbundene zionistische Jugendbewegung, gegründet 1923

ha-Brit ha-Le'umit ha-Demokratit (Nationaldemokratischer Bund) 1996 von Asmy Bischara gegründete arabische Partei, Wahlbündnis mit CHADASCH bei Knessetwahlen 1996

Brit Schalom (Friedensbund) Organisation jüdischer Intellektueller in Palästina 1925-1933, trat für jüdisch-arabische Verständigung ein

CHADASCH siehe Demokratische Front für Frieden und Gleichheit

Chajalim neged ha-Schtikah (Soldaten gegen das Schweigen) während des Libanonkrieges 1982 entstandene Organisation israelischer Soldaten, die für den Abzug der israelischen Armee aus dem Libanon eintrat

Chajim Chadaschim (Neues Leben) von Chaim Ramon zu den Histadrutwahlen 1994 geführte Listenverbindung von Teilen der MAI, MEREZ und SCHASS

Cherut (Freiheit) Verkürzung von *Tnuat ha-Cherut* (Freiheitsbewegung) 1948 gegründete konservative zionistische Partei Israels, 1965-1973 führende Kraft im GACHAL-Block, ab 1973 Teil des *Likud,* 1988 als Partei aufgelöst und in den *Likud* eingegangen

Chibat Zion (Zionsliebe) frühzionistische Bewegung Ende 19./Anfang 20. Jhdt. in Osteuropa

DASCH siehe *Tnuah Demokratit le-Schinui*

Degel ha-Torah (Fahne der Torah) jüdische orthodox-religiöse Partei in Israel, 1988 gegründet als Abspaltung von *Agudat Jisrael* durch Juden v. a. europäisch-amerikanischer Herkunft

Demokratijah we-Alijah (Demokratie und Einwanderung - DA), Liste von Einwanderern aus der ehem. UdSSR bei Knessetwahlen 1992

Demokratische Bewegung für Veränderung siehe *Tnuah Demokratit le-Schinui*

Demokratische Front für die Befreiung Palästinas siehe DFLP

Demokratische Front für Frieden und Gleichheit (*ha-Chasit ha-Demokratit le-Schalom u-le-Schiwajon* - CHADASCH) 1977 gegründetes Bündnis jüdischer und arabischer Linkskräfte, unter Führung der Kommunistischen Partei Israels

ha-Derech ha-Schlischit (Der Dritte Weg) 1995 insbesondere durch aus der Partei der Arbeit stammende Gegner des Friedensprozesses gegründete Partei, insbesondere gegen israelischen Abzug vom Golan

DFLP (engl. Abkürzung für Democratic Front for the Liberation of Palestine, Demokratische Front für die Befreiung Palästinas) im Februar 1969 durch Naif Hawatmeh gegründete palästinensische Organisation, die den bewaffneten Kampf zur Befreiung Palästinas befürwortet und die aktive Bekämpfung "reaktionärer" arabischer Regimes fordert, Teil der PLO

Dor ha-Hemschech (Die nächste Generation) Fraktion innerhalb der Israelischen Partei der Arbeit, 1981 entstanden

al-Dschihad al-Islami (Islamischer Heiliger Krieg) militante islamistische Untergrundgruppe

EJAL (Acronym für *Irgun Jehudi le-Lechimah* - Jüdische Kampforganisation) 1993 gegründete militant-extremistische Siedlergruppe, die unter Berufung auf die Heilige Schrift die Rückgabe von Land, das sich unter israelischer Hoheit befindet, an Nichtjuden ablehnt und sich dem Friedensprozeß widersetzt

Erez Jisrael ha-Schlemah (Das ganze Land Israel) Verkürzung des Namens der Organisation *Tnuah lemaan Erez Jisrael ha-Schlemah* (Bewegung für das ganze Land Israel), die für einen Staat Israel in den biblischen Grenzen, d. h. zu beiden Seiten des Jordan, eintritt

Falange-Partei 1936 im Libanon gegründete christlich-maronitische Partei (Kata'ib)

Fatah (arab., Umkehrung der Anfangsbuchstaben von *Harakat Tahrir al-Filastin* - Bewegung zur Befreiung Palästinas) Organisation des palästinensischen Widerstands, gegründet 1958 in Kuweit, Initiator und dominierende Kraft der 1964 gebildeten Palästinensischen Befreiungsorganisation (PLO)

Freies Zentrum siehe *ha-Merkas ha-Chofschi*

Gdude Noar (Jugendbataillone - GADNA) Organisation zur militärischen Ausbildung jüdischer Jugendlicher in Palästina/Israel, gegründet 1936

Gescher (Brücke) 1996 entstandene Abspaltung vom *Likud* unter David Levi, die noch im selben Jahr ein Wahlbündnis mit *Likud* und *Zomet* einging

Gusch Cherut we-Liberalim (Block von Cherut und Liberalen - GACHAL) Vereinigung der konservativen *Cherut* mit der Liberalen Partei, Fraktion im israelischen Parlament 1965-1973

Gusch Emunim (Block der Treue) außerparlamentarische zionistische Organisation, die mit religiöser Begründung die Ausweitung der israelischen Gesetzgebung auf das 1967 besetzte Westjordangebiet und den Gaza-Streifen anstrebt, gegründet 1974

Hamas (arab., Begeisterung, Eifer) nach dem Junikrieg 1967 gegründete islamisch-fundamentalistische Organisation, Aktivitäten zunächst im religiösen und sozialen Bereich, mit Beginn der *Intifada* zunehmend politischer und militanter; lehnt die Existenz des Staates Israel ab und fordert dessen Ersetzung durch einen islamischen Palästinastaat; 1989 von den israelischen Behörden verboten

ha-Histadrut ha-Klalit schel ha-Ovdim ha-Ivrijim be-Erez Jisrael (Allgemeine Organisation der jüdischen Arbeiter in Palästina) Gewerkschaftsverband in Palästina/Israel, Interessenvertreter der jüdisch-palästinensischen bzw. israelischen Arbeitnehmer, zugleich bedeutendes Wirtschaftsunternehmen, gegründet 1920, 1966 Aufnahme arabischer Bürger Israels, damit Streichung des Wortes "jüdische" im Namen der Organisation

Histadrut ha-Ovdim ha-Le'umit (Nationale Arbeiterorganisation) Gewerkschaftsverband jüdischer Arbeiter Palästinas/Israels, die sich als nichtsozialistisch bezeichneten und der *Revisionistischen Partei* bzw. der *Cherut* nahestanden, gegründet 1934

Hitachdut (Abkürzung von *Hitachdut Olamit schel ha-Poel ha-Zair we-Zeire Zion* - Weltvereinigung des *ha-Poel ha-Zair* und der *Zeire Zion*) 1920 gegründete internationale Vereinigung zionistischer Arbeiterparteien, bis 1932

Ichud (Vereinigung) jüdische Organisation, die für Verständigung mit der arabischen Bevölkerung Palästinas eintrat, 1942-1964

Ichud ha-Kvuzot we-ha-Kibbuzim (Vereinigung landwirtschaftlicher Kollektivsiedlungen) der MAPAI nahestehende Kibbuzorganisation, 1951-1979, Bestandteil der *Histadrut*

Ichud Olami (Weltverband) Zusammenschluß der sozialistisch-zionistischen Weltverbände *Poale Zion* und *Hitachdut,* seit 1932

Irgun Zvai Le'umi (Nationale Militärorganisation - EZEL), Kurzform auch *Irgun* (Organisation), militärische Untergrundorganisation der *Revisionistischen Partei*, 1937-1948

Israelische Partei der Arbeit siehe *Mifleget ha Avodah ha-Jisraelit*

Istiqlal (arab., Unabhängigkeit) vor allem von Intellektuellen getragene nationalorientierte arabische Partei Palästinas, 1931-1936

Jaad (Ziel) 1) Einmannfraktion in der Knesset nach Aufspaltung der Demokratischen Bewegung für Veränderung 1978-1979, 2) politische Partei dieses Namens 1975-1976, die aus Teilen der Partei der Arbeit und der Bürgerrechtsbewegung hervorging

Jachad (Gemeinsam) von Eser Weizmann 1984 gegründete israelische Partei, schloß sich nach den Knessetwahlen 1984 der Israelischen Partei der Arbeit an

Jachdaw (Gemeinsam) Fraktion innerhalb der Israelischen Partei der Arbeit 1979-1981

Jahadut ha-Torah ha-Me'uchedet (Vereinigtes Torah-Judentum) 1992 gebildetes Wahlbündnis von *Agudat Jisrael*, *Degel ha-Torah* und *Moriah*

Jesch Gvul (Es gibt eine Grenze!) 1982 entstandene Protestbewegung israelischer Reservisten gegen den Krieg in Libanon

Jewish Territorial Organization 1905 von Israel Zangwill gegründete Organisation, die die Errichtung eines jüdischen Staates auch außerhalb Palästinas befürwortete

Jisrael achat wa-demokratit (ein vereintes und demokratisches Israel - JI'UD) 1994 von Zomet abgespaltene Parlamentsfraktion, die die Gründung israelischer Siedlungen in allen Teilen von *Erez Jisrael* befürwortet und jegliche Kompromisse zum Golan ablehnt

Jisrael ba-Alijah 1996 gegründete Partei der Einwanderer aus den GUS-Staaten

JI'UD siehe *Jisrael achat wa-demokratit*

Kach (Nur so!) rechtsextremistische israelische Partei, 1971 von Meir Kahane gegründet, seit 1988 wegen Verbreitung rassistischen Gedankenguts nicht mehr zu Knessetwahlen zugelassen, 1994 verboten

Kahane Chai (Kahane lebt), nach Ermordung von Meir Kahane 1992 entstandene Abspaltung von *Kach*, 1994 verboten

Kommunistische Partei Israels siehe *ha-Miflagah ha-Komunistit ha-Jisraelit*

Laam (Für das Volk) konservative zionistische Gruppierung, gegründet 1976, ab 1977 Bestandteil des *Likud*, 1985 in *Cherut* aufgegangen

Liberale Partei siehe *ha-Miflagah ha-Liberalit*

Liga für Nationale Befreiung 1943 entstandene Abspaltung arabischer Mitglieder der Palästinensischen Kommunistischen Partei, 1948 in Kommunistische Partei Israels eingegangen

Likud (Einigung) 1973 gegründeter Wahlblock von *Cherut* und *Liberaler Partei*, konservativ-liberal, 1977-1992 sowie ab 1996 in Regierungsverantwortung, 1988 Konstituierung zu einer Partei

Linke Poale Zion siehe *Poale Zion Smol*

Lochame Cherut Jisrael (Kämpfer für die Freiheit Israels - LECHI) militärische Untergrundorganisation in Palästina 1940-1948

Maarach (Vereinigung) Wahlvereinigung sozialistisch-zionistischer Arbeiterparteien Israels, in der Knesset kleiner *Maarach* 1965-1969 und großer *Maarach* 1969-1984, in der *Histadrut* seit 1969

MAFDAL (Nationalreligiöse Partei) siehe *Miflagah Datit Le'umit*

MAI (Israelische Partei der Arbeit) siehe *Mifleget ha-Avodah ha-Jisraelit*

Manof (Hebel) Fraktion innerhalb der Israelischen Partei der Arbeit, gebildet 1981

MAPAI (Arbeiterpartei Palästinas) siehe *Mifleget Poale Erez Jisrael*

MAPAM (Vereinigte Arbeiterpartei) siehe *Mifleget ha-Poalim ha-Me'uchedet*

MEREZ (Tatkraft) 1992 gebildetes Wahlbündnis von *Tnuah le-S'chujot ha-Esrach u-le-Schalom* (RAZ), *Mifleget ha-Poalim ha-Me'uchedet* (MAPAM) und *Schinui,* 1997 Zusammenschluß zu Partei

ha-Merkas ha-Chofschi (Das Freie Zentrum) konservative Partei Israels, 1967-1976

Merkas Ruchani (Geistiges Zentrum) siehe *Misrachi*

Miflagah Datit Leumit (Nationalreligiöse Partei Israels - MAFDAL), gegründet 1956 bei Vereinigung von *Misrachi* und *ha-Poel ha-Misrachi,* für Verbindung von Zionismus und Religion

ha-Miflagah ha-Komunistit ha-Jisraelit (Israelische Kommunistische Partei - MAKI) 1948 aus der Palästinensischen Kommunistischen Partei hervorgegangen, 1965 - 1973 Bezeichnung des abgespaltenen jüdischen Teils der Partei, ab Ende der achtziger Jahre auch Name der jüdisch-arabischen Partei (RAKACH)

ha-Miflagah ha-Liberalit (Liberale Partei) 1961 aus Fusion der *Allgemeinen Zionisten* und der *Progressiven Partei* entstandene liberal-konservative Partei, 1965-1973 Partner der *Cherut* im GACHAL-Block, ab 1973 Teil des *Likud,* 1988 als Partei aufgelöst und in den *Likud* eingegangen

ha-Miflagah ha-Liberalit ha-Azmait (Unabhängige Liberale Partei) linksliberale Partei Israels, 1965-1984

Mifleget ha-Avodah ha-Jisraelit (Israelische Partei der Arbeit - MAI) Hauptkraft der israelischen Sozialdemokratie, 1968 hervorgegangen aus der Vereinigung von MAPAI, RAFI und *Achdut ha-Avodah/Poale Zion*, in der Knesset bis 1992 im Parteienblock *Maarach* vertreten

Mifleget ha-Poalim ha-Me'uchedet (Vereinigte Arbeiterpartei - MAPAM) linker Flügel der israelischen Sozialdemokratie, gegründet 1948, 1969-1984 mit der MAI im *Maarach*-Block, ab 1992 Mitglied des Wahlbündnisses MEREZ

Mifleget ha-Poalim ha-Sozialistijim (Partei der Sozialistischen Arbeiter - MPS) linkszionistische Partei Palästinas, 1919-1923

Mifleget Poale Erez Jisrael (Arbeiterpartei Palästinas - MAPAI) sozialistisch-zionistische Arbeiterpartei Palästinas/Israels, Hauptkraft der palästinensischen bzw. israelischen Sozialdemokratie, 1930-1968, Vorläuferin der MAI

Min ha-Jesod (Von Grund auf) Fraktion innerhalb der MAPAI, 1961-1965

Misrachi Abkürzung von *Merkas ruchani* (Geistiges Zentrum), jüdische national-religiöse Partei in Europa (gegründet 1902) und in Palästina/ Israel, 1918-1956

Moledet (Heimat) rechtsextreme Partei Israels, gegründet 1988, tritt für den "Transfer" der arabischen Bevölkerung Israels und der besetzten Gebiete in die arabischen Nachbarstaaten ein

Moraschah (Vermächtnis) konservative religiöse Partei Israels, Abspaltung von MAFDAL, gegründet 1983

Moriah (Bezeichnung für den Tempelberg in Jerusalem) im März 1990 von Jizchak Perez gegründete Knessetfraktion, Abspaltung von SCHASS, seit 1992 eigene Partei, Teil des Wahlbündnisses *Jahadut ha-Torah ha-Me'uchedet*

Nationalreligiöse Partei siehe *Miflagah Datit Leumit*

Noar Chaluzi Lochem (Kämpfende Pionierjugend - NACHAL) Organisation, die Jugendliche militärisch ausbildet und zur Arbeit in der Landwirtschaft, insbesondere zur Anlage neuer Siedlungen, befähigt, gegründet 1948, Bestandteil der israelischen Armee

ha-Noar ha-Oved (Arbeitende Jugend) Jugendorganisation der Gewerkschaft *Histadrut* in Palästina/Israel, gegründet 1924, 1959 umbenannt in *ha-Noar ha-Oved we-ha-Lomed* (Arbeitende und lernende Jugend)

ha-Olam ha-Seh (Diese Welt) gegen das Establishment gerichtete Partei unter Führung des Chefredakteurs der Zeitschrift gleichen Namens, Uri Avneri, 1965-1972

Omez (Mut) politische Gruppierung in Israel, 1984-1986

Os we-Schalom (Kraft und Frieden) religiöse Friedensorganisation Israels, gegründet 1971

Palästinensische Kommunistische Partei (PKP) aus der 1919 gegründeten Sozialistischen Arbeiterpartei hervorgegangene marxistische Partei, seit den zwanziger Jahren auch arabische Mitglieder, 1948 als Kommunistische Partei Israels konstituiert

PFLP (engl. Abkürzung für: Popular Front for the Liberation of Palestine, Volksfront für die Befreiung Palästinas) 1967 durch den Arzt George Habbasch gegründete palästinensische Organisation gegen politische Kompromisse, für Gründung eines demokratischen Palästinastaates, Teil der PLO

PLO (engl. Abkürzung für: Palestine Liberation Organisation, Palästinensische Befreiungsorganisation) 1964 durch Achmed Schukeiri gegründete palästinensische Dachorganisation, ab 1969 unter Leitung von Jasir Arafat

Poale Agudat Jisrael (Arbeiter der *Agudat Jisrael*) orthodox-religiöse Arbeiterpartei in Europa (gegründet 1923) und in Palästina/Israel, 1925-1984

Poale Zion (Arbeiter Zions) sozialistisch-zionistische Arbeiterpartei, entstanden Anfang des 20. Jhdt. in Osteuropa, in Palästina 1905-1919

Poale Zion Smol (Linke *Poale Zion*) 1924 in Palästina gegründete Partei, die Marxismus und Zionismus miteinander zu verbinden suchte, Teile der Partei schlossen sich 1948 der MAPAM an

ha-Poel ha-Misrachi (Der *Misrachi*-Arbeiter) national-religiöse Arbeiterpartei Palästinas/Israels, 1921-1956

ha-Poel ha-Zair (Der junge Arbeiter) sozialistisch-zionistische Partei Palästinas, 1905-1930

Progressive Liste für Frieden siehe *ha-Reschimah ha-Mitkademet le-Schalom*

Progressive Partei 1948 aus drei liberal-konservativen Gruppierungen hervorgegangene Partei Israels, 1961 an der Gründung der Liberalen Partei beteiligt

RAZ siehe Bewegung für Bürgerrechte und Frieden

Reschimah Komunistit Chadaschah (RAKACH) (Neue Kommunistische Liste) Bezeichnung des jüdisch-arabischen Flügels der Kommunistischen Partei Israels nach deren Spaltung 1965

ha-Reschimah ha-Mamlachtit (Staatsliste) 1968 durch David Ben Gurion gegründete israelische Partei, die sich vor allem aus RAFI-Mitgliedern konstituierte, die den Zusammenschluß zur MAI ablehnten, 1973 Teil des Likud-Blocks

ha-Reschimah ha-Mitkademet le-Schalom (Progressive Liste für Frieden) 1984 von Matitjahu Peled, Uri Avneri und Mohammad Meari gegründete linke nichtzionistische Partei, arabische und jüdische Mitglieder

Reschimat Poale Jisrael (Arbeiterliste Israels - RAFI) von David Ben Gurion 1965 begründete Partei, Abspaltung von der MAPAI, 1968 Teil der *Mifleget ha-Avodah ha-Jisraelit*

Revisionistische Partei von Wladimir (Zeev) Jabotinsky 1925 in Palästina gegründete zionistische Partei, die einen jüdischen Staat zu beiden Seiten des Jordan erstrebte, 1925-1950

Schalom achschaw (Frieden jetzt) außerparlamentarische, überparteiliche Friedensbewegung in Israel, gegründet 1978

SCHAI *(Akronym für Schinui we-Josmah* - Veränderung und Initiative) 1978 von DASCH abgespaltene politische Gruppierung

SCHASS (Acronym für *Schischah Sedarim* - d. h. *Talmud*) 1984 von *Agudat Jisrael* abgespaltener Flügel vorwiegend orthodoxer orientalischer Juden

SCHELI (Acronym für *Schalom lemaan Jisrael* - Frieden für Israel) vor den Wahlen zur 9. Knesset 1977 gegründete Vereinigung mehrerer linkszionistischer Parteien

Schinui (Veränderung) liberale Partei in Israel, 1974 als Partei der Mitte - zwischen Sozialdemokratie und *Likud* - gegründet, 1976 Mitbegründer von *Tnuah Demokratit le-Schinui* (DASCH), 1992 im Wahlbündnis MEREZ

Schlom Zion (Frieden Zions) 1977 von Ariel Scharon begründete israelische Partei, wurde nach Knessetwahlen 1977 Bestandteil des *Likud*

ha-Schomer ha-Zair (Der junge Wächter) linkssozialistisch-zionistische Jugendorganisation, gegründet 1916 in Wien, Ziel: Errichtung landwirtschaftlicher Kooperativen in Palästina, ab 1920 in Palästina tätig, 1946-1948 Arbeiterpartei gleichen Namens, 1948 in MAPAM aufgegangen

Staatsliste siehe *ha-Reschimah ha-Mamlachtit*

Techijah (Auferstehung) rechtsextreme Partei in Israel, 1979 als Protest gegen die Vereinbarungen von Camp David gegründet, umfaßt vor allem Siedler aus den besetzten Gebieten

Tnuah Demokratit (Demokratische Bewegung) liberale Partei in Israel, hervorgegangen aus DASCH 1978

Tnuah Demokratit le-Schinui (Demokratische Bewegung für Veränderung - DASCH) Zentrumspartei in Israel 1976-1978

Tnuah le-Achdut ha-Avodah (Bewegung für die Einheit der Arbeit) sozialistisch-zionistische Partei in Palästina, 1944-1946

Tnuah le-Hitchadschut Mamlachtit (Bewegung zur staatlichen Erneuerung - TELEM) von Mosche Dajan gegründete Partei in Israel, 1981-1983

Tnuah le-S'chujot ha-Esrach u-le-Schalom (RAZ) siehe Bewegung für Bürgerrechte und Frieden

Tnuah lemaan Erez Jisrael ha-Schlemah (Bewegung für das ganze Land Israel) rechtsextremistische Siedlerorganisation in Israel, gegründet nach dem Junikrieg 1967

Tnuat ha-Cherut (Freiheitsbewegung) konservative zionistische Partei Israels, 1948-1988, führende Kraft im *Likud*

Tnuat Masoret Jisrael (Traditionsbewegung Israels - TAMI) nationalreligiöse Partei in Israel, deren Mitgliedschaft aus orientalischen Juden besteht, gegründet 1981

Union der Zionisten-Revisionisten siehe *Revisionistische Partei*

Vereinigte Arabische Liste im Vorfeld der Knessetwahlen von 1996 gebildete Vereinigung von *Arabischer Demokratischer Partei* und mehreren kleineren arabischen Gruppierungen

Vereinigtes Torah-Judentum siehe *Jahadut ha-Torah ha-Me'uchedet*

Volksfront für die Befreiung Palästinas siehe PFLP

Zomet (Scheideweg) konservativ-nationalistische Partei in Israel, gegründet 1984 von Rafael Eitan, Verbindung mit *Techijah* 1984-1987, gegen territorialen Kompromiß, für verstärkte Siedlungstätigkeit.

Literaturauswahl

ALLON, J.: ... und David ergriff die Schleuder - Geburt und Werden der Armee Israels. Berlin 1971.

AL-HAJ, M.: Education, Empowerment, and Control. The Case of the Arabs in Israel. New York 1995.

ANSKY, A.: Mechirat ha-Likud (Verkauf des Likud). Tel Aviv 1978.

ANSPRENGER, F.: Juden und Araber in Einem Land. Die politischen Beziehungen der beiden Völker im Mandatsgebiet Palästina und im Staat Israel. München 1978.

ANTONOVSKY, A./ARIAN, A.: Hopes and Fears of Israelis. Consensus in a new Society. Jerusalem 1972.

ARIAN, A.: Politics in Israel. The Second Generation. Chatham, New Jersey 1989.

ARIAN, A./SHAMIR, M. (eds.): The Elections in Israel 1992. New York 1995.

ARIAN, A.: The Second Republic: Politics in Israel. Chatham, New Jersey 1998.

AVINERI, S.: The Making of Modern Zionism. Intellectual Origins of the Jewish State. New York 1981.

AVNERI, A.: ha-Mapolet (Der Sturz). Tel Aviv 1977.

BAR-ON, M.: In Pursuit of Peace: A History of the Israeli Peace Movement. Washington 1996.

BAR-SIMAN-TOV, Y.: Israel and the Peace Process 1977-1982: In Search of Legitimacy for Peace. New York 1994.

BAR-ZOHAR, M.: David Ben Gurion. 40 Jahre Israel. Die Biographie des Staatsgründers. Bergisch Gladbach 1988.

BAUMGARTEN, H.: Palästina: Befreiung in den Staat. Die palästinensische Nationalbewegung seit 1948. Frankfurt a. M. 1991.

BEGIN, M.: The Revolt. London 1951.

BEILIN, J.: Mechiro schel ichud (Der Preis der Vereinigung). Ramat Gan 1985.

BEILIN, J.: Jisrael: 40 plus. Profil politi schel ha-chevrah ha-jisraelit beschnot ha-90 (Israel. 40 und mehr. Politisches Profil der israelischen Gesellschaft in den neunziger Jahren). Tel Aviv 1993.

BEN GURION, D.: Der Zionismus, seine Faktoren und Aufgaben in unseren Tagen. Jerusalem 1935.

BEN GURION, D.: David und Goliath in unserer Zeit. München 1961.

BEN GURION, D.: Israel. Die Geschichte eines Staates. Frankfurt a. M. 1973.

BEN GURION, D.: mi-Maamad le-am (Von der Klasse zum Volk). Tel Aviv 1974.

BEN MEIR, D.: ha-Histadrut (Die Histadrut). Jerusalem 1978.

BENVENISTI, M.: The West Bank Data Project. A Survey of Israel's Policies. Washington 1984.

BÖHME, J./STERZING, C.: Friedenskräfte in Israel. Frankfurt a. M. 1992.

BOUTWELL, J./MENDELSOHN, E.: Israeli-Palestinian Security: Issues in the Permanent Status Negotiations. Report of a Study Group of the Middle East Program. Cambridge, Mass. 1995.

BRECHER, M.: The Foreign Policy System of Israel. Setting, Images, Process. New Haven 1972.

BRECHER, M.: Decisions in Israel's Foreign Policy. New Haven 1975

BRECHER, M.: Decisions in Crisis. Israel, 1967 and 1973. London 1980.

BUNZL, J.: Israel und die Palästinenser. Die Entwicklung eines Gegensatzes. Wien 1982.

BUNZL, J.: Juden im Orient. Jüdische Gemeinschaften in der islamischen Welt und orientalische Juden in Israel. Wien 1989.

DARIN-DRABKIN, H.: Der Kibbutz. Die neue Gesellschaft in Israel. Stuttgart 1967.

DAYAN, M.: Die Geschichte meines Lebens. Wien/München/Zürich 1976.

DEUTSCHKRON, I.: Israel und die Deutschen. Das besondere Verhältnis. Köln 1992.

DINER, D.: Israel in Palästina. Königstein 1979.

DISKIN, A.: Das politische System Israels. Köln 1980.

DISKIN, A./HOFNUNG, M.: ha-Bechirot la-Knesset u-le-raschut ha-memschalah 1996 (Die Wahlen zur Knesset und zum Regierungsoberhaupt 1996). Jerusalem 1997.

EBAN, A.: Dies ist mein Volk. Die Geschichte der Juden. München/Zürich 1970.

EISENSTADT, S. N.: Die israelische Gesellschaft. Stuttgart 1973.

EISENSTADT, S. N.: Die Transformation der israelischen Gesellschaft. Frankfurt a. M. 1987.

ELAZAR, D. J./SANDLER, S.: Who's the Boss in Israel. Israel at the Polls, 1988-90. Detroit 1992.

ELIZUR, Y./SALPETER, E.: Who rules Israel? New York 1973.

ELON, A.: Die Israelis - Gründer und Söhne. Wien 1972.

EVRON, B.: Jewish State or Israeli Nation? Bloomington 1995.

FEIN, L. J.: Politics in Israel. Boston 1976.

FEINBERG, A. (Hg.): Kultur in Israel. Eine Einführung. Gerlingen 1993.

FLAMHAFT, Z.: Israel on the Road to Peace: Accepting the unacceptable. Boulder, Col. 1996.

FLAPAN, S.: Die Geburt Israels. Mythos und Wirklichkeit. München 1988.

FLORES, A.: Intifadah. Berlin 1989.

FRANKEL, W.: Israel observed. London 1980.

FREEDMAN, R. O. (ed.): Israel under Rabin. Boulder, Col. 1995.

FRIEDMAN, M.: ha-Chevrah ha-charedit (Die orthodox-religiöse Gemeinschaft). Jerusalem 1991.

FUNKE, H./STERZING, C.: "Frieden jetzt". Geschichte und Arbeit israelischer Friedensgruppen. Frankfurt a. M. 1989.

GOLDMANN, N.: Staatsmann ohne Staat. Köln/Berlin 1970.

GOLDMANN, N.: The Jewish Paradox. New York 1978.

GOLDSCHEIDER, C.: Israel's Changing Society: Population, Ethnicity, and Development. Boulder, Col. 1996.

GORNI, J.: Achdut ha-Avodah 1919-1930. Tel Aviv 1973.

HEENEN-WOLFF, S.: Erez Palästina. Juden und Palästinenser im Konflikt um ein Land. Frankfurt a. M. 1990.

HEIBERG, M./OVENSEN, G.: Palestinian Society in Gaza, West Bank and Arab Jerusalem. A Survey of Living Conditions. FAFO-Report 151. Oslo 1993.

HERTZBERG, A.: The Zionist Idea. A Historical Analysis and Reader. Westport, Conn. 1959.

HERZOG, C.: Kriege um Israel 1948 bis 1984. Frankfurt a. M./Berlin/Wien 1984.

HOFMANN, S./IBRAHIM, F. (Hrsg.): Versöhnung im Verzug. Probleme des Friedensprozesses im Nahen Osten. Bonn 1996.

HORNUNG, K.: Krisenherd Naher Osten. Geschichte - Fakten - Hintergründe. Weinheim 1991.

HOROWITZ, T.: Bejn schlosch tarbujot politijot - ha-Olim me-Brit ha-Moazot le-sche-avar be-Jisrael (Zwischen drei politischen Kulturen - Die Einwanderer aus der ehemaligen Sowjetunion). Jerusalem 1996.

HUNTER, F. R.: The Palestinian Uprising. A War by other Means. Berkeley/Los Angeles 1993.

HUREWITZ, J. C. (ed.): Diplomacy in the Near and Middle East. A documentary Record: 1914-1956. Princetown (N. J.) 1956.

JANIV, A.: Politikah we-astrategijah be-Jisrael (Politik und Strategie in Israel). Tel Aviv 1994.

Jisrael. Schnaton ha-memschalah (Israel. Regierungsjahrbuch). Jerusalem, div. Jahrgänge.

JOHANNSEN, M./SCHMID, C.: Wege aus dem Labyrinth? Friedenssuche in Nahost. Baden-Baden 1997.

JUREIDINI, P. A./MCLAURIN, R. D.: Beyond Camp David. Emerging Alignments and leaders in the Middle East. New York 1981.

KAMINER, R.: The Politics of Protest. The Israeli Peace Movement and the Palestinian Intifada. Brighton 1996.

KAPELIUK, A.: Rabin: ein politischer Mord. Nationalismus und rechte Gewalt in Israel. Heidelberg 1997.

KAPLANSKY, S.: Probleme der Palästina-Kolonisation. Berlin 1923.

KARSH, E.: Between War and Peace: Dilemmas of Israeli Security. London 1996.

KHALIDI, R.: The Arab Economy in Israel. The Dynamics of a Region's Development. London 1988.

KIMMERLING, B./MIGDAL, J. S.: Palestinians: The Making of a People. Cambridge 1994.

Kovez ha-mismachim be-toldot ha-medinah (Dokumentensammlung zur Geschichte des Staates. 1897-1979). Jerusalem 1981

KYLE, K./PETERS, J.: Whither Israel? The Domestic Challenges. London/ New York 1993.

LANDAU, J.: The Arab Minority in Israel 1967-1991. Political Aspects. Oxford 1993.

LAQUEUR, W.: Confrontation. The Middle East war and World politics. London 1974.

LAQUEUR, W.: Der Weg zum Staat Israel. Geschichte des Zionismus. Wien 1975.

LAZIN, F. A./MAHLER, G. S. (eds.): Israel in the Nineties: Development and Conflict. Gainesville 1996.

LIEBMAN, C. S./DON-YEHIYA, E.: Civil Religion in Israel: Traditional Judaism and Political Culture in the Jewish State. Berkeley u. a. 1983.

LIFSCHIZ, M.: ha-Mischtar ha-demokrati be-Jisrael (Das demokratische Regime in Israel). o. O. 1990.

LISSAK, M./KNEI-PAS, B.: Jisrael likrat schnot ha-Alpajim - chevrah, politikah we-tarbut (Israel vor dem 21. Jahrhundert - Gesellschaft, Politik und Kultur), Jerusalem 1997.
LITTEL, R.: Arbeit für den Frieden. Fünf Gespräche mit Shimon Peres. Frankfurt a. M. 1998.
LORCH, N.: Milchemet ha-azma'ut (Der Unabhängigkeitskrieg). Ramat Gan 1966.
LUKACS, Y. (ed.): Documents on the Israeli-Palestinian Conflict 1967-1983. New York 1986.
LUSTICK, I. S.: For the Land and the Lord: Jewish Fundamentalism in Israel. New York 1988.

MAKOWSKY, D.: Making Peace with the PLO: The Rabin Government's Road to the Oslo Accord. Boulder, Col. 1996.
MEDDING, P. Y.: Mapai in Israel. Political Organization and Government in a new Society. London 1972.
MEDDING, P. Y. (ed.): Israel. State and Society, 1948-1988. Oxford 1989.
MEDDING, P. Y.: The Founding of Israeli Democracy 1948-1967. New York 1990.
MEJCHER, H. (Hrsg.): Die Palästina-Frage 1917-1948. Historische Ursprünge und internationale Dimensionen eines Nationenkonflikts. Paderborn u. a. 1993.
MEJCHER, H. : Sinai, 5. Juni 1967. Krisenherd Naher und Mittlerer Osten. München 1998.
MERCHAV, P.: Die israelische Linke. Frankfurt a. M. 1973.
MORGENSTERN, M. (Hrsg.): Kampf um den Staat. Religion und Nationalismus in Israel. Frankfurt a. M. 1989.
MORRIS, B.: The Birth of the Palestinian Refugee Problem, 1947-1949. Cambridge 1988.
MORRIS, B.: 1948 and after: Israel and the Palestinians. Oxford 1990.

Naher Osten - ferner Frieden? Schriftenreihe Probleme des Friedens. Idstein 1997.
NAOR, A.: Memschalah ba-milchamah (Regierung im Krieg). o. O. 1986.
NETANYAHU, B.: A Place Among the Nations: Israel and the World. New York 1993.
NEUHAUS, D./STERZING, C. (Hrsg.): Die PLO und der Staat Palästina. Frankfurt a. M. 1991.

ORLAND, N.: Israels Revisionisten. Die geistigen Väter Menahem Begins. München 1978.
ORLAND, N.: Die Cherut. Analyse einer rechtsorientierten Partei. München 1983.
ORLAND, N.: Cherut-Gachal-Likud 1965 bis 1977. Begins Weg zur Macht. Frankfurt a. M. 1994.

PELEG, I.: Human Rights in the West Bank and Gaza: Legacy and Politics. Syracuse, NY 1995.
PENNIMAN, H. R.: Israel at the Polls. Washington 1979.
PENKOWER, M. N.: The Holocaust and Israel Reborn: From Catastrophe to Sovereignty. Urbana & Illinois 1994.
PERES, S.: Kaet - machar (Morgen ist schon jetzt). Jerusalem 1978.
PERES, S.: Die Versöhnung. Der neue Nahe Osten. Berlin 1993.
PERETZ, D./DORON, G.: The Government and Politics of Israel. Boulder, Col. 1997.
PERLMUTTER, A.: Israel. The Partitioned State. A Political History since 1900. New York 1985.
PERLMUTTER, A.: The Life and Times of Menachem Begin. Garden City/ New York 1987.
PLESSNER, Y.: The Political Economy of Israel: From Ideology to Stagnation. New York 1994.
PRIMOR, A.: "...mit Ausnahme Deutschlands". Als Botschafter Israels in Bonn. Berlin 1997.

QUANDT, W. B.: Peace Process. American Diplomacy and the Arab-Israeli Conflict since 1967. Washington 1993.

RABIN, J.: ha-Milchamah be-Levanon (Der Krieg in Libanon). Tel Aviv 1983.
RABIN, J.: Feldherr und Friedensstifter. Die Biographie. Berlin 1996.
RABIN, L.: Ich gehe weiter auf seinem Weg. Erinnerungen an Jitzchak Rabin. Droemer & Knaur 1997.
RABINOVICH, I./REINHARZ, J.: Israel in the Middle East. Documents and Readings on Society, Politics and Foreign Relations. 1948 - present. New York/Oxford 1984.
RAFAEL, G.: Der umkämpfte Friede. Frankfurt a. M./Berlin/Wien 1984.
RAM, U. (Hrsg.): ha-Chevrah ha-Jisraelit: Hebatim bikortijim (Die israelische Gesellschaft: Kritische Ansichten). Tel Aviv 1993.
RAM, U.: The Changing Agenda of Israeli Sociology: Theory, Ideology, and Identity. New York 1995.

REICH, B.: Israel. Land of Tradition and Conflict. Boulder, Col. 1993.
REINHARZ, J./SHAPIRA, A. (eds.): Essential Papers on Zionism. New York/ London 1996.
ROLEF, S. H. (ed.): Political Dictionary of the State of Israel. New York 1993.
ROSENTAL, R.: Levanon - ha-milchamah ha-acheret (Libanon - Der andere Krieg). Tel Aviv 1983.
RUBINSTEIN, A.: me-Herzl ad Rabin we-hal'ah: Meah Schanot Zionut (Von Herzl bis Rabin und weiter - 100 Jahre Zionismus).Tel Aviv 1997.

SACHAR, H. M.: A History of Israel. Bd. I. (From the Rise of Zion to Our Time). New York 1985.
SACHAR, H. M.: A History of Israel. Bd. II. (From the Aftermath of the Yom Kippur War). New York/Oxford 1987.
SACHAR, H. M. (ed.): The Rise of Israel : A Documentary Record from the Nineteenth Century to 1948. vol. 1-39. New York 1989.
SANBAR, M. (ed.): Economic and Social Policy in Israel. The First Generation. Lanham/New York/London 1990.
SCHACHAM, D.: Jisrael. 40 ha-schanim (Israel. Die 40 Jahre). Tel Aviv 1991.
SCHALEV, A.: ha-Intifadah (Die Intifada). Tel Aviv 1990.
SCHIFF, G. S.: Tradition and Politics. The religious Parties of Israel. Detroit 1977.
SCHIFF, Z./JAARI, E.: Milchemet scholal (Krieg der Irreführung). Tel Aviv 1984.
SCHIFF, Z./JAARI, E.: Intifadah (Intifada). Tel Aviv 1990.
SCHMID, C.: Der Israel-Palästina-Konflikt und die Bedeutung des Vorderen Orients als sicherheitspolitische Region nach dem Ost-West-Konflikt. Baden-Baden 1993.
SCHOENBAUM, D.: The United States and the State of Israel. New York/ Oxford 1993.
SCHREIBER, F.: Aufstand der Palästinenser. Die Intifada. Opladen 1990.
SCHREIBER, F.: Die Palästinenser. Berlin 1992.
SCHREIBER, F.: Schalom Israel. Nachrichten aus einem friedlosen Land. München 1998.
SEGEV, T.: ha-Jisraelim ha-rischonim (Die ersten Israelis). Jerusalem 1984.
SEGEV, T.: Die siebte Million. Der Holocaust und Israels Politik der Erinnerung. Reinbek b. Hamburg 1995.
SHAKED, G.: Geschichte der modernen hebräischen Literatur. Prosa von 1880 bis 1980. Frankfurt a. M. 1996.

SHAMIR, J./SHAMIR, M.: The Dynamics of Israeli Public Opinion on Peace and the Territories. Tel Aviv 1993.

SHAPIRA, A.: Berl Katznelson. Ein sozialistischer Zionist. Frankfurt a. M. 1988.

SHAPIRA, A.: Azma'ut: 50 ha-schanim ha-rischonim (Unabhängigkeit - Die ersten 50 Jahre). Jerusalem 1998.

SHAPIRO, Y.: The Road to Power. Herut Party in Israel. New York 1991.

SHEFFER, G.: U.S.-Israeli Relations at the Crossroads. London 1997.

SMOOHA, S.: Arabs and Jews in Israel. Vol. 1: Conflicting and Shared Attitudes in a Divided Society. Boulder, Col. 1988.

SMOOHA, S.: Arabs and Jews in Israel. Vol. 2: Change and Continuity in Mutual Intolerance. Boulder, Col. 1989.

SPRINZAK, E.: The Ascendendance of Israel's Radical Right. New York/Oxford 1991.

Statistical Abstract of Israel. Jerusalem, div. Jahrgänge.

TESSLER, M.: A History of the Israeli-Palestinian Conflict. Bloomington 1994.

TIBI, B.: Pulverfaß Nahost. Eine arabische Perspektive. Stuttgart 1997.

TIMM, A.: Hammer, Zirkel, Davidstern. Das gestörte Verhältnis der DDR zu Zionismus und Staat Israel. Bonn 1997.

TIMM, A.: Jewish Claims against East Germany: Moral Obligations and Pragmatic Policy. Budapest 1997.

TROEN, S. I./LUCAS, N.: Israel: The First Decade of Independence. New York 1995.

ULLMANN, A. (Hrsg.): Israels Weg zum Staat. München 1964.

VOGEL, A. K.: Der Palästinenserstaat. Arafats langer Marsch nach Jerusalem. Zürich 1995.

VOLLE, A./WEIDENFELD, W. (Hrsg.): Frieden im Nahen Osten? Chancen, Gefahren, Perspektiven. Bonn 1997.

WALTZ, V./ZSCHIESCHE, J.: Die Erde habt ihr uns genommen. 100 Jahre zionistische Siedlungspolitik in Palästina. Berlin 1986.

WEISS, S.: ha-Mahapach (Die Wende). Tel Aviv 1979.

WISTRICH, R./OHANA, D.: The Shaping of Israeli Identity: Myth, Memory and Trauma, London 1995.

WOLFFSOHN, M.: Politik in Israel. Opladen 1983.

WOLFFSOHN, M./BOKOVOY, D.: Israel. Geschichte. Wirtschaft. Gesellschaft. Politik. Opladen 1996.

WOLFFSOHN, M.: Frieden jetzt? Nahost im Umbruch. München 1994.
WOLFFSOHN, M.: Die ungeliebten Juden. Israel - Legenden und Geschichte. München/Zürich 1998.

ZIMMERMANN, M.: Wende in Israel. Zwischen Nation und Religion. Berlin 1996.
ZWEIG, R. W.: David Ben-Gurion. Politics and Leadership in Israel. London/Jerusalem 1991.

Personenregister

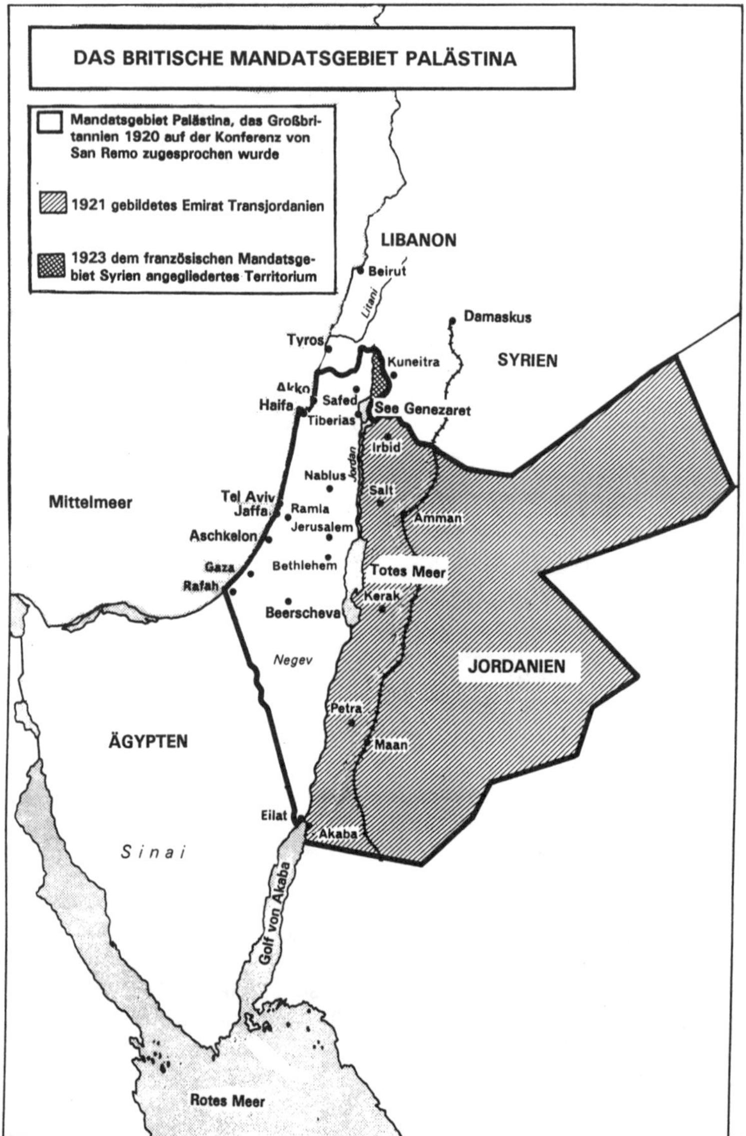
DAS BRITISCHE MANDATSGEBIET PALÄSTINA
Mandatsgebiet Palästina, das Großbritannien 1920 auf der Konferenz von San Remo zugesprochen wurde
1921 gebildetes Emirat Transjordanien
1923 dem französischen Mandatsgebiet Syrien angegliedertes Territorium
LIBANON
Beirut
Litani
Damaskus
SYRIEN
Tyros
Kuneitra
Akko
Haifa
Safed
Tiberias
See Genezaret
Irbid
Jordan
Nablus
Salt
Mittelmeer
Tel Aviv
Jaffa
Ramla
Jerusalem
Amman
Aschkelon
Bethlehem
Totes Meer
Gaza
Rafah
Kerak
Beerscheva
Negev
JORDANIEN
Petra
Maan
ÄGYPTEN
Eilat
Akaba
Sinai
Golf von Akaba
Rotes Meer

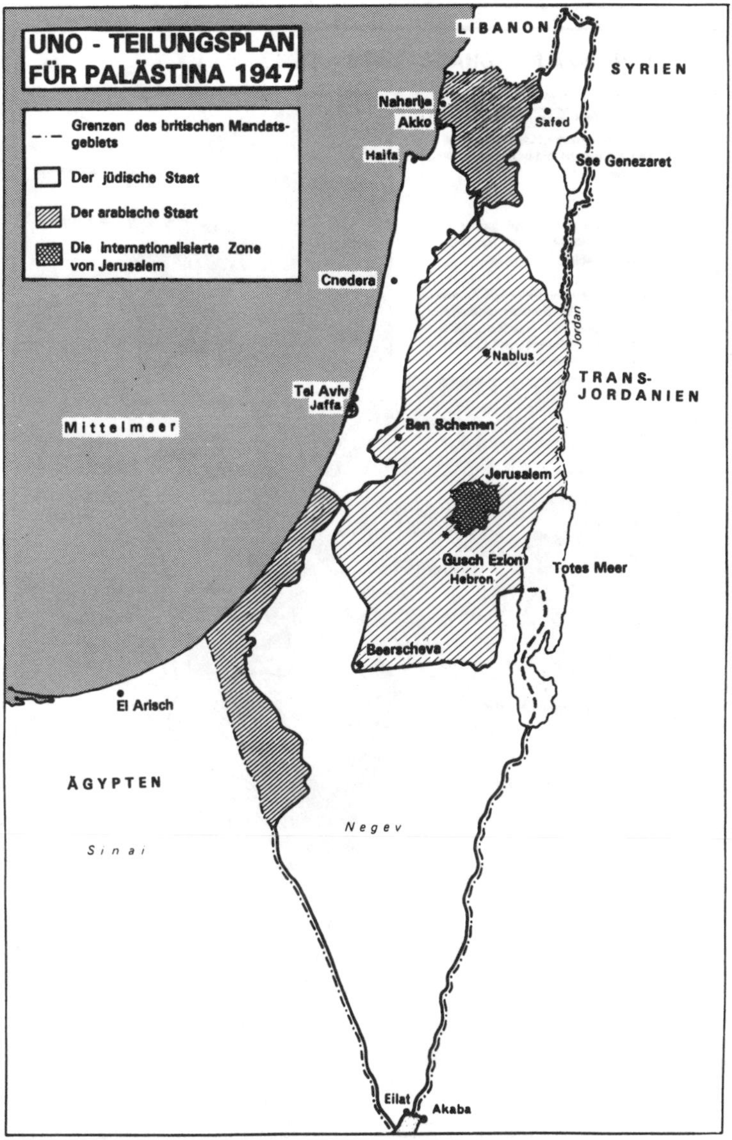
UNO - TEILUNGSPLAN
FÜR PALÄSTINA 1947
Grenzen des britischen Mandats-gebiets
Der jüdische Staat
Der arabische Staat
Die internationalisierte Zone von Jerusalem
LIBANON
SYRIEN
Naharija
Akko
Safed
Haifa
See Genezaret
Cnedera
Jordan
Nablus
TRANS-JORDANIEN
Tel Aviv
Jaffa
Mittelmeer
Ben Schemen
Jerusalem
Gusch Ezion
Hebron
Totes Meer
Beerscheva
El Arisch
ÄGYPTEN
Negev
Sinai
Eilat
Akaba

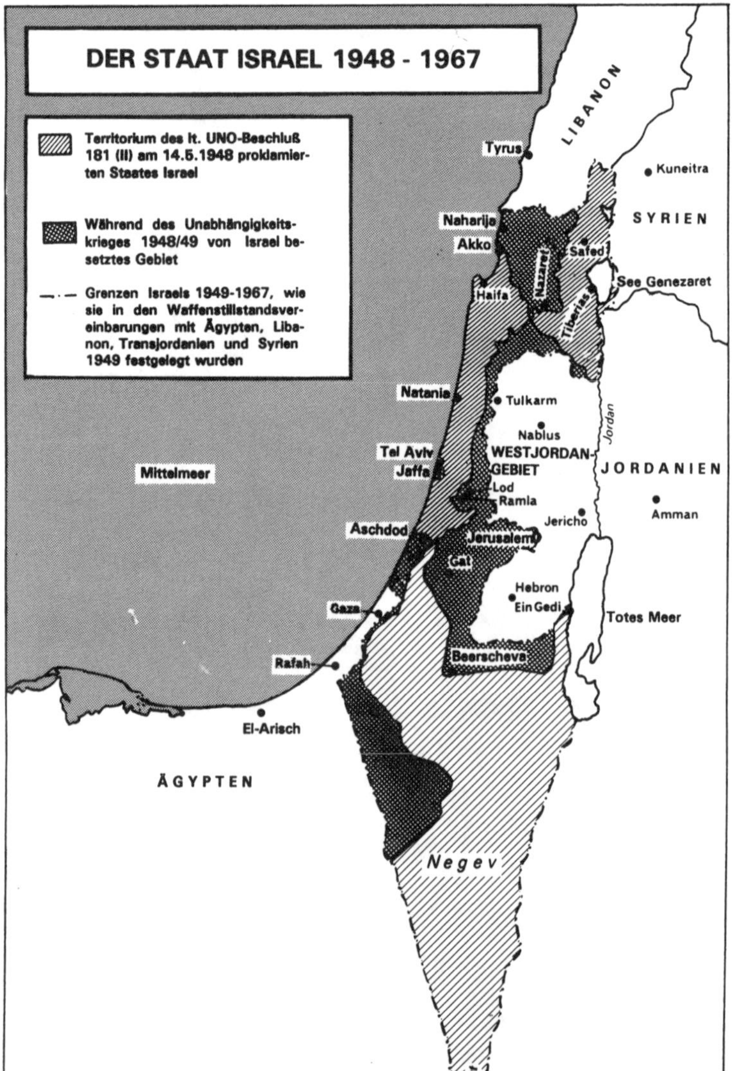
DER STAAT ISRAEL 1948 - 1967
Territorium des lt. UNO-Beschluß 181 (II) am 14.5.1948 proklamierten Staates Israel
Während des Unabhängigkeitskrieges 1948/49 von Israel besetztes Gebiet
Grenzen Israels 1949-1967, wie sie in den Waffenstillstandsvereinbarungen mit Ägypten, Libanon, Transjordanien und Syrien 1949 festgelegt wurden
LIBANON
Tyrus
Kuneitra
SYRIEN
Naharija
Akko
Safed
See Genezaret
Haifa
Nazaret
Tiberias
Natania
Tulkarm
Nablus
Jordan
Tel Aviv
Jaffa
WESTJORDAN-GEBIET
JORDANIEN
Mittelmeer
Lod
Ramla
Amman
Jericho
Aschdod
Jerusalem
Gat
Hebron
Ein Gedi
Gaza
Totes Meer
Beerscheva
Rafah
El-Arisch
ÄGYPTEN
Negev
Eilat
Akaba

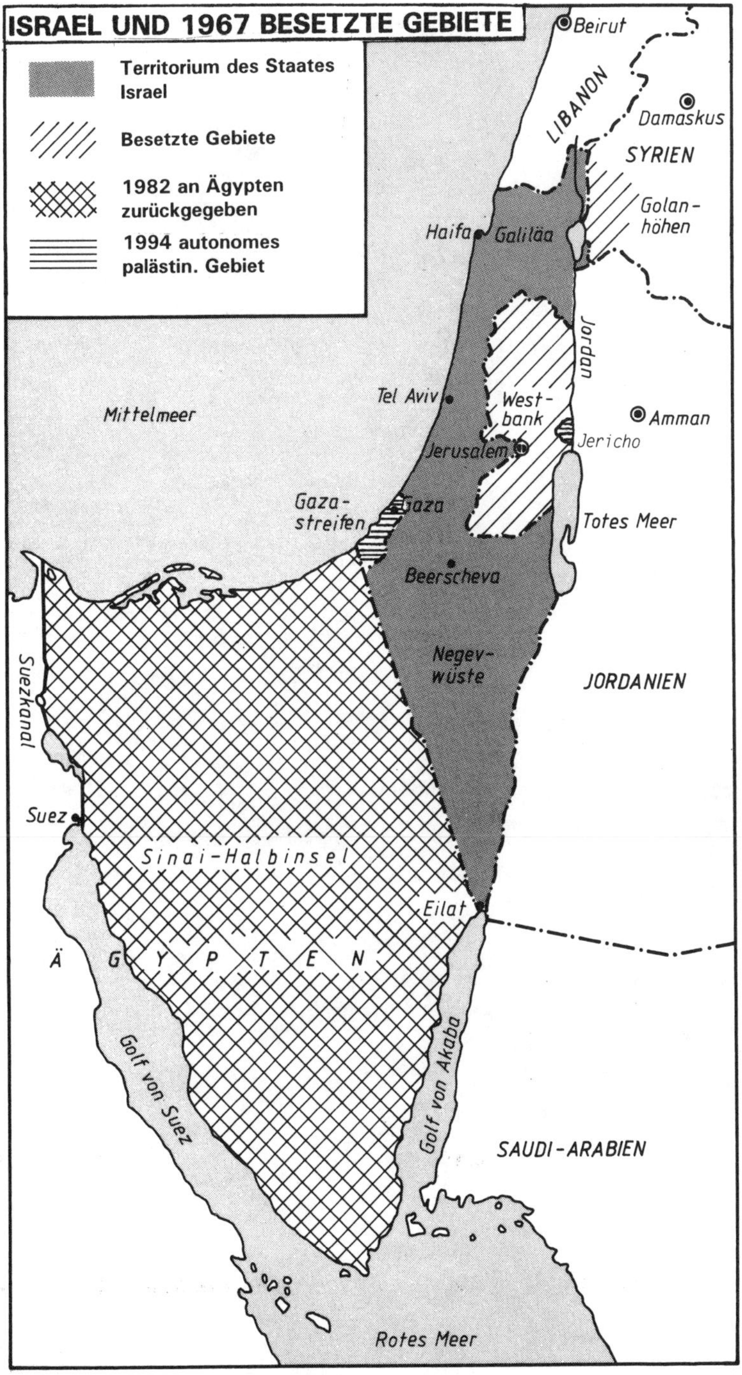
ISRAEL UND 1967 BESETZTE GEBIETE
Territorium des Staates Israel
Besetzte Gebiete
1982 an Ägypten zurückgegeben
1994 autonomes palästin. Gebiet
Beirut
LIBANON
Damaskus
SYRIEN
Golan-höhen
Haifa
Galiläa
Jordan
Tel Aviv
West-bank
Amman
Mittelmeer
Jericho
Jerusalem
Gaza-streifen
Gaza
Totes Meer
Beerscheva
Negev-wüste
JORDANIEN
Suezkanal
Suez
Sinai-Halbinsel
Eilat
ÄGYPTEN
Golf von Suez
Golf von Akaba
SAUDI-ARABIEN
Rotes Meer

KARTE NACH DEM OSLO II-ABKOMMEN

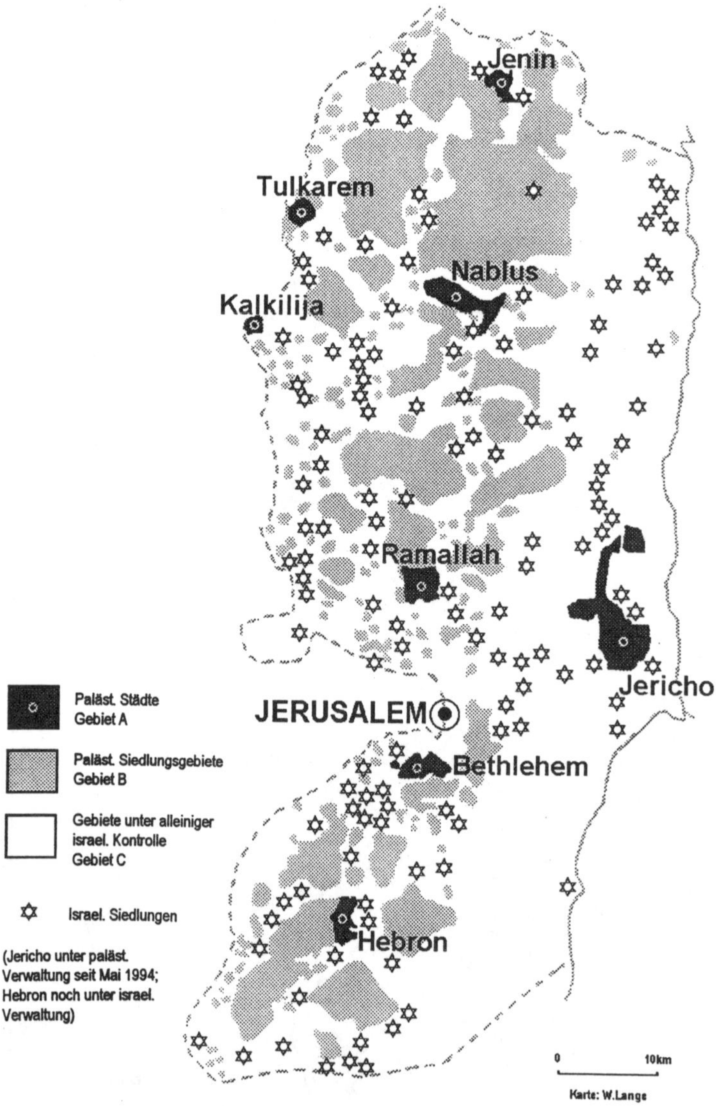